Informatik aktuell

Herausgeber: W. Brauer
im Auftrag der Gesellschaft für Informatik (GI)

Springer
Berlin
Heidelberg
New York
Barcelona
Hongkong
London
Mailand
Paris
Singapur
Tokio

Clemens H. Cap (Hrsg.)

JIT'98
Java-Informations-Tage 1998

Frankfurt/Main, 12./13. November 1998

Springer

Herausgeber

Clemens H. Cap
Lehrstuhl für Informations- und Kommunikationsdienste
Fachbereich Informatik, Universität Rostock
Albert-Einstein-Strasse 21, D-18059 Rostock

Die Deutsche Bibliothek - CIP-Einheitsaufnahme

JIT <1998, Frankfurt, Main>:
JIT '98 : Frankfurt, 12./13. November 1998 / Java-Informations-Tage
1998. Hrsg.: Clemens H. Cap. - Berlin ; Heidelberg ; New York ;
Barcelona ; Budapest ; Hongkong ; London ; Mailand ; Paris ;
Singapur ; Tokio : Springer, 1998
    (Informatik aktuell)
ISBN-13:978-3-540-64971-7   e-ISBN-13:978-3-642-59984-2
DOI: 10.1007/978-3-642-59984-2

CR Subject Classification (1998): D.3.2, D.3.3, D.1.5, H.3.4
ISBN-13:978-540-64971-7

Springer-Verlag Berlin Heidelberg New York

Satz: Reproduktionsfertige Vorlage vom Autor/Herausgeber

SPIN: 10573372   33/3142-543210 – Gedruckt auf säurefreiem Papier

Vorwort

Mit der Entwicklung von Java ist nicht nur eine objektorientierte Programmiersprache, sondern eine ganze Technologie verteilter Systeme entstanden. Bereits nach sehr kurzer Zeit dominiert Java die Inhalte von Fachzeitschriften und die Titelseiten von Informatik-Illustrierten. Viele wichtige Forschungsfragen und spannende Kontroversen sind um das Thema Java entstanden und werden in den kommenden Jahren eine große Rolle spielen.

Die Java-Informations-Tage wenden sich als wissenschaftliche Diskussionsplattform an den Fachinformatiker, der die Java Technologie selber nutzt, durch eigene Beiträge weiterentwickelt oder sich über die neuesten Entwicklungen orientieren will. Als "heiß" diskutiertes Thema findet Java seinen Weg in die Hochglanzprospekte von Herstellern. Für den Entwickler ist daher die Frage nach einer kritisch-realistischen Beurteilung der Situation von besonderer Bedeutung. Als herstellerunabhängige Veranstaltung wollen die Java-Informations-Tage sich dieser Fragestellung annehmen und über den Einsatz der Technologie berichten. Im Vordergrund steht die fachlich fundierte, objektive, kritische und durch Tatsachen untermauerte Betrachtungsweise.

Mit dieser Zielsetzung füllen die Java-Informations-Tage eine Lücke in der deutschen Tagungslandschaft: Es gibt etliche kleinere Workshops zu besonderen Themen um Java, viele kommerzielle Veranstaltungen, aber keine wissenschaftlich fundierte, große Tagung zu Java. Das Bedürfnis nach einer solchen Tagung war in der Tat recht groß: Nachdem diese Idee in kleinem Kreis anläßlich der ARCS 97 in Rostock diskutiert worden war, gab es bald von vielen Fachgliederungen der Gesellschaft für Informatik (GI) und der Informationstechnischen Gesellschaft (ITG) Signale, an einer solchen Veranstaltung aktiv mitwirken zu wollen. 1998 findet die JIT daher in Kooperation mit den folgenden Gruppierungen statt: Architekturen für hochintegrierte Schaltungen, Arbeitsplatz-Rechensysteme, Betriebssysteme und Softwaretechnik. Die Java-Informations-Tage werden 1998 in derselben Woche und am selben Ort wie die von der Firma Sun organisierte 2. Deutsche Java Entwicklerkonferenz DJEK abgehalten. Es bieten sich dadurch viele Möglichkeiten, aus einem großen Angebot zu wählen, denn Teilnehmer der JIT'98 erhalten unbeschränkten Zugang zur DJEK und umgekehrt. Dank der wissenschaftlichen Organisation des Programms bleibt eine völlige inhaltliche Unabhängigkeit der JIT von allen Herstellern gesichert.

Das Bedürfnis an einer Tagung wie der JIT zeigt sich auch an der für eine erste Durchführung relativ hohen Anzahl von 74 Einreichungen. Alle Beiträge wurden von mindestens zwei Mitgliedern des Programmkomitees begutachtet und einer strengen Selektion unterworfen. Dadurch erfreut sich die JIT'98 einer durchweg hohen inhaltlichen Qualität. Wesentliches Augenmerk wurde auf die Originalität der Arbeiten gelegt und auf ihre Aussagekraft für den zu erwartenden Zuhörerkreis. Die Zusammensetzung des Programmkomitees garantierte dabei, daß sowohl akademisch-wissenschaftliche als auch industriell-praktische Maßstäbe angelegt wurden. Dem Call for Papers entsprechend, wurden neben akademischen Beiträgen auch Erfahrungsberichte aufgenommen, die für den Praktiker wesentliche Erkenntnisse enthielten.

Das Programmkomitee dankt allen Autoren aus Industrie und Universität für ihre rege Beteiligung und ihr Engagement bei dieser Tagung. Die Organisation einer Tagung ist ein aufwendiges Unterfangen. Frau Anke Hänler übernahm den größten Teil der elektronischen Korrespondenz und eine Vielzahl organisatorischer Tätigkeiten, ihr gilt ein besonderer Dank. Viele Mitarbeiter des Instituts für Technische Informatik der Universität Rostock waren beim Versand der Calls, bei der Benachrichtigung der Autoren und bei der Lösung organisatorischer und technischer Fragen behilflich; auch ihnen gebührt mein Dank. Herr Hermann Engesser vom Springer-Verlag übernahm die Proceedings in seine Abteilung. Allen Mitarbeitern der Firma Sun, insbesondere Herrn Direktor Haas, dem Leiter des Java Zentrums Herrn Fehr und Frau Knaus sei für die Koordination dieser Tagung mit der DJEK gedankt.

Abschließend ist es mir ein persönliches Anliegen, allen Mitgliedern des Programmkomitees für die Unterstützung und den großen Einsatz zu danken, welche die JIT'98 ermöglicht haben. In dieser kooperativen und engagierten Gruppe war es eine Freude und besondere Ehre, die Leitung zu übernehmen.

Rostock, im August 1998 Clemens H. Cap

Programmkomitee

C. Cap, Universität Rostock (Vorsitz)
A. Dörr, Sun Microsystems
M. Franz, Siemens AG
K. Geihs, Universität Frankfurt
U. Kastens, Universität Paderborn
U. Kelter, Universität Siegen
J. Kleinöder, Uni Erlangen-Nürnberg
R. Kölsch, Kölsch & Altmann
F. Langhammer, Living Pages Research
S. Maffeis, SoftWired AG
C. Müller-Schloer, Uni Hannover
L. Richter, Universität Zürich
W. Rosenstiel, Universität Tübingen
H. Schmeck, Universität Karlsruhe
M. Weber, Universität Ulm
M. Wiedeking, Mathema Software

Inhalt

Java in der Lehre

Sicherheits- und Systemfragen

Kapselung und Methodenbindung: Javas Designprobleme und ihre Korrektur

Peter Müller und Arnd Poetzsch-Heffter

Fernuniversität Hagen, D-58084 Hagen, Deutschland
`[Peter.Mueller, Arnd.Poetzsch-Heffter]@Fernuni-Hagen.de`

Zusammenfassung In Java bestehen enge Wechselwirkungen zwischen den Kapselungskonstrukten und den Regeln für die Bindung von Methoden. Anhand zweier Beispiele zeigen wir, daß die mangelnde Orthogonalität der beiden Sprachkonzepte zu Fehlern in der Sprachspezifikation und Implementierung von Java führte. Der Aufsatz diskutiert mögliche Lösungen, liefert eine korrigierte und konzeptionell vereinfachte Fassung des Methodenauswahlalgorithmus von Java und präsentiert ein erweitertes Konzept zur Vergabe von Zugriffsrechten. Insgesamt wird damit die Orthogonalität der beteiligten Sprachkonzepte wesentlich gesteigert.

1 Einleitung

Moderne objektorientierte Programmiersprachen unterstützen in der Regel eine Vielzahl von Sprachkonzepten wie Subtyping, Vererbung, Kapselung, Modularisierung, dynamische Bindung usw. Ziel jedes Sprachentwurfs sollte es sein, diese verschiedenen Konzepte so orthogonal wie möglich zu realisieren. Insbesondere sollten die semantischen Wechselwirkungen zwischen den resultierenden Sprachkonstrukten klein gehalten werden.

Beim Design der Sprache Java ist dies bei vielen Aspekten gelungen. Die Beziehungen zwischen Kapselungskonstrukten, Paketkonzept und Methodenbindung in Java sind allerdings unnötig komplex und haben zu Unklarheiten und Fehlern in der Sprachspezifikation und bei Sprach-Implementierungen geführt. Beispielsweise können geschützte (protected) Methoden an Programmstellen aufgerufen werden, an denen sie nicht zulässig sind. Damit können Kapselungsschranken durchbrochen werden, auf die der Programmierer sich verlassen muß, um z.B. Klasseninvarianten zu garantieren.

Dieser Aufsatz analysiert die angesprochene Problematik anhand von Beispielen, erläutert mögliche Lösungen und präsentiert ein einheitliches Verfahren zur Methodenauswahl, mit dem ein hohes Maß an Orthogonalität zwischen den beteiligten Sprachkonzepten erreicht wird. Der Aufsatz konzentriert sich zwar auf die Situation in Java, trägt aber auch dazu bei, die grundsätzliche Wechselwirkung zwischen Kapselung und Methodenbindung besser zu verstehen. Zunächst geben wir eine kurze Einführung in diese Konzepte und ihre Beziehung.

Kapselung und Zugriffsrechte. Objektorientierte Programmiersprachen unterstützen Kapselung. Diese ermöglicht es, bestimmten Nutzergruppen einer

Klasse nur eingeschränkten Zugriff auf Attribute der Klasse und ihrer Objekte zu gewähren; unter *Attributen* verstehen wir hier Methoden, Instanz- und Klassenvariablen. Durch diese Schnittstellenbildung kann man Implementierungsdetails verbergen und vor unsachgemäßer Benutzung schützen. Üblicherweise werden drei *Zugriffsmodi* unterstützt: *Private* Attribute dürfen nur für die Implementierung der Klasse selbst verwendet werden. *Geschützte* Atribute dürfen darüber hinaus bei der Implementierung von Subklassen eingesetzt werden. *Öffentliche* Attribute sind für alle Nutzer zugreifbar. In Java werden die Zugriffsmodi durch die *Zugriffsmodifikatoren* `private`, `protected` und `public` deklariert.

Neben diesen Zugriffsrechten, die durch die Klassengrenzen festgelegt sind, unterstützt Java Zugriffsrechte, die sich an den Paketgrenzen orientieren: Attribute können *paketweit zugreifbar* sein, d.h. jede Anweisung im gleichen Paket besitzt das Recht, auf das Attribut zuzugreifen.[1] Öffentliche und geschützte Attribute sind in Java paketweit zugreifbar. Darüber hinaus sind alle Attribute paketweit zugreifbar, die ohne Zugriffsmodifikator deklariert wurden. Dieser Modus heißt in Java *default access*, wir werden ihn als *paketlokal* bezeichnen. (Man beachte: Jedes paketlokale Attribut ist paketweit zugreifbar; aber es gibt paketweit zugreifbare Attribute, die nicht den Zugriffsmodus „paketlokal" besitzen.)

Methodenbindung. Die Bindung des Methodenaufrufs an die zugehörige Implementierung kann statisch, wie bei klassischen Prozeduren, oder erst zur Programmlaufzeit, d.h. dynamisch, erfolgen. Die auszuführende Methode wird bei der dynamischen Bindung in Abhängigkeit vom Zielobjekt ermittelt. In Java kommen beide Bindungsarten vor. Um auch bei dynamischer Methodenbindung statische Analysen (z.B. Typkorrektheit) durchführen zu können, wird zur Übersetzungszeit jedem Methodenaufruf eine Methodendeklaration zugeordnet; diese nennen wir im folgenden *statische Methodendeklaration.* Zur Laufzeit wird entweder die statisch zugeordnete Methode oder eine diese überschreibende Methode ausgeführt. Eine ausführliche Darstellung des Algorithmus zur Methodenauswahl in Java findet sich in Abschnitt 2.1.

Wechselwirkungen. Zwei Aspekte verursachen eine enge Beziehung zwischen Kapselung und Methodenbindung: 1. Zur Übersetzungszeit muß geprüft werden, ob der Aufrufer einer Methode das Recht besitzt, auf die Methode zuzugreifen. Dabei betrachten wir als *Aufrufer* einer Methode die Klasse, aus der heraus der Aufruf erfolgt. Die Zugriffsprüfung kann nur anhand der statischen Methodendeklaration vorgenommen werden. Um sicherzustellen, daß auch die zur Laufzeit ausgeführte Methode zugreifbar ist, müssen überschreibende Methoden mindestens die gleichen Zugriffsrechte gewähren wie die überschriebene Methode. D.h., die Menge der Klassen, die auf die überschriebene Methode zugreifen dürfen, muß eine Teilmenge der Menge der Klassen sein, die auf die überschreibende Methode Zugriff haben. Dies muß durch syntaktische Kontextbedingungen garantiert werden. 2. Nutzer einer Klasse K haben nur Informationen über die Attribute

---

[1] Mit diesem Zugriffsmodus läßt sich insbesondere innerhalb von Paketen ein *friend-Mechanismus* wie in C++ nachbilden.

von K, auf die sie zugreifen dürfen. Das bedeutet insbesondere, daß Subklassen nicht von der Existenz einer verborgenen (z.B. privaten) Methode der Superklasse wissen. Daher können sie diese auch nicht überschreiben. Deklariert eine Subklasse dennoch eine Methode mit gleicher Signatur, so handelt es sich dabei nicht um Überschreiben, sondern um eine Neudefinition. Da diese neu definierten Methoden semantisch mit den verborgenen Methoden nichts gemeinsam haben, dürfen sie bei der Methodenauswahl nicht berücksichtigt werden, wenn sich der Aufruf auf die verborgene oder eine sie überschreibende Methode bezieht.

Diese beiden Aspekte spielen für die folgende Analyse der konzeptionell unausgereiften Kombination von Kapselung und Methodenauswahl in Java eine wesentliche Rolle. Die Schwächen dieser Kombination haben sich in der Vergangenheit bereits in etlichen Fehlern in Java Compilern manifestiert (vgl. [Sun], Bug Parade). Eine Durchsicht der dokumentierten Fehler belegt, daß insbesondere der paketweite Zugriff zu etlichen Problemen führt, was in der Auswertung eines Fehlerberichts mit "package-private access is a weird beast" (Bug Id 4094611) kommentiert wurde. Auch im Zusammenhang mit dem Überschreiben und Neudefinieren von paketlokalen Methoden über Paketgrenzen hinweg wurden bereits einige Fehler identifiziert: "... the sort of three-classes-and-two-packages problems that make this so tricky" (Bug Id 4026584).

Gliederung des Aufsatzes. Der Rest dieses Aufsatzes ist wie folgt aufgebaut: Abschnitt 2 erläutert den Methodenauswahlalgorithmus von Java. Anhand zweier Beispiele werden Unklarheiten und Fehler dieses Verfahrens demonstriert. Abschnitt 3 diskutiert mögliche Lösungsansätze, zeigt, wie die Methodenauswahl in Java korrigiert und vereinheitlicht werden kann, und präsentiert ein erweitertes Konzept für Zugriffsrechte. Abschnitt 4 enthält eine Zusammenfassung.

2 Fehler bei der Methodenauswahl in Java

Dieser Abschnitt faßt den von Java verwendeten Algorithmus zur Methodenauswahl zusammen. Anhand zweier Szenarien wird gezeigt, daß das Überschreiben von Methoden mit paketweitem Zugriff zu unklaren und fehlerhaften Situationen in Java führt. Ferner werden die Ursachen hierfür analysiert.

2.1 Methodenauswahl in Java

Um die Probleme des Zusammenspiels zwischen der Methodenauswahl und Zugriffsrechten genau analysieren zu können, werden wir im folgenden den von Java verwendeten Algorithmus zur Methodenauswahl beschreiben. Um die Präsentation zu vereinfachen, abstrahieren wir von denjenigen Aspekten, die für die hiesige Diskussion irrelevant sind, und machen folgende Annahmen:

- Alle Klassen sind öffentlich. (Java sieht auch die Möglichkeit vor, Klassen nur paketlokal zugreifbar zu machen.)
- Methoden haben keine Parameter. (Dadurch braucht das Überladen nicht betrachtet zu werden.)

- Methodenaufrufe haben immer die Form `Primary.Identifier()`.
- Interfaces und statische Methoden werden nicht betrachtet.
- Alle Methoden haben den Rückgabetyp `void`.
- Programme werden nach Modifikationen immer vollständig neu übersetzt. (Dadurch brauchen wir nicht auf die sonst notwendigen Laufzeitprüfungen einzugehen.)

Wir konzentrieren uns also auf den einfachen Standardfall: die Auswahl von parameterlosen Instanzmethoden. Nach der Sprachspezifikation (vgl. [GJS96], Kap. 15.11) erfolgt die Methodenauswahl in zwei Phasen: Zur Übersetzungszeit wird jedem Methodenaufruf statisch eine Methodendeklaration zugeordnet, anhand derer das Vorhandensein einer geeigneten Methode, die Zugreifbarkeit und die Typisierung geprüft werden (*Bindungsvorbereitung*). Zur Laufzeit wird dann in Abhängigkeit des Objekts, auf dem die Methode ausgeführt werden soll, eine Methodenimplementierung ausgewählt. Unter Berücksichtigung der obigen Einschränkungen erfordert die Bindungsvorbereitung drei Schritte:

1. Bestimmung der statischen Methodendeklaration. Diese ergibt sich aus dem Typ des Ausdrucks, auf dem die Methode aufgerufen wird, und aus dem Bezeichner der Methode.
2. Prüfung der Zugreifbarkeit in Abhängigkeit vom Zugriffsmodifikator der Methodendeklaration.
3. Festlegung des *Aufrufmodus*. Private Methoden erhalten den Aufrufmodus *nonvirtual*, was zu statischer Bindung führt; alle anderen hier betrachteten Methoden erhalten den Modus *virtual*.

Zur Laufzeit sind nochmals zwei Schritte notwendig, um die auszuführende Methode zu bestimmen:

4. Auswertung des Ausdrucks zur Bestimmung des sogenannten *Zielobjekts*, d.h. des Objektes, auf dem die Methode ausgeführt werden soll.
5. Lokalisierung der Methode. Besitzt der Aufruf den Modus nonvirtual (vgl. Schritt 3), so wird die statisch gefundene Methodendeklaration verwendet. Andernfalls wird die Methode dynamisch ausgewählt, indem zuerst in der Klasse des Zielobjekts, dann Schritt für Schritt in deren Superklassen nach einer Methode mit passender Signatur gesucht wird. Die erste gefundene Methode wird ausgeführt. Diese Suche terminiert spätestens beim Erreichen der statischen Methodendeklaration.

Das Verfahren zur Methodenauswahl muß zwei Forderungen garantieren: Zum einen soll die statisch gefundene oder ggf. eine diese überschreibende Methode ausgewählt werden. Zum anderen muß die ausgewählte Methode für den Aufrufer zugreifbar sein. In den beiden folgenden Abschnitten werden wir zeigen, daß beide Forderungen von Javas Auswahlverfahren nicht immer erfüllt werden.

2.2 Szenario 1: Überschreiben paketlokaler Methoden

Auf eine paketlokale Methode m darf nur aus Klassen zugegriffen werden, die zum selben Paket wie m gehören. Die Existenz paketlokaler Methoden wird anderen Paketen gegenüber vollständig verborgen, so daß solche Methoden auch nur innerhalb ihres Pakets überschrieben werden können.

Nehmen wir an, die Klassen S und T befänden sich in verschiedenen Paketen PS und PT und S sei eine Subklasse von T. Deklariert nun T eine paketlokale Methode m_T und S eine Methode m_S mit identischer Signatur[2], so wird m_T in S nicht überschrieben, sondern es wird eine neue zusätzliche Methode eingeführt. Gestattet die neu definierte Methode geschützten oder öffentlichen Zugriff, so können in PT Klassen existieren, die sowohl auf m_T als auch auf m_S Zugriff haben.

```
package PT;                          package PS;

public class T {                     public class S extends PT.T  {
   void m() { ... }                      public void m() { ... }
}                                    }
```

Da es sich bei m_T und m_S um verschiedene Methoden mit gleichem Bezeichner handelt, muß zur Übersetzungszeit festgestellt werden können, ob einer Aufrufstelle m_T oder m_S als Deklarationsstelle zugeordnet werden soll. Dazu wird die statische Typinformation des Methodenaufrufs herangezogen: Ist der Empfänger vom statischen Typ T, so wird m_T als statische Deklaration verwendet, handelt es sich um einen Ausdruck vom Typ S, so wird m_S gewählt. In Subtypen von S — sofern m nicht überschrieben wurde — verdeckt m_S die Methode m_T. Die im Paket PT stehende Anweisungsfolge

```
T v = new PS.S();
v.m();
```

führt also zur Auswahl von m_T als statischer Methodendeklaration. Bei genauem Nachvollziehen des oben beschriebenen Algorithmus stellt man jedoch fest, daß dieser dynamisch zum Aufruf von m_S führt, obwohl es sich dabei um eine völlig andere Methode handelt, die m_T nicht überschreibt!

Das Szenario wird noch interessanter, wenn wir das Paket PT um folgende Klasse erweitern:

```
package PT;

public class U extends PS.S {
   public void m() { ... }
}
```

Hier stellt sich nämlich die Frage, ob die Methode m_U sowohl m_T als auch m_S überschreibt oder nur eine von beiden. Der Sprachbericht bleibt diesbzgl. unklar. Einerseits steht in Kap. 8.4.6.1: "If a class declares an instance method, then the declaration of that method is said to *override* any and all methods with the same signature in the superclasses ... of the class that would otherwise be accessible to code in the class"; das bedeutet u.E., daß beide Methoden überschrieben werden (auch wenn es semantischen Vorstellungen widerspricht, zwei völlig unabhängige Methoden, die nur zufällig den gleichen Bezeichner haben, mit einer Methode zu

---

[2] Gemäß der vereinfachenden Annahmen aus Abschnitt 2.1 sind zwei Signaturen von Methoden mit gleichem Bezeichner immer identisch.

überschreiben). Andererseits steht in Kap. 8.4.6.4: "It is not possible for two or more inherited methods with the same signature not to be **abstract**, ...". Dies legt nahe, daß m_T und m_S nicht gleichzeitig geerbt werden können.

Insgesamt liefert obiges Beispiel nur einen kleinen Ausschnitt einer Klasse von unklaren Situationen und Problemen. Neben dem oben beschriebenen Fehler im Methodenauswahlalgorithmus hat das zu etlichen ähnlich gelagerten Fehlern in Java Compilern geführt. So wird z.B. bei Verwendung des Sun Compilers[3] in folgendem Beispiel m_S aufgerufen, obwohl die dynamische Bindung zu einem Aufruf von m_U führen müßte:

```
PS.S v = new U();
v.m();
```

Zusammenfassend kann festgestellt werden, daß der Bezeichner einer Methode alleine nicht ausreicht, um zu entscheiden, ob eine Methode zur Laufzeit aufgerufen werden darf. Zusätzlich wird Information darüber benötigt, ob eine dynamisch gefundene Methode die statisch ausgewählte Methode überschreibt. Dazu muß insbesondere der Begriff des Überschreibens geklärt werden.

2.3 Szenario 2: Überschreiben geschützter Methoden

Auch das zweite Szenario verwendet eine Konstruktion mit drei Klassen und zwei Paketen:

```
package PT;                             package PS;

public class T {                       public class S extends PT.T  {
  protected void m() { ... }             protected void m() { ... }
}                                      }
```

In diesem Beispiel wird die geschützte Methode m_T von der ebenfalls geschützten Methode m_S überschrieben. Definiert man nun im Paket PT eine Klasse C, die keine Subklasse von T oder S ist, so hat C zwar Zugriff auf m_T (beide befinden sich im Paket PT), nicht jedoch auf m_S. Nehmen wir an, in C befinden sich folgende Anweisungen:

```
T v = new PS.S();
v.m();
```

Der Methodenauswahlalgorithmus wählt an dieser Stelle m_S zur Ausführung aus, obwohl diese Methode von C aus gar nicht zugreifbar ist! Der Fehler liegt hier darin, daß die Zugreifbarkeit nur anhand der statisch gefundenen Methodendeklaration geprüft wird und gemäß Sprachspezifikation daraus geschlossen wird, daß die überschreibende Methode ebenfalls zugreifbar ist. Der Sprachbericht geht nämlich von der falschen Annahme aus, daß die überschreibende Methode "mindestens so zugreifbar" ist, wie die überschriebene Methode (vgl. [GJS96], Kap. 8.4.6.3). Wie das Beispiel zeigt, ist diese Annahme aber falsch: m_S ist in PT im allg. weniger zugreifbar als m_T.

Der folgende Abschnitt behandelt Lösungsansätze für die durch beide Szenarien skizzierten Problemklassen.

---

[3] sowohl unter JDK 1.1 als auch JDK 1.2 beta

3   Bewältigung der Probleme

Dieser Abschnitt behandelt Lösungen für die oben dargestellten Probleme. Um die Entwurfsentscheidungen für die danach beschriebenen Lösungen vorzubereiten, diskutieren wir zunächst in Kürze zwei Ansätze, die zu adhoc-Lösungen führen können, aber nicht die grundlegende Problematik bewältigen: 1. Spracheinschränkungen und 2. Aufweichen der Kapselung. Die beiden Hauptteile des Abschnitts präsentieren eine korrigierte und vereinheitlichte Fassung des Methodenauswahlalgorithmus und eine verfeinerte Version der Zugriffsrechte, die den neuen Methodenauswahlalgorithmus in geeigneter Weise ergänzt.

Spracheinschränkungen. Die in Szenario 1 skizzierten Situationen kann man verhindern, indem per Kontextbedingung verboten wird, daß eine Klasse Zugriff auf verschiedene Methoden mit gleichem Bezeichner bekommen kann. Abgesehen davon, daß Spracheinschränkungen bereits existierende Java-Programme ungültig machen, trägt diese Einschränkung wenig zur Orthogonalität der Sprache bei: Sie fügt eine neue Regel hinzu, anstatt die existierenden Regeln zu verallgemeinern. Außerdem bietet sie keine Lösung für das Problem aus Szenario 2.

Aufweichen der Kapselung. Abgesehen von Ungenauigkeiten haben die obigen Szenarien eine Inkonsistenz in der Sprachspezifikation von Java freigelegt. Sie entsteht dadurch, daß 1. Zugreifbarkeit definiert wird, 2. ein Methodenauswahlalgorithmus angegeben wird und 3. behauptet wird, daß der Auswahlalgorithmus ein bestimmtes dynamisches Zugriffsverhalten garantiert. Die Inkonsistenz läßt sich beseitigen, indem die Behauptung bzgl. des dynamischen Zugriffsverhaltens modifiziert wird. Beispielsweise könnten Zugriffsmodifikatoren ausschließlich die statische Zugreifbarkeit regeln ohne Einfluß auf die Zugreifbarkeit zur Laufzeit zu haben. Allerdings setzt man damit de facto die Kapselung außer Kraft: Es können nämlich Methoden aufgerufen werden, deren Existenz (und erst recht deren Verhalten) an der Aufrufstelle gar nicht bekannt sind (z.B. die Methode m_S in Szenario 2). Die Modifikation (z.B. Umbenennung) solcher eigentlich gekapselter Methoden verändert das Verhalten der aufrufenden Methode. Somit führt ein Aufweichen der Kapselung zu einer Verletzung der Grundsätze der objektorientierten Programmierung, weshalb wir diesen Ansatz nicht empfehlen.

3.1   Präzisierung und Korrektur der Methodenauswahl

Basierend auf einer Präzisierung der notwendigen Begriffe, einem korrigierten und vereinheitlichten Algorithmus zur Methodenauswahl und einer dynamischen Prüfung der Zugriffsrechte präsentieren wir eine Lösung für die skizzierten Probleme, die den Sprachumfang von Java nicht verändert. Im Anschluß diskutieren wir ihren Nachteil, dessen Überwindung sich der folgende Abschnitt widmet.

Überschreiben. Zunächst müssen wir den Begriff des Überschreibens klären. Sei S eine Klasse, in der eine Methode m deklariert ist, und T die direkte Superklasse von S. Hat S das Zugriffsrecht auf eine Methode m in T mit gleicher Signatur, dann sagen wir, daß m die von T ererbte Methode *direkt überschreibt*. Andernfalls handelt es sich um eine Neudefinition. (Diese verschattet ggf. eine in S nicht zugreifbare Methode von T mit gleicher Signatur.) Eine Methode m_0 *überschreibt* eine andere Methode m_n, wenn es eine Kette von Methoden $m_0, \ldots, m_n$ gibt, so daß m_i die Methode m_{i+1} direkt überschreibt, d.h., daß zwischen m_0 und m_n keine Neudefinition gleicher Signatur liegt.

Angewandt auf den Fall von Szenario 1 bedeutet diese Definition, daß m_U die Methode m_S überschreibt (sogar direkt), aber nicht die Methode m_T.

Vereinheitlichung. Die Diskussion von Szenario 1 hat gezeigt, daß der Auswahlalgorithmus von Java so modifiziert werden muß, daß eine dynamisch gefundene Methode nur dann ausgewählt wird, wenn sie die statische Deklaration überschreibt. Da private Methoden nicht überschrieben werden können, bedeutet dies insbesondere, daß das modifizierte Verfahren auch für private Methoden funktioniert, da es in diesem Fall stets die statisch gefundene Methode auswählt. Es liegt daher nahe, *konzeptionell* nicht zwischen den Aufrufmodi für private und nicht private Methoden zu unterscheiden, sondern alle dem gleichen Auswahlverfahren zu unterwerfen.[4] Der entscheidende Vorteil dieser Betrachtungsweise liegt darin, daß die Aufrufsemantik einer Methode nun nicht mehr von ihrem Zugriffsmodus abhängt. Somit wurde eine vollständige Orthogonalisierung von Zugriffsrechten und Methodenauswahl erreicht.

Auswahlalgorithmus. Wir schlagen vor, den Methodenauswahlalgorithmus so zu ändern, daß nur Methoden ausgewählt werden, die die statische Deklaration überschreiben. Diese Änderung erlaubt es auch, auf die Unterscheidung der Aufrufmodi virtual/nonvirtual zu verzichten, da private Methoden nicht überschrieben werden können. Damit entfällt der dritte Schritt der Bindungsvorbereitung (vgl. Abschnitt 2.1). Wenn die Zugriffsrechte und deren Kontextbedingungen in Java unverändert bleiben sollen (vgl. Abschnitt 3.2), was wir hier vorausgesetzt haben, benötigen wir zur Laufzeit drei Schritte, die wir zum Vergleich mit dem alten Auswahlalgorithmus mit 4, 5 und 5a bezeichnet haben:

4. Auswertung des Ausdrucks zur Bestimmung des Zielobjekts.
5. Lokalisierung der Methode. Wiederum beginnt die Suche in der Klasse des Zielobjekts und setzt sich dann in deren Superklassen fort. Die erste Methode mit passender Signatur, die *die statisch gefundene Methode überschreibt*, oder die statisch gefundene Methode selbst wird ausgewählt.
5a. Prüfung der Zugriffsrechte: Ist die ausgewählte Methode an der Aufrufstelle zugreifbar, so wird sie ausgeführt. Andernfalls wird ein `IllegalAccessError` erzeugt.

Diskussion. Die Stärke der beschriebenen Lösung besteht darin, daß sie den Sprachschatz von Java unverändert läßt und den Algorithmus konzeptionell vereinfacht, indem auf die Unterscheidung zwischen den Aufrufmodi virtual und

---

[4] Zu Zwecken der Optimierung können Compiler natürlich private Methoden weiterhin statisch binden.

nonvirtual verzichtet wird. Dies erhöht auch die Orthogonalität, da die Aufrufsemantik nicht mehr vom Zugriffsmodus abhängt. Die skizzierten Unklarheiten der Sprachspezifikation werden beseitigt und illegale Zugriffe abgefangen.

Allerdings entspricht die dynamische Prüfung im Schritt 5a nicht den Erwartungen an eine stark typisierte Sprache, von der man auch erwartet, daß die Zugriffsrechte statisch geprüft werden können. Wegen der in Szenario 2 dargelegten Überlappung der Zugriffsrechte „geschützt" und „paketlokal" ist dies jedoch ohne leichte Änderung des Sprachschatzes von Java nicht möglich. Einen Vorschlag für eine derartige Änderung präsentiert der folgende Abschnitt.

3.2 Verfeinerte Zugriffsrechte

In diesem Abschnitt beschreiben wir ein verbessertes Konzept für Zugriffsrechte, das eine statische Prüfung der Zugreifbarkeit ermöglicht, so daß der Schritt 5a in obigem Auswahlalgorithmus entfallen kann. Dieses Konzept verfeinert die aktuellen Zugriffsrechte in Java, da es möglich wird, Subklassen Zugriff auf ein Attribut zu gewähren, ohne dieses gleichzeitig paketweit zugreifbar zu machen.

Statische Prüfung von Zugriffsrechten. Zugriffsrechte von Methoden lassen sich statisch prüfen, wenn die Programmiersprache folgenden Grundsatz garantiert: *Eine überschreibende Methode gewährt die gleichen bzw. mehr Zugriffsrechte wie/als die überschriebene Methode.* Denn statt der statisch gefundenen Methode kann nur eine sie überschreibende Methode ausgeführt werden. Die Zugriffsregeln von Java verletzen diesen Grundsatz: Geschützte Methoden gewähren allen Klassen ihres Pakets und allen ihren Subklassen den Zugriff. Wird eine geschützte Methode m_T einer Klasse T im Paket PT von einer geschützte Methode m_S einer Subklasse von T in einem anderen Paket überschrieben, gewährt m_S den Klassen von PT keinen Zugriff — im Gegensatz zu m_T (siehe Szenario 2). Außerdem gewährt m_S im Gegensatz zu m_T der Klasse T keinen Zugriff (vgl. [GJS96], Kap. 6.6.2; die JDK Comiler lassen allerdings diese Form des Zugriffs zu).

Neben kleineren Änderungen läßt sich der Grundsatz in Java einhalten, wenn geschützte Methoden in anderen Paketen nur mit öffentlichen Methoden überschrieben werden dürfen. Ohne eine Verfeinerung der Zugriffsrechte führt eine solche Änderung allerdings dazu, daß sich gekapselte Vererbungshierarchien nicht mehr über mehrere Pakete erstrecken könnten. Dies wäre eine unakzeptable Einschränkung. Wir schlagen deshalb vor, die notwendigen Änderungen der Zugriffsregeln mit der Einführung eines neuen Zugriffsrechts zu verbinden.

Verfeinerte Zugriffsrechte und -regeln. Zur Bewältigung der skizzierten Problematik sollte Java die folgenden Zugriffsmodi mit der angegebenen gegenüber der alten Fassung leicht modifizierten Bedeutung bereitstellen:

1. `private`: Private Attribute sind nur für die umfassende Klasse zugreifbar.
2. `private protected`: Gesondert geschützte Attribute gewähren den Super- und Subklassen und der umfassenden Klasse das Zugriffsrecht.[5]

---

[5] Als Zugriffsmodifikator verwenden wir hier `private protected`, da dieser in einer frühen Versionen von Java schon einmal existiert hat (vgl. [CH96], Seite 201).

3. default access: Paketlokale Attribute gewähren allen Klassen des Pakets das Zugriffsrecht.

4. `protected`: Geschützte Attribute gewähren den Super- und Subklassen und allen Klassen des Pakets das Zugriffsrecht.

5. `public`: Öffentliche Attribute gewähren allen Klassen das Zugriffsrecht.

Der obige Grundsatz gibt dann die Kontextregeln vor, die wir in folgender Tabelle zusammenfassen. Links steht dabei der Zugriffsmodus der überschriebenen Methode, rechts die möglichen Modi der sie direkt überschreibenden Methode:

Überschriebene Methode	Überschreibende Methode
private protected	private protected, protected, public
default access	default access, protected, public (im gleichen Paket)
protected	im gleichen Paket: protected, public
	in anderen Paketen: public
public	public

Gemäß der Definition von Überschreiben ist es nicht möglich, paketlokale Methoden in anderen Paketen oder private Methoden zu überschreiben.

4 Zusammenfassung

In diesem Aufsatz haben wir gezeigt, daß das komplexe Zusammenspiel von Zugriffsrechten, Paketkonzept und dynamischer Methodenauswahl in Java zu komplizierten syntaktischen Kontextbedingungen und einer oft schwer nachvollziehbaren Aufrufsemantik für Methoden führt. Daraus resultieren häufig unklare Situationen, die etliche Compilerfehler und Fehler in der Sprachspezifikation nach sich ziehen. Letztere haben wir anhand zweier Szenarien aufgezeigt und analysiert.

Darauf aufbauend haben wir beschrieben, wie die bestehende Sprachspezifikation so korrigiert werden kann, daß die Probleme gelöst werden. Dabei haben wir gezeigt, daß die Auswahlverfahren für private und nicht private Methoden konzeptionell vereinheitlicht werden können, wodurch die Aufrufsemantik vereinfacht wird und eine Orthogonalisierung von Aufrufsemantik und Zugriffsrechten erreicht wird. Außerdem haben wir eine Korrektur und Verfeinerung der Zugriffsrechte präsentiert, die eine statische Überprüfung der Zugreifbarkeit ermöglichen.

Literatur

[CH96] G. Cornell and C. S. Horstmann. *Java bis ins Detail.* Heise, 1996.

[GJS96] J. Gosling, B. Joy, and G. Steele. *The Java Language Specification.* Addison-Wesley, Reading, MA, 1996.

[Sun] Sun. Java developer connection. Available from `http://java.sun.com/jdc`

Eine Evaluierung des Java JDK 1.2 Collections Framework aus Sicht der Softwaretechnik

Mark Evered, Gisela Menger

Abteilung Rechnerstrukturen, Universität Ulm, D-89069 Ulm
{markev,gisela}@informatik.uni-ulm.de

Abstract. Sammlungen von Daten spielen eine wichtige Rolle bei fast jeder Art der Programmierung. Aus diesem Grunde bieten praktisch benutzte objektorientierte Sprachen Standard-Bibliotheken an, die Klassen für die Verwaltung von Objektsammlungen enthalten. Diese Bibliotheken sind besonders dafür kritisiert worden, daß sie softwaretechnische Prinzipien wie Geheimnisprinzip und Orthogonalität nicht hinreichend berücksichtigen. In diesem Beitrag evaluieren wir das neue 'Collections Framework' des 'Java Development Kit' 1.2, das durch die Definition der 'Core Collection Interfaces' einige Vorteile hinsichtlich der Verständlichkeit und Erweiterbarkeit solcher Bibliotheken bietet. Wir diskutieren sowohl Schwächen des Framework, die auf einer inkonsequenten Anwendung von Softwaretechnikprinzipien beruhen, als auch Probleme, die aus der Definition der Sprache Java selbst resultieren.

1 Einleitung

Bei fast jeder Art von Programmierung beschäftigen sich Programmierer in irgendeiner Weise mit Sammlungen von Daten. Viel Arbeitsaufwand ist immer wieder nötig, um die erforderliche Funktionalität und Leistungsfähigkeit von Datenstrukturen für eine bestimmte Anwendung zu realisieren. Wenn einem Programmierer die Möglichkeit gegeben wird, die notwendigen Datenstrukturen als fertige Klassen aus einer Klassenbibliothek zu entnehmen, und wenn diese Bibliothek leicht zu verstehen und zu benutzen ist, dann kann die Effizienz der Software-Herstellung wesentlich gesteigert werden. Solche Klassen sind ideale Kandidaten für die Wiederverwendung von Software.

Die konsequente Benutzung von Sammlungsklassen kann zu einer höheren Abstraktionsebene der Programmierung führen, wie sie mit den sogenannten 'very high level'-Sprachen [21] angestrebt wurde. Programmierer (und Wartungs-programmierer) können Sammlungen dann als selbstverständliche Grundbausteine betrachten und sich auf deren Benutzung, anstatt auf deren Implementierung konzentrieren. Damit dies möglich ist, müssen die Sammlungstypen in allen Programmen gleich aussehen, d.h., sie müssen standardisiert und als 'zur Sprache gehörig' angesehen werden.

Die Notwendigkeit der Standardisierung und Integration hat dazu geführt, daß für die meisten weit verbreiteten objektorientierten Sprachen inzwischen ein 'Collections Framework' definiert worden ist. Smalltalk-80 [10] schließt Klassen für Sammlungen in seine vordefinierte Systemhierarchie ein. Eiffel [17] besitzt eine Standardbibiliothek von Containerklassen [18]. Viele verschiedene Bibliotheken sind für C++ [23] entwickelt worden, und inzwischen wurde die 'Standard Template Library' (STL) [20] als Standard definiert. Bis zur JDK Version 1.1 hat die Sprache Java [11] nur einige Typen, wie z.B. 'Vector' und 'Hashtable', hilfsweise angeboten. Aber in der Version 1.2, die bald freigegeben werden soll, wird ein umfassendes Collections Framework [12] enthalten sein.

Einfache Benutzbarkeit und Abstraktion von Implementierungsdetails sind wohlbekannte Ziele der Softwaretechnik. Existierende Bibliotheken sind gerade hinsichtlich dieser Aspekte kritisiert und als in der Praxis schwierig benutzbar beurteilt worden. Die Designer des Java Framework haben die Gelegenheit genutzt, aus den Erfahrungen mit anderen Bibliotheken zu lernen. Zudem verfügt Java über sprachliche Konstrukte, die eine bessere softwaretechnik-orientierte Unterstützung für die Definition von Sammlungstypen erlauben als andere objektorientierte Sprachen.

Im folgenden Abschnitt formulieren wir Anforderungen an eine Bibliothek für Sammlungstypen (im folgenden der Einfachheit halber: Bibliothek), die flexibel aber auch einfach zu benutzen sein soll. Wir skizzieren Probleme vergleichbarer Bibliotheken. Im dritten Abschnitt beschreiben wir die Vorteile des Java Collections Framework, weisen aber auch auf Schwächen hin, die sowohl mit dem Entwurf des Framework als auch mit Spracheigenschaften zusammenhängen.

2 Anforderungen der Softwaretechnik

Es hat sich als außerordentlich schwierig erwiesen, Bibliotheken zu definieren, die dem breiten Spektrum von Funktionalitäts- und Effizienzanforderungen an Sammlungen aus Anwendungssicht gerecht werden, ohne die Benutzung so kompliziert zu machen, daß sie von Programmierern nicht mehr als hilfreich betrachtet wird. Existierende Bibliotheken sind kritisiert worden als

- organisiert aus Implementierungs- statt aus Benutzungssicht [3]

- schwer zu verstehen und benutzen [22]

- inhärent unskalierbar [2]

In [19] wird aufgrund dieser Probleme eine Liste von Anforderungen aus Benutzersicht formuliert:

- Sammlungstypen sollen klar und verständlich organisiert sein. Wenn dies nicht der Fall ist, werden sie mehr Mühe kosten als sie einsparen.

- Die Spezifikation eines Sammlungstyps soll seine Funktionalität möglichst vollständig beschreiben, aber auf Implementierungsdetails verzichten. Es soll daher möglich sein, mehrere äquivalente Implementierungen für einen Sammlungstyp zu haben und sie ohne Beeinträchtigung der Korrektheit eines **benutzenden Programms einfach auszutauschen.**

- Ähnliche Sammlungstypen sollen ähnliche Schnittstellen haben. Dies ist beispielsweise durch eine gut strukturierte Typhierarchie zu erreichen.

- Die Spezifikation eines Untertyps soll der Spezifikation eines Obertyps nicht widersprechen, sondern lediglich präzisieren. (Prinzip des 'behavioral subtyping' [14]).

- Orthogonale semantische Eigenschaften von Sammlungen, wie z.B. Ordnung oder Zugriff über einen Schlüssel, sollen in allen Kombinationen verfügbar sein.

- Anwendungsspezifische Beschränkungen, wie der Elementtyp einer Sammlung oder das Kriterium für eine automatische Sortierung, sollen auf eine flexible und statisch überprüfbare Weise angegeben werden können.

- Operationen, die mehr als eine Sammlungen betreffen, wie Vergleich oder Vereinigung, sollen in konsistenter und symmetrischer Weise vorhanden sein.

Es ist hier nicht unser Ziel, eine vollständige Evaluierung bestehender Bibliotheken anhand dieser Anforderungen vorzunehmen. Wir skizzieren lediglich die wichtigsten und häufigsten Probleme solcher Bibliotheken als Vergleichsgrundlage für das Java Framework. Für eine detailiertere Darstellung siehe [19].

Das Hauptproblem aus softwaretechnischer Sicht ist ohne Zweifel die Vermischung von Funktionalitätsaspekten mit Implementierungsaspekten. In der STL ist beispielsweise die Klasse 'List' keine abstrakte Listendefinition, sondern eine ganz bestimmte Listenimplementierung, nämlich eine doppelt verkettete Liste. Die Smalltalk-Bibliothek enthält Klassen wie 'LinkedList' und 'ArrayedCollection', die eindeutig auf das Implementierungskonzept hinweisen. Manche Klassifikationskriterien auf den oberen Ebenen der Eiffel-Hierarchie (wie etwa 'Traversable') beziehen sich nicht auf Funktionalität, sondern auf Eigenschaften einer Implementierung. Ein Programmierer, der einen Sammlungstyp benutzen will, interessiert sich bei der Programmentwicklung in erster Linie für die erforderliche Funktionalität und soll sich nicht mit Implementierungsaspekten beschäftigen müssen:

```
Set s;              // Variable eines abstrakten Mengentyps
s=new SimpleSet();  // Erzeuge Menge mit einfacher Implementierung
...                 // Ab hier kein Kenntnis der Implementierung
```

Auf der anderen Seite muß es möglich sein, daß er später die Implementierung, die für die Prototypversion hinreichend war, austauschen kann, um das Programm gezielt zu optimieren, ohne Auswirkungen auf die Korrektheit seines Programms befürchten zu müssen ('first working, then fast'):

```
s=new SuperHashMitAutoIrgendwasSet();  // nur diese Zeile geändert
```

Um verschiedenen Anwendungsanforderungen gerecht zu werden, sollte es möglichst viele Implementierungen für jeden Typ geben, aber sie sollten nicht Teil der abstrakten Typhierarchie sein. Das Durcheinander von abstrakten Typen und Implementierungen in Bibliotheken ist teilweise auf das Konzept der Klasse zurückzuführen und teilweise auf die Benutzung von Vererbung. Eine Klasse definiert sowohl einen Typ als auch eine Implementierung für diesen Typ. Wenn eine einzige Vererbungshierarchie für Modellierung, Subtyping und Code-Wiederverwendung benutzt wird, sind Unverträglichkeiten und Kompromisse fast unvermeidlich [4, 15, 6].

Ein weiteres Problem besteht in der Zuordnung von Methodennamen zum Verhalten einer Methode. Die drei sequentiellen Klassen der STL haben ähnliche Schnittstellen, aber weil sie nicht in eine Subtyping-Hierarchie eingeordnet sind, ist nicht leicht zu erkennen, wo sie sich, wenn überhaupt, in ihrem Verhalten unterscheiden. Die Klassen der Eiffel-Bibliothek sind zwar hierarchisch geordnet, aber das Verhalten einer Methode in einer Unterklasse kann dem Verhalten widersprechen, das für die Oberklasse definiert wurde. In Smalltalk-80 unterscheidet sich die 'Verhaltenshierarchie' an vielen Stellen von der Vererbungshierarchie [3].

Ein drittes Problem ist die abschreckend große Anzahl von Sammlungsklassen in manchen Bibliotheken (beispielsweise etwa 80 in Eiffel). Dies ergibt sich teilweise aus der obengenannten Vermischung von Funktionalität und Implementierung, aber auch wenn man davon absieht, können verschiedene Aspekte, wie Ordnung, Behandlung von Duplikaten und Zugriffsmöglichkeiten, zu einer großen Zahl von Typen führen. Wenn andererseits einige der Möglichkeiten nicht unterstützt werden, kann genau das fehlen, was für eine bestimmte Anwendung gebraucht wird. So bietet die C++ STL zum Beispiel keine Möglichkeit an, eine Sammlung ohne sichtbare Ordnung zu benutzen. Eine Lösung dieses Dilemmas kann erreicht werden, wenn ein wohlbekanntes Prinzip der Softwaretechnik angewendet wird: die Identifikation und Trennung orthogonaler Konzepte. So können Ordnungskriterien und die Behandlung von Duplikaten als orthogonale Aspekte von Sammlungen angesehen und in beliebigen Kombinationen angeboten werden. Auf diese Weise kann eine Bibliothek potentiell immer noch groß werden, aber trotzdem konzeptuell einfach bleiben.

Ein letztes Problem betrifft die Flexibilität von Sammlungstypen. Oft wird beschränkte Generizität benutzt, um sicherzustellen, daß ein Elementtyp eine bestimmte Methode besitzt (z.B. eine Methode 'less', die benutzt wird, um die Elemente in einer automatisch geordneten Liste korrekt einzufügen). Das bedeutet aber, daß solche Listen für Objekte, die diese Methode nicht besitzen, auch nicht benutzt werden können, und ebenso, daß zwei Listen mit demselben Elementtyp nicht auf zwei verschiedene Weisen geordnet werden können. Eindeutige Regeln, die für die Organisation einer Sammlung benötigt werden, gehören logisch zum *Sammlungstyp* und nicht zum *Elementtyp*. Sie sollten deshalb offengehalten und für jede konkrete Sammlung neu angegeben werden können [8].

3 Das JDK 1.2 Collections Framework

3.1 Struktur

Bis zur Version 1.1 hat das 'Java Development Kit' nur sporadische Unterstützung für allgemein verwendbare Objektsammlungen geboten. Neben Arrays gibt es nur die Klassen 'Vector' und 'Hashtable. In der Version 1.2 will Javasoft nun mit dem neuen

Package 'java.util.Collection' ein umfassendes Framework für Sammlungen zur Verfügung stellen. Den Kern des Framework bilden sechs 'Interface'-Definitionen, die 'Core Collection Interfaces':

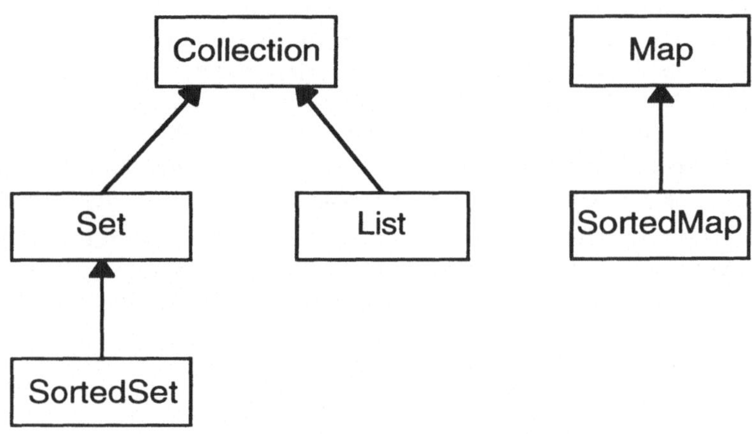

Fig. 1. Die JDK 1.2 'Core Collection Interfaces'

'Collection' ist ein allgemeiner Typ mit Methoden wie 'add', 'clear', 'remove' and 'size'. Bei 'List' hat der Benutzer die Kontrolle über die Anordnung der Elemente, und darum gibt es zusätzlich Methoden wie 'get' und 'set', um ein Element an einer bestimmten Position zu selektieren oder einzufügen. 'Set' steht für das mathematische Mengenmodell, und 'SortedSet' ist ein 'Set', das automatisch geordnet wird. 'Map' ist eine Sammlung von Paaren, wobei jedes Paar aus einem (eindeutigen) Schlüssel und dem zugehörigen Objekt besteht. Das 'Map'-Interface hat Methoden wie 'put', 'get', 'clear' und 'size'. 'SortedMap' sortiert die Elemente automatisch nach dem spezifizierten Schlüssel.

Das Framework bietet verschiedene Klassen an, die diese Interfaces implementieren. Speziell gibt es eine Implementierung für 'Set' ('HashSet'), eine für 'SortedSet' ('TreeSet'), drei für 'List' ('ArrayList', 'LinkedList' und 'Vector'), zwei für 'Map' ('HashMap' und 'Hashtable') und eine für 'SortedMap' ('TreeMap'). Ferner gibt es abstrakte Klassen, die es erleichtern, neue Implementierungen für die Interfaces zu schreiben. Weitere charakteristische Aspekte des Collections Framework sind:

- Iteratoren, die das sequentielle Abarbeiten der Elemente einer Sammlung erleichtern,
- spezielle Umwandlungssoperationen, um Arrays bzw. Maps in einen Collection-Typ zu überführen und umgekehrt,
- spezielle 'Konstruktoren', die synchronisierte oder unveränderbare Versionen einer Sammlung zur Verfügung stellen,
- allgemeine Algorithmen (z.B. Sortieren), die als 'static'-Methoden der besonderen Klasse 'Collections' angeboten werden.

3.2. Vorteile des Java-Ansatzes

Mit seiner einfachen und übersichtlichen Struktur stellt das Java Collection Framework zweifellos einen wichtigen Fortschritt in der Benutzbarkeit von Sammlungstypen dar. Durch die Verwendung von Interfaces ist eine klare Trennung von abstrakter Funktionalität und Implementierung angestrebt, und durch die Unterscheidung der Interface-Hierarchie von der Klassenhierarchie ist es möglich, Aspekte der Typmodellierung weitgehend von Aspekten der Code-Wiederverwendung zu trennen. Die Modellierung der Typen in der Interface-Hierarchie entspricht dem Prinzip des 'behavioral subtyping' mit abstrakteren Typen auf den oberen Ebenen und immer präziser spezifizierten Typen auf den unteren. Die abstrakten Klassen erlauben, die angebotenen Implementierungen relativ leicht durch weitere zu ergänzen.

Das Ordnungskriterium für automatisch sortierte Sammlungen wird flexibel gehalten. Es kann entweder durch die 'natürliche Ordnung' des Elementtyps (d.h. die Methode 'compareTo') bestimmt sein oder durch ein 'Comparator'-Objekt, das dem Konstruktor der Sammlung übergeben wird. z.B.

```
class MatrNrOrderer implements Comparator {
  public int compare(Object o1, Object o2) {
    // Code um nach Matr.-Nr. zu vergleichen
  }
}
...
SortedSet s = new TreeSet(new MatrNrOrderer());
// Erzeuge eine geordnete Menge mit der Implementierung 'TreeSet'
// und automatisch geordnet nach Matrikelnummer
```

Es gibt auch Methoden für den Umgang mit mehreren Sammlungen, wie z.B. 'equal', 'clone' und 'addAll'. Sie werden nicht nur zahlreicher, sondern auch wesentlich konsistenter angeboten als in anderen Sammlungsbibliotheken.

Die speziellen Mechanismen, um synchronisierte und unveränderbare Sammlungen zu erzeugen, verkomplizieren das Framework zwar, bieten aber Möglichkeiten, die in der Praxis wichtig sind, von den meisten gängigen Bibliotheken jedoch nicht unterstützt werden.

3.3. Kritik

Trotz dieser Vorteile gegenüber anderen Bibliotheken gibt es auch Schwächen in der Definition des Java Collections Framework. Wir beschränken uns hier auf die wichtigsten Kritikpunkte aus softwaretechnischer Sicht: die unnötige Vermischung von Funktionalität mit Implementierungsdetails und eine unzureichende Orthogonalität von Sammlungseigenschaften.

Abstraktion. Damit verschiedene Implementierungen für einen abstrakten Typ wirklich austauschbar sind, muß der Typ so genau wie möglich spezifiziert sein. Während für allgemeine Typen wie 'Collection' allgemeine semantische Beschreibungen ausreichen, muß die Funktionalität von Typen, die implementiert und instantiiert werden sollen, möglichst vollständig beschrieben werden. Wenn den

Implementierern 'funktionale Freiheiten' gelassen werden, muß man davon ausgehen, daß verschiedene Implementierungen sich im Verhalten unterscheiden werden.

Die JDK 1.2 'Core Collection Interfaces' lassen einige Fragen offen und sind deshalb nicht wirklich bindende (und daher zuverlässige) Typspezifikationen. Dies wird deutlich in Aussagen wie z.B. zu Listen:

- "Duplicates are generally permitted"
- "The caller generally has precise control over the position of each element in the list"
- "they typically allow multiple null elements if they allow null elements at all".

Noch deutlicher wird es in der grundsätzlichen Aussage, daß manche Implementierungen einschränken können, welche Elemente eingefügt werden dürfen, z.B. nur Elemente eines bestimmten Typs, nur 'non-null'-Elemente oder nur Elemente, die irgendein Prädikat erfüllen. In der Praxis hat dies zur Folge, daß ein Programmierer, der beispielsweise eine 'List'-Variable benutzt, genau wissen muß, welche Implementierung dahinter steckt. Das ist ein klarer Verstoß gegen das Geheimnisprinzip.

Es ist auch erlaubt, Implementierungen zu schreiben, die nicht alle Interface-Methoden realisieren, sondern stattdessen eine 'UnsupportedOperationException' auslösen, wenn eine bestimmte Methode aufgerufen wird. Dies gilt für Methoden, die als 'optional operation' kommentiert sind. Die 'add' Methode für Sammlungen ist eine solche Methode. Der Hauptgrund, 'add' optional zu machen, ist, daß die Sammlung 'unmodifiable' sein könnte. Die praktische Folge ist aber, daß ein Programmierer, der eine 'List'-Variable benutzt, nicht einmal davon ausgehen kann, daß ein 'add'-Aufruf funktionieren wird. Die Interfaces sind daher eigentlich keine Typdefinitionen im Sinne statischer Überprüfbarkeit.

Implementierungen müssen nicht alle Interface-Methoden realisieren, aber sie dürfen Methoden ergänzen, die zu einer bestimmte Art der internen Repräsention besonders gut passen. So ergänzt die Array-Implementierung für 'List' u.a. eine Methode 'trimToSize', während die Linked-List-Implementierung z.B. zusätzlich eine Methode 'addFirst' anbietet. Damit werden Anwendungsprogrammierer geradezu ermuntert, das Geheimnisprinzip und den Appell "Program to an interface, not an implementation" [9] zu vergessen. z.B.:

```
List l;
...
((LinkedList) l).addFirst(x);
// Hier optimiert ein Programmierer, weil er 'weiß', daß eine
// verkettete Liste benutzt wird. Es entsteht ein Laufzeit-
// fehler, falls dies irgendwann nicht der Fall sein sollte.
```

Wenn man die Option offenhalten wollen, die Implementierung zu wechseln, ohne das Programm einer vollständigen Revision zu unterziehen, dürfen sie solche Methoden nicht benutzen.

Orthogonalität. Bei den JDK 'Maps' wird der Schlüssel als getrennter Parameter mit dem zugehörigen Objekt übergeben. Der Schlüssel dient dazu, ein Objekt eindeutig zu identifizieren und (in einer guten Implementierung) schnell wiederfinden zu können. In Datenverarbeitungsanwendungen ist der Schlüssel aber normalerweise Teil des Objekts, wie etwa die Matrikelnummer in einem Studentenobjekt. In diesem Fall erzwingen 'Maps', daß der Schlüssel zweimal gespeichert wird. 'Maps' bieten die Funktionalität von 'Sets' mit der zusätzlichen Möglichkeit des effizienten Suchens. Der schnelle Zugriff auf ein Objekt anhand eines Schlüsselfeldes ist aber ebenso wichtig für Listen und jeden anderen Sammlungstyp. Es ist - neben Ordnung und der Handhabung von Duplikaten - eine weitere orthogonale Eigenschaft eines Sammlungstyps.

Daß das Java Collections Framework dieser Orthogonalität nicht gerecht wird, läßt sich an der Ähnlichkeit von 'SortedSets' und 'SortedMaps' erkennen. Die Tatsache, daß 'Maps' keine 'Collections' sind, macht es notwenig, Umwandlungsoperationen von 'Maps' zu 'Collections' anzubieten. Eine flexible Alternative zu 'Maps' wäre gewesen, für eine Sammlung eine Operation angeben zu können, die den Schlüsselwert eines Elementes bestimmt, ähnlich wie die Operation in einem 'Comparator' die Ordnung bestimmt.

Die Ordnungs- und Duplikat-Eigenschaften von Sammlungen werden im Collections Framework ebenfalls nicht orthogonal behandelt. Ein 'OrderedSet' ist automatisch geordnet und ohne Duplikate. Ein 'List' ist benutzergeordnet und erlaubt ('generally') Duplikate. Es gibt aber beispielsweise keinen Sammlungstyp, der ungeordnet ist und Duplikate erlaubt (d.h. ein Bag). Für einen Benutzer ist schwer einzusehen, warum einige Kombinationen unterstützt werden und andere nicht. Es wäre durchaus möglich gewesen, das mehrfache Subtyping von Interfaces zu nutzen, um die inhärente Orthogonalität von Sammlungseigenschaften zu modellieren (siehe [5]).

3.4. Probleme der Sprache

Die obengenannten Mängel sind auf den Entwurf des Collections Framework zurückzuführen. Weitere Probleme resultieren aus Eigenschaften der Sprache Java selbst.

Java besitzt keinen Mechanismus für eine statisch überprüfbare Beschränkung des Elementtyps einer Sammlung. Wenn ein Programmierer eine Liste von 'Person'-Objekten braucht, kann erst zur Laufzeit sichergestellt werden, daß kein Objekt eines anderen Typs eingefügt wird. Obwohl die Möglichkeit vorgesehen wird, bietet keine der vordefinierten Implementierungen eine Überprüfung des Elementtyps beim Einfügen an. Es bleibt dem Benutzer einer Sammlung überlassen, den Typ zu rekonstruieren, wenn ein Objekt aus einer Sammlung entnommen wird. Inzwischen sind eine Reihe von Vorschlägen [16, 1, 7] veröffentlicht worden, wie statisch überprüfbare parameterisierte Typen in Java integriert werden könnten, aber es bleibt abzuwarten, ob einer davon übernommen wird. Ein verwandtes Problem ist, daß Sammlungen von Elementen eines primitiven Typs nur umständlich über 'wrapper'-Klassen möglich sind.

Ein zweites Problem entsteht aus der Tatsache, daß Interfaces keine Konstruktoren enthalten dürfen. Dies bedeutet, daß in Interfaces, die als abstrakte Typspezifikationen dienen sollen, keine Konstruktoren spezifiziert werden können. Aus diesem Grund werden in den Interfaces 'Vorgaben' für Konstruktoren lediglich in Form von Kommentaren gemacht, wie z.B.:

> "All general-purpose Collection implementation classes should provide two 'standard' constructors ...".

Ein drittes Problem betrifft die angestrebte Trennung der Typhierarchie (dargestellt durch Interfaces) von der Code-Wiederverwendungshierarchie (dargestellt durch Klassen). Klassen sind in Java, wie in den meisten objektorientierten Sprachen, nicht nur Implementierungen, sondern auch Typen. Dies kann zu unerwarteten Konsequenzen führen. Angenommen, wir wollten eine einfache 'Set'-Implementierung herstellen, indem wir eine Klasse 'LinkedSet' definieren, die Code von 'LinkedList' erbt, einige Methoden überschreibt und einige Methoden hinzufügt, um die 'Set'-Semantik zu erfüllen. Dann wäre es nach dem Java-Typsystem zugelassen, eine 'List'-Variable auf ein 'LinkedSet'-Objekt zeigen zu lassen, obwohl dieses Objekt die Semantik einer Liste gar nicht gewährleistet. Dieses Problem kann allerdings nur durch eine wirklich radikale Trennung von Subtyping und Code-Wiederverwendung (wie etwa in der Forschungssprache Theta des MIT [13]) gelöst werden.

4 Zusammenfassung

Sammlungen von Objekten spielen eine wichtige Rolle in der Programmierung von objektorientierten Systemen. Die Produktivität eines Programmierers kann wesentlich gesteigert werden, wenn er fertige Typen aus einer Standardbibliothek verwendet, anstatt immer wieder das Rad neu zu erfinden. Dies gilt allerdings nur, wenn die Bibliothek so gut strukturiert und verständlich ist, daß der Programmierer sie schnell überblicken und benutzen kann. Notwendig hierfür sind wohlbekannte aber oft vernachlässigte Prinzipien der Softwaretechnik wie das Geheimnisprinzip und die Orthogonalität von Konzepten.

Die Verwendung von Interface-Typen im Collections Framework des 'Java Development Kit' 1.2 stellt einen wichtigen Schritt in diese Richtung dar. Das Framework ist einfach, übersichtlich und gut erweiterbar in bezug auf Implementierungen für die abstrakt definierten Typen. Auch die flexible Handhabung von Ordnungskriterien erleichtert die Benutzung der Sammlungen für komplexere Anwendungen.

Allerdings sind weder das Geheimnisprinzip noch die Orthogonalität so konsequent realisiert, wie es möglich gewesen wäre. Den Implementierern von Sammlungstypen werden Freiheiten hinsichtlich der geforderten Funktionalität gelassen, so daß Bibliotheksbenutzer letztlich doch wissen müssen, um welche konkrete Implementierung es sich bei einem Typ jeweils handelt.

'Maps' sind eine Kombination von 'Set'-Semantik und effizienten Suchmechanismen. Effizientes Suchen sollte aber sinnvollerweise für alle Sammlungstypen angeboten werden. Durch multiples Subtyping in der Interface-Hierarchie wäre die Orthogonalität von Sammlungseigenschaften besser unterstützt worden.

Einige Schwächen des Framework beruhen auf Eigenschaften der Sprache. Das schwerwiegendste Problem aus softwaretechnischer Sicht ist, daß Typfehler bei den Elementen einer Sammlung nicht statisch entdeckt werden können. Ein weiteres Problem ist, daß Konstruktoren nicht in einem Interface-Typ spezifiziert werden können.

References

1.   O. Agesen, S.N. Freund and J.C. Mitchell "Adding Type Parameterization to the Java Language", in Proc. OOPSLA '97, pp. 49-65, 1997.

2.   D. Batory, V. Singhal, M. Sirkin and J. Thomas "Scalable Software Libraries", in Proc. SIGSOFT '93, Los Angeles, CA, pp. 191-199, ACM, 1993.

3.   W. R. Cook "Interfaces and Specifications for the Smalltalk-80 Collection Classes", in Proc. OOPSLA '92, in ACM SIGPLAN Notices, 27, 10, pp. 1-15, 1992.

4.   W. R. Cook, W. L. Hill and P. S. Canning "Inheritance is Not Subtyping", in Proc. 17th ACM Symposium on Principles of Programming Languages, San Francisco CA, pp. 125-135, 1990.

5.   M. Evered, J. L. Keedy, G. Menger and A. Schmolitzky "A Useable Collection Framework for Java", in Proc. 16th IASTED Conf. on Applied Informatics, Garmisch-Patenkirchen, 1998.

6.   M. Evered, J. L. Keedy, A. Schmolitzky and G. Menger "How Well Do Inheritance Mechanisms Support Inheritance Concepts?", in Proc. Joint Modular Languages Conference (JMLC) '97, Linz, Austria, in Lecture Notes in Computer Science 1204, pp. 252-266, 1997.

7.   M. Evered, J. L. Keedy, A. Schmolitzky and G. Menger "GenJa: A New Proposal for Genericity in Java", in *Proc. Conference on Technology of Object-Oriented Languages and Systems*, 25, Melbourne, pp. 181-193, 1997.

8.   M. Evered "Unconstraining Genericity", in *Proc. Conference on Technology of Object-Oriented Languages and Systems*, 24, Beijing, pp. 423-431, 1997.

9.   E. Gamma, R. Helm, R. Johnson and J. Vlissides, Design Patterns: Elements of Reusable Object-Oriented Software, Reading, MA.: Addison-Wesley Publishing Company, 1995.

10.   A. Goldberg and D. Robson, Smalltalk-80 The Language, Reading, MA: Addison-Wesley, 1989.

11.   J. Gosling, B. Joy and G. Steele, The Java Language Specification, Reading, MA: Addison-Wesley, 1996.

12.   Javasoft WWW Page (JDK 1.2 Beta 3) http://www.javasoft.com/ products/jdk/1.2/docs/ guide/collections/index.html, 1998.

13.   B. Liskov, D. Curtis, M. Day, S. Ghemawat, R. Gruber, P. Johnson and A. C. Myers "Theta Reference Manual", Report Number 88, MIT Lab. for Computer Science, Cambridge, MA, 1995.

14. B. H. Liskov, J. M. Wing: "A Behavioral Notion of Subtyping", *ACM Transactions on Programming Languages and Systems,* Vol. 16:6, pp. 1811-1841, 1994.

15. W. LaLonde and J. Pugh "Subclassing ≠ subtyping ≠ Is-a", in Journal of Object-Oriented Programming, 1991, pp. 57-62.

16. A. C. Myers, J. Bank, B. Liskov: "Parameterized Types for Java", *Proc. Symposium on Principles of Programming Languages '97*, Paris, France, pp.132-145, 1997.

17. B. Meyer, Eiffel: The Language, New York: Prentice-Hall, 1992.

18. B. Meyer "Reusable Software, The Base Object-Oriented Component Libraries (Version 3.2.2)", Report Number TR-EI-44/LI, ISE, Santa Barbara, 1994.

19. G. Menger, J. L. Keedy, M. Evered and A. Schmolitzky "Collection Types and Implementations in Object-Oriented Software Libraries", in *Proc. Conference on Technology of Object-Oriented Languages and Systems*, 26, Santa Barbara, 1998 (to appear).

20. D. R. Musser and A. Saine, STL Tutorial and Reference Guide, C++ Programming with the Standard Template Library, Reading, MA: Addison-Wesley, 1996.

21. J. T. Schwartz "Automatic Data Structure Choice in a Language of Very High Level", Comm. ACM, 18, 12 pp. 722-728, 1975.

22. C. Szypersky, S. Omohundro and S. Murer "Engineering a Programming Language: The Type and Class System of Sather", in Programming Languages and System Architectures, ed. J. Gutknecht, Springer-Verlag, pp. 208-227, 1993.

23. Stroustrup, B. (1989) "The C++ Programming Language", Addison-Wesley, Bonn.

JavaParty – portables paralleles und verteiltes Programmieren in Java

Michael Philippsen, Matthias Zenger und Matthias Jacob

Universität Karlsruhe, Institut für Programmstrukturen und Datenorganisation
Am Fasanengarten 5, 76128 Karlsruhe
phlipp@ira.uka.de
http://wwwipd.ira.uka.de/JavaParty/

Zusammenfassung Während Java Threads (Aktivitätsstränge) als geeignetes Sprachmittel für die Programmierung von SMPs (Parallelrechnern mit gemeinsamem Speicher) anbietet, fehlen elegante und ausreichende Sprachmittel für die Programmierung von Parallelrechnern mit verteiltem Speicher (DMPs), also auch für Cluster von Arbeitsplatzrechnern. Die in der Java-Distribution angebotene explizite Socket-Kommunikation und der Aufruf entfernter Methoden (RMI) erfordern bei der Portierung eines für eine SMP-Maschine entwickelten mehrsträngigen Programms auf eine DMP-Maschine erhebliche Programmänderungen und -erweiterungen.
JavaParty behebt diesen Mißstand, ermöglicht ein Java-artiges Programmieren auch von DMPs und Clustern von Arbeitsplatzrechnern und verallgemeinert die Idee des plattformunabhängigen Codes auch für Parallelrechner unterschiedlicher Architekturen. Die Erweiterung beruht auf einem neuen, die Klassendeklaration ergänzenden, Klassenmodifikator `remote`, mit dem potentiell entfernt zu realisierende Objekte für den JavaParty-Übersetzer gekennzeichnet werden. Aus dem Attribut wird dann portabler Java-Code sowohl für SMPs als auch DMPs erzeugt, ohne den Programmierer der Komplexität von expliziter Socket-Kommunikation bzw. RMI auszusetzen.

1 Einleitung

Zwei wichtige Gründe für Javas [6] Popularität sind die Verfügbarkeit von portablen Programmierschnittstellen für den Zugriff auf die Internet-Kommunikationsmechanismen [7] und das Vorhandensein von Threads und Synchronisierung im Sprachumfang [16].

Java ermöglicht damit einerseits die Erstellung von mehrsträngigen Programmen, die auf SMPs echt parallel ausgeführt werden können. Andererseits sind die vorhandenen Kommunikationsbibliotheken, insbesondere der entfernte Methodenaufruf (RMI) [24], für die Erstellung von klassischen Client-Server-Anwendungen umfassend und ausreichend.

Ähnlich wir Corba erlaubt es RMI, Methoden von Objekten aufzurufen, die auf einem anderen Rechner instantiiert sind. Diese Objekte sind dazu vom Programmierer auf der Server-Seite bei einem „Name-Server" zu registrieren; der

Client kann dann eine Referenz auf das entfernte Objekt erhalten und dieses fortan weitgehend wie ein gewöhnliches Java-Objekt verwenden. RMI ist für instabile Netzwerkverbindungen und Client-Server-Architekturen entworfen worden; diese Sicht ist beim Programmieren deutlich zu spüren und unterscheidet sich wesentlich von dem Paradigma eines gemeinsamen Speichers. Beispielsweise bietet RMI eine reichhaltige Sammlung von Ausnahmebedingungen an (Exceptions), die der Programmierer nutzen kann bzw. muß, um seine Anwendung vor eventuell auftretenden Netzproblemen zu schützen.

Neben RMI sind systemnahe Sockets in Java verwendbar, mit deren Hilfe der Programmierer eigene Kommunikationsprotokolle auf unterster Ebene realisieren und dadurch wesentlich effizientere Kopplungen der nebenläufigen Programme erreichen kann, als dies durch RMI möglich ist. Jedoch sind Programme mit expliziter Socket-Kommunikation schon allein wegen des erforderlichen Protokollentwurfs erheblich schwerer zu durchschauen und zu warten.

Kurz gesagt: Java bietet zwar adäquate Mechanismen an, um mittel- und grobgranulare Parallelität auf SMPs und grobgranulare Client-Server-Applikationen mit geringem Kommunikationsaufwand auf verteilten Systemen auszudrücken. Jedoch bietet Java weder Unterstützung für Cluster von Arbeitsplatzrechnern, deren Kommunikationsnetze gewöhnlichen LANs und WANs in puncto Latenzzeit, Durchsatz und Verläßlichkeit deutlich überlegen sind [1, 2, 25], noch für irreguläre parallele Anwendungen, die einen höheren Kommunikationsbedarf aufweisen.

JavaParty erweitert den vom Programmierer zu beherrschenden Java-Sprachumfang so wenig wie möglich. Mit Hilfe eines Laufzeitsystems und einer pures Java erzeugenden Vorverarbeitung wird das parallele Programmieren von Clustern von Arbeitsplatzrechnern ermöglicht und damit Portabilität zwischen SMPs und DMPs erreicht.

Erstens ist JavaParty also eine Programmierumgebung, die zur Realisierung von Cluster-Anwendungen verwendet werden kann. Derzeit wird in Kooperation mit dem Stanford Exploration Project [3] die Nutzbarkeit von JavaParty für datenintensive geophysikalische Anwendungen untersucht [22]. Im Rahmen der DFG-Forschergruppe RESH [23] sind Projekte zum „Data-Mining" und zur Realzeit-Verfolgung von Fahrzeugen in Verkehrsszenen angelaufen. Zweitens bildet JavaParty die Grundlage von Forschungsarbeiten, deren Ziele die Lokalitätsoptimierung und damit die Reduktion der Kommunikationszeiten sind. Zur Laufzeit, durch statische Analyse im Übersetzer oder durch vom Programmierer zu liefernde Annotationen wird derzeit versucht, Informationen über bestehende Lokalitätsbeziehungen zwischen Objekten und Threads zu identifizieren, um die Objekte passend zu plazieren bzw. zu migrieren. Drittens werden Servlets zur Verringerung der Web-Server-Belastung mit Hilfe von JavaParty programmiertechnisch wesentlich leichter verteilt, als dies mit CGI und Perl möglich ist.

In Abschnitt 2 werden zunächst die wesentlichen Eigenschaften von JavaParty vorgestellt. Um die Vorteile des JavaParty-Ansatzes zu demonstrieren, schließt sich daran ein detaillierter Vergleich von JavaParty-Programmen mit solchen an, die entweder Sockets oder RMI explizit verwenden. Der vierte Abschnitt präsentiert die Transformation von JavaParty-Code in puren Java-Code. Kurze Blicke auf die gegenwärtig mit JavaParty erreichbaren Laufzeiten in Abschnitt 5 und auf verwandte Arbeiten in Abschnitt 6 beschließen diesen Beitrag.

2 JavaParty im Überblick

Ein mehrsträngiges Java-Programm kann ohne wesentliche Programmüberarbeitungen leicht in ein verteiltes JavaParty-Programm fast gleicher Quellcodegröße verwandelt werden, indem diejenigen Klassen und Threads identifiziert werden, die über die verteilte Umgebung verstreut werden sollen. Der Programmierer ergänzt die Klassendeklarationen der betroffenen Klassen um den Klassenmodifikator `remote`, den JavaParty neu einführt. Dieser Modifikator ist die einzige Erweiterung von Java.[1] Da die Threads in Java ebenfalls als Objekte realisiert sind, kann auf dieselbe Weise eine Klasse von Threads erzeugt werden, die auf entfernten Knoten ausgeführt werden.

JavaParty realisiert einen gemeinsamen Adreßraum: Obwohl die Objekte auf verschiedenen Knoten plaziert sind, können deren Methoden und Variablen (sowohl statische als auch Instanz-Bestandteile) genauso aufgerufen bzw. angesprochen werden wie von Java gewöhnt. JavaParty verbirgt Adressierungsfragen und Kommunikation mit entfernten Knoten vor dem Programmierer, behandelt eventuell auftretende Netzwerkprobleme intern und erfordert weder Entwurf noch Implementierung von speziellen Kommunikationsprotokollen.

Abgesehen von der Unterscheidung zwischen den als `remote` gekennzeichneten Objekten und gewöhnlichen Java-Objekten ist die Objektplazierung für den Programmierer transparent. Entfernte Objekte und Threads brauchen nicht „per Hand" auf bestimmte Knoten verteilt zu werden, weil diese Aufgabe vom Übersetzer und vom Laufzeitsystem übernommen werden kann, die sich mit Lokalitätsfragen und der Optimierung der Kommunikationsoperationen befassen. Dazu bietet das JavaParty-System Verteilungsstrategien an, die konsultiert werden, ehe ein neues entferntes Objekt bzw. ein Thread erzeugt wird. Die ihrerseits ebenfalls in Java implementierten Verteilungsstrategien sind mit Hilfe des Entwurfsmusters „Strategie" [5] an das Laufzeitsystem angekoppelt und dadurch zur Laufzeit auswähl- und wechselbar. Der erfahrene Programmierer kann JavaParty sogar um problemspezifische Verteilungsstrategien erweitern. Ferner können Objekte migrieren, um Zugriffslokalität zu erreichen. Neben dem Übersetzer und dem Laufzeitsystem kann auch der Programmierer selbst Migrationsaufträge erteilen.

3 JavaParty im Vergleich zu Sockets und RMI

Wir haben einige der Salishan-Probleme [4] viermal implementiert: in Java mit Threads, in Java mit expliziter Socket-Kommunikation, in Java mit RMI und

---

[1] Es wurde experimentell ferner eine `forall`-Anweisung zum datenparellelen Programmieren ergänzt, die jedoch hier nicht weiter untersucht wird. Der interessierte Leser sei auf [21] verwiesen.

in JavaParty. Unter den Problemen waren die sortierte Berechnung aller Iso-
mere der Paraffinmoleküle (ohne Wiederholungen), die Simulation eines War-
tezimmers einer ärztlichen Gemeinschaftspraxis und Hammings Problem. Zum
Verständnis der folgenden Diskussion ist kein tiefes Verständnis dieser Probleme
erforderlich; es ist ausreichend zu wissen, daß sie irregulär, schwer vorhersagbar
und deutlich verschieden von gewöhnlichen numerischen Anwendungen sind.

Während die Laufzeiten der vier Implementierungen keine signifikanten Unterschiede aufwiesen, zeigten die Programme sehr unterschiedliche Quellcode-
Größen.

	Java	Sockets	RMI	Java-Party
`wc -l`	1277	2086	2123	1277
		63.3%	66.2%	
`sdiff`	0	992	969	28
		77.7%	75.9%	2.2%

Die normalen Java-Programme und die entsprechenden JavaParty-Programme haben die gleiche Anzahl von Zeilen (1.277). Im Vergleich dazu wächst für
die auf Sockets basierende Version die Code-Größe um 63.3% auf 2.086 Zeilen
an. Obwohl man ein geringeres Wachstum erwarten würde, benötigt die RMI-
Version sogar 66.2% mehr Code, also 2.133 Zeilen, obwohl die Erstellung und
Überprüfung der Socket-Version im Vergleich zur RMI-Version nahezu doppelt
so lange gedauert hat.

Diese Ergebnisse werden noch deutlicher, wenn nicht die absolute Code-Größe
berücksichtigt wird, sondern diejenigen Zeilen gezählt werden, die geändert,
ergänzt und gelöscht wurden. Diese Zeilenzahl ist in der unteren Hälfte der Tabelle (siehe `sdiff`[2]) angegeben.

Im folgenden diskutieren wir die Nachteile der Socket- und der RMI-Version
im einzelnen und stellen dadurch die spezifischen Vorteile von JavaParty heraus.

Programmstruktur und Erzeugung entfernter Objekte. Weil JavaParty die Illusion eines gemeinsamen Adreßraums erzeugt, sind anders als bei den Socket- und
RMI-Versionen weder eine künstliche Auftrennung der Applikation in Client und
Server erforderlich, noch ist komplizierter Code nötig, um entfernte Objekte zu
erzeugen.

Im allgemeinen folgen sowohl Socket- also auch RMI-Programme dem Client-
Server-Ansatz. Der Programmierer muß Client- und Server-Anteile in seiner Applikation identifizieren und diese auf das zugrundeliegende Netzwerk abbilden.
Nehmen wir für den Moment an, daß eine derartige Aufteilung konzeptuell leicht
zu erzeugen ist. Dann muß der Programmierer zumindest zwei unterschiedliche
Programme schreiben und manuell starten, jeweils eines für den Server und einer
für den Client. Alternativ kann ein Initialisierungs-Skript erstellt werden, das den

---

[2] Die Werte wurden mit Hilfe von `sdiff -sb file1.java file2.java` | `egrep -c
'[<|>]'` ermittelt.

manuellen Programmstart vereinfacht. Die Aufteilung in zwei unterschiedliche Programme verursacht ein moderates Code-Wachstum.

Ist die Aufteilung in Client- und Server-Portionen nicht offensichtlich, verursacht die Verwendung von Sockets oder RMI deutliche Mehrarbeit, weil es beide Mechanismen nicht erlauben, entfernte Objete zu erzeugen. Für die Socket-Lösung muß das Kommunikationsprotokoll Pakete enthalten, die der Empfängerprozeß in Konstruktoraufrufe umsetzt. Analog für RMI: Auf der Maschine, auf der das entfernte Objekt erzeugt werden soll, muß ein Hilfsobjekt instantiiert sein, dessen Methoden entfernt aufgerufen werden können. Eine dieser Methoden ruft ihrerseits den Konstruktor des zu erzeugenden Objekts auf und liefert einen Zeiger auf dieses Objekt als Rückgabewert an den Aufrufer zurück. Diese indirekte entfernte Objekterzeugung, die einen Agenten auf der Zielmaschine zum Aufruf des passenden Konstruktors benötigt, ist fehleranfällig und verursacht lästiges Code-Wachstum.

Verbindungsaufbau. Da JavaParty Kommunikations- und Adressierungsmechanismen vor dem Programmierer verbirgt und mit etwaigen Netzwerkproblemen intern umgeht, bleibt der Code deutlich kleiner als bei äquivalenten Socket- und RMI-Implementierungen.

Um eine Verbindung zwischen Client und Server herzustellen, muß der Programmierer sowohl in Socket- als auch in RMI-Programmen TCP/IP-Adressierungsaufgaben bearbeiten: Er muß den IP-Namen der ausführenden Maschine zur Laufzeit herausfinden, und er muß über die verwendeten Port-Nummern und die textuellen Namen informiert sein, die der RMI-„Name-Server" entfernten Objekten zugeordnet hat.

Das folgende Code-Fragment zeigt, was bei der Implementierung mit Hilfe von Sockets auf Seite des Clients zum Verbindungsaufbau erforderlich ist. Es ist dem Programmierer überlassen, wie er mit `IOExceptions` umgeht, die z.B. auf besetzte Ports zurückzuführen sind oder von einem Server verursacht werden, der noch nicht dazu gekommen ist, die geforderte Verbindung anzubieten.

```
DataInputStream is;
DataOutputStream os;
try {
  Socket mySocket = new Socket(server, port);
  is = new DataInputStream(mySocket.
        getInputStream());
  os = new DataOutputStream(mySocket.
        getOutputStream());
} catch (IOException e) {
  ... what to do?
  ... Try again? Involve the user?
}
```

Bei der RMI-Lösung muß der Server bei dem „Name-Server" (rmiregistry) des eigenen Rechners registriert sein. Ein solcher „Name-Server" muß auf allen Knoten installiert sein, auf denen sich Objekte befinden, die von außen angesprochen werden sollen.

```
// create server
Server server = null;
try {
  server = new Server(...);
} catch (RemoteException e) {
  ...what to do?
}
// register server
try {
  InetAddress iaddr = InetAddress.getLocalHost();
  String url = "//"+iaddr.getHostName()+"/server";
  java.rmi.Naming.bind(url, server);
  server.work();
} catch (AlreadyBoundException e) {
  ... what to do?
} catch (MalformedURLException e) {
  ... what to do?
} catch (java.rmi.UnknownHostException e) {
  ... what to do?
} catch (java.net.UnknownHostException e) {
  ... what to do?
} catch (RemoteException e) {
  ... what to do?
}
```

Der obige Code ist bzgl. Maschinennamen noch unvollständig. Auf der Server-Seite ist ähnlicher Code ebenfalls zum Beenden erforderlich, d.h. um Objekte beim „Name-Server" abzumelden. Auch auf der Client-Seite ist eine analoge Kaskade von `catch`-Befehlen erforderlich, wenn der Client versucht, vom „Name-Server" eine entfernte Referenz auf dem Server zu erhalten.

Der Programmierer hat also an mindestens drei Stellen mit diversen Ausnahmebedingungen und dem „Name-Server" zu kämpfen, um ein Objekt entfernt verwenden zu können. Während diese drei Stellen evtl. noch hinter einer vereinfachenden Schnittstelle verborgen werden können, ist dies beim Methodenaufruf (s.u.) nicht mehr ohne starke Programmveränderungen möglich.

Während `RemoteExceptions` in WANs auftreten, sind sie in Parallelrechnern und eng gekoppelten Netzen von Arbeitsplatzrechnern unwahrscheinlich, außer sie werden durch Socket- oder RMI-Mechanismen selbst verursacht. Während unserer Programmerstellung traten derartige Ausnahmebedingungen auf; sie waren aber stets darauf zurückzuführen, daß wir Adressierungsfehler gemacht haben. Kurz gesagt: Ein Programmierer, der sich nicht mit IP-Namen, Port-Nummern und URLs herumschlagen muß, macht in diesem Bereich auch keine Fehler.

In Abschnitt 4 zeigen wir, wie JavaParty einen transparenten Verbindungsaufbau realisiert.

Kommunikation/Methodenaufruf. In JavaParty sind erstens Entwurf und Implementierung eines Kommunikationsprotokolls unnötig. Zweitens bleiben Signaturen existierender Methoden unverändert, wenn ein Java-Programm in ein JavaParty-Programm umgewandelt wird; insbesondere muß der Programmierer sich nicht um Netzwerk-Ausnahmebedingungen kümmern. Beide Eigenschaften führen dazu, daß der gegebene Java-Code nur unwesentlich überarbeitet werden muß.

Es ist offensichtlich, daß die Socket-Implementierung dies nicht leistet. Stattdessen muß der Programmierer ein verklemmungsfreies Kommunikationsprotokoll konzipieren, ein passendes Leitungsprotokoll zur Festlegung der Botschaftenformate definieren und Empfängerprozesse implementieren.

Erstaunlicher ist, daß auch bei der Verwendung von RMI sich nur wenig dieser Komplexität eingesparen läßt. Da in RMI nicht auf Instanzvariablen von entfernten Objekten zugegriffen werden kann, muß der Programmierer bei der Klassendefinition spezielle Zugriffsfunktionen vorsehen und diese anstelle der Variablenzugriffe verwenden. Für Arrays ist eine ganze Kollektion solcher Zugriffsfunktionen erforderlich, z.B. um auf einzelne Dimensionen des Arrays zugreifen zu können. Darüberhinaus kann RMI auch nicht für statische Methoden und statische Variablen verwendet werden. Diese Einschränkungen können zu erheblichen Code-Veränderungen und -Ergänzungen führen.

Neben diesen durch Restriktionen von RMI bedingten Code-Veränderungen sind folgende Code-Veränderungen inhärent durch RMI gefordert:

- Für jedes entfernt zu verwendende Objekt muß ein Interface deklariert werden, das die entfernt aufrufbaren Methoden ausdrücklich nennt.
- Sowohl in diesem neuen Interface als auch in der zugehörigen Klasse müssen die entfernt aufrufbaren Methoden zusätzliche mit einer `RemoteException` deklariert werden. Entsprechend müssen alle Stellen im Code überarbeitet werden, die die Methode aufrufen, um die potentiell geworfene neue Ausnahmebedingung abzufangen.
  Betrachten wir beispielsweise die Methode `foo`, die entfernt aufgerufen werden soll. Der Programmierer muß nun jeden Aufruf von `foo` in eine `try`-Anweisung einschließen.

```
try {
  server.foo(...);
} catch (RemoteException e) {
  ... what to do?
}
```

  Während es sinnvoll ist, über WANs betriebene Client-Server-Applikationen gegen Netzwerkfehler abzusichern, ist dies im Fall von eng gekoppelten Clustern von Arbeitsplatzrechnern nicht erforderlich.
  Ein weiterer Nachteil der zusätzlichen Ausnahmebedingung ist, daß im JDK enthaltene Standard-Interfaces nicht mehr genutzt werden können. So kann z.B. `java.lang.Enumeration` nicht mehr verwendet werden, was unter Umständen erheblichen Einfluß auf den gegebenen Code hat.
- In der Regel schreibt RMI vor, daß entfernte Klassen `UnicastRemoteObject` erweitern. Da Java allerdings keine Mehrfachvererbung unterstützt, kann diese Vorschrift zu einer vollständigen Umorganisation des gegebenen Codes führen.[3]

---

[3] Statt `UnicastRemoteObject` zu erweitern kann der Programmierer explizit Code kopieren, der ansonsten geerbt wird. Dieses Vorgehen legt aber noch mehr Details von RMI offen als das ohnehin der Fall ist.

Abschnitt 4 beschreibt im Detail, wie JavaParty transparente Methodenaufrufe realisiert.

4   Entwurf und Implementierung

Wir haben JavaParty in Form einer Vorverarbeitungsphase in unseren Java-Übersetzer EspressoGrinder [19] eingebaut, wie es folgendes Diagramm darstellt.

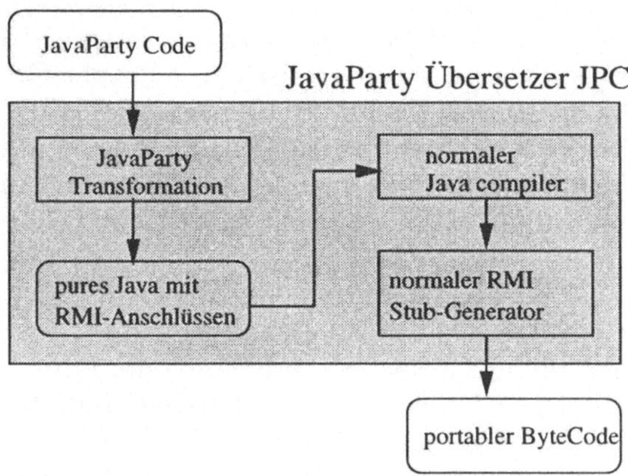

Gegenwärtig nutzt JavaParty RMI als Zielkommunikationssystem und erbt entsprechend dessen Vorteile, z.B. das Vorhandensein eines verteilten Garbage-Collectors. Der JavaParty-Übersetzer kann sowohl unmittelbar ByteCode als auch gewöhnliches Java plus RMI-Konstrukte erzeugen, das dann mit jedem Standard-Java-Übersetzer, z.B. `javac`, in ByteCode überführt werden kann. Die von RMI benötigten Stubs werden durch den von Sun bereitgestellten RMI-Übersetzer `rmic` erzeugt.

In den folgenden Abschnitten stellen wir die Transformation von JavaParty nach Java und RMI im Einzelnen dar. Aufgrund der geforderten Kürze müssen viele Dateils (z.B. Gleichheit von Objekten, `this`, Synchronisation etc.) dabei unberücksichtigt bleiben. Die Transformation wird an folgendem Beispiel durchgeführt:

```
remote class B extends A implements C {
  T x = I;                      // instance variable
  static U y = J;               // static variable
  T foo(V z) { P }              // method
  static void foo2() { Q }      // static method
  static { R }                  // static block
  B(T z) { S }                  // constructor
}
```

Graphisch dargestellt sieht die Klassenhierarchie wie folgt aus. Pfeile mit gefüllten Spitzen drücken eine Unterklassenbeziehung (`extends`) aus, während Pfeile mit leeren Spitzen die Implementation (`implements`) eines Interfaces repräsentieren. Klassen werden durch Rechtecke, Interfaces durch Ovale modelliert.

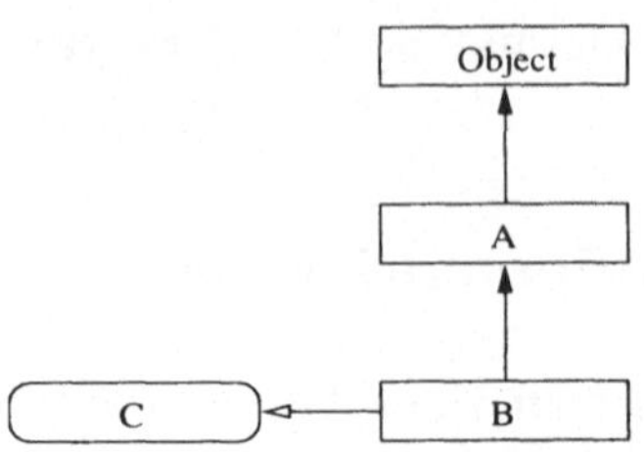

Instanzanteile und statische Anteile. Die Bestandteile einer Klassendeklaration können in solche eingeteilt werden, die statisch, also für alle Objekte dieser Klasse gemeinsam sind, und solche, die für jede Instanz dieser Klasse eigene Werte haben (Instanzmethoden bzw. Instanzvariablen). RMI kann lediglich Instanzmethoden von entfernten Objekten handhaben. Alle anderen Klassenbestandteile müssen also so umgeformt werden, daß sie dennoch mit Hilfe von RMI genutzt werden können.

Die Idee besteht darin, für die statischen Anteile eine neue Klasse einzuführen, von der genau ein einziges Objekt instantiiert wird. Die Instanzvariablen und Instanzmethoden dieses Objektes übernehmen die Funktion der statischen Klassenbestandteile der gegebenen Klasse und können mit Hilfe von RMI angesprochen werden. Aus der gegebenen Klasse B werden also zwei Klassen erzeugt, B_impl für die Instanzbestandteile und B_class_impl für die statischen Anteile. Damit beide Klassen mit Hilfe von RMI verwendet werden können, müssen zusätzlich noch Interfaces deklariert werden, die alle entfernt ausführbaren Methoden anführen. Zusätzlich zu den *_impl-Klassen werden die Interfaces B_intf und B_class benötigt. Das folgende, noch unvollständige Diagramm stellt die Situation im Zusammenhang dar. In der obersten Schicht finden sich Klassen und Interfaces, die vom JavaParty-System vorgehalten werden und die geeignete RMI-Klassen erweitern.

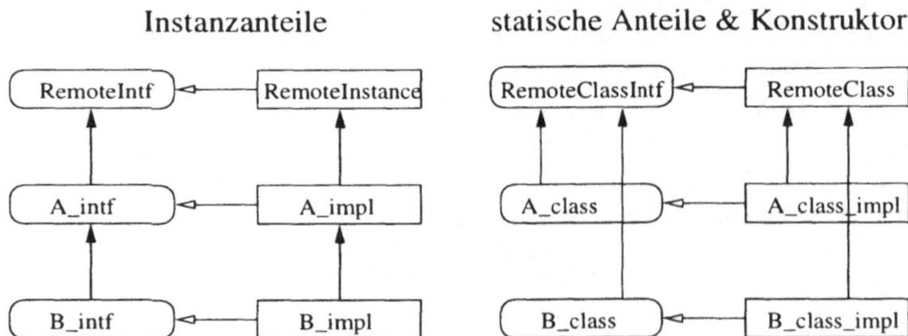

Für die statischen Bestandteile von B wird der folgende Code erzeugt:

```
interface B_class extends RemoteClassIntf {...}

class B_class_impl extends RemoteClass
implements B_class {
  U y;
  // Initialization of the class object
```

```
  protected void _init() {
    y = J;        // static variables
    toRemote(R);  // static block
  }
  public void foo2() throws RemoteException {
    toRemote(Q)
  }
  // constructor for instance part
  public B_intf _new(T z) throws RemoteException {
    return new B_impl(z);
  }
}
```

Wie von RMI gefordert, deklariert der erzeugte Code das mögliche Auftreten von `RemoteExceptions`. Für jede dynamisch geladene Klasse wird auf einem Knoten ein Objekt der Klasse `B_class_impl` erzeugt, wobei die von JavaParty realisierte und vom Programmierer modifizierbare Verteilungsstrategie den Knoten auswählt. Zur Initialisierung wird vom Laufzeitsystem die Methode `_init()` aufgerufen. In diesem (und in den folgenden) Code-Fragmenten benutzen wir die Kurzform `toRemote`, um anzuzeigen, daß die dargestellte Transformation noch unvollständig ist.

Die letzte Methode, `_new(T z)`, erfordert weitere Erläuterungen. In JavaParty ist es möglich, Objekte auf entfernten Knoten zu erzeugen. Es gibt zwei unterschiedliche Wege, diese Funktionalität zu realisieren, obwohl RMI dies selbst nicht vorsieht. Der naheliegende Ansatz ist es, das Objekt lokal zu erzeugen und es dann auf den Zielknoten umzuziehen. Da es jedoch wesentlich schneller ist, das Objekt direkt auf dem Zielknoten zu erzeugen, muß ein Weg gefunden werden, den Objekt-Konstruktor auf der Zielmaschine aufzurufen. Dazu benötigt man auf der Zielmaschine einen Agenten, der dies im Auftrag ausführt. Genau dazu ist die Methode `_new` erforderlich: Auf jedem Knoten ist ein Agent vom Typ `B_class_impl` instantiiert, dessen Methode `_new` entfernt aufgerufen werden kann und als Ergebnis eine entfernte Referenz auf ein neues Objekt vom Typ `B_impl` zurückliefert.

Insgesamt wird also auf jedem Knoten ein Objekt vom Typ `B_class_impl` benötigt, wobei allerdings nur eines dieser Objekte die statischen Klassenbestandteile von B realisiert.[4]

Die Instanzanteile der Klasse B werden ebenfalls in ein Interface und eine Klasse überführt. (Die Implementation von `B_impl` ist zur Vereinfachung der Erläuterung unvollständig; sie wird später komplettiert.)

```
interface B_intf extends A_intf {...}

class B_impl extends A_impl implements B_intf {
  T v = I; // instance variable
  public T foo(V z) // instance method
  throws RemoteException {
    toRemote(P)
  }
```

---

[4] Aufgrund der Kombination von Erzeugungsagenten und statischen Klassenbestandteilen ist in Zukunft eine Replikation der statischen Anteile leicht zu ergänzen.

```
// constructor
B_impl(T z) throws RemoteException {
  toRemote(S)
}
public final T _get_B_v() throws RemoteException { //access method
  return v;
}
public final T _set_B_v(T _x) throws RemoteException { //access method
  return v = _x;
}
// if type T is a numeric base type:
// access method
public final T _inc_B_v(T _x, boolean _postfix)
throws RemoteException {
  T _e = v;
  v += _x;
  if (_postfix) return _e; else return v;
}
}
```

In obigem Code lassen sich eine Variable v, eine Methode foo und ein Konstruktor B_impl erkennen. Drei zusätzliche Methoden implementieren verschiedene Zugriffe auf die Variable. Nicht dargestellt ist die Vielzahl der Zugriffsmethoden, die für Array-Variablen generiert werden. Bei der Konstruktion der Methodennamen müssen Paket- und Klassennamen berücksichtigt werden, um den Unterschied zu verbergen, den Java bei der Auflösung von Methoden- und Variablennamen vornimmt. Wie von RMI gefordert, deklarieren alle Methoden das potentielle Auftreten einer RemoteException.

Handles, Lokalität und Objektmigration. Der gründliche Leser wird bemerkt haben, daß die entfernten Methoden noch immer RemoteExceptions auslösen. Um den aufrufenden Code nicht auch noch transformieren zu müssen, führen wir zusätzliche Objekte ein, die wir als „Handles" bezeichnen. Um die getrennte Übersetzbarkeit der JavaParty-Klassen zu gewährleisten, erhält dieses Handle den ursprünglichen Namen der remote-Klasse.

```
class B extends A implements C {
  ...
  T foo(V z) {               // instance method
    while (true)
      try { return ((B_intf)ref).foo(z); }
      catch (MovedException _e)
          {_adaptRef(_e);}
      catch (RemoteException _e)
          {_handleRemoteException("B.foo",_e);}
  }
  static void foo2() {  // static method
    try { ((B_class)RuntimeEnvironment.
        getClassObj("B")).foo2(); }
    catch (RemoteException _e)
        {_handleRemoteException("B.foo2", _e);}
  }
  ...
}
```

Die Vererbungsbeziehung zwischen den Handle-Klassen entspricht derjenigen zwischen den urspünglichen `remote`-Klassen. Für alle Methoden der ursprünglichen Klasse befinden sich Methoden von identischer Signatur in der Handle-Klasse, die *keine* `RemoteException` auslösen. Das Handle hat ferner die Aufgabe, ankommende Methodenaufrufe entweder an das Klassenobjekt umzuleiten, das den statischen Anteil der Klasse implementiert, oder an das Instanzobjekt, das auf irgendeinem der Knoten realisiert ist. Dazu wird die Handle-interne Referenz `ref` verwendet.

Dieser Zeiger `ref` ist darüberhinaus der Schlüssel zur Objektmigration in JavaParty. Wenn ein entferntes Objekt von einem Knoten zu einem anderen umzieht, dann hinterläßt es am ursprünglichen Ort einen Stellvertreter. Wenn bei diesem Stellvertreter ein Methodenaufruf ankommt, dann löst der Stellvertreter beim entfernten Aufrufer eine `MovedException` aus und übermittelt gleichzeitig die neue Adresse des Objekts. Das Handle reagiert auf diese Ausnahmebedingung, korrigiert den `ref`-Zeiger und ruft die Methode erneut, diesmal aber an der neuen Adresse des entfernten Objekts auf. Das erklärt die `while`-Scheife in obigem Code-Fragment.

Bevor ein Objekt (mit Hilfe der Serialisierung) umziehen kann, muß sichergestellt werden, daß gerade keine seiner Methoden ausgeführt wird. Die Transformation von `B_impl` muß also noch verfeinert werden. Vor dem eigentlichen Methodenrumpf wird `_enter()` aufgerufen, anschließend `_leave()`. Damit `_leave()` in jedem Fall ausgeführt wird, wird der Methodenrumpf in eine `try`-Anweisung eingeschlossen und `_leave()` im `finally`-Block plaziert. Der folgende Code zeigt die notwendigen Ergänzungen exemplarisch für `foo`; die anderen Methoden von `B_impl` sind entsprechend zu erweitern.

```
class B_impl extends A_impl implements B_intf {
  ...
  public T foo(V z)
  throws MovedException,
  throws RemoteException {
    _enter();
    try { toRemote(P) }
    finally { _leave(); }
  }
  ...
}
```

5 Benchmark-Resultate

Wir haben datenintensive geophysikalische Basisalgorithmen, nämlich die Geschwindigkeitsanalyse Veltran und die Kirchhoff-Migration, implementiert, um die Leistungsfähigkeit von JavaParty zu untersuchen. Diese Basisalgorithmen werden in der Geophysik verwendet, um Strukturen der inneren Erdschichten mit Hilfe von Schallwellenreflektionen zu entschlüsseln. Da zur Abdeckung eines interessanten Gebiets Sensordaten im Umfang von Terra-Bytes anfallen können, ist die Leistung dieser und anderer geophysikalischer Algorithmen entscheidend. Die geophysikalischen Zusammenhänge und die Details dieses Benchmarks können in [11] nachgelesen werden.

In Zusammenarbeit mit dem Stanford Exploration Project [3] haben wir diese Algorithmen in JavaParty, in HPF und in Fortran90 implementiert und die Laufzeiten erstens auf einem IBM SP/2 Parallelrechner mit verteiltem Speicher und 8 Knoten und zweitens auf einem SGI Origin 2000 Parallelrechner mit gemeinsamem Speicher vermessen.

Die JavaParty-Implementierung verwendet auf der IBM SP/2 das JDK 1.1.4. Auf jedem Knoten ist eine separate JVM gestartet, die untereinander mit Hilfe von RMI kommunizieren. Für die HPF-Messungen wurde der Übersetzer der Portland Group (Version 2.2.) benutzt. Auf der SGI Origin 2000 verwendeten wir die beta-Version des JDK 1.1.5, die native Threads unterstützt, und den Fortran-Übersetzer von SGI.

Während auf beiden Maschinen hochoptimierende Fortran-Übersetzer verwendet wurden, beruht die Leistung von Java nicht auf nativem Code, sondern lediglich auf just-in-time-Übersetzern.

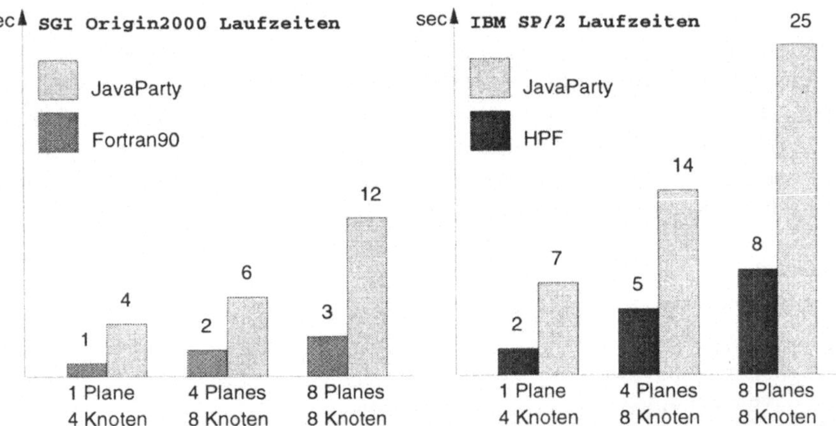

Auf der SGI ist die JavaParty-Version um den Faktor 4 langsamer als das äquivalente Fortran90-Programm. Auf der SP/2 beobachten wir einen Verlangsamungsfaktor von 3. Diese Verlangsamungen, die aufgrund der verkürzten Programmentwicklungszeiten auf Akzeptanz stoßen, sind vermutlich zu einem erheblichen Anteil auf die impliziten Array-Bereichsüberprüfungen zurückzuführen, die Java bei jedem einzelnen Array-Zugriff durchführt.

Während das JavaParty-Programm sich automatisch an die Größe der Eingabedaten (gemessen in Anzahl der „Planes", ein genaueres Verständnis ist an dieser Stelle nicht erforderlich) und die zur Verfügung stehende Knotenzahl anpaßt, fehlt den Fortran-Programmen diese Flexibilität. Für jede einzelne Messung mußten einige Konstanten im Programmtext verändert und das Programm neu übersetzt werden. Ohne diese manuellen Änderungen und Nachübersetzungen wäre die jeweils langsamste Laufzeit überall zu beobachten gewesen. Beispielsweise hätte es dann 8 Sekunden gedauert, um auf der SP/2 mit 4 Knoten eine „Plane" zu bearbeiten.

Aus zwei Gründen erwarten wir für Java in der nahen Zukunft erhebliche Leistungsverbesserungen. Erstens waren wir gezwungen, das JDK 1.1.x für die Messungen zu verwenden, da neuere Versionen noch nicht portiert waren. Spätere Versionen haben aber auf anderen Plattformen erhebliche Leistungsverbesserungen gebracht, so daß ähnliche Verbesserungen auch hier zu erwarten sind. Insbesondere verbesserten sich RMI, die Unterstützung nativer Threads und die just-in-time-Übersetzungstechnik (HotSpot). Zweitens sind statische Java-Übersetzer in ersten Versionen verfügbar, z.B. der High Performance Java Compiler von IBM [10], der durch Verwendung klassischer Optimierungstechniken erhebliche Leistungsverbesserungen erwarten läßt.

6   Verwandte Arbeiten

Parallele objektorientierte Sprachen. Von den über hundert in [20] untersuchten Sprachen betrachten mehr als die Hälfte die Probleme der Objektverteilung und -lokalität überhaupt nicht. Dafür gibt es unterschiedliche Gründe. Einige Sprachen sind lediglich prototypisch und für einen einzelnen Arbeitsplatzrechner realisiert worden, auf dem naturgemäß Netzwerklatenzzeiten keine Rolle spielen. Die Entwickler sind vorwiegend daran interessiert, Sprach- und Synchronisationsmittel in objektorientiertem Zusammenhang grundsätzlich zu untersuchen. Aus Sicht dieser Forscher sind Threads und explizite Synchronisierung, wie sie in Java vorkommen, nicht optimal, da sie zu unterschiedlichsten Formen der „Inheritance Anomaly" [17] führen können.[5] Andere Sprachen beschränken sich von vorneherein auf Parallelrechner mit gemeinsamem Speicher und verlassen sich auf das jeweils vorhandene Cache-System.

JavaParty hat einige Vorteile, die andere parallele objektorientierte Programmiersprachen nicht haben. JavaParty ist fast mit Java identisch, wodurch es ohne weiteren Lernaufwand von vielen Java-Programmierern verwendet werden kann. Im Gegensatz zu anderen vorgeschlagenen parallelen objektorientierten Programmiersprachen ist JavaParty entwurfsbedingt auf allen Plattformen in gleicher Weise verfügbar und profitiert uneingeschränkt von Leistungssteigerungen, die der Marktdruck von Java-Basistechnologie verlangt.

Parallelität in Java. Obwohl Thread-basierte Parallelität in Java vorhanden ist, wird dies von einigen Forschern als nicht ausreichend bewertet. Einige Gruppen haben daher Sprachmittel für Datenparallelismus zu Java hinzugefügt [9];

---

[5] Eine Minimaleinführung in „Inheritance Anomaly": Das Problem besteht darin, daß die Code-Zeilen, die die Synchronisationserfordernisse ausdrücken, über alle Methoden einer Klasse verteilt sind. Wenn nun eine Unterklasse leicht abweichende Anforderungen an die Synchronisation hat, dann tritt die Anomalie in Erscheinung: Anstatt fast alle Methoden der Oberklasse erben zu können, müssen fast alle Methoden der Oberklasse textuell kopiert und dann manuell hinsichtlich der geänderten Synchronisationsanforderungen verändert werden. Dabei bleibt in der Regel der in den Methoden implementierte Algorithmus unverändert, nur die Synchronisation ist modifiziert. Code-Duplikation erschwert Code-Wartung und ist daher zu vermeiden.

es existiert auch eine Erweiterung von JavaParty, die eine `forall`-Anweisung
ergänzt [21]. Andere Gruppen ergänzten Ausdrucksmittel für andere Paradigmen
[13, 15]. Während die meisten dieser Systeme maschinenabhängige Bibliotheken
oder nicht-portable Implementierungen der JVM voraussetzen, bleibt JavaParty
so nahe an Java wie möglich und funktioniert – auch wegen der Möglichkeit,
Java-Quellcode zu erzeugen – in jeder standardkonformen Java-Umgebung.

Objektmigration. Die positiven Effekte von Objektmigration sind beispielsweise
im Emerald-Projekt dokumentiert [12]. Die Integration der Migration in Lauf-
zeit- und Übersetzungszeitoptimierungen ist Gegenstand laufender Forschungsarbeiten in der JavaParty-Gruppe.

Zielplattform. Derzeit basiert die Transformation von JavaParty auf RMI, einem
Teil der JDK-Distribution. Daher sind JavaParty-Programme auf allen wichtigen
Systemplattformen, auch in heterogenen Umgebungen, ablauffähig.

Es gibt dazu allerdings Alternativen: CORBA unterstützt zwar eine Vielzahl von Sprachen und ist weniger abhängig von Java, jedoch fehlen wichtige
RMI-Eigenschaften von denen wir in der derzeitigen Implementierung Gebrauch
machen, z.B. der integrierte verteilte Garbage-Collector.

"Horb" [8] ist mit RMI dahingehend vergleichbar, daß verteilte Methodenaufrufe ermöglicht werden. Horb hätte daher, insbesondere weil der Autor einen
deutlichen Geschwindigkeitsvorteil gegenüber RMI postuliert, als Zielsystem der
JavaParty-Transformation dienen können. Wir haben uns aber dennoch für RMI
entschieden, weil RMI erstens Teil der Standard-JDK-Distribution ist und weil
zweitens zu hoffen ist, daß RMI wegen des entstehenden Marktdrucks auf lange
Sicht Horb überholen wird.

Derzeit verfolgen wir im Rahmen des JavaParty-Projekts zwei Studien. Einerseits versuchen wir eine optimierte, aber kompatible Implementierung von
RMI und der Serialisierung zu erstellen, die bessere Laufzeiten aufweist. Andererseits untersuchen wir die Möglichkeit, direkt auf Sockets oder UDP-Pakete
abzubilden und damit den RMI-Overhead vollständig zu umgehen.

Andere entfernte Java-Objekte. Uns sind zwei andere Systeme bekannt, die Java
um transparente entfernte Objekte erweitern.

Im Gegensatz zu JavaParty führt „Remote Objects in Java" (ROJ) [18] ein
neues Schlüsselwort `remotenew` ein, das verwendet werden muß, um ein Objekt,
das später nicht mehr migrieren kann, auf einem bestimmten Knoten anzulegen.
Der Programmierer muß also durch gezielte manuelle Objektplazierung Lokalität
herstellen. Da das neue Schlüsselwort auf einen Operationscode abgebildet wird,
um den der Befehlsvorrat des ByteCodes erweitert wurde, wird eine veränderte
JVM benötigt. Wir sind der Meinung, daß das ein schwerer Nachteil ist, weil
ROJ dadurch weder auf allen Plattformen verfügbar sein kann noch leicht von
Fortschritten der just-in-time-Übersetzung profitieren kann.

Eine Einschränkung von ROJ ist, daß nur primitive Typen als Parameter
von entfernten Methodenaufrufen verwendet werden dürfen. Eine solche Ein-

schränkung hätte die Portierung unserer Benchmark-Programme nach JavaParty erheblich erschwert.

Interessant ist, daß ROJ ohne gemeinsames Dateisystem auskommt; stattdessen wird ByteCode über das Netzwerk verschickt.

"Java/DSM" [26] implementiert Java auf der Basis von Treadmarks [14], einem in Software auf einem DMP realisierten gemeinsamen Speicher. Wie ROJ benötigt auch Java/DSM eine Spezialimplementierung der JVM. Ferner müssen in diesem System spezielle Vorkehrungen für heterogene Umgebungen getroffen werden, die durch die Verwendung von RMI bereits gelöst sind. Schließlich hoffen wir, daß JavaParty durch informierte Lokalitätsentscheidungen bessere Laufzeiten erreicht, als dies Java/DSM durch einen allgemeinen und auf Seitengrößen basierenden Cache-Ansatz möglich ist.

7 Zusammenfassung

JavaParty ermöglicht die Programmierung von DMPs und von Clustern von Arbeitsrechnern in Java. Dieselben Programme sind auch auf SMPs ausführbar. Sie sind wesentlich kürzer als handgeschriebene Programme, die Sockets oder RMI verwenden, und passen sich dynamisch der zugrundeliegenden Netzkonfiguration an. Mit JavaParty können Laufzeiten erreicht werden, die für geophysikalische Anwendungen mit äquivalenten Fortran-Implementierungen konkurrenzfähig sind.

Das JavaParty-System, bestehend aus einem Laufzeitsystem und einem vollständigen Übersetzer, der neben ByteCode auch puren Java-Code erzeugen kann, ist für nicht-kommerzielle Verwendung frei erhältlich. Weitere Informationen finden sich unter `http://wwwipd.ira.uka.de/JavaParty/`

Danksagung. Wir möchten an dieser Stelle allen Mitgliedern der JavaParty-Gruppe danken. Sun Microsystems Deutschland gab uns die Gelegenheit, JavaParty auf der CeBIT'98 auszustellen. Sowohl das Maui High Performance Computing Center als auch das Rechenzentrum der Universität Karlsruhe ermöglichten dankenswerterweise den Zugriff auf die SP/2 und die SGI Origin2000.

Literatur

1. T.E. Anderson, D.E. Culler, and D.A. Patterson. A Case for NOW (Network of Workstations). *IEEE Micro*, 15(1):54–64, February 1995.
2. N.J. Boden, D. Cohen, R.E. Felderman, A.E. Kulawik, C.L. Seitz, J.N. Seizovic, and W.-K. Su. Myrinet: A Gigabit-per-Second Local Area Network. *IEEE Micro*, 15(1):29–36, February 1995.
3. J. Clearbout and B. Biondi. Geophysics in object-oriented numerics (GOON): Informal conference. In *Stanford Exploration Project Report No. 93*. October 1996. `http://sepwww.stanford.edu/sep`
4. J.T. Feo, editor. *A Comparative Study of Parallel Programming Languages: The Salishan Problems*. Elsevier Science Publishers, Holland, 1992.

5. E. Gamma, R. Helm, R. Johnson, and J. Vlissides. *Design Patterns – Elements of Reusable Object-Oriented Software.* Addison-Wesley, 1994.
6. J. Gosling, B. Joy, and G. Steele. *The Java Language Specification.* Addison-Wesley, 1996.
7. J. Gosling, F. Yellin, and The Java Team. *The Java Application Programming Interface*, volume 1 – Core Packages. Addison-Wesley, 1996.
8. S. Hirano. Horb: net computing, `http://ring.etl.go.jp/openlab/horb/`, 1996.
9. S. Flynn Hummel, T. Ngo, and H. Srinivasan. SPMD programming in Java. *Concurrency: Practice and Experience*, 9(6):621–631, June 1997.
10. IBM. High performance compiler for Java. `http://www.alphaWorks.ibm.com`
11. M. Jacob. Implementing Large-Scale Geophysical Algorithms with Java: A Feasibility Study. Master's thesis, University of Karlsruhe, Dept. of Informatics, 1997.
12. E. Jul, H. Levy, N. Hutchinson, and A. Black. Fine-grained mobility in the Emerald system. *ACM Transactions on Computer Systems*, 6(1):109–133, February 1988.
13. L. V. Kalé, M. Bhandarkar, and T. Wilmarth. Design and implementation of parallel Java with global object space. In *Proc. of Conf. on Distributed Processing Technology and Applications*, Las Vegas, Nevada, 1997.
14. P. Keleher, A. L. Cox, and W. Zwaenepoel. Treadmarks: Distributed shared memory on standard workstations and operating systems. In *Proc. 1994 Winter Usenix Conf.*, pages 115–131, January 1994.
15. P. Launay and J.-L. Pazat. Integration of control and data parallelism in an object oriented language. In *Proc. of 6th Workshop on Compilers for Parallel Computers (CPC'96)*, Aachen, Germany, December 11–13, 1996.
16. D. Lea. *Concurrent Programming in Java – Design Principles and Patterns.* Addison-Wesley, 1996.
17. S. Matsuoka and A. Yonezawa. Analysis of inheritance anomaly in object-oriented concurrent programming languages. In G. Agha, P. Wegner, and A. Yonezawa, editors, *Research Directions in Concurrent Object-Oriented Programming*, pages 107–150. MIT Press, 1993.
18. N. Nagaratnam and A. Srinivasan. Remote objects in Java. In *IASTED Intl. Conf. on Networks*, January 1996.
19. M. Odersky, M. Philippsen. Espresso, `http://wwwipd.ira.uka.de/~espresso`, 1996.
20. M. Philippsen. Imperative concurrent object-oriented languages. Technical Report 95-050, International Computer Science Institute, Berkeley, August 1995.
21. M. Philippsen. Data parallelism in Java. In J. Schaefer, editor, *High Performance Computing Systems and Applications*. Kluwer Academic Publishers, 1998. to appear.
22. M. Philippsen, M. Jacob, and M. Karrenbach. Fallstudie: Parallele Realisierung geophysikalischer Basisalgorithmen in Java. *Informatik—Forschung und Entwicklung*, 13(2):72–78, 1998.
23. DFG Forschergruppe RESH – Rechnernetze als Basis für Supercomputer und Hochleistungsdatenbanken. `http://wwwipd.ira.uka.de/RESH`
24. Sun Microsystems Inc., Mountain View, CA. *Java Remote Method Invocation Specification, beta draft*, 1996.
25. T.M. Warschko, J.M. Blum, and W.F. Tichy. The ParaStation Project: Using Workstations as Building Blocks for Parallel Computing. In *Intl. Conf. on Parallel and Distributed Processing, Techniques and Applications (PDPTA'96)*, pages 375–386, Sunnyvale, CA, August 9–11, 1996.
26. W. Yu and A. Cox. Java/DSM: A platform for heterogeneous computing. *Concurrency: Practice and Experience*, 9(11):1213–1224, November 1997.

JavaSet – eine Spracherweiterung von Java um persistente Mengen

Markus Schordan und Harald Kosch

Institut für Informationstechnologie, Universität Klagenfurt,
A-9020 Klagenfurt, Österreich
`markuss(harald)@ifi.uni-klu.ac.at`

Zusammenfassung Wir stellen in diesem Beitrag eine Spracherweiterung von Java vor, die es ermöglicht elegant persistente und transiente Mengen von Objekten zu manipulieren und deklarative Mengenabfragen zu formulieren. Durch diese Spracherweiterung ist der Zugriff auf den persistenten Datenspeicher für den Programmierer transparent. Die Übersetzung von JavaSet beinhaltet eine effiziente Objektalgebra Optimierung von Mengenoperationen und deren Abbildung auf einen Ausführungsplan.

1   Einleitung

Java[1] ist sicher die Programmiersprache, die seit Ihrer Einführung am meisten von sich hat reden lassen. In Verbindung mit Web-Browsern, mit Internet Anwendungen und durch das Konzept des Network Computers hat Java eine hohe Popularität erreicht [1]. Java ist nicht nur eine Programmiersprache für das Internet, sondern auch eine typsichere und eine konsequent objektorientierte Sprache. Eine Vielzahl von Paketen und Schnittstellen werden dem Programmierer zur Verfügung gestellt. Allerdings fehlen saubere Abstraktionen von hohen Niveau um persistente und transiente Datenmengen in Java zu definieren und zu verarbeiten, die sich in Zeit und in Größe verändern können.

In diesem Zusammenhang stellen wir JavaSet, eine Spracherweiterung von Java um Mengen vor. Diese Erweiterung ermöglicht es, elegant persistente und transiente Mengen von Objekten zu deklarieren, zu manipulieren und auf diesen komplexe Operationen zu formulieren. Auf einzelne Elemente wird assoziativ (via ihrem Inhalt) zugegriffen, was vor allem für größere Mengen von Vorteil ist. Die zur Verfügung gestellten Operationen (Vereinigung, Durchschnitt, Existenz- und Allquantor, um nur einige zu nennen) sind einfach zu beherrschende und vor allem bekannte Operationen, deren Semantik sauber definiert ist. Darüberhinaus ermöglicht die Formulierung von deklarativen Anfragen mit Hilfe eines speziellen Ausdrucks (Select-Ausdruck) den Einsatz effizienter Optimierungstechniken.

Praktische Erfahrungen aus früheren Arbeiten zu einer Spracherweiterung von Modula-3 um Mengen [2] konnten bei dem Design von JavaSet gewinnbringend eingesetzt werden, wobei die M3Set Funktionalität hinsichtlich Persistenz und Optimierung wesentlich erweitert wurde.

---

[1] Java^{TM} ist ein eingetragenes Warenzeichen von Sun Microsystems Inc.

Dieser Beitrag stellt die JavaSet Sprachspezifikation vor (Kapitel 3). Besonderes Augenmerk wird auf den JavaSet Übersetzer (Kapitel 4) mit seinem integrierten Optimierer für komplexe Mengenabfragen gelegt. Darüberhinaus wird die Anbindung an einen persistenten Speicher beschrieben. Das folgende Kapitel 2 analysiert bisherige Arbeiten.

2   Bisherige Arbeiten

Persistenz in Programmiersprachen hat in den letzten Jahren immer mehr an Bedeutung gewonnen (für Persistenz in Java gibt es eine spezielle Workshopserie [3]). Oft wird Persistenz dabei als Datei-Persistenz verstanden, d.h. Daten werden mit Hilfe von Serialisierung in Dateien [4] geschrieben. Diese Art der Persistenz ermöglicht offensichtlich nur sehr eingeschränkte Datenoperationen und ist für die Verknüpfung größerer persistenter Datenmengen ungeeignet. Ein schnellerer Zugriff auf die persistenten Daten kann durch kleinere Serialisierungseinheiten ermöglicht werden. Erweiterte Varianten verändern die Objektsprache oder den Interpreter JVM [5], um Persistenz in Java zu gewährleisten. Das Ziel ist eine flexiblerer Zugriff auf die Daten.

Neben der Datei-Persistenz gibt es noch eine Reihe von kombinierten objektorientierten Datenbank- und Programmiersprachen, wie z.B. der OQL C++ Standard [6] verwirklicht im O_2 C++ binding [7]. Diese Kombination ermöglicht volle Datenbankfunktionalität und erleichtert die Verwaltung von großen Datenmengen in der Programmiersprache. Die Kombination von Datenbank- und Programmiersprachen ist in der Regel sehr umfangreich [4] und der Programmierer braucht ein fundiertes Datenbankwissen, um effizient arbeiten zu können. Erste Ansätze einer solchen Kombination mit Java werden von der ODMG (Object Data Management Group) erarbeitet [8]. Weiters ist eine Datenbankanbindung über ein JDBC/ODBC API [9] möglich. Die eingebettete Datenbanksprache unterscheidet sich hier grundsätzlich von der Programmiersprache und macht die Programmierung persistenter Daten im allgemeinen schwieriger.

Einige Autoren haben in den oben erwähnten Zusammenhängen erkannt, daß persistente Mengen ein hohes Abstraktionsniveau bieten um persistente Daten zu verarbeiten, ohne den Sprachumfang unübersichtlich zu erhöhen.

Mehrere Ansätze, Mengen in eine Programmiersprache zu integrieren sind bekannt. Erste Konzepte sind die Datenbanksprachen-Orientierten FAD und SVP [10]. Diese Sprachen benützen nur beschränkte objektorientierte Konzepte. Andere Ansätze, wie ParSet implementiert auf dem SHORE C++ Object Store [11], bieten keine direkte Sprachunterstützung.

Daneben gibt es auch mengenbasierte Sprachen, wie etwa SetL [12]. Die Mengenoperatoren sind denen von JavaSet ähnlich, allerdings nur auf transiente Mengen anwendbar. Im Gegensatz zu SetL unterstützt StarSet [13] auch Persistenz. Zum Laden und Speichern von Mengen und Klassen muß der Anwender spezielle Funktionen verwenden. Der Zugriff auf Mengen ist daher nicht transparent.

3 Sprachdefinition

Die Aufnahme von Mengen in das JDK1.2 zeigt, daß Mengen vielfach verwendete Datenstrukturen sind. Durch JavaSet stellen wir ein weit umfassenderes Mengenkonzept vor, das Mengenoperationen und einen mächtigen Select-Ausdruck beinhaltet, der auf Elemente von Mengen ähnlich wie in Datenbankabfragesprachen zugreifen läßt, wobei die elegante mathematische Notation für Mengen verwendet wird. Weiters wird der Zugriff und die Manipulation von persistenten Mengen ermöglicht, wobei das Lesen und Schreiben als auch der Verbindsaufbau zum persistenten Speicher transparent ist. Der Zugriff auf persistente Mengen wird durch die Optimierung von Select-Ausdrücken wesentlich beschleunigt. Dadurch wird die effiziente Verwendung persistenter Daten in einer objektorientierten Programmiersprache wie Java wesentlich erleichtert.

Mengentyp. Alle Elemente einer Menge sind vom gleichen Typ, der Elementtyp der Menge genannt wird. Ist der Elementtyp einer Menge T, dann wird der Typ der Menge selbst als $T\{\}$ geschrieben. Wir nennen eine Variable vom Typ $T\{\}$ eine Mengenvariable. Die Größe einer Menge ist nicht Bestandteil des Typs. Neben den Methoden der Klasse Object sind, wie auch bei der Implementation von transienten Mengen ab JDK1.2, die Methoden `size()` und `isEmpty()` in Mengen vorhanden. JavaSet stellt diese Funktionalität auch für persistente Mengen zur Verfügung. Der Elementtyp einer Menge kann ausschließlich vom Typ Referenztyp [14] sein. Mengen sind dynamisch erzeugte Objekte und können Variablen vom Typ Object zugewiesen werden. Alle Methoden der Klasse Object können für eine Menge aufgerufen werden.

Mengenvariablen. Eine Variable eines Mengentyps enthält eine Referenz auf ein Mengenobjekt. Die Deklaration einer Variable erzeugt kein Mengenobjekt. Es wird nur die Variable selbst erzeugt.

Erzeugung von Mengen. Eine Menge wird durch eine Mengeninitialisierung, einen Mengenerzeugungssausdruck oder einen Select-Ausdruck (sh. Kapitel 3) erzeugt.

Die Mengeninitialisierung ist syntaktisch äquivalent der von Feldern [14] §10.6. Zusätzlich kann angegeben werden, ob die Menge an einen persistenten Speicher gebunden werden soll oder nicht.

$$(1) \quad \{ \ Variableninitialisierer_{opt} \ ,_{opt} \ \} \ @ \ PSBezeichner$$
$$(2) \quad \{ \ Variableninitialisierer_{opt} \ ,_{opt} \ \}$$

Durch Angabe von $PSBezeichner$ (1) wird die Menge an einen persistenten Speicher gebunden. Diese Information, an welche persistente Menge eine Variable gebunden ist, wird zur Übersetzungszeit bei der Optimierung von Mengenausdrücken verwendet. Durch die Erzeugung des Objektes wird auch die Verbindung zum persistenten Speicher hergestellt, falls diese noch nicht existiert hat. Existiert die Menge noch nicht im persistenten Speicher, so wird diese angelegt und mit den angegebenen Elementen initialisiert. Enthält die Menge bereits Objekte, so kann auf diese über das Mengenobjekt zugegriffen werden. Wird $PSBezeichner$ nicht angegeben (2), so wird eine transiente Menge initialisiert.

```
Student var=new Student("Gunther");
Person{} personen={new Person("Karin"), var} @ "db1:pers1";
```

In obigem Beispiel wird die Variable **personen** an eine Menge im persistenten Speicher **db1:pers1** gebunden. Ist die Menge noch nicht vorhanden, so wird eine polymorphe Menge erzeugt, die zwei Elemente enthält. Für alle Elemente der Menge gilt, daß der Typ zuweisungskompatibel zum Elementtyp der Menge auf der linken Seite der Zuweisung ist (Klassendefinition sh. Abb. 1).

Zuweisung. Wird einer Mengenvariable eine Menge zugewiesen, so wird die Referenz auf die Menge, für die die Mengenvariable der linken Seite steht, überschrieben. Die Information für die Persistenz wird jedoch nicht überschrieben. Die Referenzsemantik bleibt also für Mengen, nicht aber für die Persistenz erhalten. Die Information, an welche persistente Menge eine Variable gebunden ist, wird nicht überschrieben. Dies macht es einfach, neue Mengen zu generieren und persistent zu machen. Auch ist die Veränderung von persistenten Mengen dadurch leicht möglich.

```
Student{} stud3={} @ "db1:studenten1";
Student{} stud4;
stud4=stud3;
```

Es wird ein Mengenobjekt mit Elementtyp **Student** erzeugt und die Verbindung zum persistenten Speicher **db1** hergestellt. Dieses Objekt wird der Variable **stud3** zugewiesen. Wird der Variable **stud3** eine andere Menge zugewiesen, wird diese Menge persistent und überschreibt im persistenten Speicher die an die Variable gebundene Menge. Wird die Anweisung **stud4=stud3** ausgeführt, so kann über die Variable **stud4** auf alle Objekte zugegriffen werden, auf die auch durch **stud3** zugegriffen werden kann. Durch eine Zuweisung können also Mengen transient gemacht werden und umgekehrt.

Mengenoperationen und erweiterter Mengenerzeugungsausdruck. Zusätzlich zum Mengenerzeugungsausdruck mittels **new** stellen wir auch einen erweiterten Mengenerzeugungsausdruck zur Verfügung, durch dessen Verwendung einfach Elemente in eine Menge aufgenommen oder von dieser entfernt werden können. Der Ausdruck ist syntaktisch ähnlich dem Initialisierungsausdruck, muß jedoch mindestens ein Element enthalten. Der Typ des Ausdrucks ist der allgemeinste Typ der angegebenen Elemente. Die Operationen Vereinigung, Durchschnitt und Differenz werden durch binäre Operatoren, die ausschließlich auf Mengen angewendet werden können, ausgedrückt.

```
personen=personen+{var}+stud3;
personen+={var}+stud3;
```

Der Operator '+' wird für die Vereinigung von Mengen verwendet. Es wird auf der rechten Seite eine einelementige Menge erzeugt, die dann mit der Menge **personen** und **stud3** vereinigt wird. Für die Operationen Durchschnitt und Differenz werden die Operatoren '*' bzw. '-' verwendet.

Der Ergebnistyp einer Vereinigung ist der allgemeinere Typ der beiden Operanden. Wird der Durchschnitt zweier Mengen gebildet, so ist der speziellere Typ der Ergebnistyp. Bei der Differenz ist der Ergebnistyp der Typ des ersten Operanden.

```
class Vorlesung {                    class Student extends Person {
   public String titel; ...             public Vorlesung vorl;
}                                        Student(String name){...} ...
class Person {                        }
   protected String name;             class Paar {
   protected Adresse adresse;            private Person p1,p2;
   Person(String name){...}              Paar(Person p1, Person p2) {
   public Adresse adr() {...}...          ...} ...
}                                     }
Person{} personen = {} @ "db1:personen1";
Student{} stud1 = Student{} @ "db1:studenten1";
Student{} stud2 = Student{} @ "db1:studenten2";
```

Abbildung 1. Klassendefintionionen und Programmfragment.

Select-Ausdruck. Mittels Select-Ausdrücken kann in JavaSet auf Objekte in Mengen, ähnlich wie einer objektorientierten Datenbankabfrage (z.B. OQL [15]), zugegriffen werden. Der Select-Ausdruck erzeugt aus verschiedenen Mengen durch die Angabe eines boolschen Ausdrucks eine neue Menge. Diese kann auf zwei Arten erzeugt werden: objekterhaltend oder objekterzeugend. Mengen werden ähnlich der mathematischen Schreibweise angegeben.

$$\{Selector \mid B_1 \text{ in } Menge_1, \ldots, B_n \text{ in } Menge_n :: BoolAusdruck\}$$

Jeder Bezeichner B_i ($1 \leq i \leq n$) kann nur einmal in einem Select-Ausdruck auftreten. Wird als Selector ein Bezeichner B_i angegeben, so wird eine objekterhaltende Operation durchgeführt, sodaß die neue Menge nur Objekte enthält, die schon vor der Auswertung des Ausdrucks existiert haben. Ist der Selector ein Konstruktor einer Klasse, so werden Objekte erzeugt. Als Parameter können beliebige Pfadausdrücke von Objekten verwendet werden. Weiters kann auch ein Pfadausdruck als Selector angegeben werden.

```
(1) {p|p in personen :: p.adr()==null};
(2) {st1| st1 in stud1, st2 in stud2 ::
                          st1.adr().equals(st2.adr())};
(3) {Paar(st1,st2)| st1 in stud1, st2 in stud2 ::
                          st1.adr().equals(st2.adr())};
```

In Beispiel 1 wird die Menge aller Personen erzeugt, für die keine Adresse eingetragen ist. Beispiel 2 zeigt, wie mittels eines Select-Ausdrucks ein semi-join ausgedrückt werden kann. Es werden genau jene Objekte der Menge stud1 in die Ergebnismenge aufgenommen, deren Adressen gleich denen eines Objekts der Menge stud2 sind. Im dritten Beispiel wird der Konstruktor der Klasse Paar als Selector angegeben. Es wird eine Menge von Objekten der Klasse Paar erzeugt, wobei als Parameter des Objektkonstruktors die Namen von je zwei Elementen der Mengen stud1 und stud2 übergeben werden. Der Elementtyp der Ergebnismenge ist daher Paar. Die Ausdrücke $Menge_i$ ($1 \leq i \leq n$), sind beliebige Mengenausdrücke. Select-Ausdrücke können somit beliebig geschachtelt werden.

foreach. Wir erweitern Java um eine zusätzliche Anweisung, die es erlaubt, Operationen auf Elementen von Mengen zu definieren.

```
foreach ( Bezeichner in Mengenausdruck ) Anweisung
```

Die einzelnen Elemente der Ergebnismenge von *Mengenausdruck* werden an *Bezeichner* gebunden. Die Reihenfolge, in der diese Bindungen erfolgen, ist nicht festgelegt, da Mengen ungeordnet sind. Es ist sichergestellt, daß alle Elemente der Menge ausgewählt werden und *Anweisung*[2] für jedes Element genau einmal ausgeführt wird. Ist die Menge leer, so wird *Anweisung* nicht ausgeführt. Der Bezeichner ist lokal und existiert nur innerhalb des Blocks.

Sonstige Ausdrücke. Weiters stellen wir einen Allquantor, einen Existenzquantor und einen Ausdruck zur Verfügung, der testet, ob ein Element in einer Menge enthalten ist; dieser ist aus Effizienzgründen als ein Ausdruck[3] in der Sprache enthalten. Der Ergebnistyp aller drei Ausdrücke ist vom Typ boolean.

    (1)   **all** *Bezeichner* **in** *Mengenausdruck* :: *BoolAusdruck*
    (2)   **any** *Bezeichner* **in** *Mengenausdruck* :: *BoolAusdruck*
    (3)   *Ausdruck* **in** *Mengenausdruck* :: *BoolAusdruck*

4 Übersetzung

JavaSet ist eine Obermenge von Java. Bei der Übersetzung (sh. Abbildung 2) eines JavaSet Programms werden reine Java-Konstrukte, Mengenoperationen und Select-Ausdrücke separat übersetzt. Die Mengenoperationen werden durch Optimierungen auf der Normalform von Mengenausdrücken optimiert. Die Select-Ausdrücke werden durch spezielle Strategien unter Zuhilfenahme einer Objektalgebra optimiert (sh. 4.1).

Die optimierten Mengenoperationen und Select-Ausdrücke gehen in die Erstellung eines Ausführungsplans ein. Der Ausführungsplan legt die Verarbeitungsreihenfolge der Mengenoperationen fest und ist auf die Größenverhältnisse

---

[2] Eine Anweisung kann auch ein Block sein; analog der Definition für for in Java.
[3] Dieser Ausdruck kann auch durch !({*Ausdruck*} * *Mengenausdruck*).empty() ausgedrückt werden.

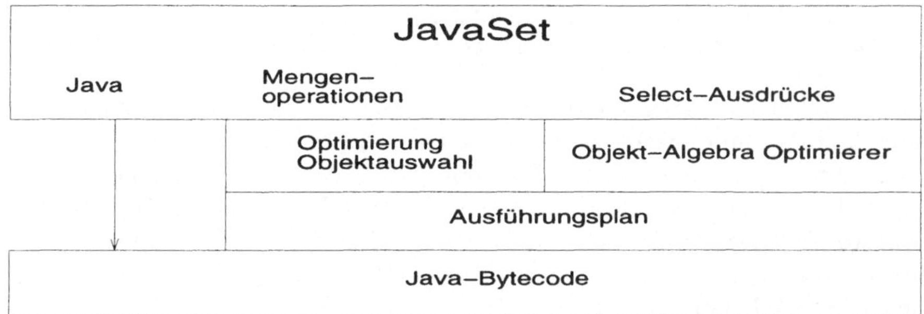

Abbildung2. Übersetzung eines JavaSet Programms.

der zu verarbeitenden Mengen optimiert. Da sich jedoch die Größenverhältnisse während der Laufzeit (insbesondere über einen längeren Zeitraum) so verändern können, daß die vorgenommene Optimierung nicht mehr optimal ist, ist es notwendig Anpassungen zur Laufzeit vorzunehmen (sh. 4.2).

4.1 Optimierung

Die Optimierung beruht auf dem Ansatz der algebraischen Anfrageoptimierung [16]. Dazu wird der Select-Ausdruck in einen objektorientierten algebraischen Ausdruck übersetzt, der auf einer Objekt-Algebra aufbaut, deren Operatoren jeweils eine atomare Ausführungsfunktion auf den Mengen modellieren. Die wichtigsten Operatoren sind : *Join* und *Selection* (ähnlich wie in einer relationalen Algebra), dazu der implizite Objekt-Join *OJoin*, der auf den eindeutigen OIDs operiert, weiters der *Flatten*, der eine Menge von Mengen einebnet und der *Mat*, der eine Komponente eines Pfadausruckes materialisiert [17].

Der Select-Ausdruck wird von dem Übersetzer in einen Verarbeitungsbaum (engl. Processing Tree) übersetzt. Dieser Baum ist eine ideale Abstraktion um die Verarbeitungsreihenfolge der Objektalgebra-Operatoren darzustellen. Die inneren Knoten eines Verarbeitungsbaumes stellen die Mengenoperatoren dar und die Blätter bezeichnen die zu verarbeitenden Mengen. Die gerichteten Kanten zwischen den Knoten beziehen sich auf den Datenfluß (z.B. ein Join verarbeitet zwei Eingangsmengen zu einer Resultatsmenge). Für einen gegebenen Ausdruck gibt es eine Vielzahl alternativer Verarbreitungsreihenfolgen. Eine genaue Analyse dieser Vielfalt würde den Rahmen dieses Beitrags sprengen und der Leser muß z.B. auf [18] verwiesen werden.

Das Ziel der Suchstrategie innerhalb der Optimierung ist es, den Suchraum möglicher Verarbeitungsstrategien aufzuspannen und mit Hilfe einer Kostenfunktion (sh. z.B. [19]) einen kosten-minimalen Baum zu finden. Wir bedienen uns hier eines traditionellen 'dynamic programming' Ansatzes.

Betrachten wir zwei mögliche Verarbeitungsbäume für den folgenden Select-Ausdruck der die Menge aller Studenten beschreibt, die sowohl in den Studentenmengen **stud1** und **stud2** enthalten sind und die eine Vorlesung mit dem Titel "Hardware" besuchen (Klassendefinitionen sh. Abbildung 1):

```
{st1 | st1 in stud1, st2 in stud2, v in st2.vorl ::
 st1.adr().equals(st2.adr()) && v.titel.equals("Hardware") }
```

Zwei mögliche Verarbeitungsreihenfolgen sind als Verarbeitungsbäume in Abbildung 3 linker und rechter Hand dargestellt. Linker Hand wird ein OJoin benötigt, um das Ergebnis des Flatten (ebnet den Pfadausdruck `st2.vorl()` ein) und Join operators miteinander zu verknüpfen. Rechter Hand stellt eine effizientere Verarbeitungsreihenfolge dar, die ohne OJoin auskommt.

Im allgemeinen entscheidet der Optimierer mit Hilfe einer Kostenfunktion, welcher der möglichen Verarbeitungsbäume ausgewählt wird. Die Kosten eines Baumes werden im wesentlichen durch die Selektivität der einzelnen Operatoren bestimmt (d.h. wie groß ist die Zwischenmenge, die ein Operator erzeugt).

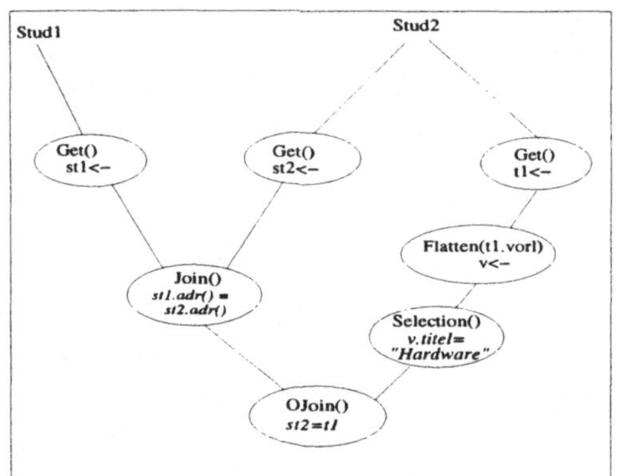

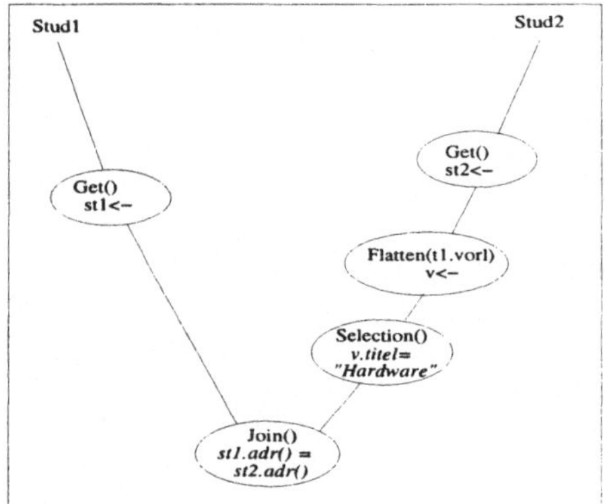

Abbildung3. Zwei mögliche Verarbeitungsbäume für den Select-Ausdruck.

Der Verarbeitungsbaum wird zusammen mit den optimierten Mengenausdrücken (sh. Abbildung 2) zu einem Ausführungsplan zusammengefaßt. Der Ausführungsplan ist eine Datenstruktur, die alle zur Laufzeit relevanten Informationen bezüglich der Mengen enthalten muß (z.B. die geschätzte Größe der Zwischenergebnisse, da diese zur Laufzeit überprüft werden).

4.2 Anbindung an den persistenten Speicher

Die Abarbeitung des Ausführungsplans stützt sich auf eine physikalische Mengenschnittstelle bestehend aus den physikalischen Mengenoperationen. Die konkrete Realisierung dieser Operationen wird von der physikalischen Mengenschnittstelle verborgen und ermöglicht so eine größtmögliche Transparenz. Die Schnittstelle beinhaltet Methoden zur Verwaltung der Gesamtheit der persistenten Mengen und Methoden zu deren Manipulation und Abfrage.

Bei der Abarbeitung des Ausführungsplans zur Laufzeit wird die Gültigkeit des Verarbeitungsbaums überprüft. Diese Überprüfung vergleicht die Größenverhältnisse der im Programm verwendeten Mengen zur Übersetzungszeit gegenüber der Laufzeit. Nur eine signifikante Änderung der Größenverhältnisse (nicht nur eine Veränderung der Mengengrößen) führt zu einer Umformung des Verarbeitungsbaums. Diese Umformung wird nun nicht mit dem zur Übersetzungszeit verwendeten 'dynamic programming' Ansatz, sondern mit einer wesentlich schnelleren regelbasierten Optimierung durchgeführt. Dies ist möglich, da man davon ausgehen kann, daß der zur Übersetzungszeit erstellte Verarbeitungsbaum in der Regel noch eine relativ gute Verarbeitungsreihenfolge darstellt. Anschließend wird ein neuer Ausführungsplan erstellt.

Der so gewonnene Ausführungsplan, der eine Verarbeitungsreihenfolge festlegt, wird dann abgearbeitet und die Methodenaufrufe der physikalischen Mengenschnittstelle ausgeführt. Im typischen Fall enthält er Aufrufe zum Öffnen der Datenbank, zum Einfügen von Mengen in diese und Methoden zur Manipulation der einzelnen Mengen.

Bis jetzt stellen wir physikalische Mengenimplementierungen für zwei konkrete persistente Objektspeicher zur Verfügung. Erstens, der in einer Kooperation von der Universität Glasgow und SUN entstandene PJama [5] persistente Objektspeicher und zweitens, der PSE [20] von Object Store. Darüberhinaus wird auch noch eine einfache Implementierung mit der JDK Serialisierung bereitgestellt. Für die Zukunft ist auch die Anbindung an eine objektorientierte Datenbank mit Hilfe des in Entwicklung befindlichen ODMG-Java Standard [8] vorgesehen. Dieser Standard wird eine direkte Unterstützung des Java-Daten Modells realisieren: Klassenhierarchien, Objekte und Referenzen.

5   Zusammenfassung und Ausblick

Dieser Beitrag zeigt, daß die Erweiterung einer objektorientierten Sprache wie Java um Mengen es ermöglicht, den Zugriff auf persistente Objektspeicher transparent zu machen. Durch das Erzeugen von Datenstrukturen zur Darstellung von Ausführungsplänen und deren Anpassung zur Laufzeit werden die Vorteile von Optimierungstechniken aus der Datenbanktechnologie genutzt und ein effizienter Zugriff auf persistente Daten ermöglicht.

Die Anbindung an unterschiedliche persistente Speicher innerhalb eines Programms ist Gegenstand derzeitiger Untersuchungen. Wir wollen erreichen, daß der Zugriff ausschließlich durch *PSBezeichner* festgelegt wird, und der Code auch bei Anbindung an verschiedene, insbesonders auf verteilte persistente Speicher transparent gemacht wird. Mengen bilden für eine deklarative Formulierung derartiger Anforderungen ein geeignetes Mittel für die notwendige Abstraktion. Eine Partitionierung einzelner Mengen kann durch Verwendung des Select-Ausdrucks und der Mengenoperationen einfach beschrieben werden. Ein transparenter Zugriff auf verteilte Mengen wird somit ermöglicht. Das Anlegen von Duplikaten von Mengen, d.h. duplizieren der einzelnen Objekte, sehen wir als eine notwendige Voraussetzung an, um Operationen auf verteilten Mengen effizient umsetzten zu können.

Literatur

1. Jon Bosak (Sun MicroSystems). XML, Java and the future of the Web. Internet : http://sunsite.unc.edu/pub/sun-info/standards/xml/why/xmlappls.html, März 1997.
2. L. Boeszoermenyi and K.-H. Eder. M3set – a language for handlincg of distributed and persistent sets of objects. *Parallel Computing*, 22(1):1913–1925, Januar 1997.
3. M. Jordan and M. Atkinson. First International Workshop on Persistence and Java. Technical Report TR 96-58, Sun Microsystems Laboratories, September 1996.
4. N. Paton, R. Cooper, H. Williams, and P. Trinder. *Database Programming Languages*. Prentice Hall, London, GB, 1996.
5. M.P Atkinson, L. Daynes, M.J. Jordan, T. Printezis, and S. Spence. An Orthogonally Persistent Java. *Sigmod Records*, 25(4):68–75, Dezember 1996.
6. David Jordan. *C++ Object Databases : Programming with the ODMG Standard*. Addison Wesley, 1997.
7. F. Bancilhon, C. Delobel, and P. Kanellakis. *Building an Object-Oriented Database System, the Story of O_2*. Morgan Kaufmann, 1992.
8. F. Debatim. Java und Datenbanken - der ODMG-Standard zur objektorientierten Datenbank-Anbindung. *Java Spektrum*, 2, April 1997.
9. P. Watzlaw. JDBC - Datenbanken mit Java. *Java Spektrum*, 5, Dezember 1996.
10. D.S. Parker E. Simon and P. Valduriez. SVP - a Model Capturing Sets, Streams, and Parallelism. In *Proceedings of the International Conference on Very Large Data Bases*, Vancouver, British Columbia, Canada, August 1992.
11. D. DeWitt J Naughton J Shafer and Sh. Venkataram. Parallelizing OODBMS traversals : A performance evaluation. *Very Large Databases Journal*, 5(1):3–18, 1996.
12. J. Schwartz, R.B.K Dewar, E. Dubinsky, and E. Schonberg. *Programming with Sets - An Introduction to SetL*. Springer, 1986.
13. M. Gilula. *The Set Model for Database and Information Systems*. Addison-Wesley, 1994.
14. J. Gosling, B. Joy, and G. Steele. *Java - Die Sprachspezifikation*. Addison-Wesley, 1997.
15. R. G. G. Cattell. *The Object Database Standard : ODMG-93*. Morgan Kaufmann, 1993.
16. L. Brunie, H. Kosch, and W. Wohner. From the modeling of parallel relational query processing to query optimization and simulation. *Parallel Processing Letters*, 8(1):2–14, März 1998.
17. L. Fegaras. An experimental optimizer for OQL. Technical report, University of Texas at Arlington, Department of Computer Science and Engineering, 1997.
18. D.D. Straube and M.T. Ozsu. Query optimization and execution plan generation in object-oriented database systems. *IEEE Transactions on Knowledge and Data Engineering*, 7(2):210–227, April 1995.
19. L. Brunie and H. Kosch. Optimizing complex decision support queries for parallel execution. In *International Conference of PDPTA 97*, Las Vegas, USA, July 1997. CSREA Press.
20. G. Landis, C. Lamb, T. Blackman, S. Haradhvala, M. Noyes, and D. Weinreb. Objectstore PSE: A Persistent Storage Engine for Java. In *Proceedings of the 1st International Workshop on Persistence for Java*, Glasgow, Scotland, September 1996. Sun Microsystems, TR 96-58.

JaWA: Java with Assertions

Clemens Fischer and Dieter Meemken

Universität Oldenburg, Fachbereich Informatik
Postfach 2503, 26111 Oldenburg
`fischer@informatik.uni-oldenburg.de`

Zusammenfassung Methoden zur Entwicklung von korrekter Software und deren Einführung in die Praxis stellen heute immer noch ein schwieriges Problem dar. Bertrand Meyer [Mey97a] hat unter dem Stichwort 'Programmieren mit Vertrag' einen Vorschlag gemacht und durch Eiffel implementiert, wie man formale Spezifikationsanteile mit Programmcode mischen und zur Laufzeit überprüfen kann. In diesem Paper geben wir einen Überblick über die Sprache JaWA, mit der dieses Konzept auf Java übertragen wurde.
JaWA Programme bestehen aus herkömmlichem Java-Code, der Zusicherungen (Invarianten, Vor- und Nachbedingungen) in Form von Kommentaren enthält. Der JaWA-Präcompiler übersetzt JaWA in Java. Er erzeugt zusätzliche Bedingungen, mit denen die spezifizierten Eigenschaften zur Laufzeit überprüft werden können.
Dabei wird die Java Ausnahmebehandlung ausgenutzt und um Eiffel ähnliche 'rescue' und 'retry' Anweisungen ergänzt. Die erzeugten Fehlermeldungen und Warnungen sind frei konfigurierbar.

1 Einleitung

Für die Entwicklung von Software mit sehr hohen Anforderungen an das Qualitätsmerkmal Korrektheit existieren kaum praktisch einsetzbare Lösungen und Werkzeuge. Dies steht in krassem Widerspruch zu den Anforderungen, die an heutige Softwaresysteme gestellt werden. Die Komplexität durch verteilte Architekturen, Anbindung an Fremdsysteme, das Nachladen von Modulen zur Laufzeit und nicht zuletzt die kurzen Lebenszyklen sind Aspekte, die in diesem Zusammenhang beachtet werden müssen.

Zur Überwindung dieser Schwierigkeiten wurden eine Reihe von Modellen vorgeschlagen, mit denen die Softwareentwicklung in verschiedene Phasen eingeteilt wird, und es wird an Methoden zur Lösung der Probleme in den verschiedenen Phasen gearbeitet. Dabei ist nahezu immer die Entwicklung einer Spezifikation – d. h. einer möglichst abstrakten Beschreibung des gewünschten Verhaltens – vorgesehen.

Ein schwieriges Problem ist es aber, den Nachweis zu führen, daß ein erstelltes Programm auch wirklich die gewünschte Spezifikation erfüllt. Den konsequentesten Vorschlag machen dabei *Formale Methoden*, mit denen man basierend auf einer formalen Sprache mathematisch beweisen kann, daß ein Programm eine gegebene Spezifikation implementiert. Allerdings konnten sich Formale Methoden in der Praxis bisher kaum durchsetzen – was sicherlich auch am hohen Aufwand der eingesetzten Verfahren liegt. In der Praxis wird daher häufig nur rudimentär getestet, ob das gewünschte Verhalten implementiert wurde. Selbst systematische Testverfahren werden häufig nicht als wirtschaftlich erachtet.

Bertrand Meyer hat mit dem Konzept des 'Programmierens mit Vertrag' [Mey97a] und dessen Realisierung in der Sprache Eiffel [Mey92] eine Möglichkeit gezeigt, wie eine formale Spezifikation direkt in die Implementierung aufgenommen werden kann. Dazu werden Zusicherungen in die Programme eingefügt, deren Gültigkeit zu fest definierten Zeitpunkten der Programmausführung geprüft werden, womit die frühe Erkennung von Fehlern verbessert wird. Je nach Umfang der eingesetzten Zusicherungen können Eigenschaften der Software formal bewiesen oder in Tests belegt werden. Zusätzlich ist es möglich, im Programm selbst auf die Verletzung von Zusicherungen zu reagieren und so die Robustheit der Software erheblich zu steigern.

Als Zusicherungen sind die folgenden Komponenten vorgesehen:

- Klasseninvarianten spezifizieren Eigenschaften, die zur gesamten Lebenszeit eines Objektes gelten müssen.
- Vorbedingungen sind Bedingungen, die vor der Ausführung einer Methode gelten sollen.
- Nachbedingungen spezifizieren die Zustände, die nach dem Abarbeiten einer Methode erreicht werden dürfen.
- Schleifeninvarianten müssen vor und nach jedem Schleifendurchlauf gelten.
- Varianten schließlich sind Terme, die bei jedem Schleifendurchlauf echt verkleinert werden müssen, aber keine negativen Werte annehmen dürfen. Auf diese Weise wird die Terminierung von Schleifen garantiert.
- Mit der Check-Anweisung kann man eine Überprüfung an einer beliebigen Stelle in den Programmcode einfügen.

Dabei sind Invarianten, Vor- und Nachbedingungen boolesche Ausdrücke über den Attributen und Methoden einer Klasse. Eine Variante ist ein Integerterm.

Der Ausdruck 'Programmieren mit Vertrag' leitet sich daraus her, daß symbolisch ein Vertrag zwischen Benutzer und Entwickler einer Methode geschlossen wird: Wenn der Benutzer die Vorbedingung einer Methode erfüllt, wird ihm die Einhaltung der Nachbedingung 'vertraglich' garantiert.

Das Prinzip, Eigenschaften von Programmen durch logische Formeln über dem Zustandsraum zu spezifizieren, geht auf grundlegende Arbeiten von Floyd [Flo67], Hoare [Hoa69] und Dijkstra [Dij76] zurück. Daraus hat sich die Methode entwickelt, Programme um logische Formeln zu erweitern, die immer gelten sollen, wenn der Kontrollfluß die entsprechende Stelle erreicht [Ros92,LH85]. In der Programmverifikation [AO97] versucht man zu beweisen, daß dies bei jeder möglichen Ausführung eines Programms gilt.

Meyer hat diese Ideen aufgegriffen, vermeidet aber die Komplexität logischer Beweise zugunsten verbesserter Testmöglichkeiten. Außerdem werden weitere pragmatische Konzepte – wie zum Beispiel die automatische Erzeugung von Dokumentationen aus den Zusicherungen und eine ausgefeilte Fehlerbehandlung – kombiniert [Mey97a].

Durch JaWA wird dieses Konzept auf Java übertragen. Ein JaWA-Programm enthält – zusätzlich zum normalen Java-Code – Kommentare, die Schlüsselworte wie `require` oder `ensure` und eine Liste von booleschen Bedingungen enthalten. Der JaWA Präcompiler übersetzt JaWA-Programme in Java. Dabei werden zusätzliche Abfragen eingefügt, wodurch die spezifizierten Eigenschaften zur Laufzeit überprüft werden. Der Präcompiler bietet verschiedene Modi an, so daß die Bedingungen evtl. auch nur teilweise oder gar nicht geprüft werden.

Mit dieser Vorgehensweise sind folgende Vorteile verbunden:

- Das JDK-Tool `javadoc` kann dazu genutzt werden, automatisch eine Dokumentation zu erstellen, die die formalen Spezifikationselemente enthält.
- Ein JaWA-Programm ist auch ein ausführbares Java-Programm, weil die zusätzlichen Anweisungen ausschließlich in Form von Kommentaren in den Programmtext eingefügt werden.
- JaWA kann schrittweise in die Softwareentwicklung eingeführt werden. JaWA und Java können beliebig gemischt werden. Z. B. besonders fehlerkritische Teile oder häufig benutzte Bibliotheken sollten durch den Einsatz von JaWA robuster programmiert werden, wohingegen man andere Komponenten herkömmlich implementieren kann.
- Die Einarbeitungszeit für Entwickler bleibt klein, weil bis auf einige Schlüsselwörter keine neue Syntax für Zusicherungen eingeführt wird.

Der Einsatz von JaWA bietet sich natürlicherweise immer dann an, wenn Korrektheit eine besonders große Rolle spielt. Weil aber die Hürde für die Benutzung von JaWA relativ gering ist, halten wir den Einsatz von JaWA generell für sinnvoll. Es bietet sich z. B. auch an, bei der Zusammenarbeit mit anderen Programmiersprachen bessere Schnittstellendokumentationen zu erzeugen. So ist ein typisches Anwendungsgebiet von Java die Programmierung von intelligenten Eingabemasken in Client/Server-Anwendungen. Dabei werden bereits umfangreiche Konsistenzprüfungen vorgenommen, bevor eine Kommunikation mit dem Server, der häufig in einer anderen Programmiersprache implementiert ist, erfolgt. Mit JaWA können die erlaubten Datenwerte genau spezifiziert werden.

JaWA bietet darüberhinaus einen umfangreichen Mechanismus zum Abfangen von Ausnahmen, der den Möglichkeiten von Eiffel um nichts nachsteht. Daher kann die Überprüfung nicht nur beim Debuggen, sondern auch in einem Endprodukt benutzt werden, wenn es die Performance zuläßt. Dadurch steigt die Robustheit von Programmen.

Von Eiffel ist bekannt, daß der Overhead bei einer teilweisen Überprüfung der Zusicherungen bei ca. 20 % liegt [Mey97a]. Bei einer vollständigen Überprüfung liegt dieser Overhead deutlich höher. Ähnliche Erfahrungen haben wir mit JaWA auch gemacht.

Der Rest dieses Papers ist wie folgt aufgebaut: In den nächsten beiden Abschnitten wird JaWA beispielhaft erläutert und der Übersetzungsvorgang des Präcompilers erklärt. In Abschnitt 4 sind die Optionen des Präcompilers zusammengefaßt. Den Schluß bilden eine Diskussion verwandter Ansätze und Perspektiven für weitere Arbeiten.

In dieser Arbeit geben wir nur einen Überblick über JaWA. Eine vollständige Beschreibung findet man in [Mee97]. Die Sourcen des JaWA-Präcompilers und ein Benutzerhandbuch stehen im Internet unter

```
http://theoretica.informatik.uni-oldenburg.de/~jawa
```

zur Verfügung.

Wir begründen hier nicht, warum 'Programmieren mit Vertrag' ein sinnvolles Konzept ist. Argumente dafür findet man z. B. in [Mey97a,Mey97b].

2 Die Sprachelemente von JaWA

Als durchgehendes Beispiel für die Einführung von JaWA benutzen wir die Klasse Stack
für einen Keller mit endlicher Kapazität von beliebigen Datenelementen. Sie ist intern als
verkettete Liste organisiert.

2.1 Klasseninvarianten

Klasseninvarianten sind Bedingungen, die für die gesamte Klasse und nicht nur für einzelne Methoden gelten sollen. Sie werden bei jedem Methodenaufruf zu Beginn und an
seinem Ende geprüft. Somit beschreiben sie den Zustandsraum, in dem sich jede Instanz
dieser Klasse nach dem Abschluß einer Berechnung befinden muß. Klasseninvarianten werden durch das Schlüsselwort invariant eingeleitet und wie eine Methode am Ende der
Klasse angegeben. In der Klasse Stack definiert die Invariante eine obere und eine untere
Schranke für die Anzahl der Elemente:

```
public class Stack {
  private Linkable head;        // Kopf der Liste
  private int       items;      // Anzahl der Elemente
  ...
  /** invariant items>=0; items<=max **/
}
```

Die Variable max muß in der Umgebung von Stack definiert sein.

2.2 Vor- und Nachbedingungen

Für die einzelnen Methoden der Klasse Stack sollen die folgenden Bedingungen gelten :

— Jede Instanz der Klasse Stack ist anfangs leer.
— Die Methode IsEmpty liefert genau dann 'True', wenn der Keller leer ist, sonst 'Fal-
  se'. Der Keller wird nicht verändert.
— Die Methode Push zum Hinzufügen eines Elementes darf nur dann aufgerufen werden, wenn der Keller nicht voll ist. Das Element wird oben auf den Keller gelegt. Die
  Anzahl der Elemente erhöht sich um eins.
— Die Methode Pop zum Herunternehmen eines Elementes darf nur dann aufgerufen
  werden, wenn der Keller nicht leer ist. Die Anzahl der Elemente verringert sich um
  eins.
— Die Methode Top liefert das oberste Element des Kellers. Hierbei wird der Keller nicht
  verändert.

Vor- bzw. Nachbedingungen werden in JaWA durch die Schlüsselwörter require bzw.
ensure eingeleitet. In Zusicherungen dürfen alle Attribute und Methoden der Klasse benutzt werden. Handelt es sich beim Typ eines Feldes selbst wieder um eine Klasse, so
kann mit der Punktnotation auch auf dessen Attribute und Methoden zugegriffen werden.

In der Nachbedingung kann auf den Wert eines Attributs *x* zu Beginn des Methodenaufrufs mit `old_x` zugegriffen werden. Damit können Veränderungen überprüft werden. Die Bedingung nochange besagt, daß kein Wert eines Attributs verändert worden ist. Auf den Rückgabewert einer Methode kann man durch `result` zugreifen.

Im folgenden JaWA-Programm sind die oben angeführten Bedingungen spezifiziert. Implementierungsdetails und die Methode `IsFull` haben wir aus Platzgründen weggelassen. Das vollständige Beispiel kann man in [Mee97] nachlesen.

```
public Stack(){
    head = null;
    items= 0;
    /** ensure items==0 **/
}
public boolean IsEmpty() {
    if( items==0 ) return true;
    else return false;
    /** ensure result==(items==0); nochange **/
}
public void Push(Object v) {
    /** require !IsFull(); v!=null **/
    ...
    /** ensure !IsEmpty(); items==old_items+1; v==Top() **/
}

public Object Pop() {
    /** require !IsEmpty() **/
    ...
    /** ensure !IsFull(); items==old_items-1; **/
}
public Object Top() {
    /** require !IsEmpty() **/
    ...
    /** ensure nochange **/
}
```

2.3 Schleifeninvarianten und -varianten

Eine Schleifeninvariante ist eine Bedingung, die durch die Ausführung der Schleife nicht verändert wird. Solche Invarianten spielen eine Schlüsselrolle, um sich von der Korrektheit von Schleifen zu überzeugen.

Eine Schleifenvariante ist ein ganzzahliger Ausdruck mit einem Wert größer als Null, der durch jede Schleifeniteration echt verringert wird. Auf diese Weise kann man die Terminierung von Schleifen garantieren.

Die folgende Schleife aus der Methode Push berechnet das letzte Element des Kellers.

```
Linkable actual = head;
while (i<items) {
   /* invariant items==old_items */
   /* variant items-i */
   actual = actual.GetNext(); i++;
}
```

Neben der While-Schleife existieren in Java noch die Do-Schleife und die For-Schleife. Beide können in analoger Weise mit Zusicherungen versehen werden.

2.4 Die Check-Anweisung

Die Check-Anweisung bietet die Möglichkeit, an einer beliebigen Stelle im Programmcode eine Zusicherung einzubauen. Sie entspricht der C-Anweisung assert und erweitert die Funktionalität eines einfachen, beschreibenden Kommentars zu einer prüfbaren und an den Ausnahmemechanismus angebundenen Anweisung.

Mit der folgenden Bedingung findet man heraus, ob im Keller noch Platz für zwei Elemente ist.

```
/* check items <= max - 2 */
```


3 Weitere Aspekte von JaWA

3.1 Vererbung

Wird von einer JaWA-Klasse ein Nachkomme abgeleitet, so erbt dieser auch dessen Klasseninvarianten. Es werden daher die Invarianten aller Väter und die eventuell neu hinzugefügten Invarianten überprüft.

Die Vererbung von Vor- und Nachbedingungen kann leider nicht auf ebenso einfache Weise durchgeführt werden. Gemäß der Regeln für Datenverfeinerung [Mor90] darf die Vorbedingung einer abgeleiteten Klasse abgeschwächt und die Nachbedingung verstärkt werden.

Die Einhaltung dieser Regel ist schwierig zu überprüfen, weil lokale Variablen durch Vererbung geändert werden können und daher geerbte Bedingungen unter Umständen nicht mehr auswertbar sind. In JaWA wird daher nur kontrolliert, ob in Nachkommen die entsprechenden Bedingungen syntaktisch vorhanden sind. Dieser Punkt soll in zukünftigen JaWA Versionen verbessert werden. In Eifel wird die Datenverfeinerung überhaupt nicht überprüft.

Alle weiteren Bedingungen sind Implementierungsinformationen und werden notwendigerweise nicht mehr berücksichtigt, wenn eine Methode bei Vererbung überschrieben wird.

3.2 Nebenläufigkeit

Zusicherungen bestehen aus mehreren booleschen Bedingungen, die als atomare Anweisung ohne Einflußmöglichkeiten von anderen nebenläufigen Prozessen geprüft werden müssen. Wenn z. B. ein anderer Prozeß die Zuweisung y=z während der Prüfung der Nachbedingung /** ensure x==y; y==z **/ durchführen kann, wird keine Fehlermeldung ausgelöst, obwohl evtl. die Bedingung y==z verletzt war.

Deshalb werden alle Prüfungen durch den JaWA-Präcompiler automatisch in synchronised-Blöcke eingeschlossen. Allerdings müssen alle Methoden anderer nebenläufiger Klassen, die auf relevante Attribute zugreifen können, von Hand ebenfalls in synchronised Blöcke eingeschlossen werden, weil nur dann die Überprüfungen als atomarer Schritt durchgeführt wird. Für die Einhaltung dieser Bedingung ist der Benutzer selbst verantwortlich. Weitere Details zu diesem Problem sind in [Mee97, S. 83] nachzulesen.

3.3 Vertragsverletzung

Wie bereits erwähnt, werden bei verletzten Zusicherungen Ausnahmen ausgelöst. Diese können im *Rescue-Block* am Ende der Methode aufgefangen und behandelt werden. Bevor die Ausnahme an den Aufrufer weitergeleitet wird, können alle Datenattribute auf gültige Werte gesetzt werden. Somit bleibt die Instanz und damit letztlich das gesamte Programm stabil. Das folgende Beispiel zeigt eine Methode Div, in der eine ganzzahlige Division durchgeführt wird. Ist der Divisor gleich 0, so wird durch die Vorbedingung eine Ausnahme ausgelöst, die im Rescue-Block wieder aufgefangen wird und das Ergebnis auf einen definierten Wert setzt:

```
public void Div() {
   /** require z!=0 **/
   x =y/z;
   /* rescue catch (RuntimeCheck.AssertionException e)
      { x=1; }
   */
}
```

Ein Rescue-Block wird in eine try-catch-finally-Anweisung übersetzt, welche die gesamte Methode umschließt und generierte Ausnahmen auffängt.

An der Stelle, an der die ausgelöste Ausnahme wieder aufgefangen wird, kann in einer vom Benutzer festlegbaren Weise eine Fehlermeldung erzeugt werden. Dazu kann die Methode der Klasse für die Ausnahmebehandlung einen Fehlercode und/oder eine Fehlermeldung in Textform erzeugen. Diese können dann entsprechend bearbeitet und in beliebiger Form ausgegeben werden, z. B. direkt auf Standard-Out oder in Form einer Dialog-Box. Die Fehlerbehandlung kann sowohl global in der Hauptklasse der Applikation, als auch verteilt in den übrigen Klassen erfolgen.

Es existieren zwei Klassen für JaWA-Ausnahmen, je eine für geprüfte und ungeprüfte Ausnahmen. Von ihnen können für benutzereigene Erweiterungen weitere Klassen abgeleitet und an den bestehenden JaWA-Ausnahmemechanismus angebunden werden.

Um Ausnahmen ganz zu vermeiden, kann die *Retry-Anweisung* eingesetzt werden. Dadurch wird ein erneuter Versuch mit geänderten Werten unternommen, die Methode doch erfolgreich abzuarbeiten. Das folgende Beispiel erweitert die Methode `Div` um die Retry-Anweisung. Der Wert von z wird auf 1 gesetzt, und die Methode kann im zweiten Versuch nicht mehr scheitern.

```
public void Div() {
   /* check z!=0 */
   x =y/z;
   /* rescue catch (RuntimeCheck.AssertionException e)
      { z=1; retry; }
   */
}
```

Retry-Anweisungen werden in eine try-catch-finally-Anweisung übersetzt, die von einer While-Schleife umschlossen wird.

3.4   Dokumentation

Alle Zusicherungen können sowohl als normale Kommentare in /* */, als auch als Dokumentationskommentare in /** **/ geschrieben werden. Für die Übersetzung des JaWA-Präcompilers ist dies unerheblich. Der Unterschied besteht darin, daß letztere mit Hilfe von javadoc automatisch in die Dokumentation der Software aufgenommen werden. Zusicherungen wie Vorbedingungen, Nachbedingungen und Klasseninvarianten sollten als Dokumentationskommentare geschrieben werden, da sie die Funktionalität der Klasse beschreiben, während Check-Anweisungen, Schleifeninvarianten, Schleifenvarianten, Rescue-Blocks und Retry-Anweisung die Implementation beschreiben oder lenken. Sie sind als Hilfe für den Entwickler der Klasse selbst zu sehen und sollten lediglich als normale Kommentare erscheinen.

3.5   Einschränkungen

Gegenüber Java unterliegt JaWA nur der naheliegenden syntaktischen Einschränkung, daß Variablennamen, die vom Präcompiler erzeugt werden, nicht auch im Programm benutzt werden dürfen. Das betrifft die Namen `result`, `rescue`, `retry` und `depthOf-Call` sowie alle Namen mit dem Präfix `old_` oder `variant`.

Semantisch ist zu beachten, daß in JaWA Invarianten nur bei Methodenaufrufen und nicht auch bei Zuweisungen an öffentliche Attribute überprüft werden. Dies wurde aus Effizienzgründen vermieden, weil sonst jede Zuweisung an globale Attribute durch einen synchronisierten Methodenaufruf realisiert werden müßte.

Das bedeutet aber, daß Invarianten durch Zuweisungen an öffentliche Attribute verletzt werden können, ohne daß eine entsprechende Fehlermeldung ausgelöst wird. Um diese Situation zu vermeiden, sollten daher Attribute, die in Invarianten benötigt werden – entsprechend dem Prinzip der Datenkapselung – nur mittels Methodenaufrufen zugreifbar sein.

Problematisch ist es auch, Eigenschaften zu überprüfen, die mehrere Klassen umfassen. Man muß dafür sorgen, daß die entsprechenden Bedingungen in jeder Klasse vorkommen, die die Eigenschaft verletzen könnte.

Die letzte Einschränkung betrifft die Mächtigkeit der Spezifikationssprache. Zum einen sind nur boolesche Ausdrücke und keine volle Prädikatenlogik mit Quantoren erlaubt. Daher können im Prinzip nicht alle interessanten Eigenschaften formuliert werden. Zum anderen sind aber in den Zusicherungen beliebige Methodenaufrufe möglich, wodurch unerwünschte Seiteneffekte erzeugt werden können.[1] Dies kann z. B. dadurch vermieden werden, daß alle in Bedingungen benutzten Methoden die Nachbedingung nochange erfüllen.

4 Konfiguration des JaWA-Präcompilers

Für den Präcompiler kann eine Konfigurationsdatei angelegt werden, die folgende Aspekte steuert:

- Der *Überprüfungsmodus* bestimmt, welche Teile von JaWA bei der Übersetzung berücksichtigt werden. Im Modus *All* werden alle Zusicherungen, wie oben beschrieben überprüft. Dies ist insbesondere während des Debuggings sinnvoll. Im Modus *Preconditions* werden nur Vorbedingungen bei Methodenaufrufen überprüft. Alle anderen Bedingungen, insbesondere auch die Invarianten, bleiben ungeprüft. Dies bietet sich an, wenn man davon ausgeht, daß das Programm korrekt arbeitet, und man nur überprüfen will, ob andere Systeme die erwarteten Vorbedingungen erfüllen. Der Modus Preconditions bietet sich daher besonders bei der Integration von fremder Software an. Der Overhead ist natürlich geringer als beim Modus All.
  Im Modus *Nothing* werden keine Überprüfungen vorgenommen. Der Präcompiler kopiert lediglich eine Datei name.JaWA in name.java. Dieser Modus wurde eingeführt, damit bei der Erzeugung von Endversionen, in denen aus Performancegründen keine Überprüfungen mehr stattfinden sollen, vorhandene Makefiles weiter genutzt werden können.
- Der *Übersetzungsmodus* bestimmt, wie auf die Verletzung einer Bedingung reagiert werden soll. Im Modus *Contract* wird eine geprüfte Ausnahme ausgelöst. Dafür ist es notwendig, daß der Entwickler die entsprechenden Methoden in einen try-Block einschließt. Im Modus *UncheckedContract* wird hingegen nur eine ungeprüfte Ausnahme erzeugt. Dabei ist es möglich, daß eine nicht abgefangene Ausnahme zur Terminierung des Programmes führt. Im Modus *Warning* schließlich werden nur Warnungen ausgegeben, es wird aber nicht in den Kontrollfluß eingegriffen.

Außerdem kann man die Klassen *ExceptionClass* und *WarningClass* frei definieren und somit ein entsprechendes Verhalten bei geprüften Ausnahmen bzw. den Text von Warnungen frei programmieren.

Der Präcompiler selbst wurde in C++ mit Hilfe von Bison und Lex programmiert. Eine Reimplementierung von JaWA in Java wird zur Zeit durchgeführt.

---

[1] Dadurch wäre es auch möglich, Quantoren zu implementieren und so die Ausdrucksstärke der Spezifikationssprache zu erweitern. Dies ist aber aus Performancegründen kaum empfehlenswert.

5 Diskussion

Ein kommerzielles Tool, daß in Konkurenz zu JaWA steht, ist AssertMate [Ass98] der Firma Reliable Software Technologies. Dieser Windows-basierte Java Präprozessor erlaubt die Spezifikation von Vor- und Nachbedingungen und Zusicherungen ähnlich wie es JaWA ermöglicht. Dabei wird neben einer booleschen Bedingung der Text der Fehlermeldung spezifiziert, der bei einer Verletzung erscheinen soll. Der Sprachumfang von AssertMate ist deutlich kleiner als der von JaWA: Invarianten von Klassen und Schleifen sowie Varianten werden nicht unterstützt, und es ist nicht möglich, in Nachbedingungen auf den alten Wert eines Attributs zuzugreifen. Ebenso werden nicht die 'Rescue/Retry' Möglichkeiten zur Ausnahmebehandlung von Eiffel implementiert. Daher ist JaWA wesentlich mächtiger als AssertMate.

Für JaWA bieten sich noch eine Reihe von Erweiterungsmöglichkeiten an. Durch die Portierung des Präcompilers nach Java kann eine größere Plattformunabhängigkeit erreicht werden.

Ebenso könnten die Warnungen bei einer möglichen Verletzung der in Abschnitt 3.5 gemachten Einschränkungen verbessert werden. Insbesondere beim Einsatz von Nebenläufigkeit bieten sich Erweiterungen an. Z. B. könnte ein Benutzer durch eine Datenflußanalyse auf mögliche Problemfälle aufmerksam gemacht werden. Die Datenflußanalyse könnte auch dazu genutzt werden, die eingefügten Bedingungen zu minimieren, um den Performanceoverhead klein zu halten.

Sehr interessant sind in diesem Zusammenhang auch Überlegungen, wo Zusicherungen sinnvoll plaziert werden können und wie die hier implementierten Möglichkeiten mit traditionellen Testanforderungen, (wie vollständige Pfadüberdeckung) kombiniert werden können [VK98].

Eine wichtige langfristige Perspektive ist schließlich die Kombination von JaWA mit Methoden der Programmverifikation. Z. B. könnten automatische Beweiswerkzeuge dazu eingesetzt werden, die Einhaltung zumindest einiger Bedingungen zu beweisen. Dadurch könnten Überprüfungen zur Laufzeit eingespart und gleichzeitig die Korrektheit von Programmen erhöht werden. Auch für das in Abschnitt 3.1 genannte Problem der Vererbung von Vor- und Nachbedingungen bietet sich der Einsatz von Beweiswerkzeugen an. Der Vorteil dabei wäre wiederum, daß man stärker mathematisch orientierte Methoden schrittweise in den Softwareentwurfsprozeß einführen kann, ohne revolutionäre Veränderungen der Arbeitsweise zu erzwingen.

Zum Verhältnis von JaWA und Eiffel ist zu sagen, daß JaWA im Prinzip – was das Konzept des 'Programmierens mit Vertrag' angeht – dieselben Möglichkeiten wie Eiffel bietet. Im Fall der Vererbung von Vor- und Nachbedingungen sind die Überprüfungen sogar erweitert. Damit wird ein wichtiges Argument entkräftet, das von der Eiffel-Community als Argument gegen die Benutzung von Java ins Feld geführt wird: Das Fehlen einer integrierten Methode zur Verbesserung der Softwarequalität [OO98].

Danksagung: Die Autoren bedanken sich bei D. Boles und E.-R. Olderog für wertvolle Kommentare bei der Entwicklung von JaWA. Für hilfreiche Vorschläge bei der Verbesserung dieses Papers danken wir D. Boles, J. Tapken und A. Berendes.

Literatur

[AO97]   APT, K. R. und OLDEROG, E.-R.: *Verification of Sequential and Concurrent Programs.* Springer, 2te Auflage, 1997.

[Ass98]   RELIABLE SOFTWARE TECHNOLOGIES: *AssertMate User Manual*, 1998. http://rstcorp.com/AMJava.html.

[Dij76]   DIJKSTRA, E. W.: *A Discipline of Programming.* Prentice-Hall, 1976.

[Flo67]   FLOYD, R.: *Assigning meaning to programs.* In: SCHWARTZ, J. T. (Herausgeber): *Mathematical Aspects of Computer Science*, Seiten 19–32, New York, 1967. AMS.

[Hoa69]   HOARE, C. A. R.: *An axiomatic basis for computer programming.*   Comm. ACM, 12:576–580, 1969.

[LH85]   LUCKHAM, D. und HENKE, F. V.: *An overview of ANNA, a specification language for Ada.* IEEE Software, Seiten 9–22, 1985.

[Mee97]   MEEMKEN, D.: *Programmieren mit Vertrag in Java.* Diplomarbeit, Universität Oldenburg, September 1997.

[Mey92]   MEYER, B.: *Eiffel: The Language.* Prentice Hall, 1992.

[Mey97a]   MEYER, B.: *Object-Oriented Software Construction.* ISE, 2. Auflage, 1997.

[Mey97b]   MEYER, B.: *Put it in the contract: The lessons of Ariane.* Computer, 30(2):129–130, Jan 1997.

[Mor90]   MORGAN, C.: *Programming from Specifications.* Prentice Hall, 1990.

[OO98]   *Object-Oriented Languages: A Comparison.* http://www.eiffel.com/, 1998.

[Ros92]   ROSENBLUM, D.: *Towards a method of programming with assertions.* In: *Proceedings of the 14th International Conference on Software Engineering*, Seiten 92–104, 1992.

[VK98]   VOAS, J. und KASSAB, L.: *Using Assertions to Make Untestable Software More Testable.* Software Quality Professional, 1998. (noch nicht erschienen).

Poor Man's Genericity for Java

Boris Bokowski and Markus Dahm

Freie Universität Berlin
Institut für Informatik
Takustr. 9, 14195 Berlin
{bokowski,dahm}@inf.fu-berlin.de

Abstract. A number of proposals have been made as to how Java can be changed to support parameterized types. We present a new proposal that does not try to provide more powerful constructs or cleaner semantics, but instead minimizes the changes that need to be made to existing Java compilers. In particular, we found that changing only one method in Sun's Java compiler already results in a reasonable implementation of parameterized types, which we call "Poor Man's Genericity" (PMG).
We have implemented our solution based on simple byte–code transformations both at compile–time and at load–time. The paper explains how our solution works, and compares it to other proposals. We also describe how the drawbacks of our approach can be overcome by making additional, but minimal changes to an existing Java compiler.

1   Introduction

Recently, a number of proposals for adding parametric polymorphism (generic classes) to Java [5] have been published, namely Pizza [7], GJ [2], Virtual Types [8], Genja [4], a proposal from the MIT [6], and a proposal from Sun and Stanford University [1]. These proposals differ in a number of aspects:

1. the suggested syntax extensions,
2. the expressiveness that can be achieved,
3. the translation scheme being used,
4. the level of integration with the Java type system, in particular, whether basic types may be used as actual type parameters,
5. the resulting runtime performance, and
6. implementation issues.

In this paper, we concentrate on the last aspect; in particular, we aim at minimizing the changes that need to be made to existing Java compilers. Each of the proposals that have been made so far requires a new compiler to be written, or an existing compiler to be modified extensively. Our approach yields a much cheaper implementation than any of the other proposals in terms of how many modifications to an existing Java compiler are needed. Particularly, in the case of Sun's Java compiler, only one method needs to be changed for compiling parameterized classes.[1]

We think that trying to implement parametric polymorphism by making as few modifications as possible to an existing Java compiler is worthwile for two reasons: First, it is interesting to see that the language feature "parametric polymorphism" can be implemented in a way such that it is orthogonal to the rest of the language. Second, our solution shows an easy–to–follow upgrade path for incorporating parametric polymorphism in Java. Today, a large number of Java compilers and integrated development environments exist already. When introducing a new language feature like parametric polymorphism into Java, one important consideration for Sun should be to minimize the effort for other compiler and tool vendors to implement that feature.

The main idea of Poor Man's Genericity is to modify the way in which the compiler loads byte–code files (".class" files), employing byte–code transformation to generate instances of generic classes dynamically, both at compile–time and at load–time. It was inspired by the load–time expansion technique used in the proposal of Sun and Stanford University [1]. By introducing so–called placeholder types, this idea can be used at compile–time as well. The idea can be applied to Sun's compiler as well as to any other Java compiler.

The basic idea of our implementation is described in section 2. Section 3 discusses the properties of the resulting parametric polymorphism. As will be explained in section 4, our solution has a number of drawbacks, which is why we call it "Poor Man's Genericity". However, we explain how these drawbacks can be overcome by further changes to the compiler, all of which are simple and local changes. In section 5, we compare our proposal with related work. Section 6 concludes the paper.

2 Basic Idea

The problem of compiling parameterized types can be split in two parts, namely, compiling code that defines parameterized types, and compiling code that makes use of parameterized types. Before we explain our solutions to these problems, we give a short introduction explaining what parameterized types are and how we would like to define and use such types.

2.1 Parameterized Types

Parameterized types, a feature of object–oriented programming languages that is considered to be missing from Java, are a mechanism that allow classes or interfaces to be parameterized with other types. By providing actual type parameters, parameterized types can be used like any other user–defined type. A consequence of the fact that Java currently does not allow parameterized types

---

[1] Our implementation is available at `http://www.inf.fu-berlin.de/~bokowski/pmgjava/index.html`.

can be observed in virtually any Java program that uses generic classes like, for example, `Stack`. Each time an object is obtained from a `Stack`, a type cast is needed before methods specific to that object's type can be called on it. If `Stack` was a class that is parameterized by the type of the objects that can be stored, these casts would not be required.

Assume that we want to define a class `Stack` which can hold instances of a generic type `A`. We would write a class that is parameterized with `A`, so that we can refer to the generic type `A` in the body of the class. Using Pizza's syntax [7], one could image a simple `Stack` class being defined as follows:

```java
public class Stack<A> {
  private A[] store = new A[100];
  private int size  = 0;
  public void push(A a) {
    store[size++] = a;
  }
  public A pop() {
    return store[--size];
  }
}
```

To actually use a Stack, an actual type parameter must be provided for `A`. A stack of `String` objects, for example, could be used as follows.

```java
public static void main(String args[]) {
  Stack<String> s = new Stack<String>();
  s.push("Hello");
  System.out.println(s.pop().length());  // access to length()
                                          // without casting
}
```

2.2 Compiling Definitions of Parameterized Types

To solve the problem of compiling code that defines a parameterized type, the compiler need not be modified at all. Rather, we propose to allow parameterized types to be defined as normal Java source code following certain conventions. Consider what remains of the above definition of Stack, after its header has been stripped away:

```java
private A[] store = new A[100];
private int size  = 0;
public void push(A a) {
  store[size++] = a;
}
public A pop() {
  return store[--size];
}
```

A Java compiler could compile this code without problems if it knew type A. But nothing prevents us from defining an empty interface named A, acting as a placeholder type, so that the compiler will accept the above code:

```
interface A {}
```

Now only a part of the solution for compiling code that defines a parameterized type remains, that is, a naming convention for distinguishing between ordinary types and parameterized types. This is accomplished by including the names of all formal type parameters in the name of a parameterized type. A class or an interface is a parameterized type if its name consists of a base name, which is followed by the names of all formal type parameters, where each such parameter name is enclosed by two '$$' characters.[2]

The '$' character is allowed to occur in Java identifiers, but its use is discouraged for normal programs, making it available for name mangling schemes. Thus, for example, the resulting name for our parameterized class Stack would be `Stack$$A$$`, and the resulting name for a class `Hashtable` that is parameterized with both a key type K and a value type V would be `Hashtable$$K$$$$V$$`. Note that this syntax, which admittedly is somehow awkward, can be hidden from the programmer by means of a preprocessor, which will be introduced in section 4.4.

To sum up, here is the complete implementation of our simple `Stack$$A$$`, which can be compiled by an unmodified Java compiler:

```
interface A {}

public class Stack$$A$$ {
  private A[] store = new A[100];
  private int size  = 0;
  public void push(A elem) {
    store[size++] = elem;
  }
  public A pop() {
    return store[--size];
  }
}
```

So far, we have described how definitions of parameterized types can be compiled, but we have not explained how these types can actually be used. In the next section, we give a solution for this second problem.

2.3 Compiling Instantiations of Parameterized Types

Assume now that we want to use our `Stack$$A$$` for storing color values, represented by objects of class Color:

---

[2] This name mangling scheme is compatible with the standard mangling scheme for inner classes.

```java
public class Color {
  public byte r, g, b;
  public Color(byte r_, g_, b_) { r=r_; g=g_; b=b_; }
}
```

We would like to write code that looks as follows:

```java
Stack$$Color$$ s = new Stack$$Color$$();
s.push(new Color(255,0,0));
s.push(new Color(0,255,0));
System.out.println(s.pop().r);
System.out.println(s.pop().r);
```

When given to an unmodified Java compiler, the first line would obviously result in an error message like "Can't find class `Stack$$Color$$`". Obviously, a definition for `Stack$$Color$$` is not available. However, we could provide such a definition dynamically, if we changed the way in which input files are loaded by the compiler. The idea is to load an instantiation of `Stack$$A$$` derived by replacing all references to "`A`" by references to "`Color`" in the loaded copy of the original file. As we will see in section 3.4, this transformation produces valid byte–code. A very similar technique was already used in [1] for load–time expansion of parameterized types instead of compile–time expansion.

In Sun's Java compiler, a single method is responsible for loading compiled byte–code files of a given name. It can be modified as follows: If the file that is to be loaded has a name that follows our naming convention for parameterized classes and interfaces, appropriate byte–code for an instantiation of a parameterized type is generated. Otherwise, the normal procedure for loading byte–code files is followed.

In the case of `Stack$$A$$`, appropriate byte–code is generated in four steps:

1. The base name "`Stack`" of the type that the compiler tries to load is extracted.
2. An existing byte–code file that has the same name, but different names for the parameters, is searched. In our case, "`Stack$$A$$`" is found. It is now known that the formal parameter "`A`" needs to be replaced by the actual parameter "`Color`".
3. Therefore, the file is loaded into memory, and all references to type "`A`" are replaced by references to type "`Color`". For this purpose, a class library for manipulating byte–code [3] is used. As has been noted in [1], the format of the byte–code file makes it very easy to perform these replacements, as all references to class and interface types are stored independently from the actual byte code instructions in the first part of the file called the "constant pool".
4. Finally, the resulting byte–code is returned to the compiler.

3 What Has Been Accomplished

In this section, we will characterize our proposal in terms of the translation scheme being used (3.1), the interactions between ordinary types, parameterized types, and type parameters (3.2), and the possibilities for constraining genericity (3.3). Also, we will show that our approach is type–safe and that it allows static type checking (3.4).

In order to make the text more readable, we will use Pizza–style syntax in the following sections where appropriate. Section 3.2 presents examples for translating mangled names into Pizza's syntax. In section 4.2, we describe how mangled names can be hidden from the programmer.

3.1 Heterogeneous Translation

When compiling generic source code, the compiler may generate specialized byte code for every instantiation of a parameterized type (heterogeneous translation), or it may generate generic code that works for all instantiations (homogeneous translation). When compiling for the Java Virtual Machine, both approaches have their pros and cons.

A homogeneous translation scheme requires less memory at run–time because all instantiations of a parameterized type use the same byte–code. However, for the current Java Virtual Machine, runtime type checks need to be inserted into code that uses parameterized types, reducing run–time performance, although it can be ensured at compile–time that these checks will always succeed. Most importantly, primitive types (like `boolean` or `int`) cannot be used as actual type parameters, but must be put into appropriate wrapper classes. Other problems are mismatches between parameterized types and arrays (described in [7]), and the inability to refer to individual instances of parameterized types at runtime (e.g., for casts, or `instanceof`).

A heterogeneous translation scheme results in better runtime performance because no runtime checks need to be inserted into the code, at the cost of higher memory requirements. With a heterogeneous translation, it is possible to allow basic types as actual type parameters. Moreover, the semantic problems indicated above can be avoided.

Our solution is based on a heterogeneous translation scheme. However, we do not allow primitive types as actual type parameters, because the required byte–code transformations would be much more complicated.

3.2 Parameterized Types and Type Parameters

When introducing parameterized types into a language, essentially three new kinds of types are introduced, namely parameterized types, such as `Stack<A>`, instantiations of parameterized types, such as `Stack<Color>`, and formal type parameters, such as `A`. To achieve a clean integration into the language, it is desirable that wherever a normal type could appear in the original language, each of these new kinds of types is allowed. Also, all kinds of types should be usable as actual type parameters. To make things even more complicated, it is also desirable to allow *incomplete* instantiations of parameterized types, such as `Hashtable<K, Color>`.

For example, interfaces may extend parameterized interfaces, a formal type parameter can be used to declare arrays with that element type, a parameterized class may inherit from an incomplete instantiation of another parameterized class, and instantiations of parameterized types may be used as actual type parameters (nesting).

With our approach, all of the above combinations are allowed, with one exception that is due to the heterogeneous translation scheme: Primitive types such as, e.g., `boolean`, `char` or `float` are not allowed as actual type parameters.

Note that the convention of enclosing each type parameter within two '`$$`' characters leads to four consecutive '`$$`' characters between two type parameters, as in `Hashtable$$K$$$$V$$`. Thus, multiple parameters of a generic type can be distinguished from cases where an actual type parameter is itself a parameterized type. For example, translating our names into valid names of Pizza classes, `Hashtable$$Hashtable$$K$$$$V$$$$$$V$$` would result in `Hashtable<Hashtable<K, V>, V>`, whereas `Hashtable$$K$$$$Hashtable$$K$$$$V$$$$` results in `Hashtable<K, Hashtable<K, V>>`.

It would of course be preferable to use square or angular brackets for type parameters, but unfortunately, the Java Language Specification [5] does allow only one special character (\$)in Java identifiers.

3.3   Constrained Genericity

So far, we have required that all formal type parameters are declared as empty interfaces, such that on objects whose type is such a formal type parameter, only methods of class `Object` may be called. Clearly, it is desirable to *constrain* the possible actual type parameters for a parameterized class, making it possible to call other methods on such objects in a type–safe way. In fact, it is possible to specify such constraints by declaring the placeholder types in other ways than as empty interfaces.

Generally, there are two main approaches for specifying such constraints. One approach is to require that all actual type parameters be a subtype of a given type. This approach is chosen by most of the other proposals. Another approach for specifying constraints is chosen by the MIT proposal, called "where clauses" [6]. Interestingly, our proposal allows both approaches to coexist.

Type Constraints by Subtyping By letting the placeholder type extend other types, type constraints can be specified that require actual type parameters to be subtypes of those extended types. If actual type parameters are required to be classes, the placeholder type can be a class as well. For example, it would make sense that a class `EventForwarder<E>` required actual type parameters for E to be subclasses of `java.awt.Event`. In our solution, this constraint would be specified in the placeholder class E that the compiler needs for compiling the generic class:

```
class E extends java.awt.Event {}
```

Note that the body of this class is still required to be empty. As a second example, assume that in the implementation of a class `SortedVector<O>`, actual parameter types for O are required to implement an interface `Comparable`. In our approach, this constraint can be expressed by defining the placeholder interface O as an interface extending `Comparable`. Again, the placeholder type has an empty body.

```
public interface Comparable {
  boolean lessThan(Object other);
}
```

```
interface O extends Comparable {}
```

Type Constraints by Conformance The second approach for specifying constraints does not require actual type parameters to be subtypes of certain predefined types, but only requires that certain methods can be called on objects of that type. In our solution, it is possible to specify these kinds of constraints as well, by including method signatures in the body of the placeholder class. For example, using the MIT proposal, the constraint that an actual parameter type should include a method `void notify()`, without requiring that this type is a subtype of, say, `Notifiable`, would be specified as follows:

```
class Notifier[N] where N { void notify(); } {
  N[] clients;
  int howmany = 0;
  void start() {
    for(int i=0; i < howmany; i++)
      clients[i].notify();
  }
}
```

Using our approach, the same constraint is specified as follows. (Note that this constraint, like in the MIT proposal, does not require that actual type parameters for N be subtypes of N.)

```
abstract class N { abstract void notify(); }
```

```
class Notifier<N> {
  N[] clients;
  int howmany = 0;
  void start() {
    for(int i=0; i < howmany; i++)
      clients[i].notify();
  }
}
```

Interestingly, our approach not only allows both approaches of specifying constraints on type parameters separately, but also the combination of both.

As an aside, note that our proposal implements F–bounded parametric polymorphism; for example, it is possible to specify type constraints involving binary methods by using parameterized interfaces, as already described in [7], and type–checking for such cases is supported:

```
interface C {}

public interface Comparable<C> {
  public boolean lessThan(C other);
}

interface O extends Comparable<O> {}
```

3.4 Type Safety

With regard to type safety, one can distinguish between two requirements. The first — essential — requirement is that our byte–code translation scheme does not introduce type errors by itself. The second — desirable — requirement is that type errors caused by the user should be detected at compile–time rather than at run–time. As we will see, our proposal satisfies both requirements.

No Type Errors are Introduced In the case of unconstrained genericity, it is easy to see that by replacing all references to an empty placeholder interface by another class or interface type, no type errors will be introduced, because objects of the placeholder type can only be accessed by methods defined in class `Object`. For constrained genericity, obviously not all replacements are valid, which is why we introduced constrained genericity in the first place. Thus, before actually replacing a formal parameter type by an actual parameter type, it needs to be checked that the replacement is valid. To perform this check, we first need to load both the byte–code for the actual parameter type, and the byte–code for the formal parameter type (the placeholder type). If the body of the placeholder type is empty, the constraint is of the form that actual types are required to be subtypes of a given type, and we only need to check that the actual parameter type is a subtype of all the types that the placeholder type is declared to be a subtype of. If the body of the placeholder type is not empty, we additionally have to check if for all methods and constructors of the placeholder type, methods and constructors of equal names and signatures exist in the actual parameter type or in any of its supertypes.

Static Type Checking is Retained Our proposal leads to the compiler performing type–checking both on a parameterized class itself and on all users of instantiations of parameterized classes. Thus, type errors will be detected as early as possible. Note that, unlike some implementations for templates in C++, we do not perform macro expansion but transformation of already compiled and type–checked code. This allows us to report type errors within definitions of parameterized types independently of the uses of such types, whereas the C++ template mechanism does not allow constrained genericity and may cause link–time errors.

4   Improvements

Nothing comes for free, and if something is much cheaper than expected, there is always a catch. As might be expected, our proposal as it was described so far is no exception to this rule. It has a number of drawbacks, which is why we call it "Poor Man's Genericity". But as it turns out, these drawbacks can be overcome by further changes to the compiler, all of which are simple and local changes compared to the implementation requirements of other proposals.

4.1   Separate Compilation Required

Our solution requires that, before instantiations of parameterized types can be used, a byte–code file be available for loading in order to perform the necessary byte–code transformations. This is not a fundamental problem, though, since we know what byte–code we are looking for. All that is needed to overcome this problem is to be able to cause the compiler to compile another Java source file before we return the byte code it was asking for in the first place. We plan to implement the required functionality in the future.

4.2   Better Syntax

A more severe problem of our approach is that its syntax is not very simple and easy to understand because we need to mangle information about the parameters inside standard Java identifiers. However, providing a better syntax (with angular or square brackets enclosing type parameters) would require only local changes to an existing compiler's scanner and parser, because our mangling scheme could still be used internally. In fact, we implemented a simple preprocessor that generates mangled names for parameterized classes. Similar to the hook that was needed for intercepting the loading of byte–code files, we added another hook in Sun's Java compiler for intercepting the loading of source files.

Another improvement would be to allow type constraints to be specified at the formal type parameter itself instead of in a separate placeholder type. These placeholder types could then be generated automatically, and they could be hidden from the programmer.

4.3   Fully Qualified Names

The most annoying problem we had with our simple solution is that all names of formal parameters and actual parameters had to be fully qualified. Even more unpleasant was the fact that we need another mangling convention for qualified names as type parameters. This mangling translates the dots of qualified names to underscore characters, while 'real' underscore characters need to be escaped. Fortunately, this problem was not very difficult to solve. As will be seen shortly, we have extended the preprocessor to expand unqualified type names inside mangled names.

All our examples so far were based on interfaces and classes belonging to the global, unnamed package. A more realistic example of a parameterized Stack class would reside in a named package, say collections. Then, the complete mangled name for the parameterized stack class is Stack\$\$collections_A\$\$, and a stack of strings is called collections.Stack\$\$java_lang_String\$\$: [3]

```java
package collections;

interface A {}

public class Stack$$collections_A$$ {
  private A[] store = new A[100];
  private int size  = 0;
  public push(A a) {
    store[size++] = a;
  }
  public A pop() {
    return store[--size];
  }
}
```

This parameterized stack class can be used as follows:

```java
package tests;
import collections.*;

public class Main {
  public static void main(String[] args) {
    Stack$$java_lang_String$$ s;
    s = new Stack$$java_lang_String$$();
    s.push("Hello");
    s.push("world");
    System.out.println(s.pop().length());
    System.out.println(s.pop());
  }
}
```

---

[3] This is what the compiler sees. Using the preprocessor, the user may just write Stack<A> and Stack<String>, respectively. All names will be fully qualified and mangled automatically.

Again, this problem can be solved easily by subjecting formal and actual type parameter names to the same name resolution procedure as ordinary type names. This could be achieved by a local change in the compiler if, during name analysis, all formal and actual type parameter names were replaced by their fully qualified and mangled version. In our implementation, we chose to leave the compiler unchanged and instead extended the preprocessor such that it is aware of **package** and **import** statements and fully qualifies all type parameters before mangling.

4.4 Implementation Overview

In this section we will give a brief overview of our implementation.

The following figure illustrates the compilation process for code that uses a parameterized class. Symbols below the dotted line belong to the PMG system, while the other symbols depict plain files and the unmodified Java compiler, i.e. the user's view.

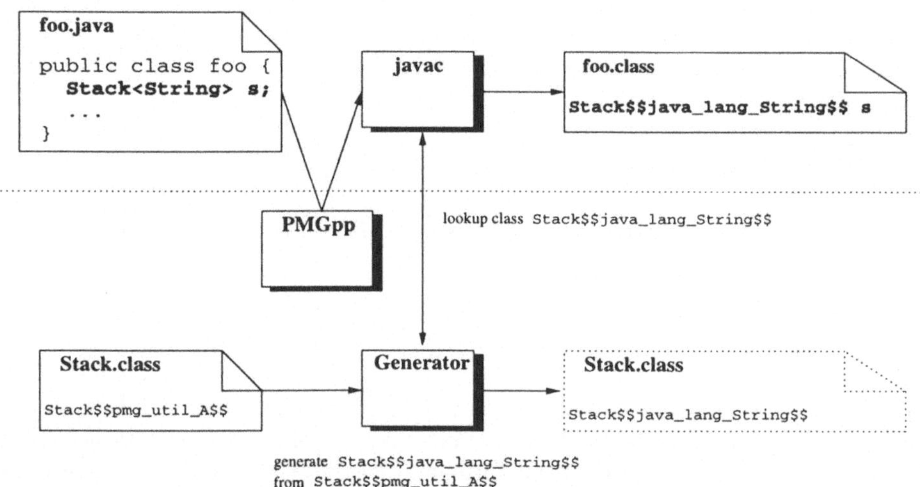

Fig. 1. Overview of the compilation process

The source file **foo.java** written in the Pizza syntax declares a variable s of type **Stack<String>**. In the first step, the file is parsed by a preprocessor called **PMGpp**.

It scans the file for parameterized identifiers, fully qualifies all names of actual type parameters and translates them into the name mangling scheme (mangling . to _ characters). Thus, the Java compiler will see **Stack$$java_lang_String$$** instead of **Stack<String>**. It then tries to load this class. At this point, we intercept the compiler in order to use our own loading algorithm implemented in a class named `Generator`. Since the requested class does not exist, a class with a substitutable placeholder type is searched that can be used as a template.

Given that a file "`Stack.class`" containing the class `Stack$$pmg_util_A$$` exists somewhere on the `CLASSPATH`, we load this class file into memory. Consequently, we need to ensure that the substitution is valid, i.e. that `String` can be safely substituted for `A`. This procedure was described in more detail in section 3.4. If all type checks succeed, we replace all references to the formal type `A` with references to the actual type `String`. This yields the required class `Stack$$java_lang_String$$`. This file is not created physically and thus is drawn with dotted lines. The newly created class is returned to the compiler which can now proceed and generate "`foo.class`".

We chose not to store generated files in permanent storage in order to hide these from the user, to reduce storage and transmission size of the code, and to avoid problems with inconsistent instantiations of generic types. Therefore, at load–time, the same mechanism for generating appropriate byte–code needs to be employed. In our implementation, we use a custom class loader that calls the appropriate method of class `Generator` for all classes.

For cases in which a custom class loader cannot be used, generation of actual files in permanent storage can be turned on with a compiler option that specifies a directory in which generated files are written.

5   Other Proposals

In this section we briefly describe other proposals and summarize their properties in figure 2.

5.1   Pizza

Pizza [7] proposes both a homogeneous and a heterogeneous translation, but currently only the homogeneous translation is implemented by a compiler. Therefore, generic code is not duplicated for each instantiation; instead, runtime casts (that will always succeed) are inserted into the code that uses parameterized types because they are required by the byte–code verifier. However, there are some problems with arrays, casts, and the `instanceof` operator, and, as is described in [1], there are undesirable implications on Java's security model. Note that these drawbacks only apply to the homogeneous translation scheme. Pizza automatically generates wrapping code in order to allow basic types as actual (unconstrained) type parameters in the case of homogeneous translation. Constraints on formal type parameters are expressed by sub–typing. Pizza not only implements parameterized types, but adds other advanced language features such as first–class functions and algebraic classes with pattern matching to Java. Moreover, a formal type system is defined that ensures type safety of Pizza. The freely available Pizza compiler is a complete implementation that already has been proven useful in practice.

5.2　GenericJava (GJ)

A successor to Pizza, GJ [2] implements parameterized types and parameterized methods. It allows only non–primitive types as actual type parameters. Again, a homogeneous translation scheme is used, leading to the same problems with the use of parameterized types and type parameters in array allocations, and with the `instanceof` and cast operators. Some additional changes have been made to Pizza in order to allow compatibility between new code that uses parameterized classes and existing code. Not only can parameterized classes be used in a conventional way, where formal type parameters are replaced by their static type bounds, but also conventional code can be parameterized after it has been compiled, by providing parameterized signatures for the methods of a class. In this manner, the Java collection classes have been parameterized without the need to access their source code. A full compiler for GJ, and a tool that enables parameterization of existing code has been implemented.

5.3　MIT Proposal

The MIT Proposal [6] uses a homogeneous translation scheme, avoiding code duplication. It suggests changes to the Java Virtual Machine in order to overcome the problem of unneeded runtime overhead by casts that are normally required for a homogeneous translation. Moreover, each instantiation of a parameterized type has a runtime representation, thus avoiding the semantic problems that Pizza has. Unfortunately, this makes generic code incompatible with normal Java Virtual Machines. Basic types are allowed as type parameters and can be accessed like other objects by defining a fixed set of methods for basic types, derived from operators for that types. Constraints on formal parameter types are specified using where–clauses, a new language construct that lists methods that need to be supported by actual parameter types. A compiler is not implemented, but a modified Java Virtual Machine was built to assess the performance gained by not requiring run–time casts. Note that although our proposal allows type constraints very similar to where–clauses, we do not need to change the Java Virtual Machine because we employ a heterogeneous translation scheme.

5.4　Stanford Proposal

The proposal by Sun and Stanford University [1] employs a heterogeneous translation scheme. In order to avoid duplicated code being stored in files or transmitted over the network, generic code is compiled to a special byte–code format that is expanded at load time, using a technique very similar to ours. We apply this technique not only to the loading of classes into the Java Virtual Machine, but also to the process of compiling generic code. Basic types are not allowed as type parameters. Constraints can be specified by sub–typing. There is an implementation of the class loader that expands instantiations of parameterized types, but no implementation of a compiler.

5.5   Genja

For Genja [4], a heterogeneous translation is chosen (a homogeneous translation scheme is discussed as well); memory requirements or performance issues are not discussed in the proposal. Genja has a unique way of supporting basic types as actual type parameters, as these are accessed in a parameterized class by means of method overloading. Instead of supporting constraints for actual type parameters, Genja includes generic method parameters, a new construct that allows operations required for formal parameter types to be supplied when instantiating a parameterized class. A compiler that performs source code transformations to Java has been developed.

5.6   Virtual Types

Virtual Types [8] support parameterized classes in a way that is different from all other proposals, since no distinction is made between a parameterized type and an instantiation of a parameterized type. Instead, a type A may contain "virtual types" that may be restricted in subtypes of A, leading to a covariant typing scheme. Because covariant typing may lead to type errors, runtime checks involving a virtual method call are inserted into code with virtual types. Unlike other proposals, not all of these checks can be guaranteed to succeed at runtime. Basic types are not allowed as types of those type variables. Currently, no compiler for Virtual Types for Java is implemented.

6   Conclusions

We have presented a new proposal for adding parameterized types to Java, focusing on the implementation of such a proposal. We have shown that, by changing only one method in an existing Java compiler, parameterized classes can be supported. Interestingly, our proposal compares quite well to other proposals. The resulting genericity has some minor drawbacks, all of which can be ameliorated by simple additional changes. Each of these changes can be localized to a specific part of a Java compiler, making it unnecessary to develop new compilers or to change existing compilers extensively in order to support parameterized types for Java.

As has been pointed out recently [2], the heterogeneous translation scheme leads to problems when a parameterized type is instantiated using an actual type parameter which is not public and belongs to a different package. In this case, the Java visibility rules do not allow the instantiation to refer to the actual type parameter. We are currently investigating this issue. One solution would be to automatically change the visibility of actual type parameters in these cases. However, we are not satisfied with this solution since it would lead to security problems similar to those exhibited by the homogeneous translation scheme.

To validate our implementation, we have successfully parameterized and compiled the new collection classes of Sun's Java Development Kit 1.2. As claimed

	Pizza	GJ	PolyJ (MIT)	Stanford	Genja	Virtual Types	Poor Man's Genericity
translation	homogeneous	homogeneous	hybrid	heterogenous	heterogeneous	inheritance	heterogeneous
basic types as type parameters	yes, automatic wrapping, unconstrained	no	accessed as if they were objects	no	yes, accessed by method overloading	no	no
duplicated code	no	no	little	at run-time	yes	no	at compile-time and at run-time
runtime casts	yes	yes	yes	no	no	using method call	no
type constraints	subtyping	subtyping	where-clauses	subtyping	generic method parameters	subtyping	subtyping and where-clauses
new compiler / type system	yes	yes	yes	yes	yes	yes	local changes to existing compiler
additional new language constructs	first-class functions, algebraic classes, pattern matching	parameterize d methods	where clauses	no	generic method parameters	virtual types	no
implemented	yes	yes	yes	Class Loader	no (?)	no	yes
disadvantages	problems with arrays, casts, and instanceof; security ?	problems with arrays, casts, and instanceof; security ?		extension of the byte-code format		not statically type-safe due to covariant typing	packages; explicit placeholder types separate compil. error handling

Fig. 2. Overview of proposals

by the designers of these classes, this mostly amounted to adding type parameters to all classes and removing unnecessary runtime casts. Interestingly, for two (inner) implementation classes this did not work, because the implementation included code that encoded the type of stored objects in a variable, making it impossible to statically prove its type–correctness. However, it was easy to change this code, not only allowing full compile–time type checking, but also resulting in a cleaner design. We successfully use several of these classes (`ArrayList<A>`, `HashMap<K, V>`, `HashSet<A>`), and corresponding interfaces, super–classes, and iterator classes in a Java program consisting of over 100 classes.

References

1. O. Agesen, S. N. Freund, and J. C. Mitchell. Adding Type Parameterization to the Java Language. In *Proceedings OOPSLA'97*, Atlanta, GA, 1997.
2. G. Bracha, M. Odersky, D. Stoutamire, and P. Wadler. Making the future safe for the past : Adding Genericity to the Java Programming language. , 1998.
3. M. Dahm. *The JavaClass API.* `http://www.inf.fu-berlin.de/~dahm/JavaClass/`, 1998.
4. M. Evered, J. L. Keedy, G. Menger, and A. Schmolitzky. Genja – A New Proposal for Parameterised Types in Java. In *Proceedings TOOLS Pacific*, Melbourne, Australia, 1997.
5. J. Gosling and G. Steele B. Joy. *The Java Language Specification*. Addison-Wesley, 1996.
6. A.C. Myers, J. A. Bank, and B. Liskov. Parameterized Types for Java. In *Proceedings 24th ACM Symposium on Principles of Programming Languages*, Paris, France, 1997.
7. M. Odersky and P. Wadler. Pizza into Java: Translating Theory into Practice. In *Proceedings 24th ACM Symposium on Principles of Programming Languages*, Paris, France, 1997.
8. K. K. Thorup. Genericity in Java with Virtual Types. In *Proceedings ECOOP'97*. LNCS 1241, Springer Verlag, 1997.

Java – formal fundiert*

David von Oheimb und Cornelia Pusch

Fakultät für Informatik, Technische Universität München
`http://www.in.tum.de/~oheimb/`
`http://www.in.tum.de/~pusch/`

Zusammenfassung Dieser Artikel gibt eine Übersicht über das Projekt Bali zur formalen Behandlung möglichst vieler Aspekte von Java. Die Arbeiten umfassen bisher eine formale Semantik großer Teile der Java-Quellsprache und des Bytecodes, jeweils zusammen mit einem Beweis der Typsicherheit. Als Spezifikations- und Verifikationswerkzeug dient Isabelle/HOL. Wir beschreiben die Ziele dieses Projekts und die grobe Vorgehensweise, geben einen knappen Einblick in die Formalisierung und die bewiesenen Aussagen, und stellen unsere bisherigen Ergebnisse und Erfahrungen dar.

1 Einführung

Java ist eine inzwischen weit verbreitete Programmiersprache, bei der die Betrachtung verschiedener Sicherheitsaspekte große Aufmerksamkeit erfährt. Neben den üblichen Problemen der Programmverifikation und Compilerkorrektheit spielen die Typsicherheit und die Integrität von übersetzten Programmen eine große Rolle. Im Rahmen unseres DFG-Forschungsprojekts *Bali* [NOP98] behandeln wir solche Fragestellungen formal, und zwar mit Unterstützung des maschinellen Beweissystems *Isabelle/HOL* [Pau94].

Ziel unseres Projekts ist es, möglichst große Teile der Sprache Java selbst, eines Compilers, des Bytecodes und der Ablaufumgebung *Java Virtual Machine (JVM)* zu formalisieren, ihre Eigenschaften zu untersuchen und verläßlich zu beweisen. Die Resultate dieser Arbeit finden im wesentlichen in folgenden Bereichen Anwendung:

- als Referenzspezifikation für Programmierer und Compilerbauer, die präziser und übersichtlicher ist als die offizielle Definition der Sprache und der JVM
- zur Überprüfung des Designs der Sprache und der Ablaufumgebung (auch von geplanten Erweiterungen), um Fehler und Verallgemeinerungsmöglichkeiten aufzuzeigen
- als (teilweiser) Korrektheitsbeweis für die Implementierung von Compilern und Ablaufumgebungen
- als Basis für die Verifikation von Java-Programmen, d.h. den Nachweis, daß sie ihre Spezifikation erfüllen

---

* gefördert durch das DFG-Projekt *Bali*

Herausragendes Merkmal unseres Ansatzes ist Präzision und Verläßlichkeit, die wir durch die maschinengestütze Verifikation erreichen. Andere uns bekannte Arbeiten, die ähnlich große Teile von Java mit dem Anspruch mathematischer Präzision behandeln[DE98,BS98], erweisen sich leider als im Detail lückenhaft. Es liegt wohl in der Natur der Sache, daß einem bei umfangreichen Arbeiten auf Papier trotz sorgfältiger Arbeitsweise mit hoher Wahrscheinlichkeit zumindest Flüchtigkeitsfehler unterlaufen. Besonders problematisch sind in diesem Zusammenhang nachträgliche Erweiterungen und Korrekturen der Formalisierung und der zugehörigen Beweise. Einem maschinellen Beweissystem dagegen entgehen solche Fehler nicht [Sym98]. Mit Isabelle/HOL verwenden wir ein leistungsfähiges und flexibles Werkzeug, das sowohl eine ausdrucksstarke Spezifikationssprache als auch mächtige und sichere Beweisverfahren bietet.

Diese Arbeiten sind nicht nur aus theoretischer Sicht interessant: Es zeigt sich der Bedarf an einer formalen Fundierung von Java in der Praxis immer deutlicher. Dies betrifft vor allem sicherheitskritische Anwendungen wie z.B. Smart Cards, deren Hersteller an einer formalen Überprüfung ihrer Implementierungen interessiert sind. Wie die Anforderungen an solch eine Zertifizierung auszusehen haben, wird derzeit noch erarbeitet, und auch hier kann unser Projekt einen wertvollen Beitrag leisten.

1.1 Behandelter Sprachumfang

Unsere Formalisierung von Java und der JVM beinhaltet die unserer Ansicht nach zentralen Aspekte der objektorientierten Programmierung:

- Klassen- und Interface-Deklarationen mit Feldern und Methoden,
- statische Klassen-Initialisierung,
- Subklassen-, Subinterface- und Implementierungsrelation
  mit Vererbung, Überschreibung und Verschattung
- Methodenaufrufe mit statischer Überladung und dynamischer Bindung
- einige primitive Typen, Objekte (incl. Arrays)
- Exception-Erzeugung und -Behandlung

Aus Vereinfachungsgründen behandeln wir keine Packages und andere Aspekte der getrennten Übersetzung. Vorläufig behandeln wir auch noch keine Sichtbarkeitsbeschränkungen von Namen und keine parallele Programmausführung. Bei vielen Konstrukten konnten wir die Komplexität verringern, ohne ihre Ausdrucksstärke zu beeinträchtigen.

1.2 Aktueller Fokus: Typsicherheit

Zunächst haben wir uns der *Typsicherheit* angenommen, einer Spracheigenschaft, die auf Quell- und ebenso auf Bytecode-Ebene wesentlich ist. Sie besagt, daß in wohlgetypten Programmen keine Laufzeitfehler auftreten können derart, daß Operationen Argumente eines falschen Typs erhalten. Wo die Wohlgetyptheit statisch nicht entscheidbar ist (z.B. bei Typkonvertierungen und Feld-Zuweisungen in Java), muß zumindest eine geeignete Laufzeit-Überprüfung erzeugt werden, die bei Verletzung der Typkonsistenz eine Ausnahmebehandlung erzwingt. Die Typsicherheit erfordert also das korrekte Zusammenspiel von Typsystem, Wohlgeformtheitsbedingungen und Programmablauf. Eine hinreichende Bedingung hierfür ist die *Korrektheit des Typsystems (type soundness)*, die verlangt, daß für wohlgetypte Programme der dynamische Typ eines jeden Wertes, der beim Programmablauf erzeugt wird, zum statischen Typ des entsprechenden Programmteils paßt. Sie sollte auf beiden Sprachebenen gelten:

- Auf Quellsprachen-Ebene bedeutet sie, daß statisch erkennbare Typfehler durch ein geeignetes Typsystem tatsächlich statisch ausgeschlossen werden. Wegen möglicher Übersetzungsfehler ergibt dies zwar noch keine Ablaufsicherheit, ist aber wesentlich für eine disziplinierte Programmentwicklung und stellt daher ein wichtiges Prüfkriterium für das Sprachdesign dar.
- Bytecode-Programme, besonders solche, die von einem nicht vertrauenswürdigen Server geladen wurden, stammen nicht notwendigerweise von einem korrekten Java-Compiler. Die Frage der Wohlgetyptheit und Typsicherheit stellt sich deshalb auf dieser Ebene neu. Sie hat hier sogar besondere Brisanz, weil sie einen entscheidenden Teil des Sicherheitskonzepts von Java darstellt. Deshalb enthält die JVM einen *Bytecode Verifier*, der den Bytecode vor seiner Ausführung auf Wohlgetyptheit überprüft, und dessen Korrektheit in diesem Zusammenhang zu untersuchen ist.

1.3 Designziele der Formalisierung

Bei der Entwicklung unserer Formalisierung verfolgen wir als Designziele:

- gute Lesbarkeit durch Einfachheit und Übersichtlichkeit
- leichte Validierung durch Nähe zur offiziellen
  Spezifikation von Java [GJS96] und der JVM [LY96]
- Änderungsfreundlichkeit und Erweiterbarkeit
- Angemessenheit für maschinengestütztes Beweisen

Im folgenden wollen wir einen Eindruck davon vermitteln, auf welche Weise wir diese Ziele bisher erreicht haben. Dazu gehen wir in Abschnitt 2 auf unsere Formalisierung der Java-Quellsprache und den Beweis ihrer Typsicherheit ein. Abschnitt 3 behandelt die JVM, insbesondere den Bytecode Verifier und seine Korrektheit. Schließlich stellen wir in Abschnitt 4 unsere bisher gewonnenen Ergebnisse und Erfahrungen dar.

2 Formale Behandlung von Java

In diesem Abschnitt geben wir einen Überblick über BALI, die Formalisierung der von uns behandelten Teilsprache von Java. Dabei werden hier nur wesentliche Punkte dargestellt und exemplarisch erklärt. Details sind in [ON98] und unserer Online-Dokumentation[NOP98] zu finden.

2.1 Abstrakte Syntax

Programme stellen wir als Listen von Klassen- und Interface-Deklarationen dar, die in Isabelle/HOL mittels der Typdefinition

$$prog = (cdecl)\,list \times (idecl)\,list$$

eingeführt werden. Entsprechendes gilt für Klassen, Interfaces, Felder und Methoden. Wie haben die Listenrepräsentation einer Mengendarstellung vorgezogen, weil sie a priori endlich und operational orientiert ist.

Anweisungen, Ausdrücke und Variablen werden durch rekursive Datentypen dargestellt, die ihre abstrakte Syntax direkt beschreiben:

$$
\begin{array}{lll}
stmt = \textbf{throw}\ (expr) & expr = \textbf{new}\ tname & var\ = ename \\
\quad |\ stmt;\ stmt & \quad |\ var\!:=\!expr & \quad |\ \{ty\}\,expr.\,ename \\
\quad |\ \ldots & \quad |\ \ldots & \quad |\ \ldots
\end{array}
$$

Eine Besonderheit sind hierbei sogenannte *Typannotationen* $\{\ldots\}$ bei Feldzugriffen und Methodenaufrufen, die eigentlich nicht zur Quellsprache gehören. Sie stellen vom Compiler während der Typprüfung eingesetzte Informationen dar, die für die statische Bindung von Feldern und die Auflösung von überladenen Methoden nötig sind.

2.2 Typsystem

Wir definieren explizit die primitiven Typen `boolean` und `int` sowie alle Arten von Referenztypen $ref\_ty = \mathsf{NT}\ |\ \mathsf{Iface}\ tname\ |\ \mathsf{Class}\ tname\ |\ ty[]$ von Java und die Relationen zwischen ihnen. Die wichtigste davon ist die *Widening*-Ordnung, in Zeichen $\preceq$, eine Art syntaktische Subtyp-Relation. Die Formel $\Gamma \vdash S \preceq T$ bedeutet, daß im Kontext Γ jeder Wert vom Typ S auch als Wert vom Typ T aufgefaßt werden darf, also (bei Referenztypen) über eine syntaktisch kompatible Menge von Feldern und Methoden verfügt. Die Typrelationen werden induktiv definiert, beispielsweise wie folgt, wobei $\Gamma \vdash C \rightsquigarrow I$ dafür steht, daß die Klasse C das Interface I implementiert:

$$
\frac{\mathsf{is\_type}\ \Gamma\ T}{\Gamma \vdash T \preceq T}
\qquad
\frac{\Gamma \vdash C \rightsquigarrow I}{\Gamma \vdash \mathsf{Class}\ C \preceq \mathsf{Iface}\ I}
\qquad
\frac{\Gamma \vdash \mathsf{RefT}\ S \preceq \mathsf{RefT}\ T}{\Gamma \vdash (\mathsf{RefT}\ S)[] \preceq (\mathsf{RefT}\ T)[]}
\qquad \ldots
$$

Darauf aufbauend können auch die Typregeln für Terme in sehr natürlicher Weise als induktive Relationen definiert werden. Diese Regeln enthalten nebenbei auch alle sonstigen lokalen Wohlgeformtheitsbedingungen. Hier als Beispiel die Typisierung von Array-Erzeugung und Feldvariablen-Zugriff:

$$
\frac{\mathsf{is\_type}\ \Gamma\ T \quad \Gamma,\Lambda \vdash i::\texttt{int}}{\Gamma,\Lambda \vdash (\textbf{new}\ T[i])::T[]}
\qquad
\frac{\Gamma,\Lambda \vdash e::\mathsf{Class}\ C \quad \mathsf{cfield}\ \Gamma\ C\ fn = \mathsf{Some}\ (T,fT)}{\Gamma,\Lambda \vdash (\{T\}e.fn)::fT}
$$

Dabei bedeutet $\Gamma,\Lambda \vdash e::T$, daß im Kontext Γ,Λ der Ausdruck e wohlgeformt ist und den Typ T hat. Entsprechendes gilt für die Wohlgetyptheit von Anweisungen $\Gamma,\Lambda \vdash s::\diamond$. Übrigens läßt sich leicht zeigen, daß die Typisierung eindeutig ist.

2.3   Wohlgeformtheit

Für alle Arten von Deklarationen gibt es entsprechend den Regeln von Java eine
Menge von globalen Wohlgeformtheitsbedingungen, die wir direkt als Prädikate
über die Deklarationen formulieren. Zum Beispiel ist eine Methoden-Deklaration
mit Signatur *sig* wohlgeformt, wenn ihr Methoden-Kopf *mh* wohlgeformt ist, die
lokalen Variablen *lvars* eindeutige Namen und korrekte Typen T haben, usw.:

$$\text{wf\_mdecl } \Gamma \; C \; (sig,mh,lvars,blk,res) \overset{\text{def}}{=} \text{wf\_mhead } \Gamma \; (sig,mh) \; \wedge$$
$$\text{unique } lvars \wedge (\forall (vn,T) \in \text{set } lvars. \; \text{is\_type } \Gamma \; T) \wedge \ldots$$

Für die dynamische Semantik dürfen wir die Wohlgeformtheit voraussetzen.

2.4   Semantik

Wir beschreiben die Wirkung der Ausführung von Programmtermen auf den
Zustand auf operationelle Weise. Diese ablauforientierte Sicht ist (im Vergleich
zu einer denotationellen oder axiomatischen Semantik) für den Anwender die
natürlichste. Speziell haben wir eine *Auswertungs*semantik gewählt, die eine direkte Umsetzung der offiziellen Sprachspezifikation ermöglicht, weil sie für jeden
Term die Beziehung zwischen den Zuständen vor und nach seiner Ausführung
(bzw. Auswertung) darstellt und sie auf die Zustandsübergänge der jeweiligen
Teilterme zurückführt. Daher können wir mit ihr abstrakter argumentieren als
mit einer *Transitions*semantik, die die Ausführung in atomaren Einzelschritten
beschreibt, was andererseits die Darstellung der verzahnt parallelen Ausführung
von Threads erlauben würde.

Den Programmzustand repräsentieren wir durch ein Paar aus der eventuell
aktiven Exception und dem Zustand im engeren Sinne, nämlich die aktuellen lokalen Variablen sowie globale Werte, speziell der Heap, der Referenzen auf Objekte abbildet. Durch die Auswertungssemantik ist kein expliziter Methodenaufruf-
Stack nötig. Wir behandeln die dynamische Erzeugung von Objekten (inklusive
möglichem Speicherüberlauf), aber keine Garbage Collection.

Unsere operationelle Semantik gibt für jede Art von Programmterm genau
eine Regel an, die Zustandsübergänge bei der Ausführung spezifiziert. Dabei
bedeutet z.B. $\Gamma \vdash \sigma -e \triangleright v \rightarrow \sigma'$, daß im Programm Γ der Ausdruck e zu einem Wert v ausgewertet wird, wobei sich der Zustand σ zu σ' verändert. Die
Regeln sind dadurch relativ übersichtlich, daß auftretende Exceptions weitgehend implizit propagiert werden. Beispielsweise beschreibt die folgende Regel
sehr kompakt die Bedeutung des lesenden Zugriffs auf eine Feldvariable *fn* im
normalen (Exception-freien) Anfangszustand Norm σ_0: Nach der Initialisierung
– falls nötig – der Klasse C, in der das Feld deklariert wurde, und der Auswertung des Ziel-Ausdrucks e zur Adresse a wird im Zwischenzustand (x_2,σ_2)
der Wert v aus dem Objekt extrahiert, das durch the (heap σ_2 a) bezeichnet
ist. Falls a' eine Null-Referenz war, wird mittels np a' x_2 im Endzustand eine
`NullPointer`-Exception ausgelöst und der gelesene Wert ignoriert.

$$\frac{\Gamma \vdash (\text{Norm } \sigma_0) -\text{init } C \rightarrow \sigma_1 \quad \Gamma \vdash \sigma_1 -e \triangleright a' \rightarrow (x_2,\sigma_2) \quad a = \text{the\_Addr } a' \\ v = \text{the (snd (the (heap } \sigma_2 \; a)) \; (\text{Inl } (fn,C)))}{\Gamma \vdash (\text{Norm } \sigma_0) -(\{C\}e.fn) \triangleright v \rightarrow (\text{np } a' \; x_2,\sigma_2)}$$

2.5 Beweis der Typsicherheit

Um die Korrektheit des Typsystems formulieren zu können, verwenden wir mehrere Hilfskonstrukte, die im Begriff der Konformität eines Zustandes zum Kontext münden: $\sigma :: \preceq \Gamma,\Lambda$ bedeutet, daß die Werte aller Variablen im Zustand σ zum jeweiligen (statischen) Typ im Kontext Γ,Λ passen. Damit lautet die Korrektheitsaussage für Anweisungen s wie folgt: Für ein wohlgeformtes Programm Γ, wenn s wohlgetypt ist und seine Ausführung den Zustand σ in σ' abbildet und σ konform zum Kontext ist, dann ist es auch σ'. Formal:

$$\mathsf{wf\_prog}\ \Gamma\ \wedge\ \Gamma,\Lambda \vdash s :: \diamondsuit\ \wedge\ \Gamma \vdash \sigma - s \rightarrow \sigma'\ \wedge\ \sigma :: \preceq \Gamma,\Lambda\ \longrightarrow\ \sigma' :: \preceq \Gamma,\Lambda$$

Der Beweis wird per Regelinduktion über die Ausführung der Programmterme geführt und basiert auf etwa 300 (nur teilweise aufwendig zu beweisenden) Hilfsaussagen. Als einfache Konsequenz für die Typsicherheit ergibt sich zum Beispiel, daß 'method not understood'-Laufzeitfehler nicht auftreten können.

3 Formale Behandlung der JVM

Im folgenden geben wir einen Überblick über unsere Formalisierung der JVM, für eine komplette Beschreibung siehe [Pus98]. Die Isabelle-Dateien sind unter [NOP98] erhältlich.

Entsprechend der offiziellen JVM-Spezifikation [LY96] beschreiben wir das operationelle Verhalten der JVM-Befehle als Transitionssemantik, wobei wir von einigen Details wie z.B. Auflösung von symbolischen Referenzen und Einbettung des gesamten Codes in einen einheitlichen Adreßraum abstrahieren. Auch das dynamische Laden von Klassen haben wir noch nicht betrachtet. Von den umfassenden Möglichkeiten der Fehlerbehandlung (Exceptions) haben wir auf der Bytecode-Ebene bis jetzt nur einige der vordefinierten Fehlertypen formalisiert, z.B. die Dereferenzierung des Null-Zeigers.

3.1 Operationelle Semantik

In [LY96] wird die operationelle Semantik der JVM nur für Zustände beschrieben, in denen gewisse strukturelle Voraussetzungen erfüllt sind (z.B. Stackgröße bei Stackzugriffen und richtiger Typ der Operanden). Andernfalls ist das Verhalten undefiniert. Diese Partialität wird oft durch bedingte Regeln modelliert. Dieses Vorgehen hat aber den Nachteil, daß aus der Definition nicht direkt ersichtlich ist, ob einerseits alle korrekten Programme bis zum Ende abgearbeitet werden und andererseits die Regeln eindeutig sind.

In unserem Ansatz formalisieren wir das Verhalten der Maschine durch totale Funktionen, wodurch die vollständige Abarbeitung schon per definitionem sichergestellt ist. Undefiniertheit wird durch den nicht näher definierten Wert arbitrary modelliert. Es handelt sich hierbei nicht um einen besonderen Fehler-Wert, der die Undefiniertheit anzeigt, sondern lediglich um einen beliebigen Wert, über den keine Aussage gemacht werden kann.

Ähnlich wie auf der Quellsprachen-Ebene werden Wohlgeformtheitsbedingungen für die Classfiles formuliert, die vor der Ausführung des Bytecodes überprüft werden.

Die operationelle Semantik für den Befehl Getfield, der eine Feldvariable ausliest, sieht in unserer Formalisierung z.B. folgendermaßen aus:

$$
\begin{aligned}
&\text{exec\_mo (Getfield } idx) \; CFS \; cls \; hp \; stk \; pc = \\
&\quad (\text{let } oref \qquad\quad = \text{hd } stk; \\
&\qquad\quad (cl,fs) \qquad\;\; = \text{get\_Obj } (hp \;!!\; (\text{get\_Addr } oref)); \\
&\qquad\quad cpool \qquad\quad = \text{get\_cpool } (CFS \;!!\; cls); \\
&\qquad\quad (fc,fn,fd) = \text{extract\_Fieldref } cpool \; idx; \\
&\qquad\quad xp' \qquad\qquad = \text{if } oref{=}\text{Null then Some NullPointer else None} \\
&\quad\; \text{in} \\
&\quad (xp',\; hp,\; (fs \;!!\; (fc,fn))\#(\text{tl } stk),\; pc{+}1))
\end{aligned}
$$

CFS enthält ein JVM-Programm bestehend aus einer Menge von Classfiles. Auf dem Stack *stk* wird eine Referenz zu einem auf dem Heap *hp* gespeicherten Objekt erwartet. Ist der Stack leer, oder ist der oberste Wert keine Adresse, oder befindet sich an der Adresse keine Klasseninstanz, geben die Zugriffsfunktionen hd bzw. get_Addr bzw. get_Obj den Wert arbitrary zurück. Der Index *idx* muß im Constant Pool der aktuellen Klasse *cls* auf einen Fieldref-Eintrag zeigen, der eine Klasse *fc*, einen Feldbezeichner *fn* und einen Feld-Deskriptor *fd* enthält. Wir verwenden das Paar (*fc,fn*) bestehend aus Klasse und Feldbezeichner, um auf das entsprechende Feld zuzugreifen. Die Objekt-Referenz auf dem Stack wird durch den Wert des Feldes ersetzt. Im Falle einer Null-Referenz wird eine Exception ausgelöst. Schließlich wird der Programmzähler *pc* inkrementiert.

3.2 Bytecode Verifier

Die JVM muß sicherstellen, daß der auszuführende Code einer Reihe von Anforderungen genügt, die neben der Initialisierung und dem Zugriff auf Variablen vor allem die Wohlgetyptheit betreffen. Die Überprüfung des Bytecodes wird in [LY96] nur lose spezifiziert; es sind unterschiedliche Implementierungen möglich. Eine Möglichkeit ist, die gesamte Überprüfung erst zur Laufzeit vorzunehmen; dieser Ansatz wird z.B. von Cohen [Coh97] verfolgt. Dieses Vorgehen ist allerdings nicht sehr effizient. Die Beschreibung des Bytecode Verifiers, bei dem der Großteil der Überprüfung vor der Ausführung vorgenommen wird, bezieht sich stark auf die Implementierung der JVM von Sun selbst, und die Grenzen zwischen abstrakterAnforderungsspezifikation und konkreter Implementierung werden nicht deutlich.

Die vollständige statische Überprüfung des Codes hat Qian in seinem Ansatz [Qia98] auf Papier beschrieben. Unsere Formalisierung basiert auf dieser Arbeit, weicht allerdings in einigen Punkten ab, z.B. was die konkrete Darstellung der Typregeln betrifft.

Wie auf der Quellsprachen-Ebene wird ein Typsystem eingeführt. Auf der Bytecode-Ebene besteht ein Programm aus einer Liste von Befehlen. Entsprechend formalisieren wir die Typisierung eines Programms durch eine Funktion $\Phi :: p\_count \Rightarrow instr\_type$, die jedem Programmpunkt im Bytecode eine Befehls-Typisierung zuordnet. Diese Befehls-Typisierung beschreibt in einem Paar (ST,LT) die Typen aller Stackelemente und der lokalen Variablen. Prädikate prüfen ab, ob ein Befehl im Kontext eines Programms und eines Programmtyps wohlgetypt ist. Für den Befehl Getfield sieht dies z.B. folgendermaßen aus:

```
wt_mo (Getfield idx) CFS cls Φ max_pc pc =
    (let (ST,LT)  = Φ pc;
         cpool    = get_cpool (CFS !! cls);
         (fc,fn,fd) = extract_Fieldref cpool idx
     in
     ∃rs ST'. pc+1 < max_pc ∧
                 is_class CFS fc ∧
                 get_fields (CFS !! fc) (fc,fn) = Some fd ∧
                 ST = Refs rs # ST' ∧
                 wideRefsConvertible CFS rs [CT fc] ∧
                 Φ (pc+1) ⊒ ((fd2tys CFS fd) # ST', LT))
```

Hier wird überprüft, ob der inkrementierte Programmzähler die Code-Länge nicht überschreitet und das Classfile der indizierten Klasse ein dem Zugriff entsprechendes Feld enthält. Weiterhin wird sichergestellt, daß das oberste Stackelement vom richtigen Referenztyp ist und daß der Folgebefehl auf dem Stack ein Element vom Typ des Feldwerts erwartet.

3.3 Korrektheitsbeweis für den Bytecode-Verifier

Die Korrektheitsaussage haben wir folgendermaßen formalisiert und bewiesen:

$$\text{wf\_clsfiles } CFS \land \text{wt\_clsfiles } CFS\ \Phi \land \text{state\_ok } CFS\ \Phi\ \sigma \land CFS \vdash \sigma \longrightarrow^* \sigma'$$
$$\longrightarrow \text{state\_ok } CFS\ \Phi\ \sigma'$$

Das heißt, daß für eine Menge wohlgeformter und vom Bytecode Verifier als statisch wohlgetypt anerkannter Classfiles, ausgehend von einem Zustand σ, der konform zu seinem statischen Typ ist, in allen weiteren Zuständen der Ausführung die Typkonformität gilt.

Aus der Korrektheit des Bytecode Verifiers lassen sich wieder Aussagen über die Typsicherheit folgern.

4 Konklusion

4.1 Ergebnisse

Die bisherigen Ergebnisse unserer Arbeit lassen sich wie folgt zusammenfassen:

- Die Sprache Java ist – jedenfalls in dem von uns behandelten Umfang – sowohl auf Quell- und als auch auf Bytecode-Ebene tatsächlich typsicher. Dies bestätigt entsprechende Behauptungen der Java-Entwickler mit größter praktisch erreichbarer Gewißheit.

- In den Spezifikationen wurden Lücken aufgedeckt und gefüllt, z.B. daß die `throw`-Anweisung eine `NullPointer`-Exception auslösen kann, daß bei jedem Auslösen einer System-Exception diese durch ein jeweils eigenes Exception-Objekt dargestellt wird, und daß die Programmausführung anhält, wenn nicht einmal genug Speicher für eine `OutOfMemory`-Exception vorhanden ist.
- Das Einfließen von Implementierungsdetails in die JVM-Spezifikation wurde aufgedeckt und eliminiert, z.B. die Bezugnahme auf Methodentabellen beim Methodenaufruf.
- In der JVM-Spezifikation auftretende Redundanzen und kleinere Fehler wurden vermieden. So werden z.B. wiederholte Definitionen für den Begriff der *Assignment Conversion* gegeben, die in einem Fall sogar unvollständig ist.
- Verallgemeinerungsmöglichkeiten des Typsystems von Java wurden aufgezeigt: Das Resultat einer Methode, die eine andere Methode überschreibt, darf einen spezielleren Typ haben, die Resultatstypen verschiedener zusammengeführter Methoden mit gleicher Signatur müssen nicht notwendigerweise gleich sein, und als Typ einer Zuweisung darf auch der (i.A. speziellere) Typ des Ausdrucks auf der rechten Seite angesehen werden.

4.2 Statistik

Für die Java-Formalisierung benötigten wir (einschließlich Modifikationen) rund zwei Monate und etwa 1200 Zeilen wohldokumentierter Spezifikationen, und für den Beweis der Typsicherheit mit allen nötigen Lemmata rund drei Monate und etwa 2300 Zeilen Beweisskript.

Auf der Bytecode-Ebene umfassen die Spezifikation für operationelle Semantik und Bytecode Verifier etwa 1700 Zeilen, die Beweise haben eine Länge von knapp 2400 Zeilen. Für Spezifikationen und Verifikation zusammen benötigten wir etwa 6 Monate.

4.3 Erfahrungen

Abschließend unsere bisherigen Erfahrungen mit dem Bali-Projekt:

- Wir sind mit der Ausdrucksstärke und Beweismächtigkeit eines maschinellen Beweissystems wie Isabelle/HOL sehr zufrieden: Alle nötigen Aspekte lassen sich adäquat formalisieren und beweisen.
- Zur Validierung der Formalisierung wäre Werkzeugunterstützung hilfreich, die aus den Spezifikationen ausführbare Prototyp-Programme erzeugt. Die meisten der (kleinen) Formalisierungsfehler wurden allerdings bei der Erstellung der Typsicherheits-Beweise aufgedeckt und behoben.
- Eine möglichst einfache und abstrakte Formalisierung erleichtert die Beweisarbeit sehr. Der Aufwand für Modifikationen läßt sich, wie im Software-Engineering, durch Beachtung des Kapselungsprinzips begrenzen.
- Bei der schrittweisen Erweiterung der Formalisierung verhindert das maschinelle Beweissystem, daß man indirekte, aber notwendige Anpassungen der Spezifikation und der Beweise vergißt.

Somit ergibt sich als Schlußfolgerung: Die voll formale Analyse einer realistischen Programmiersprache, wie sie Java darstellt, ist kein Kinderspiel, sie ist jedoch für Spezialisten mit der heutzutage zur Verfügung stehenden Beweiser-Technologie mit vertretbarem Aufwand machbar.

4.4 Ausblick

Die Aspekte von Java, die wir als nächstes formal behandeln wollen, sind die Compiler- und Programmverifikation, sowie die Konsistenz der geplanten Erweiterung von Java um parametrisierte Typen [AFM97,BOSW98].

Literatur

[AFM97] Ole Agesen, Stephen N. Freund, and John C. Mitchell. Adding type parameterization to the Java language. In *ACM Symp. Object-Oriented Programming: Systems, Languages and Applications*, 1997.

[BOSW98] Gilad Bracha, Martin Odersky, David Stoutamire, and Philip Wadler. Generic Java specification. Draft version, 1998.

[BS98] Egon Börger and Wolfram Schulte. A mathematical definition of the dynamic semantics of Java. In Jim Alves-Foss, editor, *Formal Syntax and Semantics of Java*, volume 1523 of *LNCS*. Springer-Verlag, 1998.

[Coh97] Richard M. Cohen. The defensive Java Virtual Machine specification. Technical report, Computational Logic Inc., 1997. Draft version.

[DE98] Sophia Drossopoulou and Susan Eisenbach. Towards an operational semantics and proof of type soundness for Java. In Jim Alves-Foss, editor, *Formal Syntax and Semantics of Java*, volume 1523 of *LNCS*. Springer-Verlag, 1998.

[GJS96] James Gosling, Bill Joy, and Guy Steele. *The Java Language Specification*. Addison-Wesley, 1996.

[LY96] Tim Lindholm and Frank Yellin. *The Java Virtual Machine Specification*. Addison-Wesley, 1996.

[NOP98] Tobias Nipkow, David von Oheimb, and Cornelia Pusch. Project Bali. 1998. `http://www.in.tum.de/~isabelle/bali/`.

[ON98] David von Oheimb and Tobias Nipkow. Machine-checking the Java specification: Proving type-safety. In Jim Alves-Foss, editor, *Formal Syntax and Semantics of Java*, volume 1523 of *LNCS*. Springer-Verlag, 1998.

[Pau94] Lawrence C. Paulson. *Isabelle: A Generic Theorem Prover*, volume 828 of *LNCS*. Springer-Verlag, 1994.

[Pus98] Cornelia Pusch. Formalizing the Java Virtual Machine in Isabelle. Technical Report TUM-I9816, Institut für Informatik, Technische Universiät München, 1998.

[Qia98] Zhenyu Qian. A formal specification of Java Virtual Machine instructions. In Jim Alves-Foss, editor, *Formal Syntax and Semantics of Java*, volume 1523 of *LNCS*. Springer-Verlag, 1998.

[Sym98] Donald Syme. Proving Java type soundness. In Jim Alves-Foss, editor, *Formal Syntax and Semantics of Java*, volume 1523 of *LNCS*. Springer-Verlag, 1998.

SurfBorD
Systemunabhängig realisierte flexible Bedienoberfläche für relationale Datenbanken

Dirk Fischer, Heike Utermann

Lehrstuhl für Datenverarbeitung
Technische Universität München
80290 München
fischer@ei.tum.de
utermann@ei.tum.de

Zusammenfassung: Der Wechsel auf ein anderes DBMS (Datenbank-Management-System) oder das Erweitern einer Datenbank ist in der Regel mit viel Nachfolgearbeit verbunden, da auch die verschiedenen Anwendungen angepaßt werden müssen, die auf die Datenbank zugreifen. Mit SurfBorD wurde eine Anwendung in Java entwickelt, die es ermöglicht, beliebige Datenbanken abzufragen oder zu bearbeiten. Dabei ist es gleichgültig, von welchem Hersteller das DBMS stammt und auf welcher Plattform SurfBorD eingesetzt wird. Durch dynamisch ladbare Komponenten kann SurfBorD beliebig um neue Analyse- und Manipulationswerkzeuge erweitert werden.

1 Einleitung

Relationale Datenbanken sind heutzutage das gängige Mittel, um große Datenmengen strukturiert zu speichern und zu verwalten. Um das Potential der Datenbanken effektiv nutzen zu können, muß eine Möglichkeit zum Bearbeiten und zum Neueintrag von Daten vorhanden sein, welche einfach zu bedienen ist und keine detaillierten Kenntnisse über die Datenbankstruktur voraussetzt.

Es existieren viele Anwendungen, die einen transparenten und benutzerfreundlichen Zugriff auf Datenbanken bieten. Jedoch sind diese Lösungen häufig proprietär und nicht auf andere Anwendungsfälle übertragbar. Daneben gibt es den im Kernbereich standardisierten Zugriff mit Hilfe der Datenbankabfragesprache SQL (Structured Query Language). Eine Verwendung dieser Zugriffsart setzt jedoch detaillierte Kenntnisse der verwendeten Datenbankstruktur und eine größere Einarbeitungsphase voraus, so daß sie kein probates Mittel für den Endanwender darstellt.

Das Ziel war, die wesentlichen Eigenschaften der verschiedenen Zugriffsmöglichkeiten zu verbinden und eine Bedienoberfläche zu entwickeln, die unabhängig von der zugrundeliegenden Plattform benutzt werden kann. Die für den Zugriff notwendige Information soll aus der jeweiligen Datenbank erhältlich sein, so daß keine Anpassung an der Anwendung vorgenommen werden muß, falls die Struktur der Datenbank geändert wird. Außerdem sollen möglichst viele Datenbank-Management-Systeme (DBMS) unterstützt werden. Gleichzeitig wird eine einfache und übersichtliche Bedienoberfläche angestrebt.

2 Zugriffsmöglichkeiten auf relationale Datenbanken

Die verbreitetsten Hilfsmittel, dem Benutzer eine Anwendung zum Befüllen und Auswerten einer Datenbank bereitzustellen, sind Maskengeneratoren und Programmbibliotheken. Maskengeneratoren ermöglichen es, auf einfache Weise Applikationen mit zweckmäßigen GUIs (Graphical User Interfaces) zu erstellen. Programmbibliotheken erlauben es einem Entwickler, alle Freiheiten seiner bevorzugten Programmiersprache zu nutzen und zusätzlich mit Hilfe von einfach zu gebrauchenden Funktionen auf Datenbanken zugreifen zu können. Diese Methoden sind für die meisten Betriebssysteme verfügbar, jedoch müssen die so erstellten Programme für jede zu verwendende Plattform neu angepaßt werden, was mit nicht unerheblichem Aufwand verbunden ist.

Zudem unterscheiden sich die Programmierstile bei Anwendungen (prozedural, objektorientiert, ...) und Datenbanken (SQL, 4GL) deutlich, so daß ein Entwickler grundlegendes Verständnis von beiden Bereichen haben muß. Durch die Verwendung von ESQL (Embedded-SQL) wird zumindest erreicht, daß die Programmquellen prägnanter formuliert werden können und für Menschen verständlicher zu lesen sind als bei direkten Bibliotheksaufrufen: Datenbankanweisungen werden direkt in SQL angegeben, wobei die Möglichkeit bereitgestellt wird, Programmvariablen in den SQL-Anweisungen zu verwenden. Auch wird das Anpassen an andere DBMS deutlich vereinfacht, da der Entwickler lediglich den passenden Pre-Compiler verwenden muß, um die ESQL-Anweisungen durch bestimmte Bibliotheksaufrufe zu ersetzen. Solange die ESQL-Anweisungen und die verwendeten Pre-Compiler dem Standard (ANSI/ISO) entsprechen, sollten keine wesentlichen Änderungen an den Programmquellen erforderlich sein. Allerdings muß das Programm neu übersetzt werden, bevor es ein anderes DBMS nutzen kann oder auf einer anderen Plattform eingesetzt werden kann.

Als alternative Zugriffsmethode bietet sich die Kombination von HTML (Hypertext Markup Language) mit CGI-Skripten (Common Gateway Interface) an, die eine Anbindung an das WWW und ein einfaches Erstellen von statischen Bedienoberflächen ermöglichen. Jedoch bleibt die Formularverwaltung von HTML weit hinter dem zurück, was man von den ursprünglichen Bedienoberflächen gewohnt ist.

Ansätze, die auf verteilten Objekten, wie z.B. CORBA oder DCOM, basieren, ermöglichen leistungsfähige verteilte Systeme. Jedoch sind die einzelnen Objekte im allgemeinen direkt abhängig vom verwendeten Betriebssystem und von der Rechnerarchitektur, auf der sie ausgeführt werden sollen. Damit ist zumindest eine erneute Übersetzung der Quelltexte erforderlich, falls ein Objekt auf einer anderen Plattform betrieben werden soll.

In Java erstellte Programme sollten diese Einschränkung nicht aufweisen.
Die JVM (Java Virtual Machine) ist für die verbreitetsten Rechnerarchitekturen
erhältlich und einmal erstellte Java-Programme können auf jeder dieser JVMs
gestartet werden. Das objektorientierte Paradigma (OOP) von Java und die
vielfältigen, frei verfügbaren Klassenbibliotheken unterstützen die Entwicklung
flexibel einsetzbarer Software.

3 Realisierung der Zielvorgaben

Die Bedeutung einer einfachen Datenbankanbindung für das Erstellen von be-
trieblich genutzter Software wurde in den letzten Jahren immer deutlicher. Dieser
Trend hat auch die Weiterentwicklung von Java beeinflußt und hat zu der Definition von JDBC (Java Database Connectivity) [3] geführt. Im folgenden soll
analysiert werden, wie die Eigenschaften von Java und JDBC genutzt werden
können, um die anfangs definierte Zielvorgabe zu realisieren.

3.1 Plattformunabhängige Bedienoberfläche

Um das mehrfache Entwickeln der Bedienoberflächen für verschiedene Plattformen in einem heterogenen Rechnernetz zu vermeiden, ist es erforderlich, die
entsprechenden Anwendungen von der jeweiligen Plattform abzukoppeln.

Ein Weg, der große Flexibilität verspricht, ist die Implementierung der Anwendung in Java. Die virtuelle Maschine von Java stellt eine Schicht dar, die
direkt auf der Architektur der verwendeten Plattform aufsetzt und die Java-
Programmen eine einheitliche Laufzeitumgebung zur Verfügung stellt. Damit
wird die geforderte Trennung der Anwendung von der Plattform erreicht und
Java-Programme können auf allen Rechnern eingesetzt werden, auf denen die
virtuelle Java-Maschine installiert wurde. Damit ist ein Einsatz auf den verbreiteten Plattformen (UNIX, WinNT, Win95, ...) in der vorgesehenen Weise
möglich.

3.2 Universeller Zugang zu Datenbanken verschiedener Hersteller

Der Nutzen einer Datenbank nimmt deutlich zu, wenn es möglich ist, benutzer-
freundliche Anwendungen zu entwickeln, die Daten aus der Datenbank auslesen
können, um sie in aufbereiteter Form zu präsentieren. Diese Idee wird auch von
den Herstellern von Datenbanken unterstützt, indem Programmbibliotheken und
Maskengeneratoren angeboten werden, die das Entwickeln dieser Anwendungen
vereinfachen. Diese Werkzeuge sind jedoch speziell auf die Datenbank des jeweiligen Herstellers zugeschnitten.

Mit JDBC wurde eine Architektur geschaffen, die sich an ODBC (Open Database Connectivity) [7] anlehnt und wie diese auf vier Ebenen basiert (Anwendung, JDBC Driver Manager, JDBC-Treiber, Datenbank). Damit ist es möglich,
Anwendungen für beliebige Datenbanken zu entwickeln. Der Datenbank-Herstel-
ler bietet zu seiner Datenbank einen JDBC-Treiber an, der die Funktionen der
Datenbank auf eine standardisierte JDBC-API abbildet.

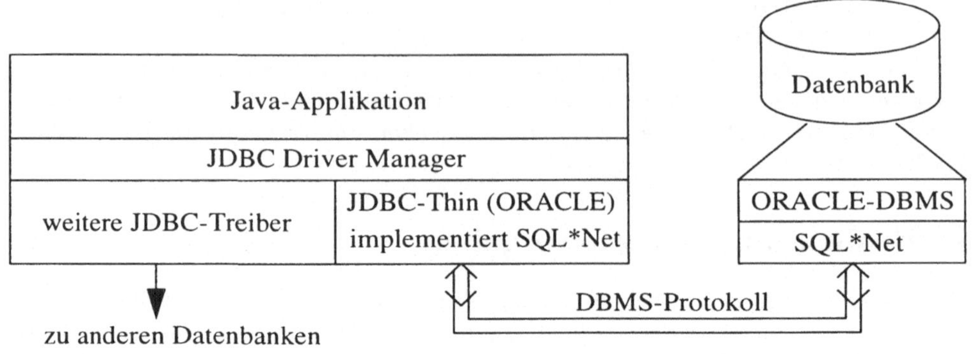

Abb. 1. Kommunikationsmodell von JDBC am Beispiel eines ORACLE-DBMS

Der JDBC-Driver-Manager identifiziert die einzelnen Datenbanken über einen eindeutigen URL (Uniform Resource Locator), der sowohl das verwendete Subprotokoll als auch die Bezeichnung der Datenquelle enthält. So kennzeichnet der URL „jdbc:oracle:thin:@ora.world" beispielsweise eine bestimmte Oracle-Datenbank. Bei einem Verbindungswunsch der Anwendung testet der Driver-Manager jeden verfügbaren Treiber, ob er eine Verbindung zur angegebenen Datenbank aufbauen kann. Der erste passende wird benutzt (Abb. 1).

Die erhältlichen JDBC-Treiber werden in vier Kategorien [4] unterteilt: Treiber der Kategorie 1 und 2 greifen auf Bibliotheken mit nativem C-Code zurück und nur die Kategorien 3 und 4 definieren rein in Java geschriebene Treiber. Um die gewünschte Plattformunabhängigkeit zu bewahren, ist es also erforderlich, sich auf JDBC-Treiber der Kategorie 3 oder 4 zu beschränken.

Mit JDBC-2.0 [5] werden Erweiterungen eingeführt, die einige Einschränkungen der ersten Version aufheben und den zunehmenden Funktionsumfang von DBMS berücksichtigen (BLOBS, SQL-3,...). Zudem werden Mittel bereitgestellt, die zu einer Leistungssteigerung bei JDBC-Anwendungen führen können, wie z.B. das Zusammenfassen von mehreren Transaktionen. Grundsätzlich hängt die Leistungsfähigkeit einer JDBC-Anwendung von vielen variablen Faktoren ab. Neben dem Einfluß der Hardware und des verwendeten DBMS hängt der Datendurchsatz, wie bei allen Java-Anwendungen, auch von der eingesetzten JVM ab. Durch die Verwendung von JITs (Just In Time Compiler) können sich Java-Anwendungen der Ausführungsgeschwindigkeit entsprechender Anwendungen annähern, die in Maschinencode vorliegen und direkt vom Prozessor ausgeführt werden. Zukünftige Entwicklungen (HotSpot [6]) sollen diesen Nachteil weiter verringern.

Durch den sinnvollen Einsatz der bereitgestellten Mittel kann auch der Entwickler die Leistungsfähigkeit der erstellten Anwendung beeinflussen. So bietet JDBC grundsätzlich drei Varianten an, um Datenbankanweisungen auszuführen: Neben den einfachen JDBC-Statements für einzelne Datenbankabfragen gibt es auch sogenannte Prepared Statements, die eine Anweisung übersetzen, um sie daraufhin beliebig oft mit unterschiedlichen Parametern aufrufen zu können.

Besonders bei gleichartigen Anfragen, die häufig vorkommen, bewirken Prepared Statements eine Beschleunigung des Programmablaufs. Die dritte Variante, Callable Statements genannt, macht von der Eigenschaft vieler DBMS Gebrauch, Anweisungen in Form von Stored Procedures direkt im DBMS ausführen zu können. In bestimmten Fällen kann damit eine weitere Beschleunigung erreicht werden.

Aufbauend auf JDBC gibt es Entwicklungen, die den Zugriff von Java-Anwendungen auf relationale Datenbanken weiter vereinfachen. So gibt es Erweiterungen, die Embedded-SQL auch unter Java ermöglichen (JSQL [8]) oder die eine Abbildung relationaler Datenbank-Tabellen auf Java-Klassen vornehmen, so daß der Programmierer überhaupt kein SQL kennen muß [9].

3.3 Automatische Anpassung an die Struktur der Datenbank

Die übliche Vorgehensweise beim Erstellen von Bedienoberflächen für Datenbanken führt häufig zu einer doppelten Definition der Datenbankstruktur:

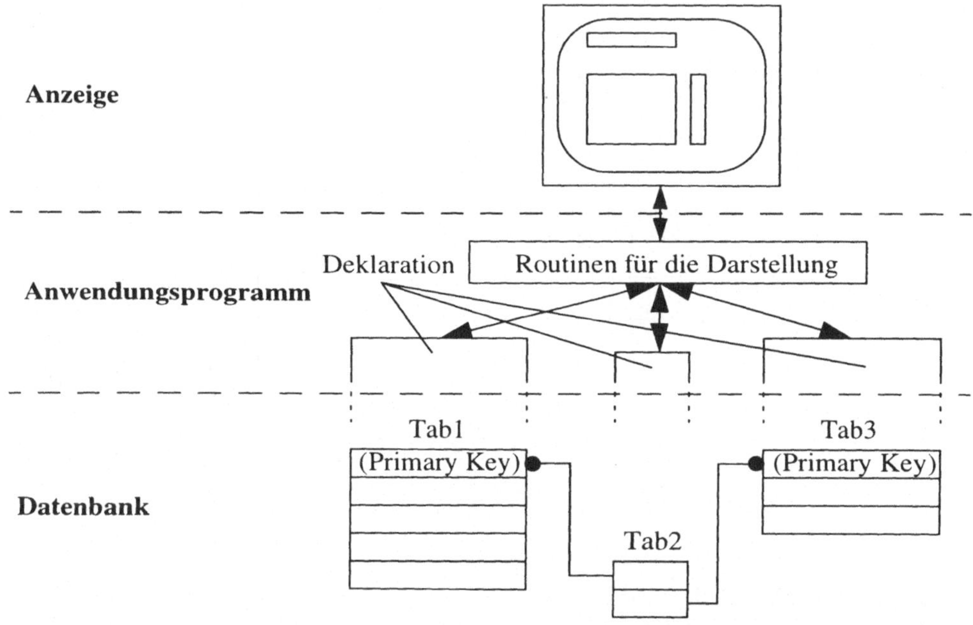

Abb. 2. Definition der Datenbankstruktur in Anwendung und Datenbank

Zunächst muß der DBA (Datenbankadministrator) die Struktur in Form einer DDL (Data Definition Language) festlegen und den einzelnen Anwendern Zugriffsrechte mit Hilfe einer DCL (Data Control Language) zuordnen. Die gleiche Struktur wird jedoch ein zweitesmal in den Programmen deklariert, über die die Benutzer auf den Datenbestand zugreifen können sollen (Abb. 2).

Der wesentliche Nachteil dieser Vorgehensweise wird deutlich, wenn die Struktur der zugrundeliegenden Datenbank geändert werden muß:

- Die Bedienoberflächen auf den verschiedenen Plattformen müssen ebenfalls geändert werden.
- Durch den größeren Zeitaufwand wird die neue Datenbank erst später verfügbar.
- Es muß sichergestellt sein, daß keine Bedienoberfläche im Rechnernetz versehentlich auf dem alten Stand bleibt.

Jede Datenbank enthält sogenannte Metadaten, die Information über die Struktur der Datenbank liefern. JDBC bietet mit Hilfe spezieller Methoden einen einheitlichen Weg, die Metadaten der verschiedenen Datenbanken abzufragen. Eine Anwendung kann die Metadaten auslesen und die Darstellung der Nutzdaten automatisch anpassen (Abb. 3).

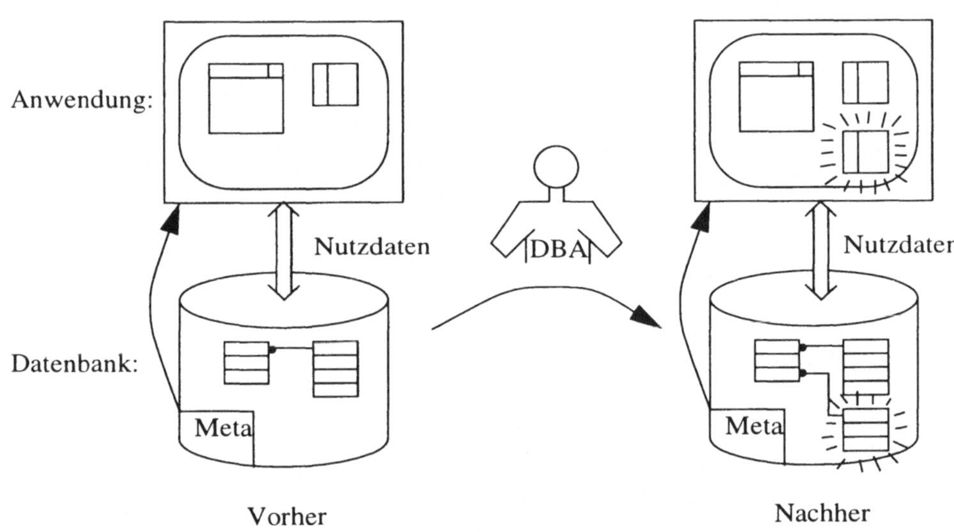

Abb. 3. Automatische Anpassung der Anwendung

Die Bedienoberfläche beschränkt sich automatisch auf die Daten, die der jeweilige Anwender auf Grund seiner Rechte und Privilegien benutzen darf. Wenn mehrere separate Datenbanken im Einsatz sind, kann der Anwender bequem zwischen den verschiedenen Datenquellen wechseln. Es genügt die Angabe des jeweiligen URLs, damit eine Verbindung zur angegebenen Datenquelle aufgebaut wird. Dabei ist es egal, auf welcher Plattform der Benutzer arbeitet, wie der Hersteller des DBMS lautet und welche Struktur in der Datenbank realisiert wurde. Die Bedienoberfläche paßt sich automatisch an.

Eine Beispielimplementierung, die von den aufgeführten Prinzipien Gebrauch macht, ist die Java-Applikation „SurfBorD". Die denkbaren Erweiterungen, die in den folgenden Kapiteln beschrieben sind, haben sich in Teilimplementierungen als durchführbar erwiesen.

4 Weiterführende Konzepte

Die Grundidee war, größtmögliche Unabhängigkeit vom zugrundeliegenden Betriebssystem, dem jeweiligen Datenbanksystem und der datenbankinternen Tabellenstruktur zu erreichen. Dabei wird auf Daten und Mechanismen zurückgegriffen, die nahezu jede Datenbank standardmäßig anbietet. Im folgenden werden Konzepte vorgestellt, die auf zusätzlicher Information basieren, welche optional in einer Datenbank vorhanden sein können.

Die gewünschte Strukturunabhängigkeit bringt zunächst eine vorgegebene tabellarische Darstellung der verfügbaren Daten mit sich, da die tabelleninterne Semantik noch unbekannt ist. Einschränkungen dieser Art könnten mit einer in Tabellenform abgelegten Darstellungsempfehlung aufgehoben werden. Diese Information ist optional in der Datenbank verfügbar und wird von der Oberfläche gleichzeitig mit den Metadaten ausgelesen. Darauf basierend werden die Inhalte der Datenbank in einer, auf die speziellen Daten zugeschnittenen Form, dargestellt. Eine Visualisierung in Form verschiedener Diagrammtypen (z.B. Balken, Kurve, Tabelle) dient als Grundlage, aber auch eine komplexere Darstellung mit Multimediakomponenten (z.B. Video, Audio, 3-D-Graphik) soll möglich sein.

Die übliche Darstellung von Daten sind einfache Diagramme. Daher soll diese Art der Anzeige direkt in der Oberfläche implementiert sein. Für komplexere Darstellungsvarianten soll es dem jeweiligen Datenbankadministrator möglich sein, die dazu notwendigen Java-Klassen in der Datenbank abzulegen, so daß diese zur Laufzeit dynamisch als Komponenten in SurfBorD eingebunden werden können. Die für die Konfigurationsdaten verwendete Tabellenstruktur, die sogenannte SBMeta (SurfBorD-Metadaten), ist in Abbildung 4 dargestellt.

Zunächst muß eine Haupttabelle, die sogenannte PresentationTable angelegt werden, welche die allgemeine Darstellungsdefinition vorhält. Darin werden den Datenobjekten (Tabellen oder Views) Darstellungsobjekte (Kurven, 3D-Darstellungen, ...) und die zugehörigen Fenster zugeordnet. Über die Darstellungsschlüssel wird in einer weiteren Tabelle, der TypeTable, auf die jeweiligen Darstellungstypen verwiesen. Über den sogenannten Klassenindex wird auf eine dritte Tabelle referenziert, die ClassTable. In dieser wird, gegebenenfalls in einzelne Teile aufgespalten, die Definition der zu verwendenden Darstellungsklassen, die SurfBorD-Komponenten, als Byte-Code gespeichert.

Damit weiterhin die gewünschte Unabhängigkeit von der Oberfläche und der Datenbank besteht, muß die PresentationTable eindeutig identifizierbar sein. Das kann entweder durch die Vergabe eines standardisierten Namens erreicht werden oder der Oberfläche wird beim Start ein Parameter zur Identifikation dieser Haupttabelle übergeben. Ist keine PresentationTable in der betreffenden Datenbank verfügbar, so soll auf vorgegebene Darstellungen zurückgegriffen werden.

PresentationTable

Datenobjekt	Darstellungstyp	Parameter	Kommentar	Fenster
Tabelle1	Kurve	INDEX<...>VALUE<...>	---	1
Tabelle2	Balken	INDEX<...>VALUE<...>	‚Bemerkung'	2
View3	3-D-Anim	INDEX<...> X<...> Y<...> Z<...>	‚Bemerkung'	3

TypeTable

Darstellungstyp	Klassencodierung	Klassenindex
3-D-Anim	direct	7
Statistik	ascii	5
...	...	...

ClassTable

Klassenindex	Fragment-Nr.	Klassendefinition
7	1	<Byte Code>
7	2	<Byte Code>
5	1	<Byte Code>

Abb. 4. Tabellenstruktur der SBMeta

5 Realisierung der Erweiterung

Java hat die Eigenschaft, alle beteiligten Klassen erst laden zu müssen, wenn sie tatsächlich benötigt werden. Verzichtet ein Benutzer während der Ausführung eines Programms auf bestimmte Dienste des Programms, brauchen die betreffenden Klassen nicht geladen zu werden. Die Instanz, die dafür sorgt, daß benötigte Klassen automatisch nachgeladen werden, ist der sogenannte ClassLoader.

SurfBorD definiert einen eigenen ClassLoader, der es erlaubt, Java-Klassen bei Bedarf sowohl auf herkömmlichem Weg, z.B. bei Systemklassen, als auch aus der aktuell verbundenen Datenbank zu laden. Möchte ein Benutzer ein bestimmtes Datenobjekt betrachten oder verändern, stellt SurfBorD fest, in welcher Darstellungsform dieses Datenobjekt präsentiert werden soll und lädt gegebenenfalls die entsprechende Klasse aus der Datenbank, um ein Darstellungsobjekt davon zu instantiieren.

Die Typtabelle kann jederzeit um neue Typen mit den zugehörigen Komponenten (Byte-Code der Java-Klasse) erweitert werden. Die Eigenschaften von Java erlauben es, daß diese Komponenten separat entwickelt werden können. Sobald der DBA eine neue Komponente in der Datenbank speichert, wird sie für alle SurfBorD-Benutzer sichtbar und kann sofort eingesetzt werden.

6 Konfiguration

Der Datenbankadministrator kann die Art der Darstellung einzelner Datenobjekte (Tabellen, Views,...) voreinstellen. Dazu gibt er eine entsprechende Darstellungsbeschreibung in SBMeta ein. Obwohl der DBA diese Formatierungsinformation auch manuell in die jeweilige SBMeta eintragen könnte, ist es zweckmäßig, hierfür ein Konfigurationswerkzeug einzusetzen. Damit hat der DBA die Möglichkeit, seine Vorstellungen von den verschiedenen Sichten auf die Daten, in übersichtlicher Form festzulegen und auf leichte Weise zu ändern. Wenn Gebrauch von den dynamischen Erweiterungsmöglichkeiten von SurfBorD, dem Nachladen von SurfBorD-Komponenten, gemacht werden soll, muß die Möglichkeit eingerichtet werden, diese Komponenten in der Datenbank abzulegen. Damit wird ein entsprechendes Konfigurationswerkzeug unverzichtbar. SBconfig ist eine abgewandelte Version von SurfBorD, die diese administrativen Mittel bereitstellt (Abb. 5).

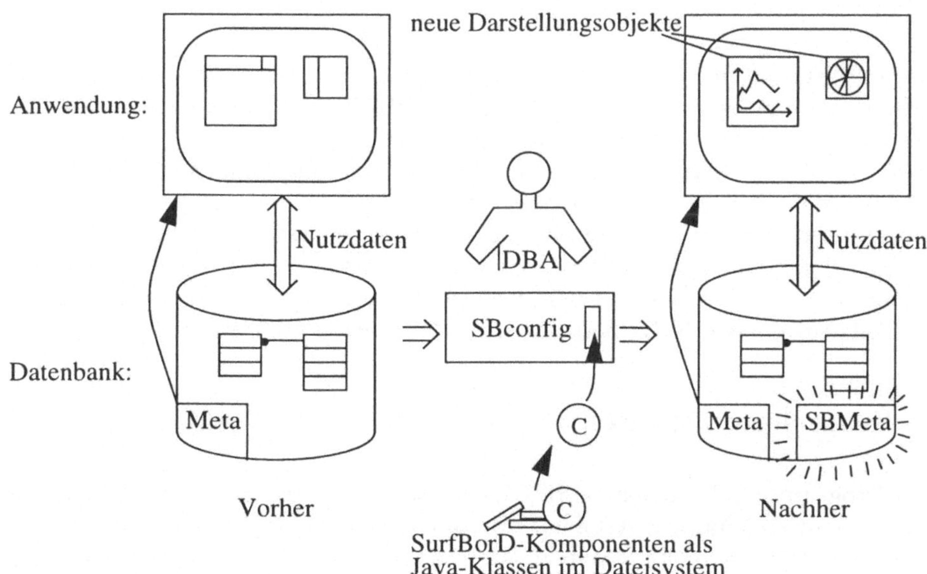

Abb. 5. Administration der Datendarstellung mit Hilfe von SBconfig

Das Programm legt die Tabellenstruktur für SBMeta an und befüllt sie nach den Vorgaben des Administrators. Über eine graphische Benutzerführung können den Datenobjekten der Datenbank beliebige Darstellungsobjekte zugeordnet werden, wobei die Darstellungseigenschaften der einzelnen Objekte interaktiv änderbar sind. Auch die Zuordnung mehrerer Darstellungsobjekte zu einzelnen Datenobjekten bzw. die Darstellung mehrerer Datenobjekte in einem Darstellungsobjekt ist möglich (Abb. 6). Außerdem können Java-Klassen aus dem

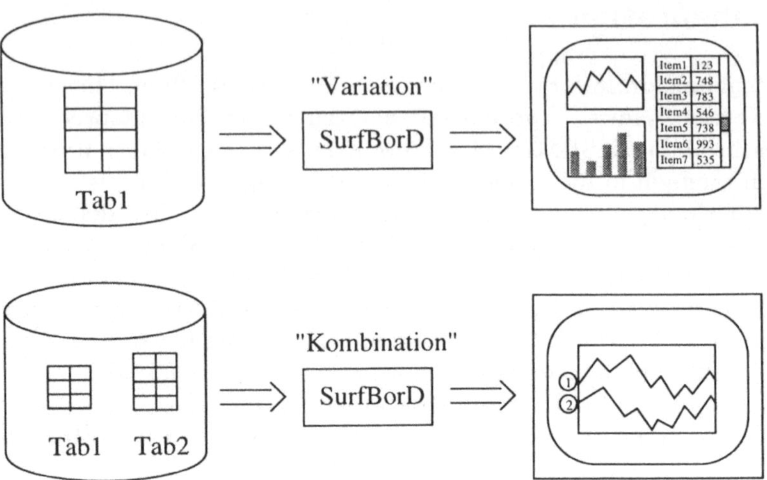

Abb. 6. Variation und Kombination der Darstellung

lokalen Dateisystem geladen und als dynamisch ladbare SurfBorD-Komponenten in der Datenbank gespeichert werden. Viele DBMS ermöglichen das direkte Speichern von Binärdaten, wie sie z.B. bei digitalisierten Bildern, Tönen usw. auftreten. In diesem Fall können die Java-Klassen direkt in der Datenbank gespeichert werden. Falls beliebige binäre Daten, z.B. BLOBs (Binary Large Objects), nicht unterstützt werden, verwendet SBconfig eine Codierung, die das Speichern von Java-Klassen in Textfeldern bzw. Zeichenketten ermöglicht. Gegebenenfalls können die Java-Klassen auch in mehrere Felder fragmentiert werden. Die Art der Codierung wird deshalb zusätzlich in SBMeta beschrieben.

7 Sicherheitsaspekte

Java-Programme, die in einen HTML-Browser geladen und dort gestartet werden können, sogenannte Applets, arbeiten unter der Kontrolle eines Security-Managers. Der Security-Manager ist eine Java-Klasse, die sich an alle Java-Funktionen anbindet, die sicherheitskritische Aufgaben erfüllen. Sobald eine dieser Funktionen aufgerufen wird, hat der Security-Manager die Möglichkeit den Zugriff auf die Ressource zu verweigern, indem er der Anwendung eine Ausnahmesituation meldet (Security Exception) und den Zugriffswunsch abbricht.

Die Java-Laufzeitumgebung erlaubt jedem Programm nur ein einziges Mal, sich einen Security-Manager einzurichten. Daher ist es nicht möglich, die Sicherheitspolitik nachträglich zu ändern. Die gebräuchlichen HTML-Browser verwenden einen Security-Manager, der es nicht zuläßt, daß sich ein Applet einen eigenen ClassLoader einrichtet. Ebenso ausgeschlossen ist eine Netzverbindung zu einem anderen Rechner als dem, von dem das Applet geladen wurde. Um alle Möglichkeiten nutzen zu können, die SurfBorD bietet, ist es deshalb momentan noch erforderlich, SurfBorD als Applikation zu starten. Dadurch erhält Surf-BorD alle Freiheiten, die das Betriebssystem auch dem Benutzer von SurfBorD eingeräumt hat.

Besteht der Wunsch, diese Freiheiten etwas einzuschränken, kann SurfBorD einen eigenen Security-Manager erhalten. Dieser Gedanke ist naheliegend, wenn berücksichtigt wird, das SurfBorD auch eine Komponente aus einer fremden Datenbank laden und ausführen könnte, die dort in der Absicht hinterlegt wurde, dem Benutzer zu schaden. Dazu kann bereits bei Programmstart über Kommandozeilenparameter oder auch zur Laufzeit über ein entsprechendes Konfigurationsmenü ein Security-Manager in Form einer Java-Klasse angegeben werden (Abb. 7).

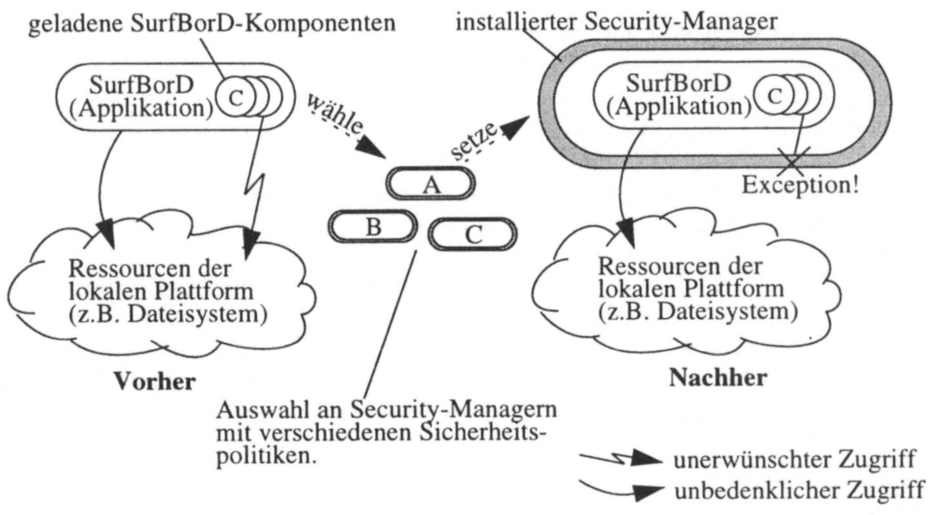

Abb. 7. Security-Manager

Eine andere, eventuell vertrauenswürdigere Alternative besteht darin, Surf-BorD in einer sicheren Umgebung zu starten, die bereits einen Security-Manager vorgibt. Im Prinzip wird bei HTML-Browsern mit Java-Fähigkeit so verfahren, jedoch gibt es dort im allgemeinen keine Möglichkeit, eine eigene Sicherheits-politik festzulegen. SurfBorD unterstützt dieses Vorgehen, indem es Einsprungpunkte implementiert hat, wie sie auch für Applets benötigt werden. So kann SurfBorD auch wie ein Applet in eine Umgebung mit bereits gesetztem Security-Manager geladen und dort gestartet werden.

Mit dem JDK-1.2 von SUN wird der Security-Manager durch einen sogenannten Access-Controller ersetzt, der es dem Endanwender ermöglicht, seine eigene Sicherheitspolitik umzusetzen und bestimmten Anwendungen gezielt Freiheiten einzuräumen. Damit erhält der Endanwender die Gewißheit, daß die Restriktionen, die er für SurfBorD definiert hat, tatsächlich eingehalten werden.

8 Ausblick

Die Parameter der Darstellungsarten in SBMeta geben nur Hinweise darüber, welche Attribute der einzelnen Datenobjekte bestimmte Bedeutungen für die Darstellung erhalten, wie z.B. Abszissen- und Ordinatenwerte einer Kurve. Eigenschaften, die nicht die Bedeutung der gespeicherten Daten betreffen, sondern die das konkrete Erscheinungsbild des jeweiligen Diagramms beeinflussen, wie z.B. Farbe und Signatur einer Kurve, werden bisher nicht in SBMeta gespeichert. Diese Eigenschaften sind als Attribute der Darstellungsobjekte ausgelegt, so daß jedes instantiierte Darstellungsobjekt separate Einstellungen erhalten kann. Dies entspricht der Vorgehensweise bei HTML-Dokumenten, wo ebenfalls an zentraler Stelle, beim Web-Server, die Strukturinformation zu einem Text gespeichert wird (Überschrift, Absatz, ...) und auf der Client-Seite definiert werden kann, wie die konkrete Darstellung aussehen soll (Schriftgröße, Farbe, ...).

Damit die persönliche Konfiguration der Darstellungsobjekte beim Beenden von SurfBorD nicht verloren geht, ist es erforderlich, die Attribute persistent zu speichern. Dies könnte im lokalen Dateisystem erfolgen, wenn es der eventuell eingerichtete Security-Manager zuläßt, oder auch in der Datenbank. Im zweiten Fall hätte die Datenbank mit den Konfigurationseinstellungen die Bedeutung einer „Home-Database", von der aus auf andere Datenbanken gewechselt werden könnte.

In diesem Zusammenhang wäre es sinnvoll, auch Querverweise zu anderen Datenbanken in der Home-Database zu speichern. Dabei könnte der JDBC-Treiber für die referenzierte Datenbank ebenfalls in der Home-Database gespeichert sein, so daß es beim Start von SurfBorD genügt, über den JDBC-Treiber für die Home-Database zu verfügen. Um diese Möglichkeiten anbieten zu können, ist es jedoch erforderlich, die einzelnen Depots für die benutzerdefinierten Einstellungen verwalten zu können, damit kein Konflikt mit den begrenzten Ressourcen der Datenbank auftritt.

Abhängig von den Entwicklungen bezüglich JDBC ist es auch denkbar, die bestehenden Konzepte auf andere Datenbanksysteme auszuweiten. Eine Anbindung an objekt-relationale, objektorientierte oder auch hierarchische Datenbanken wäre möglich, sofern die entsprechenden Treiber zur Verfügung stehen.

Literatur

1. G. Vossen, Datenmodelle, Datenbanksprachen und DBMS, Addisson-Wesley 1994
2. Sun, The Java Tutorial, http://java.sun.com/docs/books/tutorial
3. Sun, JDBC Guide: Getting Started, ftp://ftp.javasoft.com/docs/jdk1.1/jdbc.pdf
4. Sun, JDBC Drivers, http://java.sun.com/products/jdbc/jdbc.drivers.html
5. Sun, JDBC-2.0, http://java.sun.com/products/jdbc
6. Sun, HotSpot, http://java.sun.com/products/hotspot
7. Synergex, ODBC, http://www.synergex.com/odbc/odbc_man.htm
8. Oracle, JSQL, http://www.oracle.com/st/products/jdbc/html/stroadmap.html
9. Sun, Blend, http://java.sun.com/products/java-blend

Ein RMI-basierter Repository-Server zur Synchronisation der Software-Entwicklung in kooperierenden Unternehmen

E. Ulrich Kriegel und Dirk Kurzmann

Fraunhofer Institut für Software- und Systemtechnik
Mollstraße 1, D-10178 Berlin
{ulrich.kriegel|dirk.kurzmann}@isst.fhg.de

Abstract. Im Rahmen eines Verbundprojektes zur Verbesserung der Softwareproduktion in kleinen und mittelständischen Unternehmen wurde am Fraunhofer ISST ein Repository-Server als Aufsatz zu bestehenden Softwareentwicklungsumgebungen entwickelt. Über diesen Server können mit Hilfe spezieller Werkzeuge Entwicklungsdokumente zwischen verteilten Entwicklern ausgetauscht werden. Der vorliegende Bericht beschreibt den Entwurf und die Implementation des Repository-Servers sowie die Werkzeuge, die auf ihn zugreifen.

1 Einleitung

Im Rahmen des Landesprogrammes IKT des Berliner Senats wurde das Verbundprojekt »SPU: Eine Softwareproduktionsumgebung für kleine und mittelständische Unternehmen« im Zeitraum vom 01.09.1995 bis zum 28.02.1998 gefördert. Die Bearbeitung des Projektes erfolgte durch vier Berliner Unternehmen gemeinsam mit dem Fraunhofer Institut für Software und Systemtechnik, das auch mit der Leitung und Koordination des Projektes betraut war [1].

In der Abschlußphase des Projektes wurde das entwickelte Vorgehensmodell [2] und die prototypische Werkzeugumgebung [3] im Hinblick auf eine Verwendung für die Softwareentwicklung in kooperierenden Unternehmen modifiziert [1].

Ziel dieser Publikation ist die Beschreibung der Werkzeuge, die zum Austausch von Artefakten[1] zwischen den verteilten Entwicklern realisiert wurden. Als Einführung wird in Kapitel 2 die grundlegende Struktur der im SPU-Projekt entwickelten Softwareproduktionsumgebung (SPU), deren Prozesse den Rahmen für die Entwicklung bilden, beschrieben. Daran anschließend werden in Kapitel 3 einige Aussagen zur Implementationstechnologie und zur Implementationsarchitektur des Systems gemacht. Kapitel 4 gibt eine Beschreibung der Realisierung der einzelnen Komponenten. Auf die Berücksichtigung von Sicherheitsanforderungen beim Austausch von Artefakten wird in Kapitel 5 eingegangen. Kapitel 6 gibt eine Zusammenfassung der Erfahrungen bei der Realisierung.

2 Die Struktur der Softwareproduktionsumgebung

Für kleine und mittelständische Unternehmen erweist es sich als günstig, bei der Architektur der Softwareproduktionsumgebung (SPU) von einem einfachen Arbeitsbereich-Repository-Modell auszugehen[2]: Jeder Entwickler besitzt einen separaten Arbeitsbereich, in dem die Entwicklung stattfindet. Alle im Entwicklungsprozeß eingesetzten Werkzeuge arbeiten direkt mit den im Arbeitsbereich abgelegten Dateien. Ein lokales Repository sichert die Revisionierbarkeit der Entwicklung, Änderungen müssen explizit durch die Entwickler in das Repository eingespielt werden.

---

[1] Im Rahmen des SPU-Projektes werden alle im Softwareproduktionsprozeß erzeugten und modifizierten Entitäten wie Dokumente, Images, usw. als Artefakte bezeichnet.

[2] Existierende Softwareentwicklungsumgebungen auf der Basis virtueller Dateisysteme (siehe z.B. Referenzen in [5]), deren Komponenten transparent auf den Inhalt von Repositories zugreifen können, sind für den Einsatz besonders in kleinen Unternehmen sowohl zu komplex als auch zu kostenintensiv.

Zur Synchronisation der Arbeit mehrerer Entwickler werden den Artefakten im Repository Bearbeitungszustände zugewiesen:

- Saved - private Sicherung des Entwicklers;
- Proposed - vom Entwickler getestet und für den Integrationstest freigegebene Revision;
- Published - vom Systemintegrator freigegebene konsolidierte Revision.

Bild 1 zeigt in Form eines Aktivitätsdiagramm das verwendete Prozeßmodell [2]. Parallel zu dem eigentlichen Entwicklungsprozeß, der auf dem »Round Trip Gestalt Engineering Model« von Booch [4] basiert (links), läuft bei jedem Entwickler der rechts dargestellte Konsolidierungsprozeß zur Qualitätssicherung ab.

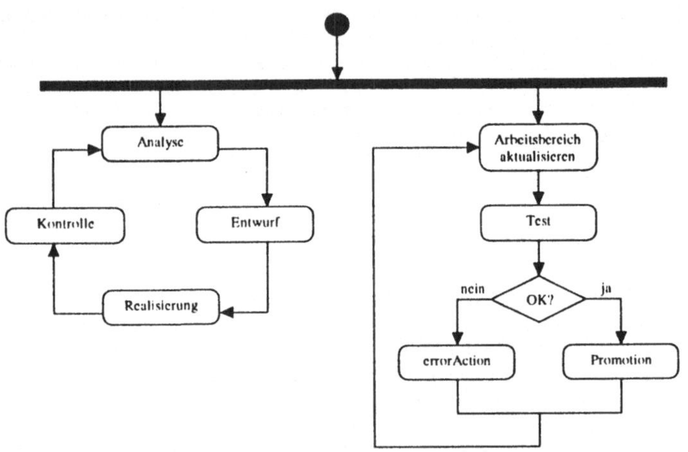

Bild 1. Überblick über das SPU-Prozeßmodell

Ein Entwickler aktualisiert seinen Arbeitsbereich mit den neuesten für den Integrationstest freigegebenen Artefakten seines Teams und mit den neuesten von ihm selbst bearbeiteten Artefakten. Danach werden die Arbeiten gemäß des Prozeßmodells durchgeführt. Sind die Arbeiten beendet, so führt der Entwickler die vorgesehenen Konsistenztests durch. Bei erfolgreichem Ablauf werden die von ihm bearbeiteten Artefakte ins Repository eingespielt, ihr Bearbeitungszustand wird auf die Stufe »Proposed« gesetzt, so daß sie am Integrationstest der anderen Teammitglieder teilnehmen können.

Parallel zu den Prozessen bei den einzelnen Entwicklern läuft pro Lokation ein Konsolidierungsprozeß ab, der alle von den Entwicklern für den Integrationstest freigegebenen Artefakte testet. Bei erfolgreichem Test wird der Bearbeitungszustand der getesteten Artefakte auf den Zustand »Published« befördert.

Da sich die hier beschriebene Vorgehensweise bei der Softwareentwicklung in einzelnen Unternehmen bewährt hat, wurde sie als Grundlage für ein Vorgehensmodell in einem Konsortium kooperierender Unternehmen gewählt. Die lokalen SPU bleiben eigenständig, Entwicklungen finden nur hier durch Mitarbeiter der jeweiligen lokalen Unternehmen statt. Die Synchronisation der verteilten Entwicklung erfolgt durch den Austausch von Artefakten über ein globales Repository. Zusätzliche Werkzeuge, die den Transfer von Artefakten zum und vom globalen Repository bewerkstelligen, werden als »add ons« zu den lokalen Entwicklungsumgebungen bereitgestellt, ohne direkt in diese einzugreifen. Analog zu den oben beschriebenen Konsolidierungsprozessen wird ein Konsolidierungsprozeß definiert, der die Qualität der Artefakte im globalen Repository sichert. Für eine detaillierte Beschreibung der Projektorganisation und der »use cases« beim Austausch von Artefakten muß auf [1] verwiesen werden.

3 Implementationstechnologie und Architektur des Systems

Die Architektur des Systems besteht aus einem globalen Artefaktmanagement (»GAM«) mit einem globalen Repository, dem ein Server mit Zugriff auf das Repository zugeordnet ist, sowie aus Ex- und Import-Werkzeugen, die Mitarbeitern lokaler Unternehmen den Zugriff auf das globale Repository ermöglichen. Bevor wir jedoch weiter auf die Architektur eingehen, folgen einige Bemerkungen zur Auswahl der Entwicklungstechnologie.

3.1 Auswahl der Entwicklungstechnologie

Die primäre Anforderung an die zu realisierende Architektur war Plattformunabhängigkeit. Zieht man die Tatsache der freien Verfügbarkeit in Betracht, so kam als Implementationssprache nur Java (Version 1.1.x) in Frage. Für die Verwendung von Java sprach weiterhin, daß
- über das »Remote Method Invocation«-Protokoll (RMI) auf einfache Weise eine transparente Kommunikation zwischen Clients und Repository-Server implementiert werden kann;
- über Properties und dynamisches Laden von Klassen das System variabel gestaltet werden kann;
- auf der Basis der »Swing«-Bibliotheken und des durch das Event-Modell unterstützten Observer-Patterns [6] schnell eine komfortable Oberfläche realisiert werden kann;
- das Paket *java.security* und das Werkzeug *javakey* die Erzeugung und Verwaltung von Signaturen und Zertifikaten stark vereinfachen.

Gegen die Verwendung von Java sprachen
- die Nicht-Verfügbarkeit einer komfortablen Entwicklungsumgebung unter Solaris, speziell eines komfortablen Debuggers, und
- die Effizienz bei der Abarbeitung.

Da die Vorteile überwiegen, wurde die Architektur in Java[3] realisiert. Die Entwürfe wurden mit Rational Rose/C++ [7] ausgeführt und dann per Hand kodiert. Als rudimentäre Entwicklungsumgebung wurde der Emacs[4] mit einer Erweiterung zur Arbeit mit Java [8] in Verbindung mit dem Versionsverwaltungssystem CVS [9] eingesetzt.

3.2 Die Implementationsarchitektur des Systems

Bild 2 zeigt in einem Komponentendiagramm die einzelnen Bestandteile der Implementation.

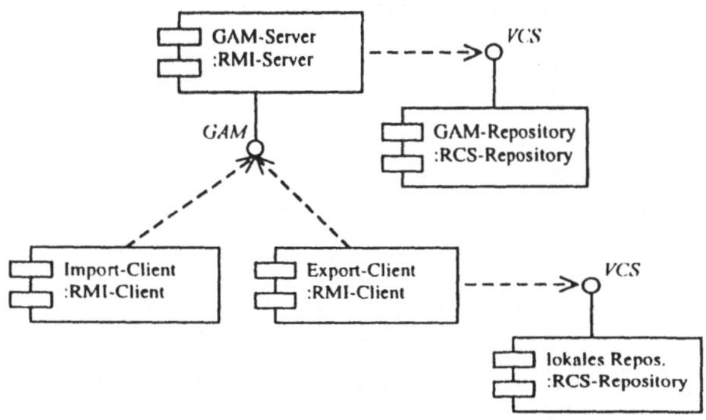

Bild 2. Komponentendiagramm der Bestandteile der Implementation

---

[3] JDK 1.1.4 und höher.
[4] Gnu Emacs 20.2 [10]

Der Server des globalen Artefaktmanagements (»GAM-Server«) implementiert die Schnittstelle »GAM«, die alle für die Kommunikation notwendigen Operationen deklariert. Die Anbindung der Werkzeuge an das globale Repository erfolgt über eine abstrakte Schnittstelle »VCS«, die für konkrete Revisionsverwaltungssysteme zu implementieren ist. Für das GAM und die lokalen Repositories sind daher unterschiedliche Implementationen einsetzbar.

Im Rahmen des SPU-Projektes wurde für das Revisionsverwaltungssystem RCS [11] ein entsprechender Adapter implementiert, der die Methodenaufrufe an die korrespondierenden RCS-Kommandos weiterleitet.

Um möglichst variabel zu sein, werden die Werte von Initialisierungskonstanten und die Namen der die Interfaces implementierenden Klassen über Property-Dateien eingelesen und dynamisch instantiiert.

Die Kommunikation zwischen Client und Server wird über das »Remote Method Invocation (RMI)«-Protokoll realisiert. Zur Optimierung des Austausches von Artefakten wurden die Konzepte »Subskription« und »Distribution« implementiert.

Eine Subskription beschreibt eine Menge von Artefaktrevisionen, die jeweils durch den Pfad des entsprechenden Artefaktes relativ zur Wurzel eines Arbeitsbereiches und durch die Angabe der Revision gekennzeichnet werden. Zur Beschreibung der Revision kann entweder eine Revisionsnummer oder ein Prädikat der Form »neueste Revision mit ‚einem bestimmten Bearbeitungszustand‘« angegeben werden. Bei der Angabe von Revisionsnummern beschreibt eine Subskription eine konkrete Konfiguration von Artefakten. Werden Prädikate zur Beschreibung der Artefaktrevisionen verwendet, so entspricht die Subskription einer »logischen Konfiguration«.

Subskriptionen werden über *Hashtable*-Objekte realisiert und implementieren das Interface *Serializable*, so daß sie in Form von Dateien[5] lokal beim Bearbeiter verwaltet werden können.

Um den Aufwand bei der Übertragung von Artefakten möglichst zu reduzieren, werden Artefakte nicht als Entitäten vom oder zum GAM-Server übertragen, sondern in Form von Distributionen. Eine Distribution kann man sich als linearisierte und komprimierte Verzeichnisstruktur vorstellen, die jedoch zusätzlich zu Artefakten noch Verwaltungsinformationen enthält, z.B. das entsprechende Subskriptionsobjekt.

Distributionsobjekte enthalten ein Subskriptionsobjekt und ein Feld von Bytes zur Aufnahme der Artefaktrevisionen. Diese werden in einen *ZipOutputStream* geschrieben, der dann zum Zwecke der Serialisierung über ein *ByteArrayOutputStream* in ein Feld von Bytes umgewandelt wird.

4 Beschreibung der realisierten Komponenten

4.1 Das globale Artefaktmanagement

Für das globale Artefaktmanagement wurde ein Server zur Behandlung der Im- und Export-Anfragen realisiert. Der GAM-Server wurde als *UnicastRemoteObject* deklariert und implementiert die Schnittstelle *GAM*

```
public interface GAM extends java.rmi.Remote {
  public ArtefactFolder getRepositoryStructure()
    throws RemoteException;
  public Distribution getDistribution(Subscription subs)
    throws RemoteException;
  ... }
```

---

[5] Eine Subskription kann mit den Prädikaten gespeichert werden, es ist aber auch möglich, die Prädikate bei der Speicherung aufzulösen und die Subskription mit festen Revisionsnummern zu speichern.

Über den Aufruf der in der Schnittstelle deklarierten Methoden durch die Clients können Informationen aus dem globalen Repository extrahiert oder in das globale Repository transferiert werden.

Der GAM-Server verwaltet in einer Instanz der Klasse *ArtefactFolder* eine Metainformationsstruktur, in der der Aufbau des globalen Repositories und Informationen zu den einzelnen Artefakten wie Revisionen, deren Bearbeitungszustände und -kommentare festgehalten werden. Die Klasse *ArtefactFolder* implementiert das Interface *Serializable* und kann deshalb persistent gespeichert werden, d.h. bei einem Neustart des GAM-Servers kann die Metainformationsstruktur wieder aufgebaut werden.

4.2 Der Import-Client

Für jeden Entwickler steht eine Applikation zum Import der global verwalteten Artefakte zur Verfügung. Dieser Import-Client stellt dazu die im globalen Repository abgelegten Artefakte entsprechend der Verzeichnisstruktur in Form eines Baumes dar. Für jedes Artefakt können Informationen über die vorhandenen Revisionen sowie deren Bearbeitungszustände und Kommentare abgerufen werden. Um die Netzlast zu reduzieren, wird beim Start des Import-Clients zuerst über den Aufruf der Methode *getRepositoryStructure()* des GAM-Servers eine Kopie der im GAM verwalteten Metainformation zum Client transferiert. Während der Laufzeit des Clients kann mit dieser Struktur gearbeitet werden[6], es ist jedoch auch möglich, diesen Cache auszuschalten und ggf. vor jeder Aktualisierung die Metaobjektstruktur zu aktualisieren.

Zur Vorbereitung des Imports von Artefakten werden vom Nutzer zunächst Subskriptionen angelegt und lokal gespeichert, in denen festgehalten wird, welche Artefakte der Nutzer benötigt. Neben einzelnen Artefakten ist es möglich, auch ganze Verzeichnisse zu selektieren; alle darin (auch rekursiv) enthaltenen Artefakte werden dann in die Subskription aufgenommen. Bild 3 zeigt in einem Schnappschuß das Fenster des Import-Client zur Erzeugung von Subskriptionen.

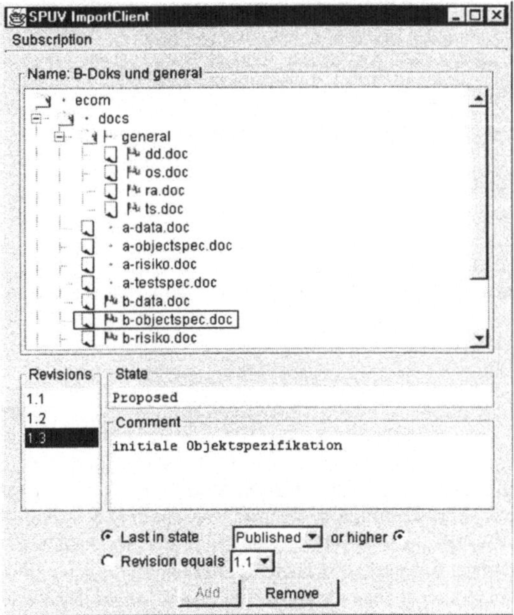

Bild 3. Import-Client zur Erzeugung von Subskriptionen

[6] Im Rahmen des Vorgehensmodells wird davon ausgegangen, daß die Entwickler zu bestimmten Zeitpunkten ihre Arbeitsbereiche aktualisieren, so daß eine Änderung des aktuellen Zustandes des globalen Repositories nicht sofort sichtbar sein muß.

Bei der Auswahl der Revision eines Artefaktes können sowohl konkrete als auch logische Revisionen ausgewählt werden, z.B. »die letzte Revision im Zustand ‚Proposed' oder besser«. Für Verzeichnisse stehen aus naheliegenden Gründen nur logische Revisionen zur Verfügung, die dann für alle enthaltenen Artefakte ausgewertet werden.

Eine Subskription kann eingefroren werden, d.h. alle logischen Revisionen werden in konkrete aufgelöst, so daß zu einem späteren Zeitpunkt eine gewünschte Konfiguration wieder hergestellt werden kann.[7]

Zum eigentlichen Import von Artefakten wird eine Subskription aus der Menge der gespeicherten Subskriptionen ausgewählt und über den Aufruf der Methode *getDistribution(Subscription subs)* des GAM-Servers diesem übergeben. Dort werden die gewünschten Artefakte in einer Distribution zusammengestellt und als Ergebnis des Methodenaufrufs zurückgegeben. Die empfangenen Distributionen werden dann vom Import-Client in einem separaten Verzeichnis abgelegt.

4.3 Distributionsmanager

Die Installation einer Distribution im Arbeitsbereich eines Entwicklers erfolgt durch ein als Distributionsmanager bezeichnetes Werkzeug (siehe Bild 4), mit dem der Inhalt der vorhandenen Distributionen betrachtet und entpackt werden kann.

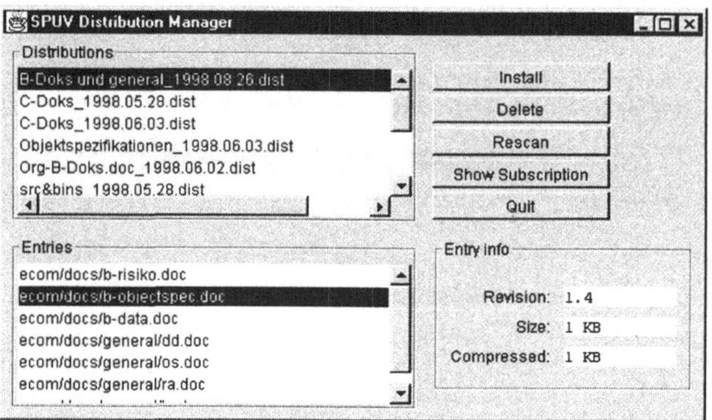

Bild 4. Schnappschuß des Hauptfensters des Distributionsmanagers

4.4 Der Export-Client

Zur Unterstützung des lokalen Export-Managers bei der Erstellung und Versendung von Export-Distributionen steht ein Export-Client zur Verfügung (siehe Bild 5). Ein neuer Export wird in der Regel nach einem der zyklisch durchgeführten Integrationstests vorgenommen. Alle Artefakte, die diese Tests bestanden haben, werden auf den Zustand »Published« befördert und stehen damit für einen Export zum globalen Artefaktmanagement zur Verfügung. Um bereits exportierte Artefakte nicht unnötig erneut zu exportieren, verwaltet der Exportmanager intern die Namen aller bereits exportierten Artefaktrevisionen.

---

[7] Da die Subskriptionen als Dateien gespeichert und auch in einem Repository verwaltet werden können, kann auf der Basis von Subskriptionen ein einfaches Konfigurationsverwaltungssystem realisiert werden.

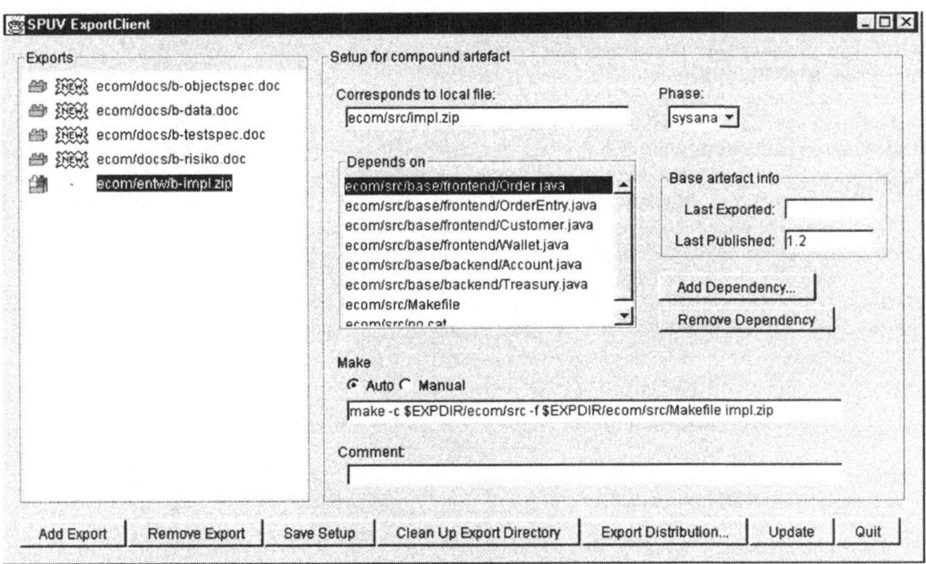

Bild 5. Export-Client

Die in einer Export-Distribution enthaltenen Artefakte werden vom GAM-Server mit dem Zustand »Proposed« in das globale Repository eingecheckt. Nach entsprechenden globalen Konsistenstests wird der Bearbeitungszustand dann auf »Published« erhöht.

5 Sicherheitsaspekte bei der Übertragung von Artefakten

Das verteilte Arbeiten auf der Basis öffentlicher Kommunikationskanäle stellt erhöhte Ansprüche an Datensicherheit, Authentifizierung und Autorisierung.

Im Rahmen der Implementation wird die Frage der Sicherheit unter zwei Aspekten berücksichtigt: Integrität und Authentizität. Auf die explizite Integration von Verschlüsselungstechniken bei der Übertragung von Artefakten wurde im Rahmen der Implementation verzichtet. Einerseits standen für asymmetrische Verfahren [12][13] keine frei verfügbaren Implementationen in Java zur Verfügung, andererseits sollte der Prototyp so einfach und kostengünstig wie möglich gestaltet werden. Es ist jedoch problemlos möglich, eine Verschlüsselung der Datenübertragung nachträglich zu integrieren.

Zur Sicherstellung von Integrität und Authentizität werden in der vorliegenden Implementation digitale Signaturen verwendet. Die Realisierung erfolgte auf der Basis des *java.security*-Pakets, das Implementationen für Schlüssel- und Signaturenobjekte sowie für Zertifikate anbietet. Die Erzeugung und Verwaltung von Entitäten, Schlüsseln und Zertifikaten wird mit dem Werkzeug *javakey* durchgeführt, wobei für jeden Nutzer, Export-Manager und für das globale Artefaktmanagement separat eine private Datei *identitydb.obj* angelegt wird [14].

Bei der Übertragung von Subskriptionen oder Distributionen wird neben der Signatur ein Zertifikat mit dem öffentlichen Schlüssel des Signierers übermittelt. Der Zertifizierer garantiert darin durch Signierung des Zertifikats, daß der in der Signatur angegebene Schlüssel der öffentliche Schlüssel des Signierers ist. Zusätzlich zur Validierung der Signatur muß bei dieser Vorgehensweise die Vertrauenswürdigkeit des Zertifizierers geprüft werden.

Im Rahmen der Artefaktverwaltung wird eine hierarchische Vorgehensweise bei der Zertifizierung gewählt. Das globale Artefaktmanagement zertifiziert die lokalen Export-Managements, jedes Export-Management stellt Zertifikate für die lokalen Clients aus.

Das Sicherheitskonzept ist so entworfen, daß die reine Applikationslogik des globalen Artefaktmanagements nicht berührt wird, d.h. für die angebotenen Dienste (Import und Export von Artefakten) werden die notwendigen Sicherheitsüberprüfungen völlig transparent durchgeführt. Dies wurde durch die Einführung einer zusätzlichen Sicherheitsschicht (siehe Bild 6) in die bestehende Architektur für den Methodenaufruf über RMI erreicht. Die Einbindung dieser Schicht kann durch Setzten einer Eigenschaft (*spuv.secure=true*) beim Start des GAM-Servers aktiviert werden.[8]

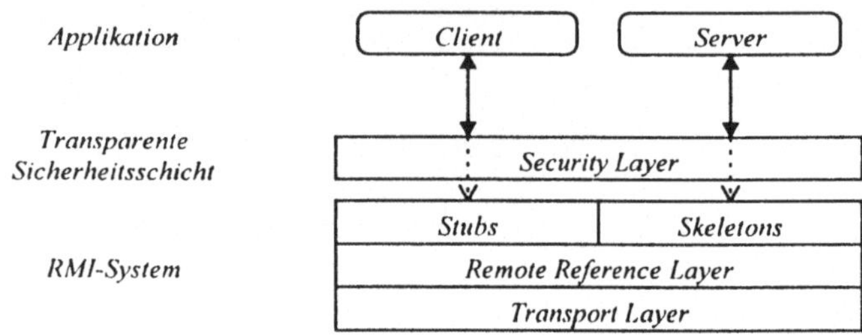

Bild 6. Ergänzung der RMI-Architektur für das Sicherheitskonzepts

6 Zusammenfassung

Im Vergleich mit publizierten Lösungen, bei denen auf zentrale Repositories mit speziellen Revisionsverwaltungssystemen über das WWW [15] oder über ftp [16] zugegriffen wird, ist die hier vorgestellte Lösung unabhängig von einem speziellen Revisionsverwaltungssystem und erfüllt damit die im Projekt definierte Anforderung, daß die Werkzeuge zum Austausch von Artefakten unabhängig von den lokalen Softwareentwicklungsumgebungen sein müssen.

RCS als Werkzeug zur Verwaltung des globalen Repositories kann durch andere Revisionsverwaltungssysteme ersetzt werden, indem man Adapter implementiert, die die Schnittstelle VCS implementieren.

Durch die Verwendung von Java als Implementationssprache konnte trotz der »puristischen« Entwicklungsumgebung schon in kurzer Zeit ein funktionsfähiger Prototyp erstellt werden, der dann iterativ verfeinert wurde. Die in den unterschiedlichen Paketen implementierten Klassen zur Realisierung verteilter Objekte, von Oberflächen und von Signaturen/Zertifikaten haben die Arbeit wesentlich beschleunigt. Teilweise machte sich das Fehlen eines komfortablen Debuggers bemerkbar. Problematisch sind die relativ langen Startzeiten der Werkzeuge unter JDK1.1.6. Die Erzeugung von Signaturen bzw. deren Validierung ist besonders bei großen Objekten zeitaufwendig. Wir erwarten jedoch, daß sich die Performanz bei der Erzeugung von Signaturen bzw. bei deren Validierung mit dem Einsatz einer verbesserten virtuellen Maschine auf der Basis der HotSpot-Technologie [17] stark verbessert.

Alle Werkzeuge wurden unter UNIX/Solaris 2.51 entwickelt und dann unter Windows/NT 4.0 getestet. Portabilitätsprobleme konnten für die in Java realisierten Werkzeuge nicht festgestellt werden, es traten jedoch Portabilitätsprobleme durch unterschiedliche Implementationen von RCS unter UNIX und Windows/NT 4.0 auf.

---

[8] Das zum Implementationszeitpunkt nur als Beta-Version zur Verfügung stehende JDK 1.2 bietet eine weitere Möglichkeit der transparenten und dynamischen Einbindung von Sicherheitsmechanismen. Die standardmäßig vorgegebene TCP-Implementation der Transportschicht kann hier durch andere Implementationen ersetzt werden. Damit ist es z.B. möglich, das RMI-Protokoll auf eine SSL-Implementation aufsetzen zu lassen.

Zusammenfassend kann man feststellen, daß sich die Implementation wesentlich einfacher gestaltete als vergleichbare Projekte unter Verwendung von Sprachen wie z.B. C++. Aus persönlicher Erfahrung muß jedoch auch gesagt werden, daß die Qualität und Effizienz der Entwicklung in Java noch nicht mit der in dynamischen objektorientierten Sprachen vergleichbar ist, z.B. mit Entwicklungen in CommonLisp, wo integrierte, in der Sprache selbst geschriebene Entwicklungssysteme mit inkrementellen Compilern zur Verfügung stehen, die die Entwicklung stark beschleunigen können.

Literatur

[1]   E. U. Kriegel, D. Kurzmann, J. Altenhein, W. Handke, M. Löw,»Eine Softwareproduktionsumgebung für kleine und mittelständische Unternehmen - Kooperation in virtuellen Unternehmen« , Fraunhofer ISST, 47/98

[2]   E. U. Kriegel, J. Altenhein, M. Schlösser-Fassbender, P. Thierse,»Eine Softwareproduktionsumgebung für kleine und mittelständische Unternehmen«, Fraunhofer ISST, 36/96

[3]   E. U. Kriegel, D. Kurzmann, J. Altenhein, M. Löw, P. Thierse, »Eine Softwareproduktionsumgebung für kleine und mittelständische Unternehmen - 2. Teil«, Fraunhofer ISST, 42/97

[4]   G. Booch, »Object-Oriented Design with Applications«, Benjamin Cummings, 1991

[5]   W.F.Tichy (Ed),»Configuration Management«, Wiley 1994

[6]   E. Gamma, R. Helm, R. Johnson, J. Vlissides, »Design Patterns - Elements of Reusable Object-Oriented Software«, Addison-Wesley, 1995

[7]   http://www.rational.com

[8]   http://sunsite.auc.dk/jde/

[9]   http://www.cyclic.com

[10]   http://www.gnu.org/software/emacs/emacs.html

[11]   W.F. Tichy, »RCS - A System for Version Control«, Software -- Practice & Experience 15, 7, 637 - 654.

[12]   B. Schneier, »Applied Cryptography: Protocols, Algorithms and Source Code in C«, Wiley & Sons, 1996

[13]   Man Young Rhee, »Cryptography and Secure Data Communication«, McGraw-Hill, 1994

[14]   »Java Cryptography Architecture: API Specification and Reference« , Sun Microsystems, 1997

[15]   J. Reuter, S. Hänßgen, J. Hunt, W. Tichy,»Distributed Revision Control Via the World Wide Web« in »Proceedings of the 6th International Workshop on Software Configuration Managemen«, Lecture Notes in Computer Science Nr. 1167, Springer, 1996

[16]   http://www.silver.com/cvs-via-ftp

[17]   http://java.sun.com/products/hotspot/index.html

Java-Container für CORBA-Komponenten am Beispiel des CFD-Simulationssystems TENT

Thomas Breitfeld
thomas.breitfeld@gmd.de

GMD/SCAI, Sankt Augustin, Germany

Zusammenfassung Dieser Artikel beschreibt die Benutzung von Java in einem CFD-Simulationssystem[1], welches die gegenwärtig bestehenden Probleme bezüglich der Kopplung und Konfiguration der in einem solchen System notwendigen Komponenten überwindet. Dieses System namens TENT[2] dient der Unterstützung des Entwurfs und Designs von Flugzeugen und deren Teilen. TENT ist ein Komponentensystem. Die zentralen Algorithmen zur Steuerung und Konfiguration der an einer Simulation beteiligten Anwendungskomponenten sind in Java mit Hilfe der JavaBeans Technologie implementiert. Die Anwendungskomponenten selbst sind jedoch sehr heterogener Natur, so daß für ihre Schnittstellendefinition und -implementierung CORBA benutzt wird. Um beide Welten auf Komponentenebene zu verbinden, bedarf es einer Komponentenarchitektur für CORBA, die von TENT definiert wird. Neben einer Einführung in die Problematik dieser Simulationssysteme wird im einzelnen erläutert, welchen Design Patterns die Komponentenarchitektur genügt und wie diese von Java aus für die Kopplung und Überwachung des Systems und für ein generisches Konfigurations-GUI[3] benutzt wird. Es wird gezeigt, daß sich Java hervorragend für diese Kombination eignet und Vorteile gegenüber anderen Implementierungssprachen an diesen Stellen aufweist. Damit wird die vorteilhafte Benutzung von Java in einem industriellen und praxisrelevanten Anwendungsszenario unter Beweis gestellt.

1 Einführung

1.1 Problem

CFD Simulationen werden intensiv bei der Entwicklung und dem Design von Flugzeugen und ihren Teilsystemen benutzt. In den letzten Jahren konnten die Simulationszeiten von derartigen Systemen durch den Einsatz von Parallelrechnern und verbesserten Algorithmen auf ein in der Praxis akzeptierbares Maß reduziert werden. Allerdings ist es immer noch ein Problem, die verschiedenen Applikationen und Werkzeuge, die für eine derartige Simulation benötigt werden,

---

[1] CFD - Computational Fluid Dynamics
[2] TENT - TEstbed for Numerical Turbines
[3] GUI - Graphical User Interface

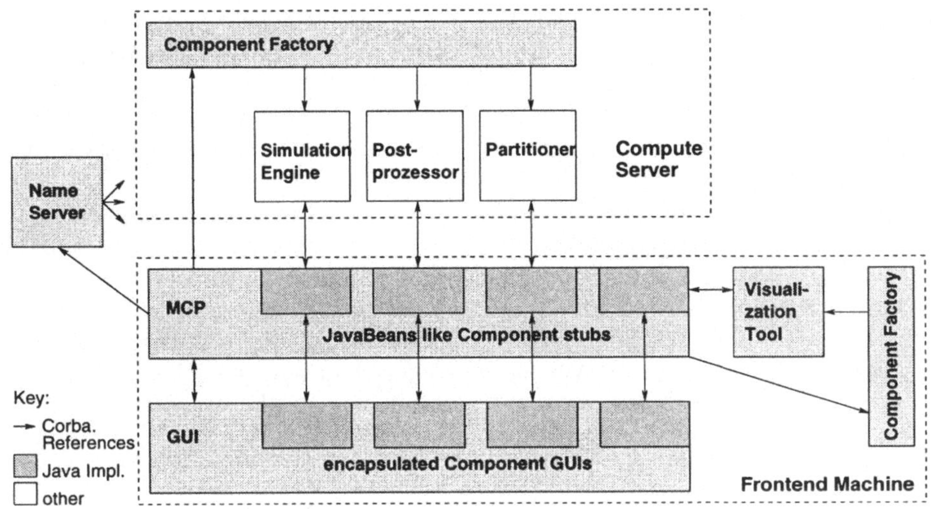

Abbildung1. TENT Systemarchitektur

miteinander zu koppeln und ihre Benutzung einfach zu gestalten. Wir sehen uns heute der paradoxen Situation gegenüber, daß der Ingenieur wesentlich mehr Zeit für das Konfigurieren und Zusammenstellen der Werkzeuge für eine Simulation benötigt, als die Simulation selbst an Zeit beansprucht. Auf der anderen Seite wurden in den letzten Jahren große Fortschritte im Bereich der verteilten, heterogenen und objektorientierten Komponentensysteme gemacht. Das momentan in der Entwicklung befindliche System TENT [1] überträgt diese Fortschritte auf das Gebiet des 'traditionellen' HPC[4]-Ansatzes um die genannten Probleme zu lösen.

1.2 Ansatz

Der verfolgte Komponentenansatz wurde aus folgenden applikationsspezifischen Zielen und Anforderungen heraus entwickelt:

- Ein CFD Simulationssystem besteht aus mehreren Teilen, die für eine kompletten Simulationsprozeß anwendungsspezifisch zusammengeschaltet werden müssen. Solche Teile sind zum Beispiel Preprozessoren, Postprozessoren, Gitterpartitionierer, Simulationscodes (Löser) und Visualisierungswerkzeuge, welche im Abschnitt 3 näher beschrieben werden. Diese Komponenten müssen verallgemeinerte Schnittstellen erhalten, die ein implementierungsunabhängiges Zusammenarbeiten ermöglichen.
- Die benutzten Prozeßketten zur Simulation eines bestimmten Problems sind anwendungsbezogen und sehr dynamisch, TENT muß eine Systemkomponente zur Verfügung stellen, welche das interaktive Verschalten von Kompo-

---

[4] HPC - High Performance Computing

nenten mittels einer zentralen Kontrollinstanz realisiert. Diese Steuerungskomponente soll eine GUI besitzen, und so das Steuern von Komponenten von einem zentralen Punkt aus ermöglichen, auch dann, wenn die beteiligten Komponenten auf entfernten Parallelrechnern laufen, die nur über eine WAN[5]-Verbindung zugreifbar sind. Diese Steuerungskomponente wird in Abschnitt 3.2 näher beschrieben.

- Ein CFD Simulationssystem besitzt eine große Anzahl von Konfigurationsparamtern welche sowohl zur Installation als auch zur Laufzeit veränderbar sind und vor allem mit denen anderer Komponenten des Systems konsistent gehalten werden müssen. TENT muß einen Konfigurationsdatenmechanismus und eine einheitliche Schnittstelle für den Zugriff und damit für die Verteilung über das System zur Verfügung stellen. Desweiteren soll die Möglichkeit existieren diese Konfigurationsparamter in einer GUI zu visualisieren und zu verändern, ohne das für jede entsprechende Komponente spezieller Code dafür zu entwickeln ist.

Komponentenmodelle können diese Anforderungen sehr gut erfüllen, allerdings ist es für TENT sinnvoll, zwei verschiedene Technologien für die beiden notwendigen unterschiedlichen Komponentenarten zu verwenden.

Die *Anwendungskomponenten* von TENT sind plattformabhängig implementiert, da sie einerseits in den meisten Fällen bereits existieren und andererseits sehr leistungskritisch sind. Sie werden in C, C++ und FORTRAN codiert. Es liegt nahe, diese Komponenten auf basis der Common Object Request Broker Architecture (CORBA [3]) zu beschreiben und zu koppeln. CORBA realisiert die Integration von verteilten Objekten zu einem Gesamtsystem im wesentlichen durch das Beschreiben von Schnittstellen mittels einer sprach- und plattformunabhängigen Interface Description Language (IDL [3]). Die Interfacebeschreibungen werden in eine der spezifizierten Implementierungssprachen übersetzt. Der generierte Programmcode enthält Aufrufe zum Object Request Broker (ORB), welcher die Funktionen für das Aufrufen von Methoden entfernter Objekte kapselt.

Demgegenüber sollen die zu entwickelnden *Systemkomponenten* möglichst unabhängig von der gerade verwendeten Plattform funktionieren und innerhalb von TENT solche Aufgaben wie die Lebenszyklusüberwachung, die Administration und die Konfiguration von Komponenten übernehmen. Da die Systemkomponenten leistungsunkritisch sind, bietet sich Java und sein Komponentenmodell JavaBeans [10] für eine Implementierung an. Java ist nicht nur wegen der graphischen Fähigkeiten und Plattformunabhängigkeit in diesem Bereich vorteilhaft, sondern auch wegen der Möglichkeiten die Runtime Type Information, Introspection und das dynamischen Nachladen von Implementierungsklassen bieten. Eine Kombination von Java-Welt und CORBA-Welt ist möglich, da für Java ein IDL Language Binding[6] definiert ist.

---

[5] WAN - Wide Area Network
[6] IDL Language Binding - In der CORBA Spezifikation [3] definierte Abbildung von IDL zu einer Implementierungssprache

Die zentrale Systemkomponente, der MCP[7], stellt im System dabei den Container für die Anwendungskomponenten dar (siehe Abbildung 1). Momentan ist jedoch keine Komponentenarchitektur für CORBA definiert oder in Form von Produkten erhältlich. TENT definiert deshalb eine Komponentenarchitektur auf basis der heute verfügbaren CORBA 2.0 konformen Implementierungen. Um die softwaretechnische Integration von Java-Container und CORBA-Komponenten möglichst einfach und intuitiv zu gestalten sowie vorhandene Entwicklungswerkzeuge als auch Code benutzen zu können, ist die TENT-Komponentenarchitektur stark an das JavaBeans-Modell angelehnt und nur dort wo Applikations- oder Architekturbeschränkungen es sinnvoll erscheinen lassen, mit Erweiterungen versehen.

Im weiteren werden deshalb zuerst die Kernaspekte der TENT-Komponentenarchitektur und darauf aufbauend die beispielhaft realisierte Applikation sowie spezielle Aspekte der zentralen Systemkomponenten beschrieben.

2 TENT-Komponentenarchitektur

2.1 Überblick

Komponentenmodelle bestehen aus zwei Hauptbestandteilen: dem *Objektmodell* und der *Komponentenarchitektur*. CORBA definiert ein konkretes *Objektmodell* was garantiert, daß Komponenten unterschiedlicher Entwickler, die unterschiedliche Programmiersprachen benutzen, problemlos auf binärer Ebene sowohl innerhalb eines Systems als auch in verteilten Systemen zusammenarbeiten. Die *Komponentenarchitektur* ist ein Prinzip und ein Set von APIs, häufig auch als "Design Patterns" bezeichnet, welche es einem Entwickler erlauben, Softwarekomponenten zu entwickeln und diese dynamisch (d.h. erst zur Laufzeit) zu einer fertigen Applikation zu kombinieren. Eine Komponentenarchitektur basiert auf einem bestimmten Objektmodell. Folgende Designziele waren für die in diesem Kapitel beschrieben Komponentenarchitektur maßgebend:

1. Ausrichtung an den Erfordernissen der Applikation und nicht an einer größtmöglichen Generalität.
2. Übereinstimmung mit dem JavaBeans-Modell soweit dies mit dem gegebenen CORBA-Objektmodell realisierbar ist.
3. Anlehnung an die gegenwärtigen Vorschläge für eine CORBA-Komponentenarchitektur um kompatibel werden zu können, wenn selbige standardisiert sein wird.

2.2 Allgemeine Interfaces

Neben den bereits erwähnten Design Patterns definiert die TENT-Komponentenarchitektur eine Hierarchie von allgemeingültigen Interfaces (siehe Abbildung 2).

---

[7] MCP - Master Control Process

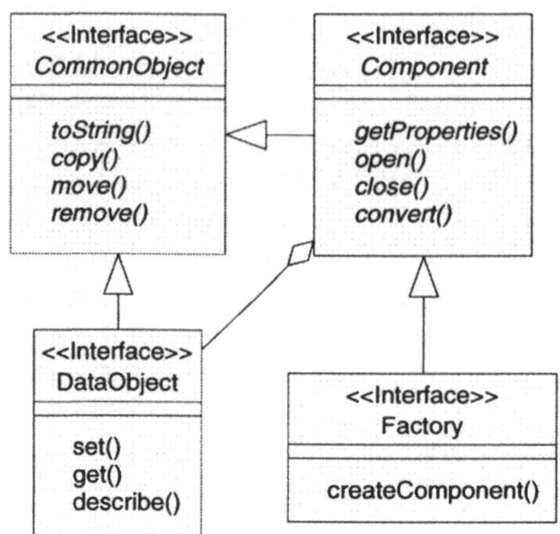

Abbildung2. TENT Allgemeine Interface Hierarchie (UML Notation)

Das `CommonObject`- und `Factory`-Interface realisieren das Kreieren und
Zerstören von Komponenten in der Art, wie es im *CosLifeCycle-Service* [7] definiert ist. Das `DataObject`-Interface ist eine allgemeine Datenschnittstelle, welche
im Zusammenhang mit dem Property-Modell in Abschnitt 2.4 beschrieben wird.
Das `Component`-Interface ist die Basisklasse aller Komponenten. Die beiden Methoden `open` und `close` realisieren dabei eine Sessionverwaltung, mit Hilfe derer
die konkurrierende Benutzung einer Komponente in mehreren TENT-Projekten
gesteuert werden kann. Dies ist notwendig, da TENT-Komponenten häufig ihre
lokalen (Parallel-)Rechnerresourcen selbst verwalten und als eine Art Service für
TENT-Projekte fungieren. Über die `convert` Methode kann jede Komponente
Konvertierungsdienste anbieten. Wir gehen davon aus, daß insbesondere jede Applikationskomponente bereits mehrere Input- und Output-Formate verarbeiten
kann und die damit verbundene Fähigkeit der Formatkonvertierung dem System
zur Verfügung stellt. Die `getProperties` Methode gibt eine Referenz auf das
Property-Datenobjekt der Komponente zurück (siehe Abschnitt 2.4). Zusätzlich
erbt jede Komponente das in der *OMG Externalization Service Specification* [7]
standardisierte `CosStream::Streamable`-Interface, um seine Konfiguration zu
laden oder zu sichern.

2.3 Event-Modell

Das Event-Modell entspricht den von JavaBeans bekannten Konventionen und
Mechanismen, bis auf die Definition des Events selbst. Da wir in einem verteilten System arbeiten, ist es wünschenswert, das Event als Wert und nicht als
Referenz, wie in Java immer der Fall, zu übergeben. Dies verhindert entfernte
Methodenaufrufe beim Zugriff auf die Elemente des Events. Allerdings definiert
das CORBA-Objektmodell keine 'Call by value'-Argumentübergabe für Objekte,
so daß wir anstatt eines Event-Objektes eine Event-Struktur übertragen:

```
module Tent {
   struct Event {
      CommonObject source;
   }
}
struct <Xx>Event {
   Tent::Event baseEvent;
      ...
}
```

Das Event-Modell wird außerdem um die Definition von asynchronen Events erweitert, da die Event-Bearbeitung, bedingt durch die verteilte Lokation der Komponenten, häufig parallel ausgeführt werden kann. Das Senden eines asynchronen Events blockiert den Sender nicht bis zur vollständigen Abarbeitung durch die Empfänger. Realisiert wird dies durch eine Ergänzung in den EventSupport-Interfaces. Zu jeder dort vorhandenen Methode:

```
void fire<action-name>(<Xx>Listener l);
```

wird eine zusätzliche Methode:

```
void fire<action-name>_async(<XxListener l, CallbackListener l);
```

definiert, der optional ein `CallbackListener`-Interface übergeben werden kann, dessen `callback` Methode dann aufgerufen wird, wenn die Event-Abarbeitung vollständig abgeschlossen ist. Die Implementierung der Asynchronität kann entweder mittels Threads oder der im DII[8] definierten Methoden `send_deferred` und `get_response` erfolgen.

2.4   Property-Modell

Die Definition des Property-Modells erfolgt unter Verwendung der von TENT definierten generischen Datenschnittstelle. Dieses `DataObject`-Interface wird zwischen den Komponenten auch für die den Datenaustausch benutzt und ist an einen Vorschlag von Mowbray [13] angelehnt.

Strukturell beschreibt das `DataObject`-Interface eine Liste von Name-Wert-Paaren, die beliebig ineinander verschachtelt sein können. Einzelne Property Werte sind über die `get()` und `set()` Methoden des `DataObject`-Interfaces zugreifbar. Zur Verdeutlichung ist in Abbildung 3 ein Ausschnitt der entsprechenden IDL-Definition dargestellt. Der Wert einer Property wird immer in Form eines **any** übergeben. Dies ist ein von CORBA definierter generischer Datentyp, der es erlaubt, beliebige andere Typen durch das Hinzufügen eines Typecodes typsicher zu speichern.

Das DataObject selbst unterstützt die von JavaBeans bekannten Event-Unterstützung für bound und constraint Properties, welche auf gleiche Weise funktioniert. Um die Anzahl der entfernten Methodenaufrufe beim Auslösen eines

---

[8] DII - CORBA Dynamic Invocation Interface

```
module Tent {
    interface DataObject : Tent::CommonObject, CosStream::Streamable {
        exception PropertyNotFound { string propertyName; };
        exception WrongValueType { string propertyName; };
        exception ReadOnlyProperty { string propertyName; };

        any get(in string propertyName) raises(PropertyNotFound);

        void set(in string propertyName,in any value)
                raises(PropertyNotFound, WrongValueType,
                        ReadOnlyProperty, PropertyVetoException);

        typedef sequence<string> NameList;
        typedef sequence<TypeCode> TypeList;
        typedef sequence<long> AttributeList;
        const long ATTR_READ_ONLY = 1;
        void describe(out unsigned long nrOfProps, out NameList names,
                        out TypeList types, out AttributeList attributes);
        ...
    }
}
```

Abbildung3. Ausschnitt der IDL Definition des TentData Modules (Event Unterstützung nicht dargestellt.)

Events zu minimieren, ist es jedoch notwendig, ein propertyselektives Registrieren eines `PropertyChangeListener` oder `VetoableChangeListener` zu ermöglichen. Deshalb unterstützt das `DataObject` zusätzlich vier Methoden, wovon im
folgenden nur beispielhaft die beiden für bound Properties gezeigt sind:

```
void addPropertyChangeListener(in NameList propertyNames,
                                in PropertyChangeListener l)
    raises(TooManyListeners);
void removePropertyChangeListener(in NameList propertyName,
                                in PropertyChangeListener l);
```

Ebenso wie die `Component` unterstützt das `DataObject` das
`CosStream::Streamable`-Interface zum Serialisieren seiner Properties.

Im Vergleich zu JavaBeans unterscheidet sich die Property-Definition einer
TENT-Komponente im wesentlichen in 2 Punkten:

1. Alle Properties sind über ein generisches Interface zugreifbar, indem der Typ
   any verwendet wird.
2. Das Property-Interface wird nicht innerhalb des Interfaces einer Komponente
   definiert, sondern stellt ein eigenständiges Objektinterface dar.

Durch diese Veränderungen ist die Möglichkeit gegeben hierarchische Property-
Objekte aufzubauen und Properties zur Laufzeit hinzuzufügen oder zu entfernen.

Weiterhin läßt sich dadurch eine Art Offline-Konfigurationsmodus implementieren, was bei der Anwendung von knappen Ressourcen, wie zum Beispiel Hochleistungsrechnern notwendig ist.

3 TENT Applikationsarchitektur

Aufbauend auf der im vorangegangenen Kapitel beschriebenen Komponentenarchitektur wurden alle TENT-Anwendungs- als auch Systemkomponenten implementiert. Sie sind in Abbildung 1 zusammen mit ihren gegenseitigen Assoziationen und ihrer Implementierungssprache gezeigt. Die wesentliche Erweiterung, welche diese Komponenten zum allgemeinen Component-Interface hinzufügen, sind konkrete EventListener-Interfaces, die das Verschalten der Komponenten zu einem Gesamtsystem erlauben (siehe Abbildung 4). Mögliche Anwendungsszenarien sind damit im Rahmen der Event-Kompatibilität in einer genau spezifizierten Weise zusammenstellbar.

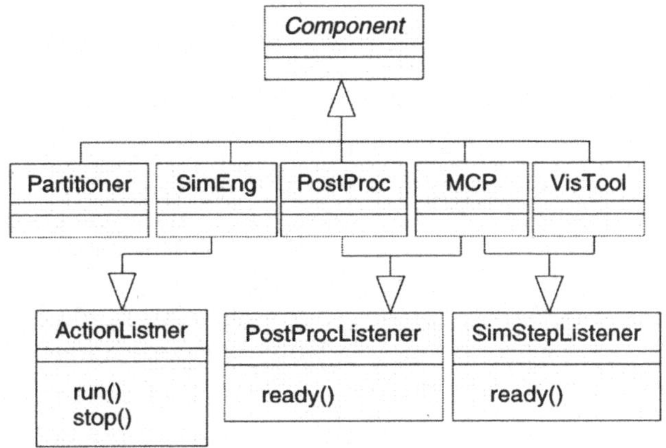

Abbildung4. TENT Komponenten- und Listener-Interfaces (UML Notation)

3.1 Applikationskomponenten

Die einzelnen Applikationskomponenten erfüllen folgende Funktionen:

Partitionierer: agiert als Service für die Simulation-Engine und bereitet die Eingangsnetzdaten so auf, daß parallel oder verteilt arbeitende Simulationscodes ein bereits in parallel abarbeitbare Teile zerlegtes Netz als Eingangsdaten erhalten. In Abhängigkeit von der Art der Simulation-Engine kann der Partitionierer auch entfallen.

Simulation-Engine: kapselt den Simulationscode und führt die eigentliche Simulation, d.h. die Berechnung von physikalischen Größen auf dem Eingangsnetz, aus.

Postprocessor: dient der Aufbereitung und Reduktion der Daten für ein bestimmtes Visualisierungstool.

Visualisierungstool: stellt die Simulationsergebnisse interaktiv und online (d.h. noch während die Simulation läuft) in Form von 3D-Szenen und Diagrammen graphisch dar.

3.2 MCP

Der MCP ist vollständig in Java implementiert und stellt softwaretechnisch einen Container für die Anwendungskomponenten dar. Allerdings arbeitet der MCP nicht mit den Komponenten direkt, sondern lediglich mit den in Java implementierten Stubs der Anwendungskomponenten. Dies ist jedoch aus Sicht des MCP bis auf die Besonderheiten beim Erzeugen und Zerstören der Komponenten transparent, so daß er in gewohnter Weise und mit teilweiser Unterstützung von vorhandenen Tools implementiert werden kann.

Der MCP ist für das projektspezifische Verwalten und Instanziieren der Komponenten sowie das Zuordnen von GUI-Komponenten verantwortlich. Dazu besitzt er selbst ein GUI-Interface, welches momentan von einer ebenfalls in Java implementierten GUI benutzt wird.

Ein TENT Projekt besteht aus zwei Hauptbestandteilen

1. Der Simulationsszene, welche das geometrische Aussehen des zu simulierenden Teils als auch notwendige Anfangszustände beschreibt. Die Simulationsszene wird üblicherweise mit einem CAD-Programm erzeugt und mittels eines Gittergenerators in ein Netz von diskreten Punkten und deren Verbindungen umgewandelt.

2. Der Simulationsumgebung, d.h. der spezifischen Auswahl von Komponenten und deren Zusammenschaltung, mit Hilfe derer die Simulationsszene simuliert werden kann.

Die Projektverwaltung des MCP erlaubt das Erzeugen und Laden derartiger Projekte. Beim Initialisierungsvorgang, d.h. beim Laden eines Projektes werden folgende Aktionen ausgeführt:

– Der MCP lokalisiert oder erzeugt die im Projekt benötigten Komponenten. Dazu bedient er sich des CORBA Naming Service oder der TENT Factory Server, welche nicht bereits im System vorhandene Komponenten erzeugen können. Im Ergebnis dieser Phase besitzt der MCP Referenzen auf alle benötigten Komponenten der Simulationsumgebung

– Der MCP deserialisiert die projektspezifische Konfigurationsinformation und konfiguriert damit die Komponenten.

– Der MCP versucht jedem der instanziierten Komponenten je nach Bedarf eine Steuer- und Konfigurations-GUI zur Verfügung zu stellen und sie in die System-GUI einzubetten. Dazu gibt es zwei Möglichkeiten. Einerseits kann eine Komponente den Einsatz einer speziellen von ihr selbst gelieferten Bean favorisieren, indem sie mittels der Property ʺ`DefaultGUIBean`ʺ den Klassennamen der entsprechenden Bean propagiert. Andererseits, falls diese Property fehlt oder die angegebene Klasse nicht geladen werden kann, instanziiert

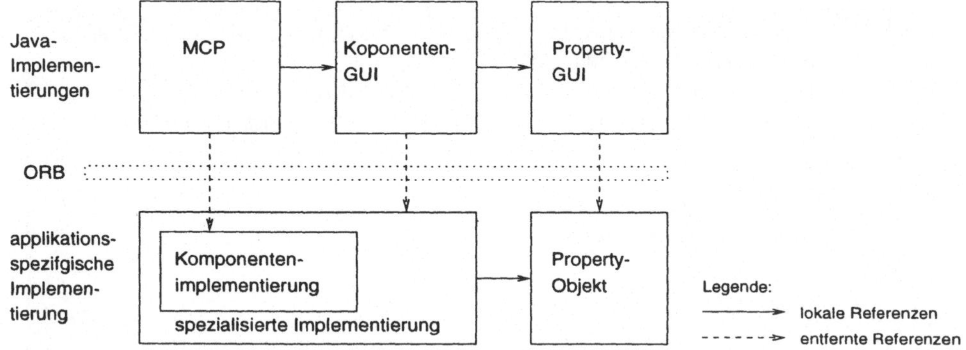

Abbildung5. Referenzenübersicht zwischen GUI- und Anwendungskomponenten

der MCP eine Standard-Bean, welche keine applikationsspezifischen Steuerelemente sondern lediglich eine spezifische oder allgemeine Property-Bean nachlädt und anzeigt (siehe Abschnitt 3.3).

- Der MCP nimmt die 'Verdrahtung' der Komponenten vor, d.h heißt er registriert entsprechende Event-Listener bei Event-Sendern. Mit diesem Schritt ist die Initialisierung der Simulationsumgebung abgeschlossen.

Die beschriebenen Schritte müssen natürlich beim Anlegen eines neuen Projektes 'von Hand', d.h. vom Benutzer ausgeführt werden. Dies geschieht gewöhnlich über das GUI des MCP.

Die Referenzbeziehungen, welche in einem geladenen Projekt zwischen MCP, einer speziellen Applikationskomponente und der entsprechenden GUI-Beans entstanden sind, schematisiert Abbildung 5.

3.3 Komponenten-GUI

Eine Komponenten-GUI besteht aus zwei Teilen: der GUI für die Komponente selbst und darin eingebettet die Property-GUI. Beide Teile sind als JavaBean implementiert, so daß sie im folgenden als Komponenten-Bean und Property-Bean bezeichnet werden. Die Komponenten-Bean hält eine Referenz auf ihre entsprechende Komponente, während die Property-Bean mit der Referenz des entsprechenden Property-Objektes verknüpft ist. Das Property-Object ist Grundlage sowohl für die allgemeine oder komponentenspezifische Initialisierung der GUIs als als auch für die Standard-GUI-Eigenschaften von TENT.

Abbildung 5 zeigt die Assoziationen zwischen Komponenten-Bean, Property-Bean und Property-Objekt. Im allgemeinen Fall dient die Komponenten-Bean lediglich als Container für die Property-Bean, und kann damit für alle TENT-Komponenten durch die selbe Klasse implementiert werden. Im speziellen Fall ist es möglich, auf der Komponenten-Bean zusätzliche Steuerelemente anzuordnen, die auf der Interfacedefinition einer speziellen Komponentenimplementierung beruhen können.

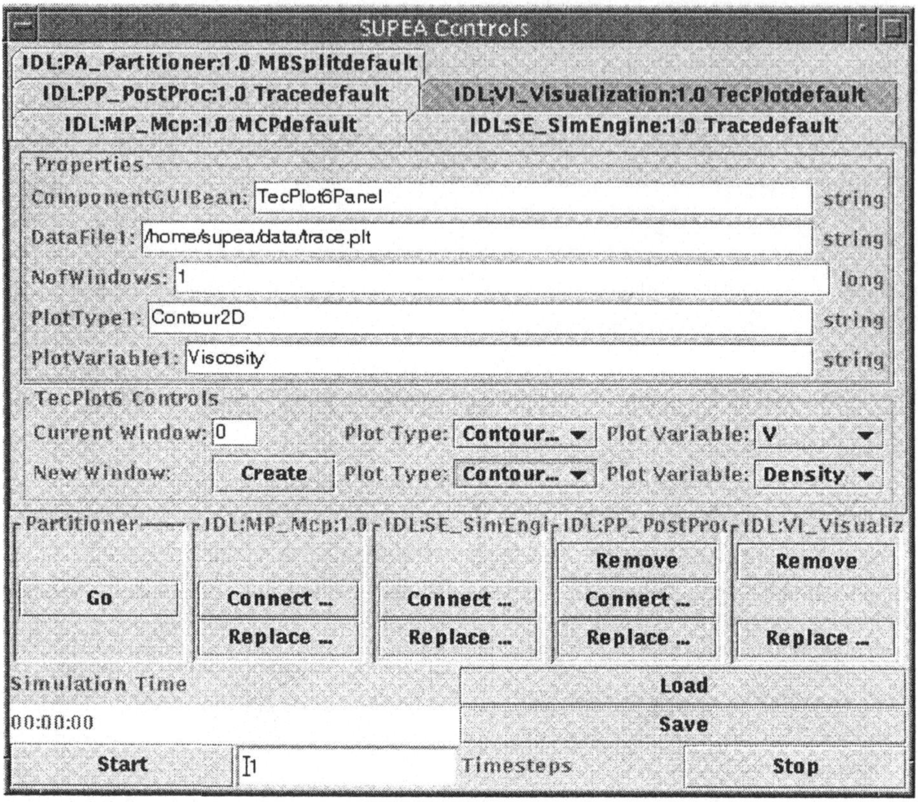

Abbildung 6. Bildschirmdump der TENT-Control-GUI mit Visualization-Tool Properties und Steuerelementen

Die Komponenten-Bean wird vom MCP kreiert (siehe Abschnitt 3.2) und bekommt als Initialisierungparameter die CORBA-Referenz auf die durch sie repräsentierte Komponente übergeben. Handelt es sich um eine spezielle Komponenten-GUI, so castet sie die Referenz mittels der `CORBA::Object::_narrow` in den tatsächlich erwarteten Typ um und erhält so Zugriff zu den implementierungsspezifischen Interfacemethoden. Im zweiten Schritt fragt die Komponenten-GUI das Property-Objekt nach einer Eigenschaft "`PropertyBean`" ab. Diese Eigenschaft kann den Namen einer speziellen GUI zur Darstellung des Property-Objektes dieser Komponente enthalten. Falls diese Eigenschaft nicht existiert oder das Instanziieren der darin angegebenen Property-Bean-Klasse fehlschlägt, wird eine Standard-Property-Bean instanziiert, welche die Referenz auf das Property-Objekt als Initialparamter übergeben bekommt. Die Property-Bean kann nun die Meta-Daten des Property-Objektes mittels `describe` abfragen und entsprechende Editoren für die Darstellung und Veränderung der einzelnen Properties instanziieren. Auch dabei hat die Komponente wiederum die Möglichkeit über das Vorhandensein spezieller Properties

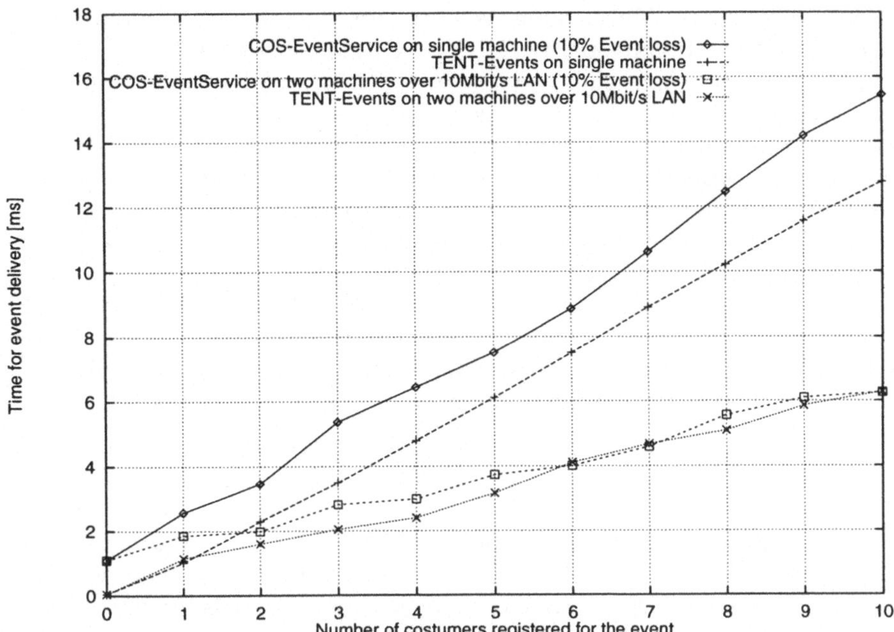

Abbildung7. Performancevergleich von COS-Event-Service und TENT-Eventmodell (gemessen auf Sun UltraSparc 1 für die Einzelmaschinenmessungen und zusätzlich einer Sun Ultra Enterprise für die Event-Consumer der verteilten Messungen

für bestimmte Typen spezielle Editoren zu registrieren. Um die Netzbelastung möglichst gering zu halten, greifen die Editoren initial nicht selbständig auf die ihnen zugeordnete Property zu, sondern werden von der Property-Bean initialisiert. Die Property-Bean registriert sich abschließend beim Property-Object als `PropertyChangeListener`. Damit ist die Initialisierung der Property GUI beendet.

Dieser Mechanismus ermöglicht die sehr flexible Anbindung beliebiger TENT-Komponenten in das zentrale Steuerungs- und Konfigurations-GUI. Im einfachsten Fall muß die Komponente keinerlei zusätzliche Funktionalität für diese Anbindung bereitstellen. Dies ist einer der Schlüsselmechanismen für das Integrieren von neuen TENT-Komponenten.

4 Anwendungserfahrungen

Momentan existiert eine erste prototypische Implementierung von TENT auf Basis des Visibroker der Inprise Inc. Eine Portierung auf GNU-Software unter GPL[9] ist in Arbeit. Das Konzept erwies sich als implementierbar und leistungsfähig.

---

[9] GPL - GNU General Public License

Eine wesentliche Abweichung von den durch die OMG standardisierten Diensten stellt das Benutzen des TENT-Eventmodells im Gegensatz zum OMG-Event-Service dar. Abgesehen von der wesentlichen einfacheren Logik zeigt ein direkter Vergleich mit der Event-Service-Implementierung von Visigenic, daß die direktere Kopplung auch Performancevorteile aufweist (siehe Abbildung 7). Die andererseits verlorengegangene Entkoppelung von Event-Sender und -Listener ist durch die Aufnahme der Definition von asynchronen Events wieder hergestellt worden. Ein wesentlicher und systemnotwendiger Vorteil ist die garantierte Zuverlässigkeit des TENT-Eventmodells. Die durchgeführten Leistungstest mit der COS-Implementierung ergaben bei sehr hohen Eventaufkommen eine Event-Verlustrate von durchschnittlich 10%, was auf eine Implementierung mittels der durch CORBA definierten 'oneway' Methoden schließen läßt. Für diese Methoden ist die sichere Zustellung zum entfernten Objekt nicht garantiert.

5   Andere Arbeiten

Die Arbeit, die in diesem Artikel präsentiert wurde, ist eine Synthese der Ergebnisse verschiedener Forschungsgebiete und Software-Engineering-Methoden. Wesentliche Beiträge bei der Benutzung von Komponentensoftware auf dem Gebiet der verteilten integrierten Produktentwicklung und -simulation wurden von den Systemen COVISE [12], CEASAR [2] und SPINEware [11] geleistet. Alle diese Projekte demonstrierten mit Hilfe von wirklichen Applikationen, das die heute verfügbare Computer- und Netzwerkinfrastruktur es möglich macht, die Entwicklung von Simulationssystemen im HPCN Bereich anzugehen. Die Projekte benutzten dabei nicht CORBA sondern eine jeweils speziell entwickelte Middleware, über die auch die nicht javabasierten GUIs angekoppelt wurden. Umfangreiche Forschungen wurden in den letzten Jahren auf dem Gebiet der generellen Organisation von Komponenten-Frameworks durchgeführt. Ein bedeutender Beitrag wurde von GLOBUS [9] geleistet. GLOBUS ist eine komplette Metacomputing-Infrastruktur die auf einer Middleware namens NEXUS [8] basiert. Im besonderen wurden auch Probleme bezüglich Directory Services und Data Access Services untersucht, die gegenwärtig nicht Bestandteil von der TENT Spezifikation sind, jedoch in der weiteren Entwicklung mit einfließen werden. Das Design einer CORBA-Komponentenarchitektur wird momentan intensiv von der OMG diskutiert [4–6].

6   Zusammenfassung

Dieser Artikel präsentierte die Anwendung von Java im verteilten Simulationssystem TENT. Ausgehend von den Problemen, die CFD-Simulationssysteme heute aufweisen, wurde gezeigt, das der komponentenbasierte Ansatz von TENT diese Probleme lösen kann. Der Einsatz von Java ist dabei besonders für die Implementierung von leistungsunkritischen Systemkomponenten interessant, da sie aus den speziellen Eigenschaften wie Plattformunabhängigkeit, Run Time Type Information und einfach GUI-Realisierbarkeit Vorteile ziehen können.

Im speziellen wurde beschrieben, wie die Komponentenarchitektur von TENT organisiert ist und wie die in Java implementierte MCP-Komponente und die GUI-Controls der Applikationskomponenten umgesetzt wurden und über CORBA mit dem System kommunizieren.

TENT wird gegenwärtig im Rahmen des SUPEA Projektes des BMBF entwickelt. Der industrielle Hintergrund dieser Anwendung im Bereich des Flugzeugbaus, welcher durch die Projektpartner BMW/RR, MTU und DASA in das Projekt hineingetragen wird, stellt die Praxistauglichkeit von Java auch in diesem Bereich unter Beweis.

Die zukünftigen Ziele mit TENT sind die Erweiterung auf interdisziplinäre Simulationen, bei denen mehrere Simulation-Engines in einer Simulationsumgebung verschieden physikalische Phänomene gekoppelt simulieren. Unsere Vision ist ein System, welches den kompletter Entwurf eines Flugzeugteiles inklusive seines virtuellen Test beinhaltet.

Literatur

1. Thomas Breitfeld and Sven Kolibal. Tent: A corba based component architecture for mpi-parallel cfd simulation systems and their supporting tools. In *Proceedings of the International Conference on Parallel and Distributed Processing Techniques and Applications (PDPTA '98)*. C.S.R.E.A., Athens, Georgia, 1998.
2. CAESAR. Clusters of computational intensive applications for engineering, design, and simulation on scalable parallel architectures. *http://www.telecall.co.uk/ srcbae*, 1998.
3. The common object request broker: Architecture and specification. revision 2.1. OMG, July 1997.
4. Corba components, joint initial submission. OMG TC Document orbos/97-11-24, November 1997.
5. Corba components model, multiple interfaces and composition, inline software corporation. OMG TC Document orbos/97-12-08, December 1997.
6. Corba components model, rogue wave software, inc. OMG TC Document orbos/97-11-35, November 1997.
7. Corbaservices: Common object services specification. OMG, July 1997.
8. I. Foster, C. Kesselman, and S. Tuecke. The nexus approach to integreting muktithreading and communication. *Journal of Parallel and Distributed Computing*, 37:70–82, 1997.
9. Ian Foster and Carl Kesselman. Globus: A metacomputing infrastructure toolkit. http://www-fp.globus.org/documentation/papers.html.
10. Graham Hamilton, editor. *JavaBeans API Specification*. Sun Microsystems Inc., Mountain View, CA., 1.01 edition, July 1997.
11. NLR. Network middleware for product engineering. *http://www.nlr.nl/public/-facilities/c867a*, 1997.
12. RUS. Introduction to covise. *http://www.hlrs.de/structure/organisation/vis/-covise/index.html*, 1998.
13. Ron Zahavi and Thomas J. Mowbray. *The essential CORBA: Systems Integration Using Distributed Objects*. John Wiley & Sons, New York, August 1997.

VConfig: Eine Java basierte Oberfläche zur Systemadministration

Rüdiger Schuster, Peter Kalthoff, Raimund Klute

Siemens Nixdorf Informationssysteme AG
33094 Paderborn
schuster.pad@sni.de, kalthoff.pad@sni.de, klute.pad@sni.de

Abstract. In dem vorliegenden Papier wird eine vollständig in Java implementierte Oberfläche zum System Management von gekoppelten Unix Systemen beschrieben. Es wird sowohl die Architektur des Programms diskutiert als auch auf die während der Implementierungsphase aufgetretenden Probleme eingegangen.

1   Einleitung

Unix Systeme im High-End Bereich erreichen eine Größenordnung, die weit in das Gebiet herkömmlicher Mainframes hineinreicht. Mit High-End Unix Systemen können 1000 und mehr Anwender gleichzeitig bedient werden, die Kapazität externer Speichermedien liegt im Terabyte Bereich. Dadurch bedingt ist der Hardwareaufbau dieser Systeme ausgesprochen komplex. Es kommen eine Vielzahl verschiedener System- und Peripherieschränke zum Einsatz, die jeweils mit unterschiedlichsten Hardwarekomponenten bestückt sind. Sowohl Aspekte des Datendurchsatzes als auch der Ausfallsicherheit lassen es als notwendig erscheinen, daß High-End Installationen häufig aus Kopplungen (Clustern) von Unix-Systemen bestehen.

An das Systemmanagement solcher gekoppelten Systeme werden sowohl aus funktionaler als auch aus ergonomischer Sicht die höchsten Anforderungen gestellt. Funktional muß es möglich sein, nahezu alle Managementtätigkeiten ohne Systemausfall durchführen zu können. Die Reduktion von Ausfallzeiten motiviert insbesondere die Anforderung, sich abzeichnende Hardwaredefekte frühzeitig zu erkennen und über geeignete Alarmmechanismen zu melden. Fehlerhafte Hardwarekomponenten sollen während des laufenden Betriebes aus der Konfiguration genommen und eventuell auch ausgetauscht werden können. Heutige Managementsysteme müssen natürlich mit einer modernen, objektorientierten, graphischen Oberfläche ausgestattet sein, die dem Systemadministrator alle notwendigen Informationen auf einen Blick zugänglich macht. Administrationstätigkeiten müssen einfach und ohne die Kenntnis komplexer interner Strukturen durchführbar sein.

In dem vorgestellten Projekt wurde eine Lösung basierend auf einer in Java realisierten Benutzerschnittstelle für das oben skizzierte Szenario entworfen. Mit dem realisierten Programm können sowohl Konfigurations- als auch Überwachungstätigkeiten ausgeführt werden. Eine in das System integrierte Schwellwertüberwachung aller signifikanten Hardwarebausteine gestattet es, sich abzeichnende Defekte frühzeitig zu erkennen und an der Oberfläche zur Anzeige zu bringen. Der Operator erhält über eine detaillierte graphische Ausgabe des Hardwareaufbaus gewissermaßen eine Landkarte des von ihm zu administrierenden Clusters von Unix-Systemen. In dieser Landkarte werden defekte Komponenten über eine Einfärbung der entsprechenden Bereiche kenntlich gemacht. Eine direkte Anwahl der dargestellten Bestandteile (Point- und Select-Mechanismen) versetzt den Operator in die Lage, Konfigurationsänderungen des Systems (Stillegen oder Austausch defekter Komponenten, Hinzufügen neuer Hardware) vorzunehmen. Alle von dem Administrator durchgeführten Konfigurations- und Administrationstätigkeiten wirken „clusterweit", d.h. das Konfigurationssystem stellt für den Administrator ein Single-System Image des gesamten Clusters her.

In dem vorliegenden Papier wird zunächst ein kurzer Überblick über die Architektur und Funktionsweise des gesamten Systems gegeben. Daran anschliessend wird der Aufbau der in Java erstellten Oberflächenkomponenten detailliert erläutert. Die von uns während des Projektverlaufs geschaffenen Werkzeuge werden skizziert. Eine kurze Beschreibung der aufgetretenen Probleme sowie ihrer Lösungen (soweit verfügbar) ergänzen die Ausführungen.

2 Architektur und Funktionsweise des Systems

Die folgende Skizze gibt einen kurzen Überblick über die gewählte Architektur:

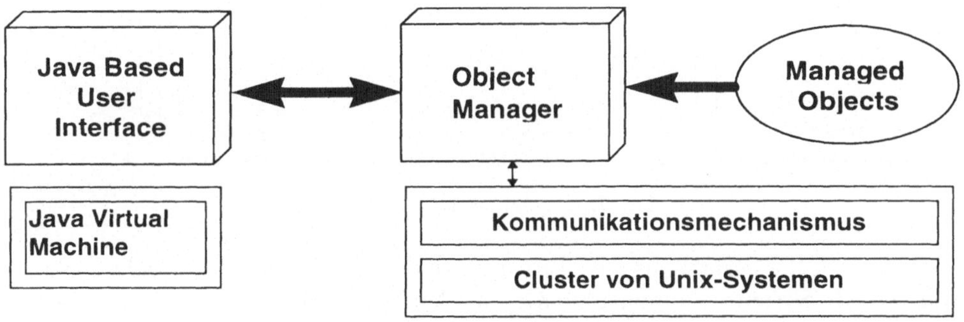

Fig. 1. Architektur des Systems

Der Administrator kommuniziert mit dem System über ein Java basiertes User Interface. Realisiert wurde das Interface mit JDK V1.1 und läuft somit auf allen Administrationsarbeitsplätzen, auf denen eine entsprechende Java Virtual Machine verfügbar ist. Die GUI (Graphical User Interface)-Komponente kommuniziert mit Hilfe eines speziellen Management Protokolls über eine TCP/IP Verbindung mit einem Object Manager, der mit Hilfe der Managed Objects die Funktionalität des Systems realisiert. Sowohl Object Manager als auch die Managed Objects sind aus Performancegründen in C++ realisiert. Die Semantik der Managed Objects ist kompatibel mit den sich abzeichnenden Standards der Desktop Management Task Force (DMTF). Konfigurationsdaten werden über einen clusterweiten Kommunikationsmechanismus aus den gekoppelten Unix Systemen gelesen bzw. in die Systeme übernommen.

Gestartet wird das Programm durch Eingabe einer URL (Uniform Resource Locator) in einem Web-Browser bzw. durch einen Java Application Launcher. Zunächst wird von dem HTTP-Server die Java Oberfläche auf den Arbeitsplatz geladen. Die erste Aktion der Oberfläche ist der Aufbau der TCP/IP Verbindung mit dem Object Manager.

Wir wollen nun zunächst den Aufbau der Oberfläche genauer erläutern:

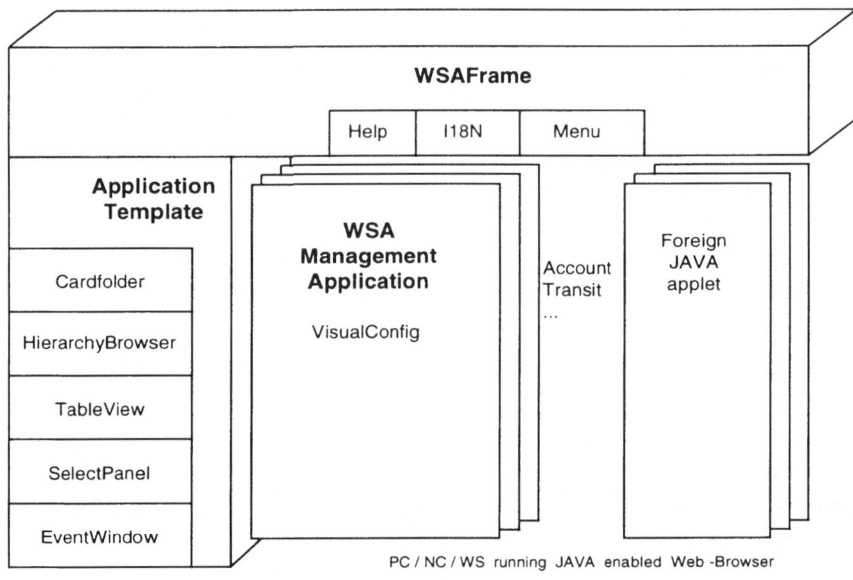

Fig. 2. Architektur der Oberfläche

Die Oberfläche besteht aus einem Rahmen (hier WSA Frame, WSA steht dabei für Web based System Administration), in den sich die verschiedenen System Management Funktionalitäten einhängen können. Man unterscheidet dabei zwei verschiedene Integrationslevel: Die einfachste Integration ist das direkte Einhängen von Java Applikationen. Der WSA-Frame übernimmt in diesem Fall lediglich die Funktion eines Application Launchers. Die Funktionsweise des eingehängten Java Applets ist für den WSA Frame transparent. Nutzt eine Applikation diese Methode, hat sie keinen Zugang zur Infrastruktur des Administrationssystems. Zu dieser Infrastruktur gehören u.a. User Interface Komponenten, das Protokoll und die

Managed Objects. Diese Möglichkeit der Integration wird angeboten, um beispielsweise Third Party Applikationen einzuhängen.

Neben dieser einfachen Methode bietet der Frame eine ganze Reihe von Schnittstellen, über die eine zu erstellende Management-Applikation integriert werden kann. Dieses umfaßt zum einen Zugänge zu User-Interface Komponenten, wie etwa dem Menübalken, dem Hilfesystem oder zu Internationalisierungskomponenten. Zum anderen kann eine derartig integrierte Applikation die gesamte Infrastruktur (Protokollzugang, Zugriff auf Managed Objects) des Systems verwenden.

3   Layout des User-Interfaces

Das Design der Oberfläche orientierte sich an dem Paradigma, dem Administrator mit möglichst wenig Mausaktionen Zugang zu der von ihm gewünschten Information zu verschaffen. Es werden, die am Cluster beteiligten Systeme als Hardware-Hierarchie (Cluster, Schrank, Einschübe, Boards, ...) dargestellt, in der man navigieren kann. In einer Arbeitsfläche werden die Objekte der jeweiligen Hierarchiestufe angezeigt:

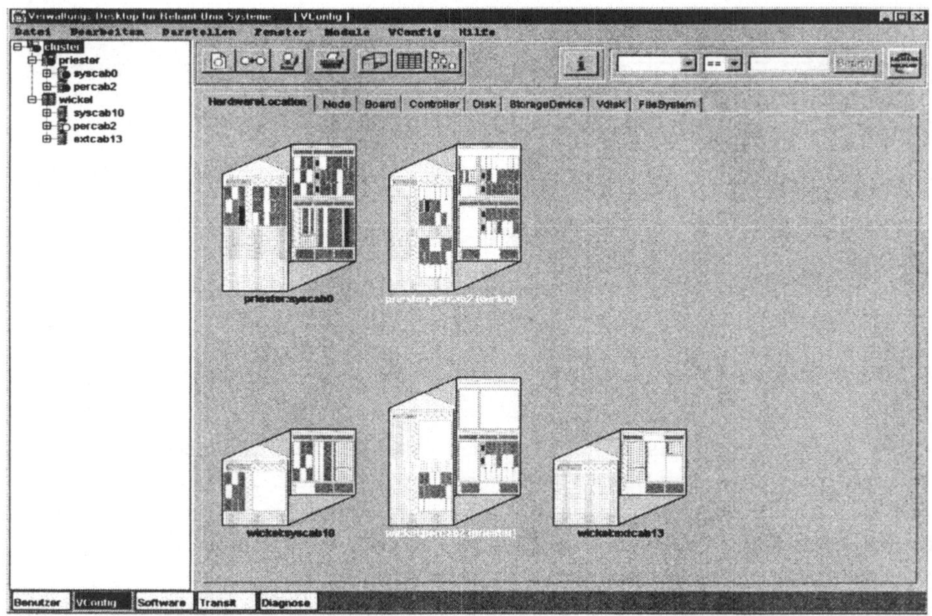

Fig. 3. Graphische Hardwaredarstellung

Neben dieser *graphischen* Sicht des Systems wird eine *objektorientierte* Sicht angeboten, etwa: alle Platten, Controller oder Benutzer des Clusters. Die Menge der angezeigten Objekte kann über die Angabe von Selektionskriterien syntaktisch eingeschränkt werden.

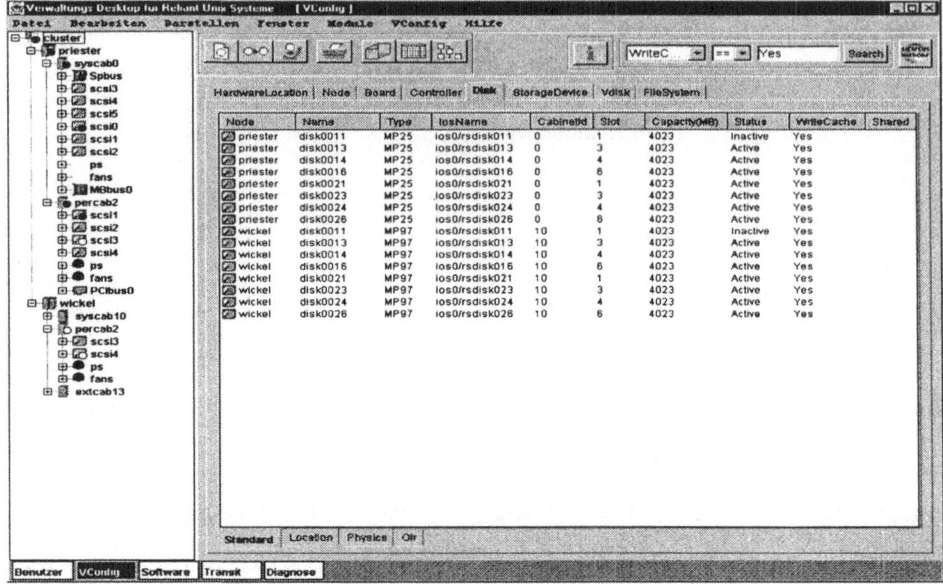

Fig. 4. Tabellarische Objektdarstellung

Durch Anwahl eines Objekts kann dessen Inhalt über eine objektspezifische Dialogbox angezeigt und manipuliert werden.

4   Verwendete Werkzeuge

In der Anfangsphase des Projekts wurden verschiedene Engineering-Tools, z.B. VisualJ++ (Microsoft) und Java WorkShop (Sun) evaluiert. Die Entscheidung fiel letztendlich für Symantec's Visual Cafe 1.1, einerseits wegen der besseren Bedienbarkeit, andererseits aber auch, da so dem Java-Standardisierungs-Zwist zwischen Sun und Microsoft aus dem Weg gegangen wurde.

Zum Profiling wurden Produkte verschiedener Anbieter evaluiert. Letztendlich konnte jedoch keines dieser Produkte überzeugen. Der Nachweis der Java-Kompatibilität sollte mit JavaPureCheck (JavaSoft) durchgeführt werden.

5 Komponentenbaukasten für Dialogboxen

Erste Abschätzungen während der Projektplanungsphase zeigten schon, daß die Realisierung der objektspezifischen Dialogboxen einen signifikanten Teil des Gesamtaufwands in Anspruch nehmen würde. Dialogboxen müssen für jedes Objekt entworfen (graphisches Layout) und mit einer objektspezifischen Logik versehen werden (das Tauschen einer Platte hat andere Aktionen auf dem zu verwaltenden System zur Folge als das Anlegen eines Benutzers).

Die funktionale Schwäche der von Sun im AWT bzw. Swing mitgelieferten Komponenten wurde durch eine eigens entwickelte Toolbox behoben, die die AWT- oder Swing-Klassen (z.B. TextArea) um sinnvolle Eigenschaften erweitert oder aus Basis-Komponenten komplexere Konstrukte (z.B. ButtonPanel, BrowsePanel oder PieCharts) bildet.

Gerade Standardprobleme wie Font- und Layoutbehandlung, Plausibilitätschecks, Internationalisierung, Hilfesystem, usw. können somit auch von Programmierern ohne Swing- oder AWT-Erfahrung schnell gelöst werden.

Darüber hinaus erreicht man mit einer solchen Toolbox natürlich eine gewisse Vereinheitlichung der Präsentation von Informationen, bei einem so großen Projekt ein nicht zu vernachlässigendes Detail.

Ein weiterer positiver Effekt ist das Information-Hiding der zugrunde liegenden Basis-Komponenten, ein Aspekt, der sich beim Umstieg von den Symantec-Klassen auf Swing bezahlt gemacht hat.

6 Imagebuilder

Die graphische Anzeige der Systemkomponenten ist ein hoch dynamischer Prozess. So können z.B. jederzeit neue Hardwarekomponenten (neue Schränke, weitere Controller, ...) hinzugefügt oder der vorhandene Aufbau verändert werden. Darüber hinaus muß die graphische Anzeige natürlich Zustandsänderungen der Hardware unmittelbar anzeigen. Die Oberflächenkomponente Imagebuilder wurde entworfen, um diese Probleme zu lösen.

Der Imagebuilder (s. Fig. 5) hat die Aufgabe, aus Bild-Beschreibungsdateien (sog. CFD-Dateien) der Objekte dynamisch Images für die Objektpräsentation zu erzeugen. Natürlich werden verschieden Auflösungen und Objektzustände hierbei berücksichtigt.

Die ImageFactory liest die eingeparsten Beschreibungen aus dem CFDFile-Cache, der sich wiederum die Daten über den CFDFileParser/-Reader vom HTTP-Server besorgt. Enthält die Beschreibungsinformation dynamisch zu ermittelnde Attributwerte, so werden diese zur Laufzeit vom Objektmanager gelesen. Die CFD Beschreibungen beinhalten einen „Subbild-Mechanismus", so lassen sich komplexe Bilder aus einzelnen Bausteinen zusammensetzen. Außerdem werden Standard-Graphik-Funktion wie DrawLine, DrawText, Fill, usw. unterstützt. Somit lassen sich alle notwendigen Bilder dynamisch erzeugen.

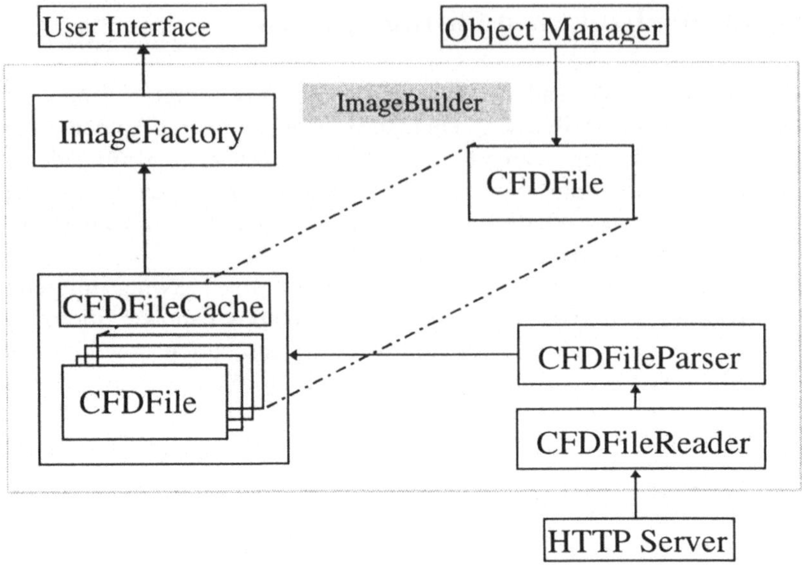

Fig. 5. Architektur des ImageBuilders

Insbesondere bei Container-Objekten wie z.B. Datenbus-Käfigen wird der Vorteil dieses Ansatzes klar. Auf dem zugrundeliegenden Image des Hardware-Busses können dann nämlich die Bilder der einzelnen Komponenten dieses Busses gezeichnet werden, und zwar mit Hilfe derselben Beschreibung, die auch bei der exklusiven Anzeige der Komponente verwendet wird, da sämtliche Positionierungen innerhalb der Beschreibung als relative Koordinaten zum Bildursprung interpretiert werden. Man kann also mit nur einer Beschreibungsdatei pro Objektklasse eine Vielzahl verschiedener Images zusammenstellen. Ein besonderer Clou ist der HotSpot-Mechanismus, d.h. der Benutzer kann auch bei zusammengesetzten Images Tooltips oder objektspezifische Aktionen zu einem der enthaltenen Objekte anfordern bzw. ausführen.

7 Die Protokollschnittstelle des User Interfaces

Das User Interface in der Rolle des Client sendet Anfragen an den Objectmanager und erhält entsprechende Antworten. Darüber hinaus können beide Seiten auch asynchrone Nachrichten, z.B. zur Übermittlung von Events, senden. Diese freilaufenden Nachrichten, und gewisse Anforderungen bezüglich der Performance, bedingen eine Übertragung im Vollduplex-Modus. Dies wird durch ein 3-Thread-Konstukt erreicht, das über eine Queue synchronisiert wird.

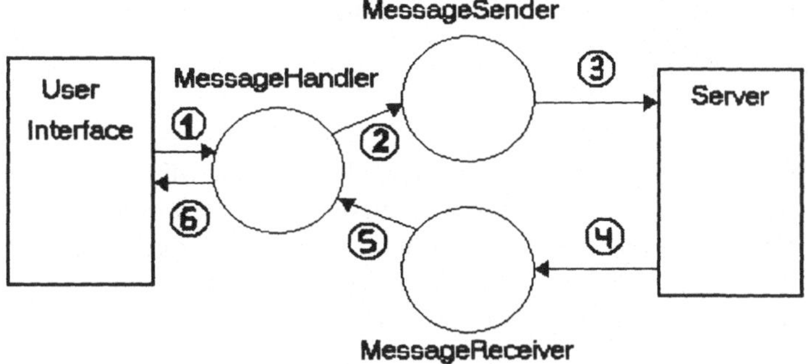

Fig. 6. Thread-Architektur

Das User-Interface übergibt Aufträge an den MessageHandler. Dieser stellt Methoden zum Senden(1) bzw. Empfangen(6) der Nachrichten bereit. Der MessageHandler seinerseits bedient sich des MessageSender-Threads(2), um die Nachrichten an den Server(3) zu senden, bzw. des MessageReceiver-Threads(5), um Nachrichten vom Server(4) zu empfangen.

Sowohl auf Sender- als auch auf Receiver-Seite werden die Messages „gequeued". Die Daten werden, um Plattformunabhängigkeit zu gewährleisten, im XDR-Format übertragen.

8   Aufgetretene Probleme

Die unten beschriebenen Probleme erzeugten zum Teil erheblichen zusätzlichen Aufwand. Ein großer Teil der Probleme ist auf die Tatsache zurückzuführen, daß die Dynamik im Java-Umfeld und die damit verbundenen Instabilitäten sowohl in bezug auf die Schnittstellenkompatibilität als auch auf die Qualität der vorhandenen Standard-Komponenten recht hoch sind. Die „Problem-Highlights" waren:

1. „Instabile Java-Versionen"

   Praktisch jeder JDK- und Swing-Stand vor der freigegebenen Version hatte eine für einen Projekteinsatz ungenügende Qualität. Neue Releases behoben bekannte Fehler nicht, oder brachten stattdessen neue mit. Der Aufwand für Workarounds war erheblich.

2. „Fehlende Browserunterstützung"

   Browser liefern bis heute, von Sun's *HotJava* abgesehen, trotz anderslautender Versprechen, keinen vollständigen JDK1.1-Support. Ein kleiner Lichtblick am Horizont ist Netscapes Ankündigung zum Sommer '98, zu JDK1.2 kompatibel zu sein. Das würde auch einen Performance-Gewinn bedeuten, da JDK1.2 bereits die verwendeten Swing-Klassen beinhaltet und diese somit nicht nachgeladen werden müßten.

3. „Einarbeitung in objektorientierte Programmierung"

Java als Programmiersprache ist sehr schnell erlernbar, die Umstellung auf die objektorientierte Programmierung (Generalisierung, Polymorphismus) ist jedoch für den Java-Neuling eine wesentlich höhere Hürde. Auch das neue Entwicklungsumfeld (PC-Tools, Browser, Online-Dokumentation per JavaDocs) brachte einen höheren Einarbeitungsaufwand als geplant.

4. „Instabile Schnittstellen in der Anfangsphase"

Schnittstellenänderungen beim Wechsel von JDK1.0 auf 1.1 verursachten zusätzlichen Aufwand. Einer der Hauptgründe war die Umstellung der Event-Schnittstelle auf das Event-Delegation-Modell.

5. „Mangelnde Tool-Unterstützung"

Ein derart großes Java-Projekt überfordert quasi alle vorhandene Tools. So stürzt z.B. *javadocs* aus dem JDK1.1.5-Paket mit der Fehlermeldung „Memory overflow" ebenso ab wie *JavaPure Check* oder die eingesetzten Performance-Profiler.

6. „Schwache Klassenbibliothek"

Für eine derart verbreitete Sprache stehen immer noch sehr wenig „High-Level"-Klassen zur Unterstützung bei Standardproblemen (Beispiel: *editierbare Tabellen, Quicksort, Internationalisierung*, etc.) zur Verfügung. Viele dieser Dinge werden heute sicherlich noch redundant gelöst.

9 Projekthistorie

Der Startschuß fiel im März 1997. Zwei „Java-erfahrene" Studenten der Uni Enschede schrieben im Rahmen eines sechsmonatigen Praxissemesters die erste Implementierung des GUIs auf Basis von JDK1.0. Parallel hierzu wurde der Objektmanager implementiert.

Im Juli 1997 wurde dann, wegen der verbesserten Features im AWT-Package, auf JDK1.1 umgestellt. Für die sichtbaren Komponenten wie TableView und TreeView wurden zuerst entsprechenden Klassen von Symantec verwendet.

Mit zunehmender Stabilität der Swing-Klassen wurden dann alle sichtbaren Komponenten hierauf rebasiert. Heute fundiert die Implementierung auf JDK1.1.5 und Swing1.0.1, welches sich sowohl dem Standard-AWT als auch den Symantec-Klassen gegenüber in bezug auf Funktionalität und Stabilität als überlegen erwiesen hat.

Das hier vorgestellte Projekt wird als Bestandteil der nächsten ReliantUNIX Version zur Administration der RM-Server eingesetzt.

CORBA-basiertes Workflow-Management zur Bearbeitung von Kundenanfragen aus dem Internet

Felix Meyer[1], Matthias Reisecker[2], Falk Krebes[2]

[1] Daimler-Benz Forschung und Technologie, Software-Technologie – Prozesse und Qualität
felix.meyer@dbag.ulm.DaimlerBenz.com
[2] Fachhochschule Ulm - Fachbereich Technische Informatik

Abstract. Electronic Commerce verändert die Kommunikation zwischen Unternehmen und Kunden. Der Web Server eines Unternehmens löst den klassischen Ladentisch ab. Bei Kundenanfragen, die über "Customer Self Service" hinausgehen, ist eine Einbindung des Kunden in interne Arbeitsabläufe des Unternehmens erforderlich [Bishop et al. 97]. Dieser Beitrag zeigt mit dem "Customer Interaction Management System" einen Ansatz zur strukturierten Bearbeitung von Kundenanfragen mit dem Ziel einer schnellen und kompetenten Beantwortung. Erreicht wird dies durch eine leistungsfähige Unterstützung der kooperativen Arbeitsprozesse, die mit der Findung der Experten und der Beantwortung der Anfragen verbunden sind. Das vorgestellte System basiert dabei auf einer CORBA Architektur, der sich sowohl der externe Kunde als auch die internen Experten bei der Beantwortung der Anfrage bedienen. Die offene Gestaltung des Systems erlaubt zum einen eine durchgängige Benutzeroberfläche für Kunden und Experten und zum anderen eine unkomplizierte Erweiterung des Systems und Nutzung der gewonnenen Daten durch dritte Systeme.

1 Einleitung

Zunächst soll die Thematik „Customer Interaction Management" im Zusammenhang betrachtet werden, um die sich daraus ergebende Funktionalität für das realisierte "Customer Interaction Management System" zu begründen.

1.1 Management von Kundenanfragen

Geht man von einem systematischen Management von Kundenanfragen aus, so läßt sich in Anlehnung an die Systematik des „Aktiven Beschwerdemanagements" [Stauss & Seidel 95] der eigentliche Prozeß „Management von Kundenanfragen" in drei Schritte unterteilen (Abb. 1). Die Anzahl der schwarzen Kreise (•) verdeutlicht, wo die Schwerpunkte dieses Beitrags liegen.

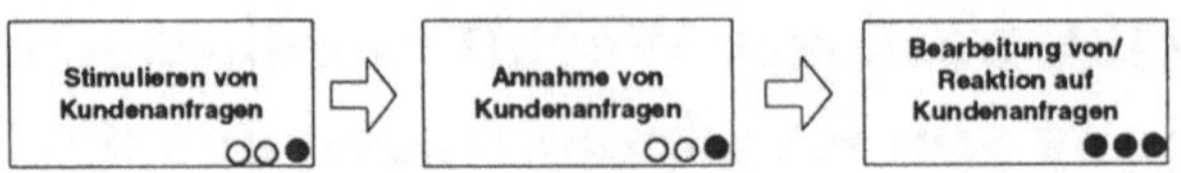

Abb. 1. Prozeß „Management von Kundenanfragen"

Dieser Prozeß „Management von Kundenanfragen" umfaßt nicht die weitere Beurteilung und Auswertung der Anfragen für das eigene Unternehmen. Man unterscheidet daher den *direkten* und den *indirekten* Prozeß des Managements von Kundenanfragen (Abb. 2).

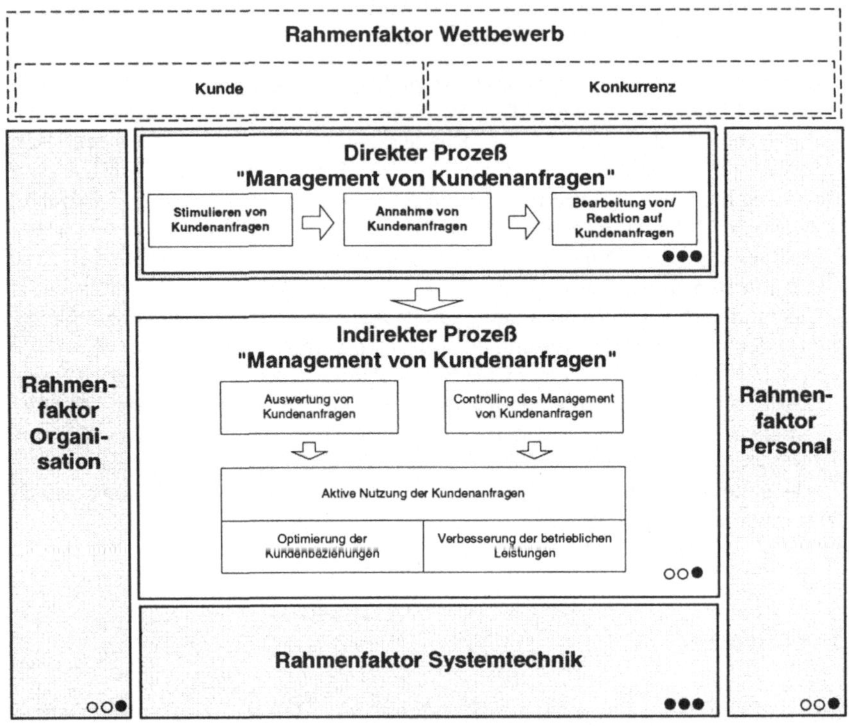

Abb. 2. Aufgabenspektrum des Managements von Kundenanfragen

Der direkte Prozeß beinhaltet immer die Interaktion mit dem Kunden, während der Kunde an dem indirekten Prozeß nicht mehr beteiligt ist. Der indirekte Prozeß birgt großes Potential für das Unternehmen, da er die Chance zur Verbesserung der Kundenbeziehungen und der eigenen betrieblichen Leistungen bietet.

Beide Prozeßtypen werden stark von Rahmenbedingungen des Unternehmens beeinflußt. Daher sind bei einer Behandlung der Prozesse diese Rahmenfaktoren ebenfalls zu berücksichtigen. Ein wesentlicher Rahmenfaktor ist auch der Wettbewerb. Allerdings ist er als starr und vom Unternehmen nicht zu beeinflussen anzusehen.

2 Konzept des Customer Interaction Mangement Systems

Das Konzept des Customer Interaction Management Systems unterstützt jeden Prozeßschritt des direkten Managements von Kundenanfragen (Abb. 3). Ein zentraler Punkt ist dabei die Expertenzuordnung, die statisch oder dynamisch geschehen kann.

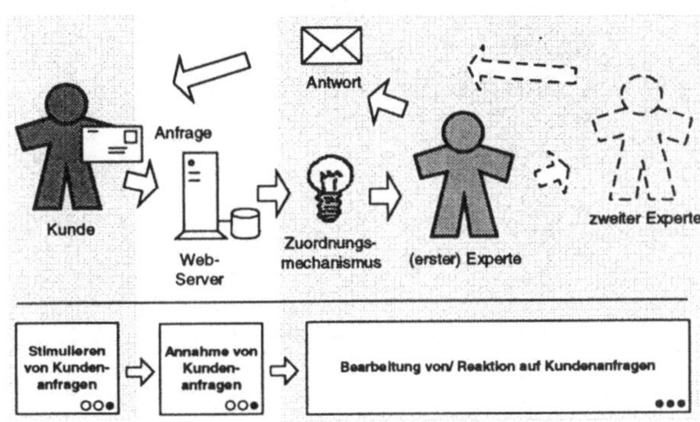

Abb. 3. Direkter Prozeß

Grundlage für eine statische Zuordnung können Inhalte der Web-Seite oder Angaben über den Kunden sein. Dynamische Zuordnung kann automatisch - z.B. durch Schlüsselwortsuche - geschehen oder per Hand vorgenommen werden. Obwohl dynamisch-automatische Zuordnungsmechanismen bei der Expertenfindung eine wichtige Rolle spielen können, sind diese nicht Teil des CIMS Konzeptes. Vielmehr können sie als externe Implementierungen in das CIMS eingebunden werden. Prinzipiell ist das CIMS so flexibel ausgelegt, daß es alle Methoden der Expertenfindung unterstützen kann. Der Zuordnungsmechanismus kann beliebig und auch in Kombination mit einem anderen gewählt werden. Dies ist ein wesentlicher Vorteil gegenüber anderen Systemen. Hauptaufgabe des Customer Interaction Management Systems ist allerdings nicht die Expertenfindung sondern die optimale Unterstützung der kooperativen Bearbeitung von Anfragen im Sinne eines einfachen Workflow Management Tools. Da der Bearbeitungsprozeß nicht von vornherein klar bestimmt ist, soll es den Bearbeitungsprozeß flexibel unterstützen. Dabei basiert das CIMS von der Erfassung der Anfrage bis zur Antwort durch den internen Experten komplett auf Internet/ WWW-Technologie. Alle Eingaben und Aktionen erfolgen über einen Web-Browser.

2.1 Prozeßmodell

Die Bearbeitung von Kundenanfragen folgt unterstützt durch das CIMS dem in Abb. 4 dargestellten Prozeßmodell. Der Prozeßschritt „Bestimmung des Experten" kann dabei automatisch oder manuell geschehen. Bei der manuellen Expertenfindung bietet das CIMS Möglichkeiten zur Weiterleitung der Anfragen an Experten.

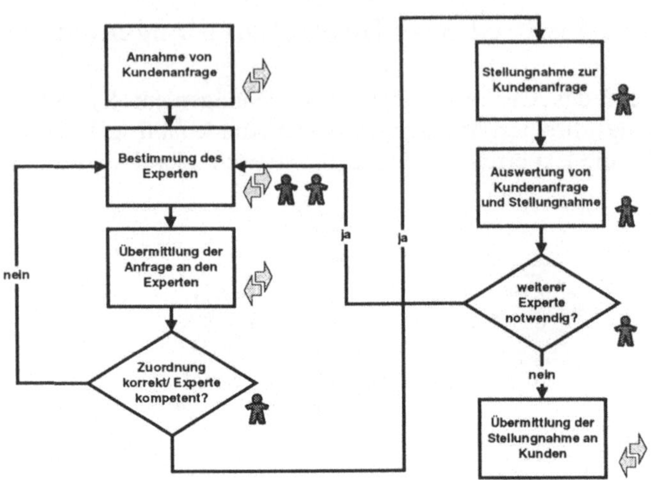

Abb. 4. Prozeßmodell des Customer Interaction Management Systems

Abb. 4 zeigt, daß außer der manuellen Expertenfindung weitere dynamische Anteile des Arbeitsablaufes den Workflow flexibel machen. Dies sind die beiden Entscheidungen „Zuordnung korrekt/ Experte kompetent?" und „weiterer Experte notwendig?". Hier liegt es am jeweiligen Experten, wie die weitere Bearbeitung der Anfrage geschieht.

2.2 Expertenstruktur

Teil des CIMS ist die Expertenstruktur, die es überhaupt erst möglich macht, Arbeitsabläufe flexibel zu gestalten. Die Expertenstruktur wächst mit der Dauer und Anzahl der bearbeiteten Anfragen. Sie spiegelt das Wissen des Unternehmens abgebildet auf Personen bzw. Rollen wider. Während der Anwendung des CIMS protokolliert das System die verschiedenen Stationen des Workflows und speichert sie in einer Datenbank. So läßt sich später gut nachvollziehen, welcher Experte zu welchem Themengebiet bereits konsultiert wurde und für eine erneute Bearbeitung einer Anfrage zum gleichen Themengebiet in Frage kommt. Umgekehrt ist genauso der Ausschluß bestimmter Personen möglich, die Anfragen zu dem Themengebiet bereits zuvor zurückgewiesen haben. Die Assoziation zwischen Experte und Themengebiet ist ebenso zwischen Experte und Kunde oder Experte und statischer Web-Seite möglich.

2.3 Alleinstellungsmerkmale

Das Konzept des Customer Interaction Management Systems greift die gegenwärtige Problematik vieler kommerzieller Web-Sites auf, die Kundenanfragen nicht die Bedeutung schenken, die sie benötigen [Meyer 97]. Kundenanfragen dürfen nicht nur als Pflicht für ein Unternehmen gesehen werden, sondern stellen eine erhebliche

Chance dar, über Rückmeldungen der Kunden die eigenen Produkte und Prozesse zu verbessern [Gaitanides et al. 94].

Gegenüber anderen Ansätzen weist das Konzept des CIMS einige wesentliche Alleinstellungsmerkmale auf:

1. Die strikte **Verwendung von Standards** ermöglicht den Einsatz des CIMS als Erweiterung bestehender Web-Systeme auf quasi allen Plattformen. Bei späterer technologischer Erweiterung des Systems ist der Aufwand geringer als bei Verwendung proprietärer Software.

2. Die **Erfassung und spätere Verfügbarkeit der Web-Seite**, von der die Kundenanfrage ausging, ist als Hilfestellung für die kompetente Beantwortung der Anfrage durch den Experten eine wesentliche Funktionserweiterung. Sie beugt vielen einfachen Mißverständnissen vor und erlaubt zudem eine Klassifizierung der Experten.

3. Die **Strukturierung von Experten bzw. deren Wissen** ist zum einen wichtig für die Verteilung der Last bei einer großen Anzahl von Anfragen und zum anderen für die schnelle Verfügbarkeit bei seltenen und ausgefallenen Anfragen. Sie trägt damit sowohl zur Expertise der Antworten als auch zur Verringerung der Bearbeitungszeit einer Kundenanfrage bei.

4. Viele Feedbacksysteme verwenden starre Zuordnungsmechanismen, die bei Schwankungen der Anfragelast oder ineffizienten Zuordnungsergebnissen nur schwer geändert werden können. Durch die Möglichkeit der **dynamischen Veränderung des Zuordnungsmechanismus** von Anfrage zu Experten ist die Optimierung des Gesamtsystems zu jeder Zeit möglich.

Insgesamt kann das Customer Interaction Management System einen wesentlichen Beitrag zum individuellen Service, den das Unternehmen seinen Kunden bietet, liefern. Gerade vor dem Hintergrund der internationalen Verfügbarkeit des Internets und der damit zwangsläufig auftretenden Konkurrenz ist individueller Service ein wichtiger Faktor im Bemühen um Kunden im Electronic Commerce [Frese & Noetel 92].

3 Werkzeuge und Techniken zur Implementierung des Prototypen

3.1 Programmierumgebung

Das CIMS stellt einige Forderungen an die zu verwendende Programmiersprache. Netzwerke sollen auf hoher Ebene unterstützt werden und der erzeugte Code soll möglichst portabel sein. Weitere wichtige Aspekte sind Sicherheitslösungen, da sich das CIMS im Umfeld Internet/ WWW bewegt und die Unterstützungvon Threads. All diese Kriterien werden von Java erfüllt [Flangan 98]. Im CIMS wurde das Java JDK 1.1.3 zur Entwicklung eingesetzt.

3.2 Servlets

Ein wichtiger Punkt für den universellen Einsatz des Systems ist die Notwendigkeit, daß die Clients (Kunden- und Expertensysteme) im Zugriff auf das System von lokalen Softwareinstallationen befreit bleiben. Erste Überlegungen beschäftigten sich mit der Verwendung von Applets. Jedoch wurde der Einsatz von Applets im Hinblick auf Downloadzeiten, Unterschiede in den Implementierungen der JVM von Browsern und dem Sandbox-Prinzip (für DB-Anwendungen nicht sonderlich geeignet) verworfen.

Als interessante Alternative zu Applets erwies sich das Gegenstück zu den clientseitigen Bytecode-Objekten: Servlets. Servlets besitzen die gleiche Funktionalität wie eine Java-Applikation (mit Ausnahme des graphischen Interface) und vereinen zusätzlich die Konzepte von Applets und CGI. Der wesentliche Vorteil gegenüber konventionellem CGI besteht darin, daß Servlets dynamisch vom Server geladen werden können und über die Dauer einer einzelnen Abfrage hinaus auf dem Server bestehen können. Dadurch ergibt sich gegenüber einer CGI-Lösung ein respektabler Geschwindigkeitsvorteil [Orfali & Harkey 98]. Weiterhin ist es bei Servlets nicht notwendig, die HTTP-Methode (Get, Post) zu identifizieren, um die übergebenen Parameter zu verarbeiten. Mit diesen Einzelheiten beschäftigt sich der Web-Server. Im Falle von CGI muß dem Programmierer die Übertragungsmethode bekannt sein oder er muß die Methode per Programmierung entschlüsseln und danach die entsprechende Verarbeitung durchführen.

Mit dem Vorteil der serverseitigen Datenverarbeitung minimiert sich der clientseitige Softwareaufwand auf die Benutzung von JavaScript (Validierung der Eingaben des Kunden, Zusammenfassen von Eingaben) und HTML.

3.3 JDBC

Im CIMS besteht die Notwendigkeit die verarbeiteten Daten (Kundenanfrage, Expertise, Expertenstruktur, Sekundärinformation, Verwaltungsdaten) strukturiert abzuspeichern. Hierfür wurde eine Microsoft SQL Datenbank installiert. Im Zuge der Plattformunabhängigkeit, die das CIMS kennzeichnet, und hinsichtlich Java bietet sich die Verwendung von JDBC für den Zugriff auf die Daten an [Reese 97]. Die Plattformunabhängigkeit kann nur die Verwendung eines JDBC-Treiber des Typ 4 [Sun] garantieren, der in reinem Java-Code implementiert ist. Das JDBC-Paket setzt auf den Java-Basisklassen auf und stellt relationale Datenbankobjekte und die entsprechenden Methoden für den Zugriff aus Java-Applikationen auf beliebige Datenbanken bereit.

Der oben erwähnte JDBC-Treiber wird beim JDBC-Treiber-Manager angemeldet. Beim JDBC-Treiber-Manager können mehrere JDBC-Treiber parallel angemeldet werden und somit der Zugriff auf unterschiedliche Datenbanken realisiert werden. Diese Datenbanken können sich auf beliebigen Rechner befinden, da beim Erzeugen einer Verbindung eine URL angegeben wird. Somit ist eine Verteilung der Rechnerlast auf einfache Weise möglich.

3.4 CORBA

Das System kann mit den oben geschilderten Mitteln wichtige Aspekte im Bezug auf die Plattformunabhängigkeit und die Verteilung von Rechnerauslastung (Datenbanken) erfüllen. Das Kernsystem zur Verwaltung der Anfragen ist jedoch auf einen Rechner begrenzt. Dieses Kernsystem soll im Hinblick auf zukünftige Organisationstrukturen als Client/ Server-System implementiert werden. Zur Realisierung dieser Forderung würden sich RMI oder CORBA [Vogel & Duddy 97] anbieten. Einerseits ist RMI besser in die Sprache Java integriert, was sich vor allem in der einfacheren Parameterübergabe und in der Schnittstellendefinition als Vorteil herausstellt. Andererseits verhindert diese Integration die Kommunikation zwischen Objekten verschiedener Programmiersprachen (Homogenität), was zusätzlich durch das RMI-spezifische RMI Wire Protocol (Bestrebungen RMI über IIOP zu betreiben werden von Sun angestrebt) verstärkt wird. Im Gegensatz zu Corba fehlen bei RMI jegliche Ansätze zur dynamischen Objektfindung und Vergleichbares zu den Corba Services. Daraus resultierte die Entscheidung Corba im CIMS einzusetzen.

Zentraler Bestandteil der Corba-Architektur ist der ORB, der als Nachrichtenvermittler zwischen Client und Server dient. Durch die Verteilung der Anwendungs-Objekte auf andere Rechner ergibt sich eine weitere Möglichkeit der Skalierbarkeit, was im besonderen durch den Naming Service unterstützt wird. Desweiteren eröffnet sich anderen Abteilungen die Möglichkeit, Zugang zu den Corba-Objekten zu erlangen und deren Dienste für sich nutzbar zu machen. Für diese Nutzer besteht darüber hinaus nicht einmal die Notwendigkeit, den gleichen ORB, die gleiche Programmiersprache oder die gleiche Entwicklungsumgebung einzusetzen.

Das CIMS verwendet den Corba-Bus JavaIDL der Firma JavaSoft. Im JDK 1.2 ist dieser fester Bestandteil. JavaIDL entspricht dem CORBA/ IIOP-Standard und beinhaltet volles IDL-to-Java language mapping. IIOP (beruht auf TCP/ IP) ist das von JavaIDL genutzte Übertragungsprotokoll. JavaIDL verwendet IIOP sowohl in der Interoperabilität mit ORBs anderer Hersteller als auch zur Kommunikation zwischen den erstellten Corba-Clients und Corba-Servern.

In der CIMS-Implementierung wird der Nameservice von JavaSoft benutzt. Bei diesem Service melden sich die Server-Objekte an. Die Clients erhalten über diesen die Objekt-Referenzen, mit denen sie völlig transparent Methoden des Servers nutzen. Die Aufrufe der Clients geschehen über die vom IDL-to-Java-Compiler bereitgestellten Proxy-Objekte (Stubs). Auf der Serverseite übernehmen ebenfalls Proxy-Objekte (Skeletons) eine ähnliche Funktion. Die Proxy-Objekte des jeweiligen Objekte haben dieselbe Schnittstelle implementiert wie das zugehörige entfernte Objekt. Die Proxy-Objekte konvertieren – unsichtbar für das entsprechende Objekt – die Aufrufparameter in ein plattformunabhängiges Format. Die Möglichkeiten der dynamischen Objektfindung über das DII (Dynamic Invocation Interface) ist im CIMS nicht implementiert.

4 Customer Interaction Management System

Der Prototyp des Customer Interaction Management Systems wurde von der Konzeption bis zur Realisierung von 3 Personen über 9 Monate entwickelt. Die Arbeiten wurden nach konzeptioneller Vorarbeit innerhalb von 2 Praxissemestern und 2 Diplomarbeiten zuzüglich der jeweiligen Betreuung geleistet.

4.1 Aufbau und Funktionsweise

Abbildung 5 zeigt graphisch den Aufbau des CIMS mit den oben beschriebenen Komponenten. Im Folgenden wird die Funktionsweise in Worten wiedergegeben.

Zur Startsituation des Systems: Die Servlets werden bei Anforderung vom WWW-Server geladen. Die Servlets haben verschiedene Aufgaben wie die Entgegennahme der Kundenanfragen, die Erfassung von Sekundärinformationen (Web-Seite) und den Aufbau der Expertenstruktur. Gleichzeitig dienen die Servlets als Corba-Clients. Den Corba-Bus initialisieren die Servlets bei ihrer ersten Aktivierung durch den WWW-Server. Der CIMS-Server fungiert auch als Corba-Client. Die Servlets und der CIMS-Server kommunizieren über die ORBs mit den Corba-Servern, die vor der Benutzung gestartet und beim Naming Service angemeldet sein müssen.

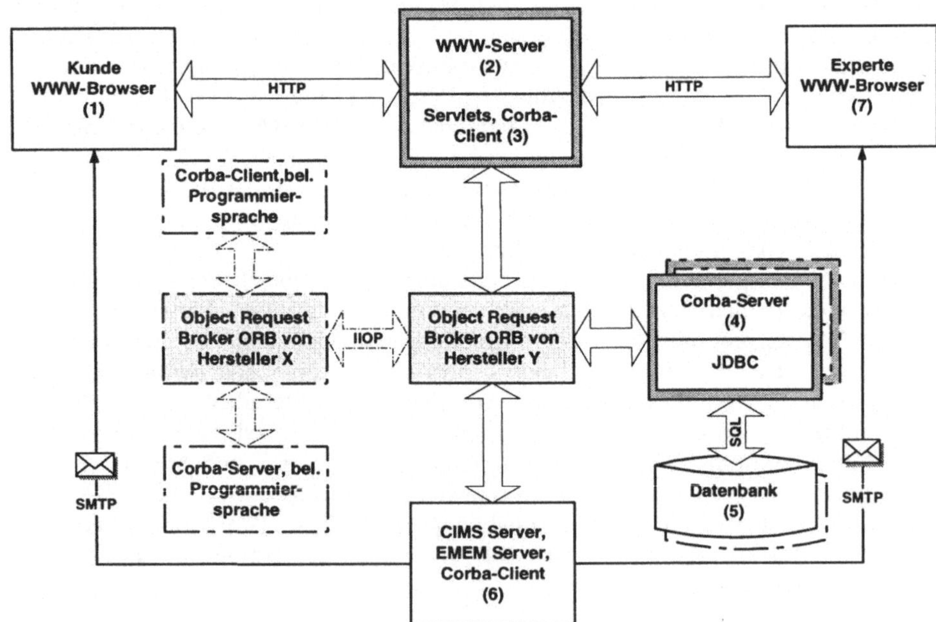

Abb. 5. Prinzipaufbau des CIMS-Prototypen

Die Benutzung des CIMS beginnt damit, daß ein Kunde im Web über seinen Browser (1) auf den WWW-Server (2) gelangt. Falls der Kunde Fragen an das Unternehmen hat, bietet sich ihm die Möglichkeit, über die Web-Seite in Kontakt mit dem Unternehmen zu treten. Der Kunde bekommt eine HTML-Seite präsentiert, in die er seine Anfrage eingeben kann. Schickt der Kunde das Formular ab, wird im WWW-Server (2) ein entsprechendes Servlet aktiviert, welches die Eingaben des Kunden extrahiert. Darauf holt sich das Servlet in Funktion als Corba-Client (3) über den Nameserver eine Objekt-Referenz für den entsprechenden Corba-Server (4). Über diese Referenz ruft der Corba-Client im Corba-Server Methoden auf. Die von der Anfrage extrahierten Daten dienen der Methode als Übergabeparameter. Die Methoden stellen ihrerseits über JDBC eine Verbindung zur Datenbank (5) her und vollziehen notwendige SQL-Statements.

Bei der Aktivierung des Anfragen-Servlets werden weitere Servlets geladen, die dem Kunden eine Bestätigungsmail schicken und Sekundärinformationen (bspw. Web-Seite) abfragen. Die Sekundärinformationen werden über den gleichen Mechanismus wie die Anfragen des Kunden in die Datenbank eingetragen.

Der CIMS-Server (6) kontaktiert zyklisch über den zugehörigen Corba-Server (4) die Datenbank, um beantwortete Anfragen über E-Mail an den betreffenden Kunden zurückzusenden oder neu eingetroffene Anfragen über die beschriebenen Zuordnungsmechanismen mit Hilfe von E-Mail an den zuständigen Experten (7) weiterzugeben. Die E-Mail für den Experten enthält lediglich einen Link. Über diesen Link erhält der Experte eine dynamisch erstellte HTML-Seite, auf der er die Anfrage des Kunden und einen Link zur gespeicherten Sekundärinformation findet. Den Aufbau der HTML-Seite und die Beschaffung der Sekundärinformation übernimmt ein Servlet indem es über den Corba-Bus eine Corba-Server-Methode aufruft. Der Mechanismus, die Daten über dynamische HTML-Seiten den Experten zukommen zu lassen, ermöglicht eine datenbankgestützte Interaktion.

Der EMEM (Erinnerung-Mahnung-Eskalation-Management)-Server (6) ist ebenfalls als Corba-Client tätig. Dieses Modul überprüft mit denselben Mechanismen wie der CIMS-Server die noch nicht abschließend bearbeiteten Anfragen hinsichtlich ihres Eingangsdatums und löst ggf. entsprechende Maßnahmen aus. Diese Maßnahmen sollen garantieren, daß die Anfragen der Kunden in einem festgelegten Zeitraum beantwortet werden und der Kunde in Problemfällen über den Bearbeitungsstand informiert wird.

Die gestrichelt gezeichneten Komponenten im Bild stellen die Möglichkeiten dar, die sich durch den Einsatz von Corba ergeben. Eine Möglichkeit ist der Zugriff auf die bereitgestellten Komponenten über ein beliebiges anderes Corba Produkt. Die unterschiedlichen Object Request Broker unterhalten sich über das Internet-Inter-ORB-Protocol. Eine weitere Möglichkeit betrifft die Verteilung der Corba-Server und der Datenbank auf verschiedene Rechnersysteme.

4.2   Probleme im Zusammenspiel von Java, Servlets, JDBC und CORBA

Im Zusammenspiel der Technologien ergaben sich keine schwerwiegenden Probleme. Schwierigkeiten traten bei der Installation und im Betrieb der einzelnen Pakete (JDK, JSDK, JavaIDL) auf, da sie sich zumeist noch im Beta-Stadium befanden und die Dokumentation der einzelnen Module sehr dürftig war.

Als erschwerend beim Entwicklungsprozeß erwies sich das Fehlen einer Debug-Umgebung im Bereich Servlets und Corba.

5   Zusammenfassung

JavaIDL hält sich bei der Implementation an den Corba-Standard. Die Dokumentation des JavaIDL ORBs fällt spärlich aus. Die wesentlichen Vorteile des JavaIDL sind die freie Verfügbarkeit und die strikte Einhaltung des Standards.

Während der Entwicklung des CIMS wurden auch Versuche mit dem ORB der Fa. Visigenic unternommen. Dieses Produkt ist zur professionellen Entwicklung durch unterstützende Tools und vorhandene Services (Object Request Debugger, Compiler Java-to-IDL, Java-to-IIOP, bessere Unterstützung der dynamischen Objektfindung) besser geeignet als JavaIDL. Der Nachteil der kommerziellen Produkte liegt in der Einführung proprietärer Eigenschaften. Deren Nutzung ist insoweit kritisch, als daß sich daraus Abhängigkeiten zu diesen Produkten ergeben.

6   Ausblick

Im Zuge der Weiterentwicklung des CIMS ist beabsichtigt den Zugriff auf die bisher statisch verfügbaren Objekte dynamisch zu gestalten. Desweiteren besteht die Absicht, den Prototypen, der sich in der Laborumgebung als sehr effizient herausgestellt hat, im Praxiseinsatz zu testen.

Literatur

[Bishop et al. 97] Bishop, H., Pavlic, C., Hills, B.: Managing Customers with Next-Generation Software Applications: 1997 Edition. Market Research Reports, Aberdeen Group, 1997.

[Frese & Noetel 92] Frese, E., Noetel, W.: Kundenorientierung in der Auftragsabwicklung. VDI Verlag, Düsseldorf 1992.

[Gaitanides et al. 94] Gaitanides, Scholz, Vrohlings, Raster: Prozeßmanagement - Konzepte, Umsetzungen und Erfahrungen des Reengineering. Carl Hanser Verlag München 1994.

[Meyer 97] Meyer, F.: Enhancing Commercial Web Sites by Dynamic User-Interaction-Management. WebNet97, AACE, Toronto, 1997.

[Stauss & Seidel 95] Stauss, B., Seidel, W.: Beschwerdemanagement, Fehler vermeiden – Leistungen verbessern – Kunden binden. Carl Hanser Verlag, München, Wien 1998

[Sun] Sun Microsystems INC., http://java.sun.com/products/jdbc/jdbc.drivers.html, Types of IDBC-Drivers, 1998.

[Orfali & Harkey 98] Robert Orfali, Dan Harkey, Client/ Server Programming with Java and Corba 2nd ed., Wiley & sons INC., 1998.

[Vogel & Duddy 97] Andreas Vogel, Keith Duddy, Java Programming with CORBA, Wiley & sons INC., 1997.

[Reese 97] George Reese, Database Programming with JDBC and JAVA, 1st ed., O´Reilly & Associates, INC., 1997.

[Flanagan 98] David Flanagan, Java in a Nutshell (Java 1.1), O´Reilly & Associates, INC., 2nd ed., 1998.

„Erfahrungen mit dem Einsatz von Java und CORBA in der Entwicklung einer leistungsstarken Customer Care- Anwendung für die Telekommunikationsindustrie.“

Michael Meadows[1], Jochen Kappel[2]

LHS Verwaltungs GmbH, Abt. Research, Otto-Hahn-Strasse 36,
D-63303 Dreieich-Sprendlingen, Deutschland
[1]mmeadows@de.lhsgroup.com, [2]jkappel@de.lhsgroup.com

Abstrakt. Dieser Beitrag beschreibt die Erfahrungen mit dem Einsatz von Java und CORBA in einer verteilten Komponentenarchitektur zur Entwicklung einer Anwendung zur Kundenverwaltung und Abrechnung für den Telekommunikationsbereich. Es werden verschieden Aspekte des Projektes angesprochen, der Fokus liegt jedoch auf der Performance, da die entwickelte Anwendung für Installationen mit einigen Millionen abzurechnender Kunden und einer hohen Anzahl an Transaktionen ausgelegt wurde. Nach einer kurzen Beschreibung der Anwendungsarchitektur werden die Ergebnisse einer Reihe von Performance-Benchmarks und eine Auslegung dieser Ergebnisse vorgestellt. Die beim Einsatz dieser Technologien für die Performance kritischen Bereiche werden besonders herausgestellt.

1 Einführung

Wie dies bei vielen Herstellern von Standardsoftware der Fall ist, erreicht ein Softwareprodukt in seinem Lebenszyklus einen Punkt, an dem die Grenzen der aktuellen Technologie sichtbar werden. LHS hat daher alternative Technologien und Architekturen untersucht, die eine größere Skalierbarkeit aber auch gleichzeitig flexiblere Anwendungen ermöglichen und dabei den Qualitätsansprüchen an geschäftskritische Anwendungen Rechnung tragen. Java und CORBA wurden als grundlegende Elemente der neuen Technologie ausgewählt. Eine konkrete Implementierung erfolgte am Beispiel einer Anwendung zur Kundenverwaltung.

Dieser Beitrag adressiert vielfältige Aspekte der Anwendungsentwicklung verteilter objektorientierter Systeme. Die Architektur der Anwendung und die eingesetzten Werkzeuge werden kurz vorgestellt, der Fokus liegt aber auf der Performance dieser Technologien in einer realen Einsatzsituation. Die vorgestellte Architektur sowie die Meßergebnisse der Performance-Untersuchungen resultieren aus der Implementierung eines Prototyps. Dieser Prototyp besteht aus einem Anwendungsservers und –client und wurde im Rahmen eines industriellen Entwicklungsprojekts erstellt. Daher erheben die Meßergebnisse nicht den Anspruch einer wissenschaftlichen Untersuchung. Der Fokus dieses Beitrags liegt in der

Analyse der Meßergebnisse und den daraus für die Entwicklung eines Produkts ableitbaren Designvorgaben.

2 Anforderungen an die neue Anwendung

Das Management der LHS stellte umfangreiche Mittel für die Entwicklung einer neuen, auf verteilter Objekttechnologie basierenden Anwendung, zur Verfügung. CORBA wurde als Objektbroker-Middleware und Java als Programmiersprache ausgewählt. Die Richtlinien für den Einsatz dieser Technologien waren klar: die neue Anwendung sollte eine größere Skalierbarkeit haben als die bereits existierende Anwendung und damit auch Installationen unterstützen können, bei denen die Daten von über 10 Millionen Kunden noch zeitgerecht abgerechnet werden können. Die Technologie sollte die Entwicklung einer einerseits äußerst flexiblen Anwendung ermöglichen, die den Anforderungen der Telekommunikationsindustrie gerecht wird und die andererseits den Wartungsaufwand für das Produkt verringert und die Produktivität der Softwareentwickler steigert.

3 Werkzeuge

Für Analyse und Design wurde „Rose for Java,, von Rational eingesetzt. Dieses Werkzeug genügte den Ansprüchen zum Modellieren der Anwendung. Unter großem Aufwand wurden die Möglichkeiten des „round-trip engineering,, untersucht. Man kam jedoch zu dem Schluß, daß die im Test befindliche Version den Qualitätsansprüchen einer industriellen Softwareentwicklung nicht genügt. Als Ergebnis dieser Untersuchungen wurde lediglich das initiale (einmalige) Erzeugen von Programmrahmen vorgeschlagen. Im weiteren Verlauf des Projekts wurde auch dies verworfen und der Einsatz von Rose auf das reine Modellieren beschränkt.

Zur Programmentwicklung wurde „VisualAge for Java,, von IBM in der 1.0 Beta-Version (mit „team-support,,) benutzt. Die effiziente Unterstützung fortschrittlicher graphischer Benutzerschnittstellen war bei der Entwicklung eines Anwendungsservers von untergeordneter Bedeutung (die graphische Benutzerschnittstelle der Anwendung wurde getrennt mit einem anderen Werkzeug entwickelt). Die fehlende Unterstützung von „ inner-classes,, in VisualAge war daher nicht von Relevanz. Für unsere Zwecke war das Werkzeug, im Besonderen die Unterstützung des Entwickelns im Team exzellent. In einigen wenigen Fälle, unterschied sich das Verhalten des Servers in VisualAge von dem Verhalten in der virtuellen Maschine von SUN. Diese stellten aber kein Problem für die Anwendung dar.

Zum Abbilden der Geschäftsklassen auf die Tabellen einer relationalen Datenbank wurde „TOPLink for Java„ von The Objectpeople in der Version 1.0 eingesetzt. Die Rolle dieses Werkzeugs und die damit gemachten Erfahrungen werden in einem eigenen Kapitel diskutiert.

4 Die Architektur

Was die Verwendung von CORBA angeht, basiert die Anwendungs-Architektur auf etwas, das man "die momentan gültige Weisheit" nennen könnte [2], [5]. Es wurde versucht, die grundlegenden Schnittstellen zu den Servern einfach zu halten und die Komplexität des Verhaltens in einer Mehr-Schichten-Architektur hinter diesen Schnittstellen zu verbergen. Anstelle einer Beschreibung dieser Architektur mit Hilfe der gängigen Diagramme, die "Stufen" und "Schichten" darstellen und die oft wenig konkrete Aussagekraft besitzen, verwenden wir zur Beschreibung der Architektur vereinfachte Objektdiagramme.

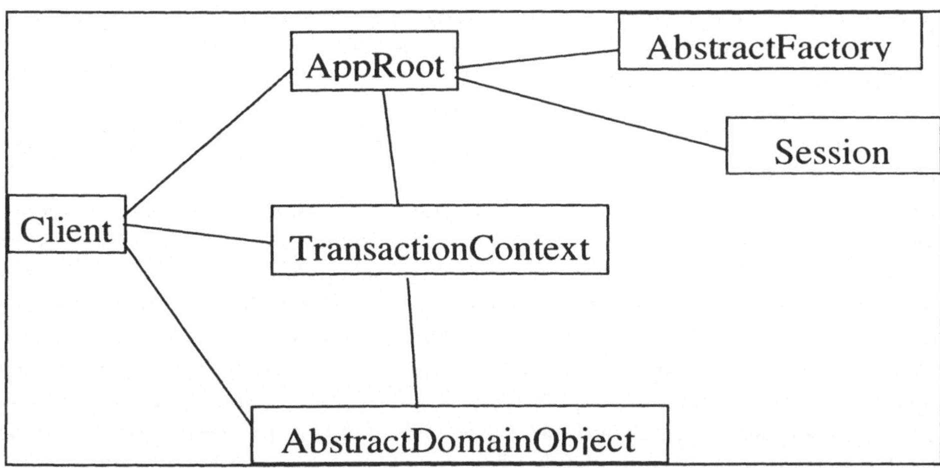

Bild 1. Ein vereinfachtes Klassenmodel der Basisklassen des Anwendungsservers.

Jeder Client besitzt eine Referenz zu einem Server in einer Instanz eines "Application Root" Objektes. Dieses Objekt erhält der Client durch Anbinden an ein „Application Dispenser" Objekt, welches das einzige benannte Objekt innerhalb eines Servers ist. Das Benennungsschema für diese Dispenserobjekte basiert auf den Verantwortlichkeiten eines Servers, die momentan auf Klassen und nicht auf Instanzen begründet sind (die Verteilung des Verhaltens auf mehrere Server wird auf Basis von Klassen durchgeführt, z.B. Server 1 enthält alle Instanzen der Kundenklasse, Server 2 alle Instanzen der Vertragsklasse etc.). Instanzbasierte Verteilung ist eine mögliche, recht einfache Erweiterung.

Alle primären allgemeinen Einrichtungen eines Servers werden über eine Instanz der Application Root erreicht. Sie enthält Referenzen zu

- einem Exception-"Dictionary", welches die Definition aller Exceptions enthält und das auch für die Definition neuer Exceptions genutzt wird
- Benutzerinformationen, wie etwa eine Beschreibung der Zugriffsrechte innerhalb einer willkürlichen Hierarchie von Benutzern
- einem Meta-Level-"Dictionary", das Meta-Informationen über alle Geschäftsklassen und ihre Attribute enthält
- fundamentalen Schnittstellen für die Handhabung von Transaktionen.

Eine grundlegende Designentscheidung war, den gültigen Status der Geschäftsobjekte in die Datenbank zu legen. Die Persistenzschicht legt Objektinstanzen pro Server im Cache ab, aber alle Clients arbeiten auf ihren eigenen Kopien der Geschäftsobjektinstanzen. Die Geschäftsobjekte besitzen deshalb "Status"- Informationen, der tatsächliche Status der Anwendung liegt jedoch in der Datenbank.

Diese Entscheidung wurde durch zwei wesentliche Faktoren begründet. (1) Die Unterstützung von Transaktionen auf verteilten Objekten ist im Java Umfeld noch nicht verfügbar bzw. nicht produktiv einsetzbar. (2) Da die Daten zeitgleich von Altanwendungen verändert werden können, ist die Transaktionssicherheit nur auf der Datenbankebene gewährleistet.

Operationen auf Geschäftsobjekten werden unter Zuhilfenahme von Instanzen einer Transaktionskontext-Klasse durchgeführt, die dazu dient, den Transaktionsrahmen zu definieren. Alle neuen oder geänderten Objekte werden mit einer Instanz eines Transkationskontext registriert und alle Objekte werden innerhalb eines Transaktionskontext gelesen. Geschäftsobjekte werden manipuliert, indem eine Instanz eines Transaktionskontext (durch die Application Root und die Abstract Factory) erzeugt wird. Das Erstellen und Lesen dieser Objekten wird mit Hilfe der Abstract Factory, an die dieser Transaktionskontext weitergegeben wird, durchgeführt (auch über die Application Root referenziert). Der „Commit" eines Transaktionskontext aktualisiert den Status aller damit in Verbindung stehender Geschäftsobjekte in der Datenbank bzw. dem Cache. Alle Server lesen über eine gemeinsame Session-Instanz und alle Clients erstellen und aktualisieren über ihre eigene Client-Session (das Pooling von Client Sessions wird in einem späteren Schritt realisiert).

Das Verwalten der Instanzen wird auf der Serverseite mit Hilfe der Application Root und der Transaktionskontext-Instanzen durchgeführt. Jede Application Root (pro Client) enthält eine Zusammenstellung aller Transaktionskontext-Instanzen, die gerade von einem Client verwendet werden, und jeder Transaktionskontext enthält eine Zusammenstellung aller Geschäftsobjektinstanzen innerhalb diese Kontexts. Wenn ein Transaktionskontext von einem Client geschlossen wird, werden alle assoziierten Geschäftsobjekte innerhalb dieses Kontexts vom ORB entfernt (und anschließend die Transaktionskontext-Instanz selbst). Wenn sich ein Client "abmeldet", werden alle offenen Transaktionskontexte in der gleichen Weise behandelt. Mit Hilfe eines Ereignismechanismus des Visibroker können anormal geschlossene Client-Verbindungen geprüft und verbliebene Instanzen auf ähnliche Weise bereinigt werden.

Die Abstract Factory auf dem Server dient sowohl als Factory Finder als auch als Factory. Aufrufe der Factory schließen immer eine Information über die Eingangsklasse ein. Diese Information wird zusammen mit dem Naming-Service verwendet, um den Aufruf zu einem passenden Knoten im Netzwerk zu leiten (mit dem Namen des Dispensers/Servers und relevanter Konfigurationsinformation). Referenzen auf fremde Knoten werden mit Hilfe spezieller Platzhalterinstanzen behandelt. Diese Referenzen werden nur bei Bedarf ausgewertet - sie werden durch Aufruf der Factory Instanz erstellt.

Alle generischen Einrichtungen für Geschäftsobjekte werden in einer fundamentalen Basisklasse, dem Abstract Domain Object, implementiert. Dies schließt generische Set- und Get-Methoden ein, die es den Clients ermöglichen, Messages im Netzwerk zu bündeln (mit Hilfe von Wertepaaren mit Information über das Attribut und den Wert, der gesetzt werden soll [4]). Es schließt auch generische Überprüfungsmethoden ein, die Informationen aus dem Meta-Level Dictionary verwenden, um die Objekte und Attribute zu überprüfen - Informationen, die während der Laufzeit dynamisch geändert werden können.

5 Untersuchungen zur Performance

Die Untersuchungen zur Performance der Anwendung wurden in zwei Phasen durchgeführt. Die erste Phase des Benchmarks wurde vor Ort bei einem Kunden durchgeführt. Dieser Kunde stellte eine Umgebung zur Verfügung, welche die wesentlichen Elemente der Produktionsumgebung umfaßte. An diese Phase schloß sich eine weitere Reihe kontrollierter Tests an, welche im firmeneigenen Testlabor in Atlanta stattfanden.

In beiden Tests wurde das Anwendungsverhalten über alle Server repliziert. Das heißt die Instanzen der Geschäftsobjekte wurden in jedem Server nach Bedarf erzeugt. Es waren keine serverübergreifenden Referenzen erforderlich (die Server kommunizierten nur mit dem Client und der Datenbank).

Der erste Test diente zum Bestimmen der Skalierbarkeit der eingesetzten Technologie. Zur Simulation des Benutzerverhaltens und der Client-Anwendungen wurde eine Testanwendung erstellt. Diese Testanwendung unterstütze zwei Benutzerprofile nämlich das der Auftragsannahme (Rapid Data Entry) sowie ein Call Center Profil. Geschäftstransaktionen beschränkten sich auf das Anlegen und Ändern von Kundeninformationen sowie beliebige Abfragen und Suchen über Kunden und dazu aggregierte Objekte. Jeder Test-Client konnte eine beliebige Anzahl von „realen„ Clients in unterschiedlichen Threads simulieren.

Um das Lastprofil des Servers möglichst genau dem von realen Benutzern erzeugten anzunähern, wurde eine zufällige Wartezeit zwischen zwei Geschäftstransaktionen implementiert. Der Wertebereich dieser Wartezeit war pro Test-Client konfigurierbar. Für die durchgeführten Tests wurden Zeiten zwischen 60 und 240 Sekunden eingestellt. Diese Zeitdauer entspricht der Zeit, die ein wirklicher Endbenutzer benötigt, um andere anfallende (manuelle) Tätigkeiten auszuführen oder den als nächstes anstehenden Vorgang vorzubereiten. Ebenso war die Zeitdauer zwischen der Kundensuche und der nachfolgenden Änderung der Kundendaten konfigurierbar.

Für die Tests der zweiten Serie wurde zusätzlich die Testsoftware „LoadRunner" eingesetzt. Mit ihrer Hilfe wurden Endbenutzer-Aktionen mit der graphischen Benutzerschnittstelle des Clients simuliert und die Antwortzeiten der unterschiedlichen Geschäftstransaktionen aufgezeichnet. Bei diesen Tests wurde ein Client mit graphischer Oberfläche für die Messung eingesetzt, die Test-Clients dienten dazu, die Last weiterer Endbenutzer zu simulieren.

5.1 Messungen

Die Test-Client Anwendung bot zusätzliche Dienste um verschiedenste Aspekte der Server-Performance messen und Statistiken über alle Client-Prozesse für einen Lauf zu sammeln. Die bedeutendste Messung war die der Dauer der Geschäftstransaktionen. Der Test-Client lieferte Zahlen über minimale, maximale und mittlere Dauer für jede der definierten Transaktionen. Die Meßdaten erhielt man aus einer Reihe von Testläufen. Bei jedem neuen Testlauf wurde die Zahl der Client-Prozesse erhöht, bis die mittlere Dauer einer Transaktion eine vorher definierte Zeitdauer überschritten hatte. Eine gleiche Testreihe wurde mit mehreren Anwendungsservern durchlaufen. Ziel war es dabei, den Gewinn an Performance durch das Einführen zusätzlicher Anwendungsserver (bei gleicher Zahl Test-Clients) zu bestimmen.

Zusätzlich zu den oben beschriebenen Testreihen wurden Messungen durchgeführt, die dem Entwicklungsteam Aufschluß über weitere Aspekte der Anwendung bieten sollten, oder aber notwendig waren, um Informationen zur Erklärung der Ergebnisse der ersten Testreihe zu gewinnen.

Die weiteren Messungen umfaßten die Laufzeit bestimmter Methodenaufrufe im Server, die Laufzeit verschiedener Arten von Methodenaufrufen (z.B. generische gebündelte Set- und Get-Methoden auf Basis der Java Reflektion, klassenspezifische Strukturen, individuelle Set- und Get-Methoden), der Einfluß des Einsatzes von SSL auf die Transaktionsdauer (SSL wurde für die primären Messungen nicht aktiviert) und die Auswirkung der unterschiedlichen Thread-Mechanismen der virtuellen Maschine.

5.2 Hardware/Software Konfiguration

Im folgenden ist die Konfiguration von Hardware und Software sowohl für die externen Tests beim Kunden als auch für den internen Test beschrieben.

5.2.1 Externe Testumgebung

Die Datenbank lief auf einem HP T600 12 CPU Rechner mit 4GB Hauptspeicher und 1.5 TB Plattenspeicher. Die Clients waren auf Windows NT Rechnern mit Intel 266MHz Pentium Prozessoren, 96MB Hauptspeicher und 4GB Festplattenkapazität installiert. Die virtuelle Maschine von SUN (inklusive JIT Übersetzter) wurde eingesetzt. Der Anwendungsserver wurde zum Einen auf einem HP T600 Rechner (HP-UX 10.20, 4CPUs) mit 4GB Hauptspeicher und 120 GB Plattenspeicher zusammen mit dem „HP Native compiler for Java„, zum Anderen auf den Client-Rechnern (Windows NT) getestet. Auch die Datenbank spiegelte die produktive Umgebung wieder. Sie enthielt mehr als 1 Million Kundeneinträge.

5.2.2 Interne Testumgebung

Die Datenbank war auf einem HP T600 12 CPU Rechner mit 4GB Hauptspeicher und 1.5 TB Plattenspeicher installiert. Die Clients liefen auf 3 Windows NT Rechnern mit Intel 266MHz Pentium II Prozessoren, 300MB Hauptspeicher und 4GB Plattenkapazität.   Ein Intel 200MHz Pentium Rechner mit 64 MB Hauptspeicher und 1.2GB Plattenspeicher wurde für die LoadRunner-Tests eingesetzt. Die Anwendungsserver liefen alternativ auf den drei NT Servern (wie die Clients), zusätzlich konnte eine Maschine mit einem 333MHz Pentium II Prozessor genutzt werden. Die Datenbank für den internen Test war mit 10.000 Kunden geladen.

5.2.3 Allgemeines

Bei allen Tests wurde Version 1.1.6 des Java JDK, Visibroker for Java 3.1.0, TOPLink 1.0 und Oracle 8.0 eingesetzt. Für beide Testreihen stand ein 100MB Netzwerk zur Verfügung. Von Oracle werden zwei JDBC Treiber für die Oracle Datenbank angeboten – der „Thin Client„- und der OCI- Treiber. Der OCI-Treiber ist zwar für Serveranwendung ausgelegt, lief aber zu keinem Zeitpunkt fehlerfrei. Aus den anderen am Markt erhältlichen OCI-Treibern wurde der von WebLogic ausgewählt und für die endgültigen Tests eingesetzt.

6 Ergebnisse

Die Ergebnisse der Untersuchungen des Performance-Verhaltens können anhand der Informationen aus Bild 2 zusammengefasst werden. Es beschreibt die grundlegende Messung zur Performance des Servers – die mittlere Laufzeit einer Geschäftstransaktion in Abhängigkeit von der Anzahl der Clients bei genau einem verfügbaren Anwendungsserver.

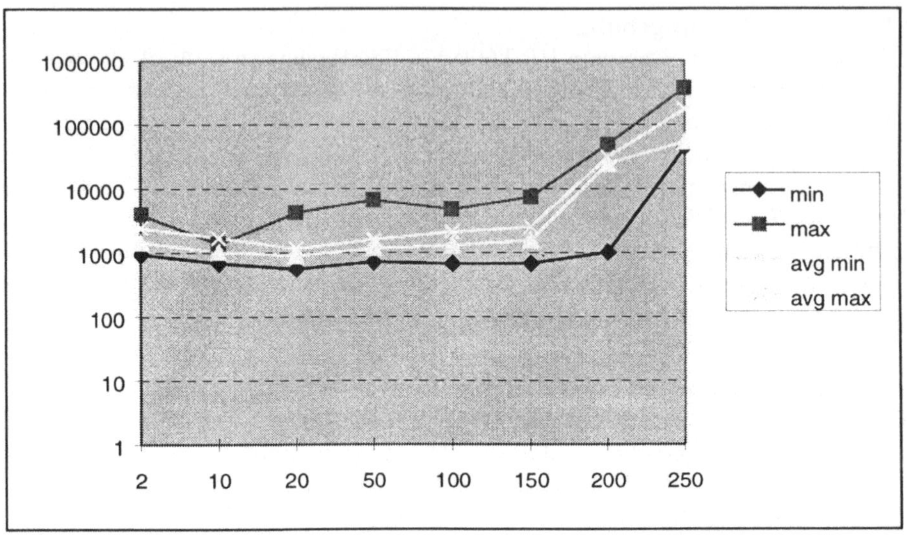

Bild 2. Laufzeit der Geschäftstransaktionen in Abhängigkeit von der Anzahl Clients für einen Server (x-Achse – Anzahl der Clients, y-Achse – Zeit in Millisekunden).

Bild 2 stellt lediglich eine der ausgeführten Testreihen, nämlich das Anlegen neuer Kunden, dar. Dies war das einzige Szenario, das sich bei jeder Ausführung gleich verhielt und damit zu reproduzierbaren Ergebnissen führte.

Die anderen Szenarien erzeugten zufällige Abfragen, was je Testlauf in stark unterschiedlichen Ergebnissen (von genau einem bis zu mehreren Tausenden von Objekten) resultierte. Diese Tatsache hatte zur Folge, daß ein Testlauf mit einem Client signifikant langsamer war, als ein weiterer mit 50 Clients. Im Durchschnitt konnte allerdings eine Verdopplung der Laufzeit bei den ‚Update'-Szenarien im Vergleich zu den ‚Insert'-Szenarien festgestellt werden. Die Streuung der Antwortzeiten der ‚Query'-Szenarien war sehr groß – Millisekunden bis mehrere Minuten (für sehr große Anzahl von Clients) – doch die Mehrheit der Messungen lag zwischen 2 und 10 Sekunden.

7 Diskussion der Testergebnisse

Dieses Kapitel diskutiert die Ergebnisse der Performance-Untersuchung im Detail und versucht die ermittelten Zahlen zu interpretieren und zu erklären. Da vielfältige Aspekte der Anwendung die Performance beeinflussen, wurde der Ansatz gewählt, diese Aspekte und ihre Bedeutung im Folgenden einzeln zu behandeln.

7.1 Allgemeines

Das wesentliche Ergebnis der Performance-Tests stellt keine Überraschung dar: Die mittlere Laufzeit einer Geschäftstransaktion auf einem Server nimmt exponentiell mit der Anzahl der Clients zu. Der Schwellwert, an dem die Kurve drastisch ansteigt wird in einem Intervall zwischen 50 und 100 Clients erreicht (einige Test hatten sogar höhere Werte zum Ergebnis). Die Ergebnisse erlauben den Schluß, daß ein einzelner Server eine Last von mindestens 50 Clients bei einer mittleren Transaktionsdauer von 2-3 Sekunden verarbeiten kann (dies gilt für Inserts und Updates, Abfragen dauern länger).

Sogar bei 100 Clients war die CPU der Server-Maschine nur zu 60% ausgelastet. Der Serverprozeß hat demzufolge seine Auslastungsgrenze noch nicht erreicht. Das liegt wohl darin begründet, daß der Serverprozeß im Leerlauf ist und entweder auf Aufträge des Client oder aber auf Antworten der Datenbank wartet. Hier ist eine weitere Analyse notwendig, um das Potential der Prozessoren vollständig ausschöpfen zu können.

Eine interessante Beobachtung war, daß die Laufzeit der Mehrheit der Geschäftstransaktionen mehr als 50 Prozent unter dem durchschnittlichen Wert lag. Die Durchschnittswerte wurden dabei von Ergebnissen einzelner Transaktionen verfälscht, welche im Vergleich zu allen anderen besonders lang andauerten. Eine genaue Analyse dieses Phänomens zeigte, daß in der virtuellen Maschine von Sun 10-30% der Transaktionen über zehnmal länger dauerten als die restlichen. Es konnte im Anschluß an die Auswertung dieser Ergebnisse gezeigt werden, daß in der virtuellen Maschine von Microsoft dieses Verhalten nicht existierte. Wie zu erwarten war, war die erste Transaktion bedingt durch den JIT Übersetzer langsamer als der Durchschnitt. Die anderen überdurchschnittlich langen Transaktionen traten jedoch zufällig und nach keinem erkennbaren Muster auf. Im Rahmen dieses Projektes war es uns nicht möglich die Ursache dieses Verhaltens weiter zu analysieren, die Problembeschreibung wurde aber an Sun gemeldet.

Es muß an dieser Stelle angemerkt werden, daß die Anwendung auf neu erstellter Software von Drittanbietern basiert, welche zum Einen die für Erstreleases inzwischen ‚normale' Anzahl von Fehlern enthält und zum Anderen hinsichtlich der Performance der Anwendung kaum optimiert ist. Der Servercode selbst enthält nahezu keine Optimierung. Hinzu kommen noch einige Designentscheidungen, welche sich nachteilig auf die Performance auswirkten. Diese Entscheidungen wurden bewußt getroffen und waren entweder durch den gesteckten zeitlichen Rahmen oder aber durch Unzulänglichkeiten der Basis-Software erforderlich. Mit anderen Worten: die Performance kann an diesen Stellen noch wesentlich verbessert werden.

Auf der anderen Seite gibt es auch einige Faktoren, welche die Ergebnisse zum positiven verfälschen. Die im Test eingesetzte Datenbank war zum Beispiel nicht durch andere Anwendungen belastet (der Datenbankserver war die meiste Zeit über im Leerlauf). Die Kommunikation zwischen Client und Server wurde ohne zeitintensive Sicherheitseinrichtungen wie z.B. SSL betrieben. Die SSL Testergebnisse zeigten, daß die Nutzung von SSL mit 7%-igen Anstieg der

Antwortzeiten zu Buche schlägt (durchschnittliche 1470,5 ms + 7% = 1574ms). Zudem war das zugrunde liegende Netzwerk mit 100MB sehr schnell.

7.2 Java

Die Performance von Java hat im letzen Jahr einige grundlegende Verbesserungen erfahren; dies leider nicht auf allen Plattformen. Am deutlichsten wurde diese Tatsache an den unterschiedlichen Meßergebnissen von Plattformen, Übersetzern und virtuellen Maschinen. Das Antwortzeitverhalten des Servers auf einer einfachen (kostengünstigen) NT Maschine mit SUN VM und JIT Übersetzter war signifikant besser als die Performance auf einer in der Hardware-Ausstattung weit überlegeneren HP Maschine (mit HP VM und dem HP native Übersetzer). Hier stehen 10s gegen 49s für das Anlegen eines Kunden bei 25 Clients.

Dies liegt wohl in dem hohen Forschungs- und Entwicklungsaufwand begründet, der zu Verbesserung von Java auf Intel Plattformen aufgewandt wurde. Die virtuelle Maschine von Hewlett Packard unterstützt zum Beispiel keine native Threads. Dieser Punkt ist besonders beachtenswert, denn er deckt eine der Hauptschwächen der Java Portabilität auf.

7.3 CORBA

In jeder verteilten Anwendung ist die Zeit, welche zur Kommunikation über das Netzwerk benötigt wird, einer der Schlüsselfaktoren, welche die Performance bestimmen. Dies gilt im allgemeinen für alle Arten der Kommunikation über ein Netzwerk, und für CORBA im besonderen. Der Aufruf einer Methode eines Objekts, das sich auf einer entfernten Maschine befindet benötigt erheblich länger, als ein Aufruf innerhalb der gleichen Maschine oder gar innerhalb desselben Prozesses.

Bei dem Design des Servers wurde besonders darauf geachtet, die Performance Engpässe, welche aus einer CORBA basierten Architektur resultieren, von vornherein zu Erkennen und zu Berücksichtigen. Es wurden Dienste implementiert, die es erlaubten, mehrere Messages zu einer zu bündeln, um so den Aufwand, der zum Aufbereiten, Verpacken und Übertragen einer Message notwendig ist, zu minimieren [1]. Einfache Datentypen oder Sequenzen wurden eingesetzt, der Typ ANY wurde soweit möglich vermieden (nachweislich ein äußerst kostenintensiver Datentyp).

Die Unterschiede in den Laufzeiten zur Nachrichtenübertragung in Abhängigkeit von den Strategien zum Bündeln der Nachrichten wurden während der Tests untersucht. Die Ergebnisse werden in die weiteren Entwicklungen des Servers einfließen. Für unseren Zweck war in den meisten Fällen der Ansatz generischer Get- und Set-Methoden zufriedenstellend. In einigen Fällen wurde es notwendig, klassenspezifische ‚Detail'-Strukturen zu implementieren. Nachrichten, welche auf Strukturen basieren, waren 50% schneller als jene, welche auf dem generischen Get/Set Ansatz aufsetzen. Diese wiederum waren 40% schneller als die kombinierten individuellen Get- und Set-Methoden [4].

CORBA verhindert die automatische Java Garbage-Collection, da es verlangt, daß alle Objekte, welche bei einem ORB registriert sind, explizit von dort gelöscht werden (ansonsten hält der ORB eine Referenz auf diese Objekte, welche das Einsammeln durch den Garbage-Collector verhindert). Eine der wesentlichen Herausforderungen für das Server-Entwicklungsteam war demnach das Design eines Speicherverwaltungs-Dienstes. Hier wurde ein Referenz-Zählverfahren gewählt. Die Entscheidung war bestimmt von der Anforderung, daß (um Speicherplatz zu sparen) sich alle Clients ‚Read-Only'-Objekte teilen. Diese können nur dann zum Löschen freigegeben werden, wenn sie von keinem Client mehr referenziert werden.

7.4 Architektur

Einige Teilgebiete der Serverarchitektur, welche die Performance direkt beeinflussen, sind zum heutigen Zeitpunkt nicht optimal gelöst. Eine Randbedingung für die Serverarchitektur war, daß die Anwendung parallel mit dem bereits existierenden System laufen kann. Eine grundlegende Designentscheidung war daher, den gültigen Status der Geschäftsobjekte in die Datenbank zu legen. Die Persistenzschicht legt Objektinstanzen pro Server im Cache ab, aber alle Clients arbeiten auf ihren eigenen Kopien der Geschäftsobjektinstanzen. Die Geschäftsobjekte haben deshalb "Status" Informationen, der tatsächliche Status der Anwendung liegt jedoch in der Datenbank..

Das Transaktionskonzept führt zu weiteren Kopien, da jeder Client ja bereits auf einer eigenen Kopie der Geschäftsobjekte arbeitet. Aufgrund von Designfehlern in der eingesetzten Software wurden Kopien von Objekten in Situationen angelegt und benutzt, die dies eigentlich nicht erforderten. Um die daraus resultierenden Performance-Verluste zu vermeiden, wurde das Design des Server geändert: Geschäftsobjekte mit ausschließlichem Lese-Zugriff werden nur einmal gehalten. Alle Clients teilen sich diese Objekte. Der Server verwaltet die Referenzen von Clients auf ein solches Objekt und löscht dieses Objekt dann, wenn es von keinem Client mehr referenziert wird.

Ein weiterer Bereich, dessen Architektur genauer analysiert werden mußte, war das Ausführen von Abfragen. Der Server bietet Mechanismen an, um Abfragen auf Objekte zu stellen, ohne daß diese Objekte wirklich erzeugt werden (das Ergebnis ist eine virtuelle Liste, in der jedes Listenelement wiederum eine Liste mit String-Werten der gewünschten Attribute enthält). Im Gegensatz zu diesem Ansatz erzeugt das eigentliche Query-Interface mehrere Objekte für jedes Ergebnis-Objekt. Die deutlich bessere Performance der ersten Lösung (im schlechtesten Fall 2 Sekunden gegen 8 Sekunden) zeigt hier das Potential an Verbesserungsmöglichkeiten.

Um die geforderte Flexibilität und leichte Konfigurierbarkeit der Anwendung zu erreichen, wurden die Möglichkeiten der Java Reflection-Klassen intensiv genutzt. Die Auswertung des Anwendungsprofils zeigte allerdings, daß die Benutzung dieser Funktionalität so langsam ist, daß sich die Frage des Einsatzes in einer wirklich zeitkritischen Anwendung stellen muß. Nach Abwägen zwischen Performance und Flexibilität haben wir für unsere Anwendung entschieden, im ersten Ansatz die Java

Reflection einzusetzen. Zu einem späteren Zeitpunkt werden wir Alternativen suchen, um bei gleicher Funktionalität den Durchsatz weiter erhöhen zu können.

7.5 TOPLink

Die gesamte Interaktion zwischen dem Server und der Datenbank erfolgt unter Zuhilfenahme von TOPLink, einer objekt-relationalen Mapping-Software. Für unsere Tests wurde die Version 1.0 eingesetzt. Unsere Erfahrungen zeigen, daß hier noch ein großer Spielraum für Verbesserungen besteht. Das Produkt wurde augenscheinlich bisher noch in keiner geschäftskritischen, mehrschichtigen Anwendung eingesetzt. Fehlerhafte oder wenig flexible Implementierung erzwangen einige für die Performance ungünstige Designentscheidungen auf der Serverseite. Das Projektteam ist inzwischen in engem Kontakt mit dem Hersteller der Software, der eine Lösung der dringendsten Probleme in der nahen Zukunft zugesagt hat.

Der Hauptgrund für den Einsatz von TOPLink war, den Aufwand für die Abbildung der Objekte auf das relationale Datenbank-Schema, zu minimieren. Diese Aufgabe wird von der Software zufriedenstellend gelöst. Es gibt noch einige wenige Abbildungsprobleme. Diese sind aber nur zu einem kleinen Teil in einer eingeschränkten Funktionalität von TOPLink begründet, sondern zum größeren Teil durch das Datenbankschema gegeben, das an manchen Stellen nicht optimal ist.

Die Abbildungs-Funktionalität von TOPLink ist hinsichtlich der Performance noch nicht optimiert. Wie in allen ersten Versionen lag auch hier der Schwerpunkt auf der Erfüllung der funktionalen Anforderungen. Für eine nächste Version wurde bereits eine signifikante Verbesserung der Performance zugesagt.

Einer der durchgeführten Tests sollte die Frage beantworten, wie sich der Durchsatz des Servers in der Abhängigkeit von der Größe des TOPLink Caches verhält. Die Ergebnisse waren leider nicht die erwarteten. Unsere Architektur und die Art, in der wir TOPLink benutzen, verlangt eine bestimmte Minimalgröße des Caches. Cache-Größen unterhalb dieser Schwelle führten zum Absturz des Servers, da TOPLink Instanzen aus dem Cache entfernte, obwohl diese noch von Clients referenziert wurden. Für Größen oberhalb diese Schwellwertes konnte kein Einfluß mehr auf den Durchsatz festgestellt werden.

7.6 JDBC Treiber

Die Interaktion einer Java Anwendung mit einer (relationalen) Datenbank erfordert in fast allen Fällen den Einsatz eines JDBC Treibers. Oracle bietet zwei solcher Treiber an: eine „Thin-Client" Version und eine OCI Version. Die Thin-Client Version wurde mit dem Ziel eines möglichst geringen Resourcenbedarfs entworfen, um den Treiber so schneller über ein Netz laden zu können. Das primäre Einsatzgebiet sind daher zweischichtige Anwendungen. Der OCI Treiber benötigt mehr Speicher, ist aber für mehrfache Verbindungen und große Datenvolumen ausgelegt, wie sie ein Anwendungsserver erforderlich macht.

Unglücklicherweise arbeitete der zum Testzeitpunkt von Oracle erhältliche OCI Treiber nicht ordnungsgemäß. Dies zwang uns zum Einsatz der Thin-Client Version, was sich in schlechteren Meßergebnissen niederschlug. Dié fehlerhafte Implementierung des Oracle OCI Treibers wurde offensichtlich nachdem wir den OCI Treiber eines Drittanbieters (WebLogic) erfolgreich installiert hatten. Die Transaktionen liefen jetzt beinahe 30% schneller (von 1.2s auf 1.6s).

7.7 Skalierbarkeit

Das wichtigste Ziel der Tests war, die Skalierbarkeit der Technologie zu untersuchen. Erlaubt die Technologie Transkationsvolumen und eine Anzahl gleichzeitiger Benutzer, die für eine Kundenverwaltungsanwendung der nächsten Generation gefordert werden? Die in diesem Beitrag aufgeführten Ergebnisse erlauben kein enthusiastisches ‚Ja' als Antwort auf diese Frage. Die Transaktionen sind in einigen Fällen noch zu langsam. Aber die Ergebnisse weisen nach, daß der Server zufriedenstellend skaliert.

Die Testreihen mit mehreren Servern zeigen, daß zusätzliche Benutzer und somit zusätzliche Transaktionen einfach durch das Hinzufügen weiterer Server ausgeglichen werden können. Es war nicht möglich, die Obergrenze des Performance-Gewinns, der durch das Hinzufügen weiterer Server erreicht wird, zu ermitteln (die Obergrenze ist dann erreicht, wenn der Gewinn an Durchsatz durch zusätzliche Server zu teuer wird). Die Kurve des Durchsatzes in Abhängigkeit von der Anzahl der Server verläuft theoretisch nicht linear, was wir allerdings messen konnten, war annähernd linear. Das legt nahe, daß wir nur das untere Ende der Kurve bestimmen konnten.

8 Zusammenfassung und Ausblick

Aus den Ergebnissen des durchgeführten Performance-Tests kann man schließen, daß die untersuchten Technologien die Anforderungen an ein Kundenverwaltungssystem der nächsten Generation erfüllen können. Die Messungen zeigten, daß ein auf einer kostengünstigen NT Maschine installierter Server bei einer maximal zulässigen Antwortzeit von 2-3 Sekunden bereits einen Transaktionsdurchsatz von 50 Clients zufriedenstellen verarbeiten kann (bei konservativer Schätzung). Die realistische Anzahl von Clients liegt bei 100, eine optimistische Betrachtung führt zu einer Zahl von 150 Clients.

Ein Erhöhen der Anzahl von Anwendungsservern erhöht den gesamten Durchsatz des Systems. Obwohl der Durchsatz in Abhängigkeit von der Anzahl Anwendungsserver keine lineare Funktion ist, gibt es keinen Grund zur Annahme, daß ein solches System nicht mehrere Tausend Benutzer unterstützen kann. Diese Annahme wird auch durch die Art der Anwendung unterstützt, die ja im Wesentlichen Daten aus einer Datenbank liest und schreibt.

Wenn man auch einige der Meßergebnisse (im Speziellen die für Abfragen) als ‚langsam' einstufen kann, zeigt die Analyse der Tests, daß es hier noch genügend Spielraum für Verbesserungen gibt. Bereits zum heutigen Zeitpunkt liegt die Mehrheit der Transaktionen bei der Hälfte des Durchschnitts. Wir vertreten daher den optimistischen Standpunkt, daß diese Technologie in ausreichendem Maße skalierbar ist.

Der aktuelle Stand auf dem Gebiet der Entwicklungswerkzeuge für diese Technologien darf als kritischer Faktor nicht unterschätzt werden. Viele dieser Werkzeuge sind nur in sehr frühen Versionen verfügbar und damit noch sehr fehlerbehaftet. Die Integration von CORBA und Java IDEs ist weiterhin unterentwickelt. Wir sind jedoch der Meinung, daß das Potential für eine sehr hohe Produktivität gegeben ist. Unterstellt man, daß sich diese Technologien so weiterentwickeln wie bisher, kann man davon ausgehen, daß die Kombination von CORBA und Java bald zu einer der meistbenutzten Technologien in der Softwareindustrie zählen wird.

Referenzen

1. Eichern, Kamber, Murer, 'CORBA: Principles and practical experiences', Informatik/Informatique, 2/97
2. Mowbray, Malveau, 'CORBA Design Patterns', Wiley Computer Publishing 1997
3. Swainston-Rainford, 'Ringing the Changes to the IDL Interface', Application Development Advisor, Sept/Oct 1997
4. Swainston-Rainford, 'Designing Your IDeaL Interface', Application Development Advisor, Nov/Dec 1997
5. Orfali, Harkey, ‚Client/Server Programming with Java and CORBA', Wiley Computer Publishing 1998

Interaktive Animationen und Visualisierungen, eine neue Qualität und „Spielwiese" für die Mechanik

Ergebnisse der interdisziplinären Projektgruppe CHiLis

Projektgruppe ChiLis[1]
Prof. Dr. Reinhard Keil-Slawik
Thorsten Hampel

Heinz Nixdorf Institut
Universität-GH Paderborn
33102 Paderborn
chilis@uni-paderborn.de

Der Einsatz neuer Medien in der Lehre kann seine volle Qualität erst in der Betonung von Fähigkeiten entfalten, die herkömmliche Medien nur bedingt bieten. Erst eine Kombination unterschiedlichster Medien und neuer Visualisierungstechniken oder die Berücksichtigung eines hohen Grades von Interaktivität kann den Einsatz von Multimedia in der Lehre zu einer breiten Akzeptanz führen. Die interdisziplinäre Projektgruppe CHiLis erforscht an der Universität-GH Paderborn zwei spezifische Charaktereigenschaften der Erstellung von JAVA Animationen und Visualisierungen. Zum einen steht die Untersuchung der Möglichkeiten einer dreidimensionalen Visualisierung komplexer interaktiver Versuchsaufbauten der Mechanik im Vordergrund, zum anderen wird die Leistungsfähigkeit der einfachen und komponentenbasierten Gestaltung von Animationen aus dem Bereich der Grundlagenvorlesung zur Mechanik untersucht. Der folgende Beitrag stellt zwei Zwischenergebnisse der Projektgruppenarbeit vor.

---

[1] Christian Saalborn, Elke Stanger, Ingo Fuß, Lars Fleigl, Lars Steinfurth, Marc Sinemus, Mathias Preiß, Thorsten Kontorzik, Adelhard Tuerling, Frank Albracht

viLAB – Visualisierung von komplexen Versuchen in Java3D

Einführung

Komplexe Versuchsbauten in Bereichen der Mechanik sind oftmals schwer zu verstehen und stellen somit eine Hürde für Mechanikstudenten im Hauptstudium dar. Die Gruppe viLAB der Projektgruppe ChiLis versucht exemplarisch einen Versuch zu visualisieren. Gewählt wird das Polariskop, ein Versuch aus der Spannungsoptik. Ein Polariskop dient zur Analyse von Materialproben auf mögliche Fehler und besitzt bereits eine breite Akzeptanz in der Industrie. Hierbei wird bestimmt gerichtetes Licht durch die Probe geschickt und anhand der mit einer Kamera aufgenommenen Lichtbilder, den sogenannten Isochromaten, lassen sich Veränderungen der Materialprobe erkennen. Dabei läßt man eine Kraft auf die Probe wirken. Dieser Versuch wird gewählt, da er sich offenbar gut visualisieren läßt und eine interaktive Änderung der Kraft an der Probe mit der Maus möglich ist. Als Implementationssprache soll eine plattformübergreifende Sprache gewählt werden, um eine Verbreitung im Internet und gegebenen Universitätsnetzen zu gewährleisten. Es wird entschieden, 3D als Visualisierungsmittel einzusetzen, um einerseits neue Wege der Visualisierung aufzuzeigen, als auch die Motivation des Lernenden hoch zu halten, der Gelerntes in einer spielerischen Atmosphäre verifizieren soll.

Spezifikation des Prototyps

Zunächst liegt es nahe auf der Basis von VRML zu entwickeln, da dieses bereits als ein Standard in der Internetwelt vorliegt. Die Nachbildung der Versuchsbauten wird damit problemlos möglich. Eine Navigation wird durch die verschiedenen Player redundant. Bald tauchen jedoch Probleme in Bezug auf Animationen, Interaktion und Berechnungen auf. Daher entschließt man sich eine eigene 3D-Engine in Java zu implementieren, mit deren Hilfe man dreidimensionale Szenen darstellen kann. Inmitten der Spezifikationsphase wird die Spezifikation der Java-3D API von Sun Microsystems zur JavaOne in San Francisco vorgestellt. Schnell wird klar, daß man damit alle gesteckten Programmierziele und Anforderungen erfüllen kann. Der Versuchsaufbau läßt sich problemlos dreidimensional nachbilden, so daß Ansichten aus beliebiger Perspektive möglich sind. Auch lassen sich reale Versuchsresultate durch Einstellung assoziierter Parameter, was optional durch Dialogelemente oder interaktiv im 3D-Fenster erfolgen kann, simulieren.

Die einfache Graphstruktur der 3D-Szene sowie die Objektorientiertheit von Java schlechthin ließen nun eine parallele Entwicklung eines Prototypen zu. 3D-Szenen werden in Java3D in einer baumartigen Struktur gespeichert. Einzelne Szenen lassen sich getrennt implementieren und durch verbinden der Teilbäume miteinander verknüpfen.

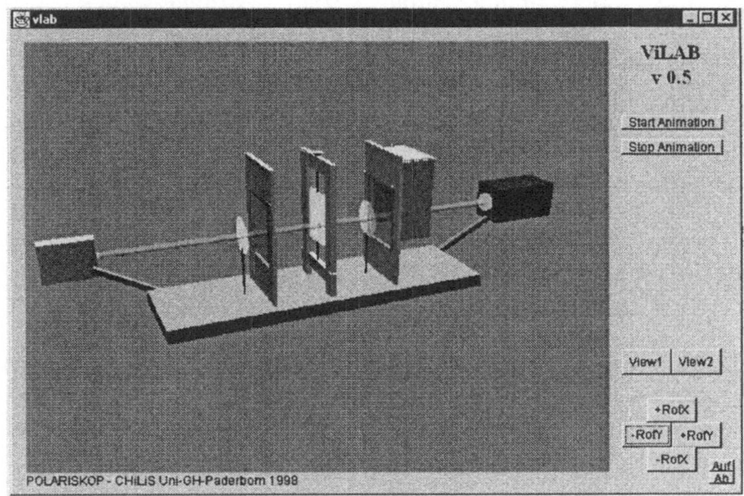

Fig 1 Das Polariskop als 3D Modell im Viewerfenster

Implementation

Mit Hilfe der Buttons im Viewer (Fig.1) kann der Student das Objekt in alle Richtungen drehen, sowie verschiedene Viewpoints anfahren. In dem Viewer ist ein Canvas3D-Fenster, in welchem Java3D die entsprechende Sicht rendert. An der angebrachten Probe in der Mitte des Polariskopes kann man Kräfte durch Ziehen mit der Maus verändern.

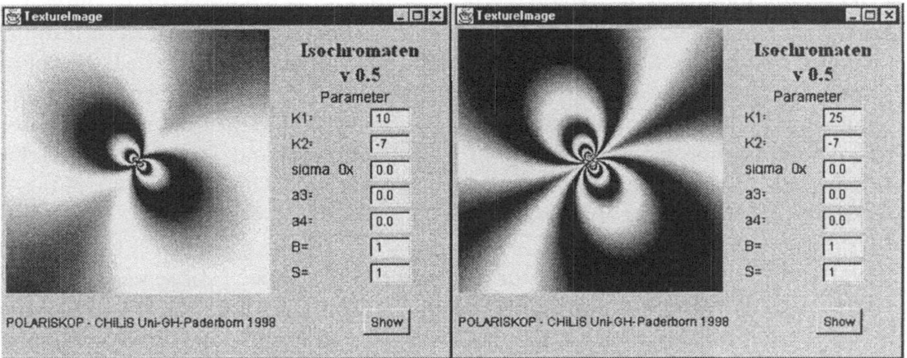

Fig 2 – Das Parameterfenster mit zwei verschiedenen Wertevorgaben

Das zweite Fenster (Fig 2.) enthält die Werte der verschiedenen Parameter. Sie lassen sich in sinnvollen Bereichen ändern. Eine Änderung der Werte führt nach Betätigung des Berechnungsbuttons zur Anzeige des aktualisierten Isochromatenbildes. Exemplarisch wird hier der Kraftparameter K1 geändert, so daß sich die Ausgabe des Isochromatenbildes ändert.

Das vorgestellte Applet läuft dank des neu verfügbaren JavaPlugins in den gängigen Browsern. Hierzu ist lediglich eine Konvertierung der assoziierten HTML-Seite mittels des mitgelieferten HTML-Konverters notwendig.

Schnittstelle zu VRML

Zur Verbindung von weiteren Applets in dieser Thematik zu einer Oberfläche dient ein Labor, welches in VRML implementiert wurde. Dort finden sich einzelne Versuche wieder, die von dort aus selektiert werden können. Desweiteren finden sich dort auch Hilfen in Form von Auszügen aus Lehrbüchern und Links zu themenverwandten Websites in aller Welt.

mechANIk-Beans – eine Spielwiese für die Visualisierung und Animation von Problemstellungen der Mechanik

Im Rahmen der interdisziplinären Projektgruppe „CHiLis" wird neben der Entwicklung interaktiver 3D Visualisierungen für das Hauptstudium des Maschinenbaus ein zweiter Ansatz zur Erstellung von Animationen für den Bereich des Grundstudiums erforscht. Geplant ist nicht die Realisierung einer Anzahl von vollendeter, in sich geschlossener Javavisualisierungen, vielmehr wird angestrebt, eine Komponentenbibliothek für die Erstellung interaktiver Animationen zu entwerfen. Die Idee, einen „Mechanikbaukasten" für Studenten und Tutoren des Fachbereiches Maschinenbau für den Einsatz in Übungen der Mechanikvorlesung im Grundstudium zu entwickeln, wird maßgeblich durch den Gedanken des „Steinbruch des Lernens" geprägt. Die Metapher, Multimedia als eine Art „Steinbruch" bestehend aus unterschiedlichsten Medien betrachten zu müssen, beschreibt treffend unseren Ansatz weniger die Entwicklung von aufwendigen und teuren „Hochglanz-Multimedia" zu forcieren, als vielmehr Dozenten zur selbständigen Entwicklung und Konzeption von Multimedia anzuleiten.

Die JavaBean Technologie wird zur Umsetzung der Idee ausgewählt, um von Plattformen und von Entwicklungsumgebungen unabhängig zu sein. Außerdem wird durch diese Technik der Einsatz der Animationen in Web-Browsern möglich und somit eine Lehre über das Internet realisierbar.

Jedes mechanische Element, wie z.B. Balken, Lager, Seil, Gewicht u.s.w., wird jeweils als eine JavaBean implementiert. Somit lassen sich diese Elemente in einer

visuellen Entwicklungsumgebung (z.B. VisualAge von IBM) zu komplexen Versuchsaufbauten zusammenstellen, wobei die mechanischen Funktionen der einzelnen Beans genutzt werden können. Die Visualisierung von traditionellen Übungsaufgaben gewinnt auf diese Weise eine neue Qualität. Die Illustrationen von mechanischen Sachverhalten beschränkt sich in der klassischen Mechaniklehre lediglich auf die abstrahierte Abbildung eines gegebenen Problems, ein direkter Bezug zur real existierenden Problemstellung wird meist nur mangelhaft deutlich. Die von der Projektgruppe entwickelte objektorientierte Java Komponentenbibliothek erlaubt nun auf einfache und interaktive Weise mechanische Sachverhalte durch Kombination von einzelnen Beans zu visualisieren. Ziel ist es hierbei, den zusätzlich erforderlichen Java-Quellcode auf ein Minimum zu reduzieren. Ergebnis sind universell verwendbaren Komponenten (JavaBeans), die als Bauteile kombiniert ein kompaktes System zur Darstellung von mechanischen Problemen schaffen. Neben reinen Visualisierungsaufgaben werden durch definierte Schnittstellen zur JAVA Sprache auch mathematische Lösungen produziert. Für die Anwender der fertigen Applikation bedeutet der Einsatz von Beans eine homogene Oberfläche und immer wiederkehrende Objekte, die in ihrem Verhalten konform sind. Somit ist die Einarbeitungszeit für den Lernenden minimal. Der Tutor hingegen, der mechanischen Sachverhalt visualisiert, kann sich vollkommen auf die Funktionalität des Aufbaus konzentrieren und schnell Alternativen entwerfen, um verschiedene Anordnungen zu testen.
Im folgenden Beitrag wird die Visualisierung eines Flaschenzuges aus Seilen und Rollen durch die entwickelten Basiskomponenten beschrieben.

Ein Flaschenzug aus mechANIk-Beans

Ein Vorteil von JavaBeans, ist der universelle Einsatz in visuellen Programmierumgebungen. Durch den funktional gebundenen Einsatz der Beans, ist es auch Entwicklern (Tutoren) mit wenig Java Erfahrung möglich, Applikationen zu erstellen. Für den Tutor einer Mechanikvorlesung ist es wichtig, sich auf die Konstruktion der Lösung einer mechanischen Aufgabe zu konzentrieren. Sie/Er sollte sich nicht primär mit Java Grafikbibliotheken beschäftigen müssen, um zu einer optisch ansprechenden und mechanisch korrekten Animation zu gelangen.
Durch die entwickelten JavaBeans, bestehend aus den Grundelementen der Mechanik, kann eine normierte Optik über einfaches "Zusammenklicken" in einer visuellen Programmierumgebung erstellt werden. Das Erscheinungsbild einer auf diese Weise konstruierten Visualisierung entspricht den in der Mechanik Theorie üblichen Vorgaben.

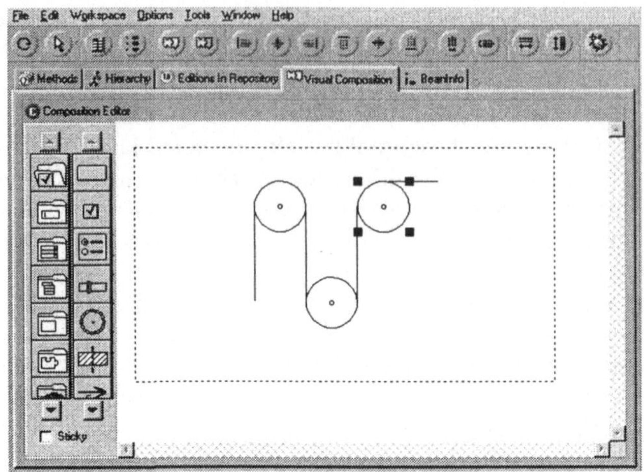

Fig. 3. Einsatz der mechANIk-Beans am Beispiel eines Flaschenzugs

Dem Entwickler einer Animation oder Simulation wird hierdurch die Möglichkeit eröffnet, sich von rein technischen Realisierungsproblemen zu lösen und mehr didaktische Aspekte in das Blickfeld der Betrachtung zu stellen. Die Komponentenbibliothek bietet dem Lernenden nicht nur ein starres System, sondern eine „Mechanikspielwiese" mit aktiven und agierenden Elementen. So werden funktionelle Aspekte des Systems in die Relevanz der Betrachtung mit aufgenommen.

Die Implementierung einer mechanisch, mathematischen Schnittstelle, hat bei der Lösung von gestellten Problemen den Vorteil, eben dieses Schrittweise in formaler Form durch visuelle Unterstützung nachzuvollziehen.
Die entwickelten mechANIk-Beans sind durch diese Schnittstelle interaktiv in der Lage, ein mechanisches System mathematisch zu repräsentieren, soweit eine Reduzierung auf bestimmte Parameter möglich ist. Die mathematische Berechenbarkeit komplexer mechanischer Aufgaben ist für die entwickelten Beans aus diesem Grunde nur begrenzt realisierbar. Wir haben die visuelle Programmiertechnik gewählt, da hier die Funktionalität der zu verwendenden Tools relativ schnell ersichtlich ist und diese verständlich eingesetzt werden können. Der Einsatz von JavaBeans ist auch in der Hinsicht vorteilhaft, da sie universell einsetzbar sind. Der Programmierer kann sich direkt von der Funktionalität des Systems überzeugen, da er es nicht nur in Augenschein nehmen, sondern auch die gegebenen Funktionen schon zur Entwicklungszeit überprüfen kann. Die Funktionalität kann begrenzt oder ganz entzogen werden, was dann einer reinen Illustration entspricht.

Die Fig. 3 zeigt das Auswählen der Komponenten (3 Rollen und ein Seil) aus der Bean-Liste in der Entwicklunglungsumgebung VisualAge von IBM. Die mechANIk-Beans werden per „Drag and Drop" auf die visuelle Entwicklungsumgebung gezogen und angeordnet. Die einzelnen Bauteile werden mit der Maus vergrößert oder verkleinert um sie an den Versuchsaufbau anzupassen.

Fig. 4 illustriert das Verbinden der einzelner Komponenten, d.h. die eigentliche Funktionalität der Animation wird auf diese interaktive Weise hergestellt. Die notwendigen Verknüpfungen sind auch für in der visuellen Programmierung wenig vertraute Anwender sehr schnell zu erlernen, da Funktionen und Eigenschaften der Elemente, einfach aus kontextsensitiven Menüs selektiert werden können.

Konkret wird das obere rechte Seilende mit einem Balken verbunden. Damit existieren zwei feste und eine lose Rolle. Der Schieberegler wird mit dem losen Seilende verknüpft. Schließlich wird der Kraftpfeil an der unteren Rolle befestigt um die resultierende Kraft anzuzeigen.

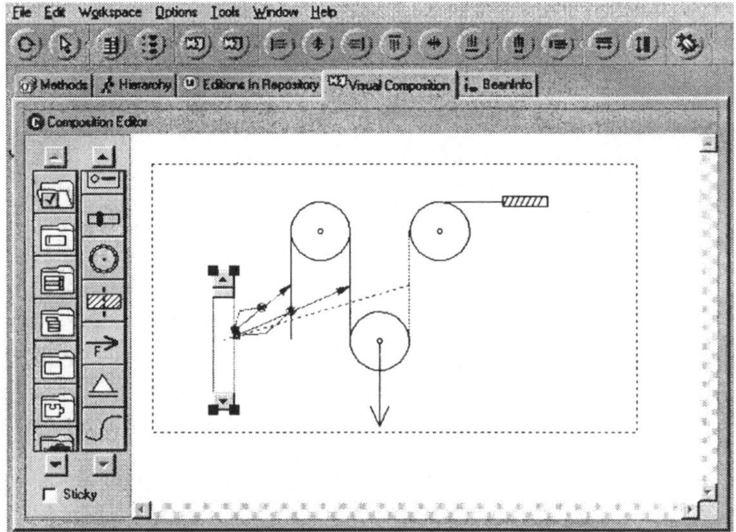

Fig. 4. Verbinden der mechANIk-Beans mit Standard Oberflächenelementen

Die Fig. 5 zeigt den abschließenden Schritt der Entwicklung einer Animation, die Verknüpfung der mechanischen Programmelemente mit Standardbeans (Scrollbars, Eingabefeldern u.s.w.). Durch einen universellen Ansatz der Konzeption der mechANIik-Beans lassen sich sämtliche Standard-Grafikelemente der Java Bibliotheken nutzen - ein wichtiger Aspekt für den praxisnahen Einsatz der entwickelten Grundelemente. Eigene Formeln, die für einen mechanisch korrekten Versuch zwingend notwendig sind, können ohne Probleme in Form individueller Klassen und Methoden eingebunden werden. In dem Beispiel des Flaschenzuges besteht eine Verknüpfung zwischen der Kraftformel, dem Schieberegler und dem Ergebnisfeld.

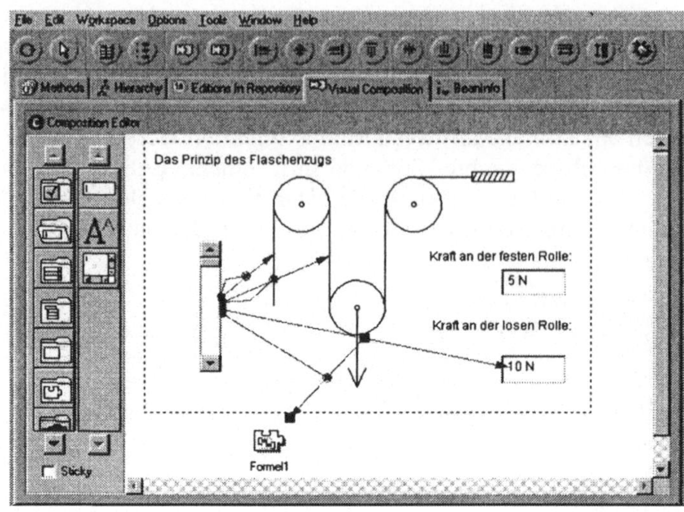

Fig. 5 Visuelle Programmiertechnik hilft maßgeblich eine Semantik der Applikation zu realisieren

Die Fig. 6 stellt das endgültige lauffähige Applet mit allen benutzten Beans dar.
An dem Schieberegler wird die Kraft verändert. Dadurch ist es möglich die auftretenden Kräfte zu berechnen und im Ergebnisfeld darzustellen. Durch Hinzufügen einer kurzen Java-Methode bewegt sich die lose Rolle des Flaschenzuges durch Ziehen mit der Maus am Seilende bzw. Vergrößern der Kraft am Schieberegler auf und ab. Es wird mit minimalem Aufwand eine für den täglichen Lehrgebrauch ausreichend komplexe Visualisierung geschaffen.

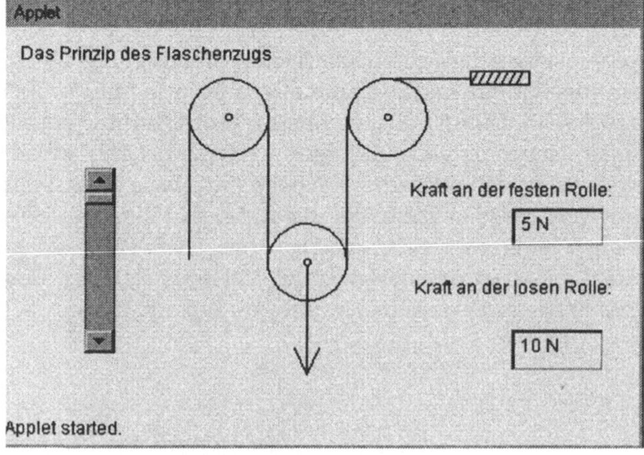

Fig. 6 Das fertige aus mechANIk-Beans konstruierte Applet

Literatur

Brennecke, A., Engbring, D., Keil-Slawik, R., Selke, H.: Das Lehren mit elektronischen Medien lernen -   Erfahrungen, Probleme und Perspektiven bei multimediagestütztem Lehren und Lernen. In: Wirtschaftsinformatik 39 (6), 563-568 (1997).

Brenneke, A., Keil-Slawik, R.: Notes on the Altagspraxis of Hypermedia Design. In: Maurer, H. (Ed). Educational Multimedia and Hypermedia. Proceedings of ED-MEDIA 95, Graz, Austria, June 17-21 (1995).

Hampel, T.: Analyse des Einsatzes und der Alltagspraxis von Multimedia in Forschung und Lehre der Technischen Mechanik - Entwicklung eines hypermedialen Animations-, Simulations- und Informationssystems -Diplomarbeit (HSII) für den Studiengang Informatik, presented for review, Prof. Dr. Reinhard Keil-Slawik, Universität- GH Paderborn, (1996).

Ferber, F.; Herrmann, K.P.: Einsatz von Multimedia in der experimentellen Spannungsanalyse am Beispiel bruchmechanischer Untersuchungen mittels der Schatten- und Spannungsoptik, GESA-Symposium, 10.-11. Oktober 1996, Schliersee

Brennecke, A., Keil-Slawik, R.: Einsatz elektronischer Lehr- und Lernumgebungen in der Software-Ergonomie Ausbildung. In: Liskowsky, R., Velichkovsky, B. M. und Wünschmann, W. (eds.): Software-Ergonomie '97   Usability Engineering: Integration von Mensch-Computer-Interaktion und Software-Entwicklung. pp.83-92, Stuttgart: Teubner (1997).

Manogg, P.: Anwendungen der Schattenoptik zur Untersuchung des Zerreißvorganges von Platten. Dissertation, Ernst-Mach-Institut, Freiburg, (1964)

Radaj, D.: Zur Didaktik und Geschichte der Bruchmechanik. Materialprüfung 12, Nr. 7, 236-237, (1970)

Open Card Application Framework - ein objektorientiertes Framework zur visuellen Erstellung von Smartcard-Anwendungen

Thomas Stober[1], Thomas Schäck[1], Lothar Merk[1]

[1] IBM Deutschland Entwicklung GmbH, Global Smart Card Solutions,
Schönaicher Straße 220, 71032 Böblingen, Deutschland
tstober@de.ibm.com, schaeck@de.ibm.com, lmerk@de.ibm.com

Abstract. In diesem Artikel wird eine Architektur für die visuelle Entwicklung von Smartcard Lösungen vorgestellt. Der Einsatz von Java und der Java Beans Technologie ermöglicht es, Smartcard Anwendungen intuitiv und schnell in einer visuellen Entwicklungsumgebung zu erstellen. Komplexe Lösungen können auf einfache Weise aus flexiblen Komponenten zusammengefügt werden, ohne daß der Anwendungsprogrammierer über detailliertes Smartcard Know-how verfügen muß. Eine klare Aufteilung in Benutzerschnittstelle, Anwendungslogik und kartenbezogenen Teil von Anwendungen, die auf diesem Framework basieren, gewährleistet die Austauschbarkeit von hersteller- und kartenbezogenen Komponenten. Entwickelte Lösungen sind in der Lage, mit verschiedensten Typen von Smartcards zu arbeiten - von den heute verbreiteten dateiorientierten Smartcards bis hin zu Java Cards.

1 Einleitung

Seit 1984 in Frankreich eine Chipkarte als Telefonkarte eingesetzt wurde, hält eine rasante Entwicklung des Chipkartengeschäftes an - sowohl aus wirtschaftlicher als auch aus technologischer Sicht. Bis zum Jahr 2000 wird ein jährliches Wachstum von 25 Prozent prognostiziert. Allein die Geldkarte wurde auf über 40 Millionen EC-Karten verteilt. Aus einfachen Speicherchips sind moderne Chips mit eigenem Mikroprozessor und eigenem Betriebssystem geworden, die über bis zu 32 Kilobyte freien Speicher für Anwendungen verfügen. Zuverlässige Authentisierung, elektronische Unterschrift und Kryptographie sind Aufgabenfelder in denen Smartcards herkömmlichen Technologien wie beispielsweise Magnetstreifenkarten deutlich überlegen sind. Durch den integrierten Prozessor können Smartcards unabhängig und unbeeinflußt von der Außenwelt selbständig Operationen durchführen: beispielsweise das Kennwort eines Benutzers überprüfen, bevor der Zugriff auf gespeicherte Daten der Karte freigegeben wird oder kryptographische Algorithmen ausführen, so daß sich sensible Daten - wie z.B. einer geheimer Schlüssel - zu keinem Zeitpunkt außerhalb der Karte befinden müssen. Dadurch lassen sich beispielsweise Zahlungen ohne die teure Online-Verbindungen zu Hostrechnern realisieren. Dies kann auf einer Smartcard lokal geschehen, was insbesondere im Bereich des Electronic Commerce eine wesentliche Rolle spielt.

Ein anderer Wachstumsmarkt für Smartcards ist die Konsumelektronik: Handys und Settopboxen arbeiten schon heute mit Smartcards. Auch eine neue Generation von Computern, die auf dem ersten Blick nicht unbedingt als solche erkennbar sind, werden Smartcard Technologien nutzen - vielleicht ein ins Handy integrierter Internetbrowser.

1.1 OpenCard Framework

Smartcard Betriebssystem und Terminal-API sind meist proprietäre Entwicklungen der Karten- bzw. Terminalhersteller. Dies hat zur Folge, daß Smartcard -nwendungen auf spezifische Kartentypen abgestimmt werden müssen, was die Einführung neuer heterogener Lösungen unter Beteiligung vielfältiger Hersteller und Anwender erheblich erschwert. Dieses Hindernis führte zu einem Standardisierungsprozeß, den das OpenCard Konsortium vorantrieb und der in das *OpenCard Framework* mündete. Das OpenCard Framework (kurz OpenCard oder OCF) verbindet Komponenten der verschiedener Hersteller und macht ihre Funktionen über eine standardisierte Schnittstellen zugänglich. Um Interoperabilität zwischen der Komponenten von Smartcard-Systemen zu erreichen, stellen die einzelnen Hersteller für die Integration ihrer Karten bzw. Kartenleser Softwarebausteine mit definierten Schnittstellen zur Verfügung. Um auch auf Seite des Hostsystems plattformneutral zu sein, wurde für die Implementierung des Frameworks Java gewählt. Damit können OpenCard Anwendungen prinzipiell auch auf Systemen der Konsumelektronik Einsatz finden für die eine Java Virtual Machine verfügbar ist.

Dem OpenCard-Konsortium gehören zur Zeit die Firmen Bull, Dallas Semiconductor, First Access, Gemplus, IBM, NCI (Network Computer Inc.), Netscape, Schlumberger, SCM Microsystems, Sun Microsystems, Ubiq und Visa an (Abbildung 1). Die aktuell verfügbare Version 1.1 der Referenzimplementierung ist im Internet frei verfügbar [2].

Die Architektur von OpenCard ist in Abbildung 2 dargestellt. Kern des OpenCard sind definierte Schnittstellen für CardTerminal-Klassen und CardService-Klassen:

- Terminalhersteller können den Einsatz ihrer Lesegeräte durch Implementierungen des OpenCard Interfaces `CardTerminal` unterstützen, die die gerätespezifischen Eigenschaften kapseln. Zur Laufzeit einer Anwendung werden dann von OpenCard die zu den angeschlossenen Terminals passenden Implementierungen instantiiert.

- Kartenhersteller implementieren für ihre Karten `CardServices`. Dazu werden die von OpenCard API angebotenen Funktionen in Kommandos kartenspezifischer Betriebssysteme umgesetzt. Die die Auswahl des richtigen CardServices erfolgt durch Konfiguration von OpenCard, ohne daß Anwendungsprogrammierer oder Endbenutzer sich um Kartentyp und dessen technische Details kümmern müssen. Erstellte Anwendungen auf Basis von OpenCard sind damit vollkommen unabhängig von den Eigenschaften der Karte und des Terminals.

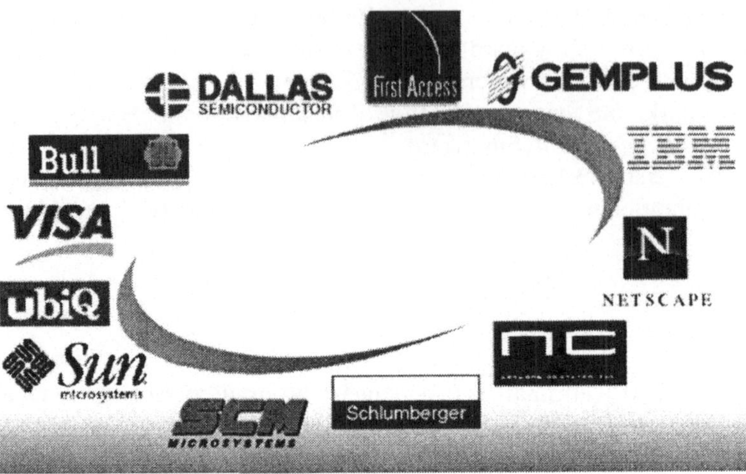

Abbildung 1: Beteiligte Unternehmen im OpenCard Konsortium

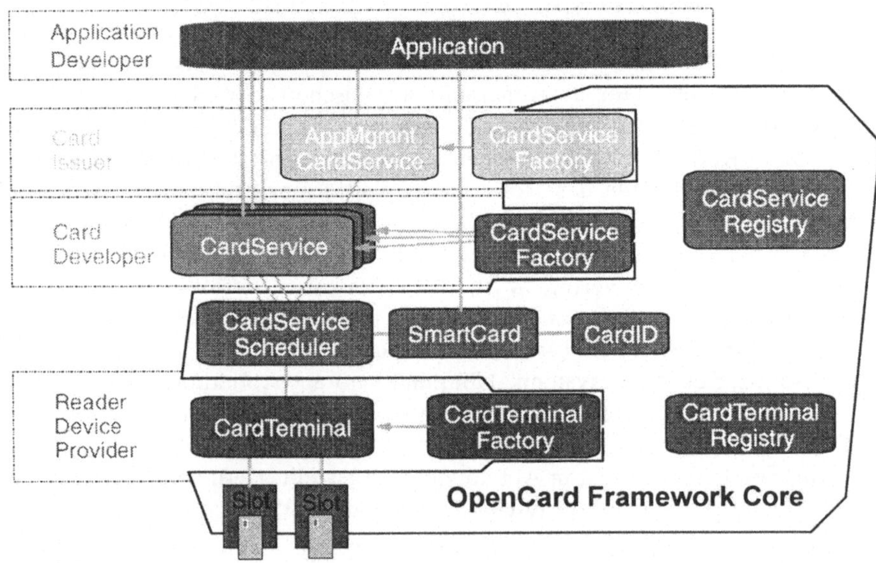

Abbildung 2: Das OpenCard Framework stellt Anwendungsentwicklern eine Schnittstelle für den Kartenzugriff zur Verfügung und erreicht durch standardisierte Schnittstellen für CardTerminal-Klassen und CardService-Klassen Interoperabilität zwischen verschiedenen Kartenlesern und Karten [2]

1.2 Open Card Application Framework

Das OpenCard Framework bietet ein high-level API für die Entwicklung von SmartCard Zugriffen. Der Entwickler benötigt keine detaillierten Kenntnisse über die verschiedenen Kartenleser Schnittstellen oder die Protokolle der Smartcard Betriebssysteme.

Um die Anwendungsentwicklung weiter zu erleichtern wird im Böblinger Entwicklungslabor der IBM das *Open Card Application Framework* (OCAF) entwickelt. Dieses Framework schließt die Lücke zwischen dem OpenCard API und visueller Programmierung. Es stellt handliche Komponenten zur Verfügung mit denen wesentliche Teile von SmartCard-Anwendungen abgedeckt werden können. Dadurch wird die Entwicklung von komplexen Smartcard Lösungen deutlich einfacher und effizienter. Zusätzlich zur Plattformneutralität und zur Unabhängigkeit von Karte und Terminal kommen nun die Vorzüge der visuellen Programmierung zur Geltung (Abbildung 3): Vorbereitete Komponenten des OCAF können in die Arbeitsoberfläche eines visuellen Entwicklungswerkzeuges eingefügt und intuitiv mit Elementen einer graphischer Benutzungsoberfläche verbunden werden. Anschließend generiert das Entwicklungswerkzeug lauffähigen Java-Code.

Abbildung 3: Die Prinzipien des Open Card Application Frameworks: plattformneutral, kartenunabhängig sowie für die visuelle Programmierung geeignet.

Diese Vereinfachung der Anwendungsprogrammierung ist insbesondere im Hinblick auf die zunehmende Komplexität vom SmartCard Lösungen von Bedeutung. Längst umfaßt eine Applikation mehr als nur einzelne Kartenzugriffe: „SmartCard Solutions" umfassen die Integration mehrerer SmartCard Anwendungen (beispielsweise die Unterstützung von Kredit- und Kundenkarte), die Anbindung an Netzwerke und Back-Ende Systeme (beispielsweise an das Reservierungsystem einer Fluggesellschaft) sowie die komplexen Kartenverwaltungssysteme der Kartenherausgeber.

In den folgenden Kapiteln soll das Open Card Application Framework vorgestellt werden. Zunächst werden die Anforderungen definiert, die aus Sicht von Anwendungsenwicklern an ein Framework für Smartcard-Anwendungen gestellt werden. In Kapitel 3 wird die Architektur, durch die sich diese Anforderungen erfüllen lassen erläutert. Den Schwerpunkt dieses Artikels bildet die Darstellung eines Entwicklungsprozesses für Smartcard-Anwendungen auf Basis des OpenCard Application Frameworks in Abschnitt 4. Ein Beispiel für die Verwendung des OpenCard Application Framework verwendet wird, um durch visuelle Programmierung auf einfache Weise eine Kartenanwendung zu erstellen rundet dieses Kapitel ab. Kapitel 5 faßt die Ergebnisse der Entwicklungsarbeit am Open Card Application Framework zusammen.

2 Anforderungen

Im Vorfeld unserer Arbeit haben wir mit Anwendungsentwicklern und Architekten gesprochen, um die wesentlichen Anforderungen an ein Framework für Smartcard-Anwendungen zu sammeln. Folgende Anforderungen erscheinen uns am wichtigsten:

— *Unterstützung von Anwendungsauswahl und Anwendungsinstantiierung* - Moderne Smartcards können mehrere Anwendungen unterstützen; denkbar ist etwa eine Smartcard die als elektronische Visitenkarte, Notizbuch und Kalender verwendbar ist. Die Anwendungen auf einer Smartcard können von verschiedenen Herstellern stammen. Es wird daher ein Verfahren benötigt, um festzustellen welche Anwendungen von der Karte unterstützt werden, die Anwendungen bei Bedarf über ein Netzwerk zu laden und schließlich zu instantiieren.

— *Modularität der Anwendungen* - Die arbeitsteilige Entwicklung von Applikationen sollte durch eine klare Trennung von Benutzerschnittstelle, Anwendungslogik und kartenbezogenem Teil unterstützt werden. Durch diese Abtrennung ist der kartenbezogene Teil austauschbar, die Anwendungslogik hängt nicht von dessen Implementierung und der zugrundeliegenden Plattform ab. Die Abtrennung der Benutzerschnittstelle ist erforderlich, um Herstellern komplexer Anwendungssysteme die Integration von Kartenanwendungen anderer Hersteller unter ihrer eigenen Benutzerschnittstelle zu gestatten.

— *Einfacher Einstieg und Erweiterbarkeit* - Um die Hürde beim Einstieg möglichst niedrig zu halten, sollten keine tiefergehenden Kenntnisse über Smartcards notwendig sein. Es muß möglich sein, einfache Anwendungen durch visuelle Programmierung aus einigen Standardbausteinen zusammenzusetzen. Um andererseits auch die Realisierung komplexerer Anwendungen zu erlauben, muß ein Smart Card Application Framework erweiterbar sein, so daß sich selbstprogrammierte Bausteine einfach einfügen lassen.

— *Ereignismodell* - Anwendungen müssen über relevante Aktionen informiert werden. Wenn eine Karte herausgezogen wird, müssen die verbundenen Anwendungen benachrichtigt werden, so daß sie terminieren oder Kartenzugriffe bis auf weiteres unterdrücken können. Wenn eine Karte eingesteckt wird müssen bereits existierende Anwendungen benachrichtigt und damit reaktiviert werden.

— *Interaktion mehrerer Anwendungen* - Es soll möglich sein, daß Anwendungen interagieren. Als Beispiel dafür mag ein Übertragungsvorgang von einer elektronischen Börse auf eine andere dienen: Es werden zwei Börsenkarten in Leser eingesteckt, wodurch zwei Anwendungsinstanzen erzeugt werden, die sich über das Framework gegenseitig lokalisieren und dann interagieren.

— *Unterstützung verschiedener SmartCard Technologien* - Es sollen sowohl unterschiedliche dateisystembasierte Karten, als auch Java Cards durch das Framework berücksichtigt werden.

— *Durchgängiger visueller Entwicklungsprozeß* - Bereitstellung von Werkzeugen, die das Design von Karteninhalten, Applets und die darauf basierende Erzeugung von Java Beans für die visuelle Entwicklung von Anwendungen ermöglichen.

3 Architektur

Eine Referenzimplementierung des Open Card Application Frameworks baut auf dem OpenCard Framework auf. Die einzelnen Komponenten für den Aufbau von Smartcard Anwendungen werden den Anwendungsentwicklern in Form von JavaBeans und Java Interfaces zur Verfügung gestellt, die in einer visuellen Entwicklungsumgebung zusammengefügt werden können (Abbildung 4). Grundsätzlich gibt es Komponten, die anwedungsunabhängig sind, und Komponten, die auf eine bestimmte Anwendung hin zugeschnitten sind. Um dem Nutzer eine manuelle Programmierung der anwendungsspezifischen Komponenten zu ersparen, können diese mit Hilfe zugehöriger Werkzeuge automatisch generiert werden. Um die Anwendung des Frameworks zu erleichtern wird für darauf aufbauende Anwendungen eine klare Architektur vorgegeben.

3.1 Grundsätzlicher Aufbau einer Smartcard-Host-Anwendung auf Basis des Application Frameworks

Bei der Entwicklung von Smartcard Anwendungen gibt es gewöhnlich drei grundsätzliche Aufgaben: Das Design der Benutzerschnittstelle, die Implementierung der Anwendungslogik und die Implementierung des kartenbezogenen Teils. Diese Dreiteilung findet sich in der Architektur wieder, die das Open Card Application

Framework allen Anwendungen vorgibt, die auf dem Framework aufbauen sollen (Abbildung 5):

- Kartenbezogener Teil - Dieser Teil repräsentiert Objekte auf der Smartcard, sowie Methoden, die von diesen Objekten unterstützt werden.

- Benutzerschnittstelle - Dieser Teil ermöglicht die Interaktion zwischen Benutzer und Anwendungslogik - zum Beispiel durch eine graphische Benutzerschnittstelle, Spracherkennung, Pinpad oder Tastatur.

- Anwendungslogik - In diesem Teil werden Abläufe und Ereignismodelle der Anwendung implementiert.

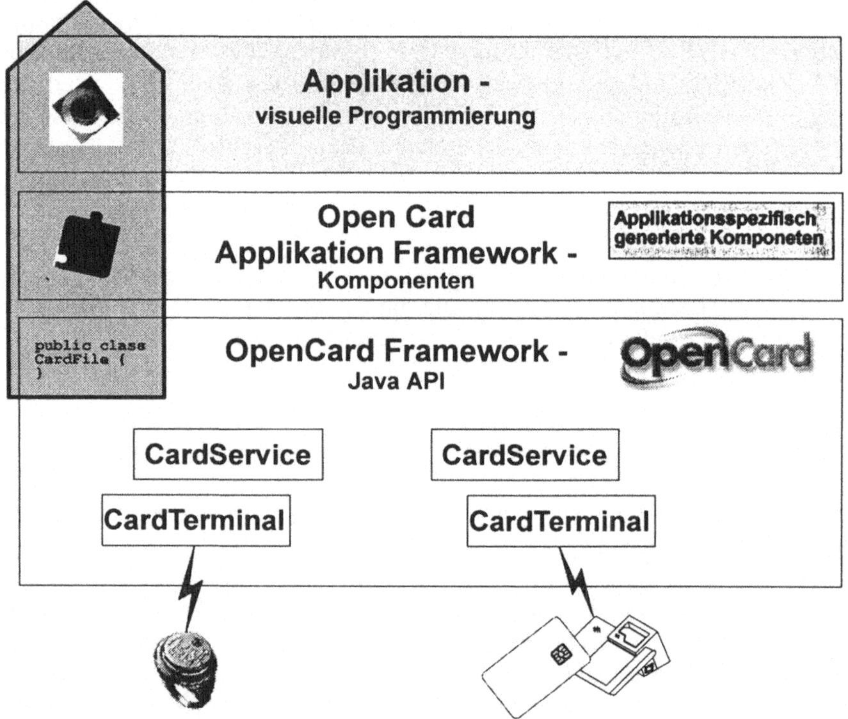

Abbildung 4: Eine mit dem Application Framework erstellte Smartcard Anwendung besteht aus drei Programmierebenen: Das OpenCard Framework wird benötigt, um auf die von der Karten unterstützte Funktionalität zuzugreifen. Darauf baut das Application Framework auf, das dem Anwendungsentwickler High-level Komponenten zur Verfügung stellt. Die oberste Schicht stellt die Ebene der visuelle Programmierung dar, bei der die eigentliche Anwendungssoftware zusammengefügt wird.

Kartenbezogener Teil

Um die Anwendung von einer spezifischen Karte so unabhängig wie möglich zu machen, werden eine Reihe von Interfaces zur Verfügung gestellt, mit denen die auf einer zur Anwendung gehörenden generischen Karte befindlichen Objekte (*Items*) repräsentiert werden. Derzeit unterstützte Items sind u.a. primitive Java Typen, Arrays, Strukturen, kryptographische Schlüssel und Zähler. Interfaces definieren für diese Item-Typen die verfügbaren Methoden und können für die visuelle Programmierung von Smartcard-Zugriffen verwendet werden. Gleichzeitig verbergen sie kartenbezogene Details, die für den Anwendungsprogrammierer nicht von Bedeutung sind: dazu gehören interne Eigenschaften der wie Dateipfade, Offsets, Adressen oder ähnliches, die sogar bei einzelnen Karten gleichen Typs unterschiedlich sein können, aber natürlich auch kartentypabhängige Eigenschaften.

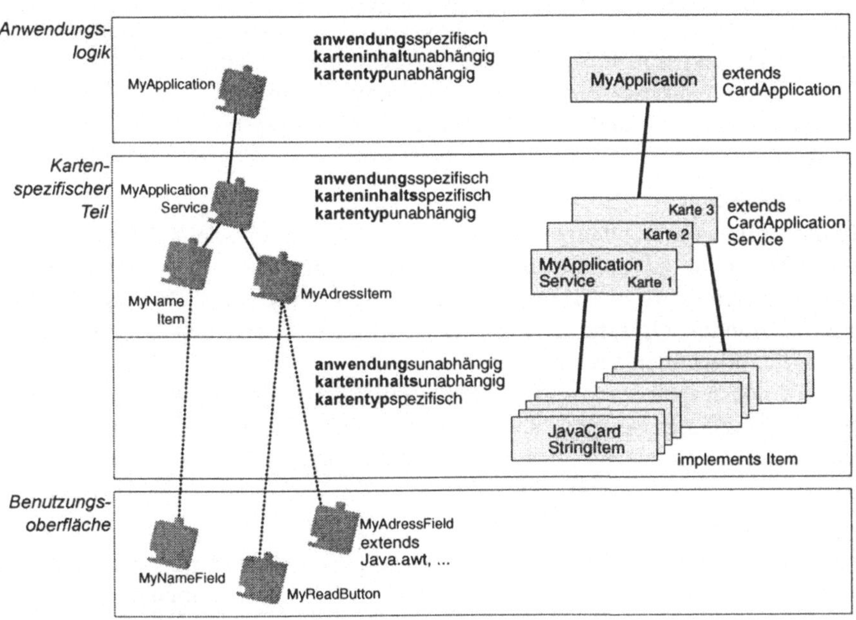

Abbildung 5: Aufbau einer Smartcard Anwendung auf Basis des Open Card Application Framework: Das Application Framework gibt Anwendungen eine bestimmte Architektur vor, die Benutzerschnittstelle und Applikationslogik vom kartenbezogenen Teil trennt. Der kartenbezogene Teil baut dabei auf dem OpenCard Framework auf und ermöglicht den Zugriff auf die Smartcard. Unterschieden wird zwischen karteninhaltsspezifisch und kartentypspezifisch: karteninhaltsspezifisch sind bestimmte Items auf einer Karte, die zu einer Anwendung gehören. Kartentypspezifisch sind anwendungsunabhängige Implementierungen dieser Items für einen bestimmten Kartentyp. Links sind die für den Anwendungsprogrammierer innerhalb einer visuellen Programmierumgebung sichtbaren Komponenten abgebildet. Rechts sind deren Repräsentation durch Java-Klassen zu sehen, die von den Framework-Klassen `CardApplication`, `CardApplicationService` abgeleitet sind, bzw. ein `Item`-Interface implementieren,

Für jede Anwendung muß eine Java-Klasse erstellt werden, die sämtliche Items, die sich auf der zu der Anwendung gehörenden Smartcard befinden, definiert und die von der abstrakten Klasse `CardApplicationService` abgeleitet ist, die vom

Application Framework bereitgestellt wird. Dazu ist ein graphischer Editor verfügbar mit dem die Items auf der Smartcard definiert werden können und der die zugehörige Card Application Service-Klasse automatisch generiert.

Aufgabe dieses Card Application Service ist es zur Laufzeit, abhängig von der verwendeten Karte die abstrakten Item-Interfaces durch eine konkrete Implementierung zu ersetzen. Diese muß dafür sorgen, die High-level Items der generischen Smartcard in die auf der tatsächlichen Smartcard verfügbaren Datentypen umzusetzen.

Da alle kartenbezogenen Operationen innerhalb solcher Implementierungen gekapselt werden, kann die gleiche Anwendung mit verschiedenen Kartentypen - wie etwa etwa Java Card oder einer herkömmlichen dateiorientierten Smartcard - arbeiten. Der Card Application Service muß lediglich eine andere Implementierung der Item-Interfaces wählen. Die kartenspezifischen Implementierungen der Items sind anwendungsunabhängig und müssen daher je Kartentyp nur einmal bereitgestellt werden.

Benutzerschnittstelle

Die Schnittstelle zum Anwender kann aus gewöhnlichen AWT Komponenten wie Textfield, Textarea, Panel, Button, etc. zusammengesetzt werden. Das Opencard Application Framework stellt zusätzliche Komponenten zur Verfügung, die für Smartcard-Lösungen typische Bedienteile wie Pinpad oder LCD-Display zugänglich machen. Die einzelnen Komponenten der Benutzerschnittstelle können durch Austausch von Ereignissen mit den definierten Item-Interfaces kommunizieren. Die relevanten Ereignisse werden in einer visuellen Programmierumgebung dabei graphisch mit den gewünschten Methoden der jeweiligen Items verbunden.

Anwendungslogik

Die Anwendungslogik wird durch eine weitere anwendungsspezifische Komponente vorbereitet, die von der Klasse `CardApplication` abgeleitet ist. Diese Komponente startet bzw. beendet den kartenbezogenen Teil der Anwendung und verwaltet den Anwendungsstatus. Sie übernimmt außerdem die Kommunikation mit der System-Applikation des Open Card Application Frameworks. Falls die Anwendung mit mehreren Karten gleichzeitig arbeitet, synchronisiert diese Card Application Komponente die Card Application Services der verschiedene Karten.

3.2 Die System-Applikation des Open Card Application Framework

Die einzelnen Anwendungen werden von einer System-Applikation des Application Frameworks gestartet und synchronisiert. Die System-Applikation stellt fest, welche Anwendungen eine eingeführte Karte unterstützt. Abhängig von Informationen auf der Karte und den Konfigurationsdaten des Systems können bestimmte Anwendungen automatisch aufgerufen werden (Abbildung 6). Sind benötigte Anwendungen nicht vorhanden, können sie über ein Netzwerk geladen werden. Auf diese Weise kann ein Gesamtsystem zur Laufzeit um zusätzliche Anwendungsteile ergänzt werden.

Außerdem wird es dadurch möglich, einzelne Anwendung separat zu entwickeln werden und zur Laufzeit zu einem bestehenden System nachträglich hinzuzufügen. Das Opencard Application Framework stellt hierfür die Klasse `CardApplicationSystem` zur Verfügung.

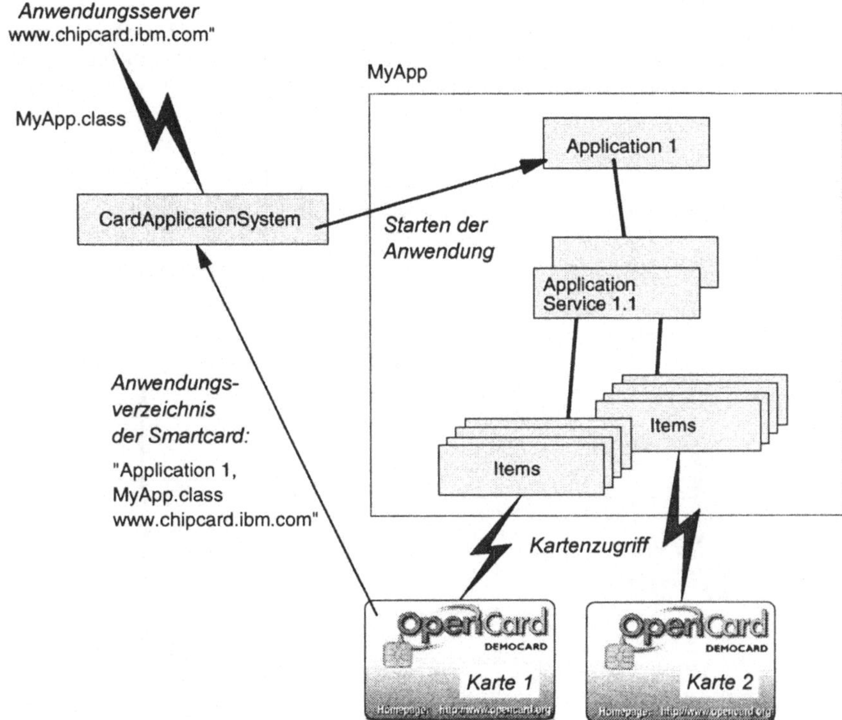

Abbildung 6: Eine übergeordenete System-Applikation `CardApplicationSystem` erlaubt es, nach Einführen einer Smartcard, in Abhängigkeit von auf der Karte gespeicherten Informationen verschiedene Anwendungen automatisch zu starten. Die Anwendung kann sich dabei auf dem Host selbst befinden oder über Internet von einem Server geladen werden, dessen Adresse auf der Smartcard gespeichert ist.

4 Entwicklung von Smartcard Anwendungen

Das Opencard Application Framework basiert auf Java Beans, die in einer visuellen Programmierumgebung zu individuellen Anwendungen zusammengebaut werden können. Zusätzliche Werkzeuge ermöglichen die durchgängige Entwicklung von Smartcard-Anwendungen von der Festlegung des Kartenlayouts bis hin zum Entwurf der Benutzerschnittstelle. Erwähnenswert ist in diesem Zusammenhang der *Card Application Wizard*, ein Tool zur visuellen Definition von Smartcard-Inhalten [8], sowie das *IBM Smartcard Toolkit*, das ausgehend von einer Beschreibung des

Karteninhalts die Produktion von Karten erlaubt [3]. Die Anwendungsentwicklung erfolgt in zwei Schritten, die in Abbildung 7 dargestellt werden:

— Entwicklung des Anwendungsteils auf dem Rechner: Implementieren der anwendungsspezifischen Beans, Auswählen der benötigten Frameworkbeans und visuelle Komposition der Anwendung.

— Entwicklung des Anwendungsteils auf der Karte: abstrakte Beschreibung der korrespondierenden Daten auf der Smartcard durch eine deklarative Sprache. Erzeugen der Produktionsdaten aus dieser Beschreibung und Produktion der Karten.

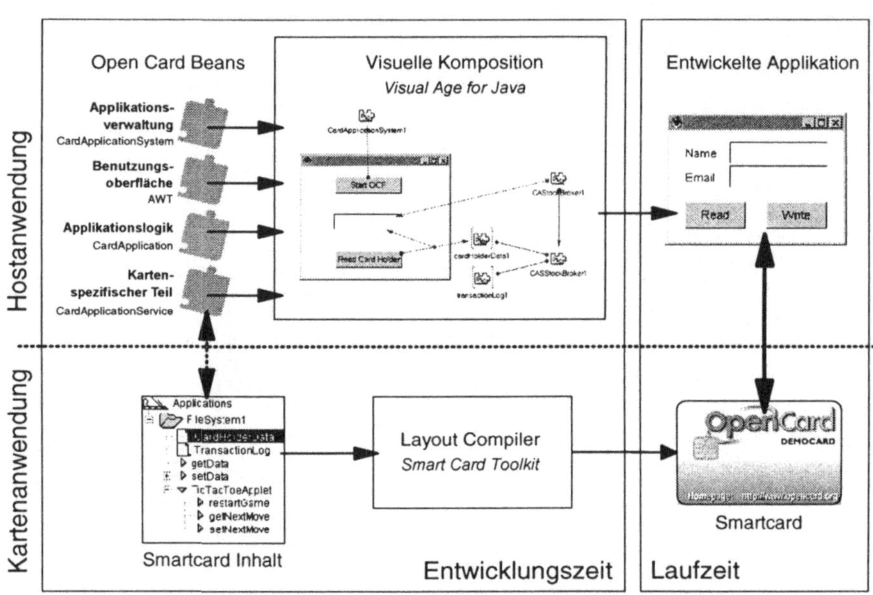

Abbildung 7 : Anwendungsentwicklung mit Hilfe des Opencard Application Frameworks und des **IBM Smart Card Toolkits**: Durch visuelle Programmierung werden Framework-Bausteine zu einer Anwendung zusammengesetzt. Aus einer abstrakten Beschreibung der korrespondierenden Kartendaten werden Daten für die Kartenproduktion erzeugt.

4.1 Entwicklung des Anwendungsteils auf der Karte

Die Entwicklung des Anwendungsteils auf der Karte wird durch den Card Application Wizard [8] unterstützt. Dieser generiert sowohl die Komponenten für den visuellen Zugriff auf die Karteninhalte, als auch die Definition der Objekte, die auf der Karte abgelegt werden. Zusätzlich können durch das **IBM Smart Card Tookit** die für die Produktion der Karte erforderlichen Daten erzeugt werden. Die Produktion der Karten kann durch ein einfaches Initialisierungstool oder im Rahmen eines Massenproduktionsprozesses erfolgen. Mehr Information zu diesem Thema ist in [3] zu finden

4.2 Entwicklung des Anwendungsteils auf dem Rechner

Die Entwicklung der Anwendungsteils, der auf dem Rechner läuft, erfolgt in drei Schritten. Zunächst sind anwendungsspezifische Beans zu entwickeln, welche die Anwendungslogik bzw. den kartenbezogenen Teil der Anwendung darstellen. Für einfache Anwendungen, die sich aus Standardkomponenten zusammensetzen lassen, kann dieser Schritt entfallen. Die Einzelteile werden mit Hilfe eines visuellen Werkzeugs zu einer Smartcard-Anwendung zusammengefügt. Schließlich werden so erstellte Anwendungen mit der Laufzeitumgebung des Opencard Application Framework verbunden.

Implementierung der anwendungsspezifischen Beans

Kartenbezogene Beans sind von der abstrakten Klasse CardApplicationService abzuleiten. CardApplication Services implementieren Methoden für den Zugriff auf Objekte auf der Karte. Objekte können Datenelemente, indizierte Datenelemente, Schlüssel oder anderes sein. Für jedes Objekt werden gemäß der Konventionen für Beans get- und set-Methoden implementiert, die von visuellen Entwicklungsumgebungen erkannt und dargestellt werden. Card Application Services können von Smartcard-Experten implementiert und von Anwendungsentwicklern in verschiedene Anwendungen integriert werden. Es ist auch denkbar, allgemein gehaltene Card Application Services als Templates zu verwenden, die bei der Anwendungsentwicklung nur noch modifiziert werden. Die Applikationslogik wird in Unterklassen der Frameworkklasse CardApplication implementiert. In diesen Klassen wird das Verhalten der Anwendung festgelegt, unter anderem die Reaktion auf Einführen oder Herausziehen von Karten oder Benutzeraktionen, die von der Benutzerschnittstelle gemeldet werden.

Visuelle Komposition der Anwendung

Zur Komposition der Anwendung fügt der Entwickler in einer visuellen Entwicklungsumgebung die selbst erstellten Java Beans mit bereits existierenden Beans zu einer Applikation zusammen. Hierbei werden als Icons dargestellte Beans durch Ereignisse verknüpft, die als Pfeile dargestellt werden.
Die Anwendungslogik kann zum Beispiel ein Label informieren, wenn sich ihr Zustand durch Einführen einer Karte ändert. Das Label kann die Zustandsänderung sichtbar machen, etwa indem es seinen Text auf "Karte eingesteckt" setzt. Umgekehrt kann ein Button ein Ereignis auslösen, woraufhin durch eine visuelle Verknüpfung eine Methode eines CardApplicationService Daten von der Karte liest und das Ergebnis in ein Textfeld schreibt. Zusätzlich zu den üblichen Java-Komponenten stellt das OpenCard Application Framework eine Reihe anwendungsunabhängiger Beans zur Verfügung, die in Anwendungen integriert werden können. Es ist zu beachten, daß eine Anwendung durchaus mehrere Kartenanwendungen unterstützten kann. Es müssen dazu für jede Kartenanwendung die entsprechenden anwendungsspezifischen Beans bereitgestellt und integriert werden

4.3 Werkzeuge für die automatische Generierung von anwendungsspezifischen Komponenten

Zusätzlich zum Open Card Application Framework wurde eine Reihe von Werkzeugen entwickelt, mit denen ein, in allen Phasen unterstützter, visueller Entwicklungsprozeß von Smartcard-Anwendungen möglich ist.

Um die Erstellung der anwendungsspezifischen Komponenten zu erleichtern, steht ein graphisches Werkzeug zur Definition von Anwendungsobjekten auf einer Karte zur Verfügung. Mit diesem Card Application Wizard wird eine abstrakte Beschreibung des gewünschten Karteninhalts erstellt, d.h. der Smartcard-Inhalt wird auf einer Meta-Ebene definiert und ist damit weder karten- noch terminalspezifisch [8]. Anhand der erstellten Metainformationen kann der erforderlichen Programm-Code der individuellen CardApplication und CardApplicationService Komponenten automatisch generiert und anschließend für die visuelle Programmierung verwendet werden. Zusätzlich können Informationen zum Initialisieren der Karten erzeugt werden, beispielsweise JavaCard Applets oder Dateien einer Dateisystem basierten Karte. Durch Exportfunktionen lassen sich diese Informationen auch nutzen, um ein Layout-File zu erstellen, welches beispielsweise vom IBM Smart Card Toolkit weiterverarbeitet werden kann (Abbildung 8 und 9).

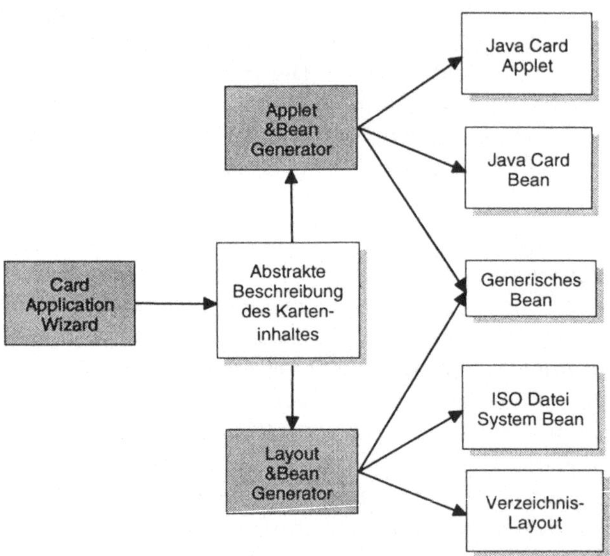

Abbildung 8: Automatische Erzeugung von Kartenobjekten und Java Beans zum Zugriff auf diese als anwendungspezifische Teile einer Smartcard-Anwendung: Mit Hilfe des Card Application Wizards wird eine abstrakte Beschreibung des Karteninhalts definiert. Aus dieser Beschreibung kann ein Generator JavaCard Applets oder Strukturen für dateiorientierte Karten, sowie die zum Zugriff auf die Karten erforderlichen JavaBeans erzeugen.

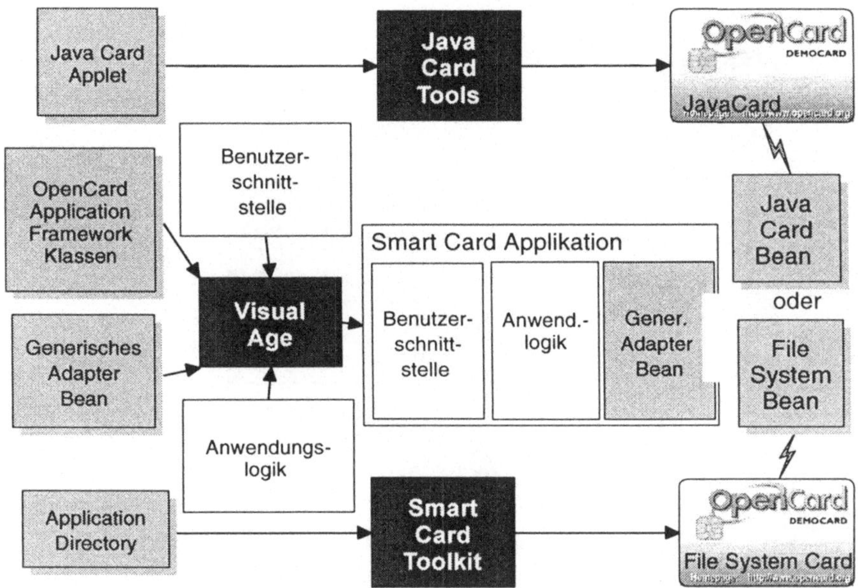

Abbildung 9: Integration der automatisch erzeugten Komponenten in eine Anwendung: Zuvor erzeugte JavaCard Applets werden durch JavaCard Tools auf die JavaCard geladen. Um Anwendungsverzeichnisse auf eine dateiorientierte Karte zu laden, wird das IBM Smart Card Toolkit verwendet

4.4 Referenzimplementierung

Zur Zeit existiert eine Referenzimplementierung des OpenCard Application Frameworks die auf dem OpenCard Framework für Smartcard-Anwendungen in Java basiert.

Für das visuelle Zusammenfügen der Komponenten wurden verschiedene Entwicklungsumgebungen evaluiert. Probleme bei der praktischen Arbeit sind nach unseren Erfahrungen insbesondere in der begrenzten Leistungsfähigkeit der verfügbaren visuellen Entwicklungsumgebungen zu sehen: Einige der visuellen Entwicklungsumgebungen implementieren die notwendige Unterstützung von Java Beans nur unzureichend, andere erlauben keine rein visuelle Programmierung sondern erfordern manuelle Nachbearbeitung des generierten Codes. Ferner sind viele der auf dem Markt befindlichen Produkte noch fehlerbehaftet.

Die in Abbildung 10 dargestellte Beispielanwendung wurde mit Visual Age for Java entwickelt, mit dem wir die besten Ergebnisse erzielt haben. Dieses Werkzeug verfügt über die umfangreichste Funktionalität der von uns benutzten Entwicklungsumgebungen.

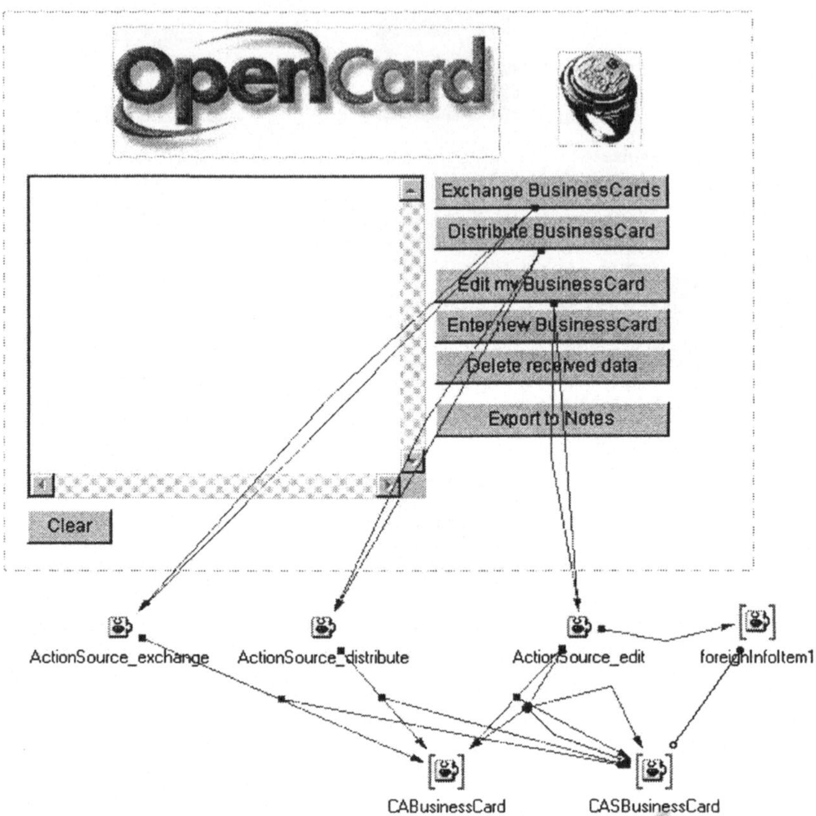

Abbildung 10: Beispiel einer rein visuell programmierten Anwendung zum Speichern und Austauschen von auf SmartCards gepeicherten Visitenkarten: Die Anwendung greift auf das Item `foreignInfoItem1` des Card Application Service Beans `CASBusinessCard` zu, um Visitenkarteninformationen von der Smartcard zu lesen. Abhängig vom Zustand des Applikation Beans `CABusinessCard` werden die Buttons aktiviert oder deaktiviert. Die `ActionSource` - Beans entkoppeln die Benutzungsoberfläche von Smartcard Zugriffe indem sie gesonderte Threads erzeugen [9].

5 Zusammenfassung

Das OpenCard Application Framework ist ein Beispiel dafür, wie mit Hilfe der Java Bean Technologie auf ein komplexes API einfache und gleichzeitig flexible Software-Bausteine aufgesetzt werden können. Diese Bausteine ermöglichen, durch visuelle Programmierung ohne tieferes Detailwissen über das API eines Smartcard-Frameworks und ohne lange Einarbeitung komplexe Anwendungen zusammenzusetzen.

5 Literaturverzeichnis

1. W. Rankl, W. Effing: Handbuch der Chipkarten. München; Wien: Hanser Verlag, 1996
2. OpenCard Consortium: The OpenCard Framework Whitepaper. 1998
   http:// www.opencard.org
3. IBM Deutschland Entwicklung GmbH: The IBM Smart Card Toolkit. 1998
   http://www.chipcard.ibm.com
4. ISO 7816, Teil 4: Identification Cards - Integrated circuit(s) cards with contacts. 1994
5. Sun Microsystems: Java Card 2.0 Language Subset and Virtual Machine Specification. 1997
   http://java.sun.com/products/javacar/
6. Sun Microsystems: JavaBeans 1.01 Specification,1997
   http://java.sun.com/beans/docs
7. IBM Deutschland Entwicklung GmbH: Open Card Application Framework - Programmers Guide. 1998
8. Vehns, Rainer: Card Application Wizard. Böblingen: 1998
9. Bröll, Thomas: Entwickeln einer Anwendung mit dem OpenCard Framework. Böblingen: 1998

Unterstützung der Lehre durch Visualisierung von wissensbasierten Suchalgorithmen mit Java

Jörg Denzinger, Bernd Löchner, and Sebastian Scheffler

Fachbereich Informatik, Universität Kaiserslautern
Postfach 3049, 67653 Kaiserslautern, Germany
{denzinge,loechner,s_scheff}@informatik.uni-kl.de

Zusammenfassung Dieser Bericht enthält unsere Erfahrungen mit Java bei der Entwicklung und Implementierung eines wissensbasierten Suchsystems. Der Schwerpunkt lag auf der Visualisierung der Vorgänge und Entscheidungen im System, um es Studenten zur Nachbereitung der entsprechenden Vorlesung zur Verfügung zu stellen. Das System wurde im Rahmen eines Praktikums implementiert, und Java hat sich sowohl bei der Entwicklung als auch im Hinblick auf die Visualisierung der Vorgänge als sinnvolle Wahl als Implementierungssprache erwiesen. Überraschend war auch die gute Effizienz des Systems.

1 Motivation

Eines der wesentlichen Ziele bei der Konzeption von Java war die Plattformunabhängigkeit von in Java implementierten Programmsystemen. Zusammen mit guten graphischen Darstellungs- und Interaktionsmöglichkeiten und durch die Integration in Webbrowser läßt dies Java als geeignete Sprache für Lernunterstützungssysteme erscheinen. Durch die Visualisierung dynamischer Aspekte, je nach Benutzerwunsch oder -verständnis auf beliebigen Ebenen eines Vorgangs (*Zooming*), und die Nutzung der implementierten Verfahren mit eigenen Beispielen wird ein tiefergehendes Verständnis und eine weitgehend individuell bestimmte Planung des Lernens ermöglicht. Speziell im universitären Bereich, für Studenten unterschiedlicher Begabung und mit unterschiedlichen (Vor-)Kenntnissen, die unterschiedlichste Computer und Betriebssysteme benutzen, ist die Kombination der angesprochenen Sprach- und Infrastruktureigenschaften eine Voraussetzung für die Erstellung und Akzeptanz jeglicher Systeme zur Lernunterstützung oder -nachbereitung.

In diesem Bericht wollen wir auf unsere Erfahrungen mit Java bei der Entwicklung und Implementierung eines wissensbasierten Suchsystems eingehen, das die praktische Umsetzung der in einer Vorlesung theoretisch vorgestellten Sachverhalte darstellt und Hörer in ihrem Lernprozeß unterstützen soll. Da es sich bei der Vorlesung (Reduktionssysteme, vgl. [1]) um eine Vorlesung der theoretischen Informatik handelt, wird dort sehr großer Wert auf eine Präsentation der Konzepte in einer Form gelegt, die den formalen Nachweis von Eigenschaften wie Korrektheit und Vollständigkeit erlaubt. Zwar stehen effiziente Implementierungen zu den Fragestellungen der Vorlesung zur Verfügung, aber diese zeigen nicht die Verbindung zwischen Konzept und schließlicher Realisierung auf und fördern nicht unbedingt das Verständnis des Stoffes.

Benötigt wird vielmehr ein System, das sowohl ausreichend effizient ist, um auch etwas schwierigere Aufgaben in einer akzeptablen Zeit zu lösen, als auch in der Lage ist, Brücken zwischen den theoretischen Konzepten und der Implementierungsebene zu schlagen und dabei auf die individuellen Verständnisprobleme eines Benutzers interaktiv einzugehen. Insbesondere muß es möglich sein, die Vorgänge graphisch und/oder animiert darzustellen, um so Eindrücke von der Verhaltensdynamik des Verfahrens zu vermitteln.

Die Erstellung des Systems selbst erfolgte auch in Form einer Lehrveranstaltung, nämlich eines Praktikums. Dadurch war es möglich, zwei konkurrierende Systeme erstellen zu lassen und somit auch einen guten Überblick über die Eigenschaften von Java und diverser Entwicklungstools zu erhalten, der nicht durch Präferenzen eines einzelnen Implementierers eingeschränkt wurde. Insbesondere wurde jedes System von einer Gruppe von Studenten entwickelt, so daß auch zum organisatorischen Teil des Software-Engineering und seine Unterstützung durch Java und die benutzten Tools Aussagen gemacht werden können.

Im folgenden wollen wir zunächst kurz auf die gewünschte Funktionalität des zu entwickelnden Systems eingehen und dann unsere Vision vom Endsystem und dessen Gebrauch vorstellen. Danach werden wir die Erfahrungen während der Entwicklung des Systems (bzw. der Systeme) schildern und dann Endresultat und Vision vergleichen und auf die aufgetretenen Diskrepanzen und ihre Gründe eingehen. Schließlich werden wir im Fazit auf unsere weiteren Pläne bezüglich des Systems eingehen.

2 Suchproblem und Suchverfahren

Das zu implementierende Suchsystem ist typisch für wissensbasierte Suchsysteme, wie sie zur Lösung von Optimierungsproblemen, Planungsproblemen oder Problemen des Symbolischen Rechnens eingesetzt werden. Der Suchzustand wird beschrieben durch eine Menge von Termstrukturen und die Zustandsübergänge durch schematische Transitionsregeln.

Abbildung 1 zeigt den typischen Ablauf der Suche. Auf den aktuellen Suchzustand können unterschiedliche Transitionen angewendet werden, die zu vielen möglichen Folgezuständen führen. Die Kontrollkomponente wählt einen dieser Folgezustände aus, der dann zum neuen aktuellen Suchzustand wird. Dieser neue Zustand hat in der Regel einige der Folgezustände mit seinem Vorgänger gemein, aber manche der früheren Folgezustände sind nun nicht mehr möglich und dafür gibt es neue Folgezustände. Die Suche ist beendet, wenn ein Zustand erreicht ist, der das vorgegebene Endekriterium erfüllt.

In der Regel stellt ein Suchsystem verschiedene Kontrollen zur Verfügung, die alle Wissen über das zu lösende Suchproblem beinhalten. Leider sind diese Kontrollen praktisch nicht kombinierbar, so daß der Benutzer des Systems für eine Probleminstanz das Kontrollverfahren vorgeben muß. Die vielen Möglichkeiten für eine Kontrolle sind auch dafür verantwortlich, daß die Darstellung

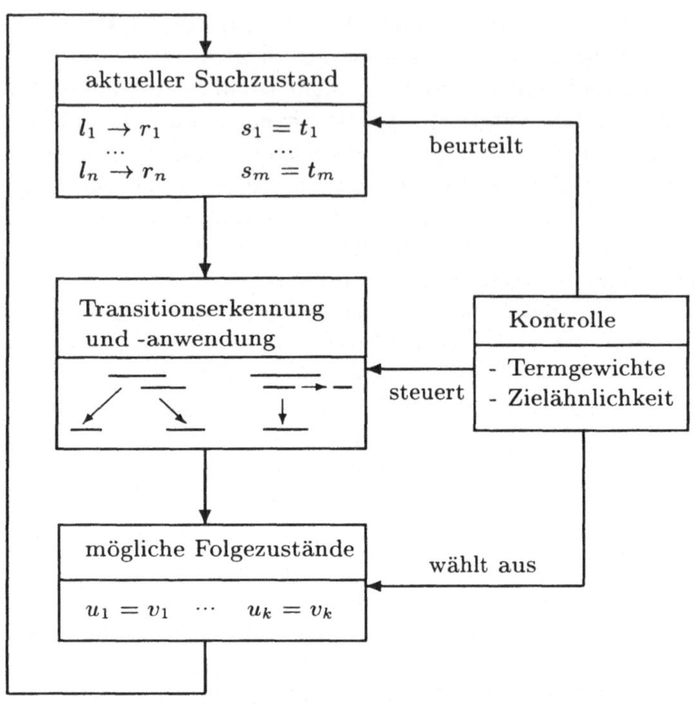

Abbildung1. Ein typischer wissensbasierter Suchzyklus

solcher Verfahren in der Literatur sehr abstrakt ist, um Aussagen, die für viele Kontrollen gültig sind, zu erlauben. Dies bedeutet aber, daß ein Benutzer sowohl die zu Grunde liegende Theorie als auch Implementierungsaspekte kennen muß, um das System sinnvoll nutzen zu können.

Die unteren Teile der Kästen in Abbildung 1 zeigen die Instanziierungen des generellen Konzepts für unsere Anwendung, das symbolische Rechnen mit Reduktionssystemen. Der aktuelle Zustand besteht aus einer Menge von Regeln und Gleichungen. Es gibt zwei Typen von Transitionen, die Kritische-Paar-Bildung (links im Kasten symbolisiert), die eine neue Regel oder Gleichung erzeugt, und die Normalformbildung (rechts im Kasten), die mittels der Regeln und Gleichungen Terme vereinfacht. Üblicherweise wird eine Kritische-Paar-Bildung mit mehreren Normalformbildungen kombiniert, um einen Ausblick auf eine neue Gleichung zu geben. Jeder Folgezustand entsteht durch Aufnahme einer solchen Gleichung in den Suchzustand und anschließende weitere Normalisierungen. Die Kontrolle wählt aus den Folgezuständen die Gleichung aus, die am besten zum aktuellen Zustand paßt, z. B. weil sie sehr klein ist oder Ähnlichkeit mit dem Suchziel hat. Dieses Suchziel ist selbst eine Gleichung, deren Seiten durch Anwendung der Regeln und Gleichungen äquivalent gemacht werden sollen.

Generell gilt, daß Bedingungen für die Anwendbarkeit einer Transition zusammen mit der konkreten zu lösenden Instanz eines Suchproblems die speziellen Eigenschaften der Menge der möglichen Transitionen in einem Zustand bestimmen. Das Erkennen von für die Suche wichtigen Eigenschaften erlaubt es zum einen, Kontrollen zu entwerfen, die diese Eigenschaften nutzen, und zum anderen Verwaltungsstrukturen zu definieren, die das Erfassen dieser Eigenschaften erlauben. Dabei sind diese Eigenschaften sowohl spezifisch für das Suchverfahren als auch für Klassen von Suchinstanzen. Ersteres erfordert das Verständnis der Theorie, letzteres in der Regel Erfahrungen mit dem System.

3   Ziele des Projekts

Da wir Systeme zur Lernunterstützung im Rahmen eines Praktikums entwickelt haben, lassen sich unsere Ziele zunächst in solche, die das Praktikum betreffen, und solche, die die spätere Verwendung der Systeme (bzw. eines davon) betreffen, untergliedern. Allerdings gibt es bei den didaktischen Zielen eine große Übereinstimmung.

Die am Praktikum beteiligten Studenten sollten

- ihr Verständnis des Vorlesungsstoffs vertiefen und praktisch anwenden,
- Erfahrungen im Entwurf und der Implementierung größerer Softwaresysteme sammeln und
- Erfahrungen mit der Arbeit in einem Team gewinnen.

Da dies die üblichen Ziele eines Praktikums in der Informatik sind, wollen wir auf sie nicht weiter eingehen. Das Endprodukt sollte folgendes ermöglichen:

- Das System soll es Hörern der Vorlesung erlauben, ihr Verständnis des Vorlesungsstoffes zu testen und zu vertiefen und außerdem eine praktische Umsetzung der Konzepte demonstrieren.
- Das System soll die dynamischen Vorgänge auf allen Ebenen des Suchsystems visualisieren.
- Das System soll sich individuell auf den Kenntnisstand eines Benutzers konfigurieren lassen und interaktiv diesen Kenntnisstand verbessern helfen.
- Das System soll den Benutzern über das World-Wide-Web zugänglich sein.

Konkret sollte man sich die Benutzung des Systems so vorstellen, daß ein Student oder sonstiger Nutzer sich von seinem Rechner zu der Startseite des Systems im WWW begibt und dort Darstellungen der theoretischen Konzepte findet, eine Sammlung von Suchinstanzen, die bestimmte Konzepte und Effekte beleuchten und die Möglichkeit eigene Suchinstanzen einzugeben. Beim Lösen einer Suchinstanz ist es möglich, unter verschiedenen Stufen der Ausführlichkeit an begleitenden Informationen zu wählen und Interaktionspunkte zu setzen, wobei die Informationen meistens in graphischer Form erfolgen.

Zum Beispiel sollten die Voraussetzungen für Transitionsgruppen hervorgehoben und das Berechnen des Folgezustandes animiert werden. Speziell bei der

Kontrolle der Suche sollte es auch möglich sein, den Benutzer aus den möglichen Transitionen auswählen zu lassen, wobei es in unserer Anwendung möglich war, die durch eine Transitionsgruppe erfolgenden Änderungen am Suchzustand schon a priori darzustellen (als Liste kritischer Paare), um dies zu erleichtern. Man beachte, daß diese Möglichkeit nicht nur für Studenten interessant ist, sondern auch für viele Forscher.

Selbstverständlich sollte es möglich sein, Transitionsgruppen in die Einzeltransitionen aufzulösen und die entsprechenden Zustandsänderungen nach und nach durchzuspielen. Bei einer einzelnen Transition sollte das theoretische Konzept jederzeit dargestellt werden können und die Anwendung, die zum konkreten Schritt führte, vergleichend präsentiert werden. Bei unserer Anwendung involviert der Anwendbarkeitstest mitunter zusätzliche Algorithmen (Unifikation, Matching von Termen und Vergleichen von Termen bezüglich komplexer Ordnungen), die ebenfalls visualisiert und schrittweise durchgespielt werden sollten.

Damit werden recht hohe Anforderungen an die Visualisierung gestellt, die über eine Standardanwendung hinausgehen. Für die verschiedenen Ebenen sind Darstellungen mit unterschiedlichem Detaillierungsgrad zu entwickeln. Beispielsweise sollen Terme einerseits kompakt in textueller Form, andererseits in einer der Theorie näheren Form als Bäume repräsentiert werden. Zweite Form gestattet auch einfacherer Interaktionen, z. B. die Selektion von Teiltermen. Weiterhin sind Konzepte zur Darstellung von Vorgehensweisen und Abläufen zu entwickeln, die den jeweiligen Algorithmen angemessen sind.

4 Die Systementwicklung

Auf Grund der später intendierten Verwendung sollten die Studenten ihre Systeme auf Sun-Workstations unter Solaris 2.5 entwickeln. Während des Praktikums wurde Java 1.1 verfügbar, und wir haben uns zusammen mit den Studenten dafür entschieden, von Java 1.0 auf Java 1.1 umzusteigen. Dies hatte sowohl für die Systementwicklung als auch für unsere Systemziele positive und negative Auswirkungen, auf die wir später noch eingehen werden.

Über das JDK 1.1.1 hinaus wurden von uns keine Java-spezifischen Werkzeuge zur Verfügung gestellt, was dazu führte, daß viele der Studenten auf andere Rechner/Betriebssystem-Kombinationen auswichen, um dort ihre Systemteile zu entwickeln. So wurden als Betriebssysteme Linux, Windows 95, Windows NT, OS/2, Solaris und AIX verwendet, und bei der Entwicklung kamen als Werkzeuge neben dem JDK der *Java WorkShop 1.0*, *Visual Café 1.0* und *VisualAge for Java 1.0* zum Einsatz. Auf Wunsch aller Studenten war auch die Verwendung der *Java Generic Library* (JGL, siehe [5]) zulässig.

Die Studenten bildeten zwei Gruppen zu je 7 Personen, von denen jede ein eigenes System entwickelte (allerdings wurde von uns durch gemeinsame Besprechungen der Erfahrungsaustausch zwischen den Gruppen gefördert, so daß insbesondere die Basissysteme (ohne Visualisierung) der Gruppen sehr ähnlich waren). Die Praktikumsteilnehmer verfügten über keine oder allenfalls geringe Java-Kenntnisse, und die Fertigkeiten in objektorientierter Analyse, objektorientiertem Design, objektorientierter Programmierung und in teamorientierter Entwicklung eines größeren Softwaresystems waren sehr unterschiedlich.

Im folgenden werden wir zunächst auf die Java-spezifischen Aspekte im Entwurf der Systeme eingehen und danach auf die Erfahrungen bei der Implementierung. Die Erfahrungen bezüglich der Visualisierung der Suche werden wir anschließend gesondert behandeln. Schließlich werden wir auch kurz auf die Erfahrungen der Studenten mit den von ihnen gewählten Werkzeugen eingehen.

4.1   Der objektorientierte Entwurfsprozeß

Die Studenten entwarfen nach dem OMT-Ansatz gemäß J. Rumbaugh et. al. [3] iterativ ein objektorientiertes Modell der Aufgabenstellung. In der Analyse-Phase ging es zunächst darum, ein gemeinsames Verständnis der Anwendungsdomäne und der Aufgabenstellung herzustellen und eine konzeptionelle Übersicht über die zu entwickelnde Anwendung zu erhalten. Dazu wurden die erforderlichen Objektklassen, erste Attribute und Operationen und die Beziehungen der Klassen zueinander identifiziert und die anzuwendenden funktionalen Transformationen der Daten in Form eines ersten statischen Objektmodells samt Data Dictionary und eines funktionalen Modells graphisch beschrieben. Im Rahmen des Objektentwurfs wurden beide Modelle nach und nach durch Implementierungsdetails verfeinert, die Spezifikationen der Klassen und Assoziationen vervollständigt, die Schnittstellen und die wichtigsten Algorithmen der Operationen festgelegt und interne Objektklassen zur Speicherung der zu bearbeitenden Datenmengen dem Objektmodell hinzugefügt. Schließlich wurde das derart modellierte Problem in Java umgesetzt.

In der Phase des Objektentwurfs stellten sich schnell die Java-eigenen *Collection*-Klassen als zu unflexibel heraus, woraufhin die Studenten nach einer zusätzlichen Bibliothek suchten und sich nach kurzem Test für JGL entschieden. Die Umsetzung des Modells in Java gestaltete sich insofern einfacher als in C++, als in Java mit Ausnahme der primitiven Typen alles ein Objekt ist und selbst primitive Typen sich bei Bedarf in Objekte einbetten lassen: Es gibt keine globalen Funktionen, keine globalen Variablen und Konstanten, keine Aufzählungstypen, ja selbst Exceptions und Events sind als Objekte modelliert. Da zudem Java im Falle nicht-statischer Methoden grundsätzlich die dynamische Bindung verwendet, wurde das polymorphe Verhalten von Objekten klarer und dadurch weniger fehleranfällig.

Mit Hilfe des objektorientierten Konzeptes und durch den Einsatz von Java war es den Studenten möglich, während des gesamten Entwicklungszykluses statt in Begriffen der technischen Lösung in Begriffen der Anwendungsdomäne zu denken und dadurch ohne Paradigmenwechsel zwischen den Phasen abstrakte Konzepte klar auszudrücken und sich darüber zu verständigen. Außerdem konnten die Schnittstellen zwischen den einzelnen Zuständigkeitsbereichen in überschaubarem Ausmaß gehalten werden, wodurch der Abspracheaufwand während der Implementierung erfreulich gering ausfiel.

4.2 Die Implementierung

Die Studenten beider Gruppen zerlegten das Objektmodell in fünf inhaltlich zusammenhängende Subsysteme und teilten deren Implementierung untereinander auf; sie haben größtenteils getrennt voneinander je nach persönlicher Vorliebe auf einer der genannten Plattformen entwickelt und trafen sich periodisch, um sich abzusprechen, das Objektmodell anzupassen und auf dem Referenzsystem die fortschreitenden Systemteile zu integrieren. Sie stießen bei der Integration der verteilt und unter Einsatz verschiedenster Werkzeuge entwickelten Komponenten auf überraschend wenig Probleme. Die folgenden Aspekte von Java haben dazu entscheidend beigetragen:

- strenge Typisierung,
- keine Zeigerarithmetik,
- *garbage collection*,
- strenger Java-Compiler,
- voll integriertes Exception-Konzept.

Die strenge Typisierung von Java erlaubt es sowohl dem Compiler als auch der Laufzeitumgebung, strenge Überprüfungen durchzuführen. Die Studenten waren dadurch dazu gezwungen, sehr sauber und überlegt ihre Systemteile zu implementieren.

Das Java-Exception-Konzept erlaubt es, den eigentlichen Anwendungsquellcode von der Fehlerbehandlung sauber zu trennen und Ausnahmebedingungen nicht unbedingt an der Stelle des Auftretens behandeln zu müssen, sondern an den Teil der Anwendung hochreichen zu können, der qualifiziert ist, darüber zu entscheiden, wie weiter zu verfahren ist.

Da Java keine Destruktoren kennt und somit allein der *garbage collector* über die Lebenszeit eines Objekts entscheidet, waren ungültige Objektreferenzen und Speicherlecks sehr unwahrscheinlich, wenn auch nicht ganz unmöglich. Der *garbage collector* hat sich im Praktikum auch dadurch als sehr hilfreich erwiesen, daß sich die Teilnehmer über ihre Subsysteme hinweg nicht aufwendig abstimmen mußten, wer Objekte erzeugen darf und wer sie wieder zerstören muß. Damit und durch Verzicht auf Zeiger im Sinne von C und C++ entfallen die Hauptfehlerquellen aus C- und C++-Programmen.

Probleme bereiteten unseren Studenten

- zu unflexible Datenstrukturen und Iteratoren,
- Objektübergabe nur als Referenz und
- keine parametrisierten Typen.

Die wissensbasierte Suche benötigt zur Verwaltung des Suchzustandes und der möglichen Transitionen Sprachkonstrukte, die eine variable Anzahl von Objekten repräsentieren und bearbeiten. So müssen nach jedem Zustandsübergang die neumöglichen Transitionen integriert und nun unmögliche Transitionen eliminiert werden. Oder es müssen alle möglichen Transitionen neu bewertet werden, da der Benutzer eine alternative Kontrolle übernehmen lassen will. Das Array-Konstrukt ist dafür nicht geeignet, und die wenigen *Collection*-Klassen in Java erwiesen sich als zu starr und restriktiv. In Java fehlt bisher hinsichtlich Funktionalität und Flexibilität ein Analogon zur *Standard Template Library* von C++. Die *Java Generic Library* konnte diese Lücke aber teilweise füllen.

Nachdem Speicherfreigabe und Zeigerfehler als größte Fehlerquellen eliminiert wurden, stellte sich bei unseren Studenten die *call-by-reference*-Übergabe anfänglich als Hauptfehlerquelle beim Umgang mit Java- und JGL-Objekten heraus. Versehentliche Änderungen per *call-by-reference* übergebener Objekte waren oft erst sehr viel später, im schlimmsten Fall nur in Form eines falschen Endergebnisses feststellbar. Ursache und Wirkung liegen hier weit auseinander, wodurch sich Fehler dieser Art nur schwer lokalisieren lassen.

Java läßt es mangels parametrisierter Typen zu, in *Collections* Objekte von gänzlich verschiedenen Typen gleichzeitig zu halten. Dabei geht bei der Aufnahme eines Objekts in eine *Collection* scheinbar die Typinformation zunächst verloren, die bei der Entnahme über einen expliziten *type down cast* umständlich wiederhergestellt werden muß. Java weiß dabei diese Typwandlung aber sehr wohl zu überprüfen und weist gegebenenfalls zur Laufzeit auf eine unzulässige Typwandlung hin. Die expliziten Typwandlungen machen den Quelltext umfangreicher und schlechter zu lesen, immerhin aber macht Java im Gegensatz zu C++ auf unzulässige Typwandlungen aufmerksam, auch wenn hier wieder Ursache und Wirkung weit voneinander entfernt sein können.

Alles in allem hat sich aber gezeigt, daß Java zu kürzeren Entwicklungszeiten führt und für Entwicklergruppen, die heterogene Entwicklungsplattformen verwenden, sehr gut geeignet ist. Die reine Java-Syntax ist zwar schnell zu erlernen und zu überblicken, es ist aber recht schwierig und dauert recht lange, ein Gefühl für die Sprache und die der Sprache eigene Philosophie zu bekommen (also dafür, wie man klar, strukturiert, robust und effizient innerhalb der umfangreichen und komplexen Java-Umgebung größere ernsthafte Anwendungen entwickelt).

4.3 Erfahrungen mit der Visualisierung

Natürlich ist die Visualisierung der Ebenen des Suchvorganges Teil der Implementierung, so daß die folgenden Bemerkungen eigentlich zu 4.2 gehören. Allerdings waren die damit verbundenen Ziele ja maßgeblich für unsere Wahl von Java als Implementierungssprache, so daß wir uns für einen eigenen Abschnitt entschieden haben.

Der zentrale Aspekt von Java für die Programmierung graphischer Oberflächen und somit für unsere Visualisierung von Suchprozessen ist das *Abstract Window Toolkit* (AWT). Das Ziel des AWT besteht eigentlich darin, graphikorientierte Anwendungen entwickeln zu können, die auf allen Plattformen gleich gut aussehen. Unsere Studenten bestehen auf Grund ihrer Erfahrungen allerdings darauf, daß das AWT Anwendungen produziert, die auf allen Plattformen gleich *schlecht* aussehen. Das AWT ist relativ komplex, führt zu einem hohen Quellcodeaufwand, stellt nur sehr eingeschränkte graphische Konstrukte zur Verfügung und sieht keine Möglichkeit vor, die fortgeschritteneren graphischen Elemente des jeweils zugrunde liegenden Betriebssystems anzusprechen, weshalb Java-Anwendungen stets um einiges schlechter aussehen als native Anwendungen.

Die Layout-Manager des AWT stellen eine wichtige Technik zur portablen Programmierung graphischer Oberflächen dar. Sie zeichnen dafür verantwortlich, daß alle graphischen Komponenten in den jeweils plattformspezifischen Dimensionen richtig dargestellt werden, ohne absolute Größenangaben fest in die Anwendung aufnehmen zu müssen. Die derzeit in der Java- Bibliothek angebotenen Layout-Manager sind für unsere Zwecke entweder zu restriktiv und unflexibel oder wiederum zu komplex und zu universell (wie das `GridBagLayout`). An diversen Stellen mußten wiederholt aufwendig Panels ineinander verschachtelt werden, um ein Dialogfenster annähernd so zu gestalten, wie man es von anderen graphischen Benutzungsoberflächen her gewohnt ist.

Unsere über Standardanwendungen hinausgehenden Anforderungen an die Visualisierung führten zu nicht unerheblichen Problemen. Anfängliche Versuche, eine graphisch dargestellte Baumstruktur per *drag and drop* animiert über eine andere Baumstruktur zu ziehen, gaben die Studenten schnell wieder auf, weil aus unerklärlichen Gründen Maus-Events verloren gingen und ab einer schon geringen Baumgröße die Auffrischung der graphischen Darstellung schlicht zu lange dauerte.

Die Visualisierung war der Hauptgrund für die Umstellung von Java 1.0 nach Java 1.1 während des Praktikums. Zwar war diese Umstellung für die Studenten lern- und, wegen mangelnder Dokumentation und Literatur, experimentieraufwendig, aber sie hat sich gelohnt: Das neue Event-Modell fügt sich konsequenter in das objektorientierte Konzept von Java ein und ermöglicht eine klarere, übersichtlichere und strukturiertere Eventbehandlung, auch wenn die geschachtelte Deklaration von Klassen zunächst dem Wiederverwendungsgrundsatz zu widersprechen schien und der Einsatz von Interfaces gewöhnungsbedürftig war.

Alles in allem gestaltete sich der direkte Einsatz des AWT ohne visuelle Entwicklungswerkzeuge als sehr umfangreich, aufwendig und fehlerintersiv.

4.4 Erfahrungen mit Entwicklungswerkzeugen

Die folgenden Berichte und Wertungen beruhen auf den Ausarbeitungen der Studenten, die im Rahmen des Praktikums angefertigt wurden. Sie spiegeln den Stand der Werkzeuge im Zeitraum April bis Juli 1997 wieder und sind natürlich unter den Aspekt der gestellten Aufgabe und individuellen Präferenzen zu sehen.

Java Develpment Kit Wir haben uns bei unseren Studenten nicht unbedingt dadurch beliebt gemacht, daß wir nur das JDK als Entwicklungsumgebung zur Verfügung gestellt haben. In der Ausarbeitung einer Gruppe las sich das wie folgt:

> Diese Entwicklungsumgebung ist rein kommandozeilenorientiert und nur sehr spartanisch ausgestattet. Insbesondere der Debugger `jdb` verbreitet das Flair der 70er-Jahre und ist bei ernsthaften Anwendungen mit mehreren Threads fast nicht zu gebrauchen; es lebe das `println`-Debugging! Der Java-Compiler `javac` "quält" sich regelrecht durch den Quellcode.

Allein das javadoc-Werkzeug war zusammen mit der *java documentation comment syntax* bei den Praktikumsteilnehmern geachtet, da sich mit javadoc aus besonders formatierten und direkt in den Quelltext eingefügten Kommentaren eine detaillierte und strukturierte Klassendokumentation auf HTML-Basis generieren läßt. Diese Dokumentation war für die Studenten eine wichtige Grundlage für die Koordination und Kooperation während der Implementierung.

Java WorkShop 1.0 Der *Java WorkShop 1.0* von Sun bietet einen visuellen GUI-Builder, einen schnellen Compiler und einen komfortablen Debugger. In der Version 1.0 war der *Java WorkShop* zumindest unter Windows 95 viel zu langsam, um mit ihm vernünftig arbeiten zu können, und steht leider nur für Solaris und Windows95/NT zur Verfügung. Der GUI-Builder hält sich zwar streng an die AWT-Vorgaben zur portablen Programmierung, ist aber recht umständlich zu handhaben. Die mittlerweile ausgelieferte Version 2.0 läßt sich um einiges zügiger und angenehmer bedienen.

Visual Café 1.0 *Visual Café 1.0* von Symantec enthält einen schnellen Compiler und einen komfortablen Debugger, einen Klassen-Browser und Hierarchie-Editor und außerdem ein Tool, um Java 1.0-Anwendungen nach Java 1.1 zu konvertieren.

Alles in allem ließ sich mit *Visual Café 1.0* recht angenehm arbeiten, einige üble Programmfehler trübten jedoch das Bild immer wieder. Zudem verleitet der visuelle GUI-Builder (FormDesigner) dazu, plattformspezifische, auf Windowssysteme zugeschnittene graphische Anwendungen zu entwickeln, gleichwohl besteht versteckt dennoch die Möglichkeit, durch Einsatz von Layout-Managern portablen AWT-konformen Quelltext zu erzeugen. Leider gibt es *Visual Café* nur für Windows95/NT und für Macintosh-Rechner.

VisualAge for Java 1.0 *VisualAge for Java 1.0* von IBM bietet einen komfortablen Debugger, einen inkrementellen Compiler, einen visuellen GUI-Builder zur Entwicklung portabler Anwendungen und ein integriertes Versionskontrollsystem. Die Studenten fanden *VisualAge for Java* sehr leistungsfähig und komfortabel. Der Entwickler wird von Routinetätigkeiten entlastet und aufmerksam unterstützt.

So angenehm sich allerdings das *"VisualAge for Java works hard so you don't have to"* auch ausnimmt, verlangt VisualAge doch nach einer recht üppigen Hardwareausstattung insbesondere an Hauptspeicher, um volle Leistung zeigen zu können. Das Workbench-Konzept (keine Dateien, sondern Projekte, Packages, Klassen, Methoden) ist sehr komfortabel, so lange alle Entwickler VisualAge durchgängig einsetzen. Weil VisualAge aber gerade für die im Praktikum eingesetzte Referenzplattform unter Solaris nicht verfügbar war, mußten alle Projektdateien immer wieder aufwendig in die VisualAge-Ablage importiert und aus der Ablage exportiert werden.

5 Das Endsystem

Im folgenden wollen wir die Erfüllung der Ziele aus Abschnitt 3 durch die Praktikumssysteme beschreiben und außerdem auf die Effizienz der Systeme eingehen.

Beide im Rahmen des Praktikums entstandenen Systeme erfüllen die Ziele bezüglich der Visualisierung und der Interaktion mit dem Benutzer sehr gut, wobei aber für die unterschiedlichen Darstellungsebenen die Testbenutzer unterschiedliche Systeme bevorzugen. Bei den Gründen, die für die Wahl von Java sprachen, hat sich die Plattformunabhängigkeit ja schon bei der Entwicklung eindrucksvoll bestätigt und dies war auch beim Endprodukt der Fall. Auf allen von uns getesteten Hardware/Betriebssystem-Kombinationen lief der für die Java Virtual Machine erzeugte Code in den entsprechenden Java-Umgebungen problemlos ab und auch die Visualisierungselemente zeigten sich gleich (bei Verwendung des im JDK enthaltenen *appletviewer*).

Die Verwirklichung unserer Ziele bezüglich des WWW-Zugriffs auf die Systeme kann man im Gegensatz zu den bisherigen Bemerkungen nur als Desaster bezeichnen. Zur Zeit des Praktikums war HotJava der einzige verfügbare WWW-Browser, der Java 1.1 und insbesondere das darin enthaltene neue Event-Modell unterstützte. Auch zum jetzigen Zeitpunkt hat sich die Situation nicht viel verbessert. Zwar gibt es mittlerweile ein Patch für den Netscape Communicator 4.04, das die Darstellung von Java 1.1 ermöglicht, aber dafür sind unsere Testbenutzer mit anderen Teilen von Netscape sehr unzufrieden. Die Problematik Java–Microsoft ist auch hinlänglich bekannt. Sollten sich die Browser mit Einführung von Java 1.2 ähnlich (schleichend) entwickeln, stellt sich für uns die Frage, ob wir nicht zurück zu Java 1.0 gehen sollen, um unser Ziel verwirklichen zu können.

Obwohl wir bei diesem Praktikum den Schwerpunkt auf andere Ziele gelegt haben, haben wir trotzdem auch die Effizienz der entwickelten Systeme getestet. Frühere Praktika, bei denen wir Studenten algorithmisch gleiche Aufgaben in Pascal, C, C++, Common Lisp, Prolog und Caml lösen liesen, hatten bisher gezeigt, daß interpretierte Programme compilierten deutlich unterlegen waren. Die Vergleiche von C-Programmen mit C++-Programmen, die wirklich objektorientiert geschrieben waren, endeten mit einer großen Überlegenheit der C-Programme bezüglich der Effizienz. Deshalb, und weil für Optimierungen der Praktikumssysteme im Hinblick auf Effizienz keine Zeit vorhanden war, erwarteten wir von den Java-Systemen eigentlich keine Effizienz beim Lösen etwas schwierigerer Beispiele.

Da sich aber die ersten Tests erfolgreich gestalteten, haben wir die Systeme an den Beispielen getestet, die beim CASC-14 (siehe [6]), dem jährlichen internationalen Theorembeweiserwettbewerb im Rahmen der CADE, benutzt wurden (ohne Verwendung des Visualisierungsmodus). Dabei konnte das beste der Java-Systeme 30 der 50 Probleme in der vorgegebenen Zeit lösen (zum Vergleich: das Gewinnersystem, Waldmeister ([2]), löste 49, das schlechteste System im Wettbewerb 37). Diese Zahlen lassen das Java-System nicht unbedingt als effizient erscheinen, aber in Anbetracht der Ziele des Praktikums ist dies eine überraschend gute Leistung, die zu einem nicht kleinen Teil Java und der Java-Laufzeitumgebung zuzuschreiben ist.

Alle Systeme, die an CASC-14 teilnahmen, hatten auch an CASC-13 (siehe [4]) teilgenommen. Dort löste das beste System 43 der 50 (anderen, aber vergleichbar schwierigen) Probleme, das schlechteste 24. 3 Systeme konnten nicht mehr als 30 Probleme lösen. Dies zeigt, welche Verbesserungen in einem Jahr möglich sind (bei Waldmeister wurde zum Beispiel die wissensbasierte Kontrolle und die initialen Aktionen weiterentwickelt) und unsere Erfahrungen mit Waldmeister lassen uns glauben, daß entsprechende konzeptionelle Verbesserungen auch an den Java-Systemen möglich sind.

6 Fazit

Die Verwendung von Java hat sich positiv sowohl auf das Praktikum als auch auf die Erfüllung der Ziele für das zu erstellende System ausgewirkt. Der praktische Totalausfall der Browser im Anwendungsszenario ist nur indirekt Java, über die sehr großen Änderungen in Java 1.1, zuzuordnen und wird hoffentlich bald der Vergangenheit angehören. Natürlich wird dadurch das intendierte Fernstudiumspotential des Systems drastisch eingeschränkt, aber alle anderen Ziele wurden zu unserer Zufriedenheit, und der der Testbenutzer, erfüllt. Dies wäre bei Verwendung einer anderen Implementierungssprache mit ziemlicher Sicherheit in der zur Verfügung stehenden Zeit so nicht möglich gewesen. Auch die Effizienz der entstandenen Systeme war mehr als zufriedenstellend. Herauszuheben ist die Bedeutung der Plattformunabhängigkeit auch bei der Entwicklung.

Unser nächstes Ziel ist ein System, das die jeweils besten Ideen zur Visualisierung der unterschiedlichen Ebenen und Vorgänge vereint und außerdem eine retrospektive Sicht auf die Zielerreichung zu jedem Zeitpunkt gibt. Sobald von einer größeren Verbreitung von entsprechend fähigen Browsern auszugehen ist, wollen wir dieses System in WWW-Seiten, die die Definitionen aller Vorgänge darstellen, zur beispielhaften Visualisierung dieser Definitionen nutzen (gemäß unserer ursprünglichen Vision) und außerdem das System um Übungsaufgaben und einen entsprechenden Dialog mit dem Übenden zu Verständnisproblemen erweitern.

Literatur

1. Avenhaus, J.: *Reduktionssysteme*, Springer, 1995.
2. Hillenbrand, T.; Buch, A.; Vogt, R.; Löchner, B.: WALDMEISTER. High Performance Equational Deduction, *Journal of Automated Reasoning* **18**(2), 1997, pp. 265–270.
3. Rumbaugh, J.; Blaha, M.; Premerlani, W.; Eddy, F.; Lorensen, W.: *Object-Oriented Modeling and Design*, Prentice Hall, 1991.
4. Sutcliffe, G.; Suttner, C.: The Results of the CADE-13 ATP System Competition, *Journal of Automated Reasoning* **18**(2), 1997, pp. 271–286.
5. `http://www.ObjectSpace.com`
6. `http://www.cs.jcu.edu.au/~tptp/CASC-14/`

Java in der Ausbildung

Robert Tolksdorf[1] und Wilhelm Weisweber[2]

[1] Technische Universität Berlin, Fachbereich Informatik, FLP/KIT,
Sekr. FR 6–10, Franklinstr. 28/29, D-10587 Berlin, Germany,
mailto:tolk@cs.tu-berlin.de, *http://www.cs.tu-berlin.de/~tolk/*
[2] *mailto:ww@cs.tu-berlin.de*, *http://www.cs.tu-berlin.de/~ww/*

Zusammenfassung Java spielt in der Informatik Aus-, Fort- und Weiterbildung eine immer stärkere Rolle. Dieses Papier faßt die positiven Erfahrungen der Autoren mit dem Einsatz von Java in der Lehre zusammen. Die Hauptvorteile der Sprache für die Ausbildung liegen in der Modularisierbarkeit von Lerninhalten, der Skalierbarkeit der Sprache über Anforderungsniveaus und ihrer Relevanz für die Berufspraxis. Nachteile wie schlechte Lehrbuchsituation oder unintuitive Entwicklungsumgebungen stehen Entscheidung für Java in der Ausbildung keineswegs entgegen.

1 Einleitung

Die Programmiersprache Java hat in den letzten Jahren das Internet verändert und objektorientierte Programmierung popularisiert. Die starke Verbreitung und einfache Verfügbarkeit, der gute Standardisierungsgrad und die hohe Qualität des Sprachentwurfs machen Java für den Einsatz in der Aus-, Fort- und Weiterbildung in Informatik attraktiv.

Obwohl Java in nennenswertem Ausmaß in der Lehre objektorientierter Programmierung eingesetzt wird, haben sich Java wie auch andere objektorientierte Programmiersprachen noch nicht in der Informatikausbildung etabliert. Die meisten Berichte über die Verwendung in der Ausbildung kommen aus den USA. In Deutschland gibt es vergleichsweise wenig Erfahrungsberichte. Im *Informatik Spektrum 20(6)* vom Dezember 1997 war die Objektorientierung in der Ausbildung das Hauptthema, was das steigende Interesse an diesem Thema andeutet.

Leider lassen sich Ergebnisse aus dem englischsprachigen Raum nicht ohne weiteres auf Deutschland übertragen, weil die ersten Studienjahre dort inhaltlich mehr standardisiert sind. An deutschen Universitäten sind die Inhalte im Grundstudium gerade im Hinblick auf die Verwendung von Programmiersprachen heterogener. Es ist daher wichtig, möglichst viele Erfahrungsberichte über die Ausbildung mit objektorientierten Programmiersprachen an Hochschulen und in der Industrie zu erstellen, um aussagefähige Ergebnisse zu bekommen.

Die Autoren verwenden Java als Gegenstand und als Mittel in der Informatikausbildung mit Bezug zur Objektorientierung an Hochschulen, in öffentlichen Verwaltungen und in der Industrie:

– *Informatikausbildung* in Kursen, Praktika und Projekten in objektorientierter Programmierung im Grund- und Hauptstudium der Informatik an der TU Berlin und der Univ. Hildesheim.

- Grundstudium: Praktikum OO Programmierung, Einführung in Java[1]
- Hauptstudium: Basis von Programmiersprachen und -systemen
- Hauptstudium: Projekt Entwicklung komplexer Anwendungssysteme

- *Informatikweiterbildung* mit Kursen an der Verwaltungsakademie Berlin, die sich an Mitarbeiter des öffentlichen Dienstes wenden.
- *Informatikfortbildung* für Entwicklerteams in Firmen.

Mit diesem Papier möchten die Autoren ihre Erfahrungen weitergeben und kritisch reflektieren. Es soll Lehrende bei der Auswahl einer Programmiersprache für die Informatikausbildung unterstützen. Außerdem wird versucht, die didaktische und inhaltliche Eignung von Java nachzuweisen. Insgesamt ist dieses Papier ein Plädoyer für die Verwendung von Java in allen Ausbildungsabschnitten.

Dieses Papier enthält im folgenden Abschnitt eine Bestandsaufnahme der Erfahrungen mit der Verwendung von Java in der Ausbildung. Der dritte Abschnitt geht auf die Kriterien zur Auswahl einer Sprache für die Ausbildung ein und beleuchtet die Vor- und Nachteile von Java. Darüber hinaus berichtet der vierte Abschnitt über eigene Erfahrungen mit der Ausbildung an den o.g. Institutionen. Die abschließende Zusammenfassung bewertet diese Erfahrungen.

2 Bisherige Erfahrungen mit Java in der Ausbildung

Bisherige Berichte über die Verwendung von Java in der Ausbildung stammen fast ausschließlich aus dem englischen und US-amerikanischen Raum. Die dortigen Erfahrungen sind sicherlich nur bedingt auf unsere Verhältnisse übertragbar, da dort eine andere Studiumsorganisation vorzufinden ist und sich daraus andere Anforderungen an die Lehre ergeben.

Lea, 1996 bildete den wahrscheinlich ersten Bericht über Lehrerfahrungen und wurde in Graci et al., 1997 erweitert. Die Autoren beschreiben sehr anschaulich ihre praktischen Erfahrungen mit dem Einsatz von Java in Grundstudiumskursen an der State University New York in Oswego und fassen zusammen, daß der Wechsel zu Java die Chance zur Neustrukturierung von Kursen bietet.

Battersby, 1997 berichtet über die Verwendung von Java in einem Kurs zu verteilter Programmierung an der Nottingham Trent University. Hervorgehoben werden gegenüber C++ die hohe Abstraktion von Details betriebssystemabhängiger Nutzung von Kommunikation und die elegante Einbindung von Nebenläufigkeit. Bemängelt wird das spezifische Strömekonzept zur Ein- und Ausgabe, sowie der Umfang der zu erlernenden Klassenbibliotheken. Die besonders hohe Motivation der Lernenden bei Java-Verwendung wird ebenfalls bemerkt.

Wallace et al., 1997 beschreibt die Einführung von Java als erste Programmiersprache in Lehre anstelle von Modula-2 an der University of West England in Bristol. Die Autoren erklären, daß Java gegenüber C++ und Smalltalk ohne

---

[1] Der Studiengang Informatik der TU Berlin bietet als Wahlpflichtveranstaltungen Praktika im dritten oder vierten Semester, Basislehrveranstaltungen im fünften Semester und Projekten in der zweiten Hälfte des Hauptstudiums and.

Frage die Sprache der Wahl ist. Sie heben hervor, daß Java ein hervorragendes Mittel zum Transport objektorientierter Konzepte der Programmierung ist. Problematisch schätzen sie die Lehrbuchsituation ein und berichten von zu hohen Erwartungen der Studierenden in Bezug auf Web-Applets, die in der Lehre nicht erfüllt werden können. Es erscheint ihnen perspektivisch von Vorteil, daß Java durchgehend auch für komplexere Themen wie nebenläufiger und verteilter Programmierung verwendet werden kann.

Garside, 1997 berichtet über sehr positive Erfahrungen mit Java in Kursen der University of Lancaster nach einem Wechsel von Ada. Die Autoren heben den guten Sprachentwurf hervor, die Integration objektorientierter Konzepte, die syntaktische Anlehnung an C, die erhöhte Motivation der Studierenden und das Potential zur Verwendung von Java über verschiedene Kurse auf unterschiedlichem Niveau. Ihre Erfahrungen bestätigen den Vorteil dieser Eigenschaften und lassen sich um die geringen Kosten für die technische Installation ergänzen.

Goedicke, 1997 stellt eine der wenigen Diskussionen der Verwendung von Java in der Grundausbildung von Studierenden im deutschsprachigen Raum dar (siehe auch Boehm et al., 1997). Der Bericht begründet sehr systematisch, warum Java im Vergleich zu Oberon, C++, Smalltalk und Beta für die Lehre ausgewählt wurde und bestätigt diese Auswahl durch positive Erfahrungen.

In King, 1997 findet sich eine Diskussion der von Sun hervorgegebenen Eigenschaften von Java vor dem Hintergrund der Informatikausbildung an der Georgia State University in Atlanta, USA. Die insgesamt sehr positive Beurteilung des Java-Einsatzes in der Lehre – erweitert um die Beobachtung geringer Kosten, hoher Motivation, der Übertragbarkeit auf Fortgeschrittenenkurse und der Nähe zum industriell höchst relevanten C++ – wird durch einige negative Punkte ergänzt. Vergleichsweise schlechte Ausführungszeiten, wenig Unterstützung durch Lehrbücher und die Dynamik der Sprachentwicklung werden angemerkt.

Schaller, 1997 faßt eine Podiumsdiskussion zu Java in der Lehre zusammen. Während die Teilnehmer verschiedene Probleme wie Umfang von Bibliotheken oder Schwächen der Ein- und Ausgabe benannten, überwogen die Vorteile des klaren Sprachentwurfs und die Beobachtung hoher Motivation der Studierenden.

Bowen, 1997 weist auf die strategische Bedeutung von Java in der Ausbildung für die Industrie hin. Während auf der einen Seite Sun durch die Verwendung in der Lehre auf eine Festigung der Marktstellung von Java hofft, scheint aber auf der anderen Seite auch zunehmend die Nachfrage der Industrie nach qualifizierten Java Spezialisten die Verwendung von Java verstärkt zu erfordern.

Die letzte Beobachtung läßt sich ohne weiteres auf die Situation im deutschen Raum übertragen. Nach Erfahrungen der Autoren wächst die Nachfrage nach Informatikern mit Java Kenntnissen enorm an und kann momentan vom Arbeitsmarkt nicht befriedigt werden.

Die meisten genannten Papiere berichten über Java in der Ausbildung im englischen und US-amerikanischen Raum. Aufgrund der anderen Struktur des dortigen Studiums und der erheblich stärkeren Standardisierung von Kursen lassen sich die Aussagen nicht einfach auf deutschsprachige Verhältnisse übertragen. Wir beschreiben im folgenden Abschnitt allgemeine Kriterien zur Auswahl einer

Programmiersprache für die Ausbildung, um anschließend über unsere Erfahrungen mit dem Einsatz von Java in der Ausbildung zu berichten.

3 Java für die Ausbildung

Objektorientierte Programmiersprachen existieren bereits seit etwa 30 Jahren, Simula seit 1968, Smalltalk seit 1972! Trotzdem sind sie noch nicht etablierter Bestandteil der Informatikausbildung. Dies liegt wahrscheinlich in erster Linie an der Schwerfälligkeit der Universitäten bzgl. der Lehrpläne bzw. Studien- und Prüfungsordnungen, aber mit Sicherheit nicht an der mangelnden Eignung. Erst in den letzten Jahren änderte sich dies aufgrund der Anforderungen aus der Industrie an Hochschulabsolventen.

Für die Ausbildung in objektorientierter Programmierung bieten sich neben einer Reihe forschungsorientierter Sprachen wie z.B. *Beta* momentan drei Programmiersprachen an. *Smalltalk* stellt die klassische objektorientierte Sprache dar, die sicherlich den konzeptuell saubersten Sprachentwurf hat. Smalltalk nutzt Objektorientierung in purester Form für die Modellierung primitiver Konstanten bis hin zu den abstrakten Höhen der Metaklassen. *C++* hat die höchste industrielle Relevanz für die Anwendungsprogrammierung, vor allem unter Windows. Für C++ existieren die meisten Entwicklungsumgebungen. *Java* schließlich ist in den letzten Jahren ein ernstzunehmender Kandidat für die Verwendung in der Ausbildung in objektorientierter Programmierung geworden.

Von diesen drei Programmiersprachen kommen für die Ausbildung nur Smalltalk oder Java in Frage. C++ ist u.a. wegen seiner Komplexität und der Vermischung imperativer und objektorientierter Konzepte für die Ausbildung nicht empfehlenswert. Die Autoren haben vor zwei Jahren begonnen, ihre Lehre von Smalltalk auf Java umzustellen. Für Java sprach eine Reihe von Gründen (siehe auch Boehm et al., 1997), wie statische Typsicherheit, industrielle Relevanz, Verfügbarkeit, Plattformunabhängigkeit und Motivation der Studierenden.

Darüber hinaus müssen die didaktische Eignung, der zu erwartende Lernerfolg, Perspektiven für weitere Lehre und spätere Berufstätigkeit sowie die technischen Möglichkeiten (Verfügbarkeit, Kosten, Installation) berücksichtigt werden.

Dies deutet an, wie komplex die Auswahl einer Programmiersprache für die Ausbildung ist. An der Entscheidung sind verschiedene Faktoren beteiligt. Dazu gehören die Lernenden, die Lehrenden, die Programmiersprache, die Beziehungen zwischen ihnen sowie der inhaltliche und infrastrukturelle Hintergrund. Dieser Abschnitt konzentriert sich auf Java als Lern- und Lehrmittel und die Beziehungen zwischen der Sprache und den Lernenden bzw. den Lehrenden. Lernende und Lehrende selbst und ihre Beziehungen werden hier nicht berücksichtigt.

3.1 Java als Lern- und Lehrmittel

Ziel der informatischen Ausbildung muß die Vermittlung von Konzepten und Fähigkeiten sein. Dementsprechend sind reine Programmierkurse lediglich als Fort- oder Weiterbildung anzusehen. Für die Vermittlung von Kenntnissen in der objektorientierten Programmierung wird eine Sprache wie Java also zum Lern- und Lehrmittel und bildet nicht den eigentlichen Lerngegenstand.

Vorteile sind die statische Typsicherheit, der saubere Sprachentwurf, die syntaktische Anlehnung an C, woraus sich eine gute Grundlage für das spätere Erlernen von C++ ergibt. Weiterhin sind zu nennen die Einbindung von Nebenläufigkeit und Verteiltheit in die Sprache, die Abstraktion von betriebssystemnaher Programmierung und das Vorhandensein eines Dokumentationswerkzeugs und der Online-Dokumentation im JDK (s. Abschnitt 4.3). Schließlich sehen wir als Vorteil die akademische und kommerzielle Verbreitung bzw. industrielle Relevanz der Sprache und die weitgehende Unabhängigkeit von der technischen Infrastruktur und Plattformunabhängigkeit an.

Zu nennende Nachteile umfassen die Vermischung von imperativen und objektorientierten Anteilen bei den primitiven Datentypen und den Anweisungen und Unterschiede zwischen verschiedenen Plattformen, d.h. Probleme mit AWT, Zeilenendebehandlung und Dateinamen, die bedingt sind durch die Anbindung von Java an das lokale Betriebs-, Fenster- und Dateisystem. Weiterhin schien das spezifisches Strömekonzept für die Ein- und Ausgabe, als Nachteil, was aber durch den damit verbundenen Gewinn an Modularisierbarkeit aufgewogen wird. Schließlich sind zu nennen die schlechteren Ausführungszeiten im Vergleich zu nativem Code und die mangelhafte Lehrbuchsituation. Dagegen wirken sich die statische Typsicherheit, der saubere Sprachentwurf und die syntaktische Anlehnung an C insbesondere bei der Ausbildung von Anfängern positiv aus.

In der universitären Ausbildung stellt die objektorientierte Programmierung mit Java eine sinnvolle Ergänzung bzw. Vervollständigung des Grundstudiums dar, da in den meisten Fällen eine imperative Programmiersprache für die Ausbildung von Anfängern gewählt wird. Auf der kommerziellen Seite spricht die industrielle Relevanz dafür.

3.2 Java und die Lernenden

Wenn Java für die Ausbildung verwendet wird, werden zunächst blinkende Applets und weniger objektorientierte Programmierung oder Techniken erwartet. Die Tatsache, daß diese Erwartung in der Regel in der Anfängerausbildung nicht erfüllt werden kann und u.E. auch nicht erfüllt werden soll, ist der einzige Nachteil, den wir festgestellt haben.

Vorteile sind hingegen die Eigenschaften von Java als gute Grundlage für das Erlernen von C++, als gute Voraussetzung für eine spätere Berufstätigkeit, der geringe Installationsaufwand (gute Verfügbarkeit, kostenlos, einfache Installation) und die Unabhängigkeit von der technischen Infrastruktur durch Plattformunabhängigkeit.

Die Verfügbarkeit und Plattformunabhängigkeit ermöglichen die Arbeit der Lernenden am heimischen PC. Gleichzeitig machen sie relativ unabhängig von der technischen Infrastruktur.

Die Erwartungen der Lernenden können anfangs nur zum Teil erfüllt werden, da Anfänger Java in erster Linie mit animierten Applets und dem Internet bzw.

WWW in Verbindung bringen. Diese Themen gehören nach Meinung der Autoren nicht unbedingt in die Anfängerausbildung, wohingegen die aus der Sicht der Lernenden eher langweiligen theoretischen Konzepte der Objektorientierung unbedingt dazu gehören, um eine gemeinsame terminologische Basis zu schaffen. Dabei ist allerdings zu berücksichtigen, daß die Verwendung von Java für die Ausbildung kein Ersatz für objektorientierte Analyse, Modellierung oder Design sein kann. Diese Themen sind Gegenstand der Ausbildung von Fortgeschrittenen, für die Programmierkenntnisse eine sehr gute Voraussetzung sind.

Für Anfänger erleichtern Vorkenntnisse in C oder einer anderen imperativen Sprache den Einstieg (wünschenswert sind Datentypen, Variablendeklarationen und Anweisungen), sind allerdings nicht unbedingt erforderlich. Vorkenntnisse in C++ sind jedoch eher ein Nachteil für die Ausbildung mit Java. Zum späteren Erlernen von C++ ist Java jedoch als Voraussetzung sehr gut geeignet.

3.3 Java und die Lehrenden

Da Lehrende in gewisser Weise auch Lernende sind, was inbesondere aufgrund der dynamischen Entwicklung für die Ausbildung mit Java gilt, sei hier auch auf den vorhergehenden Abschnitt verwiesen.

Für die Lehrenden steht die didaktische Eignung einer Programmiersprache und ihre Abdeckung der Lehrinhalte im Vordergrund. Vorteile sind die Motivation der Lernenden, die Modularisierbarkeit in relativ überschaubare Inhaltspakete (s. Abschnitt 4.1) und die durchgängige Verwendbarkeit von Anfänger, über Fortgeschrittene bis hin zu Profis (von der Programmierausbildung bis hin zu Konzepten nebenläufiger und verteilter Programmierung, Komponentenkonzept oder Datenbankanbindung). Durch die letztgenannte Eigenschaft *skaliert* die Sprache mit der Erfahrung der Lernenden und der Komplexität des Lerninhalts (s. Abschnitt 4.2)

Nachteilig erscheinen die dynamische Sprachentwicklung (s. Abschnitt 4.3), deren Geschwindigkeit aber abnimmt, und ein Darstellungsproblem, das sich aus der teilweisen Komplexität und dem Umfang der Sprache ergibt (s. Abschnitt 4).

Die sehr hohe Motivation der Studierenden stellte die Autoren gleichzeitig vor das Problem, in den Veranstaltungen an der TU Berlin für Anfänger mit bis zu 230 Teilnehmern fertig werden zu müssen. Dies ist ein deutlicher Beleg für die Attraktivität von Java für die Lernenden.

Als Lehrmittel ist Java ebenfalls sehr attraktiv. Dies liegt im wesentlichen an seiner Modularisierbarkeit und Skalierbarkeit. Diese ermöglichen die Verwendung von Java für die Ausbildung von Anfänger, über Fortgeschrittene bis hin zu Profis.

4 Erfahrungen in der Ausbildung mit Java

Die im vorherigen Abschnitt diskutierten Argumente betreffen den Einsatz von Java für die Ausbildung allgemein. Ist diese Entscheidung gefallen, ergeben sich eine Reihe von Detailbeobachtungen, die wir in diesem Abschnitt darstellen.

4.1 Planung

Die Abbildungen 1 und 2 zeigen zwei mögliche Programme für jeweils dreitägige
Kompaktkurse für Anfänger und Fortgeschrittene. Die von den Autoren als Praktikum durchgeführte Lehrveranstaltung an der TU Berlin folgt in etwa dem ersten Schema – durch die Organisation mit zwei Vorlesungs- und Übungsstunden
pro Woche ergibt sich natürlich eine andere zeitliche Aufteilung.

Block	1. Tag	2. Tag	3. Tag
1	OO Konzepte, Imperative Konstrukte in Java	Klassen in `java.lang` und `java.util`	AWT, Ereignisse
2	Einführung Infrastruktur Übung: Erstes Programm mit `main` Methode	Übung: Online-Dokumentation, Daten konvertieren, Datenstrukturen nutzen und erweitern	Übung: Umgang mit AWT Komponenten
3	OO Konstrukte in Java	Ein-/Ausgabe mit `java.io` Klassen	Übung: Miniatur Anwendung mit GUI
4	Übung: Erste Java Klassen mit Vererbung	Übung: Eingaben ausgeben, Daten per Datei austauschen, Datenstruktur speichern/laden	Puffer, Ausblick, Verweise auf Online-Quellen

Abbildung 1. Ein Kompaktkurs zur Einführung in OOP mit Java

Block	1. Tag	2. Tag	3. Tag
1	AWT, Ereignisse	Netzwerkzugriff mit `java.net`	Java Beans
2	Übung: Grafikeditor, Spiel	Übung: Namensauflösung, Web-Client, Web-Server	Übung: Uhrwerk- und Anzeige-Beans
3	Applets	Verteiltheit mit RMI	JDBC
4	Übung: Grafikeditor, Spiel	Übung: Chat-Server, -Client, -Roboter	Übung: Zugriff auf mSQL und Access

Abbildung 2. Ein Kompaktkurs für Fortgeschrittene über drei Tage

Bei der Beispielplanung für einen dreitägigen Kompaktkurs wird die Hälfte
der Zeit für Übungen am Rechner eingeplant. Nach der Erfahrung der Autoren
ist dies die untere Grenze. Für das Erlernen des Sprachkerns ist je nach Vorkenntnissen unterschiedlich viel Übungszeit einzuplanen – das Erlernen und Einüben

der Syntax stellt eine ernste Hürde am Anfang dar. Der Umgang mit den Standardpaketen sollte – wie unten geschildert – in jedem Fall stark auf selbsttätiges Studium der Dokumentation und praktische Übungen gestützt werden.

In den Fällen, in denen ein Kompaktkurs am Ende nicht den gewünschten Lernerfolg hatte, war nach Erfahrung der Autoren zumeist die mangelnde Zeit für Übungen das Hauptproblem. Ein Verzicht auf weiterführende Vortragsblöcke zugunsten von Rechnerübungen war sinnvoll.

In den Kursteilen zur Darstellung der Standardklassen wurde schnell deutlich, daß lediglich ein Überblick möglich ist und die Grundkonzeptionen präsentiert werden können. Verantwortlich dafür ist einerseits der schiere Funktionsumfang der Standardpakete, deren detaillierte Behandlung jeglichen Zeitrahmen sprengt. Zum anderen kann es didaktisch nicht verantwortet werden, die Lernenden mit Auflistungen von Funktionsschnittstellen zu überfordern.

Es stellte sich heraus, daß die Vermittlung der Standardpakete auf den eigenständigen Umgang mit der Online-Dokumentation und auf die praktische Verwendung von Funktionen in Übungen gestützt werden sollte. Dazu muß vor der Darstellung der Bibliotheken eine Einführung in die Struktur und die Benutzung der JDK Dokumentation gegeben werden. Das Aufsuchen bestimmter Dokumentationsteile sollte zu einer der ersten Übungsaufgaben gemacht werden.

Neben der quantitativen Darstellungsgrenze trifft man an verschiedenen Stellen der Sprache auch auf qualitative Anforderungen, die eventuell jenseits des Kursniveaus liegen. So sind nebenläufige Threads zwar in hoher konzeptioneller Eleganz Bestandteil des Sprachkerns, werden aber kaum in einem Anfängerkurs hinreichend zu behandeln sein. Einen ähnlich klaren Niveaubruch finden man mittlerweile in Bezug auf die verteilte Programmierung mit RMI.

Diese Schwierigkeit wird schon beim ersten Beispielprogramm deutlich: Da man weder den AWT noch das `applet` Paket hinreichend einfach erklären kann, wird man sich in den Übungen sehr lange auf textbasierte Java Applikationen beschränken. Die allerersten Schritte zum Üben der imperativen Sprachanteile können praktisch nur durch Abläufe innerhalb der statischen `main` Methode gemacht werden, da noch keine eigenen Klassen definiert werden können.

Über Klassen hinaus bietet Java Pakete zur Strukturierung und Sichtbarkeitssteuerung in Klassensammlungen an. Die Autoren haben die Erfahrung gemacht, daß in Anfängerkursen dieses Konzept nicht eingeführt werden muß und eine einfache Erläuterung der Syntax des `import` Statements ausreicht.

4.2 Skalierbarkeit und Modularisierung

Aus den unterschiedlichen Niveaus der in Java eingebauten oder durch Klassenbibliotheken standardisierten Konzepte ergeben sich allerdings keineswegs nur Probleme, sondern auch einer der wichtigsten Gründe für den Einsatz von Java in der Ausbildung: Eine *Skalierbarkeit* der Sprache über Anforderungen hinweg.

Damit meinen wir, daß Java als erste Sprache für das Erlernen imperativer und objektorientierter Programmieren sehr gut geeignet ist, aber im Fortgang der Ausbildung als Implementierungsplattform beibehalten werden kann.

Die Sprache erweist sich als geeignet, um weiterführende Konzepte wie Nebenläufigkeit und Verteiltheit zu transportieren, bis hin zur Verwendung in komplexen Anwendungsprogrammen. Abbildung 3 zeigt diese Skalierbarkeit, die in Weisweber und Tolksdorf, 1998 im Detail diskutiert wird.

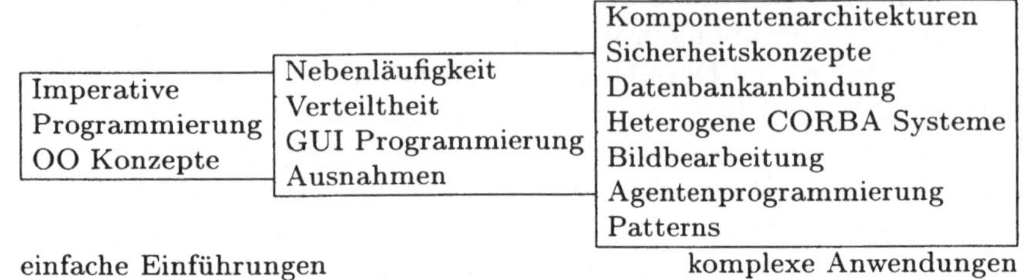

Abbildung 3. Die Spannbreite des möglichen Java-Einsatzes

Während dies im Hinblick auf eine Verwendung von Java durch das Studium hindurch große Chancen bietet, kann es dazu führen, daß Lerneinheiten Konzepte auf unterschiedlichen Niveaus vermischen. Es hat sich daher als vorteilhaft herausgestellt, zu Beginn lediglich textbasierte Java-Applikationen zu schreiben und komplexe Aspekte wie die umfangreiche AWT Bibliothek oder die Verwendung von Threads in Applets erst viel später einzuführen.

Ermöglicht wird dies erst durch eine weitere Eigenschaft der Sprache: *Modularisierbarkeit*. Darunter verstehen wir die Möglichkeit, Inhalte in klar abgegrenzten Teilen darzustellen und Java jeweils mit Erfolg dafür einzusetzen. Die Modularierbarkeit befördert eine klare Gliederung von Kursen, ermöglicht schnelle Lernerfolge sowie praktische Umsetzung und ist notwendige Voraussetzung für die genannte Skalierbarkeit.

4.3 Durchführung mit dem JDK

Praktische Übungen mit Java sind einerseits aufgrund der JDK Verfügbarkeit sehr einfach auf unterschiedlichsten Plattformen kostengünstig zu realisieren. Andererseits treten bei der Durchführung verschiedene technische Hürden – wie die Anpassung der Systemumgebung durch Pfadänderungen etc. – auf, die die Mängel dieser Umgebung für die Ausbildung deutlich machen.

Der JDK bietet eine für erfahrene Programmierer vollständige Entwicklungsumgebung mit Compiler und Debugger an. Für Anfänger fehlt eine integrierte Umgebung, die beispielsweise den Aufruf des Compilers per GUI-Button und ohne Umgang mit einer Kommandozeile ermöglicht. Schwierig zu vermitteln sind auch die Zusammenhänge, die manuelle Neucompilierung von Klassen erfordern. Eine Oberfläche mit einem integrierten und erweitertem `make` ist erforderlich – auch mit Blick auf die bei RMI-Verwendung noch komplexeren Abhängigkeiten.

Eine weitere Beobachtung betrifft die Verwendung von Editoren. Java Programme lassen sich mit jedem Texteditor erstellen. Allerdings sind Hilfsmittel wie farbliche Hervorhebung von Schlüsselworten, Markierung von Klammernpaaren und – bei Anfängern besonders wichtig – automatische Einrückungen dann zumeist nicht vorhanden. In einer speziell vorbereiteten Umgebung wird sicherlich der `emacs` Editor mit entsprechendem Java-Modus die erste Wahl sein.

Dringend erforderlich für praktische Übungen ist die Ergänzung des JDK mit einer integrierten Entwicklungsumgebung. Sie ließe sich plattformübergreifend aus frei erhältlichen Tools konfigurieren oder auf Java Basis neu entwickeln.

Positiv hervorzuheben ist `javadoc`, das sehr gut zur Vermittlung von Aspekten der Code-Dokumentation einzusetzen ist und – bei entsprechender Einführung – durch die ansprechende Form der Dokumentation gute Lernerfolge verschafft.

Die Dynamik der Java Entwicklung führt zu technischen Problemen, falls mehrere JDK Versionen gleichzeitig installiert sind. Die Kurse der Autoren basierten sehr lange auf Java 1.0 und dem entsprechenden JDK, obwohl die Sprachversion 1.1 schon in den ersten *final* Versionen erhältlich war. Der so gewonnenen Stabilität im Kursprogramm stand eine Instabilität der technischen Umgebung gegenüber, die vom korrekten Setzen verschiedener Umgebungsvariablen und dem Auftreten von Pfaden in der richtigen Reihenfolge darin abhängig war.

Die mittlerweile auf JDK 1.1 umgestellten Kursinhalte, Beispiele und Übungen leiden besonders in den Anfängerkursen unter den Warnungen, die der JDK Compiler bei der Verwendung von Methoden der Standardbibliothek ausgibt, von deren Verwendung als *deprecated* abgeraten wird. Daß Methoden zwar vorhanden sind, ihre Verwendung aber unerwünscht ist, läßt sich Anfängern kaum vermitteln und trifft bei Beispielen auch öfter die Lehrenden recht unverhofft.

4.4 Lehrbücher

Lehre stützt sich immer auch auf Lehrbücher vom freien Markt. Im Hinblick auf die Informatikausbildung auf hohem Niveau ist die Situation dabei allerdings weiterhin enttäuschend. Nach wie vor bietet der Buchmarkt zwar sehr viele Titel zum Programmieren in Java, allerdings sind bisher nach Auffassung der Autoren noch keine didaktisch brauchbaren Bücher in deutscher Sprache erhältlich. Notwendig wären Lehrbücher, die Java als Mittel zum Erlernen von objektorientierter Programmierung darstellen und sich keinesfalls in der Beschreibung von Applet-Programmierung erschöpfen. Leider führen solche Titel auch zu falschen Erwartungshaltungen bei den Lernenden.

5 Schlußfolgerungen

In den vorhergehenden Abschnitten haben die Autoren eine Reihe von Beobachtungen zum Einsatz von Java in der Ausbildung zusammengetragen und über Erfahrungen berichtet. Dabei wogen weniger die informatischen Eigenschaften der Sprache positiv, als Umstände ihrer Verwendung in der Ausbildung.

In der Tat lassen sich wenig Gründe für einen Wechsel beispielsweise von Smalltalk nach Java aus den reinen Spracheigenschaften ableiten – wahrscheinlich ist Smalltalk in der Konzeption klarer. Der technische und perspektivische Kontext von Java liefert hingegen viele Argumente dafür.

Zwei zentrale Vorteile von Java sind die Modularisierbarkeit und die Skalierbarkeit. Modularisierung beinhaltet hier zwei Aspekte. Einerseits die Modularisierbarkeit von Software (für die Lernenden) und anderseits die der Inhalte (für die Lehrenden). Sie ermöglichen Teamarbeit bzw. eine flexible Gestaltung von Kursen nach dem Baukastenprinzip. In Verbindung mit der Skalierbarkeit erlaubt Java ein durchgängiges konsistentes Konzept für die Ausbildung vom Anfänger bis zum Profi. Weiterhin ist nicht nur Java selbst eine gute Voraussetzung für eine spätere Berufstätigkeit, sondern ist ebenfalls gute Grundlage für das Erlernen von C++, das zur Zeit die höchste industrielle Relevanz aufweist.

Ein großes Problem bei der Ausbildung war bis jetzt die dynamische Entwicklung von Java. Die Geschwindigkeit der Veränderungen wird sich aber in Zukunft verlangsamen. Mit Schwierigkeiten verbunden waren auch die unterschiedlichen Vorkenntnisse der Teilnehmer. Durch geeignete Wahl der thematischen Bausteine läßt sich dies zumindest abmildern. Zu diesen Bausteinen gehören die Konzepte der Objektorientierung sowie die Aufteilung bei der Darstellung von Java in imperative und objektorientierte Anteile. Letzteres hat einerseits den Vorteil, daß je nach den Vorkenntnissen der Teilnehmer die imperativen Anteile wegfallen können. Anderseits führt es zu dem konzeptionellen und didaktischen Vorteil einer sauberen Trennung beider Programmierparadigmen.

Die Verwendung von Java kann zu zu hohen Erwartungen bei den Lernenden führen. Aus diesem Grund sollte man am besten schon in der Ankündigung klar sagen, daß Java nicht der Lerngegenstand ist, sondern Mittel zur Vermittlung objektorientierter Programmiertechniken und -methoden. Es sollte deutlich werden, daß graphische Benutzerschnittstellen, Applets und alle anderen weiterführenden Konzepte am Anfang nicht das Wichtigste sind. Das genannte Zeitproblem bei der Durchführung von Kursen erzwingt teilweise einen Verzicht auf die Darstellung dieser Themen.

Die Autoren haben bei der Ausbildung mit Java am meisten ein gutes Lehrbuch und eine in Java geschriebene und kostenlose integrierte Entwicklungsumgebung vermißt. Letzterer Mangel wirkt sich momentan sehr negativ auf die Durchführung von Kursen aus. Wenn die Entscheidung für Java in der Ausbildung einmal gefallen ist, empfehlen die Autoren die Beachtung folgender Punkte:

- Die technische Infrastruktur (Betriebssystem, Editor, ...) sollte den Teilnehmern vor Beginn der Ausbildung bekannt sein. Während der Ausbildung bleibt dazu in der Regel keine Zeit. Eine Ausbildung mit „blutigen" Informatikanfängern macht also wenig Sinn.
- In der Ausbildung sollte zu Beginn eine Einführung in die grundlegenden Konzepte der Objektorientierung gemacht werden (Objekte, Klassen, -hierarchien, Vererbung, Metaklassen, Kapselung, Polymorphie, Bindung etc.).
- Die Darstellung von Java sollte in imperative und objektorientierte Anteile aufgeteilt werden. Bei entsprechenden Vorkenntnissen der Teilnehmer können die imperativen Anteile wegfallen.

- Eine Anfängerausbildung sollte sich neben der Objektorientierung in erster Linie mit allgemeinen Programmierkonzepten befassen. Für Java gehören dazu die primitiven Datentypen, Anweisungen und Deklarationen sowie die Pakete `lang`, `io` und `util`. Alle anderen Pakete sollten Bestandteil weiterführender Ausbildungsabschnitte sein.
- An den Anfang der Ausbildung gehört auch eine Einweisung in den Umgang mit der Klassendokumentation.
- Eine Ausbildung sollte etwa zur Hälfte aus der Vermittlung von Inhalten und zur anderen Hälfte aus praktischer Arbeit bestehen.

Trotz einiger kritischer Anmerkungen hat die Verwendung von Java in unseren Ausbildungsveranstaltungen einen sehr positiven Eindruck sowohl bei den Lernenden als auch bei den Lehrenden hinterlassen. Aufgrund seiner Modularisierbarkeit und Skalierbarkeit ermöglicht Java ein durchgängiges inhaltliches und didaktisches Konzept, so daß die Sprache in sämtlichen Ausbildungsabschnitten eingesetzt werden kann. Die Vielzahl der Perspektiven der Spache Java und der Objektorientierung für die berufliche Praxis hat die Autoren weiterhin von der Richtigkeit der Wahl von Java für die Ausbildung bestärkt.

Literatur

Battersby, A. (1997). Initial Experience with Java in a Distributed Computing Module. *Monitor*, (8).

Boehm, M., Freytag, J., Owsnicki-Klewe, B., Pfeiffer, G., und Raasch, J. (1997). Objektorientierung in der Informatikausbildung auf der Basis von Smalltalk. *Informatik-Spektrum*, 20(6):335–343.

Bowen, B. D. (1997). Educators embrace Java. *Javaworld*, (1):Online Dokument. *http://www.javaworld.com/javaworld/jw-01-1997/jw-01-education.html*.

Garside, R. (1997). Teaching Java at Lancaster. *Monitor*, (8).

Goedicke, M. (1997). Java in der Programmierausbildung: Konzept und erste Erfahrungen. *Informatik-Spektrum*, 20(6):357–363.

Graci, C., Lea, D., und Mohammadi, R. (1997). Experiences using Java at SUNY Oswego. *Dr Dobb's Journal*, (Fall special issue).

King, K. (1997). The Case for Java as a First Language. In *Proceedings of the 35th Annual ACM Southeast Conference*.

Lea, D. (1996). Some Questions and Answers about using Java in Computer Science Curricula. Online Dokument. *http://g.oswego.edu/dl/html/javaInCS.html*.

Schaller, N. C. (1997). Using Java in Computer Science Education. In *SIGCSE/SIGCUE Conference on Integrating Technology into Computer Science Education*, pages 140–142, Uppsala, Sweden. *http://www.cs.rit.edu/~ncs/Uppsala97/index.html*.

Wallace, C., Martin, P., und Lang, B. (1997). Not whether Java but how Java. *Monitor*, (8).

Weisweber, W. und Tolksdorf, R. (1998). Durchgängiger Einsatz von Java in der Informatikausbildung: Von Einführungen bis zu offenen verteilten Anwendungen. In *Proceedings Smalltalk und Java in der Ausbildung, STJA98*.

Transitiver Schutz in Java durch Sicherheitsmetaobjekte

Thomas Riechmann, Franz J. Hauck und Jürgen Kleinöder

Universität Erlangen-Nürnberg **
Lehrstuhl für Betriebssysteme IMMD-IV
Martensstr. 1, D-91058 Erlangen
{riechmann,hauck,kleinoeder}@informatik.uni-erlangen.de
http://www4.informatik.uni-erlangen.de/~{riechmann,hauck,kleinoeder}

Zusammenfassung Java hat sich als Plattform für verteilte, objektorientierte Applikationen, bei denen das Thema Sicherheit wichtig ist, etabliert. Das Sicherheitsmodell von Java basiert auf Capabilities: Ein Objekt kann nur über eine Objektreferenz (=Capability) angesprochen werden. Zusätzlich können Klassen auch selbst Zugriffsschutz abhängig vom Aufrufer implementieren (Zugriffslisten-Implementierung). Bei Java ist die Sicherheitskonfiguration nicht von der Implementation der Applikationsklassen getrennt, sondern muß in die Applikationsklassen hineinimplementiert werden. Das Hauptproblem bei Capabilities ist die Verbreitungskontrolle: Da bei objektorientierten Systemen oft Objektreferenzen übergeben werden, ist es schwer, die Kontrolle zu behalten, wer auf welche Referenz zugreifen kann. Zugriffslisten haben andererseits den Nachteil, daß es einer böswilligen Applikation möglich sein kann, fremden, privilegierten Subjekten (Programmteilen, Domänon) Objektieferenzen unterzuschieben (Unix s-Bit Problem). Wir stellen ein Sicherheitsmodell vor, das diese Probleme löst. Durch spezielle Sicherheitsmetaobjekte trennen wir die Sicherheitsstrategie von der Implementierung der Applikationsklassen. Ein Sicherheitsmetaobjekt kann an eine Objektreferenz geheftet werden und schützt diese Referenz, indem es Zugriffe (Implementation von konfigurierbaren Capabilities) und Parameter- und Rückgabewerte überwacht, um die versehentliche Herausgabe von Referenzen zu verhindern bzw. herausgegebene Referenzen mit Zugriffsbeschränkungen zu versehen (Implementation von transitiven Capabilities).

1 Einleitung

Java ist besonders für verteilte Applikationen mit speziellen Sicherheitsanforderungen geeignet. Es ist ohne Risiko möglich, fremde Applikationen auszuführen. Mit dem Java-1.2 Sicherheitsmodell [13] kann man feingranular bestimmen, welche Systemresourcen Programme nutzen dürfen.

** Diese Arbeit wurde von der Deutschen Forschungsgemeinschaft im Rahmen des Sonderforschungsbereichs 182 „Multiprozessor- und Netzwerkkonfigurationen", Teilprojekt B2, gefördert.

Das Sicherheitsmodell basiert auf der Objektorientierung: Ein Objekt kann nur angesprochen werden, wenn man eine Referenz auf dieses besitzt, und auch dann nur über Methoden, die in seiner Schnittstelle entsprechend deklariert sind (Capability-Implementierung). Falls konfigurierbare Zugriffsbeschränkungen nötig sind, müssen diese vom Programmierer direkt in die Applikationsklassen hineinimplementiert werden (Zugriffslisten-Implementierung). Trennung von Sicherheitsstrategie und Semantik der Implementation ist nicht möglich und der Programmierer muß bei jeder implementierten Methode überlegen, ob er Zugriffsschutz einbauen muß. Wenn er dies vergißt, können Sicherheitsprobleme entstehen. Ein solches Sicherheitsmodell widerspricht den gängigen Sicherheitsrichtlinien [10], nach denen bei allen möglicherweise sicherheitskritischen Ereignissen automatisch ein Referenzmonitor involviert werden soll.

Wir trennen die Sicherheitsstrategie von der Implementierung der Applikationsklassen. Die Sicherheitsstrategie wird durch Sicherheitsmetaobjekte realisiert. Diese können an Objektreferenzen geheftet werden und schützen dann diese Referenz: bei jeder sicherheitsrelevanten Operation werden sie involviert und können über die Zulässigkeit der Operation entscheiden. Sie implementieren so konfigurierbare, orthogonal implementierbare Capabilities.

Zusätzlich können diese Sicherheitsmetaobjekte auch den Fluß von Objektreferenzen kontrollieren: Um eine Referenz zu schützen, genügt es nicht, Methodenaufrufe über diese Referenz zu überwachen. Vielmehr müssen zusätzlich Referenzen, die bei solchen Methodenaufrufen übergeben werden oder als Ergebnis zurückgegeben werden, überwacht werden. Über solche Referenzen kann sonst unkontrolliert auf das eigentlich zu schützende Objekt oder Komponenten des Objektes zugegriffen werden. Daher kann sich das Sicherheitsmetaobjekt automatisch an alle im Zuge eines Methodenaufrufs ausgetauschten Referenzen heften und somit transitiven Schutz realisieren - und dies ohne Unterstützung des zu schützenden Objektes. Die Strategie kann komplett durch Sicherheitsmetaobjekte implementiert werden.

In Abschnitt 2 werden wir Sicherheitsmetaobjekte allgemein betrachten und zeigen, daß man mit ihnen konfigurierbare Capabilities implementieren kann. In Abschnitt 3 motivieren wir die Notwendigkeit von transitivem Schutz und zeigen, wie wir diesen durch Sicherheitsmetaobjekte implementieren können. Unseren Java-Prototyp stellen wir kurz in Abschnitt 4 vor. In Abschnitt 5 vergleichen wir unser Sicherheitsmodell mit anderen Arbeiten in diesem Bereich.

2 Sicherheitsmetaobjekte

In diesem Abschnitt stellen wir unser Grundkonzept, das auf Sicherheitsmetaobjekten basiert, dar. Wir beschreiben das Konzept allgemein und präsentieren einige Beispiele in Java-Syntax, bei denen jedoch syntaktischer Ballast zunächst weggelassen wird. Später werden wir darauf eingehen, wie unsere Beispiele tatsächlich in Java aussehen müßten.

Wir gehen von einem objektorientierten Programmiermodell aus, das Zugriffe auf Objekte nur über Objektreferenzen erlaubt, wie es bei Java der Fall ist

[11]. Wir betrachten in diesem Zusammenhang nur Methodenaufrufe und gehen davon aus, daß direkte Instanzvariablenzugriffe nicht erlaubt sind. (Das Modell läßt sich auch auf Variablenzugriffe erweitern, das wollen wir hier jedoch nicht betrachten.) Eine Objektreferenz ist in diesem Modell also eine Capability für Methodenaufrufe an einem Objekt.

Wir erweitern dieses Modell durch die Möglichkeit, ein oder mehrere *Sicherheitsmetaobjekte* (zu Metaobjekten siehe auch [5] und [2]) an eine Objektreferenz zu heften. Solch ein Sicherheitsmetaobjekt schützt die Referenz und kann beispielsweise entscheiden, welche Methodenaufrufe über die Referenz durchgeführt werden dürfen. Diese Sicherheitsmetaobjekte sind für die Anwendung transparent; für die Anwendung sehen geschützte und ungeschützte Referenzen gleich aus.

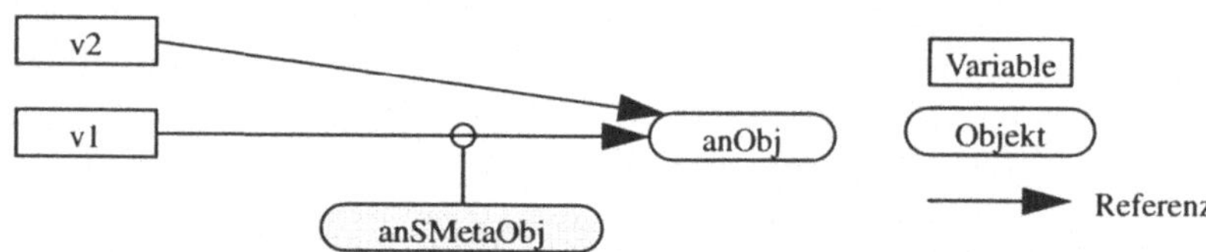

Abb. 1. Eine mit Sicherheitsmetaobjekt geschützte Referenz

Da Sicherheitsmetaobjekte an Referenzen (und nicht an Objekte) geheftet werden, kann es mehrere Referenzen auf dasselbe Objekt mit unterschiedlichen angehefteten Sicherheitsmetaobjekten geben. Ein Sicherheitsmetaobjekt kann mehrere Referenzen schützen und es können mehrere Sicherheitsmetaobjekte an die selbe Referenz geheftet werden. Diese Sicherheitsmetaobjekte werden dann alle nacheinander bei Aufrufen über die Referenz involviert. Abbildung 1 zeigt eine Objektreferenz auf das Objekt `anObj` in Variable `v1`, die durch das Sicherheitsmetaobjekt `anSMetaObj` geschützt ist. Zusätzlich existiert eine Referenz auf dasselbe Objekt in Variable `v2`, die ungeschützt ist.

Jede Applikation kann ohne Einschränkung Sicherheitsmetaobjekte an Referenzen heften; da diese nur den Zugriff einschränken, stellt dies kein Sicherheitsproblem dar.

2.1 Capabilities

Capabilities implementieren zusätzlich zu der Semantik von reinen Objektreferenzen drei weitere Konzepte: Zugriffseinschränkung, Revokation, Expiration. Wir werden nun vorstellen, wie man mit Sicherheitsmetaobjekten diese implementieren kann und dadurch alle Arten von Capabilities realisieren kann:

- Zugriffseinschränkung. Es kann nur eine eingeschränkte Menge von Methoden über eine Capability aktiviert werden. Dies können wir durch ein Sicherheitsmetaobjekt erreichen, das bei jedem Methodenaufruf prüft, ob die

Zielmethode sich in der Menge erlaubter Methoden befindet und sonst den Aufruf abweist.

- Revokation. Eine an einen anderen Programmteil weitergegebene Capability soll nachträglich ungültig gemacht werden. Das Sicherheitsmetaobjekt enthält dazu ein Statusbit, das gesetzt werden kann, um alle von ihm geschützten Referenzen zu invalidieren. Falls dieses Bit gesetzt ist, erlaubt es überhaupt keine Aufrufe mehr.
- Zeitlich begrenzte Gültigkeit. Eine Capability soll nur eine zeitlich begrenzte Gültigkeit haben. Dazu prüft das Sicherheitsmetaobjekt bei jedem Aufruf, ob das Gültigkeitsende bereits erreicht ist und entscheidet damit, ob der Aufruf zulässig ist.

2.2 Beispiel

Die Implementation und Verwendung eines Sicherheitsmetaobjektes, das zeitlich begrenzte Gültigkeit implementiert, soll hier beispielhaft dargestellt werden. Im folgenden Listing wird eine Objektreferenz auf eine Liste mit zeitlich begrenzter Gültigkeit versehen.

```
List l = ..... ;                            // eine Ref. auf eine Liste
SecurityMeta s =
  new MetaExpire(new Date(1,7,1999)); // Metaobjekt erz.
l = s.dstAttachTo(l);                       // Metaobjekt an Ref. heften
...                                         // Ref. l ist nun geschuetzt
x.untrustedMethod(l);                       // l an nicht-vertrauensw.
                                            // Programmteil uebergeben


class MetaExpire extends SecurityMeta {// die MetaExpire Klasse

    final Date d;                           // Gueltigkeits-Ende
    MetaExpire(Date d) { this.d = d; }      // Gueltigkeitsende in d
                                            // speichern
    void incomingCall (Object o,            // diese Methode prueft
                       Method m,            // Aufrufe ueber
                       ParamList p) {       // geschuetzte Referenzen
      if (d < getCurrentDate())             // Ref. schon ungueltig?
        throw (new SecException(...));      // dann Aufruf unzulaessig
    }                                       // sonst Aufruf zulassen
}


class X {
  untrustedMethod(List lst) {
    lst.Get();                              // Aufruf wird geprueft
} }
```

Der erste Teil des Programmes zeigt die Benutzung eines entsprechenden Sicherheitsmetaobjektes. Das Sicherheitsmetaobjekt s wird an die Listenreferenz l geheftet. Dabei unterscheiden wir zwei Arten das Sicherheitsmetaobjekt an die Objektreferenz zu heften: *zielorientiert* und *quellorientiert*. Wir heften das Sicherheitsmetaobjekt hier zielorientiert an die Referenz (mit `dstAttachTo`), das bedeutet, daß das Sicherheitsmetaobjekt Aufrufe über die geschützte Referenz als ankommende Aufrufe betrachtet. Das Anheften mit quellorientierter Sicht werden wir später betrachten. Durch das Anheften entsteht eine neue, nun geschützte Referenz: Wir überschreiben damit die Variable l, so daß die einzige ungeschützte Referenz auf die Liste verschwindet. Bei jedem Aufruf über die geschützte Referenz wird nun automatisch die `incomingCall` Methode des Sicherheitsmetaobjektes aktiviert, die in unserem Beispiel prüft, ob die Gültigkeitsdauer bereits überschritten ist und in diesem Fall den Aufruf durch Erzeugen einer Ausnahme verhindert. Wir übergeben die geschützte Referenz an einen Programmteil, dem wir nicht vertrauen. Dieser hat nun keine Möglichkeit mehr, nach dem Ende der Gültigkeitsdauer auf die Referenz zuzugreifen.

Abbildung 2 zeigt das Ergebnis: Bei der Übergabe der geschützten Referenz l an einen anderen Programmteil wird die Referenz dupliziert. Das Sicherheitsmetaobjekt ist zielorientiert an die Referenz geheftet und betrachtet daher Aufrufe als eingehende Aufrufe (`incomingCall` wird aktiviert).

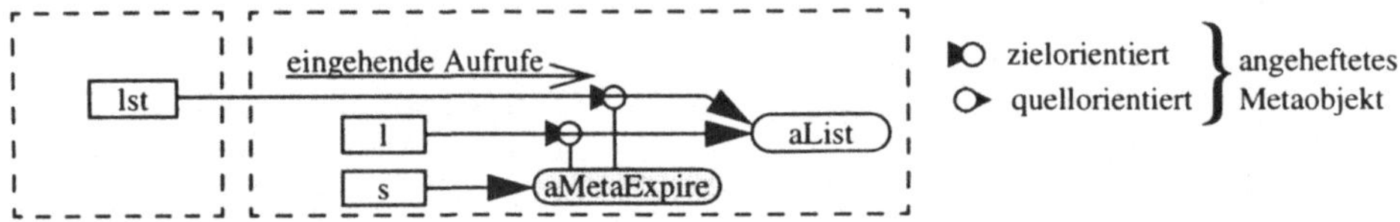

Abb. 2. Beispiel für zeitlich begrenzte Gültigkeit von Referenzen

Die `MetaExpire` Klasse ist generisch implementiert, sie kann alle Arten von Objekten schützen. Die im Beispiel zu schützende Liste enthält keine Unterstützung für Schutz. Implementation der Applikationssemantik und Sicherheitsimplementation sind getrennt. Methodenspezifischer Schutz ist ebenso durch Sicherheitsmetaobjekte ohne Applikationsunterstützung implementierbar, allerdings enthält dann die Implementation des Metaobjektes eventuell applikationsspezifische Teile.

3 Transitivität

In objektorientierten Systemen ist die Übergabe und Rückgabe von Objektreferenzen bei Methodenaufrufen einer der Basismechanismen und wird daher oft verwendet. Bei der Übergabe von Referenzen an andere Programmteile ist besondere Vorsicht geboten: Wenn eine ungeschützte Referenz übergeben wird, kann der Empfänger ohne jede Restriktion auf die Referenz zugreifen. Die Liste aus dem Beispiel könnte eine `get` Methode implementieren, die Referenzen auf Listeneinträge zurückgibt. Diese Referenzen sind nun zunächst einmal ungeschützt.

Man könnte nun die **get** Methode der Liste erweitern, daß vor der Rückgabe ein Sicherheitsmetaobjekt an die Referenz geheftet wird, um diese zu schützen. Dann würden jedoch wieder Sicherheitskonfiguration und Applikationssemantik gemischt. Wir beschreiten daher einen anderen Weg: die Sicherheitsmetaobjekte haben nicht nur über die Aufrufe die Kontrolle, sondern auch über Referenzen, die im Zuge des Aufrufs transferiert werden.

3.1 Einfache Transitivität

Betrachten wir zunächst Referenzen, die über geschützte Referenzen als Rückgabewert eines Methodenaufrufes übermittelt werden, wie dies bei einer **get** Methode der Liste der Fall ist.

Unsere Sicherheitsmetaobjekte können hierzu eine Methode `outgoingRef` implementieren, die vom Laufzeitsystem immer dann aufgerufen wird, wenn eine Referenz den Applikationsteil über die geschützte Referenz verläßt, also z.B. als Rückgabewert der **get** Methode transferiert wird. Um nun diese Referenz zu schützen, heftet sich das Sicherheitsmetaobjekt an solche Referenzen und versieht diese dadurch mit dem gleichen Schutz, mit dem es auch die initiale Listen-Referenz selbst schützt:

```
class MetaExpire extends SecurityMeta {
  final Date d;
  MetaExpire(Date d) { this.d = d; }

  void incomingCall(Object o, Method m, ParameterList p) { ... }
  Object outgoingRef(Object o) { // Objref o wird zurueckgegeben
    return this.dstAttachTo(o);  // o mit Metaobjekt selbst
  }                              // schuetzen
}
```

In Abbildung 3 ist das Ergebnis grafisch dargestellt: Die Referenz `lst` ist durch das Sicherheitsmetaobjekt `aMetaExpire` geschützt. Über `lst` wird nun die **get** Methode der Liste aufgerufen, die das Element `anEntry` zurückgibt (etwa durch den Aufruf: `ent=lst.Get()`). Bevor diese Referenz nun an den Aufrufer zurückübergeben wird, wird diese an die `outgoingRef` Methode des Sicherheitsmetaobjektes übergeben. Diese hängt das Metaobjekt selbst an die Referenz,

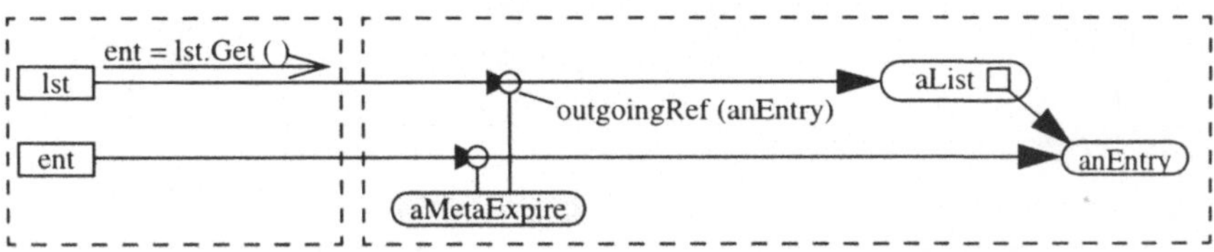

Abb. 3. Beispiel für den Schutz zurückgegebener Referenzen

die Referenz ist ebenfalls geschützt und hat ebenfalls nur eine zeitlich begrenzte Gültigkeit.

3.2 Volle Transitivität

Tatsächlich betrachtet unsere Implementation im vorigen Abschnitt nur Referenzen, die als Rückgabewerte übergeben werden. Referenzen, die als Parameter übergeben werden, scheinen zunächst unkritisch, da diese in die andere Richtung zeigen. Unsere Liste könnte z.B. eine Such-Methode implementieren, die als Parameter eine Referenz auf ein Elementobjekt bekommt und prüft, ob sich das Element schon in der Liste befindet:

```
class List { .....
  boolean search(Entry e) {         // Such-Methode der Liste
    for (Entry a=first; ....) {  // Durch die Liste iterieren
      if (e.equals(a)) {
        return true;
      }                             // Eintrag gefunden
    }
    return false;                   // Eintrag nicht gefunden
} }
```

Da die Referenz auf dieses Element in die andere Richtung zeigt, nämlich von der Liste nach außen, benötigt man für diese Referenz keinen Schutz gegen unbefugte Aufrufe. Ganz ohne Schutz kommt man hier jedoch auch nicht aus, sonst kann diese Referenz als trojanisches Pferd wirken; über sie können unbemerkt Referenzen nach außen dringen. In Abbildung 4 ist diese Situation dargestellt. Über die geschützte Referenz lst wird die Such-Methode der Liste mit einer Referenz (trojH), die später als trojanisches Pferd benutzt wird, aufgerufen. Die Such-Methode iteriert durch die Liste und testet für jeden Eintrag, ob dieser mit dem übergebenen Objekt übereinstimmt. Dies erfolgt durch Aufruf der equals Methode an der übergebenen Objektreferenz (e). Diese equals Methode erhält nun wiederum ein Listenelement als Parameter. Das Objekt aTrojH hat nun eine Referenz auf ein Listenelement, die nicht geschützt ist. Die Sicherheitsstrategie ist noch nicht komplett transitiv.

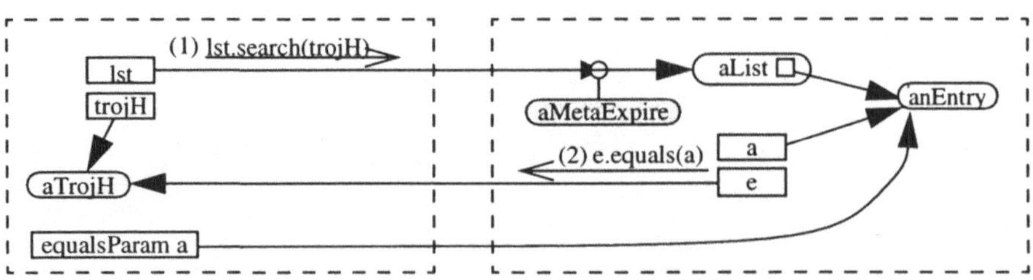

Abb. 4. Beispiel für trojanische-Pferd Referenzen

Das Problem ist die übergebene Referenz: Wenn eine Referenz über eine
geschützte Referenz übergeben wird, muß sie ebenfalls geschützt werden, und
zwar nicht gegen unbefugte Aufrufe, sondern vielmehr nur gegen Weitergabe
ungeschützter Referenzen. Solche Referenzen zeigen in die andere Richtung:
von den geschützten Objekten aus nach außen. Daher benötigt ein Sicherheitsmetaobjekt, das eine solche Referenz schützen soll, eine andere Sicht auf die
Referenz: *quellorientierte* Sicht. Es betrachtet dann Aufrufe über die Referenz
als ausgehende Aufrufe, übergebene Parameter als herausgegebene Referenzen,
Rückgabewerte als eingehende Referenzen. Um eine Referenz quellorientiert zu
schützen, kann man ein Sicherheitsmetaobjekt quellorientiert (durch die Methode `srcAttachTo` des Metaobjektes) an diese anheften:

```
class MetaExpire extends SecurityMeta {
  void incomingCall(Object o, Method m, ParameterList p) { ... }
  void outgoingCall(...) {}        // ausgehende Aufrufe
                                   // unbeschraenkt zulassen

  Object outgoingRef(Object o) { // o verlaesst gesch. Bereich
    return this.dstAttachTo(o);  // o zielorientiert schuetzen
  }

  Object incomingRef(Object o) { // o betritt gesch. Bereich
    return this.srcAttachTo(o);  // o quellorientiert schuetzen
} }
```

Abbildung 5 zeigt das Ergebnis: Die initiale Referenz `lst` ist zielorientiert
geschützt. An den bei dem Methodenaufruf (1) übergebene Parameter `trojH`
heftet sich das Sicherheitsmetaobjekt selbst quellorientiert (2). Wenn nun über
diesen Parameter (lokale Variable `e`) wiederum eine Methode aktiviert wird (3),
kann das Sicherheitsmetaobjekt Parameter zielorientiert schützen (4), so daß der
ursprüngliche Aufrufer keine ungeschützten Referenzen bekommt.

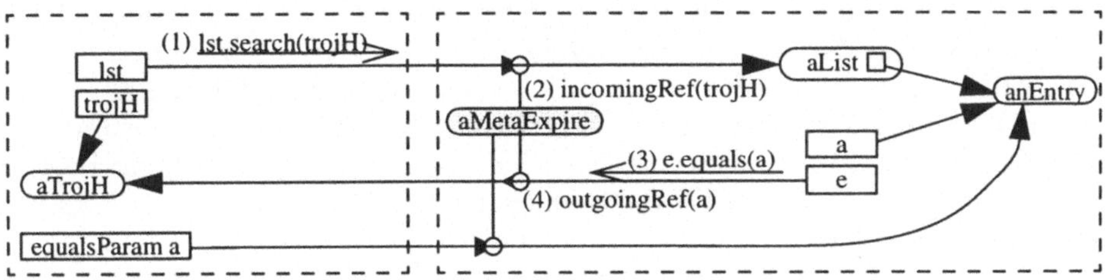

Abb. 5. Beispiel für den Schutz zurückgegebener Referenzen

Diese Sicherheitsmetaobjekt- Implementation ist vollständig transitiv und
kann für alle Arten von Schutzstrategien verwendet werden, wie Zugriffsbeschränkungen, Rückruf von Referenzen, zeitlich beschränkte Gültigkeit. Bei-

spielsweise könnte man ein Sicherheitsmetaobjekt implementieren, welches das Listen-Objekt gegen Schreibzugriffe schützt. Der Schutz wirkt dann nicht nur auf die Liste, sondern auch auf die Elemente der Liste, und dies, ohne die Listen-Implementation verändern zu müssen.

4 Implementation

Die Implementation des hier vorgestellten Sicherheitsmodells in Java ist auf verschiedene Arten möglich. Eine Möglichkeit ist eine Erweiterung der Java Maschine, die es erlaubt, Sicherheitsmetaobjekte an beliebige Objektreferenzen zu heften [2]. Da dann jedoch Kompatibilitätsprobleme entstehen (Programme laufen dann nur noch mit der geänderten Java Maschine) wurde hier ein anderer Weg beschritten. Um eine Referenz zu schützen, wird ein Stellvertreter-Objekt vor die Referenz gehängt, das zuerst die Methoden des zuständigen Sicherheitsmetaobjektes aktiviert und dann den Aufruf durchführt (ähnlich wie bei Java-RMI). Für jede Klasse werden automatisch entsprechende Stellvertreter-Klassen generiert. Wegen des starren Typkonzeptes von Java können über einen Stellvertreter allerdings nur Methoden aufgerufen werden, die entweder von der Wurzelklasse Object geerbt werden oder durch Schnittstellen (Interfaces) deklariert werden, die durch die Klasse des Zielobjektes implementiert werden (gleiche Einschränkung wie bei RMI).

Bis auf diese Einschränkung, die sich durch Deklaration von Schnittstellen umgehen läßt, wurde das Modell jedoch komplett implementiert und funktioniert mit allen Java Maschinen, auch beispielsweise im Netscape-Browser.

5 Verwandte Arbeiten

Die gängigen Sicherheitsmodelle für objektorientierte Systeme verwenden meist primär Capabilities [1], die eingeschränkt werden können (Hydra [16], Amoeba [14]), zeitlich begrenzt gültig sind (Kerberos V5 [3], das z.B. von DCE [7] verwendet wird) und auch nachträglich ungültig gemacht werden können (CORBA [6]). Java besitzt dafür nur eingeschränkte Möglichkeiten: Referenzen können weder ungültig gemacht werden, noch mit zeitlich begrenzter Gültigkeit versehen werden. Lediglich Zugriffsbeschränkung kann gewählt werden, allerdings auch nur grobgranular: Durch die Attribute private, protected, public kann bestimmt werden, ob nur Klassen eines Paketes oder der Vererbungshierarchie Zugriff auf bestimmte Methoden haben.

Das Problem der Verbreitungskontrolle von Capabilities [4], das in dieser Arbeit durch die Transitivität der Sicherheitskonfiguration gelöst wird, wird bei den meisten objektorientierten Systemen durch Zugriffslisten angegangen. Um einen Methodenaufruf durchzuführen, muß der Aufrufer eine Referenz auf das Zielobjekt besitzen und in der Zugriffskontrollliste des Zielobjektes muß für ihn Zugriff auf diese Methode erlaubt sein. Dadurch ist es leicht, die Kontrolle darüber zu behalten, wer auf ein bestimmtes Objekt zugreifen kann. Die Problematik dieses

Verfahrens liegt jedoch in der Wahl der Identitäten, d.h. unter welcher Identität ein Methodenaufruf durchgeführt wird.

Es gibt dazu mehrere gängige Verfahren: domänenbasierte, threadbasierte und explizite Identitäten [15]. Java 1.0.2 [12] implementiert domänenbasierte Identitäten. Klassen die lokal geladen werden gehören zu einer hochprivilegierten Domäne, Klassen die über Netzwerk von einem bestimmten Rechner geladen werden zu einer weniger privilegierten. In Java 1.2 [13] werden zusätzlich threadbasierte Identitäten angeboten. Eine privilegierte Domäne kann den aktuellen Thread mit Rechten versehen, die dann in tieferen Aufrufhierarchien verfügbar sind. So gesehen ist dies eine Mischung von expliziten Identitäten und threadbasierten Identitäten.

Die Probleme, die bei allen drei Möglichkeiten auftreten, sollen hier kurz erläutert werden:

- Domänenbasierte Identitäten. Bei domänenbasierten Identitäten können Objektreferenzen untergeschoben werden (ähnlich wie beim Unix s-bit Problem). Eine nicht-privilegierte Domäne besitzt eine Objektreferenz, auf die sie wegen fehlender Rechte nicht zugreifen kann. Dann kann sie versuchen, diese Referenz einer privilegierten Domäne unterzuschieben. Sie ruft bei einem Objekt in der privilegierten Domäne eine Methode auf und übergibt ihr die Referenz als Parameter. Wenn nun die privilegierte Methode darauf zugreift, erfolgt dies mit ihren hohen Privilegien.
- Threadbasierte Identitäten. Bei threadbasierten Identitäten besteht die Gefahr der versehentlichen, unkontrollierten Rechteweitergabe. Wenn ein privilegierter Thread eine Methode aufruft, kann diese über die Privilegien frei verfügen, d.h. man muß bei Interaktion mit anderen Programmteilen gut überlegen, ob man vor einem Aufruf die Privilegien aufgeben muß.
- Explizite Identitäten. Dies führt zur Mischung von Sicherheitskonfiguration und Applikationssemantik.

6 Zusammenfassung und Ausblick

Das ursprüngliche Sicherheitsmodell von Java 1.0 basierte im wesentlichen auf Capabilities. Es stellte sich heraus, daß die von Java implementierten Capabilities zu wenig Möglichkeiten bieten. Statt nun wie bei Java 1.2 vorzugehen und auf Zugriffslisten als zusätzlichen Mechanismus zu setzen, wurden in dieser Arbeit die Möglichkeiten, die sich mit Capabilities bieten, erweitert.

Die Capabilities wurden durch Sicherheitsmetaobjekte implementiert und dadurch nicht nur konfigurierbar gemacht, so daß sie alle Möglichkeiten von Capabilities bieten (Revokation, zeitliche Begrenzung und Einschränkung), sondern wurden zusätzlich mit Transitivität versehen, so daß das Problem der versehentlichen Verbreitung von ungeschützten Capabilities gelöst wird.

Die Sicherheitsmetaobjekte lassen sich unabhängig von der Applikation implementieren, Applikationsklassen müssen dazu nicht angepaßt werden. Wenn bei einer Applikation initial Referenzen zwischen den verschiedenen Applikationsteilen ausgetauscht werden, müssen diese mit den entsprechenden Sicherheitsmetaobjekten versehen werden, danach wird der Schutz automatisch transitiv durch die Sicherheitsmetaobjekte realisiert.

Ganz ohne Zugriffskontrolllisten wird man nicht auskommen: Für die initial ausgetauschten Referenzen könnte man diese beispielsweise benötigen. Wir schlagen dazu rollenbasierte Identitäten vor [9]. Diese bieten im Gegensatz zu thread- oder domänenbasierten Identitäten keine Angriffsmöglichkeiten durch Unterschieben von Referenzen. Sie lassen sich ebenfalls mit Sicherheitsmetaobjekten implementieren und wir werden diese auch in unseren Prototyp integrieren.

Literatur

1. Dennis, J.B.; Van Horn, E.C.: Programming Semantics for Multiprogrammed Computations. Comm. of the ACM, März 1966
2. Kleinöder, J.; Golm, M.: MetaJava: An Efficient Run-Time Meta Architecture for Java. IWOOOS '96 workshop, Seattle, 1996
3. Kohl, J., Neuman, C.: The Kerberos Network Authentication Service (V5). IETF Network Working Group Request for Comments 1510, September 1993
4. Lampson, B.: A Note on the Confinement Problem, In: Communications of the ACM 1973, Oktober, 1973
5. Maes, P.: Computational Reflection, Ph.D. Thesis, Technical Report 87-2, Artificial Intelligence Laboratory, Vrije Universiteit Brussel, 1987
6. OMG: CORBA Security, OMG Document Number 95-12-1, 1995
7. OSF: Security in a Distributed Computing Environment, Open Software Foundation, White Paper, 1992
8. Riechmann, T.; Hauck, F. J.: Meta objects for access control: extending capability-based security, In: Proc. of the ACM New Security Paradigms Paradigms Workshop 1997, Great Langdale, UK, Sept. 1997
9. Riechmann, T.; Kleinöder, J.: Meta objects for access control: Role-based Principals, In: Proc. of the Third Australasian Conference on Information Security and Privacy, Springer LNCS, Brisbane, Austalien, Juli 1998
10. Saltzer, J. H.; Schroeder, M. D.: The Protection of Information in Computer Systems, In: Proc. of the IEEE, volume 63, number 9, Sept. 1975
11. Sun Microsystems Comp. Corp.: HotJava: The Security Story, White Paper, 1995
12. Sun Microsystems Comp. Corp.: The Java Language Environment, White Paper, 1995
13. Sun Microsystems Comp. Corp.: Java Security Architecture, JDK 1.2 Draft, 1997
14. Tanenbaum, A. S.; Mullender, S. J.; van Renesse, R.: Using sparse capabilities in a distributed operating system. Proc. of the 6th Int. Conf. on Distr. Comp. Sys., pp. 558-563, Amsterdam, 1986
15. Wallach, D. S.; Balfanz, D.; Dean, D.; Felten, E. W.: Extensible Security Architecture for Java. SOSP 1997: p. 116-128, Okt. 1997, Saint-Malo, France
16. Wulf, W.; Cohen, E.; Corwin, W.; Jones, A.; Levin, R.; Pierson, C.; Pollack, F.: HYDRA: The Kernel of a Multiprocessor Operating System. Communications of the ACM, 1974

Java RMI, CORBA und Firewalls

Rainer Falk

Lehrstuhl für Datenverarbeitung
TU München
`falk@ei.tum.de`

Zusammenfassung. Verteilte Objekte können nicht ohne Probleme über Firewall-Grenzen hinweg angesprochen werden. Um dies dennoch zu ermöglichen, können unterschiedliche Techniken eingesetzt werden. In diesem Beitrag werden die auftretenden Probleme erläutert und Lösungsansätze vorgestellt.

1   Einleitung

Verteilte Objekte, die z. B. durch CORBA oder Java RMI realisiert werden können, finden zunehmend Interesse für die Entwicklung von Diensten, die über das Internet genutzt werden. Dabei stellt sich das Problem, daß die Nutzung dieser Dienste auch über Firewallgrenzen hinweg möglich sein soll. In diesem Beitrag stellen wir die Problematik dar und stellen unterschiedliche Lösungsansätze vor und vergleichen diese.

Nach einer kurzen Einführung in Verteilte Objekte im Abschnitt 2 und Firewalls im Abschnitt 3 werden in Abschnitt 4 die Probleme dargestellt, die beim Zugriff auf Objekte über Firewallgrenzen hinweg auftreten. In Abschnitt 5 werden unterschiedliche Lösungsansätze und deren Eigenschaften vorgestellt. Abschnitt 6 stellt verfügbare Lösungen vor. Abschnitt 7 endet mit einer Zusammenfassung und einem Ausblick.

2   Verteilte Objekte

Es existieren unterschiedliche Varianten von Verteilten Systemen, z. B. CORBA, Java RMI, DSOM, DCOM. Das Grundprinzip dieser unterschiedlichen Ausprägungen ist das gleiche: Es werden Objekte definiert, die über eine festgelegte Schnittstelle angesprochen werden können. Die Schnittstelle besteht aus den Methoden, die aufgerufen werden können, und deren Signaturen, d. h. der Anzahl und der Datentypen der Parameter und Rückgabewerte. Ein solches Objekt kann nicht nur auf dem lokalen Rechner angesprochen werden, sondern auch entfernt über das Netz, siehe Abb. 1.

Um entfernte (oder auch lokale) Objekte auffinden zu können, kann ein Verzeichnisdienst verwendet werden. Im allgemeinen ist die Verteilung der Rollen Client und Server nicht fest vorgegeben, sondern es kann beispielsweise der Client im Aufruf des Server-Objekts Referenzen auf lokale Objekte übergeben. Diese

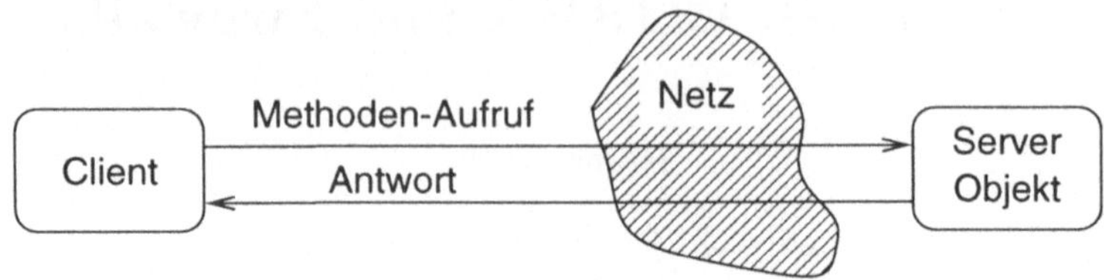

Abb. 1. Verteilte Objekte

können dann vom Server angesprochen werden, wobei sich dabei die Rollen des Aufrufers und des Aufgerufenen vertauschen. Natürlich können auch noch weitere Objekte, die sich auf anderen Rechnern befinden, angesprochen werden.

Im Java-Umfeld sind RMI und CORBA besonders interessant, da beide von JDK 1.2 unterstützt werden. RMI ist im Java-Umfeld entstanden. Alle beteiligten Objekte sind in Java implementiert. Es ist keine Ortstransparenz gegeben, d. h. der Nutzer muß wissen, an welchem Ort (auf welchem Rechner) sich ein Objekt befindet. CORBA hingegen ist nicht auf Java festgelegt, sondern es kann eine Vielzahl von Programmiersprachen verwendet werden. Damit eignet sich COR-BA dazu, in unterschiedlichen Sprachen implementierte Teilsysteme zu einem Gesamtsystem zu integrieren. Bei CORBA sind die Objekte ortstransparent, d. h. nicht an einen bestimmten Rechner gebunden. Insgesamt ist CORBA zwar leistungsfähiger als RMI, dadurch aber auch komplexer. Es hängt vom konkreten Anwendungsfall ab, welche der beiden Alternativen die geeignetere ist (vgl. [3]).

3 Firewalls

Viele Firmennetze sind an das Internet angeschlossen, um die Vorteile einer Internetanbindung zu nutzen. Damit verbunden ist aber auch eine Gefährdung des Firmennetzes durch Angriffe aus dem Internet. Um diesen entgegenzuwirken, werden Firewalls an der Grenze zwischen dem Firmennetz und dem Internet verwendet. Diese überwachen und kontrollieren den Verkehr zwischen den beiden Netzen. Es ist keine uneingeschränkte Kommunikation zwischen Rechnern aus dem Firmennetz und Rechnern aus dem Internet möglich, sondern nur solche Verkehrsbeziehungen, die von der Firewall zugelassen werden, können diese passieren.

Firewalls können den Verkehr auf unterschiedlichen Schichten untersuchen. In der Praxis wird meist eine Kombination aus Paketfilterung und Proxys verwendet. Paketfilter untersuchen einzelne IP-Pakete. Aufgrund von im Paketkopf enthaltenen Informationen (Quell- und Zieladresse, Protokoll, Quell- und Zielport) wird entschieden, ob das Paket weitergeleitet wird. Proxys untersuchen den Datenstrom auf den Anwendungsschichten. Es werden Circuit-Proxys unterschieden, die eine Verbindung nur durchschalten, und Application-Proxys, die auf eine spezielle Anwendung zugeschnitten sind und dadurch auch die Anwendungsdaten untersuchen können.

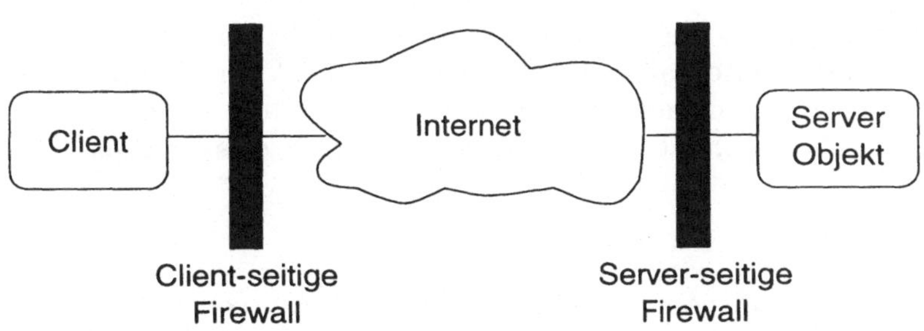

Abb. 2. Szenario

Außerdem besteht die Möglichkeit, den Aufbau des Firmennetztes nach außen – zumindest teilweise – zu verbergen. Dazu können sogenannte *private IP-Adressen* [11] eingesetzt werden, die im Internet nicht gültig sind. Von der Firewall werden diese Adressen dynamisch durch gültige ersetzt (NAT, network address translation). Dadurch können aber die davon betroffenen Rechner im geschützten Netz nicht mehr direkt von außen adressiert werden.

4 Probleme

Abbildung 2 zeigt ein mögliches Szenario. Es soll von einem Client aus ein Server-Objekt angesprochen werden. Sowohl der Client als auch das Server-Objekt befinden sich jeweils hinter einer Firewall. Damit der Aufruf erfolgreich ausgeführt wird, müssen folgende Barrieren überwunden werden:

1. Client-seitige Firewall
2. Server-seitige Firewall
3. evtl. Applet-Beschränkungen (Sandboxing)

Im allgemeinen finden Aufrufe nicht nur von einem Client zu einem Server-Objekt statt, sondern auch das Server-Objekt kann weitere Objekte aufrufen. Diese können sich beim Client (Callback) befinden oder auf weiteren Rechnern. Es genügt für den allgemeinen Fall also nicht, wenn eine Firewall für Methodenaufrufe in nur einer Richtung durchlässig ist. Weiterhin besteht die Möglichkeit, daß auf Client- bzw. Serverseite nicht nur eine Firewall vorhanden ist, sondern mehrere, kaskadierte Firewalls.

4.1 Client-seitige Firewall

Die Client-seitige Firewall soll das Netz, in dem sich der Client befindet, vor Angriffen aus dem Internet schützen. Es ist zu unterscheiden, ob die Möglichkeit besteht, die Konfiguration der Client-seitigen Firewall zu modifizieren, oder ob die Konfiguration nicht verändert werden kann. Der erste Fall kann z. B. vorliegen, falls zwei Partnerfirmen Geschäftsdaten austauschen wollen (business-to-business). Es kann beispielsweise einem Lieferanten die Möglichkeit eingeräumt werden, den aktuellen Lagerbestand und bestimmte Daten aktueller Aufträge abzufragen. Der zweite Fall liegt vor, falls der Client ein beliebiger Rechner im Internet sein kann (business-to-customer). Es ist dann weder bekannt, welche Konfiguration beim Client vorhanden ist, noch kann diese angepaßt werden.

4.2 Server-seitige Firewall

Hier ist nur der Fall von Interesse, daß das Objekt von außen angesprochen werden können soll[1]. Es kann dann davon ausgegangen werden, daß die Firewall so konfiguriert wird, daß das Objekt von außen angesprochen werden kann. Dazu muß die Kommunikation zum einen zugelassen sein, zum anderen muß der Rechner, auf dem sich das Objekt befindet, auch überhaupt von außen angesprochen werden können. Besondere Schwierigkeiten ergeben sich, falls vom Objektsystem Ortstransparenz unterstützt wird, weil dann nicht festgelegt ist, auf welchem Rechner sich das Objekt befindet.

4.3 Applet-Beschränkungen

Die Kommunikationsmöglichkeiten von Applets sind – im Gegensatz zu denen von Applikationen – eingeschränkt. So können sie nur Netzwerkverbindungen zu dem selben Host aufbauen, von dem das Applet geladen wurde. Weiterhin ist es nicht möglich, daß eine Verbindung zu einem Applet hin aufgebaut wird.

Diese Einschränkungen können aufgehoben werden, falls signierte Applets verwendet werden.

5 Lösungsansätze

5.1 Öffnen eines Ports

Falls das Objekt, auf das zugegriffen werden soll, auf einem bestimmten Rechner auf einem festgelegten Port läuft, besteht die Möglichkeit, die Firewalls sowohl auf Client- wie auch auf Server-Seite so zu konfigurieren, daß Netzwerkverbindungen zu diesem Rechner auf dem festgelegten Port zugelassen werden. Damit kann dann dieses Objekt von außen direkt angesprochen werden.

Dies erfordert eine Konfigurationsänderung beider Firewalls. Bei dieser Lösung werden direkte Verbindungen vom bzw. in das Internet zugelassen. „Direkte Verbindung" bedeutet, daß die entsprechende Verbindung nicht über einen Proxy geführt wird, der den Datenaustausch überwachen kann. Falls der Client ein Applet ist, müssen das betrachtete Objekt und der WWW-Server, von dem das Applet geladen wurde, auf dem selben Rechner laufen. Bei dieser Konfiguration besteht nicht die Möglichkeit, daß das Server-Objekt auf vom Client bereitgestellte Objekte zugreifen kann, da keine Möglichkeit bereitgestellt wurde, einen Rückkanal aufzubauen.

---

[1] Andernfalls sollte die Firewall natürlich so konfiguriert werden, daß das Objekt nicht von außen angesprochen werden kann. Das stellt aber i. a. kein Problem dar.

5.2 Einbettung (Tunnelung)

Die Objektanfragen und Antworten können in andere Protokolle, die zugelassen sind, eingebettet (getunnelt) werden. Es bietet sich hierfür die Verwendung von HTTP an. Diese Lösung erfordert bei der Client-seitigen Firewall keine Konfigurationsänderung, da HTTP normalerweise – zumindest über einen Proxy – zugelassen ist. Dabei ist zu unterscheiden, ob HTTP-Anfragen zu einem beliebigen Zielport oder nur zu einigen festgelegten (z. B. 80, 8000, 8080) zugelassen sind.

Auf Serverseite muß die Möglichkeit bestehen, die eingebetteten Aufrufe zu verarbeiten. Entweder ist das Server-Objekt selbst in der Lage, eingebettete Aufrufe auszuwerten, oder es ist ein Proxy vorzusehen, der die in andere Protokolle eingebetteten Nachrichten wieder auspackt und in gewöhnliche Aufrufe übersetzt. Die Antwort muß ebenfalls in das entsprechende Protokoll eingepackt und zurückgesendet werden. Auf der Client-Seite muß die Möglichkeit gegeben sein, die Anfrage in andere Protokolle einzubetten.

Der Aufruf von Methoden vom Server-Objekt aus auf vom Client bereitgestellte Objekte ist schwierig. Es besteht allerdings die Möglichkeit, daß der Client eine Verbindung zum Proxy aufrechterhält, um Methodenaufrufe vom Server-Objekt entgegenzunehmen.

5.3 Proxys

Es kann sowohl auf Server- als auch auf Client-Seite ein Proxy vorgesehen werden, um die jeweilige Firewall überqueren zu können.

Server-seitige Proxys. Proxys auf Server-Seite können nicht nur dazu dienen, Tunnelung über HTTP zu ermöglichen, sondern auch dazu, Applet-Beschränkungen zu umgehen. Methodenaufrufe von einem Client werden an einen Proxy gerichtet, der auf dem selben Rechner wie der WWW-Server läuft. Dieser leitet die Anfrage an das eigentliche Zielobjekt weiter, das sich auch auf einem anderen Rechner befinden kann.

Abhängig von der Konfiguration auf Client-Seite ist es möglich, daß HTTP-Anfragen nur zu einigen festgelegten Portnummern zugelassen sind. Außerdem kann es wegen Applet-Beschränkungen erforderlich sein, daß der Proxy auf dem Rechner läuft, von dem das Applet geladen wurde. Beide Anforderungen lassen sich erfüllen, wenn der Proxy auch als Web-Server arbeiten kann. Beide Funktionen können dann unter *einer* Portnummer angesprochen werden. Abhängig von der Art der Anfrage verhält er sich als Web-Server oder als Proxy.

Durch Verwendung eines Proxys vereinfacht sich die Konfiguration der Server-seitigen Firewall, da alle Anfragen an den Proxy gerichtet werden, der auf einer festgelegten Portnummer laufen kann. Es müssen dann nicht Verbindungen zu allen in Frage kommenden Zielrechnern und Portnummern zugelassen werden, sondern nur zum Proxy. Durch einen Proxy auf Server-Seite kann es ermöglicht werden, solche Objekte anzusprechen, die sich auf Rechnern befinden, die von außen nicht direkt adressierbar sind. Ein Proxy auf Server-Seite kann auch verwendet werden, um einzuschränken, welche Objekte und Methoden angesprochen werden können.

Client-seitige Proxys. Es besteht auch die Möglichkeit, auf der Firewall, die sich auf der Client-Seite befindet, einen Proxy vorzusehen. Dieser kann verwendet werden, falls die Firewall auf Client-Seite so konfiguriert ist, daß Objekte außerhalb der Firewall nicht direkt angesprochen werden können.

Adressierung der Proxys. Wenn Proxys verwendet werden, müssen auch Vorkehrungen getroffen werden, damit der Proxy anstatt des eigentlichen Zielobjekts angesprochen wird. Dazu kann zum einen die Objektreferenz so modifiziert werden, daß der Proxy angesprochen wird. Dann muß das Objektsystem auf der Client-Seite nicht für die Verwendung eines Proxys ausgelegt sein, da aus Sicht des Clients sich die modifizierte Objektreferenz nicht von einer regulären unterscheidet. Es müssen aber auch die Objektreferenzen modifiziert werden, die als Parameter oder Rückgabewert übergeben werden.

Es kann aber auch das Objektsystem auf der Client-Seite die Möglichkeit bieten, einen Proxy anzusprechen. Dieses muß dazu geeignet konfiguriert werden. In diesem Fall ist es nicht notwendig, die verwendeten Objektreferenzen zu modifizieren.

6 Konkrete Lösungen

6.1 Java RMI

Bei RMI [12] wurde die Firewall-Problematik von vornherein berücksichtigt. Dabei wird davon ausgegangen, daß von einem beliebigen Rechner aus, der sich auch hinter einer Firewall befinden kann, RMI-Aufrufe möglich sein sollen. Es wird dabei auf folgende Arten versucht, das entsprechende Server-Objekt anzusprechen:

1. Zuerst wird versucht, das Zielobjekt direkt anzusprechen.
2. Falls dies scheitert, wird der Aufruf in eine HTTP-POST-Anfrage eingebettet. Der Client-seitige HTTP-Proxy leitet die Anfrage direkt an das Zielobjekt weiter. Dazu muß der HTTP-Proxy so konfiguriert sein, daß Verbindungen zu beliebigen Portnummern erlaubt sind.
3. Schlägt auch diese Variante fehl, weil der HTTP-Proxy nur Anfragen zu bestimmten Ports weiterleitet, dann wird die Anfrage an den HTTP-Server gerichtet. Es wird ein cgi-Skript (`/cgi-bin/java-rmi`) aufgerufen, das die Anfrage entgegennimmt, die gewünschte Methode des entsprechenden Objekts aufruft und die Antwortdaten einpackt, um sie an den Client zurückzuschicken.

Falls die Anfragen in HTTP eingebettet werden, besteht nicht die Möglichkeit, Callbacks vom angesprochenen Server zurück zum Client zu verwenden.

6.2 CORBA-Proxys

Es sind bereits mehrere CORBA-Proxys verfügbar [13, 6]. Diese bieten folgende Funktionalität:

- Aufrufe an den CORBA-Server werden nicht direkt an das Zielobjekt gerichtet, sondern an den Proxy. Dieser leitet die Anfrage an das eigentliche Zielobjekt weiter.
- Es besteht die Möglichkeit, CORBA-Anfragen in HTTP einzubetten. Hierfür existieren keine Standards. Deshalb müssen hierfür spezielle ORBs verwendet werden, die proprietäre Verfahren verwenden.
- Die Proxys können auch als HTTP-Server arbeiten. Diese Funktion ist nützlich, um Applets vom selben Server zu laden, auf dem auch der Proxy läuft.
- Für die Unterstützung von Callbacks werden teilweise proprietäre Verfahren eingesetzt. Falls die Anfragen in HTTP eingebettet werden, sind keine Callbacks möglich.

Bei den einzelnen Produkten werden unterschiedliche Mechanismen verwendet. Teilweise werden spezielle Eigenschaften einer ORB-Implementierungen ausgenutzt. Dadurch ist die Interoperabilität zwischen beliebigen ORBs eingeschränkt.
Durch die Verwendung eines CORBA-Proxys ergeben sich folgende Vorteile:

- Die Server-seitige Firewall kann leichter konfiguriert werden. Es müssen eingehende Verbindungen nicht zu allen in Frage kommenden Zielen für CORBA-Objekte zugelassen werden, sondern nur zum Proxy. Bei [6] kann dieser auch eine Zugriffskontrolle bis auf Methodenebene durchführen.
- Im Zusammenhang mit Applets muß ein Proxy verwendet werden, da Applets nur Netzwerkverbindungen zum gleichen Rechner aufbauen können, von dem das Applet geladen wurde. Anfragen können vom Applet an den Proxy gerichtet werden, der sie an das Zielobjekt weiterleitet.
- Sie ermöglichen es, Aufrufe in HTTP einzubetten. Der Proxy packt die Anfrage aus und reicht sie an das Zielobjekt weiter. Das Zielobjekt muß deshalb nicht die Möglichkeit besitzen, selbst in HTTP eingebettete Anfragen bearbeiten zu können. Ebenso werden die Antwortdaten vom Proxy in HTTP eingepackt.

Im aktuellen CORBA-Standard ist die Verwendung von Proxys nicht vorgesehen. Es werden bei den einzelnen Proxys unterschiedliche Verfahren zur Adressierung verwendet. Bei [13] muß auf der Client-Seite ein spezieller ORB verwendet werden, der dafür ausgelegt ist, einen Proxy ansprechen zu können. Bei [6] werden die Objektreferenzen (IOR) so modifiziert, daß anstatt des eigentlichen Zielobjekts der Proxy angesprochen wird. Es ist bei diesen Proxys nicht möglich, mehrere Proxys zu kaskadieren.

6.3 OMG Request for Proposal

Von der Object Management Group OMG, die CORBA standardisiert hat, wurde die Problematik erkannt, die eine Nutzung von CORBA über Firewallgrenzen hinweg mit sich bringt. Dies führte zu einem Request for Proposal [8], zu dem bereits Vorschläge eingereicht wurden [9]. Darin werden folgende Arten von Firewalls unterschieden:

- *TCP-Firewalls* sind Firewalls, die nur aufgrund von IP-Adressen und Portnummern filtern.
- *SOCKSv5* [7] ist ein generischer Proxy-Dienst, der von vielen Firewalls unterstützt wird. Die Daten des Anwendungsprotokolls werden nicht untersucht[2].
- *GIOP Proxy* bezeichnet einen CORBA-spezifischen Applikations-Proxy.

Um Server-seitige Firewalls überqueren zu können, werden die Objektreferenzen (IOR) um Information erweitert, wie die unterschiedlichen Arten von Firewalls zu überqueren sind. Dabei ist auch vorgesehen, daß mehrere Firewalls kaskadiert sein können. Außerdem wird vorgeschlagen, das verwendete Protokoll (GIOP) so zu erweitern, daß es bidirektional genutzt werden kann, um die Callback-Problematik zu lösen. Weiterhin wird eine Schnittstelle definiert, mit dem eine Anwendung einem CORBA-Proxy mitteilen kann, daß ein Objekt von außen angesprochen werden können soll. Die Anwendung erhält vom Proxy eine Objektreferenz, mit der das Objekt von außen – über den Proxy – angesprochen werden kann.

Wie die Client-seitigen Firewalls zu überwinden sind, ist Sache des ORBs auf der Client-Seite. In [9] werden nur die Aspekte behandelt, die für eine Interoperabilität notwendig sind. Es wird kein Vorschlag unterbreitet, wie CORBA-Anfragen in andere Protokolle (speziell HTTP) einzubetten sind. Dies ist dann notwendig, wenn die Firewall auf der Client-Seite nicht so konfiguriert ist, daß CORBA-Anfragen durchgelassen werden.

7 Zusammenfassung und Ausblick

Bereits heute lassen sich mit den verfügbaren Lösungen Verteilte Objekte über Firewall-Grenzen hinweg ansprechen. Damit lassen sich viele in der Praxis vorkommende Szenarien abdecken. Es müssen dabei aber Einschränkungen in Kauf genommen werden wie z. B. Leistungseinbußen durch die Verwendung eines Proxys oder von Tunnelung, die Festlegung auf Produkte eines Herstellers, die eingeschränkte Möglichkeit, Ortstransparenz nutzen zu können, oder die fehlende Möglichkeit, Callbacks zu verwenden. Sollen Verteile Objekte auch über Firewall-Grenzen hinweg angesprochen werden, müssen diese Randbedingungen berücksichtig werden.

In diesem Beitrag wurde nicht betrachtet, wie der Verkehr zwischen Objekten gegen Abhören oder Veränderung geschützt werden kann. Dazu besteht sowohl bei RMI als auch bei CORBA u. a. die Möglichkeit, SSL [5] zu verwenden.

---

[2] Grundsätzlich besteht auch bei SOCKS die Möglichkeit, Applikations-Proxys zu verwenden.

Abkürzungen

CORBA Common Object Request Broker Architecture
DCOM   Distributed Component Object Model
DSOM   Distributed System Object Model
GIOP   General Inter-ORB Protocol
HTTP   Hypertext Transfer Protocol
IIOP   Internet Inter-ORB Protocol
IOR   Interoperable Object Reference
JDK   Java Development Kit
NAT   Network Address Translation
OMG   Object Management Group
ORB   Object Request Broker
RFP   Request for Proposal
RMI   Remote Method Invocation
SOCKS   generisches Protokoll, um Proxy anzusprechen
SSL   Secure Sockets Layer

Literatur

1. Chapman, D. B., Zwicky, E. D.: Building Internet Firewalls. O'Reilly & Associates, Inc., Newton, MA (1995)
2. Cheswick, W. R., Bellovin, S. M.: Firewalls und Sicherheit im Internet. Addison-Wesley, Bonn (1996)
3. Curtis, D.: Java, RMI and CORBA. OMG Whitepaper (1997), http://www.omg.org/news/wpjava.htm
4. Farley, J.: Java Distributed Programming. O'Reilly (1998)
5. Freier, A., Karlton, P., Kocher, P.: The SSL Protocol Version 3.0. Netscape Corp. (1996), http://home.netscape.com/eng/ssl3/
6. IONA Technologies, Wonderwall Administrator's Guide (1997), http://www.iona.com/
7. Leech, M., Ganis, M., Lee, Y., Kuris, R., Koblas, D., Jones, L.: SOCKS protocol version 5. RFC 1928 (1996)
8. OMG, CORBA/Firewall Security – Request for Proposal (1997), http://www.omg.org/library/schedule/Firewall_RFP.htm
9. OMG, Joint Revised Submission CORBA/Firewall Security (1998), http://www.omg.org/library/schedule/Firewall_RFP.htm
10. Redlich, J.-P.: Corba 2.0. Addison-Wesley (1996)
11. Rekhter, Y., Moskowitz, B., Karrenberg, D., de Groot, J., Lear, E.: Address Allocation for Private Internets. RFC 1918 (1996)
12. SUN, Java Remote Method Invocation Specification. Revision 1.42, JDK 1.2 beta 1 edn. (1997)
13. Visigenic, Gatekeeper Guide Version 3.0 (1997), http://www.inprise.com/visibroker/
14. Vogel, A., Duddy, K.: Java Programming with CORBA. Wiley, 2nd edn. (1998)

Realisierung einer Client/Server-Anwendung mit CORBA und Java unter Berücksichtigung bestehender C++-Komponenten[1]

Klaus Beschorner[1], Wolfgang Rosenstiel[2]

[1,2] Universität Tübingen, Arbeitsbereich Technische Informatik, Sand 13,
D-72076 Tübingen
{beschorn, rosenstiel}@informatik.uni-tuebingen.de

[1] iT media Consult GmbH, Mörikestraße 11,
D-70178 Stuttgart

Kurzfassung. Dieses Papier stellt einige Vorgehensweisen zur Realisierung einer Client/Server-Anwendung mit CORBA und Java vor. Dazu gehört die Programmierung robuster und benutzerfreundlicher Java-Anwendungen in Form von Applets und Applikationen sowie die Wiederverwendung von bestehendem Code in Java- und CORBA-Objekten. Alle vorgestellten Ansätze sind erfolgreich im Rahmen von [1] in einer prototypisch realisierten Internet/Intranet-Anwendung umgesetzt worden, die ebenfalls vorgestellt wird. Die gefundenen Vorgehensweisen sollen den Entwicklungsprozeß von anderen Anwendungen ähnlicher Natur vereinfachen.

1   Einleitung

Eines der wohl größten Probleme in der Informationsverarbeitung ist der fehlende Konsens darüber, welche Hardwareplattformen, Netzwerkprotokolle, Betriebssysteme, Programmiersprachen und Anwendungen innerhalb eines Unternehmens[2] verwendet werden sollen.

Angesichts der Tatsache, daß bestehende Investitionen in Hardware und Software (Legacy Systeme) bis heute im Einsatz sind und dies auch in Zukunft sein werden, ist ein Konsens auch in Zukunft nicht zu erwarten.

Die geschilderte Situation führt innerhalb von Unternehmen zu heterogenen Systemen, die hohe Kosten verursachen. Die Herstellung einer einheitlichen Kommunikationsinfrastruktur stellt eine Herausforderung dar, da z.B. hostbasierte Anwendun-

---

[1] Die in diesem Papier dargestellten Verfahren wurden im Rahmen eines Projekts bei der iT media Consult GmbH entwickelt. Wir bedanken uns für die gute Zusammenarbeit.

[2] Die Ausführungen gelten auch für Behörden, Ämter und andere Institutionen, die Informationstechnologie einsetzen.

gen von Desktop-PCs aus genutzt werden müssen und zusätzlich Programme, die mit verschiedenen Programmiersprachen implementiert wurden, kommunizieren müssen.

Die Popularität des World Wide Web (WWW) erfordert nun die Präsenz im Internet, was o.g. Probleme zusätzlich verschärft. Die zugehörigen Schlagworte sind Electronic Banking, Electronic Commerce und Telearbeit. Die Diskussion ist aber nicht ausschließlich auf betriebswirtschaftliche Anwendungen beschränkt. So können technische Geräte und Anlagen ebenso mittels eines WWW-Browsers gesteuert und überwacht werden.

Für die Realisierung von WWW-Anwendungen ist die Programmiersprache Java durch ihre Portabilität und Integration in WWW-Browser unverzichtbar geworden. Um Anwendungen für das Internet/Intranet zu realisieren, müssen bestehende Systeme (C++, COBOL, usw.) mit neuen Systemen (Java) integriert werden und sowohl unternehmensintern, als auch unternehmensextern verfügbar gemacht werden.

In diesem Zusammenhang verspricht die Common Object Request Broker Architecture (CORBA) [2] Lösungen. Der sprachunabhängige Standard ist darauf ausgelegt, die Kommunikation zwischen unterschiedlichen Hardwareplattformen, Betriebssystemen und Programmiersprachen auf elegante Weise zu ermöglichen.

Dieses Papier beschreibt grundlegende Probleme, die zu lösen sind, wenn eine bestehende Anwendung mit einer auf CORBA und Java basierenden Architektur ausgestattet werden soll. Hierzu wird in Kapitel 2 eine bestehende Client/Server-Anwendung vorgestellt, die zur Identifikation von Problemen dient. Ausgehend von den identifizierten Problemen werden in Kapitel 3 Vorgehensweisen beschrieben, um diese zu überwinden. In Kapitel 4 wird ein Prototyp vorgestellt, der die in Kapitel 2 dargestellte Anwendung unter Verwendung der gefundenen Lösungsansätze implementiert.

2 Problemstellung

Das in Abbildung 1 dargestellte Agentur-Informationssystem für Versicherungen wurde im Rahmen von [3] mit „IBM Visual Age for C++" auf Basis einer Kommunikation mit Sockets realisiert.

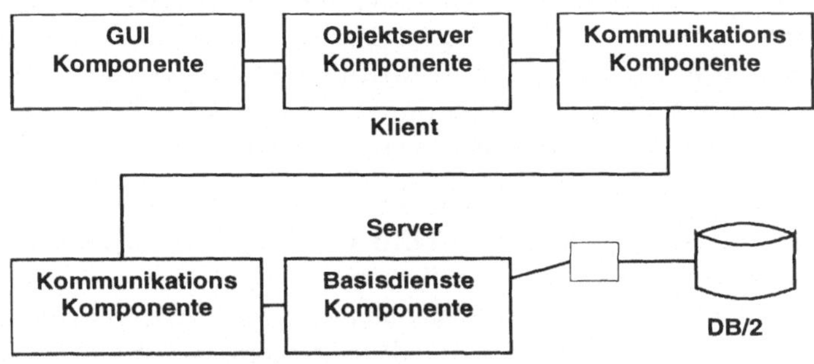

Abbildung 1. Agentur-Informationssystem

Nachfolgend sind die Aufgaben der einzelnen Komponenten dargestellt:

- *Grafische Benutzeroberfläche (GUI)* aus mehreren Masken, die zur Präsentation und Verarbeitung von Informationen erforderlich sind.

- *Objektserver* zur Bereitstellung der Anwendungslogik des jeweiligen Anwendungsbereichs.

- *Datenbasen* zur Bereitstellung von Informationen für das Gesamtsystem, hier eine IBM DB/2-Datenbank mit ca. 10000 Kundendatensätzen gefüllt.

- *Basisdienste* zur Bereitstellung weiterer notwendiger Dienste, wie z.B. Events.

Die vorliegende Anwendung soll unter Wiederverwendung der Funktionalität des Objektservers mit CORBA und Java realisiert werden. Dabei treten neben der Integration eines Object Request Brokers (ORB) insbesondere die folgenden Probleme auf:

- die Programmierung robuster und benutzerfreundlicher Java-Anwendungen, insbesondere Java-Applets mit *mehreren* Masken,

- die Kapselung von bestehendem Code in Java- und CORBA-Objekte.

3 Problemlösungen

Die Realisierung, der in Abbildung 1 dargestellten Anwendung mit CORBA und Java erfordert eine Lösung der folgenden Probleme:

1. Die System-Komponenten müssen durch CORBA-Objekte ersetzt werden. Diese Objekte müssen teilweise bestehenden Code wiederverwenden und als Gesamtheit die selbe Funktionalität, wie vor der Umsetzung, bereitstellen. Eine mögliche Lösung wird in Abschnitt 3.1 vorgestellt und beruht auf zustandslosen CORBA-Objekten, die bestehenden Code kapseln.

2. Die vorhandene C++-GUI muß in Java nachgebildet werden, da sie im Internet und Intranet verfügbar sein soll. Dabei soll ein Applet und eine Applikation zur Verfügung stehen. Das Hauptproblem besteht dabei in der angemessenen Präsentation einer komplexen, aus mehreren Ein-/Ausgabemasken bestehenden Anwendung, innerhalb eines WWW-Browsers. Die in Abschnitt 3.2 vorgestellte Lösung schaltet die benötigten Masken innerhalb des Browsers um und berücksichtigt außerdem die zusätzlich notwendige Erstellung einer Java-Applikation.

3. Der bestehende C++-Code des Objektservers muß wiederverwendet werden. Aufgrund der Sprachunabhängigkeit von CORBA sollte dies problemlos möglich sein. Es zeigt sich aber, daß die unterschiedlichen C++-Compiler u.a. unterschiedliche Objekt- und Bibliotheksformate besitzen und damit die Wiederverwendung von bestehendem C++-Code mit einem C++-ORB verhindern, weil beide Bestandteile jeweils für unterschiedliche Compiler ausgelegt sind. Bei der Erstellung des hier vorgestellten Prototypen trat dieses Problem auf. Aufgrund der Möglichkeit, C++-

Programme in Java einzubinden, wurde der wiederzuverwendende C++-Code hier über einen Java-ORB in das Gesamtsystem eingebunden. Die Vorgehensweise in Abschnitt 3.3 beschreibt hierzu einige Ansätze zur eleganten C++-Code-Integration in Java und kann deshalb auch unabhängig von der Problemstellung in diesem Papier für Projekte, die ein solches Vorgehen erfordern, herangezogen werden. Das allgemeingültige Problem, bestehenden Code in CORBA-Objekte zu kapseln wird in Abschnitt 3.4 behandelt. Darüber hinaus zeigt die Integration des Monitor/Protokoll-Servers in das System (vgl. Abschnitt 3.1), daß ein reines C++-CORBA-Objekt mit Java-CORBA-Objekten problemlos kommunizieren kann.

4. Der Datenbankserver soll neu mit Java implementiert werden. Die hier betrachtete Problematik betrifft allerdings nicht den Datenbankzugriff mit Java selbst, sondern die Integration von diesen Routinen in ein CORBA-Objekt. Diese Frage stellt sich vor allem dann, wenn wie in diesem Fall, die Routinen von einem anderen Entwickler implementiert werden, der sich selbst nicht mit CORBA beschäftigt. Diese Problematik wird in Abschnitt 3.4 diskutiert.

3.1 Integration eines Object Request Brokers

Die in Abbildung 1 dargestellte Anwendung ist bereits in Komponenten aufgeteilt, die weitgehend erhalten bleiben sollen. Es ist daher naheliegend die Komponenten in CORBA-Objekte, wie in Abbildung 2 dargestellt zu überführen.

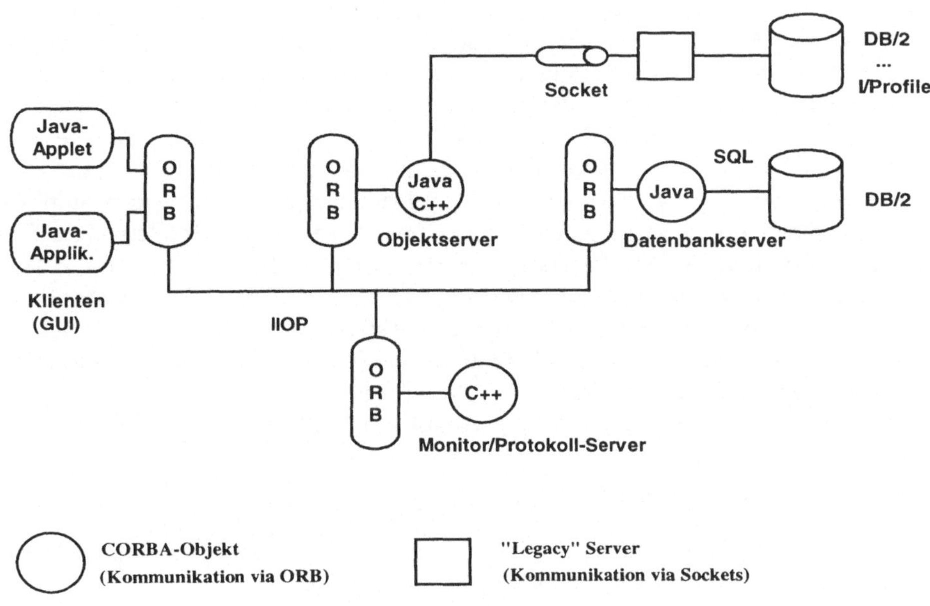

Abbildung 2. ORB-Architektur

Beschreibung der Komponenten:

- *Klienten (GUI)*: Java-Implementierung mit dem AWT 1.1.

- *Objektserver*: Java-Implementierung, die wiederzuverwendende C++-Funktionalität mittels JNI 1.1 [4] kapselt. Realisierung als Factory, d.h. jeder Klient erhält sein eigenes CORBA-Objekt und seine privaten Daten.

- *Monitor/Protokoll-Server*: C++-Implementierung, protokolliert und zeigt Anmeldevorgänge im System an.

- *Datenbankserver*: Java-Implementierung, kapselt getrennt entwickelte JDBC [5] Datenbankzugriffsroutinen.

- *Legacy-Server*: Deutet die prinzipiell mögliche Wiederverwendung bestehender Kommunikationsmechanismen an.

- *ORB*: Für Java-Komponenten: VisiBroker 3.0 für Java, für die C++-Komponente: VisiBroker für C++.

Nachfolgend werden einige der wichtigsten zu leistenden Lösungsansätze vorgestellt.

3.2 Programmierung von Java-Applets und –Applikationen

Bei Anwendungen, die über mehrere Bildschirmmasken verfügen, stellt sich die Frage, wie diese in einem Applet bzw. in einem Browser zu realisieren sind. Es ist zwar denkbar, mehrere Fenster durch ein Applet zu öffnen, Dialoge zu verwenden oder weitere Browser-Fenster zu öffnen, dies kann jedoch vom Benutzer als störend empfunden werden oder ihn dazu verleiten, den Browser zu schließen, was zum Beenden der Anwendung und zur Freigabe der durch das Applet belegten Ressourcen führt.
An eine Lösung für ein Applet-Design, das die o.g. Probleme löst, ist außerdem die Forderung nach Wiederverwendung des Codes in Java-Applikationen zu stellen.
Das hier vorgestellte Verfahren stellt eine Verallgemeinerung und Erweiterung des in [6] vorgestellten Designs von Applets dar. Die Lösung der Applet-Problematik erfolgt durch die Darstellung der Masken innerhalb *eines* Browser-Fensters, wobei die Masken entsprechend der Benutzerarbeitsschritte umgeschaltet werden. Bei der Applikation wird jede Maske innerhalb eines eigenen Fensters dargestellt, wodurch sich die Anwendung dem Benutzer wie eine herkömmliche Windows-Applikation präsentiert. Abbildung 3 gibt einen Überblick über das Verfahren.
Die Entwicklung eines Applets und einer Applikation vollzieht sich in den folgenden Aktivitäten:

- Erstellen der benötigten Bildschirmmasken, jeweils als eigene Panelklasse.

- Erstellen eines Fenster-Managers, der für die Darstellung der benötigten Maske verantwortlich ist (einmal als Applet, einmal als Applikation).

- Implementierung der durch die Bildschirmmaske erreichbaren Funktionalität.

- Verwendung der Panelklassen innerhalb eines Applets direkt.

- Erstellen von Frameklassen für die Applikation, die die Panelklassen enthalten.

- Implementieren spezieller Unterschiede zwischen Applet und Applikation.

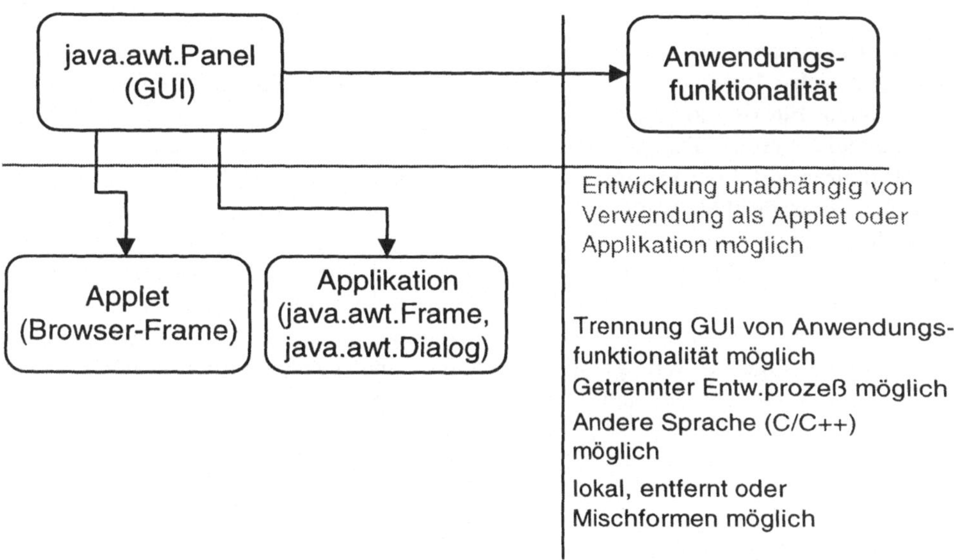

Abbildung 3. Java-Anwendungserstellung

Wird eine einzige Anwendung erstellt, die sowohl als Applet, als auch Applikation verwendet werden kann, sind Abfragen nötig, die feststellen, ob innerhalb eines Browsers oder von der Kommandozeile gestartet wurde. Je nachdem um welche Umgebung es sich handelt muß dann der zugehörige Code ausgeführt werden. Dies führt zu langsameren und größeren Anwendungen und wirkt sich vor allem bei Applets negativ aus, die auf den Rechner des Benutzers heruntergeladen werden müssen. Die hier gezeigte Vorgehensweise ermöglicht die Trennung von Applet und Applikation. Durch ein Anwendungsdesign können die Browser- und Applikationsspezifika in eigenen Klassen gekapselt werden. Durch den Austausch einer Klasse kann dann wahlweise eine Applikation oder ein Applet entstehen.

3.3 Einbindung von C++-Code in Java-Objekte

3.3.1 Gründe für die Einbindung von C++-Code

Die Einbindung von C++-Code in Java-Programme mittels Java Native Interface 1.1 (JNI 1.1) [4] kann aus Gründen, wie Performance, Wiederverwendung, hardwarenahe Programmierung und Einbindung von Tools und Bibliotheken, die für Java nicht exi-

stieren, sinnvoll sein. Für die Problemstellung in diesem Papier war die mangelnde Verfügbarkeit eines C++-ORBs für „IBM Visual Age C++" ausschlaggebend.
Nachfolgend wird eine grundlegende Vorgehensweise zur Integration von bestehendem C++-Code in Java-Objekte vorgestellt, die den Vorgang der Integration möglichst einfach gestalten soll.

3.3.2 Vorgehensweise

Es ist zunächst festzulegen, welche Methoden im C++-Code zur Verwendung kommen sollen. Für die ausgewählten Methoden müssen korrespondierende Methoden in Java erstellt werden. Dabei sind die im C++-Code verwendeten Datentypen und Datenstrukturen auf Java-Datentypen und Java-Datenstrukturen abzubilden oder umgekehrt. Ist eine direkte Abbildung nicht möglich muß ein Wrapper erstellt werden, in dem die Datenstrukturen konvertiert werden.
Die Code-Integration soll möglichst einfach und übersichtlich gelöst werden. Als sinnvolle Lösung erweist sich die in Abbildung 4 dargestellte Methode, bei der die für das JNI erforderlichen Routinen und notwendige Umsetzungen zwischen Java und C++ in einer eigenen Wrapper-DLL enthalten sind. Der eigentlich wiederzuverwendende C++-Code befindet sich in einer eigenen Bibliothek.

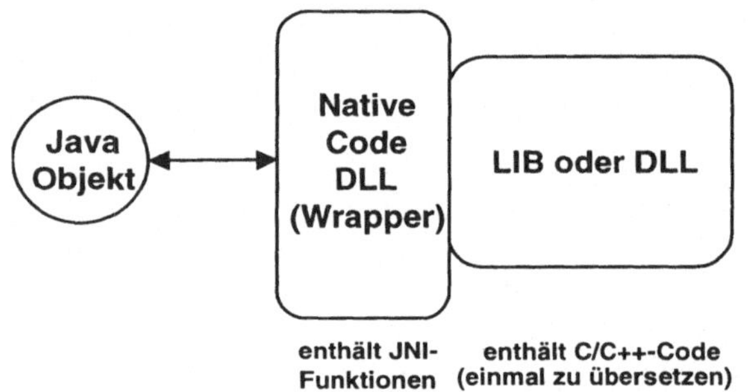

Abbildung 4. Vorschlag zur Einbindung von C++-Code in Java

Es ergeben sich die folgenden Vorteile:

- wenige Veränderungen am C++-Code und einmalige Übersetzung in eine Bibliothek,

- bei vorhandener Spezifikation kann der C++-Code als Black-Box betrachtet werden,

- verwendbar für Bibliotheken mit oder ohne Quellcode,

- JNI-Methoden und notwendige Konvertierungsfunktionen befinden sich in einem eigenen Programm.

Falls das in Java einzubettende C++-Programm verschiedene Funktionen anbietet, die immer mit der selben Datenstruktur arbeiten empfiehlt sich der in Abbildung 5 dargestellte Aufbau der Wrapper-DLL. Dabei existiert *eine* Funktion zur Konvertierung einer Datenrepräsentation in Java nach C++ (`javaToCpp()`) und *eine* Funktion zum umgekehrten Konvertieren (`cppToJava()`).

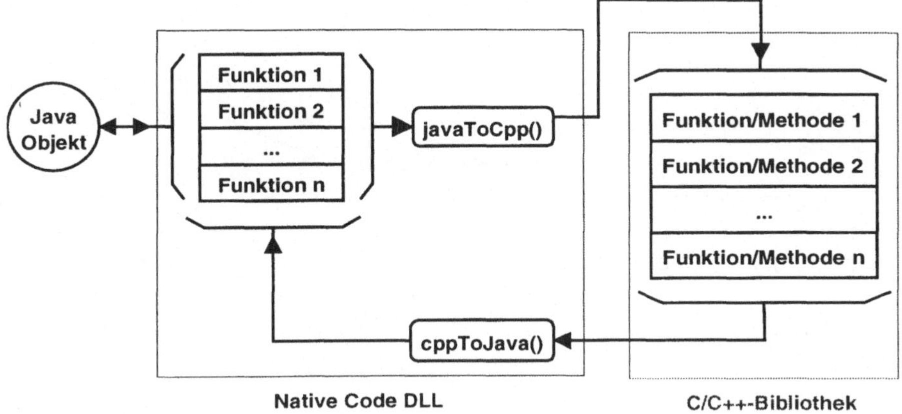

Abbildung 5. Konvertierung von Daten zwischen Java und C++

3.4 Kapselung von bestehendem Code in CORBA-Objekte

Unter dem Begriff „bestehender Code" können Altanwendungen (Legacy Code), Bibliotheken von Fremdherstellern und Code aus anderen Projekten verstanden werden. Zusätzlich soll hier auch Code, der aufgrund einer Arbeitsteilung entsteht, um anschließend in ein CORBA-Objekt integriert zu werden, als bestehender Code aufgefaßt werden.
CORBA ist aufgrund seines Programmiermodells (u.a. Trennung Schnittstelle-Implementierung) und seiner Sprachunabhängigkeit besonders geeignet, bestehenden Code in CORBA-Objekte zu kapseln. Ein besonders wichtiger Aspekt ist in diesem Zusammenhang die mögliche Verfügbarkeit von bestehenden Anwendungen im WWW, ohne umständliche Maßnahmen, wie z.B. HTTP/CGI einplanen zu müssen.

3.4.1 Aufgaben
Hier muß eine Abbildung der Programmierschnittstelle des bestehenden Codes (Funktionen, Methoden, Parameter, Datenstrukturen, usw.) auf die IDL-Schnittstelle (Interface, Operationen, Datenstrukturen, usw.) des CORBA-Objekts erfolgen. Abbildung 6 verdeutlicht dies.
Die Umsetzung von Datenstrukturen entspricht im einfachsten Fall dem Language-Mapping (IDL → Zielsprache) der jeweils verwendeten Zielsprache. Bei komplexeren Datenstrukturen, die nicht direkt mit IDL beschrieben werden können und damit nicht dem Language-Mapping entsprechen, müssen Konvertierungen in einem Wrapper durchgeführt werden.

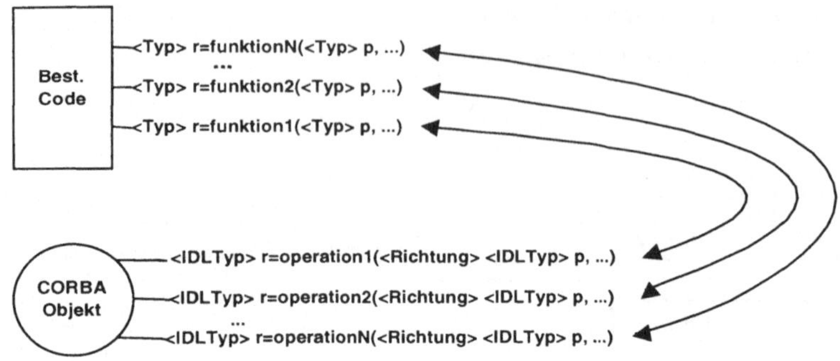

Abbildung 6. Abbildungsvorgang zwischen IDL und bestehendem Code

3.4.2 Vorgehensweise

Grundvoraussetzung ist, daß für den bestehenden Code Spezifikationen existieren sollten, die seine Funktionalität offenlegen.

Der evtl. erforderliche Wrapper-Code kann bei einem CORBA-Objekt in der Objektimplementierung, dem bestehenden Code oder in einem eigenen Programm angesiedelt werden. Als gute Lösung stellt sich die isolierte Programmierung des Wrappers gemäß Abbildung 7 heraus.

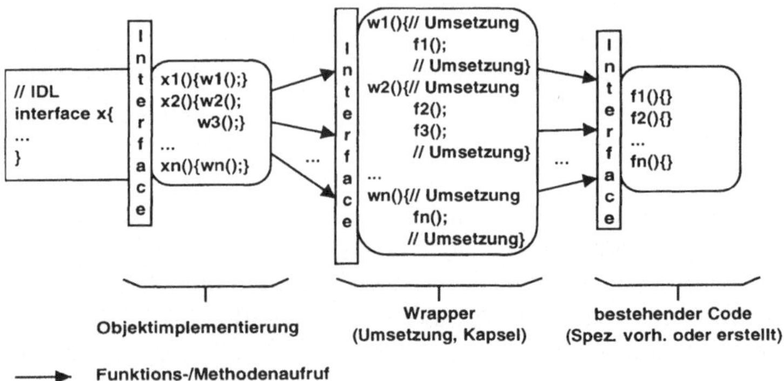

Abbildung 7. Isolierter Wrapper-Code

Dies führt zu einem klar nach Aufgaben getrennten Design. Die Aufgaben können z.B. auf mehrere Entwickler verteilt werden. Außerdem sind die einzelnen Komponenten weitgehend austauschbar.

Wird aus Sicht des CORBA-Programmierers Code für eine Objektimplementierung parallel von anderen Entwicklern erstellt, kann die Notwendigkeit eines Wrappers auf ein Minimum reduziert bzw. eliminiert werden. Die Code-Schnittstelle muß dabei IDL-konforme Datentypen und –strukturen entgegennehmen. Durch weitere Absprachen zwischen den Entwicklern kann die Übernahme von Code in CORBA-Objekte optimiert werden, womit die Erstellung von komplexen, aus vielen verteilten Objekten bestehenden Anwendungen unter Aspekten der Arbeitsteilung erfolgen kann.

4 Prototyp

4.1 GUI

Mit den in Kapitel 3 dargestellten Ansätzen wurde das Agentur-Informationssystem als Internet/Intranet-Anwendung realisiert. In Abbildung 8 sind drei der acht implementierten Anwendungsmasken in der Browser-Anwendung dargestellt. Zu jedem Zeitpunkt ist die dem Arbeitsschritt des Benutzers zugehörige Maske sichtbar. Die Knopfleiste bietet dem Benutzer zusätzlich eine Navigationsmöglichkeit durch die Masken.

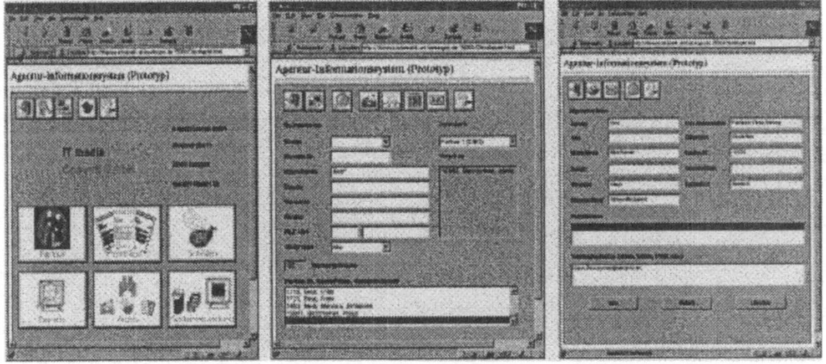

Abbildung 8. Applet: Hauptauswahl - Suchen - Bearbeiten

Im Gegensatz dazu stellt sich in Abbildung 9 die Java-Applikation wie eine herkömmliche Windows-Anwendung dar. Der Benutzer kann frei entscheiden, welche Fenster geöffnet bleiben. Zusätzlich ist eine Menü-Leiste verfügbar.

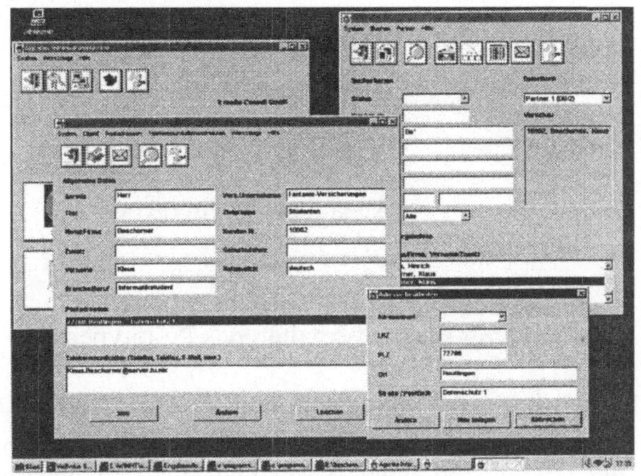

Abbildung 9. Java-Applikation unter Windows NT

4.2 Leistungsverhalten

Bei der Implementierung des Prototypen stand die Performance nicht im Mittelpunkt. Dennoch wurden Performance-Messungen vorgenommen, um einen Eindruck über das Leistungsverhalten der Anwendung zu gewinnen. Nachfolgend sind die Meßbedingungen dargestellt:

- Server: Pentium II/266 MHz, 64 MB Hauptspeicher.

- Klient: Pentium 60 MHz, 64 MB Hauptspeicher.

- Datenbank: DB/2 2.1 für Windows NT mit ca. 10000 Datensätzen.

- Netzwerk: 10 MBit/s Ethernet.

- Alle Java-Komponenten wurden mit einer Early Access Version eines Just In Time Compilers von Sun gestartet.

Die Ergebnisse für Suchanfragen nach Kunden mit unterschiedlicher Ergebnisanzahl sind in Abbildung 10 dargestellt. Übertragen wurde jeweils Datensatznummer, Name und Vorname.

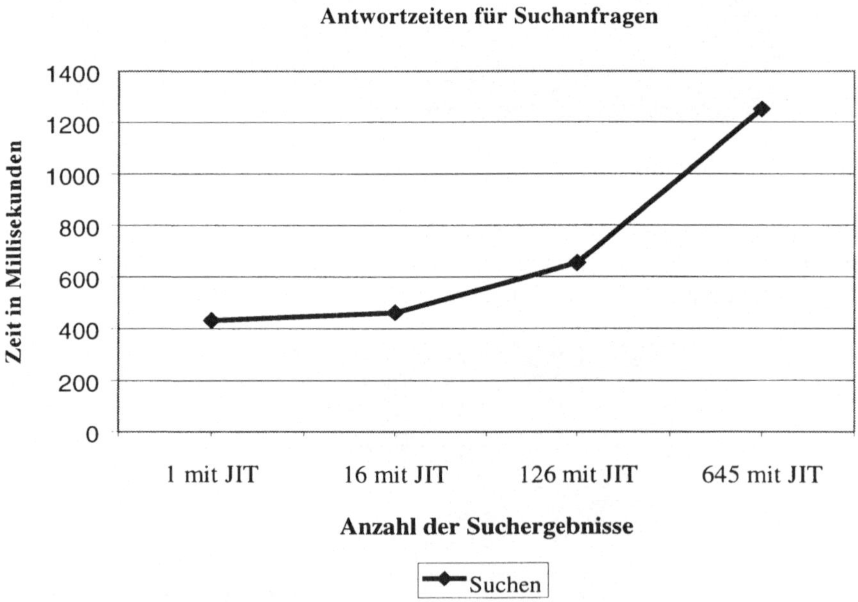

Antwortzeiten für Suchanfragen

Abbildung 10. Zeitverhalten des Prototypen (1)

In Abbildung 11 sind die Zeiten für das Anlegen, Ändern und Löschen kompletter Kundendatensätze dargestellt. Die geringfügig höhere Zeit beim Anlegen ergibt sich aus dem Aufruf des mittels JNI wiederverwendeten C++-Codes und den dafür notwendigen Konvertierungsroutinen.

Antwortzeiten für Anlegen, Ändern, Löschen

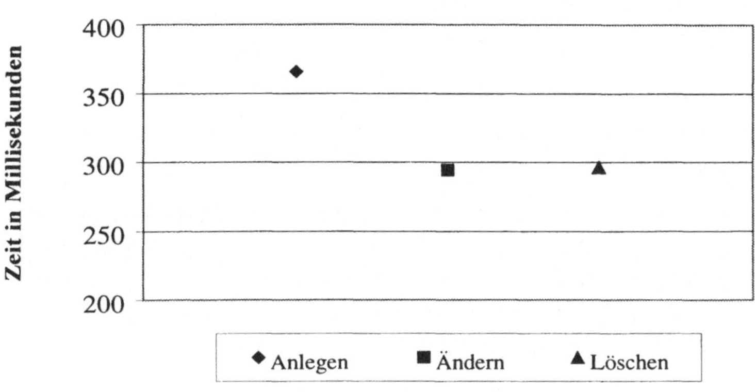

Operationen

Abbildung 11. Zeitverhalten des Prototypen (2)

Die Übertragungszeit des Applets zum Klienten beträgt bei Nutzung des in Netscape Navigator ab Version 4 integrierten VisiBroker ORBs ca. 15 Sekunden.

5 Zusammenfassung und Ausblick

Das vorliegende Papier hat sich mit der Realisierung einer Client/Server-Anwendung mit CORBA und Java beschäftigt. Typische Anforderungen sind dabei anspruchsvolle Klienten, die mehrere Masken besitzen und im Internet/Intranet verfügbar sind sowie die Wiederverwendung von bestehenden Komponenten. CORBA und Java bieten hierfür eine ausgezeichnete Basis. Bei der Entwicklung mit CORBA ergaben sich insbesondere die folgenden Vorteile:

- CORBA stellt eine wesentliche Erleichterung bei der Entwicklung von Client/Server-Anwendungen dar, da die Netzwerkprogrammierung entfällt.

- Aufgrund des Programmiermodells ist der Code leichter erweiterbar und wartbar.

- Die Standardschnittstelle von Objekten (IDL) und der Standardkommunikationsmechanismus der ORBs (IIOP) ermöglichen die projektübergreifende Auslegung von CORBA-Objekten und damit eine komponentenbasierte Softwareentwicklung.

- Die Sprachanbindung an Java kann die Funktionalität einer auf CORBA basierenden Anwendung unmittelbar durch Java-Applets und Java-Applikationen im WWW verfügbar machen. Dabei kann eine Kommunikation mit anderen CORBA-Objekten erfolgen, die in einer völlig anderen Programmiersprache erstellt wurden (z.B. COBOL, C++).

- Bestehender Code kann in CORBA-Objekte gekapselt werden und so in einem neuen System wiederverwendet werden.

- Die Java-Sprachanbindung an CORBA ist einfacher als andere Sprachanbindungen (z.B. C++).

- Ein zu 100% in Java implementierter ORB kann in jeder javafähigen Umgebung eingesetzt werden.

Um diese Vorteile sinnvoll nutzen zu können, wurden in diesem Papier Verfahren zur Java-Applet und -Applikationsprogrammierung sowie zur Code-Integration vorgestellt. Diese Verfahren sollen die technischen Probleme bei der Realisierung einer Anwendung minimieren, um die dadurch gewonnene Zeit dem Design und der Funktionalität der Gesamtanwendung zur Verfügung zu stellen.

Als besonders kritisch bei der Entwicklung mit CORBA haben sich die nachfolgend aufgeführten Punkte herausgestellt:

- Die Verfügbarkeit eines ORBs für die vorhandene Zielplattform ist maßgebend für den erfolgreichen Einsatz von CORBA. Insbesondere bei der Wiederverwendung von bestehendem (C++-) Code spielt der verwendete Compiler eine wesentliche Rolle, da der ORB mit diesem Compiler verwendbar sein muß.

- Ein weiterer Kritikpunkt bei der Entwicklung mit CORBA sind die zahlreich vorhandenen proprietären Features der ORBs. Durch die Verwendung solcher, nicht im CORBA-Standard enthaltener Features, wird die herstellerunabhängige Verbindung von CORBA-Objekten stark gefährdet.

In Zukunft sind weitere Fragen zu klären, die sich z.B. mit der Skalierbarkeit, Architektur (z.B. Business-Objects) und der Integration von den zahlreich spezifizierten CORBA-Services in auf CORBA basierenden Anwendungen beschäftigen. Gegebenenfalls sind auch hier Verfahren zu entwickeln, die den sinnvollen und projektübergreifenden Einsatz der vorhandenen Möglichkeiten bewerkstelligen.

Literatur

1. Beschorner, K.: Realisierung einer Client/Server-Anwendung mit CORBA und Java unter Berücksichtigung bestehender C++-Komponenten. Diplomarbeit, Universität Tübingen (1998)

2. Object Management Group: The Common Object Request Broker: Architecture and Specification, 2.1 ed. (1997)

3. Koch, T.: Objektorientierter Entwurf und Realisierung der Benutzerschnittstellen eines Agentur-Informationssystems. Diplomarbeit, Universität Tübingen (1997)

4. JavaSoft: Java Native Interface Specification, Release 1.1 (1997)

5. Hamilton G., Cattell, R.: JDBC: A Java SQL API, Version 1.20, JavaSoft (1997)

6. Hemrajani, A.: MPAD: A new Design and Development Methodology for Multi-Panel Applets. In: Java World, Vol. 2 Issue 5, http://www.javaworld.com/javaworld/jw-05-1997/jw-05-appdesign.html (1997)

Reflection in Java, CORBA und JacORB

Gerald Brose

Freie Universität Berlin, Institut für Informatik, Takustraße 9,
D–14195 Berlin, Germany
brose@inf.fu-berlin.de

Abstract. Reflection has emerged as a very flexible programming technique and a structured way of achieving program adaptability. In this paper we describe similarities and differences between the reflective facilities available in Java and CORBA and present an implementation of the CORBA Interface Repository for JacORB which makes use of Java reflection.

1 Introduction

Many modern applications, especially in distributed settings, have to be designed in an *open* way such that they can flexibly and dynamically accomodate to changes in requirements, configuration or in their environment. A promising technology for achieving this necessary kind of flexibility and adaptability in a structured way is *reflection*. Many modern programming languages and platforms come with reflective facilities, and so does Java.

As CORBA [11] has established itself as an important standard for distributed object oriented systems, it is also interesting to look at what reflective facilities are prescribed in a CORBA implementation. This paper gives a short overview of reflection in general and describes the role of reflection in both CORBA and Java. It also examines the use of the Java reflection API in the design of a CORBA Interface Repository component for the Java–CORBA implementation JacORB[3].

The remainder of this paper is organized as follows: Section 2 gives a short introduction to reflection and the terminology used. Section 3 examines the role of reflection in the CORBA architecture. In section 4 we describe the possibilities for reflection in Java and compare them to CORBA. Finally, we introduce JacORB and describe our design for a CORBA Interface Repository in section 5. The paper concludes with a summary.

2 Reflection

The terms *reflection* or *meta–level programming* are generally used for systems that have the ability to reason about themselves, using some kind of self–representation. This reasoning is done at a *meta level* where certain aspects of the system are represented or *reified* as *meta objects*. The code dealing with meta objects is called a *meta–program* and the interface to the meta objects is called the *metaobject protocol* [7].

On the one hand, separating meta–level code from base–level code can help separating concerns. Non–functional system aspects such as, e.g., security or persistence can be addressed in the meta–program, thus enhancing base–level code reusability. On the other hand, meta–level concepts can provide for more flexibility and better adaptability to changing environments. One prominent application area for reflection are programming tools, e.g. browsers, debuggers or prototyping environments.

Usually, the term reflection is understood to mean *computational reflection* [9], i.e. meta objects allow to reflect about the computational process by giving first–class status to concepts that are implicit in the programming model, e.g. by reifying classes, interfaces or method invocations.

Implementational reflection [13] allows a program to access aspects of the system implementation. Here, meta objects are specifically tailored to represent system–level structures and allow programs to inspect or even change aspects of their own implementation, e.g. by modifying garbage collection strategies or thread scheduling. While certain system aspects are hidden from most applications underneath a carefully designed abstraction layer, those programs that do require access to lower–level features are given a well–defined way to use them. The code using only the abstractions provided by the system can then be defined as belonging to the base level while those parts that use the lower–level interfaces constitute the meta program.

For computational reflection, meta objects can further be categorized using the terminology of [5] which describes the relation between base–level and meta–level objects. In the *meta–class model* as, e.g., represented by Smalltalk, a meta object is attached to the class of an object. As a consequence, all instances of a class share the same meta object. The *specific meta–object model* distinguishes between meta objects and classes and thus allows individual objects to have their own meta objects. In the *meta–communication* model, not objects but method invocations are reified.

Reflective facilities may range from mere *inspection* of selected system properties to very powerful and flexible means of *adapting* or extending a system or programming model. In [5], these different reflective approaches are termed *structural* and *computational reflection*. To avoid confusion with the more general term, the latter is also called behavioral reflection. Whereas *structural reflection* allows to inspect the structural dimensions of a system — such as classes, inheritance and instantiation relationships in an OO–system — *behavioral reflection* is concerned with observing or changing the behavior of a system, e.g. by redirecting method invocations, adding new methods to classes at run time or by allowing objects to dynamically change their type.

Another criterion for classifying reflectional systems is how and when reflection is actually triggered. This aspect is expressed through the distinction between *explicit* vs. *implicit reflection* [10] which describes whether switching to meta–level computations is done by explicitly initiating reflective computation, e.g. by particular API calls. In contrast, implicit reflection means that the system will reflect at certain predefined stages during processing, e.g. whenever a method is invoked.

A more general distinction is between compile–time and run–time reflection. In compile–time reflection, the meta program is given access to meta objects that describe the static program structure, e.g. the compiler's abstract syntax tree. Depending on the particular metaobject protocol, the meta program can now inspect this structure as, e.g., in [1], or change it as, e.g., in *Aspect–Oriented Programming* [8], where code is inserted for system aspects that should be transparent to programmers. While run–time reflection is more flexible because it allows access to individual object instances which is not possible with compile–time reflection, it does of course have implications for performance.

3   Reflection in CORBA

Since CORBA is basically a language independent specification of an abstract object model, reflective facilities in CORBA are defined entirely in terms of the CORBA object model and independent of any particular programming environment and its facilities. We will only be concerned with run time reflection here because the process of compiling IDL specifications and its intermediate data structures are not standardized, so there is no standardized model of compile–time reflection.

CORBA itself is not a reflective architecture in the sense that it would allow to extend its object model or to modify the entire system behaviour in arbitrary ways. In fact, the term reflection is not used anywhere in the specification, and CORBA does not specify a general model of defining arbitrary meta objects for individual instances as in the *specific meta–object model.*

CORBA does, however, heavily rely on meta information in a number of areas, most prominently for run time type information, and thus exhibits aspects of the *meta–class model.* Additionally, its interceptor concept can be classified as a *meta–communication model.* We will look at each of these models in turn. While we will not focus on implementational reflection here, it should be noted that CORBA implementations generally also provide interfaces to access system level aspects, e.g. for setting a threading policy for multi–threaded servers.

3.1   Meta Communication

Remote object invocations are implemented in terms of a request–reply message passing protocol. CORBA standardizes a number of message formats in its GIOP protocol and defines a transfer syntax (CDR). To make reified invocations accessible, CORBA defines a concept called *interceptors.*[1]

---

[1] Before interceptors were standardized, this concept was offered as a proprietary extension in different ORBs and was called *filters* or *transformers.*

Interceptors are an *implicit* reflectional concept as they are invoked automatically by the ORB at different stages during method invocations. Meta–programmers can write their own interceptors and register these with the ORB so that they will be called at different stages on the client as well as the server side. When invoked, an interceptor is given access to the request or reply meta object and can either inspect, alter or even redirect it to a different object. The most important use for interceptors is for cryptographic message protection and for access control, but in principle they can be used for a wide range of tasks, e.g. profiling, tracing, auditing/logging or redirecting messages. Thus, they constitute a powerful concept for computational reflection and enable full behavioral reflection.

3.2 Meta Classes

As CORBA has no class concept but only object types or interfaces, it might be more appropriate to talk about *meta interfaces* rather than meta classes, but essentially this corresponds to the meta–class model. Every CORBA object supports the operation `get_interface()` which returns a meta object describing the object's type. The `InterfaceDef` object returned by the `get_interface` operation allows to inspect and — at least theoretically — modify the entire type information dynamically. All objects of a certain type in a domain will share the same meta object describing their interface. Because `InterfaceDef` objects cannot describe implementational or behavioral aspects of a type, this kind of reflection is structural rather than behavioral.

Structural reflection — accessing run–time type information through meta objects — is essential in CORBA. One reason is that for interoperating ORB domains with independently administered type systems, there must be a way of determining type equivalence or conformance not only on the basis of type names, but on the basis of structural type properties. Another reason is that it must be possible to build applications that are independent of static type information. This is a requirement for long–lived applications that need to be adaptable, or for generic applications like browsers or application–level bridges or gateways. Such applications need to have a way of invoking objects the types of which were unknown at compile time. To offer this kind of functionality, the *Dynamic Invocation Interface* (DII) component needs access to run–time type information.

Run–time type information in CORBA is managed by the ORB's *Interface Repository* (IR) component. It allows to request, inspect and modify type information. The IR is a separate CORBA object that is remotely accessible and offers operations to retrieve and modify type information. In every ORB domain, there must be at least one such repository. The `get_interface` operation on object references that was mentioned above actually returns an object from the IR. The IR will be described in more detail in the following section.

Type Information in the IR The IR manages type information in a hierarchical containment structure that corresponds to the structure of scoping constructs in IDL specifications: modules contain definitions of interfaces, structures, constants etc. Interfaces in turn contain definitions of exceptions, operations, attributes and constants. Figure 1 illustrates this hierarchy.

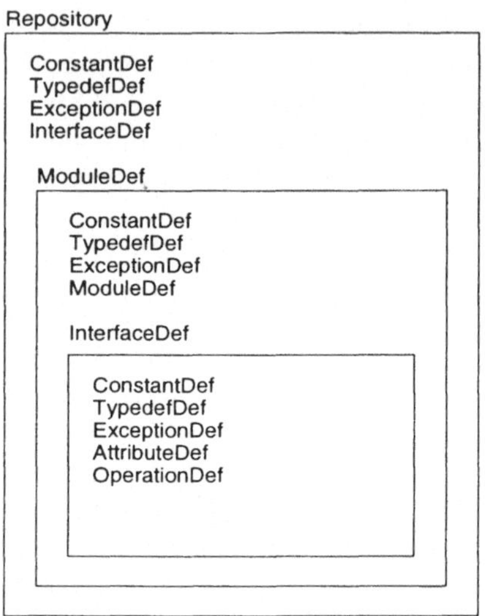

Fig. 1. Containers in the Interface Repository

The descriptions inside the IR can be identified in different ways. Every element of the repository has a unique, qualified name which corresponds to the structure of name scopes in the IDL specification. An interface I1 which was declared inside module M2 which in turn was declared inside module M1 thus has a qualified name M1::M2::I1. The IR also provides another, much more flexible way of naming IDL constructs using *RepositoryIds*. There are a number of different formats for RepositoryIds but every Repository must be able to handle the following format, which is marked by the prefix "IDL:" and also carries a suffix with a version number, as in, e.g., "IDL:jacorb/demo/grid:1.0". The name component between the colons can be set freely using the IDL compiler directives `#pragma prefix` and `#pragma ID`. If no such directive is used, it corresponds to the qualified name as above.

Using the IR When an object's client calls the `get_interface()` operation, the ORB consults the IR and returns an `InterfaceDef` object that describes the object's interface. Using `InterfaceDef` operations on this description object, further description objects can be obtained, such as descriptions for operations or attributes of the interface under consideration.

The IR can also be called like any other CORBA object and provides `lookup()` or `lookup_name()` operations to clients so that definitions can be searched for, given a qualified name. Moreover, the complete contents of individual containers (modules or interfaces) can be listed.

Interface Repository meta objects provide further description operations. For a given `InterfaceDef` object, we can inspect the different meta objects contained in this object (e.g., `OperationDef` objects). It is also possible to obtain descriptions in form of a simple structure of type `InterfaceDescription` or `FullInterfaceDescription`. Since structures are passed by value and a `FullInterfaceDescription` fully provides all contained descriptions, no further —possibly remote — invocations are necessary for searching the structure.

4 Reflection in Java

Java 1.1 offers a dedicated API for accessing meta objects. Basically, this API represents a meta–class model and allows explicit structural reflection in a similar way as the CORBA Interface Repository while not achieving its full functionality. This section gives a short summary of structural reflection in Java and also presents two non–standard approaches that allow implicit and behavioral reflection.

4.1 Structural Reflection in Java

The Java reflection API consists of the classes in the package `java.lang.reflect` and the class `java.lang.Class`. Using this API, it is possible to retrieve run time type information. All Java objects are instances of the class `Object` which provides the operation `getClass()` to obtain a meta object of class `Class` that represents the object's class. Similar to the operations of the CORBA `InterfaceDef` interface, `Class` objects provide operations to retrieve names, types of attributes and methods. Also, as in CORBA, it is possible to retrieve a `Class` object using its qualified name using the operation `Class.forName()`.

Having the reflection API reside in the `java.lang` package suggests that reflection is an integral part of the Java language, but this is not true to the extent that it is for CORBA. Reflection was added to Java rather late in the language design process, and Java does not actually depend on it. Java itself is not a distributed language, and RMI is not a platform for heterogeneous distribution. Therefore, no language independent type representation is necessary. Also, because RMI allows to download classes dynamically over the network [14], no separate, remotely accessible IR component is needed.

While a distributed type system is not an issue in Java, flexible adaptability of applications and dynamic loading and binding of code is. Consequently, the Java reflection API offers capabilities similar to the CORBA DII to allow method invocations to be constructed at run time by operating on meta objects. Also, attribute values can be set and retrieved and new class instances can be created by calling constructors. For obvious reasons, this is not possible in CORBA: Because a given interface representation is not connected to any one implementation, no new objects can be created from it.

The main difference to the CORBA IR is that constructs cannot be named as flexibly. In Java, the names of all constructs are determined by the static structure of class and package names. There is no way to refer to method or attribute definitions using a globally unique identifier and there is no support for class versioning.[2] Another important difference between Java reflection and the CORBA IR is that Java meta objects cannot be modified. There is, e.g., no way to move an interface from one package to another or to dynamically add an attribute to an interface.[3]

4.2 Other Approaches

As has been pointed out, Java reflection does only offer explicit, structural reflection interfaces. MetaJava [6] provides an extended Virtual Machine implementation that extends Java with facilities for implicit and behavioral reflection. Meta objects can be explicitly associated with objects and classes and are registered with certain base level *events* that represent standard language mechanisms such as method invocations, variable access, object locking or unlocking, class loading or instance creation. When an event occurs for which a registered meta object exists, this meta object's code for the particular mechanism is executed in place of the standard mechanism. This approach is both more general and more powerful than CORBA's interceptor model. Interceptors are part of a metacommunication model, i.e. reflection only takes place at certain points during operation invocation while MetaJava offers more "entry points" to the meta–level. Also, interceptors only allow to *add* behaviour, whereas in MetaJava it is possible to replace an entire mechanism by one of your own devising.

MetaJava, as well as the reflective facilities in standard Java or CORBA, are run time reflectional systems. Barat [1], in contrast, is an approach for compile–time reflection. In this system, the meta program is given access to static program constructs, such as classes, methods, attributes, expressions, variable accesses or method invocations. In principle, the meta objects are the nodes of the program's abstract syntax tree which the meta program may traverse, analyse or reorganize. Barat is specifically geared towards checking additional constraints at compile time that could not be expressed using the standard Java type system, e.g. design constraints such as "all instance variables must be declared private, public access is through accessor methods only".

5 Reflection in JacORB: The IR

JacORB is a freely available[4] implementation of the CORBA standard and is written entirely in Java. Because it contains no native code, JacORB runs without modification on every platform that offers a Java Virtual Machine. JacORB

---

[2] Java 1.2 offers support for package versioning, but not for individual elements in a package.

[3] This possibility does, in principle, exist in CORBA, but seems not to be implemented because of the obvious consistency problems.

[4] `http://www.inf.fu-berlin.de/~brose/jacorb`

implements an ORB with extensive concurrency support, a BOA, DII, DSI, IR and an IDL compiler and stub generator. By using IIOP as its native communication protocol, JacORB interoperates directly with other ORB implementations. Additionally, an OMG–compliant name service and a prototype of an event service are provided.

JacORB originated in an early class library which was designed to provide Java programs with facilities for simple remote method invocations. When it was extended to provide CORBA concepts, the basic technique of generating stub classes from Java class files rather than from IDL interfaces was preserved. To generate source code for stub classes the JacORB stub generator parses Java byte code which was compiled from classes that were either generated with the IDL compiler or manually written. As a consequence, JacORB can support distributed Java programs on top of an IIOP run–time system without requiring a separate interface definition language. This way of writing distributed programs in Java is similar to RMI. However, RMI does not currently support IIOP, while JacORB, on the other hand, does not have RMI's object serialization facilities.

For a full–fledged CORBA system, however, it is not sufficient to be able to remotely access Java objects using IIOP. To provide full CORBA functionality, an Interface Repository had to be built that implements CORBA's structural reflection features. Interceptors are also implemented in JacORB, but we will focus on the design of the Interface Repository in the rest of this section.

Repository Design When designing the Interface Repository, our goal was to exploit the Java reflection API's functionality to avoid having to implement an additional data base for IDL type descriptions. As it turned out, this was possible because the similiarities between the Java and CORBA object models allow to derive the required IDL information at run time. As a consequence, we can even do without any IDL at compile time. However, this required a few modifications to the IDL–to–Java language mapping so that our own language mapping does not fully comply to the standard defined in [11].

In addition to this simplification, the main advantage of our approach lies in avoiding redundant data and possible inconsistencies between persistent IDL descriptions and their Java representations, because Java classes have to be generated and stored anyway.

Thus, the Repository has to load Java classes, interpret them using reflection and translate them into the appropriate IDL meta information. To this end, the repository realizes a reverse mapping from Java to IDL. Figure 2 illustrates this functionality, where f^{-1} denotes the reverse mapping, or the inverse of the language mapping. This mapping is summarized in the following section.

Reverse Mapping Upon receiving a request for an IDL definition, the IR first tries to find the Java class that represents this IDL construct or contains its representation. The Java class name is derived from the RepositoryId or the qualified name given in the request. This class is then loaded if not already present.

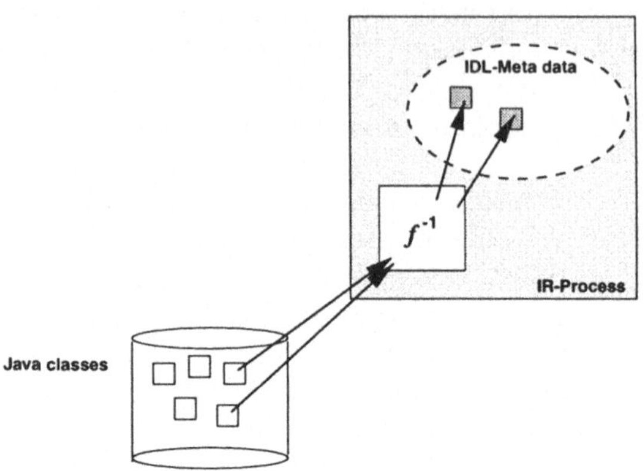

Fig. 2. The function of the JacORB Interface Repository

When loading modules and interfaces that in turn contain other constructs, the generated meta objects have to be created and initialized in two phases to be able to resolve cyclic dependencies between IDL constructs. First, all meta objects must be created along the containment hierarchies, but without resolving references to other repository elements. This has to be done in a separate second phase so that all required meta objects really exist.

During this loading process, it is the IR's task to inspect loaded classes and determine which kind of IDL construct they represent. It then has to create the appropriate meta objects. In principle, this is also possible with Java classes that were generated with the standardized Java–to–IDL mapping. There are, however, a few places where the generated code would not contain enough information to allow a straightforward reverse mapping.

For this reason, the JacORB IDL compiler employs a slightly modified Java–to–IDL mapping to insert that information into appropriate places in the generated code. In order to be able to tell whether a method in a Java interface corresponds to a regular or a **oneway** operation of an IDL interface, the IDL compiler inserts a marker attribute into the generated code. As a further simplification of the reverse mapping, compiler generated classes contain explicit markers that indicate which kind of IDL construct a given class represents. Classes that were generated from IDL **structs**, e.g., implement the interface `jacorb.Orb.Struct`.

As a side effect of our approach, IDL information can also be derived for Java objects that are not instances of IDL compiler generated classes but were separately developed, in particular plain Java interfaces. It can thus also assist in distributing existing Java code. In these cases, those IDL constructs for which no Java equivalent exists will never be derived, unless Java developers insert the necessary markers into their code intentionally. To write a Java class such that the reverse mapping will derive IDL information for a union, e.g., developers would have to declare that class as implementing `jacorb.Orb.Union` and comply to the canonic class format for unions as prescribed by the Java–to–IDL mapping, such as the way the discriminator is modelled in Java, etc.

A somewhat different and more general approach to reverse mapping Java to IDL is taken in [12]. This proposal is intended to serve as a bridge between RMI and CORBA and aims at making Java/RMI objects accessible as regular CORBA objects, taking manually written Java/RMI code as input. In contrast, our mapping is aimed mainly at IDL compiler generated Java classes.

6 Summary and Future Work

We provided an overview of the reflective facilities of CORBA and Java and described a Java implementation of a CORBA Interface Repository that does not need to manage its own persistent storage, thus avoiding redundancies and requiring less resources. The possibility of dynamically deriving IDL from Java classes by using Java reflection proves both the conceptual similarity between Java and CORBA and the practical usefulness of the reflection library. An interesting by–product is the option of distributing existing Java code with CORBA, although this has only been tested with toy examples yet.

With the implementation described above it is not currently possible to construct RepositoryIds that do not correspond exactly to the qualified name of an IDL definition. Because of this limitation the JacORB IDL compiler does not presently support the IDL pragmas `prefix` and ID. We believe that this problem can be solved in a future version by modifications to the class loading process. Another restriction is that our repository implementation does not allow to modify the contents of the repository dynamically.

The implementation of the JacORB Interface Repository was complemented by student work on implementing a browser for graphically displaying the IR contents. This tool is implemented in Java, looks like a familiar class browser and facilitates searching the repository contents. An interesting perspective would be to build a development environment for CORBA that integrates IDL compiler, editor, browsers and code generators for CORBA servers.

We plan to further enhance JacORB with an implementation of the *Portable Object Adapter* (POA) and a language mapping that makes use of new language features in Java 1.1 and 1.2. The standardized Java language mapping is based on Java 1.0.2 and thus cannot exploit nested classes and package meta objects. Our main interest for future research with JacORB is in exploring security in CORBA systems.

References

1. Bokowski, B.: Barat — A Front–End for Java. Technical Report B-98-09, Freie Universität Berlin, September 1998
2. Brose, G., Bokowski, B.: Ein Object Request Broker für Java. Informatik/Informatique, Zeitschrift d. schweiz. Informatikorganisationen, **3** (1997), 27–30
3. Brose, G.: JacORB — Design and Implementation of a Java ORB. Proc. Distributed Applications and Interoperable Systems DAIS'97, Cottbus, Germany, September 1997. Chapman & Hall, 143–154

4. Brose, G.: Java & CORBA — How close are they really? Java Developer's Journal, **3** (1998), 60–62

5. Ferber, J.: Computational Reflection in Class based Object Oriented Languages. Proc. OOPSLA 1989, SIGPLAN Notices, ACM Press, 1989, 317–326

6. Golm, M.: Design and Implementation of a Meta Architecture for Java. Master's Thesis, Universität Erlangen–Nürnberg, January 1997.

7. Kiczales, G., de Rivières, J., Bobrow, D.: The Art of the Metaobject Protocol. MIT Press, 1991

8. Kiczales, G., Lamping, J., Mendhekar, A., Maeda, C., Lopes, C., Loingiter, J.-M., Irwin, J.: Aspect–Oriented Programming. Proc. ECOOP 1997, Springer LNCS, June 1997

9. Maes, P.: Concepts and experiments in computational reflection. Proc. OOPSLA 1987, 22, SIGPLAN Notices, ACM Press, 1987, 147–155

10. Maes, P.: Issues in computational reflection. in: Maes, P., Nardi, D. (eds.): Meta–Level Architectures and Reflection. Elsevier 1988, 21–35

11. OMG: The Common Object Request Broker: Architecture and Specification. revision 2.2, February 1998

12. OMG: Java to IDL Mapping. Joint Submission, January 1998

13. Rao, R.: Implementational Reflection in Silica. Proc. ECOOP 1991, LNCS, Springer, Berlin, 1991, 251–267

14. Sun Microsystems: Java Remote Method Invocation Specification. October 1997.

Java, XML und Servlets zur Integration datenbankbasierter Applikationen im Web

Albrecht Schmidt und Günther Specht

TU München, Orleansstr. 34, 81667 München
`Albrecht.Schmidt@in.tum.de`
`specht@in.tum.de`

Zusammenfassung Am Institut für Informatik der Technischen Universität München werden zwei bestehende Technologien, digitale Bibliothekssysteme und multimediale Datenbanken, in einem Web-basierten Kontext integriert, d. h. ein Benutzer soll letztendlich über einen der gängigen WWW-Browser auf die schon vorhandenen digitalen Bibliotheken als auch auf multimediale Informationen zugreifen können. Eine besondere Rolle spielt dabei die Verwendung von Java als Implementationssprachen und XML als (zunächst internem) Datenformat zum Zusammentragen der Information aus den verschiedenen Datenbanken.

1   Einführung und Überblick

An der Technischen Universität München läuft im DFG-Schwerpunktprogramm "Verteilte Verarbeitung und Vermittlung digitaler Dokumente" [DFG98] das Projekt OMNIS/2. Darin wird die Integration von Bibliothekssystemen und multimedialen Datenbanken untersucht. Da schon Vorarbeiten in umfangreichen anderen Projekten erbracht worden sind, stand am Anfang die Frage, wie man möglichst große Teile davon übernehmen könne. Dabei ging es nicht nur um das Wiederverwenden von Programmcode, sondern vor allem um die Nutzbarmachung und Integration großer Mengen an Datenbeständen, insbesondere Bibliotheksdatenbanken.
Eine zweite Anforderung bestand in der Verwendung und Evaluierung von modernen Technologien. Nach einer Planungsphase und der Diskussion verschiedener Designvorschläge kam der Entschluß, die Implementation in Java durchzuführen. Dabei spielte einerseits die Plattformunabhängigkeit der Sprache eine große Rolle, andererseits auch die gute Einbettung in die vorhandene WWW-Architekur [Wor98b], insbesondere die Möglichkeit HTTP-gestützter Kommunikation durch URL-Klassen und Servlets [Sun98].

Eine weitere Anforderung bestand in der Integration bestehender Projekte. Da diese bereits über einen WWW-Anschluß verfügten, lag die Idee nahe, diesen auch zu nutzen. Die übliche HTML-Ausgabe dient aber lediglich der Darstellung berechneter Resultate. Insbesondere gehen durch Konvertierung der internen Datenstrukturen nach HTML viele semantische Informationen verloren, die für eine Weiterverarbeitung sehr hilfreich wären. Basierend auf der Idee, statt nach HTML in eine Sprache zu konvertieren, die auch Semantik in die Dokumentenstruktur miteinbezieht, wurde zusätzlich zur Standard-HTML-Ausgabe eine XML-Ausgabe [Wor98a] (mit modifizierter URL) implementiert, in der die Daten die nötige semantische Tiefe besitzen.

Die genannten Technologien entwickeln sich zudem immer mehr zu einem Standard, so daß eine Vielzahl an Werkzeugen zur Verfügung steht, die deren Einsatz enorm erleichtert.

Ziel dieses Papiers ist es zu zeigen, wie man unter Einbeziehung von XML, Java und Servlets als Kerntechnologien, mehrere Anwendungen in einer Plattform integrieren und an das WWW anschließen kann.

2 Bibliothekssysteme

Bei den in der Einführung erwähnten Bibliothekssystemen handelt es sich im wesentlichen um die verschiedenen Ausprägungen des an der TU München entwickelten OMNIS-Systems [KVB97], das in einer Vielzahl an Projekten im Einsatz ist und für das daher mehrere sehr umfangreiche Datenbanken existieren. Es verwaltet die typischen, im Bibliothekskontext auftretenden Dokumentenarten. Bei der Literaturrecherche hat man nicht nur Zugriff auf die herkömmliche Attribute wie Autor, Titel, Verlag, sondern kann auch im Volltext der ersten Seiten eines Dokuments, also im Abstract und/oder Inhaltsverzeichnis suchen.

Ist die Suche erfolgreich gewesen, so besteht die Möglichkeit, sich noch einen optischen Eindruck von einer gescannten Version der gefundenen Dokumente zu machen und danach das Dokument herunterzuladen und auszudrucken, sofern es vollständig vorliegt. Ansonsten kann es – je nach Version und Kontext – evtl. bestellt werden.

Intern arbeitet OMNIS mit drei verschiedenen Attributarten. Da gibt es die von traditionellen Bibliothekskatalogen her bekannten Strukturfelder wie Autor, Titel, Jahr, Verlag. Zusätzlich steht ein Teil des Dokuments im suchbaren Volltext zur Verfügung, der das Ergebnis eines mittels OCR analysierten Scannens ist. Bilddaten stellen das Dokument in seiner ursprünglichen Form dar. Sie können sowohl als Bitmap als auch als Postscript vorliegen. In der aktuellen Version ist noch keine Suche und Verlinkung der in der Datenbank liegenden Quellen möglich.

3 Multimediale Datenbanken

Multimediale Datenbanken unterscheiden sich von herkömmlichen Bibliothekssystemem in zweierlei Hinsicht. Zum einen können sie mit neueren kontinuierlichen Medientypen umgehen, im wesentlichen Video und Audio. Dies allein ist schon eine wünschenswerte Eigenschaft, die vielen herkömmlichen Bibliothekssystemen fehlt.

Zum anderen unterstützen sie auch Verlinkungen zwischen Objekten, die über die aus HTML bekannten Verfahren hinausgehen. So enthalten gängige Modelle zu multimedialen Datenbanksystemen auch bidirektionale, getypte und $n : m$-Links, wie es im Dexter-Modell [HS94], das unserer Planung zugrunde liegt, der Fall ist. Typische Anwendungsbereiche in unserem Kontext sind Literaturverzeichnisse, wo das als Referenz aufgeführte Schriftstück auf Maus-Klick verfügbar gemacht werden kann, oder Zitate, die gleich auf die bezuggenommene Textstelle verweisen können. Im allgemeinen werden sich die genannten Anforderungen nicht mit reinem HTML [Wor98c] erfüllen, auch wenn die Mächtigkeit dieser Sprache durch immer neue Standards und Entwicklungen weiter zunimmt. Soll es z. B. möglich sein, in einem Bild interaktiv einen Link durch Umrahmen der Ankerfläche mit einem Polygon zu setzen, so erfordert dies den Einsatz von Java-Applets.

Im Projekt MultiMAP, ebenfalls an der TU München, wird ein solches multimediales Datenbanksystem entwickelt, das sowohl multimediale Objekte als auch die erwähnten komplexen Linkstrukturen basierend auf dem Dexter-Modell unterstützt [HS94]. Auch hier gibt es schon eine Reihe an Anwendungs-Datenbanken.

4 Designziele

Betrachtet man die Eigenschaften der beiden vorgestellten Systeme, so würden sie sich in natürlicher Weise zu etwas Mächtigerem ergänzen; dazu muß man jedoch Möglichkeiten des einen in das andere übernehmen. Das würde zum Beispiel die angesprochenen vernetzten Literaturverzeichnisse ermöglichen, aber auch Annotationen, die ein Benutzer zu Schriftstücken einfügen könnte, oder thematisch begründete Verbindungen.

Somit ergibt sich als Designziel ein System, das die Eigenschaften von Bibliothekssystemen und multimedialen Datenbanken vereint. Eine einfache Code-Integration der Systeme OMNIS und MultiMAP war jedoch aufgrund jeweils eigener Datenformate und -strukturen nicht möglich. Die gewählte Zielspezifikation bestand aus einer Integrationsschicht über beiden Einzelkomponenten, die auf die darunterliegenden Systeme zurückgreift und leicht um weitere Module erweiterbar ist. Diese Integrationsschicht benötigt aber mehr semantische Informationen, als die HTML-Ausgaben der beteiligten Systeme liefern. Da es aber verhältnismäßig einfach ist, einen WWW-Anschluß von einer HTML-Ausgabe auf eine XML-Ausgabe umzustellen – in unserem Fall war nur reine textuelle Substitution im erzeugenden Code nötig – wurde das OMNIS-System, das schon an das WWW angebunden war [CVW95], lediglich um eine XML-Ausgabe erweitert. Es hat sich herausgestellt, daß es so möglich ist, alle in den internen Datenbanken vorhandenen relevanten Informationen unserer integrativen Anwendung zugänglich zu machen.

Für XML als zukünftigem Standard gibt es mittlerweile eine ganze Reihe an Bibliotheken, Programmen, Parsern und Prozessoren, die sich an die W3C-Empfehlung halten und somit einen reibungslosen Datenaustausch ermöglichen.

Ebenso sollte unsere integrative Anwendung selbst keinerlei proprietäre Protokolle verwenden. Es wird oft noch viel Zeit und Mühe darauf verwendet, eigene Kommunikationsprotokolle zu entwerfen. Das ist bei Web-basierten Anwendungen in vielen Fällen gar nicht nötig, da mit dem HTTP-Protokoll [Wor98d] bereits ein Standard zur Verfügung steht, der die gängigsten Fälle abdeckt. Weiterentwicklungen wie HTTP-NG [Wor98e] sollten bei längerfristigen Projekten auch in die Planung miteinbezogen werden, da sich so in Zukunft Sackgassen vermeiden lassen. Gerade die Java-eigenen URL-Klassen reichen oft vollkommen zur Kommunikation aus.

Weiterhin sollte eine integrative Anwendung auch skalierbar sein. Der Einsatz einer objektorientierte Sprache wie Java bietet die Möglichkeit, weitere Anwendungen in Modulen unterzubringen, die – soweit sie XML als Ausgabe liefern – sich leicht in die Gesamtarchitektur einbinden lassen. Die Initialisierung dieser Module könnte in der `init()`-Methode eines Servlets geschehen. Für weniger häufig gebrauchte Module ist sogar ein dynamisches Laden denkbar.

Zusammmenfassend lassen sich unsere Designziele folgendermaßen beschreiben:

1. Verwendung von standardisierten, plattformunabhängigen Technologien

2. Modularität und Skalierbarkeit

3. größtmögliche Wiederverwendbarkeit bestehender Datenbanken und Applikationen

5 Architektur

Diese Designziele übertragen sich auf natürliche Weise in die Architekur,
die in diesem Abschnitt vorgestellt wird.

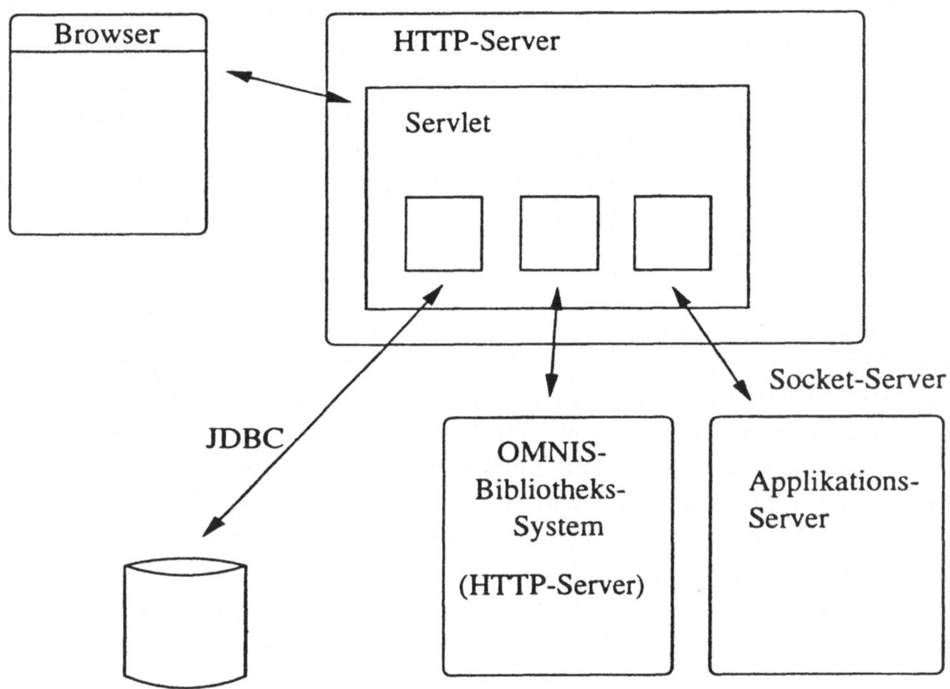

Abbildung1. Unser Applikations-Schema

Da wir uns als Ziel gesetzt haben, möglichst nur über Standard-
Protokolle zu kommunizieren und einen WWW-Anschluß zur Verfügung
zu stellen, liegt es nahe, den von uns benutzten und notwendigen HTTP-
Server mit Hilfe von Servlets zu einem vollständigen Applikationsser-
ver auszubauen. Da die zu implementierenden Methoden eines Servlets
genau den verschiedenen HTTP-Anfragen (GET, PUT, POST etc.) entsprechen, können wir unsere Kommunikation ohne großen Mehraufwand
über das HTTP-Protokoll abwickeln. Diese Überlegungen resultierten
im linken oberen Teil unsere Applikationsschems, wie es in Abbildung 5
zu sehen ist: Browser und HTTP-Server kommunizieren nur über einen
Standard-HTTP-Port.

Vom Browser eines Benutzers kommen Anfragen, die in den Servlets verarbeitet werden. Das können Anforderungen des Browsers selbst sein, wie sie etwa durch Aktivieren eines Bookmarks oder Anforderung einer neuen URL ausgelöst werden, möglicherweise sind sie auch von Java-Applets z. B. in interaktiven Bildern oder in HTML-Seiten eingebettete JavaScript-Teile gestellt.

Diese Anfragen werden entsprechend ihrer Semantik aufgespalten und an die für sie zuständigen Module weitergereicht. Wenn es darum geht, einen Link zu verfolgen, wird in der Link-Datenbank das Linkziel bestimmt, eine neue Seite zusammengestellt und an den Web-Browser des Benutzers geschickt. Bei einer Stichwortsuche in einer Bibliotheksdatenbank werden die Suchbegriffe in das entsprechende URL-Format übersetzt, abgeschickt, und die XML-Antwort interpretiert, mittels eines XSL-Prozessors [Wor97] nach HTML übersetzt und an den Browser zurückgegeben.

Diese Grundideen übersetzen sich auf natürlich Weise in eine Java-Umgebung. Durch Servlets erweitert man den Web-Server um eigene Prozeduren. In der `init()`-Routine werden allgemeine Initialisierungen vorgenommen wie das Anlegen von Datenbankobjekten, die wiederum Verbindungen zu Datenbanken aufbauen, oder die Instanziierung von Hüllklassen für Datenquellen wie der OMNIS-Datenbank. Weniger häufig benötigte Module, wie etwa Autorenkomponenten, können während des laufenden Betriebs nachgeladen werden.

Die Verbindung zu der erwähnten Linkdatenbank kann innerhalb eines eigenen Moduls über einen JDBC-Anschluß und damit ebenfalls über eine standardisierte Schnittstelle bewerkstelligt werden. Wenn traditionelle Internet-Socket-Server integriert werden sollen, so kann die Kommunikations-Verbindung über Java-Sockets, einem weiteren Element der Java-API, hergestellt werden. In diesem Fall ist allerdings eine Emulation des von der integrierten Anwendung geforderten proprietären Protokolls notwendig, was je nach Protokoll recht aufwendig werden kann. Handelt es sich bei dem Socket-Server um einen HTTP-Server, kann mit ihm über die WWW-konformen Routinen in `java.net.HttpURLConnection` kommuniziert werden.

Viele Datenbankhersteller [Inf98,Ora98] verfolgen übrigens ein ähnliches Konzept, nur daß sie von das Pferd quasi von der anderen Seite aufzäumen. Sie integrieren in Datenbanken immer mehr Funktionen, die vorher vom Betriebssystem oder von Spezialapplikationen wie HTTP-Servern übernommen wurden, und vereinfachen so die konzeptuelle Projekt-Planung. JDBC ist unter diesem Gesichtspunkt ein Versuch der Vereinheitlichung auf Programmiersprachenseite.

6 Servlets

Zwar sind Servlets in gewisser Weise ein Sprachelement von Java, jedoch ist es im Anwendungsszenario oft sinnvoll, sie als einfache Möglichkeit zu sehen, einen speziell auf die eigenen Bedürfnisse zugeschnittenen HTTP-Server zu erstellen. Dies gilt in besonderer Weise, da Servlets mit Infrastruktur außerhalb der eigenen Programmumgebung sehr eng zusammenarbeiten.

Insofern hat die Verwendung von Servlets größere Auswirkungen auf das Design des Gesamtsystems, als es bei der bloßen Verwendung eines weiteren Teils der Java-API der Fall wäre. Einerseits machen sie als Erweiterung des HTTP-Servers es überflüssig, einen eigenen Applikations-Server zu schreiben. Andererseits impliziert die oftmals als Vorteil angeführte Tatsache, daß Servlets als Threads und nicht als Prozesse laufen, daß Teile des Systems "Thread-sicher" sein müssen, d. h. sie sich gegen die Probleme absichern, die üblicherweise entstehen, wenn mehrere Prozesse auf dieselben Ressourcen zugreifen. Insbesondere bei Datenbankanbindungen können Probleme entstehen, da JDBC-Treiber von ihrer Architektur her nicht Thread-sicher sind und somit Thread-sichere Hüll-Klassen oder Container geschrieben werden müssen.

Eine mögliche Lösung ist, in einem `java.util.Vector` eine Liste von offenen Datenbankverbindungen zu halten. Wenn nun ein Thread eine Datenbankanfrage absetzen will, greift er über eine `sychronized`-Methode auf die Liste zu, holt sich eine Verbindung und löscht das entsprechende Element in der Liste. Sobald er seine Antworten erhalten hat, fügt er die Verbindung wieder in die Liste ein. Abbildung 6 zeigt einige Code-Fragmente, die dies verdeutlichen.

Die einfache Handhabe von Threads ohne das explizite Setzen und Freigeben von Sperren macht es einfach, solche Konzepte schnell in Java umzusetzen. Im Gegensatz zu einer entsprechenden C- oder C++-Implementation ist der zusätzliche Programmieraufwand eher gering. Wohl aber ist der Planungsaufwand höher.

7 Java

Der Vorteil, den der Einsatz von Java gebracht hat, ist neben der Plattformunabhängigkeit die problemlose Einbettung in das WWW. Das in der Standard-API enthaltene Packet `java.net` stellt alle nötigen Kommunikationsroutinen zur Verfügung, ohne daß ein Einbinden von Nicht-Standard-Bibliotheken erforderlich wäre.

Durch diese auf transparente Kommunikation ausgelegten Sprachelemente bietet sich Java für die Entwicklung von Anwendungen wie unserer

an. Die Entwicklungzeiten waren kurz, schon bald stand ein Prototyp
zur Verfügung.
Ein weiterer Punkt ist die relativ "billige" Parallelität durch mehrere
Threads, die bei Verwendung von Servlets fast automatisch entsteht.

```
class DataBase {
  ...
  public synchronized Connexion getConnexion()
    throws SQLException, ClassNotFoundException {
    if (Connexions.isEmpty ()) {
      // Vektor ist leer
      // evtl. temporäre Verbindung aufbauen
      ...
    }
    else {
      c = (Connexion) Connexions.elementAt(0);
      Connexions.removeElementAt(0);
    }
  }

  public synchronized void releaseConnexion(Connexion c) {
    if (Connexions.size() >= MaxNumberOfConnexions) {
      // evtl. temporäre Verbindungen auflösen
      ...
    }
    else { Connexions.addElement(c); }
  }
}
```

Abbildung 2. Datenbankzugriff in Threads

Der Trade-Off dafür sind die höheren Entwicklungskosten für die benötigten Klassen, die Thread-sicher sein müssen. Diese Kosten würden
aber bei jeder Parallelarchitektur, die Threads benutzt, anfallen. Gerade die einfache Handhabe von Threads mittels **synchronized**-Methoden
stellt eine wesentliche Vereinfachung gegenüber den von C bzw. C++
bekannten POSIX-Threads dar.
Auch für Zugriffe auf relationale Datenbanken stellt Java ein Standard-
Sprachelement zur Verfügung. Während bisher Embedded-SQL-Code

oder spezielle Bibliotheken verwendet werden mußten, kann jetzt die Datenbank über eine nicht mehr herstellerspezifische JDBC-Schnittstelle angesprochen werden, die Zeitersparnis im Vergleich zu den anderen Techniken ist signifikant.

8 XML und HTML

Wie anfangs beschrieben, war die Umstellung einer HTML-Ausgabe auf XML ein wichtiger Punkt im Integrationsprozeß. Anhand eines Beispiels soll die Rolle von XML in unserem Kontext verdeutlicht werden. Abbildung 3 zeigt eine etwas vereinfachte HTML-Ausgabe eines WWW-Bibliothekssystems. Da ist einerseits die URL des Linkziels, wo das Dokument abrufbar ist, andererseits sichtbar am Bildschirm der Autor und der Titel. Zusätzlich ein Anker für den Link, der zu dem Dokument führt.

```
<A HREF= URL >
M. Usterautor, Wie man in Java programmiert
</A>
```

Abbildung3. Ergebnis einer Suche in HTML

```
<BUCH>
  <URL>URL </URL>
  <AUTOR>M. Usterautor</AUTOR>
  <TITEL>Wie man in Java programmiert</TITEL>
</BUCH>
```

Abbildung4. Ergebnis einer Suche in XML

Für eine Applikation, die diesen HTML-Text als Eingabe erhält, ist es sehr schwierig, auf die semantische Struktur zu schließen, zumal diese noch von Anfrage-Ergebnis zu Anfrage-Ergebnis verschieden sein kann. Im Gegensatz dazu enthält die XML-Version in Abbildung 4 zu jeder

Ausgabe die Meta-Information, um welche Art von Daten es sich handelt. Der Name des Autors ist von einem AUTOR-Tag-Paar umgeben. Ebenso verhält es sich mit URL und Titel. Zusätzlich ist der Block von einem BUCH-Tag umgeben, das als zusätzliche Information enthält, daß es sich bei dem umschlossenen Text um die Beschreibung eines Buches handelt. Wie oben beschrieben, ist ein Umstellen der Ausgabe einer bestehenden Applikation von HTML nach XML eine relativ "billige" Lösung, da man oft lediglich die Ausgabe-Tags verändern muß. Besonders wenn Techniken wie Server-Parsed-HTML-Templates, wie es bei OMNIS der Fall war, zum Einsatz kommen, fällt eine Umstellung leicht. Wenn man weiter das HTTP-Protokoll benutzt, um seine Anfragen zu stellen, besteht die Haupt-Integrationsaufgabe darin, die entprechenden Anfragen in einer URL nachzumodellieren und diese dann abzuschicken.

Die Rolle von XML in unserer Anwendung kann noch weiter gefaßt werden. Bei verschiedenen heterogenen Modulen, die in größerem Maße voneinander abhängen, kann XML als intermodulares Austauschformat verwendet werden.

XML selbst enthält keine Informationen darüber, wie es von einer Anwendung visuell oder akustisch dargestellt werden soll. Im Gegensatz zu HTML gibt es keine Konvention, daß bestimmte Tag-Namen eine Bedeutung wie "Drucke das folgende Wort kursiv" haben. Zu diesem Problem gibt es mehrere mögliche Lösungsansätze. Einerseits können proprietäre Methoden Einsatz finden, d. h. ein XML-Quelltext wird eingelesen, ein Parse-Baum wird aufgebaut, und aus diesem eine Ausgabe generiert. Andererseits kann man auch Standard-Techniken verwenden wie Style-Sheets oder XSL-Prozessoren [Wor97]. Style-Sheets bieten sich an, wenn die Struktur des XML-Textes im wesentlichen der Struktur der gewünschten visuellen Darstellung entspricht, da sie für jedes XML-Tag die visuellen oder akustischen Attribute angeben. XSL-Prozessoren geben größere Freiräume, da sie ein (fast) beliebiges Traversieren des von der Dokumentenstruktur implizierten Syntaxbaums erlauben.

Gegenwärtig läßt sich die Tendenz ausmachen, bei Client/Server-Systemen die Darstellungslogik zu möglichst großen Teilen in den Client zu verlegen. Wo die Mächtigkeit von Style-Sheets bzw. XSL-Prozessoren nicht ausreicht oder die geforderte Interaktivität nicht bietet, werden Java-Applets eingesetzt.

9 Zusammenfassung

Wir haben gesehen, wie man Web-basierte Anwendungen integrieren kann, ohne große Veränderungen an den Strukturen oder Quelltexten der beteiligten Module vornehmen zu müssen. Dies geschah aus der Grundi-

dee, einen WWW-Port, der auf Anfragen eine für graphische Darstellung der Ergebnisse aufbereitete Antwort liefert, von einer HTML- auf eine XML-Ausgabe umzustellen und als generischen Zugang zu einer Applikation zu betrachten.
Java leistet in diesem Zusammenhang besonders wertvolle Dienste, da es viele WWW-konforme Sprachelemente enthält und die Entwicklungszeiten kurz sind.

Literatur

[CVW95] Alexander Clausnitzer, Pavel Vogel, and Stephan Wiesener. WWW-Interface to the OMNIS/Myriad Literature Retrieval Engine. In *The Third International World-Wide Web Conference: Technology, Tools and Applications, Darmstadt*, 1995.

[DFG98] DFG. DFG-Schwerpunktprogramm: Verteilte Verarbeitung und Vermittlung digitaler Dokumente. http://www.graphics.uni-bonn.de/dfgspp.VVVDD, 1998.

[HS94] F. Halasz and M. Schwartz. The Dexter Hypertext Reference Model. *Communications of the ACM*, 37(2):30–39, 1994.

[Inf98] Informix. Developing datablade modules for informix dynamic server with universal data option. http://www.informix.com/informix/whitepapers/, 1998.

[KVB97] Wolfgang Kowarschick, Pavel Vogel, and Rudolf Bayer. ELEKTRA: An Electronic Article Delivery Service. In *8th International Conference on Database and Expert Systems, Tolouse*, July 1997.

[Ora98] Oracle, Inc. Cartridges. http://www.oracle.com/cartridges/, 1998.

[Sun98] Sun. Java Documentation. http://www.java.sun.com/docs/index.html, 1998.

[Wor97] World Wide Web Consortium. A Proposal for XSL. http://www.w3.org/TR/NOTE-XSL.html, August 1997.

[Wor98a] World Wide Web Consortium. Extensible Markup Language. http://www.w3.org/XML/, 1998.

[Wor98b] World Wide Web Consortium. Homepage. http://www.w3.org/, 1998.

[Wor98c] World Wide Web Consortium. HTML 4.0 Specification. http://www.w3.org/TR/REC-html40/, 1998.

[Wor98d] World Wide Web Consortium. HTTP – Hypertext Transfer Protocol. http://www.w3.org/Protocols/, 1998.

[Wor98e] World Wide Web Consortium. Hypertext Transfer Protocol - Next Generation. http://www.w3.org/Protocols/HTTP-NG/, 1998.

ANT – Active Node Technology
Technischer Überblick und Anwendungen

Bernhard Zwantschko (bzwan@iicm.edu)
Christian Gütl (cguetl@iicm.edu)

Institut für Informationsverarbeitung und Computergestützte neue Medien
Technische Universität Graz, Austria; Schießstattgasse 4a

Zusammenfassung. Die vorliegende Arbeit stellt in kurzen Umrissen die wesentlichsten Merkmale der Active Node Technology (ANT) vor. ANT dient der transparenten Integration verschiedenster Netzwerkkomponenten und Services durch Generieren eines virtuellen Adreßraumes. ANT inkludiert dabei ein Naming- und Directory Service, Property Support sowie asynchrone und snchrone Kommunkation. Weiters werden neueste Designaspekte durch die Implementierung dynamisch generierter Services sowie der strikten Trennung von Daten und Strukturen berücksichtigt. Im zweiten Teil werden erste Erfahrungen mit ANT in diversen Projekten vorgestellt und ein Ausblick auf zukünftige Entwicklungen gegeben.

Keywords. Virtueller Adreßraum, Protokollunabhängigkeit, Services, Corba, ANT

ANT – Active Node Technology

Im Rahmen eines Projektes für die Einführung eines Medizin Telematik Zentrums (MTZ) stand das IICM vor der Aufgabe, ein strukturiertes, sicheres, multimediataugliches, verteiltes, dynamisches und hoch kooperatives Netzwerk zu schaffen. Das Netzwerk sollte es ermöglichen bestehende medizinische Dienste investitionserhaltend und einfach zu integrieren, Patientenakten, obwohl verteilt gespeichert virtuell zentral darzustellen und zu administrieren, Methoden für die Gewährleistung von Sicherheit und Vertraulichkeit transparent zu integrieren.

Mögliche Basistechnologien für die Implementierung eines solchen Netzwerkes wären unter anderem CORBA [3] oder Remote Method Invocation (RMI) [6]. Beide Technologien zeigten jedoch Nachteile (siehe Vergleich ANT-CORBA-RMI), die in der Folge zum Design einer maßgeschneiderten Middleware führten.

Active Node Technology (ANT) ist ein verteiltes Netzwerk aus aktiven Java Objekten die einen virtuellen Adreßraum aufspannen und sich durch Einfachheit, transparente Protokollintegration und Plattformunabhängigkeit auszeichnen. ANT enthält per Definition ein Naming- und Directoryservice, Property-Unterstützung und synchrone sowie asynchrone Kommunikation. Das Datenmanagement unterliegt einer strikten Trennung von Daten einerseits und Struktur sowie Protokollen andererseits. Die vorteilhafte Plattformunabhängigkeit erbt ANT von Java ebenso wie ein dynamisches Servicemanagement.

In der vorliegenden Arbeit wird eine kurze Vorstellung der Active Node Technology aufgezeigt und im Anschluß werden aktuelle und zukünftige Entwicklungen basierend auf dieser Technologie diskutiert.

ANT – Ein virtueller Adreßraum

Der virtuelle Adreßraum stellt die Basis von ANT dar und ist am ehesten vergleichbar mit einem UNIX Filesystem. Alle Objekte (ANTs) sind hierarchisch organisiert und haben eine eindeutige Adresse. Wie unter UNIX existiert nur ein eindeutiges Root Objekt.

Die Adresse der einzelnen Objekte ergibt sich aus dem Namen der Objekte im Pfad getrennt durch einen Schrägstrich (/). Die Adresse des Objektes `joe` (siehe Abb. 1) ist somit `/tmp/coll/joe`.

Die Spitze des Adreßraumes wird durch das Root Objekt und andere Runtime Objekte gebildet. Diese Objekte existieren nur im Memory und haben in der Regel keine persistente Entsprechung. Runtime Objekte haben zweierlei Aufgaben: Sie stellen temporäre Objektspeicher dar oder sie fungieren als Bindeglied zu Subräumen. Im letzteren Fall werden sie als *mounter* (nach dem UNIX Befehl mount) bezeichnet.

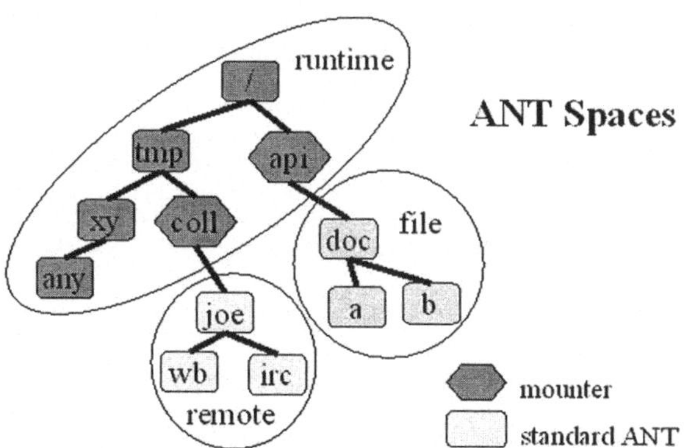

Fig. 1. ANT Spaces, Darstellung des virtuellen Objektraumes

Ein *mounter* spannt ein Subraum auf, z. B. den Inhalt eines Dateisystems, eines Web Servers, den ANT Baum auf einem Remote Rechner (ANT Server) oder eine Anwendung, die sich in Form eines Servicebaumes darstellt (siehe ....). Die Hauptaufgabe des *mounters* ist dabei das Schaffen eines protokollunabhängigen und damit transparenten Zugriffes auf die Daten. So sollen Operationen wie kopieren, schreiben, etc. protokollübergreifend ohne Kenntnis des zugrunde liegenden Protokolles möglich sein.

Die Bezeichung *virtueller* Adreßraum trägt dem Umstand Rechnung, daß viele Subräume nur virtuell existieren. So wird nicht der gesamte Inhalt eines Web Servers in Form eines ANT Baumes aufgebaut (und damit dupliziert), der *mounter* schafft lediglich die Illusion eines solchen Baumes. Für den Anwender ist dies jedoch vollkommen transparent.

Subräume und damit *mounter* können verschiedenster Art sein. Die offensichtlichste Variante ist die Anbindung persistenter Datenspeicher. Als Beispiele seien hier genannt: Dateisysteme (Protokoll *file*), Web- und News-Server (Protokolle *http, ftp, hwtp, news*), Datenbankanbindung über ODBC.

Ein besonderes Protokoll stellt das *DIDI*-Protokoll (DINO-DINO[1]-Protokoll) dar. Dieses Protokoll ermöglicht das Mounten von ANT Adreßräumen auf anderen Rechnern, d.h. es können sogenannte ANT Server mit eingebunden werden. Dadurch kann ein Teil des server-seitigen ANT Baumes für den Client transparent sichtbar gemacht werden. Alle für den Client sichtbaren ANTs können wie lokale ANTs verwendet werden. Die Verbindung bedient sich der Serialisation von Java Objekten und benutzt eine sichere (SSL) TCP/IP Verbindung. Der ANT-Server kann durch zusätzliche Module auch mit User Management und entsprechendem sicherem Zugriff ausgestattet werden. Damit wird gewährleistet, daß in sensiblen Bereichen - wie z.B. bei Patientendaten nur autorisierte Personen Objekte abrufen können. Der server-seitige Adreßraum wird dabei wie jeder andere ANT Adreßraum durch Mounten diverser Resourcen und Services erzeugt und kann mit Hilfe der *DIDI* Verbindung auf einfache Art und Weise administriert werden.

Mit ANT lassen sich nicht nur Ressourcen sondern auch Applikationen *mounten*. Die Anwendung wird als Hierarchie von Objekten dargestellt, wobei jedes Objekt spezifische Services anbietet. So kann beispielsweise ein Workflow Management Programm durch entsprechende Räume bzw. Folder und Workflow-Objekte dargestellt werden. Eine andere sehr nützliche Anwendung kann im Bereich der Zusammenarbeit realisiert werden. Durch ein geeignetes Protokoll kann über den Mount-Mechanismus ein Chat-System für zwei oder auch mehrere Teilnehmer verwirklicht werden. Auf die Anwendung von Agent Systemen aufbauend auf den Basisfunktionen der ANTs wird im nachfolgenden noch erläutert werden.

ANT – Die Komponenten

Vom technologischen Standpunkt ist die Active Node Technology die Definition einer stark abstrahierten Schnittstelle. Die einzelnen Methoden lassen sich im Hinblick auf ihre Verwendung im wesentlichen in fünf logische Gruppen aufspalten. Diese werden im folgenden noch genauer erörtert.

Die Beschreibung der Schnittstelle erfolgt durch eine einzige Java-Klasse: DAnt. Im Gegensatz zu RMI oder CORBA geht ANT jedoch über die Beschreibung von Interfaces hinaus und bietet mit der Klasse DAnt die Implementierung eines wohldefinierten Zugriffsobjektes. Die Klasse DAnt ist final und stellt die einzige

---

[1] DINO, Distributed Interactive Network Objects, ist der historische Projektname der durch die Entwicklung der Active Node Technology abgelöst wurde.

Verbindung zwischen diversen Anwendungen und den ANT Objekten dar. Durch dieses Design läßt sich ein eindeutiges und gleiches Verhalten aller ANT Objekte - einschließlich der Fehlerbehandlung - erreichen. Dadurch kann ein HTML Dokument im Dateisystem genauso angesprochen werden wie ein Textdokument auf einem WWW-Server oder ein email Objekt im Rahmen eines temporären Workflow-Systems.

Um Java Programmierern einen leichten Zugang zur Active Node Technology zu ermöglichen, wurde das Design der Klasse DAnt stark an die Java Klasse File angelehnt. Das Generieren eines DAnt Objektes erzeugt noch kein (persistentes) ANT Objekt, sondern stellt lediglich alle Möglichkeiten des Zugriffes auf dieses Objekt zur Verfügung. Wie bei der Klasse File kann die Existenz des ANT Objektes festgestellt werden mit ant.exists() oder es wird eine der vielfältigen Operationen auf dem Objekt aufgerufen. Diese sind im folgenden näher beschrieben.

Strukturoperationen

Die Active Node Technology inkludiert implizit eine Naming- und Directoryservice, da jedes ANT Objekt eine lokal eindeutige Adresse zugewiesen erhält. ANT bietet nun alle Möglichkeiten der Erzeugung, Modifikation und Auflösung von Strukturen.

Die Erzeugung von ANT Objekten erfolgt in zwei Schritten. Wie bereits oben erwähnt wird zuerst das Zugriffsobjekt generiert. Mit folgendem Code wird z. B. im Verzeichnis doc (siehe Abb. 1) ein weiteres Verzeichnis mit dem Namen c erzeugt:

```
DAddress address = new DAddress("/api/doc/c");

DAnt ant = new DAnt(address);

ant.mkdir();
```

Die erste Zeile erzeugt ein Adreßobjekt, die zweite Zeile erzeugt das entsprechende Zugriffsobjekt für das neue Verzeichnis, die letzte Zeile schließlich legt ein neues Verzeichnis an. Das Erzeugen eines neuen Dokumentes erfolgt entsprechend mit ant.create().

Das Aufspannen eines neuen Unteradreßraumes wird mit dem mount Befehl durchgeführt. Durch folgende Befehle wird das ANT Objekt any (siehe Abb. 1) den Inhalt eines Hyperwave Servers (siehe auch [2])verfügbar machen:

```
DUrl url = new DUrl("hwtp://www.iicm.edu/");

any.mount(url);
```

Weitere Strukturoperationen die von ANT zur Verfügung gestellt werden umfassen das Löschen von Objekten inklusive rekursivem Löschen und die einfache Unterstützung von "drag and drop" durch die Operationen move, copy und symlink (erzeugt einen symbolischen Link) und entsprechender Abfragen wie isMoveableTo oder isCopyableTo. Die Interpretation eines symbolischen Links ist dabei von dem zugrunde liegenden Protokoll abhängig und kann z. B. eine Verknüpfung im Dateisystem oder ein wirklicher Link auf einem Hyperwave Server sein. Jedes ANT Objekt hat einen innerhalb seines Verzeichnisses eindeutigen Namen der mit getName abgefragt und rename modifiziert werden kann. Operationen wie list, getChild, getParent oder getAddress erlauben die einfache Navigation durch und die Darstellung der ANT Struktur.

Entsprechend dem Listener Konzept von Java (seit Version 1.1) generieren Strukturoperationen entsprechende Events, die von registrierten Listenern entweder beeinsprucht werden können (vetoable events) oder lediglich entsprechend behandelt werden können. So kann z. B. ein ANT Explorer immer den jeweils aktuellen Baum darstellen, ohne der Notwendigkeit des Pollings (wie z. B. auch der Explorer und Windows).

Properties

Alle ANT Objekte unterstützen per Definition Properties, einfache Schlüssel-Werte Paare. Der Schlüssel ist dabei immer ein String Objekt. Die Modifikation von Properties kann wie die Strukturoperationen von entsprechenden Listenern wahrgenommen oder auch beeinsprucht werden.

Properties können vielfältig benutzt werden. Sie beinhalten Metainformationen zu Dokumenten wie beispielsweise den Dokumenttyp, das Datum der letzten Änderung oder z. B. den Autor. Werden dabei die Schlüssel entsprechend den Konventionen des Dublin Core [7] verwendet, können plattform- und protokollübergreifend Dokumente lokalisiert und vergleichbar gemacht werden. Eine weitere Einsatzmöglichkeit von Properties findet sich bei der Administration von Benutzerberechtigungen oder bei der Anwendung im Zusammenhang mit Hyperwave Objekten.

Properties stellen eine sehr flexible und erweiterbare Schnittstelle dar. Durch den normierten Zugriff auf die Properties erleichtert ANT wesentlich das protokoll- und plattformübergreifende Zusammenwirken unterschiedlichster Objekte. Der Zugriff auf Properties wird im wesentlichen durch die folgenden Operationen erfolgen: `getProperty`, `setPropery` und `getProperties`.

Kommunikation

Ein wesentlicher Aspekt im Design verteilter Architekturen stellt die einfache Möglichkeit der Kommunikation zwischen den einzelnen Objekten dar. Asynchrone als auch Synchrone Kommunikation wurden bereits im Design der Active Node Technology vorgesehen.

Die Operationen `syncSend` sowie `asyncSend` erlauben auf einfachste Weise die Kommunikation durch Senden und Empfangen von Nachrichten. Sowohl synchrones als auch asynchronos Messaging kann vollkommen transparent auch über Servergrenzen hinweg - d.h. unterschiedliche Java Virtual Machines - durchgeführt werden. Empfangene Nachrichten werden dabei vom entsprechenden ANT Objekt verarbeitet oder auch an ein interessiertes Datenobjekt weitervermittelt. Das Interesse an bestimmten Informationen wird dabei durch Implementierung eines Interfaces deklariert.

Die zweite Möglichkeit der Kommunikation erfolgt durch den typsicheren Aufruf von Methoden. Die von einem ANT Objekt unterstützten Methode können in einem ersten Schritt von diesen angefordert werden (`getMethods` oder `getMethod`), in einem zweiten Schritt erfolgt dann ein synchroner oder asynchroner Methodenaufruf. Die Methoden werden dabei nicht durch Introspection erzeugt, was vielfältigen Laufzeitfehlern vorbeugt und damit ein stabileres und definiertes Verhalten erzwingt.

Services

Eine der interessantesten Komponenten der Active Node Technology stellen die Services dar. Jedes ANT Objekt definiert eigene Services, spezielle - meist selbstvisualisierende - Zugriffsobjekte.

Das Verwenden von Services erfolgt wiederum in zwei Schritten. Zuerste wird vom ANT Objekt ein oder alle ServiceInfo Objekte angefordert. Diese beinhalten eine textuelle Beschreibung des Services, die dem Benutzer dargestellt werden kann. Im zweiten Schritt wird dann eine Visualisierung des Services vom ServiceInfo Objekt angefordert (`getComponent`) und entsprechend dargestellt.

Ein wichtiges Service stellt der Property Editor dar, den jedes ANT Objekt zur Verfügung stellen sollte. Damit können entsprechend Metadaten oder Benutzerberechtigungen administriert werden. Weitere Anwendungen von Services wären die Administration von Servern und Datenbanken oder auch die Implementierung einer großen aber flexiblen Applikation als Servicebündel (siehe auch 5.).

Die Services sind ein Schritt vorwärts von einem Client-Server Modell zu einem verteilten, objektorientierten Modell, wo jedes Objekt je nach Kommunikationssituation sowohl Client als auch Server sein kann. Dies erlaubt ein vollkommen neues Design von Diensten, weg von monolithischen Servern hin zu verteilten und miteinander kommunizierenden Service Providern. Als logische Weiterentwicklung von ANT werden u.a.im Kapitel 5 Implementierung und Einsatz von Agentsystemen diskutiert.

Datenmodell

Ein weiteres Designprinzip der Active Node Technology stellt die strikte Trennung von MIME-Type spezifischen Daten und protokollspezifischen Strukturen dar (siehe Abb. 2).

Die bisher beschriebenen Komponenten von ANT erlauben einen transparenten Zugriff auf Objekte, unabhängig von dem dabei verwendeteten Protokoll und unabhängig vom physischen Ort des Objektes. Diese Transparenz ist aber nur dann vollständig, wenn „Daten" auf eine standardisierte Art und Weise dargestellt werden, und zwar als Kombination von MIME-Type und Datenobjekt.

Dem trägt das bei der Active Node Technology verwendet Konzept voll Rechnung. Es wird dabei das JavaBeans Activation Framework (JAF) von Sun Microsystems für das Handling der Daten benutzt. Hierbei können ähnlich den Services abhängig nur vom MIME Type entsprechende Viewer, Editoren, etc. für die Daten angefordert werden. Für eine ausführlichere Diskussion des JAF sei auf [5] verwiesen.

Die linke Seite in Abbildung 2 stellt den Strukturteil von ANT dar. Dieser Teil konstituiert sich aus den hierarchisch angeordneten ANT Objekten, die damit auch den virtuellen Adreßraum formen. Er ist zuständig für die oben beschriebenen Strukturoperationen genauso wie für das transparente Implementieren von Protokollen. Daten bzw. Dokumente werden von speziellen Datenobjekten (`DataHandler`) verwaltet, welche über die Methoden `getData` und `setData` gelesen bzw. geschrieben werden können (rechte Seite in Abb. 2).

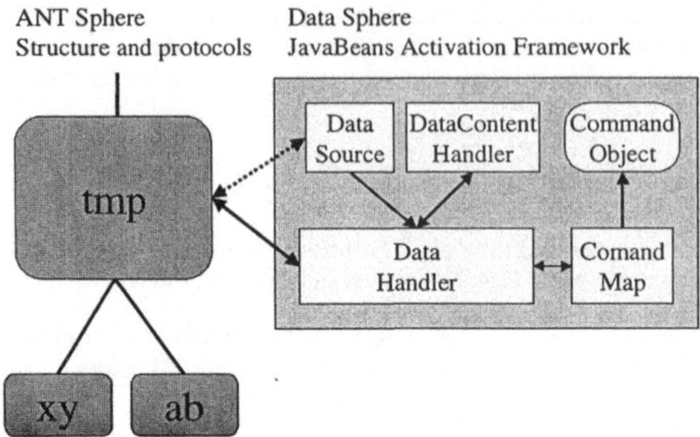

Fig. 2. Rigorose Trennung zwischen protokollspezifischer und datenspezifischer Struktur.

Die strikte Trennung von Daten und Protokollen erlaubt ein einfaches Verschieben und Kopieren von Objekten. So können multimediale Dokumente durch einfaches "drag and drop" vom Verzeichnissystem auf einen WWW Server kopiert und damit publiziert werden. Durch die Verwendung des JAF wird die zukünftige Kompatibilität sowie die Partizipation an der Entwicklung von Dokumentviewern und Editoren gewährleistet.

Eine Gegenüberstellung: ANT – CORBA – RMI

Die folgende Tabelle gibt eine kurzen Überblick über Unterschiede zwischen CORBA, RMI und ANT bezüglich einiger ausgewählter Aspekte.

CORBA	RMI	ANT
Eine Protokolldefinition	Eine Vereinbarung für *"Remote Method Invocation"* im Netzwerk	Eine Protokoll- und Strukturintegration
Definiert Request von Objekten in Netzwerken, definiert aber keine Struktur	Definiert ausschließlich "Method calls" zwischen 2 Partnern, definiert aber keine Struktur	Definiert Object Request, RMI, Struktur und Strukturoperationen protokollunabhängig im Netzwerk
Definiert Stubs und Skeletons für Kommunikation	Stubs und Skeletons implizit	Stubs und Skeletons implizit
Unterstützt nicht das Senden von komplexen Objekten im Netz	Senden von komplexen Objekten durch Serialization	Senden von komplexen Objekten durch Serialization
Statisch generierte Language Mappings durch IDL Compiler	Keine statischen Mappings notwendig (Java)	Keine statischen Mappings notwendig (Java)
Service Provider müssen sich bei ORB "anmelden"	Services müssen wie bei CORBA bekanntgegeben werden ("anmelden")	Keine Anmeldung von Services, diese werden dynamisch gefunden
Keine Objektversionskontrolle	Objektversionskontrolle implizit	Objektversionskontrolle implizit

Table 1. Gegenüberstellung von Corba, RMI und ANT.

Wesentliche Vorteile von ANT gegenüber anderen Technolgien ergeben sich durch die Integration eines Naming- und Directoryservices aber vor allem durch die einfache und dynamische Erweiterbarkeit des Systems. So können neue Services ebenso wie neue Protokolle zur Laufzeit hinzugefügt werden. Das erlaubt eine investitionserhaltende und kostengünstige Integration bestehender Protokolle und Dienste.

ANT stellt jedoch keinen grundsätzlichen Widerspruch zu CORBA dar, da durch die Erstellung eines speziellen CORBA-mounters auch eine CORBA Schnittstelle angeboten werden kann. Insofern entspricht ANT einer höheren Abstraktionsebene, es werden im Gegensatz zu CORBA und RMI bereits konktrete Schnittstellen definiert. Eine Erweiterung ist auf der Basis von Methods und Services jederzeit möglich und steht damit hinsichtlich Flexibilität den beiden proprietären Systemen in nichts nach.

Die ANT im praktischen Einsatz - Erste Erfahrungen

Explorer – Das Basiswerkzeug

Aufgrund des Designs von ANT, hierarchische Struktur sowie Objektzugriff über Services und Commands (= Services der Daten), folgt als logisches Administrationswerkzeug die Verwendung eines Explorers. Im folgenden wird beschrieben, wie die einzelnen Komponenten von ANT durch den Explorer dem Benutzer verfügbar gemacht werden.

Die Hauptaufgabe des Explorers stellt die Visualisierung des virtuellen Adreßraumes und die Navigation durch denselben. Die Strukturoperationen wie move/copy/link werden wie gewohnt durch einfache Drag and Drop Operationen ermöglicht. Auch das Clipboard kann effektiv zum Einsatz gebracht werden um Objekte mit cut/copy/paste zu bearbeiten.

Weiters stellt der Explorer sowohl ein Menü als auch ein entsprechendes Kontextmenü zur Verfügung. Sowohl Menü als auch Konntextmenü wechseln dynamisch, je nach selektiertem Objekt, ihre Zusammensetzung. Der Explorer erlaubt nicht nur das Löschen, Umbenennen sowie Erzeugen von Objekten sondern auch das Mounten neuer Subräume. Dadurch kann ein persönlicher Desktop eingerichtet werden, wo die meist benutzten Datenquellen wie Dateisystem, diverse Webserver und Netzwerkrechner ebenso wie spezifische Dienste in den Preferences gespeichert und damit bereits beim Start des Explorers verfügbar sind.

Am interessantesten ist aber die Möglichkeit, die von einem ANT Objekt angebotenen Services und Commands durch einfachste Interaktionen zu benutzen. Services und Commands erscheinen als Liste (eventuell sogar strukturiert) im Kontextmenü sowie im Menü. Durch Klicken auf den entsprechende Menüpunkt wird das Service oder Command visualisiert und damit für den Benutzer verfügbar. Solche Services oder Commands können ein Property Editor, ein Document Viewer oder Editor oder auch spezielle Services wie Workflow Management Services oder ein Shopping-Agent sein.

Die folgende Abbildung 3 zeigt einen Explorer (als Applet) innerhalb eines Web Browsers der die Navigation auf einem Hyperwave Information Server unterstützt. Durch einen einfachen Doppelklick auf ein Objekt wird dieses im rechten Fenster (einem HTML Frame) dargestellt. Weiters kann mit dem Explorer die Serveradministration durchgeführt werden sowie einzelne oder mehrere Dokumente von und zum Server verschoben werden.

MTZ – Medizin Telematik Zentrum

Als ausschlaggebend und richtungsweisend für die Gestaltung der ANT Technologie kann nachfolgend kurz beschriebenes medizin-technisches Projekt angesehen werden. Die Rahmenbedingungen für diese Anwendung waren gegeben durch die Notwendigkeit der Integration von verteilten, unterschiedlichen, medizinischen Systemen, die praktisch als Insellösungen designt im implementiert worden sind. Weiters sollten verteilte Patientenakten virtuell zentral zugänglich gemacht werden, wobei hier vor allem die Aspekte der Sicherheit und Vertraulichkeit der Informationen von enormer Sensibiltät sind. Unter Patientenakten sind nicht nur medizinische Daten (inklusive Real-Time Daten wie EKGs) zu verstehen, sondern auch der gesamte Bereich der Administration.

Durch das modulare und verteilte Konzept der Active Node Technology ist es leicht möglich, einzelne Dienste und Services zu integrieren. Diese Integration erfolgt durch einfaches *Mounten* des Services, wie es oben bereits beschrieben wurde. Es genügt eine einzelne Java Klasse zu implementieren, die als Gateway zwischen dem (eventuell bereits bestehenden) Subsystem und dem MTZ dient. Sicherheit und Vertraulichkeit wird durch entsprechende, serverseitige Module wie dynamisches Usermanagement und Zugriffsprotokollierung transparent in das System integriert und steht damit allen Services zur Verfügung. Als Basisservice für die Verwaltung der Patientenakten wurde ein Hyperwave Information Server mit transparenter Integration von Real Time Datenbanken eingesetzt.

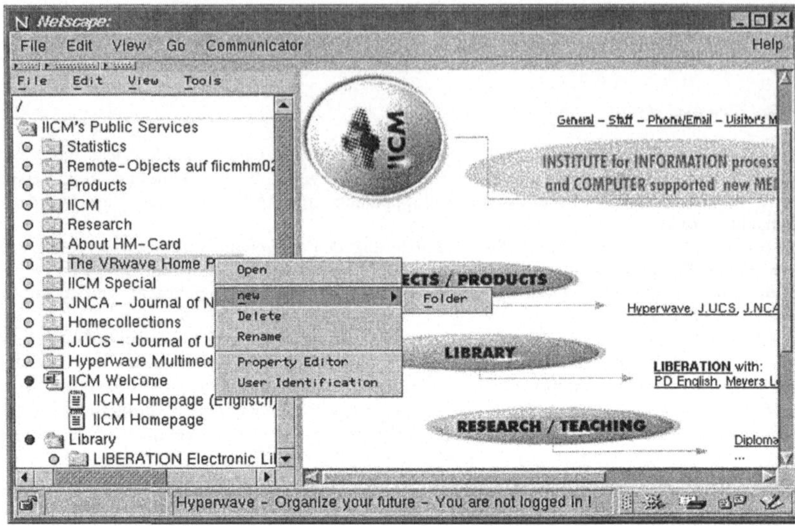

Fig. 3. ANT Explorer mit geöffnetem Kontextmenü als Applet in einem Web Browser

Chronos – Controlling Tool

Ein weiteres Projekt, das die Vorteile von ANT verwendet ist Chronos. Es handelt sich dabei um ein Controlling Tool, mit dem Projektpläne erzeugt (bzw. importiert) werden können, das eine online Zeiterfassung sowie Abweichungserfassung ermöglicht und drittens Projektberichte/Mitarbeiterberichte sowie Abweichungsanalysen liefert.

Chronos verwendet ANT und den ANT Explorer um auf einfache Art und Weise strukturierte Daten zu verwalten (Projekte, Mitarbeiter in diversen Abteilungen) und stellt die verschieden Funktionen in Form von Services zur Verfügung. Die Speicherung der Daten erfolgt unter Verwendung eines ANT Subraumes. Dadurch kann Chronos sowohl im Verzeichnissystem, auf Datenbanken ebenso wie auf Intra/Internet Servern erfolgen. Die aktuelle Implementierung verwendet einen Hyperwave Information Server als Datenspeicher und benutzt dessen Usermanagement transparent für eine entsprechende Zugriffsverwaltung. Chronos ist damit ein voll netzwerktaugliches Controlling Werkzeug.

Chronos stellt ein Beispiel für die Verwendung von ANT zur Implementierung einer Applikation dar. Chronos als Programm besteht selbst aus strukturierten ANT Objekten, die eigenständig ihren Platz in der Gesamtstruktur managen und dem Benutzer ihre speziellen Services anbieten. Durch dieses Design kann Chronos jederzeit und auf einfach erweitert oder modifiziert werden.

Sounddatenbank

Der Hyperwave Information Server (siehe auch [2]) eignet sich insbesondere für die Verwaltung von großen, unstrukturierten Datenmengen. Götzinger [9] zeigt in seiner Arbeit die Möglichkeit einer Implementierung einer Audiodatenbank [10] unter Verwendung eines Hyperwave Servers auf. Diese Anwendung verwendet vordefinierte Metadatensets zur Beschreibung der entsprechenden Audiodaten, ein zusätzliches Textobjekt zur Bereitstellung des Inhaltes und zur Volltextsuche, sowie Audiodaten in verschiedenen Formaten. Zum komfortablen Editieren bestehender Audio-Datensets und zum Einfügen neuer eignet sich die gebotene ANT Funktionalität. Durch einfache geringfügige Erweiterung von Services des oben vorgestellten Explorers kann ohne großen Aufwand die zusätzlich benötigte Funktionalität erreicht werden. Der vorhandene Property Editor wurde dabei um die zusätzlich verwendeten Metadatensets erweitert. Der gemeinsame Upload von Soundfiles verschiedener Formate wird ebenfalls als ein zusätzliches Application Service möglich. Ein spezieller Hyperwave Mounter (Protokoll hwtp) stellt die notwendige Verbindung zur Serverapplikation dar. Diese Client-Applikation stellt ein Beispiel für den Einsatz der Servicekonzeption dar (siehe auch 3.).

Konzepte geplanter Einsatzgebiete

Die gewonnen Erfahrungen der in Abschnitt 5 gezeigten Applikationen haben gezeigt, daß sich mit der ANT Technologie in weiten Bereichen Anwendungsmöglichkeiten erschließen. Nachfolgende Konzepte sollen geplante Anwendungen, die im Rahmen der Forschungstätigkeit am IICM umgesetzt werden, kurz erläutern.

Agents

In [12] findet man u.a. folgende Beschreibungsmerkmale über Agents: diese können statisch oder mobil sein, diese können für sich autonom sein oder miteinander interagieren, diese können verwendet werden als Interface Agents, als Information Agents, etc. Betrachtet man aus diesem Gesichtspunkt die in Abschnitt 2 und 3 dargestellte Funktionsweise der ANTs, so läßt sich der virtuelle Adreßraum nutzen, um virtuelle Agent-Räume zu erstellen. Durch die Unterstützung der Serialisation kann es den Agents erlaubt werden, sich in den virtuellen Räumen zu bewegen und aufzuhalten. Das beschriebene Kommunikations- und Listenerkonzept erlaubt es, eine stabile Interaktion der Agents untereinander zu ermöglichen. Aus diesen Überlegungen entstand am IICM ein Konzept zur Schaffung einer Agent-Middleware, die auf der Technologie der ANTs aufbaut. Unter Berücksichtigung der von der FIPA [13] empfohlenen Standards, soll eine einfach verwendbare und erweiterbare Basistechnologie vor allem für den Forschungsbereich zur Verfügung gestellt werden.

Wissensauffindung und -verarbeitung

In unserer Informationsgesellschaft werden rasch verfügbare, präzise und relevante Information in allen Bereichen der Gesellschaft immer wichtiger. Dabei ist die Informatik gefordert, Wissen (= nachgefragte, relevante Information) zur Verfügung zu stellen [11]. Den größten Wissensspeicher der Welt stellt wohl das Internet dar, welches durch rasche Wachstumsraten gekennzeichnet ist. Um ein möglichst aktuelles und umfangreiches Abbild dieser Informationen zu erreichen, ist es sinnvoll, ein verteiltes Suchsystem [11] aufzubauen. Im idealsten Falle wird zu jedem lokalen Informationssystem, z.B. Web Server, ein ANT basierendes Agentsystem angeschlossen, die Informationen über entsprechende Mounter mit dem ANT-Agent-System verbunden und die Interaktion erfolgt über die Dino-Dino-Protokollebene. Spezielle Agents könnten nun nahe den jeweiligen Informationsquellen Wissen über Informationen aufbauen. Durch Schaffung einer hierarchischen Struktur können mehrere Informationsquellen zu einem Informationspool zusammengefaßt werden, und diese können wiederum zu weiteren Informationsclustern verknüpft werden. Diese Hierarchien sind sowohl geographisch als auch inhaltlich aufzubauen.

Im einfachsten Falle können zu bestimmten Themen Virtuelle Informationsräume aufgebaut werden, wo der Benutzer durch einfache Navigation die nachgefragten Informationen auffindet. Eine komplexere und dynamischere Variante ist durch intelligente Suchagents implementierbar, denen Suchanfragen gestellt werden. Die Agents können mittels des ANT Systems miteinander kommunizieren oder bei Bedarf ihren Aufenthaltsort wechseln. Entsprechend gestaltete PDA (personal digital agents) können die Usergewohnheiten beobachten und daraus lernen und so bevorzugte virtuelle Agenträume aufsuchen und den Benutzer bei der Suche unterstützen.

Danksagung

Wir danken allen Mitarbeitern am IICM, insbesondere der Dino Gruppe, die wesentliche und wertvolle Vorarbeit geleistet haben. Weiters danken wir den Projektpartners des MTZ Projektes für das konstruktive Feedback.

Literaturverzeichnis

[1] Gosling et.al 96. James Gosling: "The Java(TM) Language Specificaton", The Java Series, Addison-Wesley, (1996)
[2] Maurer 96 Maurer H. ed.: "HyperWave - The Next Generation Web Solution", Addison-Wesley, (1996)
[3] OMG. OMG.: "Corba Specificaton", http://www.omg.com , (1998)
[4] Schmaranz 96. Schmaranz K.: "Professional Electronic Publishing in Hyper-G - The Next Generation Publishing Solution on the Web", Proceedings WebNet 96, San Francisco (1996)
[5] Sun Microsystems. Bart Calder, Bill Shannon.: "JavaBeans Activation Framework Specification", http://www.sun.com , (1997)
[6] Sun Microsystems. Sun Microsystems: "Remote Method Invokation Specification", http://java.sun.com , (1997)
[7] Dublin Core, Dublin Core Metadata, http://purl.oclc.org/metadata/dublin_core (1997)

[8] Healtheon, http://www.healtheon.com
[9] Götzinger 98, "Testimplementation auf dem Hyperwave Information Server", Diplomarbeit. IICM: TU-Graz; Graz (1998)
und http://www2.iicm.edu/eguetl/education/thesis/wgoetz98
[10] Hyperwave Audio Database, http://www2.iicm.edu/demo/hyperwave/sounddb
[11] Gütl et.al 98, "Future Information Harvesting and Processing on the Web", European Telematics. Advancing the
Information Society; Barcelona (1998) and http://www.iicm.edu/eguetl/papers/fihap
[12] Jennings 98, "Agent Technology: Fountations, Applications, and Markets", Springer Verlag, Heidelberg; S. 29 ff (1998)
[13] FIPA - Foundation for Intelligent Physical Agents, http://drogo.cselt.stet.it/fipa

Entwicklung einer abstrakten Speicherkomponente für eine verteilte heterogene dynamische Infrastruktur in Java/CORBA

Torsten Fink, Michael M. Gutzmann, Torsten Wolf, Werner Erhard

Lehrstuhl für Rechnerarchitektur, Universität Jena, D-07740 Jena

Zusammenfassung Da die Entwicklung von Applikationen für verteilte heterogene dynamische Systeme komplexe Probleme birgt, existieren vielfältige Werkzeuge, die eine Infrastruktur zur Unterstützung des Entwicklers bilden. In dieser Arbeit wird eine Speicherkomponente als Bestandteil einer umfassenden Infrastruktur vorgestellt, die eine ortstransparente Datenhaltung mit abstrakten Datentypen ermöglicht. Zur Steigerung der Zugriffsgeschwindigkeit können lokale Kopien transparent erzeugt werden. Um einen schnellen Datentransport in heterogenen Netzwerken zu gewährleisten, wird zur Laufzeit aus einer Menge unterstützter Übertragungsprotokolle ein jeweils geeignetes gewählt.
Diese Speicherkomponente wurde unter Einsatz einer Kombination von Java und CORBA implementiert. Messungen an einem exemplarischen Testsystem offenbaren den auftretenden Organisationsaufwand.

1   Einführung

Die Programmierung verteilter heterogener dynamischer Systeme birgt vielfältige Probleme. Eine Applikation muß in einzelne Komponenten zerlegt werden, sogenannte Applikationskomponenten (AKn), die auf unterschiedlichen Rechnern parallel zusammenarbeiten, welche durch ein oder mehrere, evtl. unterschiedliche Netzwerke miteinander verbunden sind. Neben der Koordination der parallelen Kontrollflüsse ist auch der Zugriff auf die Daten zu organisieren.

Middlewaretools (MWT) stellen eine einfache Infrastruktur dar, um durch Bibliotheken und Hilfsprogramme die Programmierung verteilter Systeme zu vereinfachen. Während die Steuerung der Kontrollflüsse i.a. komfortabel unterstützt wird, beschränkt sich die Unterstützung der Datenflüsse meist auf einfache, direkte Übertragung von Parametern zwischen den AKn. Hier besteht Handlungsbedarf hinsichtlich der Entwicklung einer leistungsfähigeren Speicherkomponente.

Eine Speicherkomponente (SK) einer Infrastruktur, die eine umfassende Unterstützung bieten soll, muß nach unserer Meinung folgende Anforderungen erfüllen:

- *Abstraktion:* Um eine komfortable und fehlersichere Nutzung von Daten zu gewährleisten, sollte der Typ der Daten, also deren besondere Eigenschaften beim Zugriff Berücksichtigung finden. Fehleranfällig wäre z.B. die Speicherung einer zweidimensionalen Matrix als Vektor von Bytes, so daß die AKn erst lokal eine Umformatierung durchführen müssen. Besser wäre der Zugriff auf einzelne Elemente über deren Indizes mittels eines speziellen Selektors. Dieser Ansatz gleicht dem der abstrakten Datentypen.

- *Erweiterbarkeit:* Da Applikationen i.a. auch neue Datentypen definieren, sollte die SK dynamisch Erweiterungen um neue Datentypen ermöglichen. Dies sichert eine flexible Benutzung der SK.

- *Ortstransparenz:* Für den Zugriff auf Daten sollte kein Wissen bzgl. des Ortes der nahesten Kopien nötig sein. Statt dessen sollte ein eindeutiger Bezeichner benutzt werden.

- *Zugriffseffizienz:* Ein- und Ausgabedaten müssen so gelagert werden, daß den AKn ein schneller Zugriff möglich ist. Aufgrund der Dynamik der hier betrachteten Systeme kann es erforderlich sein, die Daten zur Laufzeit umzuverteilen oder lokale Kopien zu erstellen.

Jedes MWT unterstützt die Möglichkeit, Daten explizit zwischen einzelnen AKn als Nachrichten zu übertragen. MWT's wie PVM oder MPI bieten vielfältige Bibliotheksfunktionen an, um Daten in Form von Nachrichten zu übertragen [1, 2].

Systeme, die auf dem Paradigma der entfernten Prozeduraufrufe basieren, wie z.B. SunRPC oder DCE [3, 4], erlauben es, Daten als Parameter in Prozeduraufrufen zu verschicken. Beide Ansätze zwingen den Applikationsprogrammierer allerdings dazu, die Verwaltung der Daten in bezug auf optimale Lagerung und Entlastung des Hauptspeichers durch partielles Auslagern selbst zu organisieren.

DCE bietet zusätzlich ein verteiltes Filesystem an mit ähnlichen Fähigkeiten wie AFS oder WebNFS [5, 6]. Dieser Ansatz ermöglicht durch dynamisches Caching eine hohe *Zugriffseffizienz* und durch eine abstrakte Verzeichnisstruktur *Ortstransparenz.* Allerdings ist der Grad der verfügbaren *Abstraktion* und *Erweiterbarkeit* gering, da alle Datentypen als Datei, also als geordnete Liste von Bytes, gespeichert werden müssen. Auch wenn Bibliotheken zur Verfügung stehen, die es erlauben, strukturierte Datentypen direkt als Datei zu laden oder zu speichern, so benötigt eine AK doch genaues Wissen über den internen Aufbau der Daten. Abstrakte Datentypen, die nur über bestimmte Methoden manipuliert werden können, oder aktive dynamische Daten sind so nicht möglich.

In dieser Arbeit stellen wir eine SK für eine verteilte heterogene dynamische Infrastruktur vor, welche sich an den oben formulierten Anforderungen orientiert. Sie ist Teil einer umfassenden abstrakten Infrastruktur, die mächtige Automatismen für eine effiziente Nutzung vorhandener Ressourcen enthält [7].

Daten werden in dieser SK als aktive, mit einem Bezeichner versehene Objekte, deren Methoden die Eigenschaften des Datentyps reflektieren, in das System integriert. Um eine hohe Zugriffseffizienz zu gewährleisten, werden die Daten, sofern nötig, kopiert. Hierbei werden unterschiedliche Übertragungsprotokolle, bzw. unterschiedliche Netzwerkleistungen berücksichtigt. Zur Implementierung dieser Komponente benutzten wir Java in Verbindung mit CORBA (Common Object Request Broker Architecture) [8].

Diese Arbeit gliedert sich wie folgt: In Abschnitt 2 beschreiben wir den Aufbau und die Funktionsweise der SK. Abschnitt 3 enthält experimentelle Ergebnisse zur Evaluierung des Organisationsaufwands. In Abschnitt 4 fassen wir unsere Erfahrungen zusammen, die wir bei dem kombinierten Einsatz von Java und CORBA gewonnen haben. Wir schließen mit Ergebnissen und Ausblick in Abschnitt 5.

2 Beschreibung der Speicherkomponente

Im folgenden werden die einzelnen Elemente der in dieser Arbeit entwickelten Speicherkomponente (SK) vorgestellt. Abbildung 1 verdeutlicht einige Aspekte der inneren Struktur der SK durch ein statisches Klassendiagramm, welches mittels der Unified Modeling Language (UML) entworfen wurde. Für eine detailliertere Beschreibung von UML wird auf [9, 10] verwiesen.

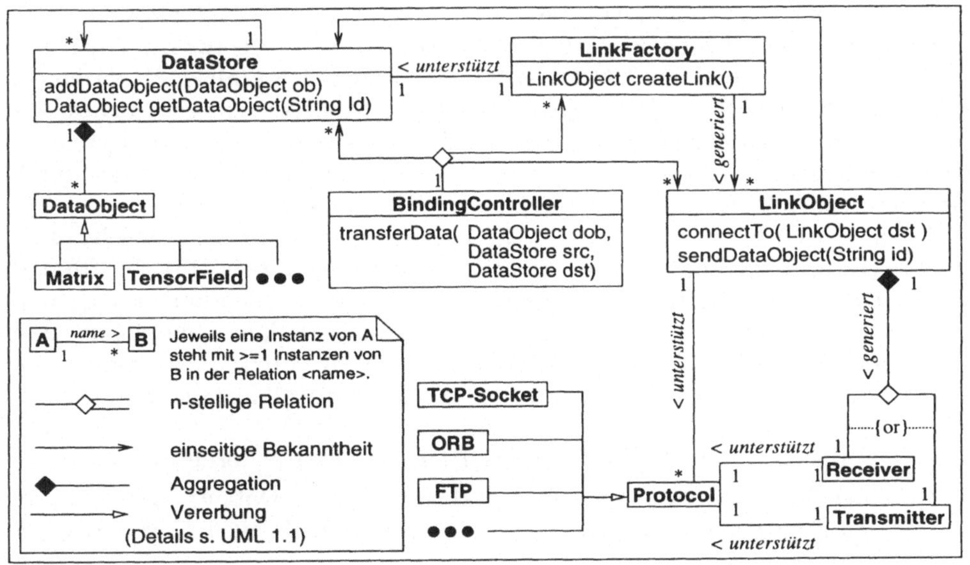

Abbildung1. Statisches Klassendiagramm in UML-Notation

Für jeden speziellen Datentyp wird eine entsprechende Klasse von `DataObject` (DO) abgeleitet, welche entsprechende Zugriffs- und Modifikationsoperatoren als Methoden bereitstellt. In Abbildung 1 sind exemplarisch die Typen `Matrix` und `TensorField` abgeleitet.

Datenobjekte werden in Objekten der Klasse `DataStore` (DS) gespeichert. DS-Objekte verwalten physikalischen Speicher, wie Hauptspeicher oder Festplatenplatz. Die einzelnen DS-Objekte bilden ein für den Applikationsprogrammierer transparentes Netzwerk innerhalb des verteilten Systems. Um auf ein DO-Objekt $\mathcal{D}$ zugreifen zu können, benötigt eine AK nur ein beliebiges DS-Objekt $\mathcal{S}$ und den Bezeichner von $\mathcal{D}$. Mit der Methode `getDataObject` erhält die AK eine CORBA-Referenz auf die bzgl. $\mathcal{S}$ nächstliegende Kopie von $\mathcal{D}$.

Da die Geschwindigkeit des Zugriffs auf die Daten abhängig von dem Ort des entsprechenden DO-Objekts ist, können zur Optimierung DO-Objekte kopiert werden. Hierbei sollte gewährleistet sein, daß sich der zusätzliche Kopieraufwand durch die erhöhte Zugriffsgeschwindigkeit auszahlt. Dies ist Aufgabe der Applikation.

Die Konsistenz der Daten wird von den DO-Objekten selber gewährleistet. Hierbei werden Strategien eingesetzt, die sich an den jeweiligen Datentypen orientieren. Zur effizienten Datenübertragung einzelner DO-Objekte muß die vorhandene, meist heterogene und dynamische Netzwerkstruktur ausgenutzt werden. Das bedeutet einerseits, daß unterschiedliche Protokolle (TCP, ATM etc.) unterstützt werden müssen, andererseits ist auch die aktuelle Auslastung zu berücksichtigen.

Zur Unterstützung unterschiedlicher Protokolle beim Transfer von DO-Objekten dienen die Klassen `BindingController` (BC), `LinkFactory` (LF) und `LinkObject` (LO). Um ein DO-Objekt $\mathcal{D}$ von einem DS-Objekt $\mathcal{S}_1$ zu einem anderen DS-Objekt $\mathcal{S}_2$ zu übertragen, wird die Methode `transferData` des BC-Objekts $\mathcal{C}$, von dem nur eines im verteilten System existieren darf, mit entsprechenden Parametern aktiviert. Da Objekte selten kopiert werden, ist der durch diesen zentralen Ansatz entstehende Flaschenhals i.a. akzeptabel.

Jedem DS-Objekt ist ein LF-Objekt zugeordnet, das in der Lage ist, LO-Objekte zu produzieren. Ein LO-Objekt verbindet immer zwei DS-Objekte und unterstützt mehrere Protokolle. Soll nun $\mathcal{D}$ übertragen werden und sind $\mathcal{S}_1$ und $\mathcal{S}_2$ noch nicht durch zwei LO-Objekte $\mathcal{L}_1$, $\mathcal{L}_2$ verbunden, läßt $\mathcal{C}$ die den $\mathcal{S}_1$ und $\mathcal{S}_2$ zugeordneten LF-Objekte zwei LO-Objekte produzieren. Diese wählen ein unterstütztes und zu diesem Zeitpunkt optimales Protokoll aus und können nun $\mathcal{D}$ übertragen.

Dieser Ansatz erfüllt die in Abschnitt 1 aufgestellten Anforderungen:

- Durch Definition einer eigenen Objektklasse für jeden Datentyp mit entsprechenden Zugriffsmethoden wird sowohl *Abstraktion* als auch *Erweiterbarkeit* gewährleistet.
- Der Zugriff auf die Daten über einen Bezeichner ermöglicht *Ortstransparenz*.
- Das Anlegen lokaler Kopien und das Ausnutzen geeigneter Übertragungsprotokolle erhöht die *Zugriffseffizienz*.

Offen ist die Frage, wie gut diese Anforderungen erfüllt sind. Diese Frage wird hier nur teilweise beantwortet und ist Gegenstand aktueller und zukünftiger Forschung.

3 Experimentelle Leistungsmessungen

Eine Faustregel besagt, je höher die Komplexität eines Systems ist, desto höher ist der induzierte Organisationsaufwand und desto niedriger damit dessen Effizienz. Um den Organisationsaufwand abzuschätzen, der bei der Nutzung des Netzwerkes durch die Speicherkomponente auftritt, haben wir Messungen durchgeführt. Hierbei wurden Daten unterschiedlicher Größe innerhalb verschiedener Umgebungen verschickt und die Übertragungszeiten gemessen.

Um das Verhalten für kleine Datengrößen zu beobachten, wurden Daten in den Größen $\{2^i \,|\, 0 \leq i \leq 10\}$ verschickt. Zur Evaluierung des Verhaltens bei großen Datenmengen wurden die Größen $\{i * \frac{(2^{20} - 2^{10})}{10} + 2^{10} \,|\, 1 \leq i \leq 10\}$ gewählt. Zur Abschätzung des Organisationsaufwands wurden die folgenden Umgebungen betrachtet:

- Die Daten wurden als Parameter für Methoden in Java mittels CORBA verschickt. Hierbei wird die hier vorgestellte Speicherkomponente nicht benutzt. (Diese Umgebung wird im folgenden mit *Java/CORBA* referenziert)
- Die Daten werden zwischen zwei DS-Objekten verschickt, die durch LO-Objekte verbunden sind. Als Protokoll wird TCP eingesetzt. (*SK-TCP*)
- Die Daten werden zwischen zwei DS-Objekten verschickt, die durch LO-Objekte verbunden sind. Als Protokoll werden ähnlich wie bei Java/CORBA die Daten als Parameter mit CORBA verschickt. (*SK-CORBA*)

Für jede Paketgröße wurden 100 Messungen auf einem 10 MBit Ethernet unter Benutzung von Sun-Ultra 1 Workstations (143 MHz, 64 MB Ram) durchgeführt. Um Verzerrungen aufgrund von Schwankungen in der Netzwerkleistung durch parallel laufende Anwendungen zu dämpfen, wurden nur die besseren 50-Perzentil betrachtet und von diesen der Mittelwert berechnet. Abbildung 2 zeigt die hierbei erzielten Ergebnisse. In der rechten, linearen Darstellung, welche die Ergebnisse für große Datenmengen zeigt, ist zusätzlich die theoretisch minimale Übertragungszeit beim Einsatz eines 10 MBit[1] Netzwerks aufgetragen.

Bei den kleinen Datengrößen besteht die Übertragungszeit hauptsächlich aus dem Organisationsaufwand des Übertragungsprotokolls. Dies gilt sowohl für die Übertragung in Java/CORBA, als auch für die Nutzung der SK. Wie zu erkennen ist, liegt diese Aufsetzzeit für die SK bei ungefähr 75 ms, während die direkte Nutzung von Java/CORBA nur 4 ms benötigt.

Ab einer Datengröße von 200 KB bietet SK-TCP eine höhere Leistung als die direkte Benutzung von CORBA. Bei 1 MB wird eine um etwa 15% höhere Übertragungsleistung erzielt. Dies ist vor allem deshalb eine deutliche Steigerung, da die Übertragung von CORBA selbst direkt auf TCP aufsetzt. Bei Unterstützung spezieller, leitungsorientierter Protokolle, wie z.B. ATM, die nicht von CORBA eingesetzt werden, sind weitere Leistungssteigerungen zu erwarten.

Die direkte Benutzung von CORBA stellt eine obere Leistungsgrenze für die Benutzung von CORBA innerhalb der SK dar. Wie die Messungen zeigen, ist der zusätzliche Organisationsaufwand aber schon bei einer Datengröße ab 500 KB praktisch irrelevant.

Zusammenfassend kann man sagen, daß der hier vorgestellte allgemeine Ansatz für größere Datenmengen eine signifikante Steigerung der Übertragungslei-

---

[1] Hierbei wurde davon ausgegangen, daß ein 10 MBit Netz eine Datentransferrate von $\frac{10^6}{8} \frac{Byte}{s}$ besitzt.

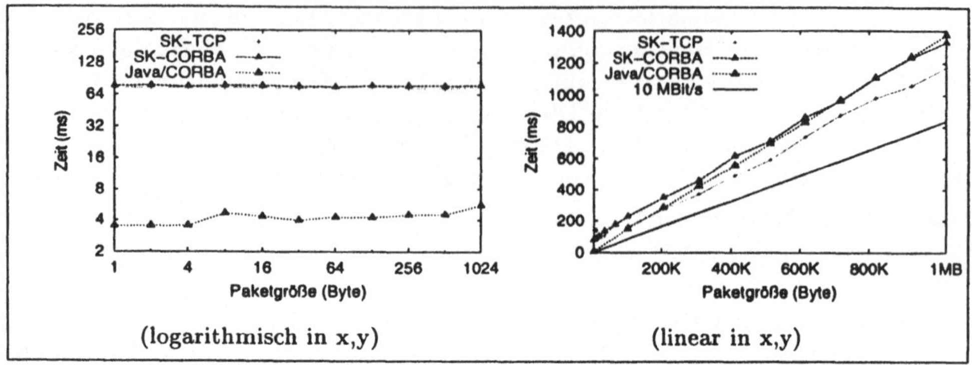

Abbildung 2. Messungen der Übertragungszeiten für unterschiedliche Datenmengen zur Abschätzung des Organisationsaufwands

stung ermöglicht. Die eingesetzten Werkzeuge Java und CORBA beeinträchtigen allerdings die Leistung deutlich, so daß eine um ungefähr 30% unter dem Optimum liegende Übertragungsgeschwindigkeit erzielt wird. Frühere Messungen haben gezeigt, daß die Ursache hier bei Java zu suchen ist, da das gleiche CORBA-System mit C++ deutlich bessere Übertragungsleistungen lieferte [11].

4 Erfahrungen mit Java/CORBA

Zur Implementierung der Speicherkomponente wurde das Java-Development-Kit von SUN in der Version 1.1.5 und das CORBA System ORBacus von Object-Oriented-Concepts [12] eingesetzt. Diese Kombination stellte eine stabile und trotz fehlender graphischer Benutzeroberfläche ausreichend komfortable Entwicklungsplattform dar.

Die Übertragung der Datenobjekte war mit Hilfe des Serialisierungskonzepts von Java einfach zu implementieren. Auch die Unterstützung nebenläufiger Objekte durch Threads erwies sich als angenehm. Für eine industrielle Nutzung des Systems sind weitere Sicherheitsanforderungen an die Datenobjekte zu stellen, die ausführbaren Code enthalten. Hierfür bietet sich das Sandkasten-Prinzip von Java an.

Die Einschränkung von Java auf Einfachvererbung stellt allerdings in Kombination mit CORBA ein Problem dar. Jedes Java-Objekt, das über CORBA dem verteilten System Methoden anbietet, muß von einem automatisch generierten CORBA-Objekt abgeleitet werden. Die hier vorgestellten Klassen bilden aber eine eigene Hierarchie und sind alle von einer Basisklasse abgeleitet. Diese Hierarchie muß durch das Interface-Konzept in Java modelliert werden. Dadurch führt, auch bei Verwendung von Hilfsklassen, jede Erweiterung der Basisklasse zu Änderungen an allen anderen Klassen, die manuell durchgeführt werden müssen.

Das Fehlen eines Destruktors in Java erleichtert zwar prinzipiell die Programmierung führt aber in diesem Projekt mehrmals dazu, daß das gesamte Programm genauestens nach Verweisen abgesucht werden mußte, damit der Garbage-Collector den Speicherplatz eines bestimmten Objekts wieder frei gab. Da einige Objekte der hier vorgestellten Speicherkomponente für die gesamte Laufzeit der Infrastruktur aktiv sind, ist die Verwaltung des Speichers besonders wichtig. Desweiteren wurde die Suche durch den automatisch von CORBA generierten Programmcode erschwert.

Die oben beschriebenen Messungen bescheinigen Java eine vergleichsweise schlechte Übertragungsleistung. Ob diese akzeptabel ist, muß für die jeweilige Applikation überprüft werden.

Zusammenfassend ist zu sagen, daß Java mächtige Konzepte anbietet, welche die Implementierung des hier vorgestellten Systems in kurzer Zeit ermöglicht. Auch wenn Detailprobleme stören, existieren zur Zeit wohl nur wenige vergleichbare Entwicklungsumgebungen. Die mit Java erzielbare Leistung ist für unseren prototypischen Aufbau einer Infrastruktur ausreichend.

5 Ergebnisse und Ausblick

Wir haben eine Speicherkomponente als Teil einer umfassenden Infrastruktur zur Unterstützung der Entwicklung von Applikationen für verteilte heterogene dynamische Systeme objektorientiert konzipiert und mit Java und CORBA prototypisch implementiert. Diese Speicherkomponente erfüllt die gestellten Anforderungen nach einer *Abstraktion* der Daten, *Erweiterbarkeit, Ortstransparenz* und *Zugriffseffizienz.* Daten können intern repliziert und umverteilt werden. Hierfür werden aus mehreren Netzwerkprotokollen dynamisch geeignete ausgewählt.

Um den zur Realisierung der Anforderungen zusätzlich notwendigen Organisationsaufwand abzuschätzen, wurden Übertragungszeiten für Daten unterschiedlicher Größe einmal direkt mit Java/CORBA und einmal unter Benutzung der Speicherkomponente in einer Testumgebung bestehend aus SUN-Workstations verbunden durch ein 10 MBit Ethernet gemessen. Dabei ergab sich eine Aufsetzzeit von ungefähr 75 ms. Es zeigte sich, daß ab 200 KB der Einsatz der Speicherkomponente zu höheren Übertragungsraten als die direkte Nutzung von CORBA führte.

Als nächsten Schritt werden wir den Einsatz der Speicherkomponente innerhalb von Applikationen evaluieren. Schwerpunkte dabei sind effiziente Datenlagerung, Datentypen und Konsistenzprotokolle.

Literatur

1. A. Geist, A. Beguelin, J. Dongarra, W. Jiang, R. Manchek und V. Sunderam. *PVM: Parallel Virtual Machine. A Users' Guide and Tutorial for Networked Parallel Computing.* MIT Press, 1994. URL: `http://www.netlib.org/pvm3/book/pvm-book.html`.

2. M. Snir, S. W. Otto, S. Huss-Lederman, D. W. Walker und J. Dongarra. *MPI: the complete reference*. MIT Press, Cambridge, MA, USA, 1996.

3. Sun Microsystems. RPC: Remote Procedure Call Protocol Specification Version 2; RFC1058. *Internet Request for Comments*, (1057), Juni 1988.

4. W. Rosenberry, D. Kenney und G. Fisher. *OSF Distributed Computing Environment: Understanding DCE*. O'Reilly and Associates, 1993.

5. A. Spector und M. Kazar. Wide Area File Service and the AFS Experimental System. *Unix Review*, 7(3), 1989.

6. B. Callaghan. RFC 2055: WebNFS Server Specification, Oktober 1996. URL: `ftp://ftp.internic.net/rfc/rfc2055.txt`.

7. T. Fink, M. M. Gutzmann und S. Kindermann. A Dynamic Metacomputing Framework based on Distributed Objects. *Berichte zur Rechnerarchitektur*, 3(7), Dezember 1997. Universität Jena, ISSN 0949-3042. URL: `http://www2.informatik.uni-jena.de/FG-PVS/Documents/TBe-97-BR-3:7.html`.

8. J. Siegel. *CORBA Fundamentals and Programming*. Jon Wiley & Sons, 1996.

9. P.-A. Muller. *Instant UML*. Wrox Press, 1997.

10. R. S. Corporation. UML-Notation Guide, 1997. URL: `http://www.rational.com/uml/`.

11. T. Fink, C. Rahn, M. M. Gutzmann, O. Preusche und W. Erhard. Comparing the Performance of MPI, PVM, and CORBA on Ethernet LANs. *Berichte zur Rechnerarchitektur*, 3(4), November 1997. Universität Jena, ISSN 0949-3042. URL: `http://www2.informatik.uni-jena.de/FG-PVS/Documents/TBe-97-BR-3:4.html`.

12. ORBacus Home Page. URL: `http://www.ooc.com/ob.html`.

Flexible Vermittlung
von skalierbaren Dienstobjekten
in verteilten Systemen*

Arnd Grosse, Stefan Dolk und Rainer Ruggaber

Universität Karlsruhe, Institut für Telematik,
D-76128 Karlsruhe, Germany,
{grosse, dolk, ruggaber}@telematik.informatik.uni-karlsruhe.de,
Tel.: +49(0)721-608 6407, Fax: +49(0)721-388097

Zusammenfassung Die zunehmende arbeitsteilige Integration zwischen weiträumig verteilten Anwendungen bei gleichzeitiger Partitionierung zuvor monolithischer Anwendungen in feingranularere (Dienst-)-Objekte erfordert eine systemtechnische Unterstützung, um zur Laufzeit flexibel das jeweils benötigte Dienstobjekt zu ermitteln und darauf zuzugreifen. Diese Flexibilität wird in verteilten Systemen durch eine Vermittlungsschicht auf Basis verteilter Trading-Dienste bereitgestellt. Der Nachteil dieses Ansatzes liegt in seiner Beschränkung auf die Vermittlung von Objektreferenzen. In dem folgenden Artikel wird ein in Java realisierter erweiterter Trading-Ansatz vorgestellt, der neben der Referenz zudem den Objektzustand und die Implementierung vermittelt und damit eine flexible Erstellung verteilter Anwendungen unterstützt.

1 Einleitung

Zukünftige Informationssysteme werden vermehrt modular gestaltet und setzen sich verteilt aus über Rechnergrenzen hinweg *kooperierenden Komponenten* zusammen. Dahinter steht der Anspruch, sowohl eine stärkere Verknüpfung ehemals monolithisch aufgebauter und isoliert ablaufender Anwendungen zu erzielen, als auch einzelne beteiligte Komponenten flexibel wiederverwenden zu können [1]. Die Komponenten unterliegen dabei kontinuierlichen Änderungen und Anpassungen, wodurch hohe Anforderungen an die jeweilige Konfiguration und an eine schnelle Aktualisierung gestellt werden. Dieses führt soweit, daß eine Aktualisierung möglich sein muß, ohne den gesamten Anwendungsverbund oder eine einzelne Teilapplikation herunterzufahren.

Zur Realisierung solcher Anwendungen bedarf es fortgeschrittener Verfahren, um die Interoperabilität der einzelnen Komponenten über Rechnergrenzen hinweg sicherzustellen. Mit Middleware-Diensten im allgemeinen und der

---

* Dieser Beitrag entstand im Rahmen des Sonderforschungsbereichs 346 „Rechnerintegrierte Konstruktion und Fertigung von Bauteilen" der Deutschen Forschungsgemeinschaft DFG

CORBA-Architektur im besonderen wird hier im Bereich verteilter Systeme eine Schlüsseltechnologie zur Realisierung verteilter Anwendungen geliefert, die eine Kooperation zwischen den Komponenten auch über große räumliche Distanzen sicherstellt und die sich damit z.B. für eine unternehmensübergreifende Verwendung anbietet [9].

Mit der Modularisierung von Anwendungsfunktionen und der damit verbundenen gestiegenen Anzahl an Komponenten ergibt sich jedoch eine in verteilten Systemen inhärente Komplexität bezüglich deren Konfiguration. Mit dem *Trading-Dienst* steht in der CORBA-Architektur ein sog. Common Service zur Verfügung [8], der die Vermittlung von Diensten zwischen verteilten Anwendungen und damit die Komplexität der Zuordnung zwischen Objekten übernimmt. Grundlage dieses Dienstes bildet dabei ein Standardisierungsvorschlag der ISO [5].

Die hier als Dienst betrachteten Objekte bilden dabei in Verbindung mit dem Trader einen Dienstemarkt. Auf diesem Markt machen Server-Anwendungen ihr Dienstangebot in Form von Objektreferenzen bekannt. Client-Anwendungen können diese Angebote zur Laufzeit unter Angabe gewünschter Diensteigenschaften vom Trader erfragen. Der Trader selbst wählt hierzu aus der Menge der bei ihm registrierten Dienstangebote — eventuell unter Einbeziehung mit ihm kooperierender Trader — geeignete Objektreferenzen aus und übergibt sie der Client-Anwendung, die daraufhin das Objekt mittels eines entfernten Aufruf verwenden kann [6].

Somit wird durch den Trader die Zuordnung zwischen Objekten im verteilten System übernommen. Jedoch unterliegt bei einem solchen System die reine Vermittlung von Objektreferenzen und die damit verbundene zumeist RPC-basierte Kommunikation einer ineffizienten und zugleich unflexiblen Beschränkung. Diese ergibt sich insbesondere bei Verwendung der Dienstfunktionen aufgrund der hohen Latenzzeiten zwischen Objektaufrufen weiträumig verteilter Anwendungen. Auf den folgenden Seiten soll nun eine Erweiterung des Trading-Dienstes in verteilten Systemen vorgestellt werden, die diese Problematik beseitigt, indem an Stelle von Objektreferenzen sog. *skalierbare Dienstobjekte* vermittelt werden. Das zugrunde liegende neue Konzept wird dabei im nächsten Kapitel vorgestellt. Im Anschluß daran wird beispielhaft die Realisierung unter Java skizziert. Den Abschluß bildet eine kurze Zusammenfassung.

2 Skalierbare Dienstobjekte

Das Konzept der *skalierbaren Dienstobjekte* beschreibt die Möglichkeit, neben der reinen Dienstreferenz weitere zu einem Dienstobjekt gehörende Bestandteile zu erfassen und beim Trading-Dienst zur Vermittlung zu registrieren. Eine Anwendung kann auf Basis dieser weiteren Bestandteile bei Bedarf das Dienstobjekt lokal bei sich instantiieren und verwenden. Dahinter steht der Gedanke, daß die reine Vermittlung von Objektreferenzen je nach Anwendungskontext sowohl sehr einschränkend als auch sehr ineffizient sein kann. Dieses gilt z.B. für schmalbandige oder unzuverlässige Kommunikationsverbindungen, wie sie im Bereich der

Mobilkommunikation oder des Teleservice anzutreffen sind. So kann insbesondere im Bereich weiträumig verteilter Anwendungen oder im Mobilrechnerumfeld eine effiziente Kommunikation zwischen den Objekten in Folge von Verbindungsabbrüchen, mangelnder Kommunikationskapazität oder Funkschatten nicht immer sichergestellt werden.

Ein weiterer Nachteil der ausschließlichen Vermittlung von Objektreferenzen liegt in den langen Laufzeiten, die mit entfernten Objektaufrufen verbunden sind und damit einer feingranulareren Realisierung verteilter Anwendungen entgegenstehen. So kann diesem Problem zwar durch die Installation lokaler Dienstobjekte begegnet werden, erfordert dann aber vor Anwendungsstart das Vorhandensein des Server-Codes. Auch ist damit ein zusätzlicher administrativer Aufwand für die Konfigurationssteuerung verbunden.

Die lokale Objektinstantiierung unter Verwendung des Traders ermöglicht in diesen Fällen ein (wenn auch mitunter eingeschränktes) Weiterarbeiten der Anwendung auf dann lokalen Instanzen des Dienstes. Es lassen sich zudem durch diese Erweiterung sehr einfach mobile Code-Paradigmen [2] wie Remote Evaluation oder Code on Demand flexibel unterstützen, indem Code-Fragmente mit Hilfe der Trading-Schicht zwischen den Anwendungen vermittelt werden, und von den Client-Anwendungen lokal bei sich zur Ausführung installiert werden.

Eine erweiterte Vermittlung besitzt weiterhin den Vorteil, daß trotz entfernter Objektanbietern eine hohe Code-Aktualität sichergestellt wird, indem vor der Verwendung eines bestimmten (per Trading vermittelbaren) Objekts innerhalb einer Anwendung dessen Code-Konsistenz geprüft werden und bei Bedarf der aktuelle Code vom Trader übertragen werden kann. Die Bereitstellung von Code durch den Trader anstelle der jeweiligen Installation in Form von z.B. Klassenbibliotheken ermöglicht es Anbietern von Objekten, den zugehörigen Code für einzelne Kunden entweder mit spezifischen Voreinstellungen zu versehen oder parallel unterschiedliche Implementierungen eines Objektes vorzuhalten. Hierdurch wird sowohl die Versionierung des Objektcodes als auch die Durchführung von Updates einfach und effizient möglich.

Des weiteren erlaubt der so erweiterte Trading-Ansatz, daß Änderungen einzelner Bestandteile unabhängig dem Trading-Dienst bekanntgemacht werden und sich so im Fall über große Distanzen kooperierender Trader effizientere Verteilungsprotokolle realisieren lassen, als dieses bei monolithisch aufgebauten Dienstobjekten der Fall ist. So ist es sinnvoll, einen sich selten ändernden Bestandteil eines entfernten Objekts bei einem lokalen Trader vorzuhalten, während ein sich häufig ändernder Bestandteil von dem entfernten Trader erst bei Anfrage durch einen Client erfragt wird. Eine detaillierte Betrachtung bezüglich des dabei resultierenden Kommunikationsaufwands und dessen Optimierung, insbesondere unter dem Aspekt des Weitverkehrs, findet sich in [3].

Die einzelnen Bestandteile eines Dienstobjekts werden im folgenden als *Part* bezeichnet, wobei ein Part eine Ausprägung zu einer *Facette* des zugehörigen Dienstobjekttyps darstellt. Eine Unterteilung des Dienstes in Parts und Facetten zeigt die Abbildung 1. In der OMG-Spezifikation des Trading-Dienstes [8] lassen sich die folgenden drei Facetten unterscheiden:

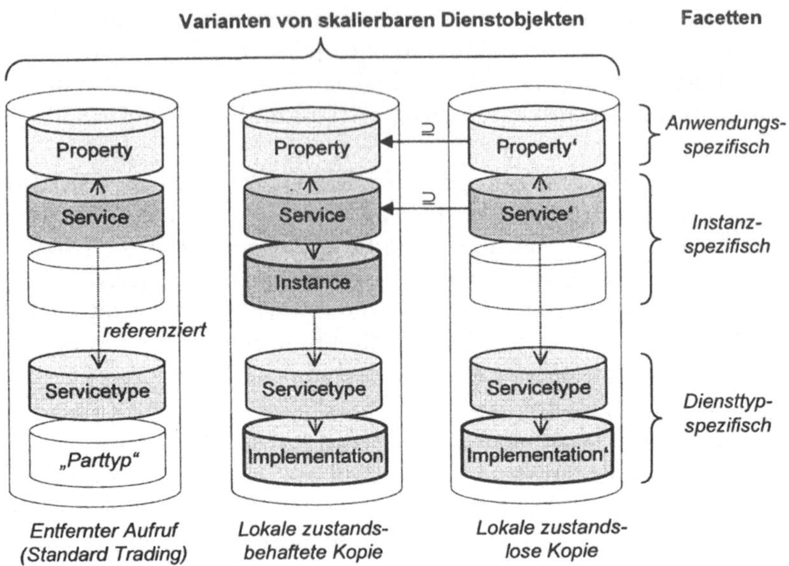

Abbildung 1. Skalierbare Dienstobjekte bestehend aus Parts

1. *Diensttypspezifische Facette*: Jedem Dienstobjekt ist eindeutig ein Diensttyp zugeordnet, der über einen Diensttypbezeichner (Servicetype Name) referenziert wird. Der Bezeichner dient als Verweis auf die Schnittstellenbe-
   schreibung des Diensttyps in einem zugrunde liegenden Diensttypverzeichnis
   (Servicetype Repository). Zudem werden damit die Bezeichner der Basis-
   diensttypklassen sowie die Bezeichner von Eigenschaftstypen des Diensttyps
   festlegt und müssen demgemäß bei einem Export eines Dienstobjektes existieren. Da Diensttypen im Trader mittels des Diensttyp-Verzeichnisses verwaltet werden, ist somit über den Diensttypbezeichner jedem Dienstobjekt
   dieser (diensttypspezifische) Part durch den Trading-Standard zugeordnet.
   Durch Ein- und Austragen dieses Parts im Diensttypverzeichnis kann dieser dynamisch durch Anwendungen geändert werden, solange von diesem
   Diensttyp keine weiteren Diensttypen abgeleitet wurden. Der Part, der den
   Diensttyp und damit die Schnittstelle beschreibt, wird im SOFT-Konzept
   als *Servicetype-Part* bezeichnet und ist somit eine Ausprägung der diensttypspezifischen Facette.

2. *Anwendungsspezifische Facette*: Jeder Dienstanbieter kann sein Dienstangebot mit beschreibenden Eigenschaften versehen. Welche dieser Eigenschaften von dem Anbieter unbedingt vorzusehen sind, welche eingeschränkt als
   nur lesbar angegeben oder gar optional sind, wird innerhalb des obigen
   Servicetype-Part vorgegeben. Der Part der anwendungsspezifischen Facette,
   der die beschreibenden Eigenschaften zu einem Dienstobjekt enthält, wird
   als *Property-Part* bezeichnet und kann durch die anbietende Anwendung
   beim Trader dynamisch geändert werden.

3. *Instanzspezifische Facette*: Eine *Service-Part* genannte Ausprägung dieser Facette enthält die instanzspezifischen Informationen zu einem Dienstobjekt. Hierbei handelt es sich beim Trading-Service [8] um die eindeutige (CORBA-)Objektreferenz, unter der das Dienstobjekt aufgerufen wird, sowie den Diensttypbezeichner, der als Referenz auf den zugehörigen Servicetype-Part dient. Eine Änderung dieses Parts während der Lebenszeit des Dienstobjekts ist hier nicht möglich, da bei erneuter Instantiierung eines Dienstobjektes auch eine neue Objektreferenz durch das Laufzeitsystem erzeugt und zudem vom Trader eine neuer Angebotsidentifikator vergeben wird.

Das Konzept der skalierbaren Dienstobjekte erweitert diese Ausprägungen nun um zwei zusätzliche Parts, die mit Hilfe eines geeignet erweiterten Traders vermittelt werden können. Die damit möglichen Verwendungsvarianten gegenüber dem konventionellen Trading sind zusätzlich in Abbildung 1 dargestellt:

1. Der erste Part wird hier *Implementation-Part* genannt und enthält eine Implementierung zu einem Diensttyp. Er erweitert die diensttypspezifische Facette. Eine Anwendung kann so eine Instanz des Dienstobjekts über eine erweiterte Trader-Anfrage bei sich anlegen, indem sie die Implementierung bei sich installiert und dann Operationen auf einer lokalen Instanz der Implementierung aufruft. Implementation-Parts werden über den Diensttypbezeichner referenziert und sind damit unabhängig von instantiierten Dienstobjekten. Verschiedene Dienstobjekte zu einem Diensttyp können durchaus unterschiedliche Implementierungen beim erweiterten Trader registrieren, indem unterschiedliche Implementation-Parts unter demselben Servicetype-Part registriert werden. Hierdurch ist, wie schon eingangs erwähnt wurde, eine effiziente Form der Versionierung möglich.
2. Im Gegensatz hierzu stellt der zweite Part, der sog. *Instance-Part*, eine Momentaufnahme, d.h. eine Zustandskopie, des beim Trader registrierten Dienstobjekts dar. Der Instance-Part erweitert somit die instanzspezifische Facette. Eine Anwendung kann hierdurch eine Zustandskopie des entfernten Dienstobjekts bei sich anlegen und auf dieser Kopie lokal arbeiten, anstelle entfernte Aufrufe darauf zu tätigen. Dies dient insbesondere zur Einsparung des Kommunikationsaufwands bei schlechten Kommunikationsverbindungen, zur Optimierung der Leistung des verteilten Systems oder zur Unterstützung für abgekoppelte Operationen. Eine zwingende Voraussetzung hierfür ist das Vorhandensein eines geeigneten Implementation-Parts auf Client-Seite.

Durch Erfassung des Implementation- sowie des Instance-Parts können somit Dienstobjekte einer bestehenden entfernten Anwendung lokal vermittelt werden. Hierbei existiert im Fall kontextbehafteter Dienstobjekte das Problem der Definition von geeigneten Synchronisationspunkten innerhalb des Ausführungspfads des Dienstobjektes zum Abspeichern seines Zustands oder dem späteren konsistenten Zusammenführen von Berechnungsergebnissen replizierter Objekte. Dieses Problematik wird in [7] eingehend beschrieben und liegt nicht im Aufgabenbereich der durch den Trader gebildeten Vermittlungsschicht, sondern muß durch die Implementierung des Server-Objekts unterstützt werden.

Während der Implementation-Part der diensttypspezifischen Facette zuzuordnen ist, überdeckt der Instance-Part sowohl die diensttypspezifische, anwendungsspezifische als auch instanzspezifische Facette. Die Besonderheit ist, daß sich die dem Instance-Part zugrunde liegende Implementierung von dem zuvor beschriebenen Implementation-Part unterscheiden kann, wenn z.B. nach der Instantiierung des Objekts die Implementierung geändert wird. Die nachfolgende Realisierung der skalierbaren Dienstobjekte sieht darüber hinaus die Möglichkeit vor, lediglich den Instance-Part zu exportieren. Hierbei muß jedoch auf Client-Seite bereits ein (zustands-)kompatibler Implementation-Part vorliegen.

3 Realisierung

Das zuvor beschriebene Konzept wurde unter Verwendung des Java-Development-Kit 1.1.6 und der Java-CORBA-Implementierung OrbixWeb 3.0 unter Solaris V2.6 realisiert. Als Basis diente ein OMG-konformer Trader, der am Institut für Telematik der Universität Karlsruhe in Java implementiert wurde und als Grundlage für den erweiterten *Part-Trader* dient. Die Motivation zur Verwendung von Java als Implementierungssprache lag in ihrer Portabilität auf beliebige Rechnerplattformen durch den inhärenten Byte-Code-Mechanismus. Der Code des erweiterten Traders konnte damit ohne Änderungen sowohl auf einem DEC-Alpha Rechner als auch einem Pentium II PC problemlos getestet werden, was den Anspruch der Plattformunabhängigkeit untermauert. Zweifelslos hätte das folgende Konzept auch auf Basis von z.B. C++ realisiert werden können, jedoch wäre dann eine problemlose Code-Vermittlung zwischen unterschiedlichen Rechnerplattformen nicht mehr möglich gewesen bzw. hätte durch umständliche Erweiterung der Attribute gesondert berücksichtigt werden müssen.

Die durch die erweiterte Vermittlung erzielte Flexibilität soll beispielhaft mittels eines skizzierten Dienstexports und Dienstimports unter Verwendung der erweiterten Parts verdeutlicht werden. Dem Ablauf liegt dabei die folgende verkürzte IDL-Datei des erweiterten Part-Traders zugrunde, die abwärtskompatibel zur bestehenden OMG-Spezifikation [8] ist:

```
// package sfb346.SOFT, softTrading.idl
module OMG { #include<CosTrading.idl>; }; // OMG-konformes Trading
// Erweitertes Trading-Modul
module SOFTtrading { ...
  struct Parts { OctetSeq implementation; OctetSeq state;}};
  struct Offer { OMG::CosTrading::Offer offer; Parts parts; };
  typedef sequence<Offer> OfferSeq;
  ...
  interface SOFTRegister : OMG::CosTrading::Register { ...
    OMG::CosTrading::OfferId SOFTexport ( in Object reference,
            in OMG::CosTrading::ServiceTypeName type,
            in OMG::CosTrading::PropertySeq properties,
            in Parts parts // Erweiterung zur Aufnahme der Parts
            ) raises ( ... ); };
  ...
```

```
interface SOFTLookup : OMG::CosTrading::Lookup { ...
  void SOFTquery ( ..., out OfferSeq offers, ... ) raises ( ...,
        NoImplementationAvailable, NoSerializationAvailable);
  }; ...
```

Das obige Programmfragment skizziert die minimal notwendigen Ergänzungen im Modul **SOFTtrading** zur Vermittlung von Parts. Im wesentlichen wurde hierfür der Dienstangebotstyp **Offer** zur Aufnahme von Parts erweitert. Deutlich wird die Part-Vermittlung anhand der Schnittstellen der Kernfunktionen des Trading, dem Dienstimport (**SOFTquery**) und dem Dienstexport (**SOFTexport**). Die standardisierten Methoden des OMG-Trading sind dabei weiterhin mittels Vererbung verfügbar.

Die Erweiterung um die Part-Funktionalität wird im folgenden anhand eines Vermittlungsvorgangs auf Basis dieser Schnittstellen gezeigt. Es sei dabei angenommen, daß der Server sowohl den Implementation- als auch den Instance-Part seines Dienstangebots exportiert und dabei keinerlei Einschränkung hinsichtlich der Verwendung des Angebots durch Client-Anwendungen macht. Da es auch möglich ist, nur die Implementierung oder den Zustand zu exportieren, ohne aber einen entfernten Aufruf durch Clients zuzulassen, wurde hierfür eine eindeutige (Dummy-)Dienstreferenz definiert. Der schematische Ablauf einer erweiterten Vermittlung ist in Abbildung 2 dargestellt.

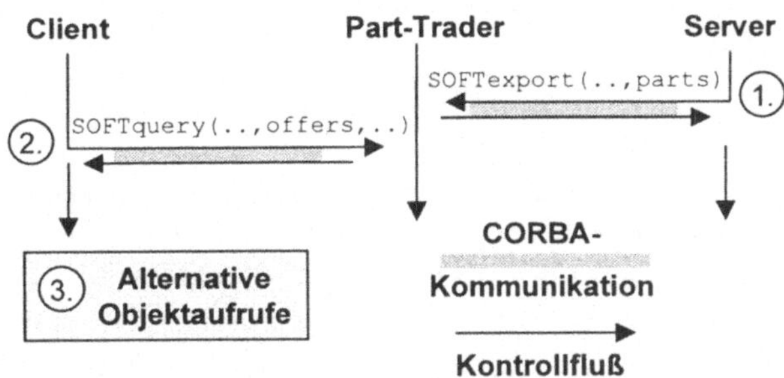

Abbildung2. Registrierung und Anfrage nach Parts beim erweiterten Trader

Im ersten Schritt (Abbildung 2, 1.) exportiert die Server-Anwendung mittels **SOFTexport** ihr Dienstangebot inklusive der Parts an den erweiterten Trader:

```
// Instantiiere ein Register-Proxyobjekt zur Kommunikation mit dem Trader
// OrbixWeb spezifisches bind anstelle string_to_object + ..narrow
sfb346.SOFT.softTrading.SOFTRegister regiRef =
  sfb346.SOFT.softTrading.SOFTRegisterHelper.bind(
    ":"+rep_trader,trader); ...
// Das parts-Object der Klasse Parts enthält den
// den Implementation- und den Instance-Part
id = regiRef.SOFTexport( servicereference,
  servicetype, serviceproperties, parts); ...
```

Das sfb346.SOFT-Java-Package zur Realisierung des erweiterten Traders sieht eine Reihe von Hilfsklassen vor, die für den Anwendungsprogrammierer des Dienstes die Bestimmung des Implementation-Part sowie des Instance-Part erleichtern. Sie sind jedoch aus Platzgründen hier nicht weiter detailliert. Hierzu zählt eine Hilfsklasse zur Bestimmung des Instance-Part, die sich des Object-Serialization-APIs von Java bedient [10]. D.h. sämtliche Server, die die Funktionalität des Traders für den Instance-Parts nutzen wollen, müssen hierzu die Serialization-Funktionalität implementieren, damit der Trader hierüber den aktuellen Zustand des zu exportierenden Objekts auslesen kann.

Zur Festlegung des Implementation-Parts kann auf Server-Seite entweder ein JAR-File (Java Archiv) der Implementierung angegeben werden, das sämtliche von dem Server benötigten `*.class`-Dateien zur Instantiierung enthält, oder die Implementierung des Dienstobjekts wird durch eine Hilfsklasse analysiert und das zu vermittelnde JAR-File hierüber automatisch generiert. Für eine genaue Analyse wird die Java-Reflection-Funktionalität verwendet [11], indem der Klassenname zu einem Dienstobjekt ermittelt und basierend auf der Laufzeitumgebung rekursiv nach zugehörigen `*.class`-Implementierungsdateien gesucht wird. Diese werden daraufhin in das generierte Archiv eingetragen.

Eine Client-Anwendung stellt nun in einem zweitem Schritt (Abbildung 2, 2.) eine Dienstanfrage an den erweiterten Trader. Sie hat z.B. das folgende Aussehen:

```
// Instantiiere ein Lookup-Proxyobjekt zur Kommunikation mit dem Trader
sfb346.SOFT.softTrading.SOFTLookup looRef =
        sfb346.SOFT.softTrading.SOFTLookupHelper.bind(
            ":"+this.rep_trader, this.trader );
// Erweiterte Suchanfrage
looRef.SOFTquery( // Standardparameter
        servicetype, serviceconstraints, servicepreference,
        servicepolicies, servicedesired_props, how_many,
        offerSeq, // Sequenz aus erweiterten Dienstangeboten
        off_itr, limits_aplied); ...
```

Der Trader sucht in seiner Datenbasis nach geeigneten Dienstangeboten auf diese Anfrage und meldet im Parameter `offerSeq` sämtliche (erweiterten) Dienstangebote bis zu der vom Client begrenzten maximalen Anzahl `how_many` zurück. Eine Beschränkung der vom Client gewünschten Parts wird durch Verwendung des `serviceconstraints`-Parameter gesteuert, indem beim Vermittlungsprozeß innerhalb des Part-Traders eine gültige Erweiterung der OMG-Constraint-Language verwendet wird ([8], Trading Object Service, Appendix B).

Gekennzeichnet wird dieses durch den «SOFT 1.0»-*Constraint-Identifikator* am Anfang eines `serviceconstraints`-Strings. Fehlt eine solche Angabe, so interpretiert der Part-Trader den Aufruf als eine OMG-konforme Trading-Anfrage und es werden keine erweiterten Parts bei der Vermittlung berücksichtigt, sondern nur Referenzen für einen entfernten Aufruf in der Rückgabesequenz `offerSeq` zurückgegeben. Eine Client-Anwendung kann dieses Verhalten durch die Angabe des Constraint-Identifikators und der zusätzlichen Verwendung der Schlüsselworte `SOFTimpl`, `SOFTstate` sowie `SOFTlocal` steuern. Der Part-Trader berücksichtigt diese Schlüsselworte bei seiner Dienstauswahl. Ein Beispiel eines solchen Constraint-String ist z.B.:

```
"<<SOFT 1.0>> SOFTimpl and SOFTstate"
```

Hiermit werden vom Part-Trader nur Dienstangebote geliefert, die neben entfernten Referenzen zusätzlich einen Implementation-Part und einen Instance-Part anbieten. Das Schlüsselwort `SOFTlocal` schließt die Rückgabe entfernter Referenzen auf Dienste für die Vermittlung aus, so daß hierdurch nur lokale Instantiierungen möglich sind, während die alleinige Angabe des Constraint-Identifikators sämtliche Kombinationen als Rückgabewerte zuläßt.

Ein Client hat nun im 3. Schritt der Abbildung 2 die Auswahl, welche Variante des Objektaufrufs er auf einem importierten Dienstobjekt ausführen möchte. Prinzipiell hat er dazu die im vorherigen Kapitel genannten drei Möglichkeiten aus Abbildung 1. Die Instantiierung von Dienstobjekten für den Client übernimmt dabei eine weitere Java-Hilfsklasse namens `sfb346.SOFT.softTrading.util.ObjectCreation`, die hier etwas näher dargestellt werden soll:

```
// Generierung von Dienstobjekten aus Trader-Angeboten
package sfb346.SOFT.softTrading.util; ...
class ObjectCreation { ...
  // Generierbare Objektfacetten
  public static final int Proxy = 0; // CORBA Proxy
  public static final int Local = 1; // Lokale Implementierung
  public static final int State = 2; // Lokale Zustandskopie
  ...
  public ObjectCreation () {};
  public ObjectCreation (
    int     which2initialize, // gewünschter Objekttyp
    String dir2save_impl,     // Abspeichern der Implementierung
    sfb346.SOFT.softTrading.Offer offer // ermitteltes Dienstangebot
    ) { ... }; ...
  // Allgemeine Methode zum Erzeugen eines lokalen oder eines Proxy-Objekts
  // Erzeuge Objekte, falls schon über Konstruktor initialisiert
  public java.lang.Object getObject() throws ... { ... };
  // Statische Methoden, um Initialisierung durchzuführen
  // Bei der 2. Methode ist Verzeichnis schon gespeichert oder es wird ein
  // hier nicht näher erläutertes Default-Verzeichnis verwendet
  public static java.lang.Object getObject( int which2initialize,
    String dir2save_impl, sfb346.SOFT.softTrading.Offer offer
    ) throws ... { ... }
  // Implementierungsverzeichnis schon gespeichert
  public static java.lang.Object getObject( int which2initialize,
    sfb346.SOFT.softTrading.Offer offer) throws ... { ... } ...
  // spezifische Methoden wie getProxyObject, getLocalObject & getStateObject
}; // end ObjectCreation
```

Beispiel:
`Calculator` definiert eine (IDL-)Schnittstelle zu einem Kalkulationsdienst. Es wird angenommen, daß die in Abbildung 2 durchgeführte `SOFTquery`-Anfrage erfolgreich war und im ersten Element des Rückgabearrays `offerSeq` ein Dienstangebot steht, welches sämtliche möglichen Parts enthält. Durch Benutzung der Hilfsklasse `SOFT.util.ObjectCreation` hat eine Client-Anwendung die genannten drei Möglichkeiten, ein Dienstobjekt bei sich zu instantiieren und auf diesem eine gewünschte Methode aufzurufen:

1. Der erste Fall zeigt exemplarisch den konventionellen Methodenaufruf über CORBA, indem die Methode `getProxyObject` der Hilfsklasse `SOFT.util.ObjectCreation` verwendet wird. Da die Methode ein Objekt vom Typ `org.omg.CORBA.Object` zurückliefert, ist im Gegensatz zu `getObject` kein expliziter Typecast auf ein CORBA-Objekt notwendig.

   ```
   // Erzeuge Proxy-Dienstobjektinstanz, Typecast von Object auf Calculator
   Calculator mycalc =
     CalculatorHelper.narrow(
       SOFT.util.ObjectCreation.getProxyObject( offerSeq.value[0] );
   // Beispielaufruf zum entfernten Objekt
   int result = mycalc.add(1,1);
   ```

   Hierbei ist transparent, daß durch die Hilfsklasse nur eine Objektreferenz zur Kommunikation über CORBA mit dem eigentlichen Dienstobjekt zurückgeliefert wird. Dieser Aufruf ist identisch mit einem Bindeaufruf auf der vom IDL-Compiler erzeugten Helper-Klasse zu Calculator, wie z.B.:
   `mycalc = CalculatorHelper.narrow( offerSeq.value[0].reference)`
   Der Aufruf ermittelt zuerst die OMG-Objektreferenz des Dienstangebots und generiert im Anschluß mittels der Helper-Klasse zum Calculator-Interface ein Proxy-Objekt zur Kalkulationsschnittstelle.

2. Die zweite Möglichkeit ergibt sich durch Verwendung des folgenden Aufrufs:

   ```
   // Erzeuge Hilfsobjekt zur Objektgenerierung anstelle der statischen Methode
   SOFT.util.ObjectCreation o = new
     SOFT.util.ObjectCreation( SOFT.util.ObjectCreation.Local,
                             ".", offerSeq.value[0]);
   // Erzeuge zustandslose Kopie des Dienstes
   Calculator mycalc = (Calculator) o.getObject();
   int result = mycalc.add(1,1);
   // Erzeuge eine zweite zustandslose Kopie, etc.
   Calculator mycalc2 = (Calculator) o.getObject();
   ```

   Anstelle eines Proxy-Objekts wird durch die Hilfsklasse eine lokale Instanz des Dienstobjekts erzeugt und auf das gesuchte Interface per Typecast abgebildet. Die Implementierung des Dienstes wird in diesem Beispiel im lokalen Verzeichnis abgelegt. Hierbei ist zu beachten, daß die von `getObject` erzeugte Instanz von der Klasse `org.omg.CORBA.Object` sein muß, da es ansonsten zu einem Typecast-Fehler während des Ablaufs kommt[1].

3. Die dritte Fall ergibt sich durch Verwendung des `SOFT.util.ObjectCreation.state`-Arguments. Ein Aufruf der Methode `getObject` erzeugt wie im 2. Fall eine lokale Instanz von `Calculator` und belegt zusätzlich unter Verwendung der Serialization-Funktionalität die erzeugte Instanz mit dem zuvor von der Server-Anwendung exportierten Dienstobjektzustand.

Diese Erweiterung der Trading-Funktion erlaubt somit eine leistungsfähigere Verwendung des Vermittlungsdienstes. Insbesondere für zeitweilig abgekoppelte Operationen, weit entfernte Aufrufe oder auch für kommunikationsintensive und damit zeitkritische Objektverwendungen bieten sich die hier gezeigten Alternativen an. Weiterhin lassen sich hierüber eine einfache Form der Objektmigration (Export der Dienstobjektimplementierung und des Zustands sowie anschließendes Beenden des Dienstes) und eine effiziente Form der Software-Verteilung über eine Vermittlungsschicht basierend auf kooperierenden Tradern realisieren [3]. Die Realisierung dieser Erweiterung verwendet dabei insbesondere spezifische Java-Funktionalitäten, die in dieser Einfachheit in anderen Programmiersprachen wie z.B. C++ nicht zur Verfügung stehen bzw. insbesondere im Hinblick auf Plattformunabhängigkeit nur unter großem Aufwand zu realisieren ist. Die weitere Verarbeitung der Anwendung ist von den möglichen alternativen Realisierungen der Dienstobjekte unbeeinflußt.

4 Verwandte Arbeiten

Die beiden neu eingeführten Parts ermöglichen somit eine lokale Instantiierung von Dienstobjekten bei einer Anwendung und unterstützen damit sowohl eine ungeplante Wiederverwendbarkeit als auch verschiedenste lokale und entfernte Verwendungsmuster für Server-Objekte.

Ein ähnlicher Ansatz hinsichtlich der Zerlegung von Objekten ist in [4] beschrieben, wobei hier jedoch eine wesentlich feingranularere Separation von Objekten bis auf Methodenebene stattfindet. Jedem Bestandteil eines Objekts wird hier ein *Chassis*- bzw. ein *Engine*-Objekt zugeordnet, das als eine Art "Wrapper" dient und für die Koordination der einzelnen Objektbestandteile sorgt. Dieser Ansatz erlaubt somit zur Laufzeit die Verteilung und die Rekonfiguration von Objekten auf unterschiedlichen Rechnern innerhalb einer CORBA-Domäne. Eine allzu feingranulare Verteilung der Objektbestandteile unterliegt dabei jedoch der genannten Laufzeitproblematik. Dahingegen sorgt das Konzept der skalierbaren Dienstobjekte für die Vermittlung von Implementierungen und Zuständen auch über CORBA-Domänen hinweg. Es ermöglicht damit die flexible Verwendung von Diensten in einem weit verteilten Kommunikationsumfeld, wenn hierzu Trader unterschiedlicher Domänen auf Part-Ebene miteinander kooperieren.

---

[1] Dieses Problem tritt bei Verwendung von OrbixWeb-spezifischen Server-Realisierungen auf, da hier die Server-Implementierung entgegen dem CORBA-Standard nicht von einem CORBA-Objekt erbt, sondern nur das Server-Interface implementiert.

5 Zusammenfassung

In der vorliegende Arbeit wurde auf Basis des von der OMG definierten Trading-Dienstes ein Konzept für skalierbare Dienstobjekte basierend auf Parts vorgestellt, das neben der reinen Vermittlung von CORBA-Objektreferenzen zusätzlich in der Lage ist, auch die Dienstobjektimplementierung (Implementation-Part) sowie den Dienstobjektzustand (Instance-Part) zwischen Dienstanbietern und Dienstbenutzern zu vermitteln. Wie gezeigt wurde, ist die dabei erzielte Lösung mit geringstem Aufwand in bestehende Anwendungen zu integrieren und flexibilisiert damit die Anwendungsmöglichkeiten von CORBA-basierten Anwendungen erheblich, was anhand einiger ausgewählter Java-Code-Fragmente zu einem auf Parts basierenden Vermittlungsvorgang motiviert wurde. Die entfernte oder lokale Verwendung eines Dienstobjektes ist dabei für den weiteren Anwendungsablauf transparent.

Die innerhalb der Realisierung generierten JAR-Files enthalten derzeit zum Teil redundante Klassen, falls diese Klassen schon bei der Client-Anwendung und ihrem zugehörigen Trader bekannt sind. Eine Lösung dieses Problems liegt in die Definition eines geeigneten Aushandlungsprotokolls, um die wirklich fehlenden oder modifizierten Implementierungen zu ermitteln. Dieses ist Gegenstand hierauf aufbauender Arbeiten.

Literatur

1. Bronsard, F., Bryan, D. , Kozacynski W.V., Liongosari, E.S, Ning, J.Q., Olafsson, A. ,Wetterstrand, J.W.: Toward Software Plug-and-Play. ACM SIGSOFT – Symposium on Software Reusability (SSR'97) (1997)
2. Carzaniga, A., Picco, G.P., Vigna, G.: Designing Distributed Applications with Mobile Code Paradigmas. Int. Conf. on Software Engineering (1997)
3. Grosse, A., Kottmann, D., Hartroth, J.: Disseminating Object-Oriented Applications in Large Scale Environments. Int. Conf. on Object Oriented Information Systems (1997)
4. Gründer, H., Geihs, K., Knape, T., Baumert, F.: Dynamische verteilte Objekte. Informatik Forschung und Entwicklung, Vol. 13 (1998) 26–37
5. International Organization for Standardization: Draft Rec. X.950-1|ISO/IEC DIS 13235-1 – ODP Trading Function. SC21 N10770 (1997)
6. Keller, L.: AGORA: Ein elektronischer Markt zur Vermittlung von Mehrwertdiensten. Praxis der Informationsverarbeitung und Kommunikation (PIK), Vol. 20, Nr. 1 (1997) 3–10
7. Kottmann, D.: Replikation in vernetzten Systemen mit mobilen Teilnehmern. Dissertation, Fakultät für Informatik, Universität Karlsruhe (1996)
8. Object Management Group: CORBAservices: Common Object Services Specification. OMG-Document-No. formal/97-12-02.ps (1997)
9. Object Management Group: CORBA/IIOP 2.2 Specification, OMG-Document-No. formal/98-07-01.pdf (1998)
10. Sun Microsystems Inc.: Java Object Serialization Specification. ftp://ftp.javasoft.com/docs/jdk1.1/serial-spec.pdf (1997)
11. Sun Microsystems Inc.: Java Core Reflection – API and Specification. ftp://ftp.javasoft.com/docs/jdk1.1/java-reflection.pdf (1997)

Einsatz von Java-Komponenten in verteilten Embedded Systems

Uwe Rastofer[1,2], Ulrich Gall[1,2], Frank Schinkmann[1,2],
Bernd Hindel[2], Jürgen Kleinöder[1]

[1] Universität Erlangen-Nürnberg
Lehrstuhl für Betriebssysteme IMMD-IV
Martensstr. 1, D-91058 Erlangen
`{rastofer,gall,schinkmann,kleinoeder}@informatik.uni-erlangen.de`
[2] 3SOFT GmbH
Wetterkreuz 19a, D-91058 Erlangen
`{rastofer,gall,schinkmann,hindel}@3SOFT.de`

Zusammenfassung Die zunehmende Vernetzung von Rechenanlagen dringt immer weiter auch in den Bereich von Embedded Systems vor. Um eine Interaktion zwischen verschiedenen vernetzten Geräten zu ermöglichen, sind allerdings klare Softwareschnittstellen erforderlich. Die vorliegende Arbeit beschreibt, wie Softwarekomponentenarchitekturen sowohl für die Interaktion zwischen Geräten als auch für die Erstellung von Benutzeroberflächen zum Bedienen und Beobachten aus der Ferne verwendet werden können. Die Spezifikation der Interaktionssemantik von Komponenten sowie ihre Anordnung in Benutzeroberflächen erfolgt dabei visuell. Es werden zwei Ansätze für die Verwendung des Komponentenmodells JavaBeans zur Gerätesteuerung vorgestellt. Beim Stellvertreterbasierten Modell werden Geräte lokal durch in Java implementierte Komponenten repräsentiert, die über ein beliebiges Protokoll mit der proprietären Software im Gerät kommunizieren. Im verteilten Modell findet die Interaktion der Komponenten in einer homogenen Java-Umgebung über Java RMI statt.

1 Einführung

Die Anforderungen an Embedded Systems haben sich in letzter Zeit grundlegend verändert. Zu den klassischen Eigenschaften gewinnen zwei neue Aspekte an Bedeutung. Zum einen betrifft dies das Bedienen und Beobachten der Embedded Systems. Hier werden zunehmend komfortable graphische Benutzeroberflächen eingesetzt, bei deren Realisierung der Trend weg von aufwendigen proprietären Lösungen und hin zum Einsatz von Standards wie HTML, HTTP [1] und auch Java [2] geht. Zum anderen arbeiten Embedded Systems immer seltener vollkommen isoliert, sondern tauschen Informationen mit anderen Systemen aus. Ein typisches Beispiel hierfür sind Geräte aus der Unterhaltungselektronik, wo sich Fernsehgerät, Videorecorder und Satellitenreceiver aufeinander abstimmen und gegenseitig steuern lassen. Die dort verwendeten Techniken sind jedoch proprietär und funktionieren deshalb meist nur zwischen Geräten des gleichen Herstellers.

In beiden oben beschriebenen Fällen muß das Embedded System mit anderen Bedien- oder Steuerungssystemen Daten austauschen – es ist also Teil eines größeren, verteilten Systems. Im Forschungsprojekt "Objektorientierte Verteilte Steuerungssysteme (OVEST)" [1] untersucht, wie sich Softwarekomponenten bei der Entwicklung von verteilten Embedded Systems einsetzen lassen.

Ziele sind hierbei die Senkung des Entwicklungsaufwandes, Gewährleistung von Interoperabilität zwischen Geräten verschiedenen Typs und verschiedener Hersteller, sowie eine einfache Anpassung an anwenderspezifische Umgebungen.

Im folgenden wird zunächst gezeigt, wie sich Embedded Systems als Softwarekomponenten modellieren lassen. Dabei wird besonders auf die Möglichkeiten des Komponentenmodells JavaBeans [3] eingegangen. Anschließend werden zwei verteilte Komponentenarchitekturen vorgestellt, die auf dem JavaBeans-Modell aufbauen.

2 Embedded Systems als Komponenten

Eine Softwarekomponente wird meist sehr allgemein als "...ein Stück Software. Groß genug um funktional einsetzbar zu sein, aber klein genug, um noch wartbar zu sein..." [4] definiert. Dies sagt jedoch noch nichts darüber aus, wie eine Komponenten verwendet werden kann, weshalb in [5] folgende, konkretere Definition gewählt wurde:

> *Eine Softwarekomponente ist eine funktional abgeschlossene Einheit, die Dienste nach außen anbietet. Sie ist selbstbeschreibend, so daß sie durch entsprechende Programme automatisch analysiert werden kann. Eine Softwarekomponente kann mit anderen Komponenten innerhalb einer bestimmten Infrastruktur, die durch das Komponentenmodell definiert wird, zu komplexeren Anwendungen komponiert werden.*

Komponenten müssen den Spezifikationen des gleichen Komponentenmodells entsprechen, um miteinander interagieren zu können. Darüber hinaus legt das Komponentenmodell fest, in welcher Form Komponenten die Informationen zur Verfügung stellen können, die von Programmen (Builder-Tools) zur Parametrierung und Verbindung der Komponenten benötigt werden. Das wichtigste Komponentenmodell für Java ist derzeit JavaBeans [3].

Die grundlegende Idee ist nun, ein Embedded System als Softwarekomponente so zu modellieren, daß die Funktionalität des Embedded Systems als Dienste der Softwarekomponente anderen Komponenten zur Verfügung gestellt wird. Dabei kann das Embedded System als Ganzes in einer einzigen Komponente realisiert sein oder es können funktionale Teile, aus denen das Embedded System aufgebaut ist, als einzelne Komponenten modelliert werden.

---

[1] OVEST wird von der Universität Erlangen-Nürnberg und Industriepartnern getragen, sowie von der Bayerischen Forschungsstiftung gefördert.

Die Dienste der Embedded-System-Komponente können in einem bestimmten Komponentenmodell von beliebigen anderen Komponenten genutzt werden. Beim Aufbau von Bedienoberflächen geschieht dies durch die Verbindung der Embedded-System-Komponente mit graphischen Anzeige- und Bedienkomponenten. Die Steuerung einer Embedded-System-Komponente durch eine andere kann in gleicher Weise durch die Verbindung der beiden Komponenten erfolgen.

Zur Realisierung der eben beschriebenen Ideen müßte nur jeder Hersteller zu seinem Embedded System statt einer kompletten Softwarelösung nur eine passende Komponente für ein Standardkomponentenmodell ausliefern. Es ist dann sehr einfach möglich, neue, den jeweiligen Bedürfnissen angepaßte Benutzeroberflächen zu erzeugen und beliebige Embedded Systems miteinander zu koppeln.

Embedded Systems als JavaBeans

Für die weiteren Untersuchungen wurde als konkretes Komponentenmodell Java-Beans [3] ausgewählt. Da JavaBeans auf dem Java-System aufbaut, haben Java-Beans-Komponenten (kurz Beans) eine Reihe von Eigenschaften die ihre Verwendung in heterogenen, verteilten Systemen begünstigen. So sind Beans durch den Java-Bytecode plattformunabhängig. Außerdem können sie während der Laufzeit dynamisch geladen werden und haben sehr einfach Zugriff auf Netzwerkfunktionalität, wie Sockets und JavaRMI.

In der Spezifikation von JavaBeans ist festgelegt, daß jede Bean *Properties* besitzt, die ihre Eigenschaften enthalten. Weiterhin hat sie *Methoden*, die eine Veränderung des internen Zustands auslösen können, und sie kann *Events* erzeugen, um andere Beans von einem Ereignis in Kenntnis zu setzten.

Ein Embedded System hat ebenfalls eine Menge von Eigenschaften und einen internen Zustand, die jeweils durch eine Menge von Werten repräsentiert werden. Dabei kann man zwischen gemessenen und einstellbaren Werten unterscheiden. Bei der Modellierung als Bean werden Meßwerte auf Properties abgebildet, die nur gelesen werden können, während eingestellte Werte sowohl gelesen als auch geschrieben werden können. Zum Lesen und Schreiben einer Property werden zwei Zugriffsmethoden benötigt. Für größere Komponenten ist das einfache Lesen und Schreiben einzelner Properties nicht ausreichend, weshalb man für komplexere Operationen zusätzliche Methoden definieren muß.

Eine Bean erzeugt immer dann ein Event, wenn sich der Zustand des Embedded Systems ändert. Dabei kann ein Event durch sein Auftreten neben dem Zeitpunkt der Änderung auch den neuen Wert übertragen. Die Zustellung eines Events an eine andere Bean erfolgt über Adapter, die bei der Ziel-Bean eine frei wählbare Methode aufrufen. Bevor aber ein Event zugestellt werden kann, muß der Adapter bei der Quell-Bean über eine spezielle Methode registriert werden.

Als einfaches Beispiel ist in Abbildung 1 ein Heizelement als Bean realisiert. Die HeaterBean hat zwei Properties, die eingestellte und die gemessene Temperatur, wobei die Ist-Temperatur nur lesbar ist. Außerdem erzeugt die HeaterBean bei der Veränderung der Soll- oder Ist-Temperatur je ein Event, in dem der neue Wert übermittelt wird. Methoden für komplexe Operationen werden nicht benötigt.

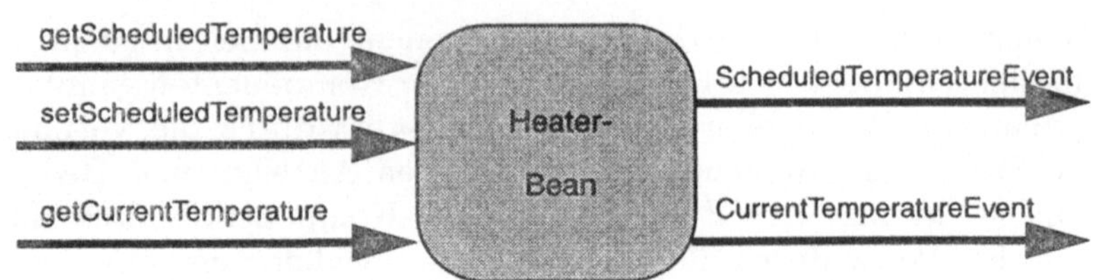

Abb. 1. Ein Heizelement als JavaBean

Für die Verwendung von JavaBeans in verteilten Systemen gibt es jedoch noch ein wichtiges Hindernis. Die Zustellung von Events ist nur an Beans möglich, die in der gleichen Virtuellen Java-Maschine ablaufen. Ein Mechanismus für die verteilte Event-Zustellung an Beans auf anderen Rechner ist nicht vorgesehen. Im folgenden wird deshalb zunächst eine Architektur vorgestellt, die das Problem durch Aufteilung der Komponenten umgeht.

3 Eine Architektur mit Stellvertreterkomponenten

Im JavaBeans-Komponentenmodell können nur Komponenten innerhalb der gleichen Virtuellen Java-Maschine miteinander interagieren. In den eingangs beschriebenen Szenarien wird aber Kommunikation zwischen Komponenten, die über mehrere Rechner verteilt sind, benötigt. Daher wurde in [5] eine Architektur entwickelt, in der die Embedded-System-Komponenten in drei Schichten aufgeteilt werden (Abbildung 2):

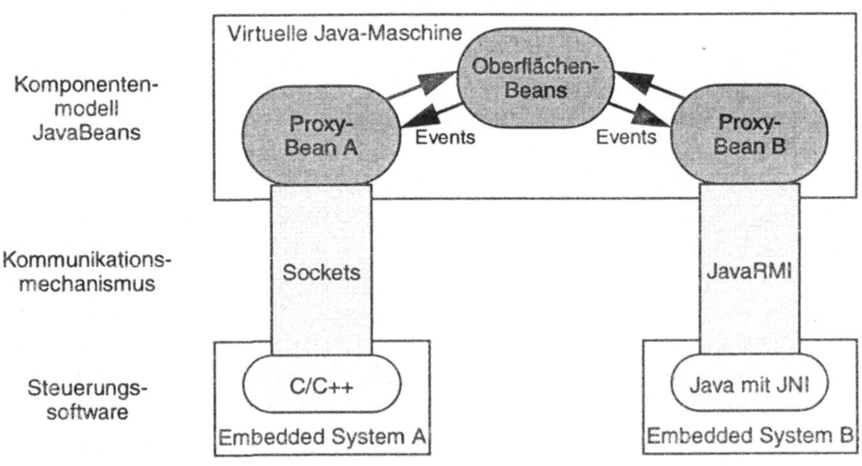

Abb. 2. Eine Architektur mit Stellvertreterkomponenten

1. Die oberste Schicht bildet das Komponentenmodell JavaBeans. Für jedes Embedded System gibt es eine *Stellvertreterkomponente* (*Proxy-Bean*), die zwar Dienste anbietet, sie aber nicht selbst realisiert.
2. Die Proxy-Bean gibt alle Daten an eine *Kommunikationsschicht* weiter, deren Aufgabe es ist, eine Verbindung mit der Steuersoftware auf dem Embedded System herzustellen.
3. Auf dem Embedded System läuft als unterste Schicht die eigentliche *Steuerungssoftware*. Sie reagiert auf die Daten von der Proxy-Bean und schickt Statusinformationen an die Proxy-Bean zurück.

Durch diese Architektur sind auf der Ebene des Komponentenmodells nur die Dienste der Proxy-Beans sichtbar. Die darunterliegenden Schichten werden versteckt. Das hat eine Reihe von Vorteilen:

– Proxy-Beans entsprechen vollständig der JavaBeans-Spezifikation. Sie können daher mit jeder anderen Bean interagieren und in beliebigen Beans-Builder-Tools verwendet werden.
– Es kann eine schon vorhandene Steuerungssoftware wiederverwendet bzw. um einen Kommunikationsmechanismus erweitert werden. Auf dem Embedded System muß keine Virtuelle Java-Maschine vorhanden sein und die Steuerungssoftware muß nicht nach Java portiert werden.
– Es gibt keine Einschränkung bei der Wahl des Kommunikationsmechanismus, da dieser für andere Beans unsichtbar ist. Je nachdem, welche Möglichkeiten auf dem Embedded System vorhanden sind, können beispielsweise Sockets, Java Remote Method Invocation (RMI) [6] oder CORBA [8] verwendet werden.
– Die Virtuelle Java-Maschine, in der alle Beans ihre Events austauschen, kann an einer beliebigen Stelle im verteilten System ablaufen. Bei Benutzeroberflächen für Bedienen und Beobachten aus einem Web-Browser heraus läuft diese virtuelle Maschine im Browser.

Prototypische Implementierung

Zur Evaluierung der beschriebenen Architektur wurde ein Prototyp [5] implementiert, mit dem sich eine Kamera und eine Kaffeemaschine steuern lassen. Als Kommunikationsmechanismus wurde Java RMI [6] gewählt.

In Abbildung 3 ist zu sehen, wie verschiedene Komponenten für graphischen Benutzeroberflächen mit der JavaBeans-fähigen Entwicklungsumgebung *VisualAge* zu einer Bediensoftware zusammengesetzt werden. Die Proxy-Bean für das zu bedienende Gerät (in diesem Fall eine Kamera), im späteren Betrieb normalerweise unsichtbar, ist oben links repräsentiert.

4 Ein verteiltes Komponentenmodell

Während in der gerade beschriebenen Architektur die Verteilung außerhalb des Komponentenmodells realisiert wurde, wird nun eine Erweiterung von JavaBeans

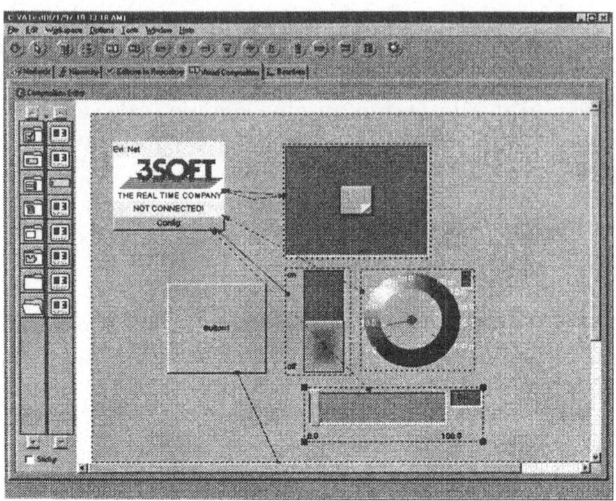

Abb. 3. Aufbau der Bedienoberfläche für eine Kamera

vorgestellt, die Verteilung schon im Komponentenmodell enthält. Die Benutzung dieses verteilten Komponentenmodells ist vor allem dann sinnvoll, wenn sich auf dem Embedded System eine Virtuelle Java-Maschine befindet (und die Steuerungssoftware in Java geschrieben wurde) [7]. Die Kommunikation zwischen den Komponenten kann dann direkt erfolgen, ohne den Umweg über eine zentrale Instanz, in der die Proxy-Beans ablaufen, nehmen zu müssen.

Die wichtigste Entscheidung beim Entwurf des verteilten Komponentenmodells ist die Wahl des Kommunikationsmechanismus. Da in JavaBeans der Datenaustausch über Event-Objekte erfolgt, können objektorientierte Kommunikationsmechanismen sehr einfach verwendet werden. Für JavaBeans kommen daher nur RMI [6] und CORBA [8] in Frage. RMI hat durch die enge Integration in das Java-System einige Vorteile, wie z.B. die Möglichkeit des Verschickens von ganzen Objekten bei einem Methodenaufruf. Dies ist in CORBA nur mit zusätzlichen Mechanismen bzw. zukünftigen Erweiterungen [9] möglich, weshalb für dieses Komponentenmodell RMI gewählt wurde.

Erzeugung RMI-fähiger Beans

Damit man an eine Bean auf einem anderen Rechner Events zustellen kann, muß die Bean Methoden besitzen, die über RMI aufgerufen werden können. Das ist in JavaBeans nicht vorgesehen und kann deshalb nicht bei jeder Bean vorausgesetzt werden. Aus diesem Grund wurde ein Werkzeug (rmiify) entwickelt, das die Methoden einer JavaBean über RMI aufrufbar macht. Das Werkzeug erzeugt automatisch aus einer "normalen" Bean eine RMI-Bean für das verteilte Komponentenmodell.

Die Bean-Factory

In dem verteilten Komponentensystem kann eine Komponente sofort beim Einschalten des zugehörigen Embedded Systems erzeugt und bekannt gemacht werden. Dies ist z.B. für die Komponente sinnvoll, die das Embedded System selbst modelliert.

Andererseits gibt es auch Komponenten, die erst später z.B. von einem Builder-Tool erzeugt werden. Diese Komponenten sollen auf einer frei wählbaren Virtuellen Java-Maschine, die Teil des verteilten Komponentensystems ist, ablaufen. Daher gibt es auf jedem Knoten im Komponentensystem ein Objekt (die Bean-Factory), das eine Bean (genauer jedes beliebige Java-Objekt) lokal erzeugen kann. Ein Builder-Tool kann sich an eine Bean-Factory wenden und die Erzeugung der gewünschten Bean veranlassen. Die Bean-Factory wird außerdem benötigt, um Adapter für die Event-Zustellung zu verteilen.

Als Mechanismus für die Übertragung des Zustandes der Objekte verwendet die Bean-Factory die Object Serialization [10] von Java 1.1.

RMI-Adapter

Nach der Verpackung einer Bean mit dem Werkzeug rmiify ist es möglich, die Methoden der Bean über RMI aufzurufen. Die Bean, die ein Event erzeugt und dadurch den Methodenaufruf anstößt, ist jedoch nicht auf einen RMI-Aufruf vorbereitet. So können bei RMI-Aufrufen zusätzlich RemoteExceptions auftreten, die auch eine RMI-Bean nicht erwartet. Damit die RMI-Bean dies toleriert, müßte der Code der Original-Bean bei der Erzeugung der RMI-Bean modifiziert werden.

Es ist daher Aufgabe des Adapters zwischen den beiden RMI-Beans, den Methodenaufruf über RMI abzuwickeln. Wie in Abbildung 4 dargestellt, wird bei der Bean, die ein Event erzeugt, der RMI-Adapter registriert. Dieser erhält dann über den lokalen Event-Mechanismus einen Methodenaufruf, der über RMI an die Ziel-Bean weitergeleitet wird. Der RMI-Adapter ist außerdem für die Behandlung von Netzwerkfehlern (RemoteExceptions) zuständig.

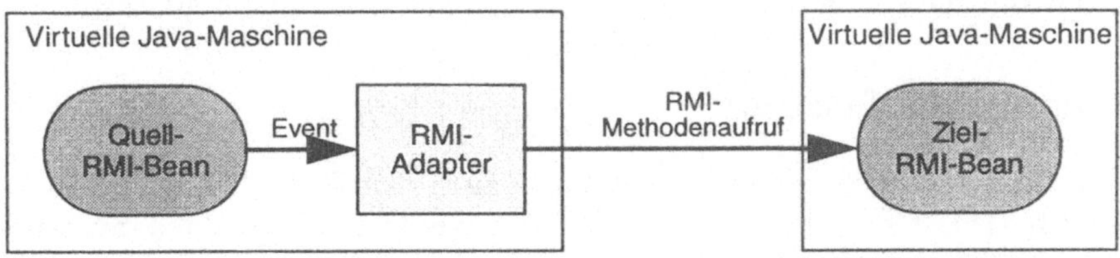

Abb. 4. Event-Zustellung über RMI-Adapter

Da im JavaBeans-Modell die Ziel-Bean bei einer Quell-Bean für ein Event registriert wird, muß im verteilten Modell ein passender RMI-Adapter in der

Virtuellen Java-Maschine, auf der die Quell-RMI-Bean läuft, erzeugt und initialisiert werden. Dies geschieht mit Hilfe der schon beschriebenen Bean-Factory.

Verteilter Namensdienst

Sowohl für die Verwendung in Builder-Tools als auch für das Auffinden von Komponenten untereinander wird ein Namensdienst benötigt. RMI bietet mit der Registry nur einen sehr einfachen Namensdienst an, der für große verteilte Systeme ungeeignet ist. Deshalb wurde ein verteilter, hierarchischer Namensdienst auf Basis von RMI entworfen und implementiert. Der Namensdienst orientiert sich an der Spezifikation des COS Naming Service [11]. Es gibt mehrere Name Server, die jeweils einen lokalen, hierarchischen Namensraum verwalten. Im lokalen Namensraum gibt es Verweise auf Teile des Namensraumes anderer Name Server, wodurch ein verteilter Namensraum entsteht.

Für das verteilte Komponentenmodell wurde ein Namensschema entwickelt, in dem sich Bean-Factories unter dem Namen ihres Host-Rechners anmelden. Namen für Komponenten sind frei wählbar und können beispielsweise nach funktionaler oder geographischer Zusammengehörigkeit gruppiert werden.

Prototyp und Ausblick

Zur Zeit wird ein Prototyp des verteilten Komponentenmodells für Geräte der Unterhaltungselektronik entwickelt. Aufgrund der Erweiterungen, die durch das verteilte Komponentenmodell eingeführt wurden, können für die RMI-Beans jedoch keine JavaBeans-Builder-Tools verwendet werden. Neben den schon beschriebenen Teilen des verteilten Komponentenmodells muß deshalb noch ein Builder-Tool entwickelt werden, das für verschiedene Komponentenmodelle anpaßbar ist.

Ein weiterer Ansatz, das JavaBeans-Modell um Verteilung zu erweitern, ist der Infobus [12]. Dabei tauschen jedoch die Beans ihre Events über einen komplett anderen Mechanismus aus, was einen großen Anpassungsaufwand in existierenden Beans nach sich zieht.

Für heterogene, verteilte Systeme entwickelt die Object Management Group ein verteiltes Komponentenmodell [13], das zu CORBA und JavaBeans kompatibel sein soll. Die Standardisierung ist aber noch nicht abgeschlossen.

5   Zusammenfassung

Java und das Internet erobern zunehmend auch den Bereich der Embedded Systems [14] [15]. Um Interaktion zwischen vernetzten Embedded Systemen zu ermöglichen, sind klar definierte Schnittstellen und Protokolle erforderlich. Zur Zeit dominieren im Bereich der Embedded Systems allerdings noch proprietäre, ad-hoc definierte Protokolle.

Im OVEST-Projekt wird untersucht, wie Komponentenmodelle (z.B. JavaBeans) verwendet werden können, um Kommunikation zwischen Geräten verschiedenen Typs und verschiedener Hersteller zu ermöglichen. Dieser Ansatz hat einige Vorteile: Zur Implementierung der verteilten Anwendungen können handelsübliche JavaBean-Entwicklungsumgebungen verwendet werden. Dadurch können auch komfortable graphische Benutzeroberflächen visuell gestaltet werden. Dabei kann auf umfangreiche Softwarekomponenten aus dem Internet zurückgegriffen werden.

Es wurden zwei unterschiedliche Realisierungsmöglichkeiten für diesen Ansatz vorgestellt. Beim Stellvertreter-basierten Ansatz werden Geräte durch Proxy-Komponenten repräsentiert. Diese Proxy-Komponenten enthalten die notwendige Software, um das (im allgemeinen) proprietäre Protokoll mit dem Gerät abzuwickeln und hinter einer JavaBeans-konformen Schnittstelle zu verbergen. Dadurch können unmodifizierte JavaBean-Entwicklungsumgebungen, wie sie bereits erhältlich sind, verwendet werden.

Beim verteilten Interaktionsmodell befinden sich die JavaBeans in den einzelnen Geräten und die Interaktion wird über Java RMI realisiert. Dadurch sind keine Proxy-Komponenten erforderlich. Dieses Modell wird zur Zeit an einem praktischen Anwendungsfall mit Geräten aus der Unterhaltungselektronik untersucht.

Literatur

1. Peter Kraus. *Die Homepage eines Embedded Systems – neue Wege für Service Software.* Embedded Intelligence '97, Sindelfingen, 1997.
2. Ulrich Gall, Bernd Hindel. *Bedienen und Beobachten von Embedded Systemen mit Java.* In: Design & Elektronik 4/97, Magnamedia Verlag, 1997.
3. Sun Microsystems. *JavaBeans Specification.* Version 1.01, 1997.
4. Jalal Fehhi. *Web developer's guide to JavaBeans.* Coriolis Group, 1997.
5. Michael Holzheu. *Entwicklung einer internetfähigen Remote Steuerung für Embedded Systeme mit Hilfe von RMI und JavaBeans.* Diplomarbeit DA-I4-97-20, Universität Erlangen-Nürnberg, 1997.
6. Sun Microsystems. *Java Remote Method Invocation Specification.* 1997.
7. Jürgen Kleinöder. *Java – die Embedded Sprache von morgen?* Embedded Intelligence '97, Sindelfingen, 1997.
8. Object Management Group. *The Common Object Request Broker: Architecture and Specification.* Revision 2.2, OMG Document formal/98-02-01, 1998.
9. Object Management Group. *Objects-by-value Request For Proposal.* OMG Document orbos/96-06-14, 1996.
10. Sun Microsystems. *Java Object Serialization Specification.* 1997.
11. Object Management Group. *CORBAservices: Common Object Services Specification.* OMG Document formal/97-12-02, 1997.
12. Lotus Development Corp. *Infobus 1.1 Specification.* 1998.
13. Object Management Group. *CORBA Component Model Request For Proposal.* OMG Document orbos/97-06-12, 1997.
14. Sun Microsystems. *EmbeddedJava Specification.* Public Review Draft 1.0, 1998.
15. Sun Microsystems. *Sun Announces Key Consumer Technology To Bring The Power Of The Java^{TM} Platform To Auto, TV And Phone Markets.* Press Release 980324-04, San Francisco, 1998.

Java Komponenten für ein verteiltes Echtzeitsystem

Jan Richling, Janek Schwarz, and Andreas Polze

Humboldt-Universität zu Berlin
Institut für Informatik
12489 Berlin
Rudower Chaussee 5
Email: {richling,schwarz,apolze}@informatik.hu-berlin.de

Zusammenfassung Die Programmiersprache Java mit ihrem architekturunabhängigem Abarbeitungsansatz bietet viele Vorteile, wie Sicherheit in verteilten Umgebungen, Wiederverwendbarkeit von Code und Portabilität. Diese Charakteristika führen zum Einsatz von Java in vielen neuartigen Umgebungen.

Obwohl Java viele Vorteile bietet, ist der Einsatz der Sprache in Fällen kritisch, in denen Echtzeitverhalten gefordert ist. Die existierenden Java-Ausführungsumgebungen und Sprachspezifikationen reichen für das Gewähren von Echtzeitgarantien nicht aus. Andererseits existieren auch in einem Echtzeitsystem Komponenten, an deren zeitliches Verhalten keine strengen Forderungen gestellt werden und für deren Implementation sich Java anbietet.

Unsere Forschung richtet sich auf Mechanismen zur Verknüpfung von Java-Komponenten mit (existierenden) Echtzeitsystemen. In diesem Artikel beschreiben wir die Verwendung des „Composite Objects"-Ansatzes zur zeitlichen Entkopplung und Interoperabilität zwischen Java-Komponenten und dem Echtzeitsystem. Wir diskutieren die Erweiterung eines bestehenden Echtzeitsystems um offene Schnittstellen.

Die „Unstoppable Robots" stellen eine verteilte, responsive (echtzeitfähige, fehlertolerante) Demo-Applikation auf Basis des Betriebssystems Mach dar. Wir demonstrieren die Erweiterung der Applikation um in Java geschriebene Komponenten. Diese Komponenten, eine graphische Benutzerschnittstelle und ein Controller, unterliegen unterschiedlich strengen Echtzeitanforderungen. Wir evaluieren die Leistung der erweiterten Demo-Applikation und zeigen die Brauchbarkeit unseres Ansatzes.

1 Einführung, Motivation

Java [1] wurde von Sun Microsystems entwickelt und ist in den vergangenen Jahren zunehmend populär geworden. Java ist eine objektorientierte Programmiersprache mit Ähnlichkeiten zu C++ und wurde für den Einsatz in weltweit verteilten Umgebungen, wie dem World Wide Web, entworfen.

Aufgrund ihrer Charakteristika wäre der Einsatz der Sprache Java auch in neuen Bereichen, wie Steuerungssystemen und Internet-Geräten wünschenswert.

Solche Systeme interagieren mit der wirklichen Welt. Typischerweise erfordern sie gewisse Echtzeitgarantien.

Weder der Sprachstandard noch gegenwärtige Implementationen von Java bieten Unterstützung für Echtzeitgarantien in Java-Programmen. Der Kern einer Echtzeitanwendung wird also auf einer anderen Plattform implementiert werden. Andererseits ist Java interessant, um eine Echtzeitanwendung mit offenen Schnittstellen ausstatten zu können. Weniger zeitkritische Komponenten können dann an eine existierende Echtzeitanwendung angebunden - und plattformunabhängig in Java programmiert werden.

Die „Unstoppable Robots" [2] stellen eine verteilte, responsive (echtzeitfähige, fehlertolerante) Demo-Applikation dar, die vor einiger Zeit von uns entwickelt wurde. Die Applikation simuliert eine Menge von Robotern, die auf einer Platte im instabilen Gleichgewicht balancieren. Die Roboter verbrauchen Energie mit einer einstellbaren, zeitabhängigen Rate, sie müssen daher gelegentlich eine „Futterstelle" anlaufen. Bei Nichteinhalten der Echtzeitanforderungen „verhungern" die simulierten Roboter.

Die originale Version der „Unstoppable Robots" basiert auf dem Betriebssystem Mach (NeXTSTEP 3.3) und benutzt replizierte Programmausführung zur Erzielung von Fehlertoleranz. Machs Interprozeß Kommunikation (IPC) wird zum Datenaustausch zwischen den Komponenten der Applikation benutzt.

Wir demonstrieren nun die Erweiterung der „Unstoppable Robots" um in Java geschriebene Komponten. Diese Komponenten greifen in die Steuerschleife der Demo-Applikation ein. Zentraler Punkt ist dabei die Gewährleistung garantierten Zeitverhaltens – auch in der erweiterten Demo-Applikation dürfen Roboter nicht „verhungern". Dazu müssen zwei gegensätzliche Anliegen - die Echtzeitsteuerung und die Ansteuerung der offenen Java Komponenten - voneinander entkoppelt werden. Wir benutzen dafür die „Composite Objects"-Technik. Schließlich evaluieren wir das zeitliche Verhalten der erweiterten „Unstoppable Robots"-Applikation unter variierenden Lastsituationen.

Die weiteren Abschnitte dieses Artikels gliedern sich wie folgt: Abschnitt 2 gibt zunächst einen Überblick über verwandte Arbeiten. In Abschnitt 3 diskutieren wir unseren Ansatz zur Integration von Java-Komponenten in ein existierendes Echtzeitsystem. Abschnitt 4 beschreibt die erweiterte „Unstoppable Robots"-Applikation als Fallstudie, während Abschnitt 5 Implementationsaspekte und die Evaluierung unseres Ansatzes präsentiert. Mit Schlußfolgerungen in Abschnitt 6 schließt der Artikel.

2 Verwandte Arbeiten

Unser „Composite Objects"-Ansatz [3] zeigt einen Weg zur vorhersagbaren Einbindung von Java-Komponenten in ein verteiltes Echtzeitsystem auf. Die Grundidee unseres Ansatzes ist die saubere Trennung verschiedener Anliegen: Java und das Echtzeitsystem sollen interagieren können, sich aber nicht gegenseitig in ihrem zeitlichen Verhalten beeinflussen.

Andere Arbeiten beschäftigen sich damit, die Sprache Java zu erweitern und die zugehörige Abarbeitungsumgebung echtzeitfähig zu machen. Für die verteilte Programmierung in Java bietet sich CORBA (Common Object Request Broker Architecture) [4][5] an. Mit dem Projekt der „Java Beans" existiert sogar die Idee, Javas eigenen Mechanisums zur entfernten Methodenausführung (RMI - Remote Method Invocation) standardmäßig auf CORBA abzubilden. Wir betrachten daher auch verwandte Arbeiten zu „Echtzeit-CORBA".

2.1 Echtzeit-Java

In [6] wird die Implementation einer echtzeitfähigen virtuellen Maschine für Java diskutiert und evaluiert. Grundlage für die beschriebene Implementation ist das RT-Mach Betriebssystem. Es werden ein echtzeitfähiges thread-Modell für Java, Echtzeitsynchronisation in der virtuellen Maschine und ein Mechanismus für die Behandlung von Zeitfehlern (timing faults) vorgeschlagen. Allerdings bedeutet die Neuimplementation der virtuellen Java-Maschine und die Einführung eines neuen thread-Modells die teilweise Aufgabe der Portabilität der Programmiersprache Java.

Es gibt eine Reihe weiterer Arbeiten, die sich mit Erweiterungen verschiedener Programmiersprachen zum Ausdrücken von Echtzeitverhalten beschäftigen. Darunter fällt das ART Projekt an der Carnegie Mellon University, das sich mit der C++ Erweiterung RTC++ [7] beschäftigt. Real-Time Concurrent C [8] und FLEX [9] sind weitere Projekte, in denen Spracherweiterungen für C behandelt werden. Im Java-Kontext interessant ist die Arbeit von Nilsen[10].

Nilsen schlägt eine neue Programmierschnittstelle für Echtzeitanwendungen vor. Neue Anweisungen wie *timed* und *atomic* wurden eingeführt, um zeitliches Verhalten für die Ausführung von Code-Blöcken zu spezifizieren. Allerdings ist zur Programmausführung ein spezieller Compiler oder Präprozessor nötig.

Problematisch bei all diesen Ansätzen ist die Tatsache, daß die Idee der Spracherweiterung nur für homogene Systeme funktioniert, die völlig neu erstellt werden. Unser Ansatz konzentriert sich eher auf existierende Echtzeitsysteme, für deren Erweiterung offene, in Java geschriebene Komponenten eingesetzt werden sollen. Wir beschreiben hier, wie die Anbindung der Java-Komponenten ohne Störung des Echtzeitverhaltens des bestehenden Systems möglich ist.

2.2 Echtzeit-CORBA

Im Jahre 1995 wurde von der Object Managment Group (OMG) die „Realtime CORBA" *special interest group* (SIG) gebildet. Etliche Dokumente zum Thema Echtzeit-CORBA werden derzeit bearbeitet, darunter ist ein *white paper* auf dem Stand eines *Initial Review Draft* (Nov., 15, 1996) [11]. Im September 1997 wurde ein *Request for Proposal* (RFP) für die *fixed priority*-Version von Realtime CORBA herausgegeben. Gesucht werden Technologien für einen *Realtime Object Request Broker*, die *fixed priority scheduling*, End-zu-End Ressourcereservierung und flexible Kommunikationsschnittstellen unterstützen. Allerdings ist nocht nicht klar, inwieweit RT-CORBA zur Standard-CORBA Spezifikation konform sein wird.

Unter dem Namen TAO [12][13] wurden wegweisende Arbeiten zum Thema RT-CORBA ausgeführt. TAO integriert *fixed priority real time scheduling*-Techniken in die CORBA Architektur. Hauptziel der Arbeiten ist es, End-zu-End Dienstgütegarantien für CORBA-basierte Anwendungen zu geben. Im TAO Projekt wurde ein Anforderungskatalog für *Object Request Broker*-Implementationen aufgestellt; dieser umfaßt Protokolle zur Ressourcereservierung, optimierte Echtzeitkommunikationsprotokolle und einen echtzeitfähigen *Object Adapter*. Allerdings ist das Hauptziel der TAO-Arbeiten die Anwendung von CORBA für den Aufbau neuer, verteilte Echtzeitsysteme.

Arbeiten an der University of Rhode Island und bei der MITRE Corporation behandeln Spracherweiterungen der CORBA Schnittstellensprache IDL zum Ausdruck von Zeitanforderungen [14] [15]. *Timed distributed method invocations* werden als notwendige Bedingung für verteiltes, CORBA-basiertes Echtzeitrechnen charakterisiert. Ein globaler Zeitdienst, Echtzeitscheduling von Diensten, ein globaler Prioritätsdienst und begrenzte Nachrichtenlaufzeiten werden als Vorbedingungen für den beschriebenen Ansatz aufgeführt. Auch in diesen Arbeiten wird die Interaktion von Echtzeit- und Standard CORBA-Komponenten nicht gezielt untersucht.

3 Java-Komponenten für ein Echtzeitsystem

In einer Reihe von Anwendungen ist die Kombination von Java-Technologie und Echtzeitsystemen sinnvoll und möglich. Als Grundlage der Kommunikation der Java-Komponenten mit dem Echtzeitsystem wird der plattformunabhängige Standard CORBA benutzt. Fehlende Echtzeitunterstützung auf Seiten von Java wie auch bei der Kommunikation mit Hilfe von CORBA müssen bei der Erweiterung eines Echtzeitsystemes um CORBA-Kommunikation und Java-Objekte berücksichtigt werden.

Grundsätzlich besteht ein Echtzeitsystem aus zeitkritischen Bereichen wie der inneren Kontrollschleife und peripheren Bereichen, wie beispielsweise Anzeigen, die sich außerhalb der zeitkritischen Bereiche befinden. In beiden Fällen gibt es verschiedene Auswirkungen der fehlenden Echtzeiteigenschaften der Java-Komponenten, die in ihrer Wirkung untersucht werden müssen.

3.1 Außerhalb der zeitkritischen Bereiche

Komponenten, die sich außerhalb der zeitkritischen Bereiche eines Echtzeitsystems befinden, unterliegen keinen harten Echtzeitanforderungen. Für den Betrieb des Echtzeitsystems ist es meist keine Gefährdung, wenn von diesen Komponenten Zeitanforderungen gelegentlich nicht eingehalten werden. So ist es tolerierbar, wenn eine Anzeige einzelne Werte gar nicht oder mit geringer Verzögerung anzeigt (weiche Echtzeit).

Aus Sicht des Echtzeitsystems ist lediglich bedeutsam, daß die hinzugefügte Komponente unter keinen Umständen den Betrieb des Systems stört – also keine Einflüsse auf die zeitkritischen Bereiche haben darf. Prinzipiell gibt es zwei Möglichkeiten, Komponenten, wie beispielsweise eine Anzeige, via CORBA in ein System einzubinden. Aus Sicht von CORBA sind das Client- oder Serveransatz; aus Sicht der Kommunikation *poll-* und *push-*Technologie.

poll-Technologie. Bei diesem Ansatz ist das Java-Objekt CORBA-seitig ein Client, der Anfragen an einen CORBA-Server stellt. Dieser ist dann mit dem Echtzeitsystem verbunden. Vorteil ist, daß auf diese Weise problemlos viele Clients bedient werden können, Nachteile liegen in der Lastsituation auf der Echtzeitseite, die durch Anfragen mit zu hoher Frequenz entstehen kann. Ein Beispiel ist eine Java-Anzeige, die in bestimmten zeitlichen Abständen Werte anfordert. Das Vorhandensein zu vieler derartiger Anzeigen kann zu Überlastsituationen führen.

Essentiell bei der *poll-*Technologie ist ein *Firewall* zwischen dem Echtzeitsystem und der übrigen Welt. Jede CORBA-Anfrage wird vom *Firewall* bearbeitet, ehe Datenverkehr mit dem Echtzeitsystem stattfindet.

Auf dieser Basis ist es möglich, verschiedene Strategien zu implementieren:

- *Caching.* Ausgehend von der Natur der angeforderten Daten werden Anfragen nur dann an das Echtzeitsystem weitergegeben, wenn die letzte gleichartige Anfrage mehr als eine festgelegte Zeit zurückliegt. Problem ist, daß trotzdem eine sehr starke Belastung der äußeren Seite des *Firewalls* dazu führen kann, daß das System überlastet wird. (Auch abgewiesene Requests werden durch den Protokoll Stack bearbeitet und erzeugen damit Last.)
- *Auslagerung auf ein anderes System.* Der *Firewall* implementiert caching, läuft selbst aber auf einem unabhängigen System, dessen Lastsituation keinen Einfluß auf das Verhalten des Echtzeitsystems hat. Die Trennung liegt hier in einer Rechnergrenze, über die mit Echtzeitkommunikation nur eine vom *Firewall* begrenzte Datenmenge weitergeleitet wird.
- *Call admission.* Die vom *Firewall* erzeugte Last wird mit Mitteln des Betriebssystems beschränkt. Das können entweder niedrigere Prioritäten sein, oder aber Partitionierung der Rechenleistung beispielsweise durch den Scheduling Server[16][17].

push-Technologie. Die Java-Komponente ist in diesem Fall CORBA-seitig ein Server, der vom Echtzeitsystem Werte zugeschickt bekommt. Es ist durch CORBA nicht gewährleistet, wie lange die Kommunikation dauert, und auch Java garantiert keine Ausführungszeiten. Es ist also nicht bekannt, wie lange der auf Seiten des Echtzeitsystems ausgelöste CORBA-Methodenaufruf benötigt.

Die Komponente, die im Echtzeitsystem das Versenden der Daten übernimmt, muß ebenfalls als *Firewall* ausgeführt sein, der Zugriffe auf die Daten des Echtzeitsystems und die CORBA-Kommunikation zeitlich entkoppelt.

Eine Überlastung des Echtzeitsystems verhindert der *Firewall*, da die Frequenz der CORBA-Aufrufe im System unter Beachtung der gegebenen Umgebung und der maximal möglichen Last festgelegt werden kann.

Ein Blockieren der CORBA-Kommunikation oder des Java-Objektes kann damit schlimmstenfalls zum Blockieren des *Firewalls* führen, hat aber keinen Einfluß auf das Verhalten des Echtzeitsystems, da der *Firewall* kein Teil der zeitkritischen Bereiche ist.

3.2 Innerhalb der zeitkritischen Bereiche

Für die innere Steuerschleife eines Echtzeitsystems existieren oftmals harte zeitliche Anforderungen. Hier muß es garantierte Obergrenzen für die Ausführungszeit aller beteiligten Komponenten geben. Diese Anforderung können derzeit weder Java noch die CORBA-Kommunikation erfüllen. Trotzdem gibt es sinnvolle Anwendungen, bei denen externe Komponenten wie beispielsweise Java-Objekte in Vorgänge der zeitkritischen Bereiche eingreifen sollen. Beispiele sind Fernsteuerungen, oder die Auslagerung von Funktionalität auf externe Systeme.

Die Benutzung von *Firewalls* nach dem „Composite Object"-Ansatz [3] bietet die Möglichkeit, Java-Objekte und zeitkritische Bereiche eines Echtzeitsystems so miteinander zu verbinden, daß sich beide nicht in ihre Zeitverhalten beeinflüssen. Das Hauptproblem liegt in der nicht bekannten Ausführungszeit von Methodenaufrufen über CORBA, die auch die ebenfalls nicht bekannte Ausführungzeit der Java-Methode enthält. Beispielsweise führt eine hohe Last auf der Maschine, auf der das Java-Objekt läuft, auch zu einer Verlängerung dieser Ausführungszeit.

Aufgabe des *Firewalls* ist es, die Auswirkungen dieses Verhaltens zu kapseln. Da der *Firewall* keine Möglichkeit hat, die entfernten Vorgänge zu beeinflussen (replizierter Aufruf kann die Ausführungszeit unter Umständen verkürzen, dies aber nicht in einer garantierten Art und Weise), muß es einen Fallback-Algorithmus geben, der die Funktionalität des externen Objektes in einer abgerüsteten Version auf dem *Firewall* für den Fall bereitstellt, daß das entfernte Java-Objekt nicht in der Lage ist, seine Ergebnisse zeitgerecht zu liefern. Abgerüstet bedeutet an dieser Stelle, daß der Algorithmus Ergebnisse liefert, die rechtzeitig kommen und dem System keinen Schaden zufügen. Somit existieren entsprechend dem Konzept des *Multi-Version-Programming* zwei Algorithmen, die sich in Komplexität, Ausführungszeit und Lokation unterscheiden. In Abhängigkeit vom benutzten Fallback-Algorithmus und den Eigenschaften der Applikation können Obergrenzen für die maximal mögliche Anzahl von aufeinanderfolgenden Ausführungen des Fallback-Algorithmuses angegeben werden.

Praktisch funktioniert diese Idee, indem der *Firewall* den CORBA-Methodenruf auslöst und danach wartet. Kehrt er rechtzeitig vor Ablauf einer Time-out-Zeit zurück, wird das Ergebnis benutzt, ansonsten wird innerhalb der zeitkritischen Bereiche das Ergebnis des Fallback-Algorithmus benutzt. Damit ist sichergestellt, daß die Zeitschranken der zeitkritischen Bereiche eingehalten werden. Die Time-out-Zeit muß dabei in Abhängigkeit von den zeitlichen Schranken der zeitkritischen Bereiche gewählt werden.

Um die Ausführungszeiten und deren Varianz bei Aufruf der Methoden des Java-Objektes zu verringern, gibt es Möglichkeiten auf Betriebssystemebene. Der von uns in einem früheren Projekt entwickelte Scheduling Server [16][17] erlaubt die Vergabe eines wohldefinierten Teils der CPU-Leistung an die virtuelle Java-Maschine. Ein anderer, weniger stabiler Weg ist die Erhöhung der Priorität der Java-Maschine.

4 Fallstudie: Unstoppable Robots

Basis unserer Untersuchungen zur Anbindung von Java-Objekten an ein bestehendes Echtzeitsystem sind die „Unstoppable Robots", ein Beipiel für eine responsive Anwendung.

Die Idee der „Unstoppable Robots" ist es, eine Reihe von Robotern zu simulieren, die sich auf einer beweglich gelagerten Platte bewegen. Jeder Roboter verbraucht Energie, wobei die Höhe des Energieverbrauches davon abhängig ist, ob sich ein Roboter bewegt oder nicht. Auf der Platte befindet sich eine Station, an der die Roboter ihre Energievorräte erneuern können. Die Aufgabe der Roboter ist es, die Balance der Platte zu sichern und selber am Leben zu bleiben, d. h. sie müssen vermeiden, ihre gesamte Energie aufzubrauchen. Das Ausbalancieren der Platte hat dabei Priorität. Die Simulation ist in der Lage, (derzeit) einen realen Roboter synchron zu den simulierten Robotern zu steuern.

Die Anwendung besteht aus zwei Teilen, der Anzeige, die diese Welt abbildet, und einer Menge von Controllern, die auf verschiedene Rechner verteilt sein können. Ein Roboter wird durch einen oder mehrere Controller gesteuert, wobei im zweiten Fall alle Controller einen Konsens für den nächsten Zug des kontrollierten Roboters finden. Damit kann die Anwendung verschiedene Fehler tolerieren:

- Ausfall eines Controllers
- Ausfall eines Roboters (bzw. Kommunikationsfehler zwischen Roboter und Controller)
- Berechnungsfehler eines Controllers

Die Anwendung wurde auf Basis von CORE[18] entwickelt, einem System, das es gestattet die Zuverlässigkeit einer Anwendung unter Einhaltung von Zeitgarantien zu erhöhen. Die derzeitige Implementation läuft auf Mach (NeXT-STEP 3.3) und nutzt zur Kommunikation zwischen den Komponenten der Applikation die Interprozeß Kommunikation von Mach.

Mit den „Unstoppable Robots" haben wir eine abgeschlossene, auf proprietärer Hardware und Software laufende Echtzeitanwendung. Um Einsatzmöglichkeiten der Applikation zu erhöhen, haben wir Schnittstellen geschaffen, die das System öffnen und den Zugriff externer Programme auf Teile der Anwendung gestatten. Wir haben Java-Objekte implementiert, die diese Schnittstellen nutzen. Um sicherzustellen, daß bei der Anbindung der Java-Objekte an die „Unstoppable Robots" die responsiven Eigenschaften der Anwendung erhalten

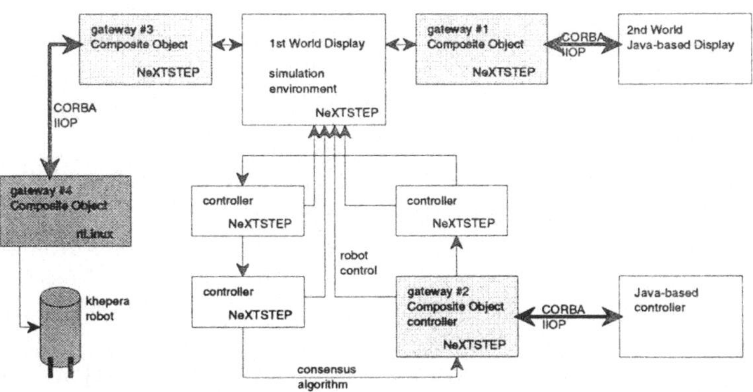

Abbildung1: Kommunikationstruktur der erweiterten Unstoppable Robots

bleiben, sind die Schnittstellen durch zwei Firewalls auf Basis des „Composite Object"-Ansatzes implementiert.

Ein „Composite Object", Gateway #1 in Abbildung 1, befindet sich außerhalb der zeitkritischen Teile der Anwendung und kapselt die Funktionalität der Anzeige. Dazu wird das Polling-Verfahren verwendet, das es problemlos gestattet, weitere Displays an die „Unstoppable Robots" anzubinden. Um Überlastsituationnen durch Clientanfragen zu vermeiden, werden die Ergebnisse älterer Anfragen eine gewisse Zeit gecached und nur ein Teil der Anfragen direkt an die Mach-Implementation weitergeleitet. Damit wird die Frequenz der an das Echtzeitsystem weitergereichten Anfragen beschränkt.

Das zweite „Composite Object", Gateway #2 in Abbildung 1, agiert als Controller und ist, da es sich damit in der Controller-Kontrollschleife befindet, Teil der zeitkritischen Bereiche der Anwendung. Wir haben die Controllerfunktionalität in ein Java-Objekt ausgelagert, das, in dem es das „Composite Object" nutzt, als Controller eines Roboters fungieren kann. Ist das Java-Objekt nicht in der Lage, die Zeitschranken der Controller-Kontrollschleife einzuhalten, übernimmt der Fallbackalgorithmus des „Composite Objects" die Steuerung des Roboters. Dieser Algorithmus ist sehr einfach gehalten: Er sorgt dafür, daß der Roboter an der Stelle, an der er sich befindet, stehen bleibt. Solange die Anzahl der zeitlichen Ausfälle beschränkt ist, wird durch diesen Fallbackalgorithmus das Verhalten der Anwendung nicht gestört.

Die Abbildung 1 zeigt die Kommunikationsstruktur der erweiterten Applikation. Der „Composite Object"-Ansatz erlaubt auch das Ankoppeln gänzlich anderer Komponenten, wie beispielsweise der echten Khepera-Roboter [19].

5 Aspekte der Implementation und Messungen an der Applikation

5.1 Implementation

Die Beispielapplikation besteht aus Java-Komponenten und denen, die die Kommunikation mit dem Echtzeitsystem unter Verwendung der vorgestellten Techniken realisieren. Im folgenden soll auf die verschiedenen Teile kurz eingegangen werden.

Zur Implementation der „Composite Objects" auf NeXTSTEP wurde ILU-CORBA[20] verwendet. Die Verbindung von Java und CORBA geschieht unter Benutzung des *Java Language Binding* der OmniBroker-CORBA-Implementation[21].

Passiver Wrapper. Gateway #1 agiert als passiver Wrapper. Es hat die Aufgabe, die Ankopplung eines Displays in der angesprochenen Weise zu ermöglichen. Es besteht aus zwei getrennten Prozessen, die lose über eine *Pipe* gekoppelt sind, über die Kommunikation in einer Richtung möglich ist. In der anderen Richtung werden UNIX-Signale benutzt.

Auf der Seite des Echtzeitsystems handelt es sich um einen Prozeß, der via MACH-IPC mit dem Echtzeitsystem kommunizieren kann. Er ist in der Lage, die für eine Anfrage relevanten Daten abzufragen und in eine Pipe zu schreiben. Ausgelöst wird die Abfrage durch ein UNIX-Signal.

Bei der Bearbeitung von Anfragen kommt die *Caching*strategie zum Tragen, die „alte" Werte benutzt, solange sie weniger als 250 Millisekunden alt sind. Ansonsten wird ein Signal an den anderen Prozeß des „Composite Objects" geschickt, dessen Werte von der Pipe gelesen und schließlich zurückgegeben.

Auf diese Weise ist sichergestellt, daß die Echtzeitanwendung nicht mit zu vielen Anfragen „überlastet" werden kann. Jedoch ist eine Überlastung des ganzen Systems durch sehr viele CORBA-Anfragen immer noch möglich. Lösung für diesen Fall ist die Benutzung einer Ressourcenreservierungstechnik, wie dem Scheduling Server, zum Einschränken der Rechenleistung, die der CORBA-Seite des „Composite Objects" zur Verfügung steht.

Aktiver Wrapper. Die Anforderungen für Gateway #2 sind strenger. Auch hier ist eine in zwei Prozesse zerlegte Implementation entstanden. Die Kopplung erfolgt über zwei Pipes, die einen zweiseitigen Datenaustausch ermöglichen. Zur Signalisierung werden wieder UNIX-Signale verwendet. Allerdings implementiert der aktive Wrapper zusätzlich den Fallback-Algorithmus.

Die Echtzeitseite des „Composite Object" ist Bestandteil der inneren Kontrollschleife der Applikation und hat für deren Komponenten das „Aussehen" eines Controllers. Der wesentliche Unterschied zu einem Controller besteht darin, daß keine eigene Berechnung stattfindet. Statt dessen werden die Ausgangsdaten an die CORBA-Seite des „Composite Objects" übergeben, ein entfernter Methodenaufruf ausgeführt und dann gewartet. Kommen die Steuerdaten rechtzeitig, werden sie benutzt, ansonsten kommt der Fallback-Algorithmus zum Einsatz.

Abbildung 2 zeigt einen Screenshot der laufenden Applikation. Am unteren Rand sind die Statusmeldungen des aktiven Wrappers zu sehen.

Java-Display. Das externe Display, das ein Abbild der „Welt" verkörpert, ist ein CORBA-Client, der seine Anfragen an die CORBA-Seite des passiven Wrappers richtet. Die Frequenz, mit der das geschieht, kann in Abhängigkeit von der gewünschten Aktualisierungsrate gewählt werden. Sinnvolle Obergrenze ist die durch das Caching im „Composite Object" vorgegebene 4-Hz-Rate.

Java-Controller. Der Java-Controller läuft als CORBA-Server und ermöglicht dem Benutzer die Wahl zwischen manuellen und automatischen Betrieb. Erstgenannter Modus erlaubt die direkte Steuerung des Roboters über Steuerbuttons, letztgenannter implementiert den Algorithmus, den auch die Controller der Original-Applikation benutzen.

Abbildung 3 zeigt einen Screenshot der beiden Java-Komponenten. Auch hier sind im Hintergrund die Statusmeldungen des Java-Controllers und des aktiven Wrappers zu sehen.

5.2 Messungen

Interessant für Messungen ist vor allem der Teil der Applikation, der in die zeitkritischen Bereiche eingreift. Außerhalb von diesen gilt ein „best-effort"-Ansatz, dessen zeitliches Verhalten weniger von den Java-Teilen, als viel mehr von den Kommunikationsstrukturen bestimmt wird. Demzufolge haben die hier vorgestellten Messungen auch den Java-Controller und die damit zusammenhängenden Komponenten zum Ziel.

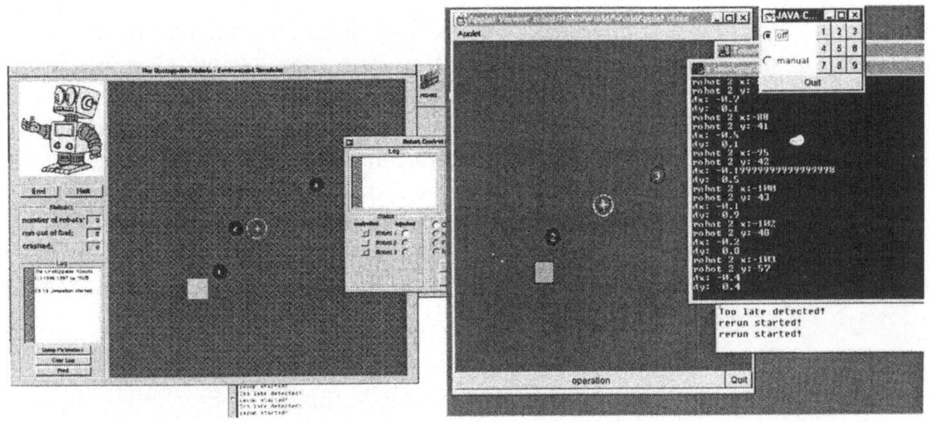

Abbildung2: Die Demoapplikation auf NeXTSTEP

Abbildung3: Die Java-Komponenten auf Windows NT

Vorüberlegungen. Zwei Dinge müssen gelten, damit die Applikation in der beschriebenen Weise unter Benutzung des Java-Controllers funktioniert:

- Die Zeitschranke für die Berechnung auf der Echtzeitseite des „Composite Objects" muß eingehalten werden.
- Der Fallback-Algorithmus darf nicht so oft zur Anwendung kommen, daß die sekundäre Aufgabe der Roboter (am Leben bleiben) nicht erfüllt werden kann und der Roboter „verhungert". Da auch im Stillstand Energie verbraucht wird, führt Stillstand auf lange Sicht zum Ausfall des Roboters.

Zur Beantwortung der ersten Frage verfügt der aktive Wrapper über eine Instrumentierung, die Rundenzeiten auf beiden Seiten mißt. Die Vereinigung beider Meßreihen in einem Diagramm zeigt, ob es nichttolerierbare Schwankungen der „inneren" Kurve gibt, und ob diese von Schwankungen der „äußeren" abhängen.

Gleichzeitig ist jede Stelle, an der die äußere Kurve über der inneren liegt, ein Zeitpunkt, zu dem der Fallback-Algorithmus zur Anwendung kam.

Die zweite Forderung muß durch Langzeitbeobachtungen geklärt werden. Da die Roboter durch den Zwang, immer wieder zur Energiestation zurückkehren zu müssen, einem gewissen Zyklus unterliegen, genügt es, mehrere dieser Zyklen zu beobachten und das Ergebnis zu verallgemeinern.

Da im Normalfall solche Aussetzer (Benutzung des Fallback-Algorithmus) nur sehr selten auftreten, muß für diese Untersuchungen künstlich ein solcher Zustand hergestellt werden. Verursacht wird er im wesentlichen durch zwei Faktoren:

- Last im Netzwerk, die zu verringerter Bandbreite führt.
- Last auf dem Rechner, auf dem der Java-Controller läuft, die diesem soviel Rechenleistung entzieht, daß es nicht möglich ist, innerhalb der gegebenen Zeit das Ergebnis zu berechnen.

Der erstgenannten Problematik wurde bei diesen Versuchen nicht weiter nachgegangen, da die betrachtete Applikation nur sehr geringe Ansprüche an die verfügbare Bandbreite hat. Für die Untersuchung des zweiten Falls wurde auf dem Versuchsrechner künstlich eine sehr hohe Last generiert und deren Auswirkung auf die Meßwerte und das Verhalten der Roboter untersucht.

Im Anschluß an diesen Versuch wird ermittelt, inwieweit man unter Benutzung höherer Prioritäten, die man der virtuellen Java-Maschine gibt, trotz Vorhandensein von Last zu besseren Ergebnissen kommen kann. Im Versuch wird dies durch das Benutzen der Prioritätsstufe „hoch" auf dem verwendeten Windows-NT-System erreicht.

Umgebung. Folgende Hard- und Software wurde für die Versuche benutzt:

- Existierende Applikation und „Composite Objects":
  HP 715/50, 32 MB RAM, NeXTSTEP 3.3

– Java-Komponenten:
PC Pentium 90, 40 MB RAM, Windows NT 4.0, JDK 1.1

Verbunden sind beide Testsysteme über ein 10 MBit Ethernet, zwischen ihnen befindet sich zwei Router, da sie zu verschiedenen Netzsegmenten gehören. Zur Erzeugung von Last auf dem Windows-NT-System steht ein Lastgenerator zur Verfügung, der 20 Prozesse erzeugt, die intensive Integer-Berechnungen durchführen.

Ergebnisse. Die Diagramme zeigen zwei Kurven, die die Abarbeitungszeiten der inneren Kontrollschleife (zeitkritischer Bereich; etwa bei 100 ms) und die Latenzzeit der CORBA-Kommunikation (CORBA-Bereich) darstellen. Abbildung 4 zeigt das zeitliche Verhalten für den Fall eines Java-Controllers auf einer unbelasteten Maschine.

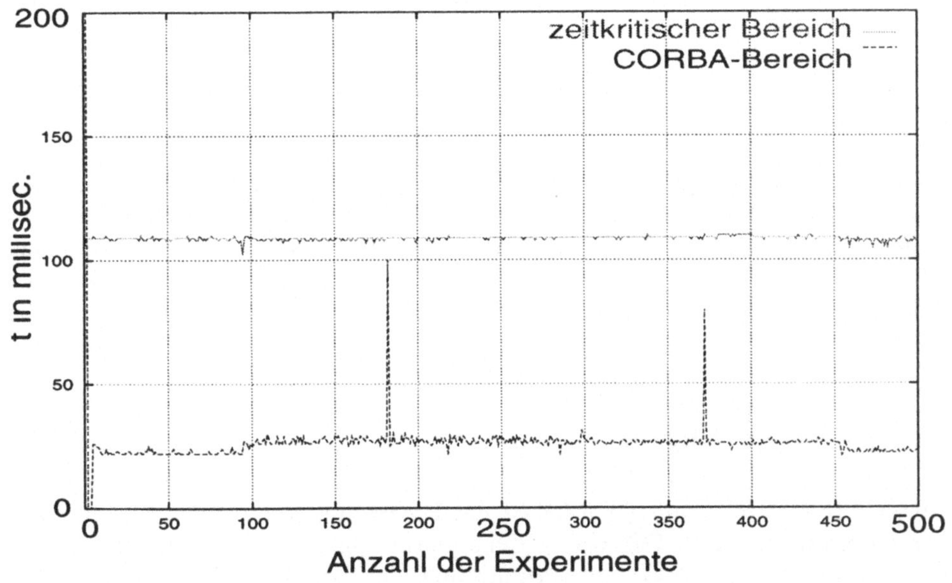

Abbildung4: keine Hintergrundlast

Abbildung 5 zeigt das gleiche Szenario, nur unter Benutzung des Lastgenerators, und Abbildung 6 zeigt die Auswirkungen einer höheren Prioritätsstufe bei gleicher Last.

Zu sehen ist, daß die Rundenzeiten der inneren Kontrollschleife vollkommen unabhängig von den externen Zeiten sind, die geforderten Bedingungen also eingehalten werden. Im Normalfall kommt es kaum zur Benutzung des Fallback-Algorithmus, eine hohe Last, die hohe Ausführungszeiten der Java-Algorithmen zur Folge hat, kann dies jedoch provozieren. Diesem Effekt kann man mit geeigneter Verwendung von Möglichkeiten des Betriebssystems entgegenwirken.

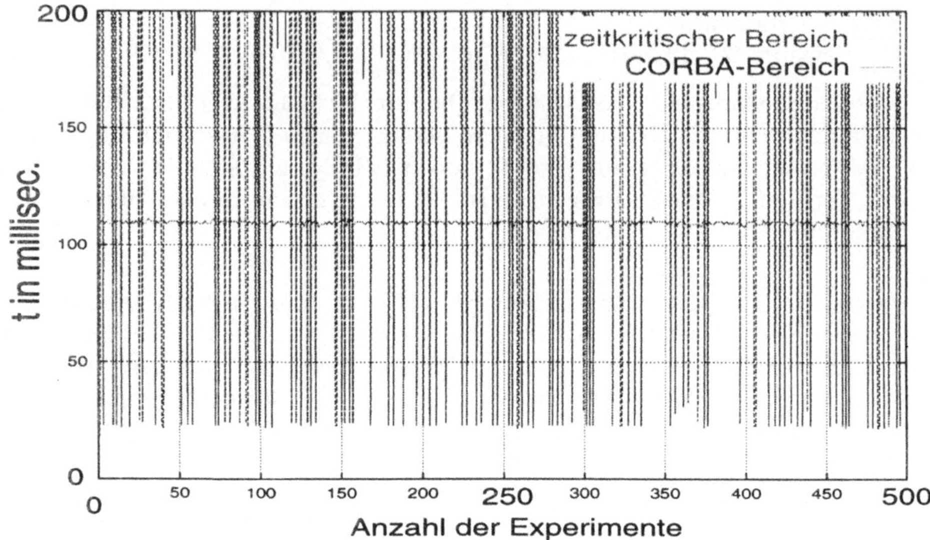

Abbildung5: Mit Hintergrundlast

Negative Auswirkungen auf die Bewegungen des Roboters gibt es in keinem der untersuchten Fälle. Selbst bei einer sehr hohen Rate der Anwendung des Fallback-Algorithmus erhält die Applikation ausreichend viele reguläre Steuerbefehle vom Java-Objekt, um dem Roboter eine Bewegung entsprechend seinen Aufgaben zu ermöglichen.

6   Schlußfolgerungen

In dieser Arbeit haben wir den Einsatz der Programmiersprache Java für Komponenten eines verteilten Echtzeitsystems untersucht. Unser Augenmerk richtet sich dabei auf Mechanismen zur Verknüpfung von Java mit existierenden Echtzeitsystemen. Wir gehen davon aus, daß für die in Java geschriebenen Komponenten nur schwache Echtzeitgarantien gegeben werden können und Techniken zur Kompensation verpaßter *deadlines* und verspätet eingehender Resultate benutzt werden müssen.

Der von uns entwickelte „Composite Objects"-Ansatz gewährleistet Interoperabilität zwischen Java-Komponenten und dem Echtzeitsystem bei gleichzeitiger zeitlicher Entkopplung beider Seiten. Verspätete Ausführung der Java-Komponenten beeinflußt damit das Verhalten des Echtzeitsystems kaum.

Die „Unstoppable Robots" stellen eine Fallstudie für ein verteiltes, fehlertolerantes Echtzeitsystem auf Basis des Betriebssystems Mach dar. Wir haben die Demo-Applikation um zwei Java-Komponenten, eine graphische Benutzerschnittstelle und einen Controller, erweitert. Die hier präsentierten Messungen

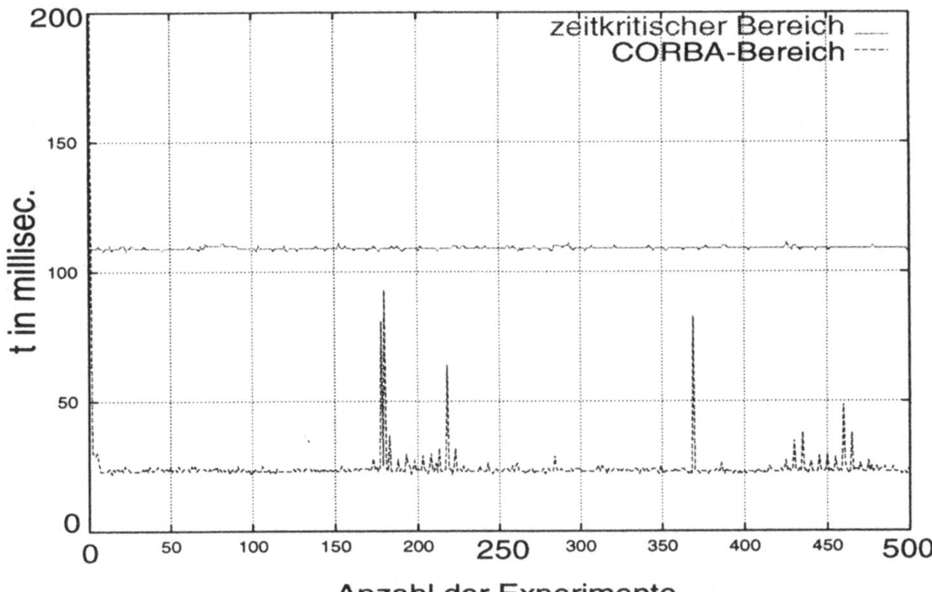

Abbildung6: Mit Hintergrundlast und höherer Priorität

belegen ein stabiles Verhalten des erweiterten Echtzeitsystems unter variierenden Lastsituationen.

Der Entwurf eines Echtzeitsystems stellt eine nicht-triviale ingenieurtechnische Leistung dar. Solche Systeme beruhen oftmals auf Heuristiken, ihre Erstellung ist langwierig und teuer und ihre Wartung schwierig. Ebenso wie in den hier präsentierten Fallstudien läßt sich unsere „Composite Objects"-Technik zur Erweiterung solcher legacy-Systeme um offene Schnittstellen einsetzen. Die Programmiersprache Java bietet sich aufgrund ihrer Charakteristika für solche Erweiterungen an.

Literatur

[1] J. Gosling, B. Joy, and G. Steele. *The Java Language Specification.* Addison Wesley, 1996.

[2] M. Werner and M. Malek. The Unstoppables - Responsiveness by Consensus. *HUB Informatik-Berichte*, (90):19, Dec 1996.

[3] A. Polze and L. Sha. Composite Objects: Real-Time Programming with CORBA. In *to appear in Proceedings of 24th Euromicro Conference, Network Computing Workshop*, 1998.

[4] OMG. *The Common Object Request Broker: Architecture and Specification.* Object Management Group, Inc., Framingham, MA, USA, 1995.

[5] R. M. Soley, editor. *Object Management Architecture Guide.* John Wiley & Sons, New York, third edition, 1995.

[6] A. Miyoshi and T. Kitayama. Implementation and Evaluation of Real-Time Java Threads. In *Proceedings of 18th Real-Time Systems Symposium*, 1997.

[7] Y. Ishikawa, H. Tokuda, and C. Mercer. An Object-Oriented Real-Time Programming Language. *IEEE Computer*, 25(10), 1992.

[8] N. Gehani and K. Ramamritham. Real-Time Concurrent C: A Language for Programming Dynamic Real-Time Systems. *Real-Time Systems Journal*, 3(4), 1991.

[9] K. B. Kenny and K.-J. Lin. Building Flexible Real-Time Systems Using the Flex Language. *IEEE Computer*, 24(5), 1991.

[10] K. Nilsen. Java for Real-Time. *Real-Time Systems Journal*, 11(2), 1996.

[11] J. McGoogan, editor. *Realtime CORBA - A White Paper - Issue 1.0*. OMG Realtime Platform SIG, 1996.

[12] D. C. Schmidt, A. Gokhale, T. H. Harrison, D. Levine, and C. Cleeland. *TAO: a High-performance Endsystem Architecture for Real-Time CORBA*. RFI response to the OMG Special Interest Group on Real-Time CORBA, 1997.

[13] D. C. Schmidt, A. Gokhale, T. H. Harrison, and G. Parulkar. A High-performance Endsystem Architecture for Real-Time CORBA. *IEEE Communications Magazine*, 14(2), 1997.

[14] B. Thuraisingham, P. Krupp, and V. Wolfe. Position Paper: On Real-Time Extensions to Object Request Brokers. In *Proceedings of Second Workshop on Object-Oriented Real-Time Dependable Systems (WORDS)*. IEEE Comp. Soc. Press, Februar 1996.

[15] V. F. Wolfe, J. K. Black, B. Thuraisingham, and P. Krupp. Real-Time Method Invocations in Distributed Environments. In *Proceedings of the International High Performance Computing Conference*, 1995.

[16] A. Polze, G. Fohler, and M. Werner. Predictable Network Computing. In *Proceedings of 17th International Conference on Distributed Computing Systems (ICDCS'97)*, pages 423–431, Baltimore, USA, 1997. IEEE Computer Society Press.

[17] J. Richling and A. Polze. Scheduling Server for Predictable Computing: an Experimental Evaluation. In *Proceedings of IEEE Workshop on Middleware for Distributed Real-Time Systems and Services, held in conjunction with Real-Time Systems Symposium*, pages 130–137, San Francisco, USA, Dec 1997.

[18] M. Malek, A. Polze, and M. Werner. A Framework for Responsive Parallel Computing in Network-based Systems. In *Proceedings of International Workshop on Advanced Parallel Processing Technologies*, Bejing, China, September 1995.

[19] K-Team SA. *Khepera User Manual, Version 4.06*. K-Team SA, Ch.du Vuasset, CP 111, 1028 Preverenges, Lausanne, Switzerland, 1995.

[20] Xerox Parc. Ilu. *ftp://ftp.parc.xerox.com/pub/ilu/ilu.html*, 1998.

[21] M. Laukien and U. Seimet. Omnibroker. *http://www.ooc.de/*, 1998.

Statistische Analyse von Java-Classfiles

Denis N. Antonioli and Markus Pilz

Institut für Informatik, Universität Zürich
{antonioli, pilz}@ifi.unizh.ch

„It is a capital mistake to theorize before one has data.“

C. Doyle, Scandal in Bohemia

Zusammenfassung Die breite Akzeptanz von Java als Netzwerkprogrammiersprache haben das Java-Classfile-Format zu der wohl am weitesten verbreiteten, portablen Zwischenrepräsentation für Programme gemacht. Dieser Beitrag fasst die wichtigsten Resultate zusammen, die bei der Analyse von 4016 unterschiedlichen Classfiles hinsichtlich Dateigrösse und Verwendung der Bytecode-Instruktionen gemacht wurden.

1 Einführung

Seit seiner Einführung Anfangs 1996 erfreut sich Java [3] einer enormen Popularität, die mindestens teilweise auf das Versprechen uneingeschränkter Programmportabilität zurückzuführen ist. Diese von Sun trefflich mit *write once, run everywhere* umschriebene Eigenschaft erreicht Java über (1) die Compilation der Programme für eine virtuelle Maschine, (2) eine standardisierte Klassenbibliothek und (3) über die Definition eines eigenen, plattformunabhängigen Distributionsformats — das sog. Classfile-Format. Classfiles sind gleichzeitig Objektcode-Dateien der Java Virtual Machine (z.B. für einen Bytecode-Interpreter) und interne Programmrepräsentationen (z.B. für einen JIT-Compiler). Ausserdem sollten sie möglichst klein sein, da sie während der Programmausführung über ein Netzwerk geladen werden können und ihre Grösse die Ladezeit wesentlich beeinflusst.

Dies alles macht Java zum grössten Experiment mit einer portablen Zwischenrepräsentation seit USCD-Pascal [8]. Zwei Jahre nach der Einführung des Classfile-Formats ist es an der Zeit, eine erste Auswertung dieses Experiments vorzunehmen. Solche Analysen sind nicht nur für Compilerbauer von Interesse, sondern helfen auch, die Java Virtual Machine besser zu verstehen.

Dieser Beitrag untersucht Eigenschaften des Java-Classfile-Formats und versucht, folgende Fragen zu beantworten:

1. Stimmt es, dass Java Programme in ein kompaktes und effizientes Zwischenformat übersetzt werden? Was sind typische Grössen von Classfiles?
2. Ein Classfile besteht aus einer Reihe von Tabellen (pools) variabler Grösse. Welchen Anteil haben die einzelnen Tabellen an der Gesamtgrösse eines Classfiles?

3. Die Java Virtual Machine definiert einen reichen Instruktionssatz mit über
200 verschiedenen Instruktionen. Werden diese alle genutzt und wie häufig?

Dieser Artikel ist folgendermassen aufgebaut: Abschnitt 2 erläutert die logische Struktur von Classfiles, Abschnitt 3 beschreibt die durchgeführten Untersuchungen, Abschnitt 4 diskutiert die drei wichtigsten Resultate ausführlich, und Abschnitt 5 fasst die gefundenen Eigenschaften zusammen.

2 Das Java-Classfile-Format

Java-Applikationen werden nicht wie in traditionellen Systemen üblich als monolithische Objektdateien (executables) verteilt, sondern als eine Menge von Classfiles. Dies erlaubt es unterschiedlichen Programmen, die gleichen Klassenbibliotheken zu benutzen, wodurch Sekundärspeicher gespart werden kann. Das Laufzeitsystem kann den Hauptspeicherbedarf senken, indem es das Laden einer Klasse hinausgezögert, bis diese das erste Mal gebraucht wird. Ein weiterer Vorteil ist die vereinfachte Wartung, da einzelne Klassen geändert werden können, ohne das die Programme neu gelinkt werden müssen.

Um Klassen zur Laufzeit dynamisch laden und linken zu können, braucht die virtuelle Maschine Typen- und Symbolinformationen. Diese werden durch den Compiler erzeugt und neben den Bytecode-Instruktionen im Classfile gespeichert. Im folgenden beschreiben wir die Struktur des Classfiles, so wie wir sie unseren Analysen zugrundegelegt haben. Für eine ausführliche Beschreibung des Classfile-Formats verweisen wir auf [5]. Ein Classfile besteht aus einem Header und vier Tabellen: Konstanten-, Klassen-, Variablen-, und Methodentabelle. Die Grösse des Header ist fest, die der Tabellen variabel.

Header. Der Header identifiziert eine Datei als Classfile. Er enthält die Kennzahl (magic number) `0xCAFEBABE` und die Versionsnummer des Classfile-Formats. Der Header ist immer 8 Byte gross.

Klassentabelle. Die Klassentabelle enthält Informationen zu der gespeicherten Klasse. Neben Informationen zur Vererbung und der unterstützten Interfaces, welche der `class...extends...implements` Deklaration im Quellcode entsprechen, enthält die Klassentabelle die Anzahl der Variablen, die Anzahl der Methoden, die Anzahl der Konstanten[1] und eine Attributetabelle. In der Attributetabelle können zusätzliche Informationen zur Klasse gespeichert werden.

Konstantentabelle. Die Konstantentabelle (constant pool) enthält die gesamte symbolische Information, insbesondere die numerischen Konstanten, die Zeichenketten und die Informationen, die zum Linken der Klasse benötigt werden. Die Tabelle enthält verschiedene Arten von `CONSTANT` Einträge unterschiedlicher Grösse. Es sind dies:

---

[1] Für unsere Analyse haben wir Felder, welche die Anzahl der Einträge in den Tabellen enthalten, der Klassentabelle zugerechnet, damit leere Tabellen auch mit Grösse 0 in der Statistik erscheinen

1. `Utf8` Einträge, welche Folgen von Unicode-Zeichen speichern. Die Zeichen sind in einem leicht modifizierten UTF-8 Format codiert [9].
2. `Integer`, `Long`, `Float` und `Double` Einträge, welche numerische Konstanten des entsprechenden Java-Basistyps aufnehmen.
3. `String` Einträge, welche `java.lang.String` Objekte repräsentieren. Die Einträge verweisen auf einen `Utf8` Eintrag, der die eigentliche Zeichenkette enthält.
4. `Class` Einträge, welche Klassen oder Interfaces repräsentieren. Die Einträge verweisen auf einen `Utf8` Eintrag, welcher den Klassennamen enthält.
5. `NameAndType` Einträge, welche den Namen und den Typ einer Variablen oder einer Methode beschreiben. Die Einträge verweisen jeweils auf zwei `Utf8` Einträge; der eine enthält den Namen, der andere codiert den Typ.
6. `Methodref`, `InterfaceMethodref` und `Fieldref` Einträge, welche Variablen und Methoden mit der Klasse verbinden, zu der sie gehören, indem sie auf einen `Class` und auf einen `NameAndType` Eintrag verweisen.

Variablentabelle. Die Einträge in der Variablentabelle (field pool) beschreiben die Klassen- und Instanzvariablen. Jeder Eintrag beschreibt eine Variable und enthält ihren Namen, ihren Typ, die Zugriffsberechtigungen (access flags) und eine Attributetabelle, welche mit jener in der Klassentabelle vergleichbar ist.

Methodentabelle. Die Methodentabelle (method pool) enthält die Methode zur Initialiserung der Klasse, alle Konstruktoren und alle regulären Methoden. Jeder Eintrag beschreibt eine Methode und enthält ihren Namen, ihren Typ, die Zugriffsberechtigungen und eine Attributetabelle. Die Bytecode-Instruktionen der Methode sind in einem Attribut mit Namen `Code` in der Attributetabelle gespeichert.

3 Die statistische Analyse

Für die Untersuchung haben wir ein Programm geschrieben, welches Classfiles liest und ihren Inhalt analysiert. Das Programm wurde unabhängig einmal in C++ und einmal in Java implementiert und zur Analyse der sechs in Tabelle 1 aufgelisteten Applikationen verwendet. Wir haben versucht, Applikationen und Klassenbibliotheken von verschiedenen Herstellern zu finden. Insgesamt wurden 4016 unterschiedliche Klassen analysiert.

4 Die Resultate

Wir diskutieren hier die drei wichtigsten Resultate und verweisen den interessierten Leser auf [1] für eine detailliertere Beschreibung aller durchgeführten Untersuchungen.

Tabelle1. Die untersuchten Programme

Programm	Hersteller	Version	Grösse [Klassen]
Java Developer's Kit (JDK)	JavaSoft	1.1.5	1622
Java Workshop (JWS)	Sun	2.0	1408
JavaCC	SunTest	0.7.1	134
Java Generic Library (JGL)	ObjectSpace	3.0	262
classViewer	ifi		51

4.1 Die Grösse von Classfiles

[2] zeigt, dass es auf modernen Rechnerarchitekturen möglich ist, schneller Maschinencode aus einer kompakten Zwischendarstellung zu erzeugen, als eine herkömmliche Objektdatei von der Festplatte zu laden. Die Zeit, die nötig ist, um ein Programm zu starten, wird wesentlichen durch die Grösse der Objektdatei bestimmt, da der Ladevorgang durch den Zugriff auf die Festplatte und nicht durch die Prozessorleistung dominiert wird (i/o bound). Wird die Datei wie im Falle von Java über ein langsames Netzwerk geladen, so wird die Grösse der Objektdatei zum dominierenden Faktor. Dieser Abschnitt untersucht die typische Grösse von Classfiles.

Die durchschnittliche Grösse $\bar{x}$ eines Classfiles haben wir mit 4'541 Byte gemessen. Dieser Wert ist aber das Resultat einiger weniger, sehr grosser Dateien, was auch die Standardabweichung σ von 13'017 Byte erklärt (Tab. 2). Der Median x_{Me} liegt unter 2000 Byte, was bedeutet, dass die Hälfte aller Classfiles sehr klein ist. Tatschlich sind 95% aller Classfiles als klein zu bezeichnen, und nur die restlichen, zum Teil sehr grossen Klassen heben das arithmetische Mittel und die Standardabweichung stark an.

Tabelle2. Dateigrösse [Byte]

$\bar{x}$	σ	Median	80%	90%	95%	97.5%	Max.
4'541	13'017	1'746	4'898	8'302	12'650	23'240	365'470

Abb. 1 stellt die Verteilung der Dateigrössen mit Hilfe einer Lorenzkurve grafisch dar. Die Lorenzkurve gibt den prozentualen Anteil der kumulierten, relativen Klassengrössen an der Programmgesamtgrösse nach anwachsender Umverteilung (increasing rearangement) an. Die zwei dargestellten Programme sind die Extrema in unserer Untersuchung. Die kleine Anzahl grosser Classfiles, welche in Tab. 2 bereits durch das überproportionale Wachstum der maximalen

Dateigrösse in der 95%, 97.5% und 100% Quantile sichtbar wurde, zeigt sich deutlich im scharfen Knick bei 95%. Die Steigung der Kurve verdeutlicht, um wie viel diese Dateien grösser sind: 50% aller Classfiles tragen nur gerade 20% zur Gesamtgrösse des Programms bei, während umgekehrt 50% der gesamten Programmgrösse nur durch 10% aller Klassen verursacht wird.

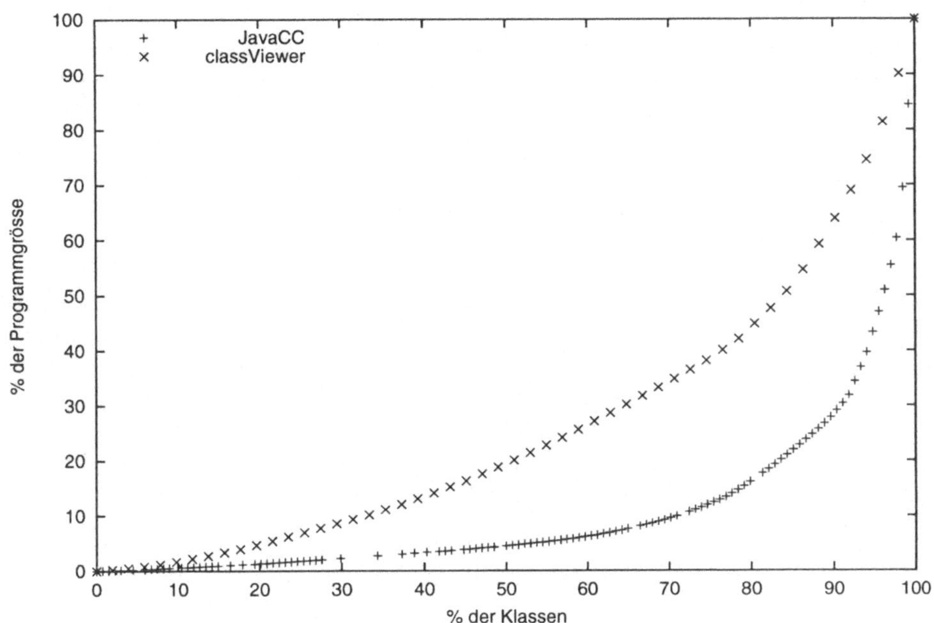

Abbildung1. Lorenzkurve der Dateigrössen

4.2 Der Inhalt der Konstantentabelle

Die Konstantentabelle enthält alle Konstanten, die in den Bytecode-Instruktionen verwendet werden, sowie die gesamte symbolische Information, die für das dynamische Linken und die Typenprüfung nötig ist. Die Konstantentabelle kann aus allen Teilen des Classfiles referenziert werden und kann weitere Einträge enthalten. Wir unterteilen die Einträge in drei Gruppen:

1. *Konstanten.* Diese Gruppe enthält alle Konstanten im engeren Sinne, die in Bytecode-Instruktionen verwendet werden. Es sind dies `Integer`, `Long`, `Float`, `Double` und `String` Einträge. Alle durch `String` Einträge referenzierten `Utf8` Einträge zählen ebenfalls zu dieser Gruppe.
2. *Typen- und Linkinformation.* Diese Gruppe enthält alle Einträge mit denen das Typsystem codiert wird und welche durch das Laufzeitsystem zum Laden, Linken und Verifizieren der Klasse benötigt werden. Es sind dies alle

`Class`, `NameAndType`, `Methodref`, `InterfaceMethodref` und `Fieldref` Einträge. Alle durch diese referenzierten `Utf8` Einträge zählen ebenfalls zu dieser Gruppe.

3. *Andere.* Die Konstantentabelle kann aus allen Teilen des Classfiles referenziert werden und Einträge enthalten, die weder den Konstanten noch den Typen- und Linkinformationen zugerechnet werden können. Diese Einträge bilden die Gruppe *Andere*.

Sun's `javac` Compiler minimiert die Grösse der Konstantentabelle, indem er gleiche Einträge (Konstanten) nur einmal schreibt und alle Referenzen entsprechend anpasst. Aus diesem Grund prüfen wir, dass `Utf8` Einträge nicht versehentlich doppelt gezählt werden. Falls eine Zeichenkette in unterschiedlichen Gruppen verwendet wird, zählen wir sie zur *Typen- und Linkinformation*. Obwohl ein Java-Compiler frei ist, eigene Attribute zu definieren, die beliebige `CONSTANT` Einträge referenzieren, haben wir die tatsächliche Verwendung der Einträge in der Konstantentabelle nicht überprüft. Von allen in [5] definierten Attributen ist das `Exceptions` Attribut das einzige, das nicht nur `Utf8` Einträge referenziert: das Attribut benutzt `Class` Einträge, um den Typ der Ausnahmebedingung zu spezifizieren, und diese Verwendung entspricht unserer Klassifikation.

Um die Bedeutung der einzelnen Gruppen zu bestimmen, haben wir alle Einträge in der Konstantentabelle klassifiziert und die Grösse aller in einer Gruppe enthalten Einträge zusammengezählt. Die absolute Grösse haben wir als prozentualen Anteil an der Gesamtgrösse der Konstantentabelle ausgedrückt.

Tabelle3. Anteil der Gruppen an der Konstantentabelle [%]

	$\bar{x}$	σ	Median	Min.	Max.
Konstanten	7.76	15.56	3.05	0.00	99.86
Typen- und Linkinformationen	60.48	19.45	64.80	0.07	96.48
Andere	31.76	19.03	28.19	0.07	97.73

Wie aus Tab. 3 ersichtlich, belegen die *Typen- und Linkinformationen* im Mittel 60% der Konstantentabelle. Obwohl die Standardabweichung mit 19% relativ gross ist, scheint das arithmetische Mittel aussagekräftig, wird es doch durch einen Median von 65% gestützt. Der hohe Wert für die Gruppe *Typen- und Linkinformation* verdeutlicht, wie wichtig in Java Informationen sind, die durch den Compiler ermittelt werden und die zur Laufzeit für die Bytecode-Verifikation und das dynamische Linken verfügbar sein müssen. Die Klassen mit einem geringen Anteil an *Typen- und Linkinformationen* referenzieren in den Bytecode-Instruktionen viele Konstanten und Basisdatentypen statt andere Klassen.

Konstanten belegen entweder einen sehr kleinen Teil der Konstantentabelle ($x_{Me} = 3\%$) oder beinahe die gesamte Tabelle. Der kleine Anteil lässt sich mit der geringen Grösse der Basisdatentypen (5 – 9 Byte) und der geringen Anzahl effektiv verwendeter Konstanten erklären, während sehr viele Konstanten typisch sind für Klassen, die zur Modellierung von Aufzählungstypen verwendet werden (enumeration). Solche Klassen kommen in den untersuchten Programmen unterschiedlich oft vor.

Die restlichen 32% werden von der Gruppe *Andere* belegt. Diese Einträge, welche Sekundärinformation wie Kommentare, Debug-Information usw. enthalten, sind nicht nötig, um die Klasse zu benutzen oder um die enthaltenen Bytecode-Instruktionen auszuführen.

4.3 Die Grösse von Bytecode-Instruktionen

Die Java Virtual Machine definiert einen Instruktionssatz, der 212 unterschiedliche Instruktionen enthält. Seine Grösse wird durch zwei Besonderheiten erklärt: einerseits existieren viele Instruktionen in mehreren Versionen, welche sich nur durch die Typen ihrer Operanden unterscheiden (z.B. `iadd`, `ladd`, `fadd` und `dadd`). Andererseits existieren spezielle Instruktionen, bei denen kleine Konstanten implizit und nicht über eine Referenz auf einen `CONSTANT` Eintrag spezifiziert werden (z.B. `iload_1`).

Tabelle4. Aufteilung der Instruktionen im Instruktionssatz nach ihrer Grösse

Grösse [Byte]	Anzahl Instruktionen	% des Instruktionssatzes
1	147	69%
2	14	7%
3	33	16%
4	12	6%
5	3	1%
6	1	3%
9 oder mehr	2	1%

Eine Instruktion der Java Virtual Machine besteht aus einem Opcode, der von Null oder mehr Byte gefolgt wird, welche die Operanden spezifizieren. Viele Instruktionen bestehen nur aus einem 1 Byte Opcode, da die Operanden implizit durch den Stack gegeben sind (Tab. 4). Der Opcode ist für 200 Instruktionen in einem Byte und für die restlichen 12 Instruktionen in zwei Byte codiert. Der Opcode spezifiziert die auszuführende Operation, die Anzahl Operanden und die Grösse der Instruktion; `lookupswitch` und `tableswitch` sind die einzigen Instruktionen mit unterschiedlicher Anzahl Operanden und variabler Grösse: sie sind mindestens 9 bzw. 13 Byte gross.

Tabelle5. Grösse der Instruktionen [Byte]

$\bar{x}$	σ	Median	Min.	Max.
1.96	2.39	2.00	1.00	822.00

Wir haben die Grösse der in den untersuchten Klassen gespeicherten Byte-code-Instruktionen gemessen. Tab. 5 zeigt, dass die durchschnittliche Grösse knapp unter 2 Byte liegt. Das sehr grosse Maximum von 822 Byte entspricht einer `tableswitch` Instruktion die aus einer einzigen `switch` Anweisung mit über 200 `case` Einträgen compiliert wurde.

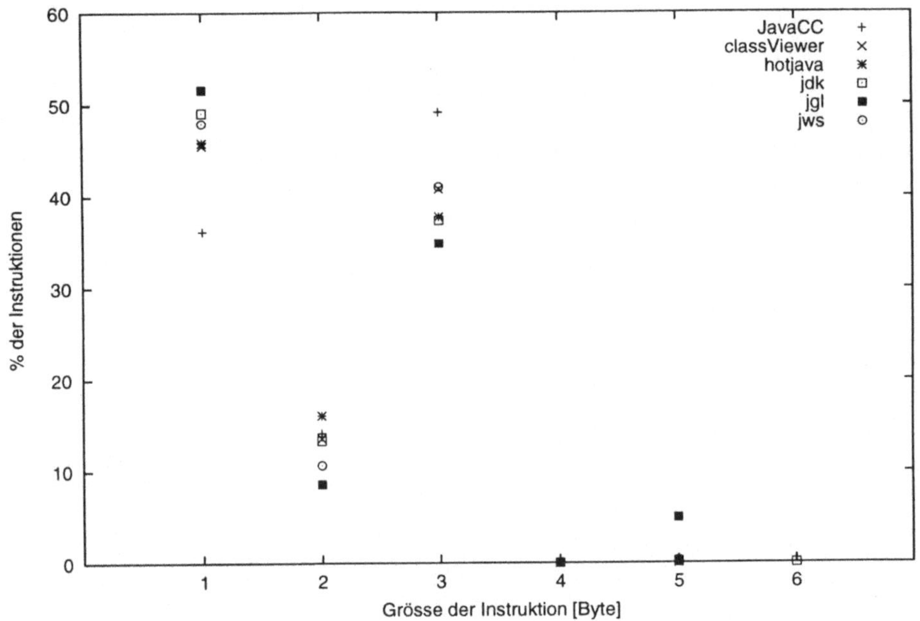

Abbildung2. Aufteilung der Instruktionen in den Programmen nach ihrer Grösse

Wir habe alle Instruktionen in den untersuchten Programmen nach ihrer Grösse klassifiziert, gezählt und ihren prozentualen Anteil am Total aller Instruktionen bestimmt. In Abb. 2 wird dies für alle Bytecode-Instruktionen mit fester Grösse graphisch dargestellt. Vergleichen wir diese Resultate mit den Werten aus Tab. 4, so fällt auf, dass 2 Byte und insbesonders 3 Byte Instruktionen übervertreten sind. Während nur 7% bzw. 16% aller Instruktionen des Instruktionssatzes 2 Byte bzw. 3 Byte lang sind, stellen diese beiden Gruppen 14% bzw. 40% aller Instruktionen in den untersuchten Programmen.

5 Zusammenfassung

Wir haben versucht, drei grundsätzliche Fragen zu beantworten: Was kann man über die Grösse von Classfiles sagen? Wie tragen die einzelnen Tabellen (pools) zur Gesamtgrösse bei? Wie werden die einzelnen Bytecode-Instruktionen von gängigen Compilern verwendet?

Dazu haben wir sechs Programme untersucht, die aus 4016 unterschiedlichen Klassen bestehen. Alle Klassen sind wahrscheinlich mit Sun's javac Compiler übersetzt worden; aber wir möchten in Zukunft auch den Einfluss unterschiedlicher Compiler auf die Grösse von Classfiles und die Verwendung der Bytecode-Instruktionen untersuchen. Alle sechs Programme sind das, was wir Java-Applikationen der ersten Generation nennen: grosse, monolithische Programme, welche auf einer Maschine fest installiert sind und ähnlich genutzt werden wie Programme, die in konventionellen Sprachen wie C oder C++ geschrieben sind. Eine zweite Generation von Java-Applikationen ist angekündigt [7], welche aus kleinen, versatilen Komponenten besteht, den sog. Java Beans [4]. Der Einfluss des Komponentenmodells auf die Grösse der Classfiles und der einzelnen Tabellen wurde noch nicht untersucht.

Die hier und weitere in [1] beschriebenen Analysen des Java-Classfile-Formats brachten folgende Tatsachen ans Licht:

1. Im allgemeinen sind Java-Classfiles klein: 50% aller Dateien sind kleiner als 2'000 Byte, 80% sind kleiner als 6'000 Byte, und 95% sind kleiner als 13'000 Byte. Gleichzeitig enthalten Programme aber auch einige sehr grosse Classfiles: Die grösste Klasse in unserer Testmenge war 365'470 Byte. Die Grösse der Classfiles ist ein wichtiger Wert, da das Laden der Klassen durch die Ein-/Ausgabe bestimmt wird und ihre Grösse die Startup-Zeit bestimmt.

2. Der grösste Teil eines Java-Classfiles ist die Konstantentabelle, welche im Mittel 61% der Datei belegt, und nicht die Methodentabelle, welche nur gerade 33% der Datei ausfüllt. Alle anderen Tabellen teilen sich die restlichen 5%.

3. Ungefähr 32% des Classfiles werden durch die Gruppe *Andere* belegt. Diese Sekundärdaten wie z.B. der Name der Quelldatei und die Zuordnungstabellen zwischen Bytecode-Offset und Zeilennummer können gelöscht werden, wodurch sich die Grösse der Datei (und damit die Ladezeit) um 1/3 verkleinert, ohne dass die Klasse etwas von ihrer eigentlichen Funktionalität einbüsst.

4. Die Bytecode-Instruktionen machen im Mittel nur gerade 12% eines Classfiles aus. Gemessen an einer Datei, aus der die Sekundärdaten gelöscht wurden, macht der Bytecode 18% aus.

5. Die Durchschnittsgrösse einer Bytecode-Instruktion liegt etwas unter 2 Byte, was in starkem Kontrast zum Namen Bytecode steht.

6. Eine typische Klasse verwendet nur gerade 25 unterschiedliche Bytecode-Instruktionen. Der höchste Wert in den untersuchten Klassen ist 113, während die Java Virtual Machine 212 unterschiedliche Instruktionen definiert.

7. Die Häufigkeit, mit welcher die einzelnen Instruktionen verwendet werden, schwankt sehr stark. Wir haben fünf Instruktionen gefunden, welche mindestens in zwei Programmen mehr als 5% aller Bytecode-Instruktionen ausmachen.

8. Das theoretische Minimum für die im Durchschnitt nötigen Bits zur Codierung aller in einer Klasse vorkommenden Instruktionen ist 4 Bit statt der tatsächlich verwendeten 8 bzw. 16 Bit.

Literatur

1. Antonioli, D. N., Pilz, M.: Analysis of the Java Class File Format. Technical Report 98.04, Department of Computer Science, University of Zürich (1998)
2. Franz, M., Kistler, T.: Slim Binaries. Technical Report, Department of Computer Science, University of California at Irvine (1996)
3. Gosling, J., Joy, B., Steele, G.: The Java Language Specification. Addison Wesley (1996)
4. Halfhill, T. R.: JavaBeans: Cross-Platform Components. Byte, 22(1), (Jan. 1997) 74
5. Lindholm, T., Yellin, F.: The Java Virtual Machine Specification. Addison Wesley (1996)
6. Linthicum, D. S.: Java Evolves. Byte, 23(1), (Jan. 1998) 60
7. Pountain, D.: The Component Enterprise. Byte, 22(5), (May 1997) 93–98
8. Shillington, K. A., Ackland, G. M.: UCSD Pascal Version 1.5. Institute for Information Systems, University of California, San Diego (1978)
9. The Unicode Consortium: The Unicode Standard, Version 2.0, Addison-Wesley (1996)

Statische Analyse von Bibliotheken als Grundlage dynamischer Optimierung

Michael Thies und Uwe Kastens
Universität-GH Paderborn, Fachbereich 17, Fürstenallee 11
D-33102 Paderborn, Germany
{mthies,uwe}@uni-paderborn.de

Inhaltsangabe   Dieser Beitrag schlägt einen neuartigen Ansatz zur optimierten Ausführung von Java-Bytecode vor, der die dynamische Optimierung eines Java-Programms durch statische Programmanalyse vorbereitet. Die Analyseinformation wird unabhängig von der Programmausführung bezogen auf alle Klassendateien einer Softwarebibliothek ermittelt und gespeichert. Zur Laufzeit unterstützt die an den Bibliotheksschnittstellen komponierte Information insbesondere Optimierungen, die zusätzlich dynamische Programmeigenschaften ausnutzen.

1 Einleitung

Einer der Hauptkritikpunkte an existierenden Java-Programmen ist die geringe Ausführungsgeschwindigkeit, verglichen mit äquivalenter Software, die in C++ geschrieben wurde. Soll nun die Ausführung durch Optimierungen beschleunigt werden, muß man den besonderen Spracheigenschaften von Java Rechnung tragen. Dazu gehört der Java-Bytecode als plattformunabhängige Programmrepräsentation und die Möglichkeit, Klassen erst dynamisch zur Laufzeit zu laden.

In diesem Beitrag möchte ich einen neuartigen Ansatz zur optimierten Ausführung von Java-Bytecode vorschlagen, der Optimierungen dynamisch zur Laufzeit eines Programms vornimmt, diese aber durch eine statische Programmanalyse vorbereitet. Die Analyse betrachtet jeweils eine komplette Softwarebibliothek als Einheit, und versiegelt diese gegen nachträgliche Veränderungen, um die Gültigkeit der gewonnenen globalen Information zu gewährleisten. Als Ausgangspunkt dienen die als Übersetzungsergebnis entstandenen Klassendateien, die mit den ebenfalls plattformunabhängigen Analyseergebnissen annotiert werden. Ein spezielles Laufzeitsystem setzt die Informationen beim Laden der Klassendateien zusammen, bereitet auf dieser Grundlage Programmbeobachtung vor und führt Optimierungen durch.

Da die Analyse vor der Laufzeit stattfindet und ihre Ergebnisse über mehrere Programmläufe hinweg gespeichert bleiben, können auch aufwendigere Probleme wie Typinferenz oder Aliasanalyse sinnvoll gelöst werden. Die Analyse verfolgt vier Ziele:
1. Bytecode statisch optimieren
2. überflüssige Laufzeittests erkennen, z.B. Indexüberprüfungen
3. aussichtsreiche dynamische Optimierungsstellen identifizieren
4. erforderliche Stellen für die Programmbeobachtung markieren

Gegenüber Ansätzen, die vollständig auf Programmbeobachtung basieren, liefert diese gemischte Form der Analyse stärkere Aussagen. Das Wissen über gemeinsame Eigenschaften aller Implementierungen einer Methode erlaubt beispielsweise Optimierungen auch an echt polymorphen Aufrufstellen.

Dadurch, daß die Untersuchung im Kontext einer Softwarebibliothek erfolgt, können die Ergebnisse zusammen mit der Bibliothek wiederverwendet werden. Bei einer Aktualisierung der Bibliothek genügt es, diese einmal neu zu analysieren, um alle darauf aufbauenden Programme zukünftig gemäß der neuen Implementierung dynamisch zu optimieren. Damit eignet sich diese Technik besonders in solchen Einsatzgebieten, wo nicht komplette Programme, sondern in Bibliotheken gekapselte Softwarekomponenten auf heterogenen Zielmaschinen wiederverwendet werden. Dies sind zugleich die Bereiche in denen statisch auf Programmebene optimierte und in Maschinencode übersetzte Sprachen, wie C++, vorteilhaft durch Java abgelöst werden könnten.

Im nächsten Abschnitt möchte ich auf den Stand der Technik bei der gegenüber einem einfachen Interpretierer optimierten Ausführung von Bytecode eingehen und die Grenzen der eingesetzten Methoden aufzeigen, sowie meinen Vorschlag von ähnlichen Ansätzen abgrenzen. Der dritte Teil stellt dann das Konzept der statischen Analyse vor der Programmausführung im Kontext einer einzelnen Klasse vor. Abschnitt vier motiviert die Ausweitung des Analysekontexts auf Bibliotheken. Schließlich gibt der fünfte Abschnitt eine Zusammenfassung und bietet einen Ausblick auf die praktische Umsetzung der vorgestellten Ideen.

2 Optimierte Ausführung von Java-Bytecode

Der plattformunabhängige Java-Bytecode ist auf der Zielmaschine normalerweise nicht direkt ausführbar, sondern muß von einer virtuellen Maschine (JVM) interpretiert oder in maschinenspezifischen Binärcode transformiert werden. Dieser Abschnitt stellt Konzepte von Java-Laufzeitumgebungen vor, die über einfache Interpretierer hinausgehen. Durch den Einsatz von JIT-Übersetzern (Just In Time-Übersetzer) erschließen sich hier mit der dynamischen und der optimistischen Optimierung auch spezielle Methoden zur Programmverbesserung. Ein Überblick einiger Ansätze zur Optimierung von Bytecode rundet das Bild ab.

2.1 Interpretierer und JIT-Übersetzer

Bei der effizienten Ausführung von Java-Bytecode auf einer konkreten Zielmaschine sind typische JVMs als Hybridsysteme realisiert, die einen klassischen Interpretierer mit einem JIT-Übersetzer kombinieren. Ein JIT-Übersetzer transformiert den Java-Bytecode einer Methode in eine äquivalente Folge von auf der Zielmaschine direkt ausführbaren Maschinenbefehlen, so daß bei mehrfacher Ausführung der Methode gegenüber einem Interpretierer das wiederholte Holen und Dekodieren der Bytecodebefehle entfällt. Allerdings benötigt die Umsetzung des Bytecodes in Maschinenbefehle zusätzlichen Laufzeitaufwand, der sich erst durch wiederholte Ausführung der übersetzten

Methode amortisiert. Grundsätzlich wird deshalb die Übersetzung feingranular auf der Ebene einer einzelnen Methodenimplementierung vorgenommen und sie erfolgt bedarfsgesteuert so spät wie möglich, nämlich erst unmittelbar vor dem Aufruf der betroffenen Methode.

Einfache Systeme verzichten lediglich auf die JIT-Übersetzung von Methoden, die nur einmal (bzw. selten) ausgeführt werden, z.B. die statischen Methoden zur Initialisierung einer gerade geladenen Klasse. Anspruchsvollere Strategien wägen den geschätzten Zeitaufwand für die Übersetzung gegen den bisher durch Interpretation entgangenen Laufzeitgewinn ab [14].

Die durch JIT-Übersetzung erreichten Geschwindigkeitszuwächse bleiben bei realen Programmen oft hinter den Erwartungen zurück. Gegenüber einem Interpretierer entfällt lediglich das mehrfache Holen und Dekodieren der Bytecodebefehle. Ansonsten folgt der generierte Maschinencode sehr eng der Struktur des Bytecodes, allenfalls einfache Optimierungen auf Basisblockebene sind wegen der Zeitrestriktionen möglich.

Bei einem Interpretierer tritt die für die Ausführung einer Instruktion benötigte Zeit in den Hintergrund, während ein JIT-Übersetzer starke Abweichungen zwischen den verschiedenen Gruppen von Bytecodeinstruktionen produziert. Arithmetische Operationen lassen sich sehr effizient in Maschineninstruktionen umsetzen, Befehle zur Manipulation des Operandenstapels entfallen durch eine Abbildung auf die Register der Zielmaschine mitunter sogar völlig, aber das Instanziieren von Objekten oder der Aufruf einer Methode werden kaum beschleunigt [12]. Daher übertreffen die bei den eher imperativ angelegten Benchmarks von JIT-Übersetzern erzielten Ergebnisse die in der Praxis zu beobachtenden Verbesserungen bei weitem.

2.2 Dynamische Optimierung

Eine Möglichkeit, die Effektivität von JIT-Übersetzern zu verbessern, liegt im Einsatz von Optimierungen, die das dynamische Programmverhalten ausnutzen, anstatt pessimistische Annahmen zu machen. Die Implementierung der prototypbasierten, dynamisch typisierten, objekt-orientierten Programmiersprache SELF basiert auf zweistufiger JIT-Übersetzung [9]. Zunächst transformiert ein einfacher JIT-Übersetzer auszuführenden SELF-Bytecode möglichst schnell in maschinenspezifischen Binärcode recht geringer Qualität. Für häufig benutzte Programmteile steht ein zweiter, optimierender JIT-Übersetzer zur Verfügung, der mehr Zeit für die Übersetzung benötigt, aber, speziell durch Inlining, schnelleren Maschinencode generiert. Auch hier muß zwischen investierter Übersetzungszeit und zukünftigen Laufzeiteinsparungen abgewogen werden.

Als überraschend wirkungsvoll stellte sich dabei die einfache Strategie heraus, die optimierte JIT-Übersetzung einer Methodenimplementierung zu verzögern bis eine gewisse Anzahl Aufrufe innerhalb einer kurzen Zeitspanne erfolgt. Wichtiger als die genaue Festlegung der Strategieparameter zeigte sich die Wahl der zu optimierenden Methodenimplementierung. Oft weist die von der Strategie identifizierte Methode nur einen kleinen Rumpf auf, dessen Optimierung keine nennenswerten Einsparungsmöglichkeiten bietet. Statt dessen wird einer der dynamischen Vorgänger dieser Methode optimiert und der zu kleine Rumpf direkt dort integriert [9].

Das SELF-System stützt seine Optimierungen fast ausschließlich auf dynamische Analyse des Programmverhaltens, denn der Benutzer verändert beim Programmieren fortgesetzt inkrementell das laufende System. Außerdem ist die Sprache SELF dynamisch typisiert, wobei jedes Objekt potentiell einen eigenen Typ besitzt, und führt kompromißlos selbst elementare Rechenoperationen und den Kontrollfluß auf den Aufruf von Methoden zurück. Daraus resultiert ein sehr einfach strukturierter Bytecode mit nur acht verschiedenen Befehlen.

Im Gegensatz zu SELF bietet Java eine strenge Trennung zwischen Übersetzungszeit und Ausführungszeit eines Programms, obwohl im übersetzten Programm die Reflexion über definierte Klassenelemente möglich ist. Dazu kommt eine statische Typisierung, die zusammen mit einigen Laufzeitüberprüfungen Typsicherheit garantieren soll [6]. Außerdem repräsentiert der deutlich komplexere Java-Bytecode den Kontrollfluß in Form von Sprungbefehlen und kodiert viele Elementaroperationen auf den in Java vordefinierten Grundtypen direkt. Angesichts dieser Unterschiede dürfte die Wirksamkeit einer statischen Programmanalyse bei Java wesentlich höher als bei SELF liegen und im Hinblick auf dynamische Optimierungen verwertbare Informationen liefern.

2.3 Optimistische Optimierung

In der von Sun angekündigten, aber noch nicht verfügbaren, JVM HotSpot sollen die im Rahmen des SELF-Projekts entwickelten Techniken möglichst direkt auf Java übertragen werden [1], trotz der Verschiedenartigkeit der beiden Sprachen. Neben einem verbesserten Verfahren zur Speicherbereinigung liegt der Schwerpunkt von HotSpot bei der dynamischen Optimierung der Programmstellen mit den höchsten Laufzeitanteilen, den *hot spots*.

Dabei findet die Programmanalyse vollständig zur Laufzeit statt und auch die so gewonnenen Ergebnisse leben nur bis zum Ende eines Programmlaufs, so daß die Ausführung jedesmal erst nach einer Aufwärmphase beschleunigt wird, die der Beobachtung des dynamischen Programmverhaltens dient. Bei den Transformationen zielt das System auf das Inlining von Methodenrümpfen und den sich daraus ergebenden Folgeoptimierungen.

Während klassische Optimierung zur Übersetzungszeit pessimistische (konservative) Annahmen über das zu optimierende Programm machen muß, kann HotSpot auch Transformationen durchführen, die auf optimistischen Annahmen basieren. Hat die Programmbeobachtung ergeben, daß bei der Ausführung einer Methode M sehr oft das Prädikat P erfüllt ist, wird Code für eine entsprechend spezialisierte Variante der Methode M erzeugt. Für die selteneren Fälle, in denen das Prädikat nicht gilt, generiert das System bei Bedarf eine zweite Variante von M. Beide Varianten unterliegen separat den dynamischen Optimierungsmechanismen, das heißt in der Regel wird nur eine von beiden so häufig ausgeführt, daß eine JIT-Übersetzung bzw. optimierte JIT-Übersetzung erfolgt. Typische Beispiele für zur Spezialisierung benutzte Prädikate sind Aussagen über den aktuellen Laufzeittyp eines Methodenparameters, was Inlining im spezialisierten Rumpf von M ermöglicht, oder die Annahme, daß bei der Ausführung von M keine Ausnahme (*Exception*) auftritt. Letztere Bedingung kann aber normalerweise nicht im

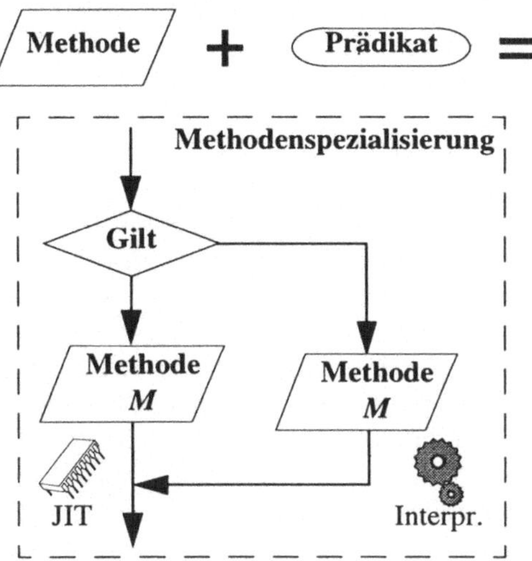

Abbildung 1: Prinzip der optimistischen Optimierung

voraus überprüft werden und erfordert daher Vorkehrungen zum Wiederaufsetzen der Methodenausführung, falls sich die Annahme als falsch erweist.

Methodenaufrufe, die dynamische Bindung ohne deutliche Bevorzugung einer bestimmten Methodenimplementierung ausnutzen, kann HotSpot nicht auf diese Weise optimieren. Damit entfallen auch die Folgeoptimierungen in der aufrufenden Methode, während der in diesem Beitrag vorgeschlagene Ansatz auch gemeinsame Eigenschaften aller Implementierungen einer Methode analysieren kann, z.B. das Fehlen von Seiteneffekten, und so Optimierungen über polymorphe Aufrufstellen hinweg ermöglicht. Außerdem könnte er durch statische Analyse bereits zu Beginn der Programmausführung bessere Entscheidungsgrundlagen für die in HotSpot implementierten Optimierungen verfügbar machen.

2.4 Verwandte Arbeiten

Eine Reihe von Ansätzen zur optimierten Ausführung von Java-Bytecode bzw. portablen Programmrepräsentationen finden sich in der Literatur. Clausen stellt in [5] einen klassischen Optimierer vor, der auf Bytecodes arbeitet, und Seiteneffekte von Methoden in verschiedenen Genauigkeitsstufen analysiert. Allerdings bezieht sich die Optimierung auf ein komplettes Anwendungsprogramm und jede Änderung oder Wiederverwendung von Klassen erfordert eine erneute Analyse. Natürlich sind nur solche Transformationen möglich, die sich auf Ebene des Bytecodes ausdrücken lassen. In ähnlicher Weise setzt auch Kennedy in [10] auf die statische Analyse vollständiger Programme und schließt das dynamische Laden von Klassen dadurch aus.

Cerniak und Li entwickelten zunächst einen Optimierer, der vor der Programmausführung Klassendateien für die Speicherhierarchie einer bestimmten Zielmaschine transformiert [3]. Später haben sie die Optimierungen in einen JIT-Übersetzer integriert [4]. Das Problem des zu hohen Zeitbedarfs für die notwendige Analyse lösen sie jedoch, indem sie die zu lösenden Analyseaufgaben vereinfachen, und so die erzielbare Codequalität potentiell verringern.

Die Idee, Java-Bytecode vor der Programmausführung um zusätzliche Informationen zu erweitern, stellen Azevedo, Hummel, Kolson und Nicolau in [2] vor, zielen dabei jedoch nur auf innerhalb eines Methodenrumpfes lokal ermittelbare Informationen, die Registerzuteilung und Instruktionsanordnung in einem JIT-Übersetzer unterstützen oder überflüssige Laufzeittests eliminieren. Eine Analyse und Optimierung größerer Kontexte findet nicht statt.

Schließlich unterstreicht Franz in [7] die Vorteile einer auf abstrakten Syntaxbäumen basierenden Programmrepräsentation, weil sie einige Programmanalysen gegenüber Java-Bytecode erleichtert. Darauf aufbauend skizziert Kistler in [11] die Möglichkeiten der modulübergreifenden dynamischen Optimierung. Genau wie im SELF-System soll die gesamte Analyse zur Laufzeit des Programms erfolgen, eine statische Untersuchung vorab ist auch für die komplexeren Analyseaufgaben nicht vorgesehen.

3 Trennung von Analyse und Optimierung

Führt eine JVM die für eine dynamische Optimierung notwendige Analyse ebenfalls zur Laufzeit des Programms durch, müssen die erzielten Einsparungen zunächst den Analyseaufwand kompensieren bevor sich eine positive Gesamtwirkung einstellt. Besonders diejenigen Untersuchungen, die zu keiner Codeverbesserung führen, beeinflussen die Bilanz negativ. Aufwendigere Analysen verbieten sich automatisch durch ihr ungünstiges Kosten/Nutzen-Verhältnis, da ihre Ergebnisse nur einen einzigen Programmlauf lang leben. Darüber hinaus erfordern die Entscheidungen über vom dynamischen Programmverhalten abhängige optimistische Optimierungen eine längere Beobachtung der in Frage kommenden Programmstellen. Sie führen zu einer Aufwärmphase des Systems in der das Programm spürbar langsamer abläuft. Diese Aufwärmphase zu verkürzen und generell den notwendigen Analyseaufwand zur Laufzeit zu verringern, sind wichtige Schritte zur Steigerung der Ablaufgeschwindigkeit von Java-Programmen.

3.1 Aufgaben der Analyse

Erreichen lassen sich die angesprochenen Ziele durch eine zusätzliche Analysephase, die im Anschluß an die Übersetzung, also vor der Laufzeit stattfindet, und ihre Ergebnisse in der Klassendatei abspeichert. Eine Aufgabe der Analysephase besteht darin, konkrete Anwendungsstellen für statische Optimierungen zu bestimmen, wobei der Bytecode entsprechend transformiert wird, sofern sich die Optimierung auf dieser Ebene ausdrücken läßt. Andernfalls erzeugt die Analysephase Zusatzinformationen in der Klassendatei, die dann von einer speziell erweiterten JVM bei der Interpretation oder JIT-Übersetzung des Bytecodes berücksichtigt werden. Liefert die statische Untersuchung beispielsweise die Information, daß bei einem bestimmten Reihungszugriff keine Indexüberprüfung erforderlich ist, annotiert sie diesen Zugriff entsprechend. Da kein Bytecodebefehl für Reihungszugriffe ohne Indexüberprüfung existiert, scheidet eine direkte Codetransformation aus.

Neben der eigenverantwortlichen Entscheidung über zulässige Programmverbesserungen sammelt die Analysephase auch Informationen, die die dynamische Optimierung vorbereiten. Da die Analyse in der momentan betrachteten Form auf jeweils eine Klasse beschränkt bleibt, müssen Transformationen, welche Aussagen über einen größeren Kontext benötigen, bis zum Laden und Binden der Klassen, also bis zur Laufzeit verschoben werden. Der JVM fällt dabei die Aufgabe zu, die in den Klassendateien gespeicherten lokalen Informationen beim Nachladen von Klassen zu komponieren. Dabei entstehen globale Aussagen, wie z.B. "alle Implementierungen der Methode `getSize()` hängen rein funktional vom Empfänger der Methode ab, und haben keine Seiteneffekte". Auf dieser Grundlage könnte dann schleifeninvarianter Code verschoben oder gemeinsame Teilausdrücke zusammengefaßt werden.

Weil die JVM zur Laufzeit eines Java-Programms bei Bedarf immer wieder Klassen nachladen muß, ändert sich unter Umständen auch die durch Komposition entstandene Information. Können dabei bestimmte Aussagen nicht mehr aufrecht erhalten werden, muß die JVM unter dieser Annahme transformierten Bytecode oder entsprechend JIT-übersetzten Binärcode invalidieren. Bezogen auf das obige Beispiel träte dieser Fall ein, wenn eine neu nachgeladene Unterklasse die Methode `getSize()` mit globalen Seiteneffekten neu implementiert. Während das Laden zusätzlicher Klassen die über das Gesamtprogramm vorliegenden Informationen höchstens abschwächt, kann die Spei-

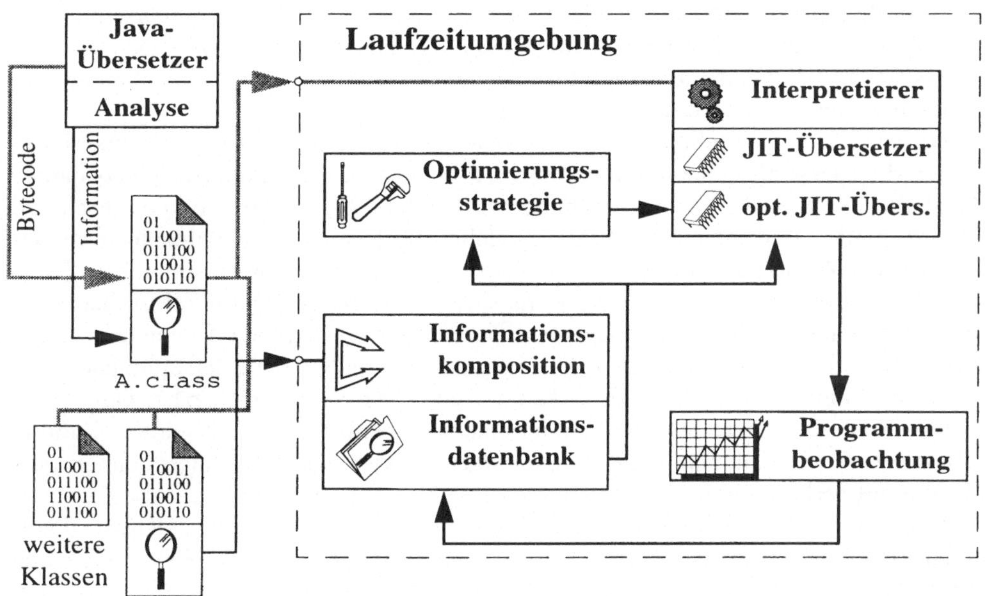

Abbildung 2: Laufzeitumgebung mit vorgeschalteter statischer Analyse

cherbereinigung nicht mehr benutzte Klassen entfernen, und so umgekehrt zu einer Verschärfung führen. Jedoch muß dieses Phänomen für eine korrekte Programmausführung nicht zwingend berücksichtigt werden und nur Spezialanwendungen entwikkeln eine entsprechend hohe Klassendynamik.

Auch bei der problematischen mit der Programmbeobachtung verbundenen Aufwärmphase kann eine vorgeschaltete statische Analyse helfen. Sie kann sowohl vielversprechende Programmstellen für eine solche Beobachtung auswählen, und damit den Gesamtaufwand für die Analyse zur Laufzeit reduzieren, als auch Hinweise für die bevorzugte JIT-Übersetzung bestimmter Methoden generieren, z.B. Methoden, die Schleifen mit statisch ermittelbarer hoher Durchlaufzahl enthalten. Bei der Reduzierung des Analyseaufwands wirken drei Effekte zusammen. Erstens kann eine als statische Analyse durchgeführte konkrete Typinferenz vor oder nach der Informationskomposition beim Laden von Klassen die gewünschten Ergebnisse ohne jede Programmbeobachtung liefern. Zweitens lassen sich potentielle Beobachtungsstellen ausschließen, weil dort echte, ausgewogene Polymorphie nachgewiesen werden kann. Drittens können die verbliebenen Programmstellen gemäß einer statischen Abschätzung der zu erwartenden Durchlaufhäufigkeit vorsortiert oder weiter eingeschränkt werden. Die ähnlich arbeitende Priorisierung von Methoden für die JIT-Übersetzung vermeidet den Nachteil vieler Übersetzungsstrategien, die nur häufig aufgerufene Methoden für signifikant halten, aber Methoden mit extrem hohem lokalen Laufzeitaufwand pro Aufruf benachteiligen.

3.2 Speicherung der Analyseresultate

Wie schon dargestellt schlagen sich die Ergebnisse der statischen Analyse nur zum Teil direkt in geändertem Bytecode nieder. Darüber hinaus muß der Bytecode bzw. die analysierte Klasse mit denjenigen Informationen annotiert werden, die erst die JVM zur Laufzeit weiterverarbeiten und auswerten kann.

Zur Speicherung beliebiger Zusatzinformationen über einzelne Elemente einer Klasse oder die Klasse als Ganzes unterstützt das Format von Java-Klassendateien benannte Attribute [13]. Eine Reihe von Attributen wird in der JVM Spezifikation definiert und dokumentiert, z.B. das Attribut 'Code', welches den Bytecode einer einzelnen Methode speichert. Zusätzlich auftretende Attribute mit unbekanntem Inhalt sind für auf Klassendateien operierende Anwendungen transparent, sofern sie nicht durch Änderungen an der Datei den Inhalt des Attributs invalidieren. Eine existierende Anwendung dieses Konzepts stellt die Speicherung von Debuginformationen in den beiden optionalen Methodenattributen 'LocalVariableTable' und 'LineNumberTable' dar.

Eine Reihe von Vorteilen sprechen für eine Speicherung der Analyseinformation in einem neuen, zusätzlichen Attribut. Die angereicherten Klassendateien können problemlos auf herkömmlichen virtuellen Maschinen ausgeführt werden, die die Zusatzinformationen nicht unterstützen. Ebenso bleibt es möglich, herkömmliche Klassendateien und solche mit abgespeicherten Analyseergebnissen zu mischen. Weiter entstehen bei der Neuübersetzung eines Java-Quellprogramms automatisch neue Klassendateien, denen dieses Attribut fehlt, so daß keine veralteten Resultate in der Datei verbleiben können.

Es gilt noch festzulegen, in welcher Form die Analyseinformation in einem dafür vorgesehenen Attribut innerhalb der Klassendatei gespeichert werden soll. Zwei Ziele beeinflussen diese Entwurfsentscheidung. Zum einen ist die Information möglichst kompakt zu speichern, damit sich die Übertragungszeiten für die angereicherten Klassendateien in Netzwerken nicht spürbar erhöhen. Zum anderen soll die JVM die gespeicherte Information zur Laufzeit schnell komponieren und effektiv einsetzen können.

Eine Möglichkeit gleichzeitig die zu speichernde Informationsmenge zu reduzieren und die Effektivität der gespeicherten Aussagen zu vergrößern besteht darin, präzise Informationen nur über vielversprechende Sachverhalte zu speichern. Beispielsweise könnten die Ergebnisse einer statischen, pessimistischen Aliasanalyse nur für Variablen mit bis zu drei potentiellen Aliasen gespeichert werden. Dies beschränkt die maximal je Variable zu speichernde Information und vermeidet gleichzeitig aufwendige Untersuchungen zur Laufzeit aus denen höchstwahrscheinlich sowieso keine Optimierungsmöglichkeiten resultieren. Analog könnte man bei der Untersuchung von Methoden auf Seiteneffekte auf die Behandlung von Rümpfen mit sehr vielen Abhängigkeiten von anderen Klassen verzichten und direkt ein negatives Ergebnis eintragen.

Da die Abspeicherung der Analyseergebnisse die Klassendateien vergrößert, lohnt sich ein Vergleich mit einer gelegentlich vorgeschlagenen Alternative: der Abspeicherung des vom JIT-Übersetzer erzeugten Codes in der Klassendatei. Diese Variante erscheint jedoch wenig attraktiv. In heterogenen Rechnerumgebungen profitiert entweder nur eine Plattform vom vorgehaltenen Binärcode oder mehrere Ausprägungen des JIT-Codes vergrößern die Klassendateien über alle Maßen. Dagegen ist die Analyseinformation auf jeder Plattform nutzbar und belegt weniger Platz als der Binärcode für auch nur eine einzige RISC-Plattform. Hinzu kommt, daß sich einfacher Maschinencode auf modernen Rechnern etwa so schnell im Speicher erzeugen wie von Datenträgern laden läßt [7]. Daß geladener Binärcode zusätzlich noch reloziert und gebunden werden muß, verschärft das Problem weiter. Bei den Resultaten der Analyse liegt der Aufwand für eine Neuberechnung deutlich höher, so daß eine permanente Speicherung über mehrere Programmläufe hinweg lohnt. Außerdem sind die Informationen langfristig wertvoller als vorberechneter JIT-Code, weil sie vom dynamischen Programmverhalten abhängige Optimierungen vorbereiten und unterstützen, während wiederverwendbarer Maschinencode nur auf pessimistischen Annahmen basieren kann. Der hier vorgestellte Ansatz, die Ergebnisse einer statischen Programmanalyse abzuspeichern harmoniert also deutlich besser mit der Plattformunabhängigkeit von Java-Bytecode und der Flexibilität der Java-Laufzeitumgebung.

3.3 Realisierung der Analysephase

Die Analyse soll in einer separaten, der Übersetzung nachgeschalteten Phase auf Bytecode arbeiten und die Klassendateien mit der gewonnenen Information anreichern. Gegenüber einer Integration in den Java-Übersetzer bietet die getrennte Analysephase mehrere Vorteile. Die Analysesoftware bleibt unabhängig vom verwendeten Java-Übersetzer und arbeitet auch mit Übersetzern für andere Programmiersprachen zusammen, die ebenfalls Java-Bytecode generieren. Einige Weiterentwicklungen der Quellsprache Java, wie die Einführung der inneren Klassen in Java 1.1, blieben auf der Ebene der Klassendateien (fast) ohne Auswirkungen und entkoppeln so die Analyse ein wenig von der rasanten Entwicklung.

Kommerzielle Java-Programme und -Bibliotheken, die nicht als Quellcode, sondern nur als Klassendateien (evtl. in Java-Archivdateien verpackt) vorliegen, können ebenfalls analysiert und damit für eine Optimierung vorbereitet werden. Schließlich versetzt diese Lösung den Benutzer in die Lage, die Analyseinformation für zweifelhafte Klassendateien neu berechnen zu lassen, denn gefälschte Aussagen, etwa über die Unbedenklichkeit eines ungeprüften Reihungszugriffs, stellen eine Sicherheitslücke dar. Alternativ oder zusätzlich könnten digitale Unterschriften die Korrektheit der Analyseergebnisse garantieren. Da die semantische Lücke zwischen einem Java-Quelltext und der resultierenden Klassendatei recht klein ist, und fehlende Informationen problemlos durch einfache Analysetechniken gewonnen werden können, empfiehlt sich die in Abbildung 3 dargestellte, vom Übersetzer unabhängige Analysephase.

4 Versiegeln von Bibliotheken

Die bisher vorgestellte Analyse betrachtet jeweils nur isoliert eine einzelne Klasse und gelangt erst durch die beim Binden der Klassen erfolgende Informationskomposition zu Aussagen über größere Programmeinheiten. Natürlich wäre eine klassenübergreifende statische Analyse wünschenswert, da sie aus dem größeren Kontext genauere Informationen direkt gewinnen kann und somit zusätzliche potentielle Anwendungsstellen für Optimierungen aufdeckt. Dadurch würde der Analyse auch ein echter Vorteil gegenüber dem Java-Übersetzer verschafft, der auf eine einzelne Klasse bzw. eine Klasse mit den eingeschachtelten inneren Klassen beschränkt bleibt. Weil die Komposition der Analyseergebnisse zusammen mit dem ohnehin schon aufwendigen Laden und Binden der Klassen zur Laufzeit erfolgt, ist eine Vorauswahl vielversprechender Informationen erforderlich. Vergrößert man den Analysekontext verlagert sich ein Teil der Komposition in die vorgeschaltete Analysephase, das heißt der erforderliche Auf-

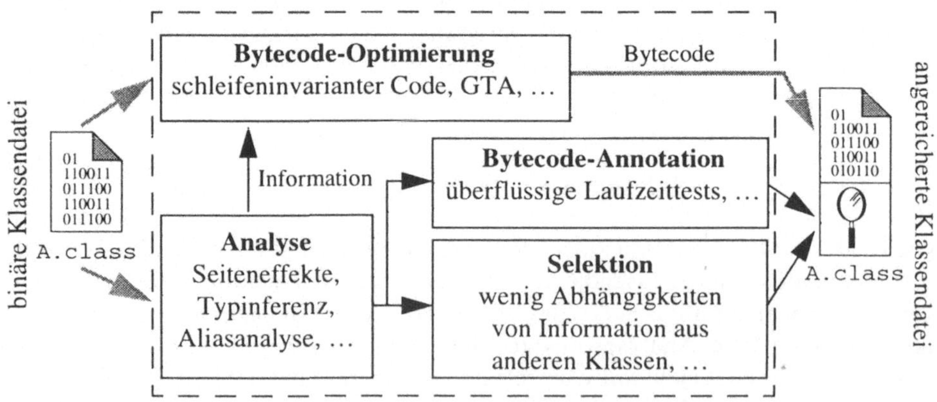

Abbildung 3: Realisierung der Analyse als separate Phase

wand zur Laufzeit wird reduziert und gleichzeitig die Qualität der Information verbessert, weil keine zwischengeschaltete Selektion potentiell verwertbare Ergebnisse verwirft.

4.1 Probleme der klassenübergeifenden Analyse

Als nicht praktikabel erweist sich der direkte Ansatz, aus der Analyse mehrerer Klassen gewonnene Ergebnisse an den relevanten Stellen innerhalb der einzelnen Klassendateien zu speichern. Es ist in Java ausdrücklich erlaubt, eine Klassendatei zwischen Übersetzung und Ausführung oder zwischen zwei Ausführungen eines Programms durch eine andere, binärkompatible Klassendatei zu ersetzen. Zwar gibt [8] keine konsistente formale Definition für Binärkompatibilität, meint damit aber offensichtlich für Nicht-Schnittstellenklassen eine aufwärtskompatible Erweiterung (oder Beibehaltung) der sichtbaren Klassenelemente. Diese Flexibilität führt dazu, daß eine JVM viele Überprüfungen wiederholen muß, die bereits der Java-Übersetzer vorgenommen hat, weil die zur Laufzeit benutzte Implementierung einer Klasse von der zur Übersetzungszeit herangezogenen Version verschieden sein kann.

Analog können natürlich einzelne Klassen zwischen der statischen Analyse und der Ausführung des Programms ausgetauscht werden, so daß veraltete, unzutreffende Informationen die dynamische Optimierung steuern. Das Beispiel in Abbildung 4 demonstriert dieses Phänomen anhand einer Analyse, die rein funktionale Methodenimplementierungen ohne Seiteneffekte als Vorbereitung für eine Optimierung gemeinsamer Teilausdrücke markiert. Obwohl der Austausch der Klasse B die in der Klasse A gespeicherte Analyseinformation eigentlich invalidiert hat, erfolgt die entsprechende Optimierung und bewirkt hier eine sichtbare Veränderung im Programmverhalten.

Eine ähnliche Problematik nimmt die Sprachdefinition für Java [8] zwar bei den Werten von Ganzzahlkonstanten (`static final int`) in Kauf, deren Werte direkt in die benutzenden Klassen propagiert werden dürfen, ohne daß bei Neufestlegung der Werte eine Aktualisierung gewährleistet ist, jedoch würde eine solche Nachlässigkeit bezogen auf die Analyseinformationen zu mannigfaltigen, subtilen Fehlerquellen und massiven Abweichungen vom Sprachstandard führen. Eine unkontrollierte globale Analyse mit verteilter Speicherung der so gewonnenen Ergebnisse scheidet daher aus.

4.2 Wahl des Analysekontexts

Es gilt also, einen möglichst großen Analysekontext zu finden, in dem der Verzicht auf die freie Austauschbarkeit von Klassenimplementierungen keine problematische Einschränkung darstellt, und der zugleich einen gewissen Schutz gegen unbeabsichtigte Eingriffe dieser Art bietet.

Eine einzelne Klasse bildet den kleinsten sinnvollen Rahmen für eine Analyse und erhält prinzipbedingt jede Klassendatei als unabhängige, in sich abgeschlossene Einheit. Allerdings ist dieser Kontext für eine effektive Analyse zu klein, sogar kleiner als der einem Java-Übersetzer verfügbare Programmausschnitt. Bei der Übersetzung bilden alle in einer Quelltextdatei definierten Klassen eine geschlossene Einheit. Da die

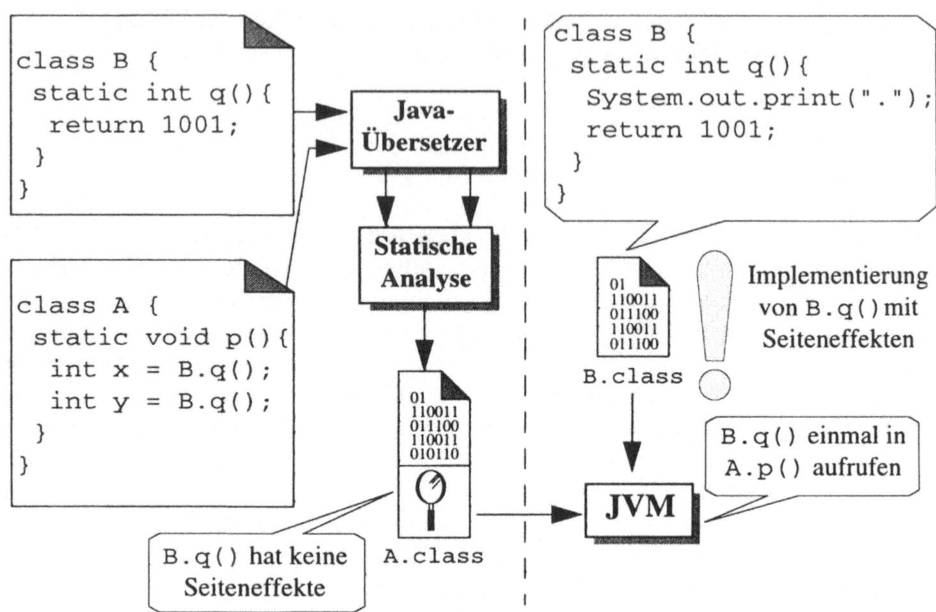

Abbildung 4: Austausch von Klassendateien zwischen Analyse und Ausführung

Klassendefinitionen innerhalb gewisser Grenzen jedoch vom Programmierer frei zu Quelltextdateien gruppiert werden können, bleibt eine Klasse nur mit den in ihr enthaltenen inneren Klassen garantiert zusammen.

Die gemeinsame Analyse aller lexikalisch geschachtelten Klassen eignet sich jedoch nicht, für ein System, welches sprach- und übersetzerunabhängig auf binären Klassendateien arbeitet, da das Konzept bereits auf dieser Ebene nur noch simuliert wird. Der Java-Übersetzer entschachtelt nämlich die inneren Klassen und benennt sie konsistent um (bzw. generiert Namen für anonyme Klassen). Vom Übersetzer erzeugte Zugriffsmethoden überbrücken Unterschiede in den Sichtbarkeitsregeln, die aus der Transformation in gleichberechtigt nebeneinanderliegende Klassen resultieren, z.B. für den Zugriff auf private Instanzvariablen der ehemals umgebenden Klasse aus einer inneren Klasse heraus.

Die nächstgrößere Struktur, die die Sprache Java unterstützt, ist das Paket (*Package*), das zugleich als Namensraum und als mögliche Sichtbarkeitsgrenze für deklarierte Programmobjekte fungiert. Auch wenn die Bildung qualifizierter Paketnamen gegenteiliges suggeriert, bilden Pakete in Java keine Hierarchie, sondern existieren allesamt gleichberechtigt nebeneinander. Berücksichtigt die Analyse eines Pakets restlos alle darin enthaltenen Klassen in genau den zur Laufzeit zu verwendenden Implementierungen, kann sie starke Aussagen über alle Klassen oder Klassenelemente mit Standardsichtbarkeit (kein Sichtbarkeitsmodifikator in der Deklaration) oder dazu äquivalenten Konstrukten (bei Klassen z.B. `protected final`) treffen. So kann die Analyse beispielsweise alle Verwendungsstellen einer entsprechend in der Sichtbarkeit eingeschränkten Klassenvariable ermitteln oder gemeinsame Eigenschaften aller Implementierungen einer nur im Paket sichtbaren Methode bestimmen. Wichtig für solche Allaussagen ist die garantierte Vollständigkeit der analysierten Klassen. Ob eine im Paket enthaltene Klasse A dagegen von einer anderen Klasse B statisch referenziert wird, das heißt im Quelltext der Implementierung von B tritt A als Typbezeichner auf, oder ob A dynamisch geladen wird, zum Beispiel durch einen Aufruf der Form `Class.forName("A")`, spielt für die Analyse nur eine untergeordnete Rolle. Lediglich am Programmentwurf orientierte Analyseprobleme, wie das Erkennen nicht benutzter (toter) Klassen, lassen sich in Gegenwart dynamisch geladener Klassen nicht mehr entscheiden.

Um die Korrektheit der für das gesamte Paket gewonnenen Analyseinformationen zu garantieren, muß das Paket im Rahmen der Analyse versiegelt werden. Nach Abschluß der Analyse dürfen also keine Veränderungen mehr am Paket erfolgen, insbesondere ist es unzulässig, zusätzliche Klassen in das Paket aufzunehmen oder Klassenimplementierungen auszutauschen. Viele typische Analyseresultate behalten zwar ihre Gültigkeit, wenn Klassen aus dem Paket entfernt werden, jedoch spricht die dann erforderliche Ausfilterung von Informationen über nicht mehr existierende Programmobjekte gegen eine Sonderbehandlung dieser speziellen Paketänderung. Als Konsequenz muß also vor jeder Veränderung an einem versiegelten Paket das Siegel unter Verlust der über das Paket gewonnenen Analyseinformationen erbrochen werden. Anschließend ist eine erneute Analyse des geänderten Pakets verbunden mit dem Anbringen eines neuen Siegels möglich.

Wegen seiner Funktion als Namensraum bildet ein Paket eine praktikable Einheit für diese Vorgehensweise. In sich abgeschlossene Softwarekomponenten werden in einem Paket verborgen, so daß nur die Anwenderschnittstelle außerhalb des Pakets sichtbar ist. Um Konflikte mit zukünftigen Versionen der Komponente zu vermeiden, dürfen Anwender weder Änderungen noch Ergänzungen innerhalb des Pakets vornehmen. Damit unterliegen separat erstellte und speziell zugekaufte Softwarekomponenten ohnehin bereits Einschränkungen wie sie die Analyse auf Paketebene und die dazu benötigte Versiegelung des Pakets mit sich bringt. Zusammen mit jeder Wiederverwendung der Komponente geht dann auch eine Wiederverwendung der Analyseinformation einher; die Einbettung in das umgebende Programm erledigt die an der Paketschnittstelle stattfindende Informationskomposition zur Laufzeit.

Den größtmöglichen für die Programmanalyse verfügbaren Kontext stellt das gesamte Programm dar, was aber wohl nur in Ausnahmefällen sinnvoll eingesetzt werden kann. Vorteilhaft ist die vollständige Information über alle Programmobjekte beliebiger Sichtbarkeitsstufe, nachteilig die zwangsweise damit verbundene Versiegelung des kompletten Programms einschließlich der benutzten Teile der Standardbibliothek. Dies macht eine Wiederverwendung der Analyseergebnisse unmöglich und verschlechtert das Verhältnis zwischen statischem Analyseaufwand und daraus resultierenden Laufzeiteinsparungen. Für Programme, die zur Laufzeit dynamisch um Plugin-Module oder Java Beans erweiterbar bleiben sollen, sind außerdem noch spezielle Vorkehrungen bei der Analyse zu treffen, da dann eine vollständige statische Untersuchung unmöglich wird. Rechtfertigt ein bestimmtes Anwendungsprogramm durch seine zu erwartende Ausführungshäufigkeit einen so hohen Analyseaufwand, sollte man über die Alternati-

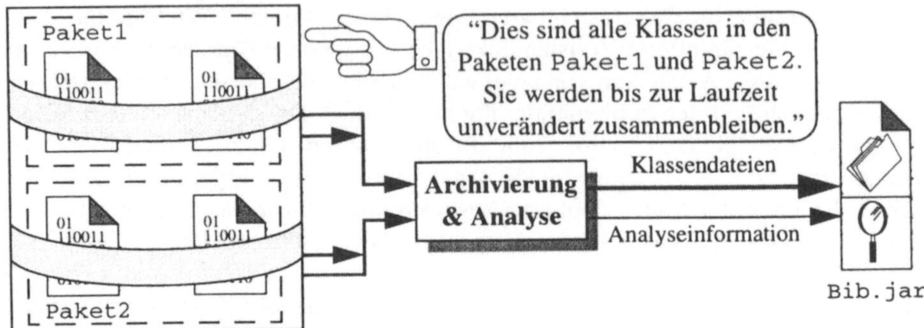

Abbildung 5: Analyse und Versiegelung einer Bibliothek

ve der statischen Vorübersetzung des Programms für eine bestimmte Zielmaschine nachdenken [15].

4.3 Bibliotheken als ideale Granularitätsebene

Nach den obigen Betrachtungen empfiehlt sich eine Analyse, die alle Klassen eines Pakets einbezieht als Kompromiß zwischen einem möglichst großen Analysekontext einerseits und dem daraus resultierenden Verzicht auf die freie Austauschbarkeit von Klassenimplementierungen andererseits. Die Annahme, daß jedes Paket isoliert von allen anderen Paketen eine unabhängige Softwarekomponente kapselt, erweist sich in der Praxis als zu streng. Bibliotheken, die Gruppen von relativ eng miteinander verbundenen Komponenten bereitstellen bilden die typische Einheit der Kapselung und Wiederverwendung. Auf die Sprache Java bezogen heißt das, eine Bibliothek besteht aus einer Menge von Paketen, wobei jedes Paket eventuell mehrere einander sehr ähnliche Komponenten realisiert, und verschiedene Pakete die nur lose gekoppelten Funktionsbereiche der Bibliothek voneinander trennen. Die Regeln für die freie Bildung hierarchisch qualifizierter Paketnamen basierend auf den für das Internet registrierten Domainnamen legt die Verwendung von Paketen sowohl zur internen Strukturierung von Bibliotheken als auch zur Abgrenzung von anderen Bibliotheken und vom benutzenden Anwendungsprogramm nahe.

Demzufolge sollte die statische Programmanalyse jeweils auf kompletten Bibliotheken, also Mengen von Paketen arbeiten und auch das Versiegeln gegen nachträgliche Veränderungen der analysierten Klassen bzw. Hinzufügen oder Entfernen von Klassen erfolgt mit dieser Granularität. Vorteile gegenüber der Analyse einzelner Pakete liegen in präziseren Informationen bei verringertem Kompositionsaufwand, wenn sich die in einer Bibliothek enthaltenen Pakete explizit gegenseitig benutzen. Daß eine bestimmte Bibliothek in der Regel von vielen Programmen gemeinsam genutzt wird, sichert eine häufige Wiederverwendung der bei der Bibliotheksanalyse gewonnenen Information und verbessert das Verhältnis zwischen Analyseaufwand und den daraus resultierenden Laufzeiteinsparungen entscheidend. Gleichzeitig unterstützt es die inkrementelle Weiterentwicklung von Software durch Austausch von kompletten Bibliotheken gegen neuere, aufwärtskompatible Versionen.

Das wohl deutlichste Beispiel für die Effektivität dieses Ansatzes bildet die Java-Standardbibliothek. Nachdem sie einmal analysiert wurde, profitiert jedes Java-Programm von den dynamischen Optimierungen, die interne Eigenschaften der verwendeten Bibliotheksimplementierung und die Art der Bibliotheksbenutzung durch das jeweilige Programm ausnutzen. Erscheint eine weiterentwickelte Version der Standardbibliothek, genügt ausschließlich eine erneute Analyse der Bibliothek, um alle Programme nicht nur weiterhin korrekt ablaufen zu lassen, sondern auch dynamisch auf die neue Bibliotheksimplementierung hin zu optimieren. Informationskomposition findet nur noch an den Schnittstellen zwischen aufeinander aufbauenden Bibliotheken und zum Anwendungsprogramm hin statt, so daß sich die Zahl der zu komponierenden Ebenen gegenüber der Länge einer Methodenaufrufkette reduziert. Zusätzlich unterliegt der Bibliothekscode, mit seinem oft beträchtlichen Anteil an der Gesamtlaufzeit eines Programms, vollständig der direkten statischen Analyse ohne zwischengeschaltete Informationsselektion, die sonst den Kompositionsaufwand verringern hilft.

Technisch realisierbar ist eine solche Bibliotheksanalyse auch auf Basis der Klassendateien, weil diese vollständige Angaben zur Paketzugehörigkeit von Klassen und zur Sichtbarkeit von Programmobjekten enthalten. Die Sichtbarkeitsattribute in Klassendateien orientieren sich direkt an den entsprechenden Modifikatoren der Sprache Java. Bezüge auf Klassen oder Klassenelemente enthalten die Klassendateien immer in einer normalisierten Form, nämlich als vollständig qualifizierte Namen, während die Quellsprache der Bequemlichkeit und Übersichtlichkeit halber auch abkürzende Schreibweisen über import-Klauseln erlaubt, aus denen aber Mehrdeutigkeiten oder Fehler bei späteren Ergänzungen in den importierten Paketen entstehen können.

Üblicherweise werden Java-Bibliotheken in Form von Java-Archivdateien (jar-Dateien) weitergegeben und verwendet. Das Zusammenfassen der zur Bibliothek gehörenden Klassendateien entspricht der Herstellung einer speziellen Bibliotheksdatei aus Objektcodemodulen in Sprachen wie C++. Die Integration der einzelnen Klassendateien in einer einzigen Archivdatei schützt zumindest vor dem unbeabsichtigten Austausch von Klassenimplementierungen oder ähnlichen Manipulationen an der Bibliothek. Durch weitere Konsistenzprüfungen läßt sich die Sicherheit noch erhöhen. Um die Analyse der Bibliothek und das Versiegeln der enthaltenen Pakete zu realisieren, ersetzt oder ergänzt man das zur Konstruktion der Archivdateien verwendete Werkzeug jar. Simultan führt das neue Werkzeug die statische Analyse auf Bibliotheksebene und den Aufbau der Archivdatei durch, so daß die Übereinstimmung zwischen archivierten Klassendateien und gespeicherter Analyseinformation garantiert ist.

Zwei Alternativen bestehen für die Speicherung der gewonnenen Analyseergebnisse in der Archivdatei. Entweder legt man die Resultate, wie für einzelne Klassen vorgeschlagen, direkt in zusätzlichen Attributen der archivierten Klassendateien ab oder man ergänzt das Archiv um eine zusätzliche Datei, die ausschließlich die Analyseinformation für die gesamte Bibliothek enthält. Aus der Informationsablage in den archivierten Klassendateien ergibt sich zwar, daß dieses Konzept unmittelbar mit außerhalb von Bibliotheken separat analysierten Klassen und solchen ohne Analyseinformation kombinierbar ist. Zerlegt aber jemand die Archivdatei in ihre Bestandteile, bleiben auf der Basis der gesamten Bibliothek gewonnene Ergebnisse den einzelnen Klassen zugeordnet, und verursachen die im Abschnitt 4.1 beschriebenen Probleme.

Umgekehrt erfordert die zentrale Informationsspeicherung in einer separaten Archivkomponente eine Sonderbehandlung für isoliert analysierte Klassen, zugleich werden aber bei Auflösung des Archivs die Analyseresultate von den Klassen getrennt und somit automatisch invalidiert. Das Bibliothekswerkzeug muß lediglich sicherstellen, daß niemals aus anderen Archiven extrahierte Informationsdateien einer Bibliothek hinzugefügt werden können, sondern nur aktuell ermittelte Analyseergebnisse. Eine entsprechende Vorgehensweise findet bereits bei der Ablage von Metainformationen über spezielle Java-Softwarekomponenten (*Beans*) Anwendung.

5 Zusammenfassung und Ausblick

In diesem Beitrag habe ich eine neue Vorgehensweise zur optimierten Ausführung von Java-Bytecode vorgeschlagen. Die Programmanalyse erfolgt dabei statisch vor der Programmausführung auf der Ebene kompletter Softwarebibliotheken, die zugleich gegen Änderungen versiegelt werden. Neben der statischen Optimierung bereitet die Analyse vor allem dynamische Optimierungen und die dazu notwendigen Programmbeobachtungen vor. Erst zur Laufzeit komponiert eine speziell erweiterte JVM die Untersuchungsergebnisse und wertet sie aus. Dadurch ist eine Wiederverwendung der Analyseinformation zusammen mit den analysierten Bibliotheken möglich und der inkrementelle Einsatz der Technik bei der Entwicklung und Wartung größerer Softwaresysteme wird praktikabel.

Im nächsten Schritt sollen durch Untersuchung existierender Softwarebibliotheken und Anwendungsprogramme geeignete Eigenschaften als Kriterien für die Analyse ausgewählt werden. Dann ist eine kompakte, effizient komponierbare Informationsrepräsentation festzulegen und die in Abschnitt 3.3 beschriebene Analysephase zu implementieren. Parallel dazu soll eine existierende JVM, beispielsweise `Kaffe` [16], um die auf den Analyseergebnissen aufbauenden dynamischen Optimierungen erweitert werden.

Referenzen

1. Eric Armstrong. HotSpot: A new breed of virtual machine. JavaWorld, März 1998.
2. A. Azevedo, J. Hummel, D. Kolson und A. Nicolau. Annotating the Java Bytecodes in Support of Optimization. ACM 1997 Workshop on Java for Science and Engineering Computation , Las Vegas, Nevada, Juni 1997.
3. Michal Cierniak und Wei Li. Optimizing Java bytecodes. In *Concurrency: Practice and Experience,* 9(6):427-444, Juni 1997.
4. Michal Cierniak und Wei Li. Just-in-time optimizations for high-performance Java programs. In *Concurrency: Practice and Experience,* 9(11):1063-1073, November 1997.
5. Lars R. Clausen. A Java bytecode optimizer using side-effect analysis. In *Concurrency: Practice and Experience,* 9(11):1031-1045, November 1997.

6. Sophia Drossopoulou und und Susan Eisenbach. Java is Type Safe — Probably. 11th European Conference on Object Oriented Programming, Juni 1997.

7. Michael Franz. Java — Anmerkungen eines Wirth-Schülers. In *Informatik-Spektrum*, 21(1): 23-26, Februar 1998.

8. James Gosling, Bill Joy und Guy Steele. The Java Language Specification. In *The Java Series*. Addison-Wesley, 1996.

9. Urs Hölzle, David Ungar. Reconciling Responsiveness with Performance in Pure Object-Oriented Languages. ACM Transactions on Programming Languages, Juli 1996.

10. Ken Kennedy. An Environment for Compiling Java for High Performance on Servers. ACM 1997 Workshop on Java for Science and Engineering Computation, Las Vegas, Nevada, Juni 1997.

11. T. Kistler. Dynamic Runtime Optimization. Technical Report No. 96-54, Department of Information and Computer Science, University of California, Irvine, November 1996.

12. Christian Krusel. Portierung und Leistungsanalyse von Java-Laufzeitumgebungen auf MIPS-Architekturen. Diplomarbeit, Universität-Gesamthochschule Paderborn, Juni 1997.

13. Tim Lindholm und Frank Yellin. The Java Virtual Machine Specification. In *The Java Series*. Addison-Wesley, 1996.

14. Michael P. Plezbert und Ron K. Cytron. Does "Just in Time" = "Better Late than Never"? Symposium on Principles of Programming Languages, Paris, Januar 1997.

15. Todd A. Proebsting, Gregg Townsend, Patrick Bridges, John H. Hartman, Tim Newsham und Scott A. Watterson. Toba: Java For Applications — a way ahead of time (WAT) compiler. COOTS '97, Juni 1997.

16. Tim Wilkinson. KAFFE — A free virtual machine to run Java™ code. Kommentierter Quelltext. http://www.transvirtual.com

Realisierung von verteilten Editoren in Java auf Basis eines aktiven Repositories

Udo Kelter, Marc Monecke, Dirk Platz

Praktische Informatik, Fachbereich Elektrotechnik und Informatik
Universität Siegen, 57068 Siegen
e-mail: {kelter|monecke|platz}@informatik.uni-siegen.de

Zusammenfassung Dieses Papier behandelt die Konstruktion verteilter Editier-Umgebungen am Beispiel von Software-Entwicklungsumgebungen. Die vorgeschlagene Architektur basiert auf einem aktiven Repository, das Änderungen an den Daten netzwerkweit und sichtenübergreifend propagiert und diverse andere Dienste (Transaktionen, Zugriffskontrollen) anbietet. Die textuellen und/oder graphischen Benutzungsschnittstellen sind in Java geschrieben und daher (z.B. als Applets) leicht verteilbar. Sie kommunizieren über einen Java-API-Server indirekt mit dem Repository. Wir beschreiben diverse Details dieser Architektur, insbesondere das Prozeßkonzept, das die parallele Ausführung von Java-Anwendungen ermöglicht, die netzwerkweite Notifizierung sowie die relevanten Java-Klassen für den Zugriff auf das Repository.

1   Einführung und Motivation

Java ist nicht alleine eine objektorientierte Programmiersprache, sondern darüber hinaus eine Technologie zur Realisierung verteilter Systeme. In diesem Papier betrachten wir eine spezielle Klasse verteilter Systeme, nämlich Software-Entwicklungsumgebungen (SEU). Eine SEU umfaßt typischerweise eine Vielzahl von graphischen oder textuellen Editoren, mit denen Dokumente angezeigt und ediert werden können. Abb. 1 zeigt drei verschiedene Werkzeuge für Datenflußdiagramme (*DFDs*). Weitere gängige Dokumenttypen sind OOA-, ER-Diagramme, Petri-Netze, u.ä. Integriert in die interaktiven Editoren oder als separate Werkzeuge sind ferner diverse nichtinteraktive Werkzeuge zur Analyse, Prüfung, Übersetzung und sonstigen Verarbeitung der Dokumente vorhanden.

Verteilt ist eine SEU[1] in dem Sinne, daß sie von mehreren Entwicklern parallel benutzt wird – umfangreiche Software wird stets in Teams entwickelt – und daß diese Entwickler an verschiedenen, möglicherweise heterogenen Rechnern arbeiten, die durch ein lokales oder (in zunehmendem Ausmaß) weitverteiltes Netz miteinander verbunden sind. Trotz dieser Verteilung müssen die Entwickler eines Teams auf einem einzigen, logisch zentralen Datenbestand arbeiten.

---

[1] Genaugenommen müßte von einer Installation der SEU auf bestimmten Rechnern gesprochen werden; da aus dem Kontext klar ist, was gemeint ist, wird auf diese begriffliche Trennung verzichtet.

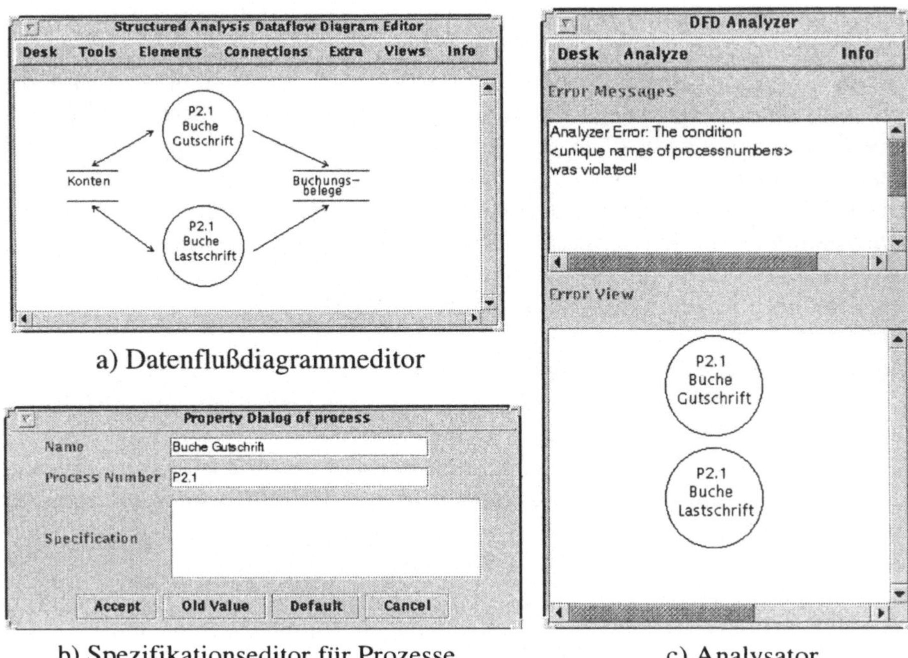

a) Datenflußdiagrammeditor

b) Spezifikationseditor für Prozesse   c) Analysator

Abbildung 1. Werkzeuge zur Bearbeitung von Datenflußdiagrammen

Ein an einem Rechner sitzender Entwickler arbeitet i.a. in mehreren Fenstern[2] parallel mit der SEU. Hierbei kann es sich einerseits um mehrere interaktive Editoren handeln, die nur quasiparallel ausgeführt werden, da zu einem Zeitpunkt immer nur ein Editor benutzt werden kann. Zusätzlich können nichtinteraktive Werkzeuge, die nur Kontrollausgaben erzeugen, echt parallel ausgeführt werden, wie z.B. ein Analysator für DFDs oder ein Übersetzer / Systemgenerierer (`make`).

Die verschiedenen Fenster bieten bestimmte Sichten auf die Daten an, die oftmals inhaltlich überlappen: wird z.B. die Prozeßnummer vom Prozeß *Buche Gutschrift* im Spezifikationseditor in Abb. 1b in P2.2 geändert, sollte die Anzeige auch im DFD-Editor in Abb. 1a umgehend und automatisch aktualisiert werden. Des weiteren sollte auch der Analysator in Abb. 1c auf die Änderung reagieren, da die Konsistenzverletzung durch die Änderung behoben worden ist.

Allgemein sollten Änderungen immer auf *alle* betroffenen Fenster, auch auf solche, die auf anderen Rechnern laufen, propagiert werden, damit alle Fensterin-

---

[2] Um anschaulich zu bleiben, wird i.f. der Begriff Fenster als Synonym für Werkzeug benutzt. Manche Werkzeuge verwenden zusätzliche Fenster für Parametereingaben u.a.; solche Fenster sind hier nicht gemeint.

halte immer dem aktuellen Stand entsprechen. In vielen Fällen wird es höchstens einem Fenster erlaubt sein, die angezeigten Daten zu verändern. Es kommen auch Dokumente vor (z.B. eine zentrale Dokumentenliste), die von mehreren Rechnern unabhängig modifiziert werden können, ferner sind fallspezifische Zwischenformen denkbar. Systemseitig ist zur Lösung dieser Probleme ein geschachteltes Transaktionskonzept erforderlich.

Diese Probleme bzw. Anforderungen treten auch in anderen Anwendungen auf, insbesondere bei den verschiedensten Buchungs- oder Datenerfassungs- und -auswertungssystemen. Insgesamt bilden derartige Anwendungen eine Problemklasse, die durch folgende Merkmale charakterisiert wird:

- verteilter Zugriff auf Dokumente in heterogenen Umgebungen
- Anzeige- und Editierfenster, die unterschiedliche Sichten auf gleiche oder überlappende Daten anbieten
- automatische netzwerkweite, sichtenübergreifende Änderungspropagation
- Änderungen können von interaktiven und nichtinteraktiven Werkzeugen verursacht werden
- echt parallele und quasiparallele Werkzeugausführungen

Diese Anforderungen werden von Notifizierungsmechanismen innerhalb von GUI-Frameworks (z.B. dem AWT) nicht erfüllt, weil diese nur lokal arbeiten.

I.f. wird eine Lösung der vorstehend umrissenen Problemklasse vorgestellt, die auf folgenden grundlegenden Entwurfsentscheidungen basiert:

1. Die Dokumente werden in einer logisch zentralen Datenbank[3] gespeichert. I.f. wird ein objektorientiertes Datenbankmanagementsystem (ooDBMS) unterstellt, da es sich zur Dokumentverwaltung besser eignet als relationale DBMS (s. [4]). ooDBMS bieten hierzu u.a. spezielle Datenmodelle, Transaktions-, Versions- und Verteilungskonzepte an [7, 11, 16]. ooDBMS als Basis für SEU werden auch *Repositories* oder Objektmanagementsysteme (*OMS*) genannt. Statt von einer Datenbank reden wir i.f. von einer *Objektbank*.
   Als konkretes OMS verwenden wir das System H-PCTE [9, 8], das wesentliche Teile des ISO-Standards 13719 PCTE [15, 17] realisiert. Die Ergebnisse dieses Papiers sind aber auch auf andere ooDBMS übertragbar.
2. Eine laufende SEU besteht aus mehreren echt- oder quasiparallelen Werkzeugausführungen, wobei jede Werkzeugausführung aus Sicht der Objektbank einen eigenen Anwendungsprozeß mit eigenem externen Schema und eigenem Recovery bildet.
3. Die Werkzeuge arbeiten "direkt" auf der Objektbank, d.h. alle Editierschritte werden sofort in die Objektbank propagiert. Wir nennen eine solche Werkzeugarchitektur *OMS-orientiert* [3, 6, 14] und werden sie in Abschnitt 2.2 näher erläutern. In OMS-orientierten Architekturen übernimmt das OMS die Aufgabe, laufende Werkzeuge, die auf Änderungen an Daten reagieren müssen (insb. durch Änderung von Fensterinhalten), zu benachrichtigen. Um

---

[3] Die Datenbank kann physisch verteilt sein, was aber i.f. nicht relevant ist.

die Benutzung eines derartigen Notifikationsmechanismus einfach zu machen, sollte das OMS *"callbacks"* durchführen (vgl. [14]), d.h. technisch gesehen wird aus der API[4]-Bibliothek des OMS heraus eine Funktion aufgerufen, die im Anwendungsprogramm definiert ist.

4. Die SEU ist ein verteiltes System: die graphischen Benutzungsschnittstellen der Werkzeuge werden in Java realisiert und laufen lokal an den Arbeitsplätzen. Sie kommunizieren über Internet-Protokolle mit einem speziellen Java-Server, der ein Java-API zur Objektbank anbietet. Datenintensive und komplexe Anwendungen (z.B. Übersetzungen) werden serverseitig ausgeführt.

Dieser Lösungsansatz wirkt in seiner Grobstruktur naheliegend, im Detail ergeben sich allerdings knifflige Probleme:

Aus Aufwandsgründen kann ein OMS nicht komplett neu in Java implementiert werden; stattdessen muß ein vorhandenes OMS mit einem Java-API versehen werden. Architektonische Alternativen hierfür werden in Abschnitt 3 diskutiert.

Aus technischen Gründen muß der Java-API-Server mehrere Anwendungen (Applets) gleichzeitig bedienen können. Aus Sicht des OMS ist der Java-API-Server nur eine einzige Anwendung. Die von ihm bedienten Applets spielen hier aber die Rolle der parallel laufenden Anwendungen auf der Objektbank, d.h. sie benötigen u.a. eigene Recovery-Logs und externe Schemata. Eine Lösung für dieses Problem wird in Abschnitt 4 angegeben.

Analog tritt dieses Problem bei der Zuordnung von callbacks zu Applets auf. Zusätzlich ist hier die Frage zu beantworten, wie die bei einem callback aufzurufende Java-Operation in einem Applet identifiziert wird. Ein weiteres Problem bei der verteilten Notifikation ist, daß der Java-API-Server an die laufenden Anwendungen asynchron Nachrichten über Änderungen an überwachten Objekten senden muß. Dies widerspricht der üblichen asymmetrischen Kommunikation, wonach nur Anwendungen Dienstanforderungen an einen Server schicken (und dann auf eine Antwort warten) und nicht empfangsbereit für asynchron eintreffende Nachrichten sind. Diese Probleme werden in Abschnitt 5 behandelt.

2 Hintergrund

2.1 H-PCTE

Da die meisten Details von H-PCTE hier nicht relevant sind, beschreiben wir nur die wichtigsten Merkmale; diese sind in dieser oder ähnlicher Form auch in anderen OMS zu finden.

Das Datenmodell von H-PCTE basiert auf dem Entity-Relationship-Modell. Eine Objektbank enthält *Objekte* und *Beziehungen*, hier als *Links* bezeichnet, die die Objekte verbinden. Objekte und Links sind typisiert und können Attribute haben. Die Objekttypen bilden eine Typhierarchie (mit mehrfachem Erben).

---

[4] API = *application programming interface*

H-PCTE verfügt über einen einfachen, aber effektiven Sichtenmechanismus, bei dem ein *externes Schema* i.w. als Teilmenge aller Typen spezifiziert ist. Jedes Werkzeug benutzt ein externes Schema und "sieht" in der Objektbank nur Instanzen von Typen (incl. Subtypen), die in seinem externen Schema enthalten sind.

2.2   OMS-orientierte Werkzeugarchitektur

Ein zentrales Ziel von OMS ist, die Realisierung von Werkzeugen zu vereinfachen und vor allem den Programmieraufwand zu reduzieren, indem möglichst viele Teilprobleme, die bei der Werkzeugentwicklung auftreten, durch Dienstleistungen des OMS gelöst werden. Es zeigt sich allerdings, daß die Leistungen eines OMS mit konventionellen, dateiorientierten Werkzeugarchitekturen nicht effektiv ausgenutzt werden können, sondern daß hierzu eine *"OMS-orientierte"* Werkzeugarchitektur erforderlich ist.

Konventionelle Werkzeuge speichern Dokumente in Dateien, z.B. je ein DFD in einer Datei. Wir sprechen hier von einer *grobgranularen Datenmodellierung*. Der Dateiinhalt hat eine bestimmte Syntax, durch die die Dokumentfeinstruktur rekonstruiert werden kann. Die in einem Werkzeug angebotenen Funktionen (z.B. das Erzeugen eines Prozesses in einem DFD) können nicht direkt auf dem Dateiinhalt durchgeführt werden; stattdessen muß dieser zunächst in eine transiente Kopie in den Hauptspeicher des Werkzeugs konvertiert werden. Diese transiente Kopie wird erst beim "Sichern" des Dokuments wieder zurückkonvertiert.

Entscheidend an dieser Stelle ist die Beobachtung, daß hier nur *transiente Dokumentkopien* bearbeitet werden und daß sich der aktuelle Zustand der Dokumente infolge von Editieroperationen nur noch in der transienten Kopie darstellt, nicht hingegen im unterliegenden persistenten Speichersystem. Ersetzt man nun in dieser Architektur das Dateisystem durch ein OMS, werden alle Dienstleistungen des OMS, wie z.B. Abfragesprachen, *praktisch wertlos*, da sie auf den veralteten Daten in der Objektbank arbeiten würden. Relevante Leistungen des OMS müssen daher erneut, also redundant, in den Werkzeugen realisiert werden. Diese Redundanz kann man vermeiden, wenn (a) die Werkzeuge alle benutzerveranlaßten Änderungen *inkrementell* und *sofort* in der Objektbank eintragen und (b) die Entwicklungsdaten *feingranular* modelliert werden, d.h. die Dokumentfeinstruktur muß vollständig in der Objektbank nachgebildet werden; eine grobgranulare Modellierung wie in Dateien würde zu hohen Konvertierungsaufwand und diversen weiteren Problemen führen [2, 10].

Unter diesen Annahmen liegt es nahe, die transiente Datenhaltung in den Werkzeugen, die grob geschätzt ein Drittel des Werkzeugquelltextes ausmacht [1], schlichtweg zu vermeiden und *direkt auf der Objektbank zu arbeiten*.

Hierbei ergibt sich die in Abb. 2 gezeigte Struktur: Die graphischen Objekte der Anzeige werden im Werkzeug durch Java-Laufzeitobjekte repräsentiert. Die Laufzeitobjekte enthalten *keine Kopien der Dokumentdaten*, stattdessen enthalten sie Referenzen auf die entsprechenden Objekte und Links in der Objektbank.

Nur eine derartige Architektur erlaubt es, Dienste des OMS auszunutzen, z.B. den Sichtenmechanismus des OMS zur Integration heterogener Werkzeuge

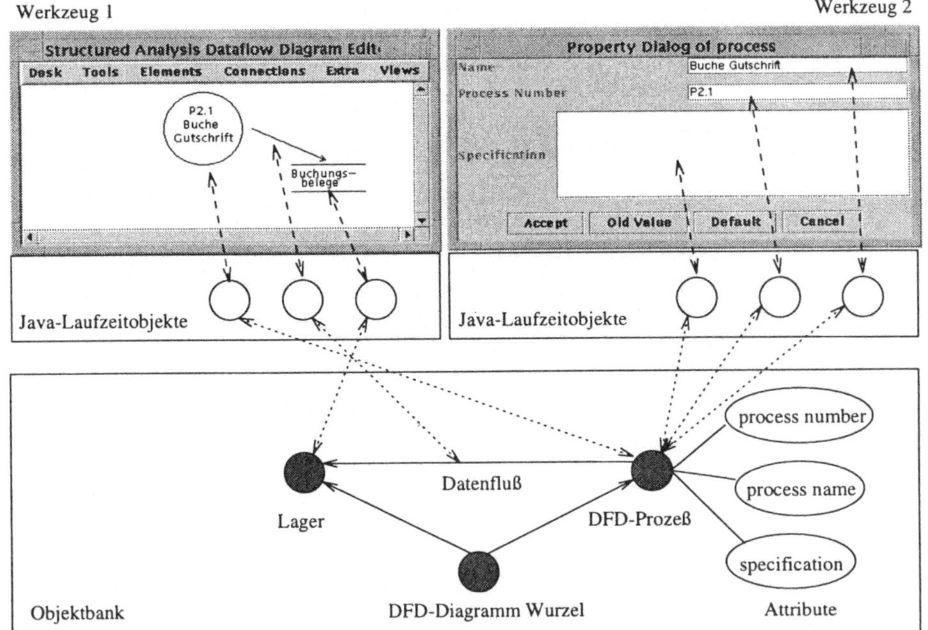

Abbildung 2. Zusammenhang zwischen Graphik, Java-Laufzeitobjekten und Objekt-
bankobjekten

(*multiple view integration* [13, 18]). Die Werkzeuge aus Abb. 2 zeigen beispielsweise beide das gleiche (Objektbank-) Objekt, das den Prozeß P2.1 repräsentiert,
an und benutzen hierzu verschiedene externe Schemata.

3   Ansätze zur Realisierung eines Java-API für H-PCTE

Die Dienstleistungen eines OMS sollten durch Werkzeuge, die in verschiedenen
Sprachen geschrieben sind, ausnutzbar sein. Die PCTE-Standards definieren da-
her verschiedene APIs, u.a. in der Sprache C und Ada. H-PCTE bietet nur ein
C-API an. Die Frage stellt sich somit, wie Java-Programme Funktionen von
H-PCTE technisch aufrufen können[5].

1. Verwendung des *Native Method Interface* (NMI): Das Java-API wird durch
   native methods realisiert, also nicht in Java, sondern durch C-Funktionen,
   die auf das C-API von H-PCTE zugreifen. Dieser Ansatz scheitert, weil Java
   und H-PCTE threads einsetzen und sich die verwendeten thread-Konzepte
   als nicht verträglich erwiesen haben.

---

[5] Daneben ist natürlich die Gestaltung der Klassenstruktur des Java-API ein eigener
Problemkomplex; dieser ist aber nicht Gegenstand dieses Papiers.

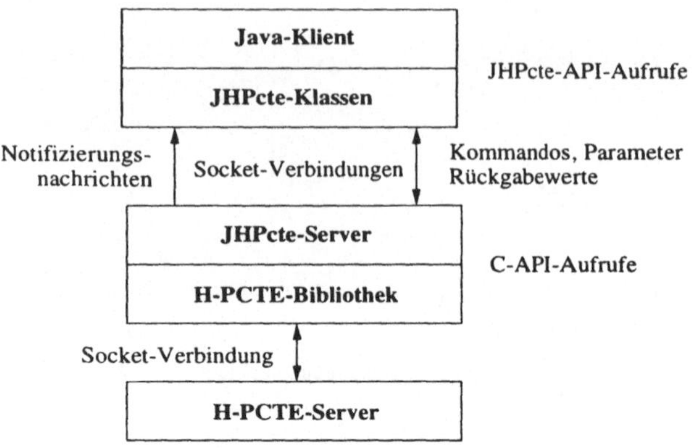

Abbildung 3. Prozeßstruktur

2. H-PCTE in Java: Wäre H-PCTE in Java implementiert, würde sich das obige Problem nicht stellen. Eine Reimplementierung von H-PCTE in Java ist jedoch wegen des enormen Umfangs (über 200 kLOC), dem daraus resultierenden Entwicklungsaufwand und der (noch) eingeschränkten Geschwindigkeit von Java-Anwendungen nicht praktikabel.

3. Verwendung eines Server-Prozesses: Ein in C oder C++ geschriebener Server (*JHPcte-Server*) wird als separater Betriebssystem-Prozeß ausgeführt und wandelt Aufrufe von Java-Klienten in Aufrufe der C-Funktionen von H-PCTE um. Java-Klient und JHPcte-Server kommunizieren über eine Socket-Verbindung. Die Kommunikation zwischen Klient und JHPcte-Server wird durch Java-Methoden realisiert, bei deren Aufruf ein Kommando und die übergebenen Parameter an den JHPcte-Server übertragen werden, die Funktion dort ausgeführt und der Fehlerstatus der ausgeführten Funktion sowie eventuelle Rückgabewerte zurückübertragen werden.

   Probleme mit threads treten hier nicht auf, da Klient und JHPcte-Server in getrennten Betriebssystem-Prozessen ablaufen. Der Aufwand für die Realisierung ist dabei nicht höher als bei der Verwendung von Native Methods: Zwar müssen grundlegende Kommunikationsfunktionen selbst implementiert werden, dafür entfällt die Einarbeitung in das recht umfangreiche NMI.

Offensichtlich ist nur der unter Punkt 3 vorgestellte Ansatz praktikabel. Abb. 3 zeigt die resultierende Prozeßstruktur, einen Java-Klienten, der über den JHPcte-Server auf den H-PCTE-Server zugreift.

Anders als in reinen Client-Server-Architekturen kann ein H-PCTE-Klient vom OMS über Änderungen benachrichtigt werden (Notifizierung). Um Java-Klienten notifizieren zu können, wird zwischen Java-Klient und JHPcte-Server eine zweite Socket-Verbindung etabliert, über die der JHPcte-Server Notifizierungsnachrichten an den Java-Klienten schickt (s. Abschnitt 5).

4 Das Prozeßkonzept

4.1 H-PCTE-Prozesse

Mehrere Anwendungen können parallel auf einer Objektbank arbeiten. Folglich muß der H-PCTE-Server mehrere Klienten-Prozesse parallel bedienen können. Hierzu wird jeder Klienten-Prozeß intern als *H-PCTE-Prozeß* verwaltet. Jeder H-PCTE-Prozeß arbeitet mit einer eigenen Sicht auf den Daten im OMS und besitzt einen eigenen Transaktions-[6] und Rechtekontext.

Eine Besonderheit des H-PCTE-Systems besteht darin, daß ein einzelner Betriebssystem-Prozeß (z.B. der JHPcte-Server) *mehrere* H-PCTE-Prozesse parallel starten kann. Beim Erzeugen eines H-PCTE-Prozesses wird ein POSIX-thread gestartet, in dessen Rahmen die neue Anwendung ausgeführt wird. Alle Aufrufe von C-API-Operationen finden innerhalb derartiger POSIX-threads statt. Der POSIX-thread identifiziert dabei *implizit* den zu verwendenden H-PCTE-Prozeß, d.h. in den C-API-Operationen braucht der jeweilige H-PCTE-Prozeß nicht explizit durch einen Parameter angegeben zu werden.

4.2 Identifizierung von H-PCTE-Prozessen im Java-Klienten

Abb. 4 zeigt Werkzeuge einer in Java realisierten SEU. Bei der in Abschnitt 2.2 vorgestellten Werkzeugarchitektur ist jedem Werkzeug-Fenster ein eigener H-PCTE-Prozeß zugeordnet. Die SEU ist als Java-Klient beim JHPcte-Server angemeldet.

Es liegt nun nahe, für jedes Werkzeug einen Java-thread zu erzeugen und diesem Java-thread einen H-PCTE-Prozeß zuzuordnen. Zugriffe auf die Objektbank innerhalb eines solchen threads werden implizit dem zugehörigen H-PCTE-Prozeß im JHPcte-Server zugeordnet und in dessen Kontext durchgeführt. Dieser Ansatz bedingt, daß der Java-thread während der gesamten Lebensdauer des Fensters existiert und nach Abarbeitung jedes Benutzer-Ereignisses (z.B. Betätigung einer Maustaste) in einen Wartezustand versetzt bzw. nach Eintreten des nächsten Benutzer-Ereignisses wieder aufgeweckt wird. Dies ist aber mit dem AWT nicht mit vertretbarem Aufwand möglich: Der Aufbau des Fensterinhaltes und die Reaktionen auf Benutzer-Ereignisse finden innerhalb eines vom Java-Laufzeitsystem verwalteten threads statt. Um einen anderen thread diese Aufgaben ausführen zu lassen, müßte eine Kommunikation zwischen den threads realisiert werden, was die Handhabung der threads deutlich erschweren würde. Noch gravierendere Probleme entstehen durch die verteilte Notifizierung, bei der asynchron Ereignisse auftreten (s. Kap. 5). Aus diesen Gründen ist der Ansatz, pro Fenster einen thread zu benutzen, nicht praktikabel.

Eine gangbare Alternative besteht darin, jeden H-PCTE-Prozeß durch ein *Prozeß-Objekt* im Java-Klienten zu repräsentieren. Jedem Prozeß-Objekt ist ein

---

[6] Durch die Verwendung von Transaktionen wird die Konsistenz der Daten bei komplexen Benutzeraktivitäten garantiert. Weiterhin ist die einfache Realisierung einer *Undo*-Funktionalität möglich, indem die im OMS durchgeführten Änderungen bis zu einem vorher zu setzenden *save point* zurückgesetzt werden.

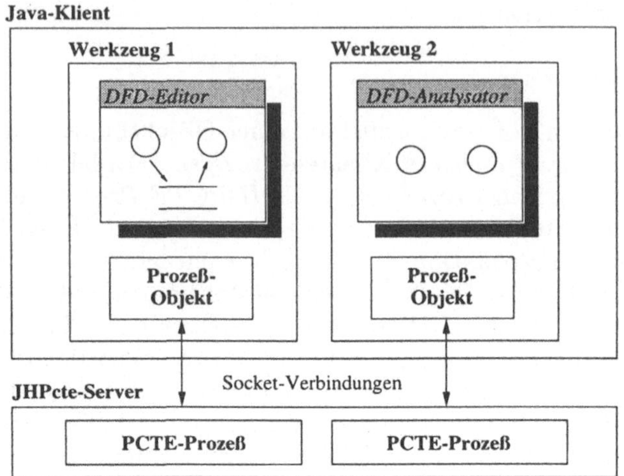

Abbildung 4. Repräsentation von H-PCTE-Prozessen

H-PCTE-Prozeß im JHPcte-Server zugeordnet. Abb. 4 zeigt einen DFD-Editor und einen DFD-Analysator, die über ihre zugeordneten Prozeß-Objekte auf die Objektbank zugreifen. Zugriffe auf die Objektbank werden im Kontext des zum Prozeß-Objekt gehörigen H-PCTE-Prozesses im JHPcte-Server ausgeführt.

4.3 Das Java-API

Im folgenden geben wir die Klassen bzw. Methoden des Java-APIs von H-PCTE an, die für die Prozeßhandhabung relevant sind. Ihre Anwendung ist sehr einfach und wird anhand einiger Beispiele verdeutlicht.

Die Klasse HPcte. Mit den Methoden dieser statischen Klasse kann ein Klient H-PCTE-Prozesse erzeugen.

```
PcteProcess p;

// H-PCTE-Prozeß erzeugen
p = HPcte.HPcte_lwp_login_create_and_start ( user, password );
```

Die Methode liefert ein Objekt, das den erzeugten H-PCTE-Prozeß repräsentiert. Als Parameter werden der Benutzername und das Benutzerpasswort übergeben; diese Angaben werden für die Authentifizierung des Klienten benötigt[7].

---

[7] H-PCTE bietet Zugriffsrechte auf Objektbasis und eine Benutzer- und Benutzergruppenverwaltung an, auf die aus Platzgründen nicht weiter eingegangen werden kann.

Die Klasse PcteProcess. Instanzen dieser Klasse (*Prozeß-Objekte*) repräsentieren H-PCTE-Prozesse. Der Klasse sind Schnittstellen-Operationen zugeordnet, die den Prozeß betreffen, z.B. zum Setzen und Abfragen seines externen Schemas.

Im folgenden Beispiel wird an einem Objekt, das einen DFD-Prozeß repräsentiert, dessen Name aus dem Attribut `process_name` ausgelesen. Zunächst wird ein externes Schema für den H-PCTE-Prozeß gesetzt, in dem diese Daten sichtbar sind. Danach wird eine Objektreferenz auf das DFD-Objekt erzeugt; Objekte können in H-PCTE durch einen textuellen Pfadnamen identifiziert werden, der als Parameter übergeben wird und dessen Details hier nicht weiter relevant sind.

```
PcteObjectReference DFD_Diagram_Process;

// externes Schema des Prozesses setzen
p.Pcte_process_set_ws ( "DFD_document" );

// Objektreferenz zu DFD-Prozeß-Objekt erzeugen
DFD_Diagram_Process =
    p.Pcte_object_reference_set_absolute ( "/.../..." );
```

Die zurückgelieferte Objektreferenz wird für diverse Operationen auf dem Objektbank-Objekt benutzt. Sie beinhaltet intern einen Verweis auf das Prozeßobjekt p, in dessen Kontext sie erzeugt wurde, d.h. das Java-Objekt p braucht bei diesen Operationen nicht mehr angegeben zu werden.

Die Klasse PcteObjectReference. Instanzen dieser Klasse stellen Referenzen auf H-PCTE-Objekte dar. Auf Objekte und Links in der Objektbank kann ausschließlich über Objektreferenzen zugegriffen werden; daher ist dieser Klasse der größte Teil der Schnittstellenoperationen zugeordnet. Hierzu zählen Operationen zum Erzeugen und Löschen von Objekten und Links sowie zum Lesen und Schreiben von Attributen. Der Wert eines Attributs (hier das Attribut `process_name`) kann wie folgt ausgelesen werden:

```
PcteAttributeValue value;
// Name des DFD-Prozesses auslesen
value = DFD_Diagram_Process.Pcte_object_get_attribute ("process_name");
```

5 Benachrichtigung von Werkzeugen

5.1 Das Notifizierungskonzept von H-PCTE

Das in H-PCTE realisierte Notifizierungskonzept basiert darauf, daß H-PCTE-Prozesse *Notifizierer* an Objekten, Links und Attributen in der Objektbank installieren können, um sich über Änderungen an diesen Ressourcen informieren zu lassen. Tritt eine überwachte Änderung auf, ruft das OMS automatisch den überwachenden H-PCTE-Prozeß auf. Beim Rückruf wird eine detaillierte Ereignisbeschreibung mitgeliefert, die neben der Art des aufgetretenen Ereignisses den neuen Zustand der Objektbank enthält. Mit Hilfe dieses Mechanismus kann auf sehr einfache Art und Weise gewährleistet werden, daß alle Fenster, unabhängig davon, wo sie ausgeführt werden, stets den aktuellen Zustand der Daten in der Objektbank anzeigen [14].

5.2 Notifizierung in JHPcte

Die Umsetzung des H-PCTE-Notifizierungskonzepts in der Java-API von H-PCTE soll anhand eines Beispiels erläutert werden (Abb. 5).

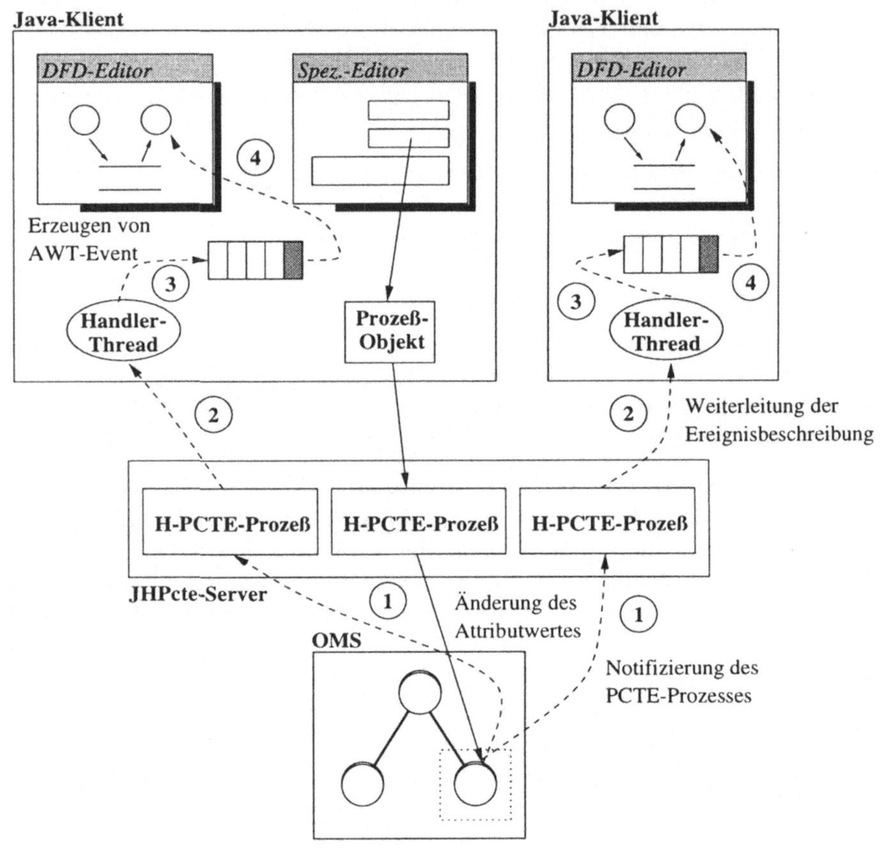

Abbildung 5. Notifizierung

Ausgangssituation ist, daß in einem Java-Klienten ein DFD-Editor und ein Spezifikationseditor ausgeführt werden, mit denen der Entwickler A ein DFD editiert. Auf einem anderen Rechner im Netz läuft ein weiterer Java-Klient, in dem dasselbe DFD durch einen DFD-Editor für Entwickler B angezeigt wird. Einer der DFD-Prozesse in diesem Diagramm besitzt ein zugeordnetes verfeinerndes DFD, an dem Entwickler B arbeitet. B will über alle Veränderungen an dem zu verfeinernden DFD-Prozeß sofort informiert werden.

Hierzu installiert der DFD-Editor Notifizierer an allen vom ihm angezeigten Daten. Das folgende Beispiel zeigt die Anmeldung eines Notifizierers an dem Attribut `process_number` des Objekts, auf das die Objektreferenz `DFD_Diagram_-Process` verweist.

```
PcteNotifier noti;

// Notifiziererobjekt zur Überwachung des Attributs erzeugen
noti = p.HPcte_notifier_create( DFD_Diagram_Process, "process_number",
                             HPcte.HPCTE_OBJECT_MODIFY_EVENT );
```

Entsprechend müssen für alle anderen angezeigten Objekte, Links und Attribute passende Notifizierer in der Objektbank angemeldet werden.

Sofern nun eine überwachte Ressource verändert wird, löst das OMS automatisch eine Benachrichtigung aus. Nehmen wir z.B. an, der Entwickler A ändert das Feld *Process Number* in seinem Spezifikationseditor, wodurch das Attribut `process_number` des Objekts, das den DFD-Prozeß in der Objektbank repräsentiert, geschrieben wird. Hierauf folgt:

1. Das OMS stellt fest, welche der installierten Notifizierer von der Änderung betroffen sind. Für die H-PCTE-Prozesse, die zu diesen Notifizierern gehören, wird im JHPcte-Server eine callback-Funktion aufgerufen. Im Beispiel sind dies also die beiden H-PCTE-Prozesse, die für die beiden DFD-Editoren ausgeführt werden[8].
2. Die zu den H-PCTE-Prozessen gehörigen threads übertragen über einen *Notifizierungssocket* (s.u.) die Ereignisbeschreibung an ihre Java-Klienten.
3. Die Ereignisbeschreibung wird im Java-Klienten vom *Notification-Handler*-thread empfangen. Dieser spezielle thread wird bei der Erzeugung eines Prozeßobjekts automatisch gestartet. Er ist nur für den Empfang von Ereignisbeschreibungen und deren Weiterleitung zuständig. Trifft eine Ereignisbeschreibung über den Socket ein, dann erzeugt er ein spezielles AWT-Event, das die Ereignisbeschreibung enthält, und fügt es in die Event-Warteschlange ein.
4. Das Event-Objekt wird an alle angemeldeten *Event-Listener*-Objekte weitergeleitet [5]. Als Listener können sich beliebige Java-Objekte an dem Notifiziererobjekt anmelden, die die benötigte Schnittstelle zur Verarbeitung von Notifizierungsereignissen implementieren. Dies können zum Beispiel spezielle Eingabefelder oder Auswahllisten in Dialogfenstern sein, die Daten aus der Objektbank anzeigen und automatisch bei Änderungen aktualisiert werden sollen.
   Im Beispiel muß entsprechend das graphische Objekt, das die `process_number` des DFD-Prozesses innerhalb des Fensters anzeigt, als Event Listener angemeldet sein. Es erhält nun das Event, woraufhin es mittels der Ereignisbeschreibung seine Anzeige aktualisieren kann.

Allgemein können beliebige Objekte auf Notifizierungen reagieren, sofern sie eine entsprechende Methode implementieren, die die Notifizierungsereignisse verarbeiten kann. Das folgende Beispiel zeigt eine Methode, die auf die Änderung des

---

[8] Tatsächlich kommt noch der Spezifikationseditor von Entwickler A hinzu; dieses Detail ist hier, um übersichtlich zu bleiben, weggelassen worden.

Attributs `process_number` reagiert. Der neue Wert des Attributs wird mit der Zugriffsoperation `getAttributeValue` aus der Ereignisbeschreibung ermittelt.

```java
public void pcteNotify ( PcteNotificationEvent e ) {
  PcteEventDescription descr;

  // Beschreibung des Ereignisses
  descr = e.getPcteEventDescription ();

  // Art des Ereignisses ermitteln
  switch ( descr.getAccessEvent() ) {
    case HPcte.HPCTE_OBJECT_MODIFY_EVENT:
      // Attribut process_number geändert?
      if ( descr.getAttributeName().equals("process_number") ) {
        // Anzeige im Textfeld aktualisieren
        window.setText ( descr.getAttributeValue().getStringValue() );
      }
      ...
  }
}
```

6 Zusammenfassung und Bewertung

Dieses Papier hat einen Ansatz vorgestellt, durch den sich verteilte Editier-Umgebungen leicht realisieren lassen. Die textuellen oder graphischen Benutzungsschnittstellen sind in Java geschrieben und daher leicht verteilbar. Sie kommunizieren mit einem Java-API-Server und indirekt mit einem aktiven Repository, das Änderungen an den Daten netzwerkweit und sichtenübergreifend propagiert und diverse andere Dienste (Transaktionen, Zugriffskontrollen) anbietet.

Die Grundzüge dieser Architektur wurden bereits in [3, 10] beschrieben und in einer SEU implementiert, die auf dem X Window System basierte. Als sehr problematisch erwies sich, daß die meisten X-Implementierungen nicht threadsicher sind.

Als nachteilig stellte sich heraus (s. Abschnitt 4.2), daß Java-threads nicht unterbrechbar sind und nicht untereinander kommunizieren können; eine etwas elegantere Lösung der Notifizierung wäre möglich, wenn Java-threads ähnlich leistungsfähig wie POSIX-threads wären.

Ferner wäre es bei der Konstruktion von diversen Dialog-Elementen praktisch, wenn man gemeinsame Unterklassen von OMS-Klassen (Beispiele wurden in Abschnitt 4.3 vorgestellt) und GUI-Klassen bilden könnte. Leider ist dies nicht möglich. Insgesamt überwiegen aber die Vorteile der Java-basierten Architektur ganz deutlich gegenüber der X-basierten Architektur.

Literatur

1. Atkinson, M.; Bailey, P.; et al: An approach to Persistent Programming; p.141-146 in: Readings in Object-Oriented Database Systems; Morgan Kaufmann; 1990

2. Bernstein, P.A.: Repositories and Object Oriented Databases; p.34-46 in: Proc. Datenbanksysteme in Büro, Technik und Wissenschaft; Springer-Verlag; 1997

3. Däberitz, D.: Entwurf und Realisierung von Software-Entwicklungsumgebungen unter Berücksichtigung von Funktionen und Merkmalen von Nicht-Standard-Datenbanken; Dissertation, Univ. Siegen; 1997

4. Dittrich, K.; Kotz, A.; Müller, J.; Lockemann, P.: Datenbankunterstützung für den ingenieurwissenschaftlichen Bereich; Informatik-Spektrum 8, p.113-125; 1985

5. Flanagan, D.: Java in a Nutshell, P.; O'Reilly & Associates, Inc.; 1997

6. Henrich, A.; Kelter, U.: Integration von Zugriffsparadigmen in einem Repository; p.307-326 in: Beherrschung von Informationssystemen (Proc. Informatik'96, Klagenfurt, 25.-27.09.1996); Schriftenreihe der ÖCG, Band 88, R. Oldenbourg; 1996/09

7. Heuer, A.: Objektorientierte Datenbanken - Konzepte, Modelle, Systeme; Addison-Wesley; 1992

8. H-PCTE – Release note for Version 3.0; Universität Siegen; 1998 (erhältlich über http://pi.informatik.uni-siegen.de)

9. Kelter, U.: H-PCTE – a high-performance object management system for system development environments; p.45-50 in: Proc. COMPSAC '92; IEEE Press; 1992

10. Kelter, U.; Däberitz, D.: An Assessment of Non-Standard DBMSs for CASE Environments; p.96-113 in: Proc. Int. Conf. on Extending Database Technology; LNiCS 1057; Springer-Verlag; 1996

11. Kemper, A.; Moerkotte, G.: Object-oriented Database Management; Applications in Engineering and Computer Science; Prentice Hall; 1994

12. Lea, D.: Concurrent Programming in Java Design Principles and Patterns; Addison-Wesley; 1998

13. Meyers, S.: Difficulties in Integrating Multiview Environments; IEEE Software 8:1, p.49-57; 1991

14. Platz, D.; Kelter, U.: Konsistenzerhaltung von Fensterinhalten in Software-Entwicklungsumgebungen; Informatik – Forschung und Entwicklung 12:4, p.196-205; 1997/12

15. Portable Common Tool Environment - Abstract Specification / C Bindings / Ada Bindings (Standards ECMA-149/-158/-165 und ISO IS 13719-1/-2/-3); 1994

16. Rao, B.: Object-oriented Databases – Technology, Applications, and Products; McGraw-Hill; 1994

17. Wakeman, L.; Jowett, J.: PCTE the Standard for Open Repositories; Prentice Hall; 1993

18. Zdonik, S.: What makes Object-Oriented Database Management Systems different? p.3-28 in: Advances in Object-Oriented Database Systems; NATO ASI Series F, Computer and Systems Sciences, Vol.130; Springer Verlag; 1994

Common Logging Interface –
Ein System zum Sammeln und Verarbeiten von Debugnachrichten in verteilten Umgebungen

Raimar Falke, Michael Peter, Achim Gratz und Rainer G. Spallek

Technische Universität Dresden
Institut für Technische Informatik
Mommsenstraße 13
D-01062 Dresden
`{falke,peter,gratz,rgs}@ite.inf.tu-dresden.de`
`http://www.inf.tu-dresden.de/TU/Informatik/TeI/`

Zusammenfassung. Mit CLI wird ein in Java implementiertes System vorgestellt, welches mit Hilfe eines minimalen API das zeitnahe Beobachten von mehrfädigen und verteilten Anwendungen auf der Basis von Debugnachrichten gestattet. Die Anwendung muß dazu nicht unter einem in-process Debugger laufen. Anwendung und Beobachter sind soweit als möglich entkoppelt. Die Selektion der Debugnachrichten wird mittels mehrstufiger Filterung anhand verschiedener Kriterien zur Laufzeit vorgenommen. Die Weiterleitung der Nachrichten erfolgt durch eine Transport-Schicht, die je nach vorliegender Umgebung angepaßt und ausgetauscht werden kann.

1   Einführung

Debugging in verteilten Systemen ist mit den herkömmlichen Mitteln nur schwer zu realisieren. Insbesondere ist die exakte Reproduktion von Programmzuständen in einem weiteren Programmlauf praktisch unmöglich. Das gilt teilweise auch für MT-Programme (*multithreaded*). Es existieren unseres Wissens zur Zeit keine frei verfügbaren Tools für Java-Applikationen, die sowohl verteilte als auch MT-Programme debuggen können. Eine kommerzielle Lösung ist mit *JWatch*[1] erhältlich. Einige freie und kommerzielle Entwicklungsumgebungen bieten immerhin partielle Unterstützung für MT-Programme.

Für ein am Institut für Technische Informatik in Entwicklung befindliches verteiltes Informations- und Aktionssystem wurde deshalb nach einer Debugschnittstelle mit folgenden Eigenschaften gesucht:

1. Zeitnahe und möglichst zeitrichtige Beobachtung von Anwendungen mit Hilfe von Debugnachrichten.
2. Im Falle der Nichtbenutzung ohne Neuübersetzung der Anwendung möglichst vollständig abschaltbar.

---

[1] http://www.JWatch.com

3. Einfaches API zur Einbindung in die Anwendung.
4. Möglichst wenig Rückwirkungen zwischen Debugger und Anwendung, insbesondere wenn eine der beiden Komponenten fehlerhaft ist.
5. Automatische Generierung von Metadaten wie Zeitstempel und Information über den Aufrufer (z.B. Klassen- und Instanz-Informationen, Stacktrace).
6. Filterung der Debugnachrichten sowohl an der Quelle (insbesondere Unterdrückung bestimmter Nachrichten) als auch an der Senke nach dynamisch vorgebbaren Kriterien.

Die Verwendung dieser Debugschnittstelle ist wie folgt vorgesehen: die im Netz verteilten Anwendungen senden ihre vorgefilterten Nachrichten an einen oder mehrere Debugger. Der Einsatz mehrerer Debugger ist beispielsweise dann sinnvoll, wenn hohe Verfügbarkeit zu gewährleisten ist, Lastverteilung erforderlich ist oder mehrere Personen dieselbe Anwendung debuggen möchten. Der Debugger nimmt die endgültige Filterung und Visualisierung der Daten vor und steuert auch die Filter in den jeweiligen Anwendungen.

Aus diesem Anwendungsszenario resultieren weitere Nebenforderungen wie z.B. Unabhängigkeit von der verwendeten Transportmethode. Eine Komprimierung oder Verschlüsselung der Debugnachrichten kann in Netzen mit niedriger Übertragungsbandbreite bzw. dem Debuggen von Anwendungen mit sensitiven Daten erforderlich werden. Für die *post-mortem-* und *offline-*Analyse ist die Protokollierung von Debugnachrichten in eine Datei wünschenswert. Diese Protokolldaten können beispielsweise auch der Generierung automatischer Tests dienen.

2 Implementierung

Für die unmittelbaren Ansprüche würde das aus obigen Forderungen resultierende System zu komplex werden. Daher wurden im Rahmen einer prototypischen Implementierung zunächst nur die wesentlichen Bestandteile realisiert, die fehlende Funktionalität kann bei Bedarf nachträglich hinzugefügt werden und erfordert keine Neuübersetzung der Anwendung. Beispielsweise wurde auf die Komprimierung des Datenstroms verzichtet, da ein schnelles Netz zur Verfügung steht, eine Verschlüsselung der Daten ist ebenfalls nicht erforderlich. Des weiteren wurde die Implementierung eines Werkzeuges für die dynamische Konfiguration zurückgestellt. Die Filterkonfiguration wird zur Zeit statisch über Konfigurationsdateien vorgenommen.

Das Gesamtsystem wird durch ein Schichtenmodell in relativ unabhängige Teilsysteme gegliedert. Dadurch ist ein Austausch der Implementierung gewisser Teilsysteme unter Beibehaltung der Schnittstellen möglich, wodurch Erweiterungen und Anpassungen des Funktionsumfanges unterstützt werden. Es wird zwischen der Anwendungsschicht, einer Highlevel-Schicht, einer Midlevel-Schicht, sowie der Transportschicht unterschieden. Die in Abbildung 1 dargestellte Architektur kennzeichnet den Iststand der Implementierung, d.h. es existiert noch keine Anwendungskomponente auf der Debugger-Seite.

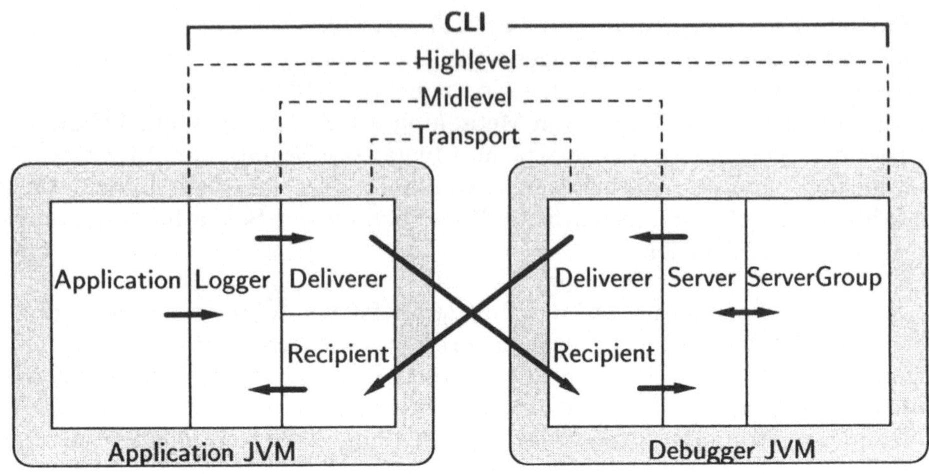

Abbildung1. Architekturmodell der Debugschnittstelle

In der Highlevel-Schicht finden die Steuerung und Filterung statt, außerdem werden bei der Einspeisung einer Nachricht die Metadaten hinzugefügt. In der Midlevel-Schicht werden die Nachrichten in getrennten Sende- und Empfangswarteschlangen gesammelt und die Kommunikation mit der Transportschicht abgewickelt, die eine transparente, gesicherte Verbindung bereitstellen muß. Dies ist bei Verwendung verbindungsloser oder ungesicherter Netzwerkprotokolle wie UDP[2] zu beachten. In allen Schichten von CLI werden *threads* verwendet, um eine zeitnahe Bearbeitung asynchroner und nebenläufiger Ereignisse zu gewährleisten. Dies erhöht auch die Skalierbarkeit auf Mehrprozessor-Rechnern.

Im Modell (siehe Abbildung 1) von CLI gibt es das Anwendungsprogramm (Client), welches mit Hilfe der Klasse **tpv.cli.Logger** mit dem CLI kommuniziert. Diese Klasse fügt die Metadaten hinzu, filtert entsprechend der Filterkonfiguration und verpackt die Nachricht in ein Transportobjekt, welches in eine Warteschlange eingereiht wird. Das wartende Transportobjekt wird von der Midlevel-Schicht adressiert und an die Transportschicht weitergegeben. Auf der Serverseite existiert eine gespiegelte Version der Transport- und Midlevel-Schicht. Für jeden Client wird ein **tpv.cli.Server** instanziiert, der die Daten an die **tpv.cli.Servergroup** übergibt, wo sie dann entsprechend der dortigen Filterkonfiguration weiterverarbeitet werden. Die Schnittstelle zwischen Anwendungsprogramm und CLI ist die Klasse **tpv.cli.Logger**. Die Verbindung zwischen Midlevel und Transportschicht wird durch die Schnittstellenbeschreibungen (**interface**) **tpv.cli.transport.Transmitter** für den Sender und **tpv.cli.transport.Receiver** für den Empfänger vorgegeben. Die Klassen des Paketes **tpv.cli.filter** werden schrittweise aus verschiedenen Interfaces und deren Implementierungen aufgebaut.

---

[2] Siehe RFC 768 und Nachfolger

3 Probleme und Erfahrungen

Zunächst wurde versucht, für jede Nachricht eine neue TCP-Verbindung[3] aufzubauen. Da die *sockets* nach dem Schließen nicht kontinuierlich freigegeben wurden, wurden die Filedeskriptoren im JVM-Prozeß (JVM – *Java Virtual Machine*) schnell verbraucht. Dadurch kam kein stabiler Betrieb zustande und es gingen Nachrichten verloren. Verschiedene Implementierungen der JVM zeigten hier im Detail unterschiedliches Verhalten. Dieses Problem wurde gelöst, indem die einmal aufgebaute Verbindung für mehrere Nachrichten benutzt wird. Dadurch kann außerdem der Overhead des Verbindungsauf- und -abbaus über viele Nachrichten amortisiert werden.

Die Midlevel-Schicht geht von einem fehler- und verlustfreien Transport der Transportobjekte aus. Es existiert je eine Beispielimplementierung der Transportschicht für die Internet-Protokolle TCP und UDP, es ist aber auch vorstellbar, die Informationen per NFS[4] oder RMI[5] zu übertragen, oder zur Steigerung der Leistung eine Transportschicht native zu implementieren. UDP ist im Gegensatz zu TCP ein verbindungsloses Protokoll, bei dem der Empfang der Daten nicht gesichert ist. Daher muß die Sicherung von einem Teil des CLI übernommen werden, während diese bei TCP effizient vom Betriebssystem übernommen wird. Der implementierte UDP-Transport ist daher langsamer als der TCP-Transport.

Sowohl die Midlevel-Schicht als auch die Transportschicht wandeln ihr jeweiliges Transportobjekt durch Serialisierung[6] in einen Bytestrom um. Aus diesem Grund ist abzusehen, daß ein mehrschichtiger Aufbau eine Vergrößerung des Datenvolumens sowie der Ausführungszeit nach sich zieht. In der vorliegenden Implementierung beträgt der Overhead durch mehrfache Serialisierung pro Nachricht insgesamt etwa 200 Byte bei einer typischen Netzwerkpaketgröße von circa 700 Byte für eine Nachricht.

Wenn ein Logger ein Fehlverhalten zeigt, kann der Verbindungsabbruch vom Server unter Umständen nicht erkannt werden und zu Fehlfunktionen sowohl beim Server als auch bei den nicht betroffenen Clienten führen. Die Behebung solcher Fehler gestaltet sich schwierig, da verschiedene Fehlerursachen gleiche Auswirkungen haben können (z.B. kann nicht zwischen einer unterbrochenen Netzwerkverbindung und dem Absturz der Applikation unterschieden werden). Eine Reihe von Fehlern könnten außerdem nur durch Exceptions an die Anwendung gemeldet werden, die diese dann behandeln müßte. Dies wurde in dem vorliegenden API aber nicht vorgesehen, um dieses minimal zu halten. Wenn das Problem erkennbar temporärer Natur ist (durch Tests im CLI ermittelbar), sollte im CLI eine für die Anwendung transparente Fehlerbehandlung erfolgen.

CLI selber kann sehr gut partiell debuggt werden, es erzeugt Debug-Nachrichten auf der Konsole. Die Ausgaben von einzelnen Paketen oder Klassen lassen sich in verschiedenen Stufen ohne Neuübersetzung durch Aufrufparameter zu- und abschalten.

---

[3] Siehe RFC 793 und Nachfolger
[4] Siehe RFC 1094 und Nachfolger
[5] http://www.javasoft.com/products/jdk/1.1/docs/guide/rmi/
[6] http://www.javasoft.com/products/jdk/1.1/docs/guide/serialization/

4 Ergebnisse und Ausblick

4.1 Performance

Es wurden eine Reihe von Testläufen in verschiedenen Konfigurationen durchgeführt. Die in Tabelle 1 angegebenen Zeiten (in Millisekunden) sind der Durchschnitt von zehn Testläufen (der beste und schlechteste Durchlauf wurden gestrichen) mit jeweils 1000 Aufrufen der Methode tpv.cli.Logger.log(). Die Rechner A, B und C laufen unter Solaris 2.6 (A, B: Ultra 2/2300 mit 256 MB RAM; C: Ultra Enterprise 450/3300 mit 512 MB RAM), der Computer D unter Windows 95 (Pentium II/233 mit 64 MB RAM). Die Netzwerk-Verbindung wurde über ein *switched* GigabitEthernet (A, B, C) bzw. *switched* FastEthernet (D) realisiert.

Da beim Verbindungsaufbau mit dem Server ein *handshake* durchgeführt wird, dauert ein solcher max. eine Sekunde. Das Schließen der Verbindung kann innerhalb einer drittel Sekunde geschehen, sofern nicht noch Nachrichten in der Warteschlange stehen. Das Hinzufügen der Metadaten und Verpacken der Nachricht in ein Transportobjekt verbrauchen im besten Fall weniger als 2 ms. Die meiste Zeit wird für den Transport der Nachricht benötigt, dabei ist jedoch nicht das Netzwerk der begrenzende Faktor. Sowohl die erzielte Bandbreite von etwa 570 kBit/s als auch die Paketrate von circa 100 Pkts/s liegen weit unter den Möglichkeiten des Netzwerkes. Eine Untersuchung, wo genau die Differenz zu den maximal möglichen 3,5 MBit (bei einer Paketgröße von 700 Byte) und 625 Pkts/s (Test „leerer Filter") verursacht wird, steht noch aus, erste Experimente haben jedoch ergeben, daß vermutlich kein einzelner Engpaß für den Leistungsverlust verantwortlich ist. Die Unterschiede durch Verwendung der verschiedenen JVM-Versionen und zwischen den einzelnen Konfigurationen deuten darauf hin, daß sowohl Ineffizienzen bei der Serialisierung als auch bei der Weiterleitung der Nachrichten in und durch die Transportschicht in Betracht kommen.

Die Werte in Tabelle 1 sind wie folgt zu interpretieren:

Create ist die Zeit zum Erzeugen eines tpv.cli.Logger, dies schließt bei einer Filterkonfiguration mit Weiterleitung von Nachrichten auch einen Verbindungsaufbau zum Server mit ein. In allen anderen Fällen wird kein Server kontaktiert.

Log ist die Zeit für einen Aufruf der Funktion tpv.cli.Logger.log() aus der Sicht der Anwendung.

Close ist die Zeit, in der CLI alle noch wartenden Nachrichten verarbeitet sowie die evtl. bestehende Verbindung zum Server abbaut.

Folgende Konfigurationen wurden getestet:

abgeschaltet: Das gesamte CLI wurde mit Hilfe von -Dtpv.cli.disable=true für diese JVM deaktiviert.

leerer Filter: Es werden die Metadaten ermittelt und die Nachricht in ein neues Transportobjekt verpackt, welches dann vom Filter verworfen wird.

Tabelle 1. Ergebnisse der Testläufe

Konfiguration	JVM	Quelle-Ziel	Create	Log	Close	Gesamt
abgeschaltet	1.1.6 JIT	A	16	0,1	1	70
abgeschaltet	1.1.6	A	11	0,1	0	76
abgeschaltet	1.1.5	D	10	0,1	0	490
leerer Filter	1.1.6 JIT	A	100	1,6	1	1747
leerer Filter	1.1.6	A	67	2,5	1	2683
leerer Filter	1.1.5	D	110	5,5	0	5990
10 Strings	1.1.6 JIT	A	195	2,8	0	3107
10 Strings	1.1.6	A	139	4,4	0	4638
10 Strings	1.1.5	D	220	8,0	0	8460
kurz speichern	1.1.6 JIT	A	177	3,7	1	3964
kurz speichern	1.1.6	A	122	5,9	0	6111
kurz speichern	1.1.5	D	160	12,1	0	12790
lang speichern	1.1.6 JIT	A	174	5,7	1	5949
lang speichern	1.1.6	A	118	11,0	0	11212
lang speichern	1.1.5	D	160	29,7	0	30150
weiterleiten	1.1.6 JIT	A–A	842	13,1	5777	19881
weiterleiten	1.1.6	A–A	577	23,3	4381	28293
weiterleiten	1.1.5	D–D	920	79,1	15000	96620
weiterleiten	1.1.6 JIT	A–B	881	9,9	4073	14967
weiterleiten	1.1.6	A–B	693	16,8	2614	20177
weiterleiten	1.1.5 / 1.1.6 JIT	D–B	930	65,7	220	67500
2 Clienten	1.1.6 JIT	A,B–C	759	17,2	9768	27768
2 Clienten	1.1.6	A,B–C	609	21,2	13594	35324

10 Strings: Es werden die Metadaten ermittelt und die Nachricht in ein neues Transportobjekt verpackt, welches dann vom Filter gegen 10 nicht passende Strings verglichen und somit verworfen wird.

kurz speichern: Die Filterdatei besteht nur aus einer saveShort Anweisung, d.h. die Nachricht wird in eine einzeilige lesbare Form konvertiert und in eine lokale Datei gespeichert, aber nicht an die Transportschicht übergeben.

lang speichern: Die Filterdatei besteht nur aus einer saveLong Anweisung, d.h. die Nachricht wird in eine mehrzeilige lesbare Form konvertiert und in eine lokale Datei gespeichert, aber nicht an die Transportschicht übergeben.

weiterleiten: In dieser Konfiguration besteht die Filterdatei aus einem einzigen forward-Befehl, alle Nachrichten werden an die Transportschicht übergeben und an den Server weitergeleitet. Die Tests wurden mit Server und Client auf demselben Rechner als auch mit dem Server auf einem entfernten Rechner durchgeführt.

2 Clienten: Diese Konfiguration ist identisch zur vorangegangenen, jedoch sind gleichzeitig zwei Clienten mit dem Server verbunden, der auf einem entfernten Rechner läuft.

Die Ergebnisse zeigen, daß CLI im abgeschalteten Zustand praktisch keine Ressourcen verbraucht und durch *just-in-time compilation* (JIT) teilweise signifikante Leistungsgewinne erzielt werden. Die Filterung der Nachrichten auf der Anwendungsseite verbraucht weniger Zeit als das Speichern oder Senden der Nachricht. Bei der Interpretation der Ergebnisse ist zu beachten, daß der Test-Client kontinuierlich mit der höchstmöglichen Rate Nachrichten generiert. Die Last unter realen Bedingungen ist auch bei mehreren Clienten nicht kontinuierlich. Die Warteschlangen haben sich als effektives Mittel zum Abfangen solcher Lastspitzen erwiesen und sorgen im Normalbetrieb für eine zügige Rückkehr zum Anwendungsprogramm. Bei unseren Tests traten dagegen teilweise erhebliche Rückstaueffekte auf. Die in Tabelle 1 aufgeführten Werte sind deshalb pessimistisch, jedoch traten im (seltenen) Einzelfall auch erheblich größere Verzögerungen auf, die evtl. durch Kontextwechsel verursacht werden. Wir erwarten, daß ein einzelner, entsprechend leistungsfähiger Server mit mehr als zehn Clienten belastet werden kann, wobei jedoch auch die Komplexität der Filter eine Rolle spielen wird.

4.2 Vergleich mit JMS

Gegen Ende der Implementierungsarbeit wurde auf der JavaOne-Konferenz das Java[TM] Message Service API (JMS[7], basierend auf JNDI[8]) vorgestellt. In Tabelle 2 sind wichtige Merkmale von CLI und JMS gegenübergestellt.

Tabelle 2. Vergleich von CLI und JMS anhand wichtiger Merkmale

Kriterium	CLI	JMS
Unterstützte Verbindungen	Punkt-zu-Punkt	Punkt-zu-Punkt, *Publisher-Subscriber*
Zielangabe	IP-Adresse	*administered objects* im Namensraum des JNDI
Message-Header	Header mit festem Format	Header mit benutzerdefinierten Properties
Message-Body	String mit Debug-Message	fünf Nachrichtenformate
Filterkriterien	nach Metadaten und Message-Body	nach Metadaten und Properties
Filterrealisierung	proprietäre Lösung mit Filtersets	SQL

Obwohl die Ausgangspunkte für die Entwicklung von JMS und CLI sehr verschieden sind, kann CLI recht einfach zu einer Beispielimplementierung von JMS

---

[7] http://www.javasoft.com/products/jms/
[8] http://www.javasoft.com/products/jndi/

erweitert werden. Umgekehrt wäre es ebenfalls möglich, CLI aufbauend auf JMS zu implementieren. Diese Überlegungen sind aber bis zur Verfügbarkeit von Java 1.2 zurückgestellt, da vorher keine gesicherten Aussagen zur Leistung von JMS zu machen sind.

4.3 Andere Transportmethoden

Durch den modularen Aufbau ist eine Auswechselung der Transportschicht einfach möglich. Mit TCP und UDP deckt CLI sowohl den verbindungsorientierten als auch den verbindungslosen Transport ab. Es ist zu vermuten, daß beispielsweise bei Austausch der TCP- gegen eine RMI-Schicht letztere langsamer sein wird, da zusätzlicher Overhead entsteht. Eine andere Möglichkeit besteht in der Reimplementierung der Midlevel-Schicht mittels RMI unter Wegfall der Transportschicht. Damit wären dann nur noch die RMI-Transportmethoden nutzbar, die aber bei entsprechend optimierter RMI-Implementierung u.U. einen Leistungsgewinn bedeuten würden.

5 Zusammenfassung

Mit CLI wird ein System vorgestellt, mit dem mehrfädige und verteilte Anwendungen auf der Basis von Debugnachrichten zeitnah und relativ zeitrichtig beobachtet werden können. Dabei hat sich gezeigt, daß durch den Schichtenaufbau das Gesamtsystem flexibel an neue Anforderungen angepaßt werden kann. Diese Flexibilität muß aber durch eine etwas geringere Leistung erkauft werden, was für interaktive Anwendungen tragbar erscheint. CLI stellt eine minimale Schnittstelle zur Anwendung bereit, die aus nur einer einzigen Klasse mit vier öffentlichen Methoden besteht. Es gibt keine Rückmeldungen von CLI, auf welche die Anwendung reagieren müßte. Dadurch ist es einfach möglich, bestehenden Debug-Code mit Ausgaben auf die Java-Konsole auf CLI umzustellen. Die Einbindung von CLI in bestehende und neue Anwendungen wird durch das nicht-intrusive API ebenfalls erleichtert.

Im Ergebnis der Testläufe ist zum Ausdruck gekommen, daß CLI in nicht zeitkritischen Anwendungen, wie sie interaktive Systeme in der Regel darstellen, erfolgreich benutzt werden kann. Die Robustheit des Systems gegenüber Fehlerzuständen besonders im Netzwerk ist noch zu steigern. Der durch CLI verursachte zusätzliche zeitliche Aufwand kann durch globales Abschalten von CLI über einen Aufrufparameter bzw. Setzen einer *property* zur Laufzeit praktisch auf Null reduziert werden. Dadurch ist es aus Sicht der Anwendungsleistung unnötig, den Debug-Code aus der fertigen Anwendung zu entfernen. In Einzelfällen werden jedoch der durch die Strings verbrauchte Speicherplatz und die Größe der class- bzw. .jar-Dateien eine Rolle spielen. Die Entscheidung für eine mehrstufige Filterung der Nachrichten hat sich als richtig erwiesen, wobei die implementierte zweistufige Filterung leicht auf weitere Stufen erweiterbar ist.

A   Beispiel einer Konfigurationsdatei für einen Filter

```
#Grammar:
# compareActions are =,!=,>,<,>=,<=,|=,|!
#     |= embodies a Regexp match
#     |! embodies a Rexexp mismatch
# Actions are:
#  - "forward"       forward to a server
#  - "displayShort" display one line local
#  - "displayLong"  display many lines local
#  - "saveShort"    save one line into a file
#  - "saveLong"     save many lines into a file
# Values are:
#  - Host[Name]
#  - VM[Name]
#  - ThreadGroup[Name]
#  - Thread[Name]
#  - Class[Name]
#  - Instance[Name]
#  - Msg
#  - Level[Name]
# simpleValue is a string or a number in "" or in ''
# a triple consist of a Value, acompareAction
#   and a simpleValue
# one line
#  is a comment if it starts with '#'
#  or a line containing only whitespaces, which is ignored
#  or (triple)* [+-] Actions (actionArgument)?
#  can be continued by having \
#  as the last element in line
#

#Samples:
# forward all messages except those whose loglevel is
# LEVEL_DEBUG to the server
LevelName != 'Debug' +forward


# show all messages that came from the second VM on localhost
# and a thread which is named IdleThread on the local console
HostName=localhost VM=2 ThreadName='IdleThread' \
    +displayShort


# save all messages from host "foobar"
# and from package "tpv.abc" to local file localLog
HostName="foobar" ClassName|="^tpv.abc" \
    +saveLong "localLog"
```

B   Demonstrationsprogramm Demo.java

```java
package tpv.cli;

import tpv.cli.Logger;                    // Only this class is needed for inclusion of CLI

/**
 * Simple Demo for CLI.
 */
public class Demo
{
  Demo()
  {
    /**
     * There are four ways to construct a new Logger.  You must supply a reference to the
     * object, using this Logger and you can supply an alternative default loglevel and
     * the name of a file containing the filter configuration.  When no default loglevel
     * is specified, LEVEL_DEBUG is implied. */
    Logger log=Logger.getLogger(this);

    /**
     * Logger provides the method log() in various versions.  Simply log(String) logs this
     * String with the default loglevel.  If there were too many messages or the network
     * is too slow then log() may block, otherwise the call returns immediately and the
     * message is delivered in the background. */
    String str="SimpleMessage";
    log.log(str);

    /**
     * You also can specify a loglevel: log(byte,String), the levels are defined in
     * tpv.cli.Logger. */
    log.log(Logger.LEVEL_ERR, "There was an error.");

    /**
     * You can also log Throwable's with and without specifying a loglevel:
     * log(byte,Throwable) and log(Throwable) */
    try
    {
      Object temp=null;
      Class classOfTemp=temp.getClass();
    }
    catch(NullPointerException e)
    {
      log.log(Logger.LEVEL_CRIT, "There was an exception:");
      log.log(Logger.LEVEL_CRIT, e);
    }

    /**
     * Before you destroy the VM you must call close() to deliver all buffered messages.
     * You can also use the function flush(), but this function doesn't make much sense
     * when you also feed messages from another Thread to the Logger.*/
    log.close();

    /**
     * Now we can exit without any trouble.*/
    System.exit(0);
  }

  public static void main(String args[])
  {
    /**
     * We need a new instance of the class because the Logger needs an instance. */
    new Demo();
  }
}
```

Flexibilität durch kombinierte Design Pattern

Carsten Weise

BRICS*, Universität Aalborg, Dänemark, Email: `cweise@cs.auc.dk`

Zusammenfassung In graphischen Benutzerschnittstellen und vielen anderen Anwendungen tritt häufig das Problem auf, daß dasselbe Objekt auf verschiedene Arten dargestellt werden soll. Dies führt dazu, daß konzeptuell gleiche Klassen in verschiedenen Versionen implementiert werden müssen. Anhand einer einfachen Fallstudie wird vorgeführt, wie diese Problematik durch geeignete Kombination von Design Pattern gelöst werden kann. Hervorragende Merkmale des vorgestellten Lösungswegs sind Einfachheit, Erweiterbarkeit und Robustheit: er kann in bereits bestehende Implementierungen nachträglich eingefügt werden, ohne mehr als die betroffene Klasse zu ändern, und es lassen sich auch im Nachhinein neue und sogar neuartig strukturierte Darstellungsarten hinzufügen.

1   Einleitung

Ein typisches Problem vieler objektorientierter Anwendungen ist die Notwendigkeit der Darstellung von Objekten derselben Klasse auf verschiedene Arten. Einfache Beispiele sind hierbei z.B. im Bereich graphischer Anwendungen die zwei- bzw. dreidimensionale Darstellung desselben Körpers, oder die Ausgabe eines Bildes sowohl in Farbe als auch in Schwarz-Weiß. Beispiele in nicht-graphischen Anwendungen sind z.B. die Darstellung komplexer Zahlen als kartesische oder Polarkoordinaten, oder die Implementierung einer Liste durch ein Array bzw. eine Zeigerstruktur.

Eine elegante Lösung eines solchen Problems sollte mindestens zwei Kriterien gerecht werden:

- saubere Trennung der verschiedenen Darstellungsarten,
- größtmögliches Ausnutzen ihrer Gemeinsamkeiten, um Code-Duplikation zu vermeiden

Sind dies die einzigen Anforderungen, so existiert eine einfache Lösung: die Trennung erreicht man durch Realisierung jeder Darstellungsform in einer eigenen Klasse, und eine allen Klassen gemeinsame Basisklasse verhindert Code-Replikation. Somit wird bei diesem Ansatz "eine Klasse durch viele Klassen implementiert". Aus Gründen der Klarheit unterscheiden wir im folgenden wenn nötig zwischen dem zu implementierenden *Konzept* (in obigen Beispielen: Körper,

---

* BRICS: Basic Research in Computer Science, Centre of the Danish National Research Foundation

Bild, Zahl, Liste) und den das Konzept realisierenden *Darstellungsarten* (oben z.B. eine Klasse für zwei- und eine für die dreidimensionale Darstellung).

In der Praxis werden in der Regel weitere Anforderungen an die Realisierung gestellt. Oft wird eine natürliche Implementierung der einzelnen Darstellungsformen selbst wieder von bereits bestehenden Klassen abgeleitet werden können. In Kombination mit der einfachen Lösung muß dann Mehrfachvererbung verwendet werden. Dies ist jedoch in vielen objektorientierten Sprachen nicht möglich, oder es soll darauf aus konzeptionellen Gründen verzichtet werden.

Ebenso ist zu erwarten, daß sich die Notwendigkeit verschiedener Darstellungsformen eines Konzepts erst sehr viel später im Lebenszyklus einer Anwendung zeigt, und nicht bereits während des Programmdesigns. Dann soll das Ersetzen der bisher verwendeten Klasse durch die neue, komplexere Implementierung so reibungslos wie möglich vonstatten gehen. Dies bedeutet insbesondere, daß die restliche Implementierung so wenig wie möglich verändert werden soll, und die neue Realisierung die alte Klasse soweit wie möglich nachahmt. Dies wird jedoch problematisch, wenn eine der Darstellungsformen sehr stark vom ursprünglichen Aussehen der Originalklasse abweicht.

In diesem Artikel wird eine Methode zur Implementierung eines Konzepts mit verschiedenen Darstellungsformen vorgestellt, die alle obigen Anforderungen erfüllt. Die Methode greift dabei auf verschiedene einfache Formen von Design Pattern ([GHJV94]) zurück. Solche Design Pattern sind Muster für die Lösung bekannter, wiederholt auftretender Problematiken mittels objektorientierter Hierarchien. Die in der Methode verwendeten Design Pattern sind unter den Namen Envelope-Letter ([Cop92]), Handle-Body ([Str93]) oder Bridge ([GHJV94]) und Abstract-Factory ([GHJV94]) bekannt. Die Kombination dieser Design Pattern stellt dann ebenfalls ein Design Pattern dar. Durch Verwenden der Methode wird die Anwendung flexibler, denn die Wahl der Darstellungsmöglichkeit eines Objektes kann nun frei in der Anwendung erfolgen. Die Methode wird anhand eines Fallbeispieles konkretisiert. Das Fallbeispiel ist die Erweiterung einer graphischen Oberfläche eines Simulators für Echtzeitsysteme um neue Darstellungsformen.

Im nächsten folgenden Abschnitt gehen wir kurz auf die Philosophie der Design Pattern und auf die drei erwähnten Design Pattern ein. Danach wird die Problematik des Fallbeispiels erläutert. Die folgenden drei Abschnitte erläutern die alte System-Architektur, sowie in zwei einfachen Schritten die Transformation in eine neue, flexiblere Architektur mittels der vorzustellenden Methode. Der Artikel schließt mit einer Diskussion des Ansatzes und einem Ausblick auf weitere Forschung.

2 Design Pattern

Design Pattern sind die Beschreibungen von Mustern für den Aufbau von Klassenhierarchien für wiederkehrende Implementierungsprobleme ([GHJV94]). Im weiteren werden hier die Pattern Handle-Body, Letter-Envelope und Abstract Factory verwendet, die kurz erläutert werden sollen.

Beim Body-Handle ([Str93], auch als Bridge[GHJV94] bekannt) wird die Implementierung eines Konzepts in eine Handle- und eine Body-Klasse aufgeteilt. Die Body-Klasse ist die vor dem Anwender verborgene Realisierung der Objekte. Zugriff auf die Objekte hat der Anwender nur über die Handle-Klasse, die Referenzen auf die Body-Klasse verwaltet. Das Muster erlaubt die einfache Trennung von Schnittstelle und Implementierung, und kann z.B. verwendet werden, um mehrfaches Abspeichern der gleichen Datenstruktur zu umgehen.

Das Letter-Envelope Pattern ([Cop92]) erweitert diese Idee um die Möglichkeit verschiedener Darstellungsformen für den Body. Dabei ist sogar der Wechsel der Darstellungsart während der Lebenszeit des Objektes möglich. In [Cop92] findet sich ein sehr elegantes Beispiel zu Implementierung komplexer Zahlen.

Die Abstract Factory ([GHJV94]) erlaubt das Herstellen eines Objektes durch ein Factory Objekt anstelle eines Konstruktoraufrufs. Dieses Muster ist z.B. geeignet, wenn der Konstruktoraufruf zu komplex für die übliche Schnittstelle wird, oder wenn der exakte Typ des zu erzeugenden Objekts erst zur Laufzeit ermittelt werden kann.

3 UPPAALs graphische Oberfläche

Unser Fallbeispiel ist die Erweiterung der graphischen Oberfläche eines Simulators für Echtzeitsysteme. Der Simulator ist Teil des Verifikationswerkzeuges UPPAAL ([LPY97]), das zur Darstellung der Echtzeitsysteme einen Formalismus namens *Timed Automata* (Zeitautomaten, [AD94]) verwendet. Dabei werden die Echtzeitsysteme durch eine Menge autonomer Prozessen dargestellt. Ein Prozeß wird hierbei durch einen endlichen Automaten (Finite State Machine) mit Uhren zum Messen des Zeitverlaufs beschrieben. Für die Visualisierung eines Simulationslaufs werden alle beteiligten Prozesse als gerichtete Graphen abgebildet. Der momentane Prozeßzustand wird durch Einfärben des aktiven Knoten bzw. der aktiven Zustandsübergänge (Kanten) dargestellt. Die beiden Prozesse aus den Abb. 4 bis 6 befinden sich in ihrem Anfangszustand, d.i. der jeweilige Knoten in der linken oberen Ecke.

Die graphische Oberfläche von UPPAAL wird derzeit neu implementiert. Als Implementierungssprache wurde Java gewählt, um eine plattformunabhängige Graphik verwenden zu können, und um in Zukunft die Dienste des Verifikationswerkzeuges auch über das World Wide Web zur Verfügung zu stellen.

Bei der Neu-Implementierung stellte sich die Frage nach der geeigneten Darstellungsform der Prozeßmenge. Der erste Prototyp der Java-Implementierung verwendete pro Prozeß ein eigenes Fenster. Obwohl als Verbesserung der alten Oberfläche gedacht – bei der alle Prozesse im selben Fenster dargestellt wurden – zeigten sich im Gebrauch neben den Vor- auch viele Nachteile.

Daraus entstand die Idee, entweder zur alten Darstellungsform zurückzukehren, oder zu hoffen, daß man durch Verwenden der "internal Frames" aus Swing die Vorteile des alten und des neuen Formats verknüpft werden können. Somit standen nun drei Darstellungsmöglichkeiten zur Auswahl:

(a) alle Prozesse in einem Fenster,
(b) pro Prozeß ein eigenes, autonomes Fenster,
(c) pro Prozeß ein Fenster innerhalb eines gemeinsamen, übergeordneten Fensters.

Es wurde beschlossen, alle drei Möglichkeiten zu implementieren, sodaß der Benutzer dann die für ihn geeigneteste auswählen kann. Die Implementierung soll dabei möglichst viel des existierenden Codes des Prototyps verwenden, und möglichst wenige Änderungen im restlichen Programm nach sich ziehen. Die folgende Schritte beschreiben das Vorgehen, um dieses Ziel zu erreichen. Ausgangspunkt war dabei der bereits existierende Prototyp.

4   Die alte Architektur

Der erste Prototyp von UPPAALS neuer graphischer Oberfläche stellte alle Prozesse in eigenen, unabhängigen Fenstern dar. Abbildung 1 gibt einen Überblick über den für uns wesentlichen Teil der Klassenhierarchie.[1]

Gesteuert wir die Simulation von einem Objekt der Klasse `SimulatorWindow`, die von `JFrame` abgeleitet ist. UPPAAL kann prinzipiell mehrere verschiedene Simulation gleichzeitig fahren.

Ein `SimulatorWindow` erzeugt für jeden Prozeß ein `PDWindow`[2]. Diese Klasse ist ebenfalls von `JFrame` abgeleitet, und erzeugt ein von `SimulatorWindow` unabhängiges Fenster. Jedes `PDWindow` wiederum erzeugt ein Objekt vom Typ `PDMain`, das die wesentliche Funktionalität des Prozeßfensters implementiert. Ein `PDMain` Objekt verwendet zwei Hilfsobjekte vom Type `PDControl` und `PDCanvas`. Ersteres ist zuständig für Benutzeraktionen im Prozeßfenster, und implementiert die Schnittstellen `MouseListener` und `MouseMotionListener`. Es enthält ein Objekt vom Type `Process`, das alle für einen Prozeß nötige Informationen speichert.

Die Klasse `PDCanvas` ist zuständig für das Zeichnen der Prozeßdarstellung im `PDWindow`. Sie ist von `JComponent` abgeleitet und hat Zugriff auf ein Objekt `GraphicsContext`, das alle wichtigen Informationen und Methoden enthält, um die einzelnen, zu einem Prozeß gehörenden Objekte zeichnen zu können. `GraphicsContext` verwendet zum Abwickeln aller Zeichenoperationen das zu `PDCanvas` gehörige `Graphics` Objekt.

---

[1] Alle Abbildungen benutzen eine OMT/UML-ähnliche Darstellung ([UML98]): Klassen sind Rechtecke, die im obersten Kästchen den Klassennamen sowie Vererbungs- und Schnittstellenbeziehung enthalten. Darunter werden die Typen der in einem Objekt enthaltenen, relevanten Teilobjekte aufgelistet. Pfeile beschreiben Relationen zwischen den Klassen. Namen in Schreibmaschinenschrift (Teletype) sind in `Java` vordefinierte Klassen.

[2] PD = Process Display

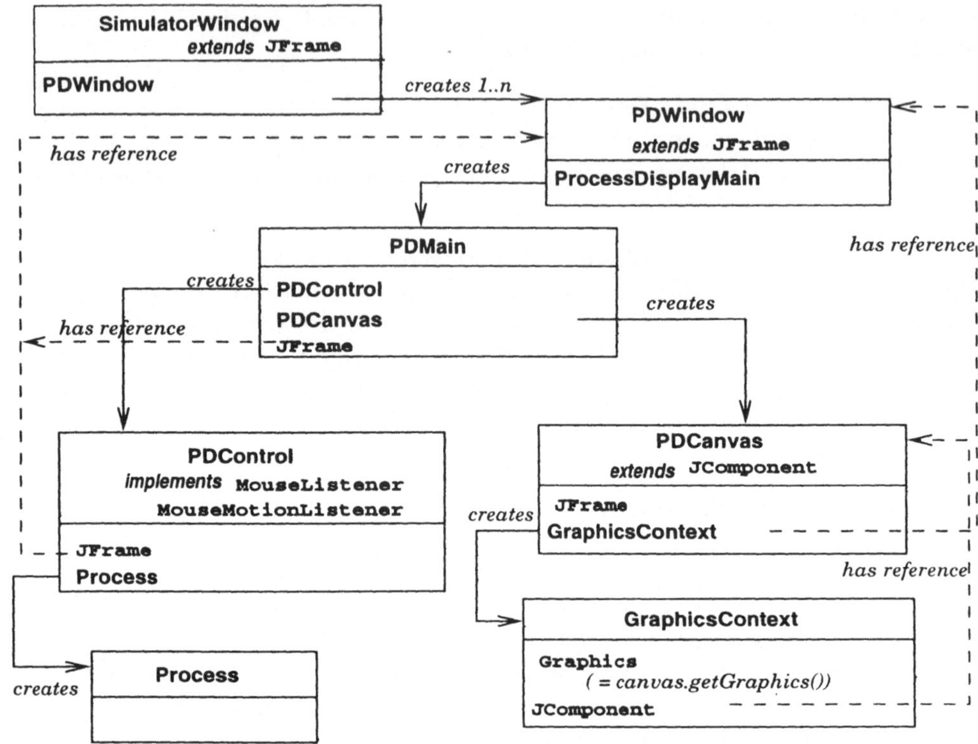

Abbildung1. Alte Systemarchitektur

Die verschiedenen Aufgaben sind bereits fein auf verschiedene Klassen verteilt, um gegenüber Änderungen flexibel zu sein. Die Modellierung ist jedoch nicht fein genug für unser Problem.

Die Klasse PDWindow, der unsere Aufmerksamkeit gilt, ist also in ein komplexes Geflecht eingebunden. Man beachte insbesondere, daß sie wie viele andere Klassen der Hierarchie eine Referenz auf sich selbst an direkt oder indirekt erzeugte Objekte weiterreicht. Bei der Erweiterung ist dafür Sorge zu tragen, daß diese Referenzen von den anderen Objekten wie bisher weiter benutzt werden können.

5 Erweiterung der Darstellungsformen

Zum besseren Verständnis werden in diesem Abschnitt zuerst drei unabhängige Lösungen für die Darstellungsformen (a), (b) und (c) aus Abschnitt 3 skizziert. Fall (b) bedarf keiner weiteren Erläuterung, denn er wird bereits durch die im letzten Abschnitt beschriebene Architektur gelöst. Fall (c) kann im wesentlichen durch Ableiten der Klasse `PDWindow` von `JInternalFrame` erreicht werden. Da `JFrame` und `JInternalFrame` voneinander abweichende Attribute und Schnittstellen haben, sind zusätzlich einfache Änderungen in den anderen Klassen notwendig.

Fall (a) ist hingegen sehr viel komplizierter, da man hier die eins-zu-eins Beziehung zwischen Prozessen auf der konzeptionellen Seite und den Fenster (d.h. `JFrame` oder `JInternalFrame`) auf der Implementierungsseite verliert. Für die Klasse `PDWindow` hat diese keine weitreichenden Konsequenzen, denn sie kann statt auf einen eigenen `JFrame` auf den der Klasse `SimulatorWindow` zurückgreifen. Das eigentliche Problem tritt in der Klasse `PDCanvas` auf, denn statt einem Canvas pro Prozeß wird nun nur noch ein Canvas pro Simulation gebraucht. Der Übergang von der eins-zu-eins Beziehung zwischen `PDCanvas` und der `JComponent` (als Realisierung des Canvas) zu einer viele-zu-eins Beziehung kann wie folgt vollzogen werden.

Statt `PDCanvas` von einer `JComponent` abzuleiten, wird in der Klasse eine statische Liste angelegt, in die die erzeugten Canvas eingetragen werden. Ein `PDCanvas` kennt zum einen dem ihn zugehörigen Canvas (aus der Liste) und delegiert alle entsprechenden Aufrufe dorthin, und zum anderen kennt er seine Anfangsposition relativ zu diesem Canvas. Die einzige Änderung außerhalb von `PDCanvas` ist die Erweiterung der Klasse `GraphicsContext` um die Möglichkeit, ihr diese Position mitzuteilen.

Die statische Canvas-Liste speichert nicht nur den Canvas, sondern auch den dazugehörigen `JFrame`. Da der Konstruktor der Klasse `PDCanvas` den dazugehörigen `JFrame` erhält, kann somit leicht festgestellt werden, ob es bereits einen entsprechenden Canvas gibt oder ein neuer erzeugt werden muß. Pro Simulation wird solcher Canvas gebraucht. Da schon aus Geschwindigkeitsgründen kaum mehr als zehn Simulationen parallel gefahren werden können, wurde die Liste ganz direkt als Array fester Länge (momentan: 100 Elemente) implementiert. In komplexer gelegenen Fällen wird man jedoch auf ein Bridge oder Proxy Pattern (vgl. [GHJV94]) zurückgreifen müssen, bei dem eine neu zu definierende Canvas-Klasse vollständig in `PDCanvas` verborgen wird, und die `PDCanvas` Objekte sich dann die zugehörigen Canvas-Objekte teilen.

6 Die neue Architektur

Um in der Anwendung die Flexibilität bei der Auswahl der Darstellungsart zu erhöhen, werden die Klassen `PDWindow` und `PDCanvas` nach dem selben Muster erweitert. Bei diesen Mustern wird die Originalklasse durch eine Klasse ersetzt, die nur die Schnittstelle der Darstellungsformen und deren Gemeinsamkeiten enthält, sowie eine Referenz auf eine Darstellung des Objekts. Die Darstellungsarten selbst werden durch verschiedene, lokale (also für den Anwender unsichtbare) Klassen implementiert. Als Typ der Referenz kann man in `Java` ganz allgemein `Object` wählen, aber i.a. auch ein Interface definieren, das von allen Darstellungsformen implementiert werden muß.

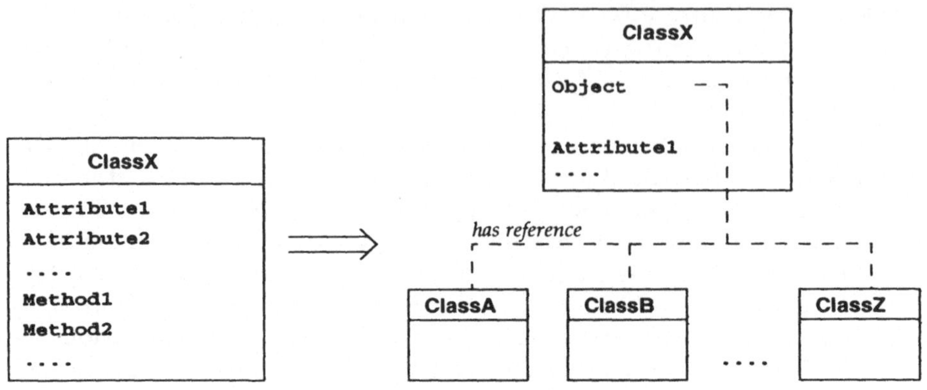

Abbildung2. Muster der Ersetzung

Abbildung 6 stellt dieses allgemeine Vorgehen dar. Die neue Version der ursprünglichen Klasse übernimmt nun die Rolle der Schnittstelle zur Außenwelt. Sie verwaltet die Referenz auf eine der Darstellungsformen und delegiert alle Anfragen, die sie nicht selbst beantworten kann. Da diese Klasse auch das Wissen über sämtliche Darstellungsarten besitzt, kann sie auf Aufruf flexibel reagieren. So kann es z.B. vorkommen, daß eine Methode nur an einige der Darstellungsarten weitergereicht werden kann, während für andere die Schnittstellenklasse eine Sonderbehandlung vornimmt. Das geschieht im Fallbeispiel z.B. da ein `JInternalFrame` nicht alle Methoden eines `JFrame` besitzt.

In unserem Anwendungsbeispiel sind die Darstellungsformen der Klasse `PDWindow` die Klassen `PDArea` (Fall (a)), `PDFrame` (Fall (b)) und `PDInternalFrame` (Fall (c)). Für die Klasse `PDCanvas` werden die Darstellungen durch die Klassen `PDCArea` (Fall (a)) und `PDCWindow` (Fall (b) und (c)) realisiert. Die Implementierungsdetails dieser Klassen wurden im vorangehenden Abschnitt bereits erläutert. Abbildung 3 zeigt die Klassenhierarchien, durch die die Klassen `PDWindow` und `PDCanvas` ersetzt werden.

Dem Konstruktor der neuen Version von `PDWindow` muß explizit mitgeteilt werden, welche Darstellungsart gewünscht wird. Dies mag in anderen Fallbeispielen implizit geschehen.

An die Klasse `PDMain` und alle weiteren wird nun eine Referenz vom Typ `PDWindow` weitergereicht. Die restliche Implementierung sieht somit von der gewählten Darstellungsform gar nichts, und braucht auch nicht geändert werden. Problematisch wird dies jedoch beim Erzeugen der `PDCanvas` Objekte, denn die dort zu wählende Darstellungsform hängt von der für `PDWindow` gewählten ab. Deshalb werden `PDCanvas` Objekte nicht durch einen Konstruktor erzeugt, sondern über eine Methode `PDWindow`. Mit Hilfe dieses Ansatzes können also auch komplexere Verzahnungen zwischen den Darstellungsarten verschiedener Konzepte bewältigt werden.

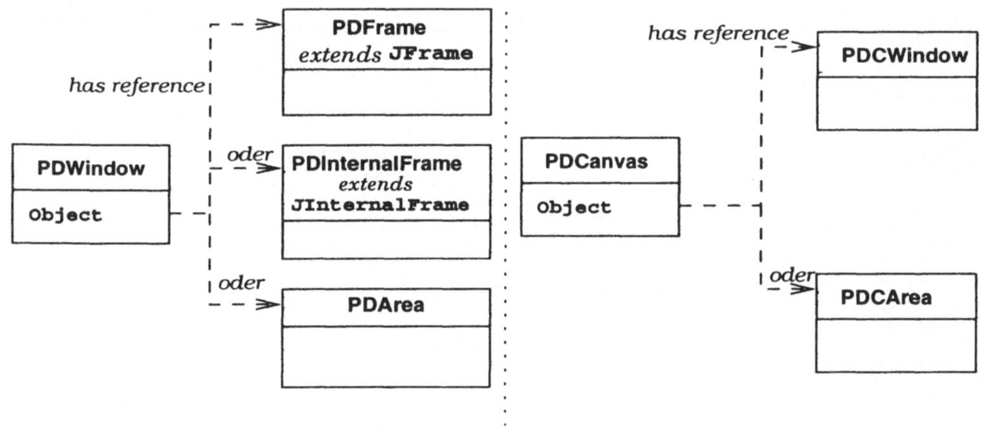

Abbildung3. Die neue Klassenhierarchie für `PDWindow` und `PDCanvas`

Das allgemeine Muster ist ein Mischtyp aus Handle-Body und Letter-Envelope. Wie bei Handle-Body werden Darstellungsart und Zugriff getrennt, und wie bei Letter-Envelope sind mehrere Darstellungsarten möglich. Allerdings ist im Gegensatz zum Letter-Envelope keine Konversion zwischen den Darstellungsformen vorgesehen.

Die Idee, Objekte vom Typ `PDCanvas` durch Objekte vom Typ `PDWindow` erzeugen zu lassen, ist eine einfache Version einer Abstract Factory. Bei der Realisierung als Abstract Factory tritt ein geringes Problem auf: `PDWindow` ruft zum Erzeugen eines `PDCanvas` dessen Konstruktor auf. Leider ist dadurch der Konstruktor aber öffentlich, wodurch "Mißbrauch" möglich wird. Es gibt leider keine einfache Möglichkeit, dies zu verhindern, ohne die bestehende Klassenhierarchie zu verändern.

Die Abb. 4 bis 6 zeigen Screenshots der drei verschiedenen Darstellungsformen für jeweils die selben zwei Prozesse.

7   Abschließendes

Im vorliegenden Artikel wurde gezeigt, wie man durch Kombination bekannter Design Pattern die Flexibilität beim Wechsel zwischen Darstellungsformen in einer graphischen **Java** Anwendung erhöhen kann. Der Ansatz ist weder auf graphische Anwendungen noch auf **Java** als Programmiersprache beschränkt, sondern allgemein in der objektorientierten Programmierung verwendbar.

Die zentrale Idee des Ansatzes ist das Zerlegen des Konzeptes in eine Klasse für die Schnittstelle und in mehrere Klassen für die verschiedenen Darstellungsarten. Diese Klassen werden dann wie beim Handle-Body/Bridge-Pattern zusammengefügt.

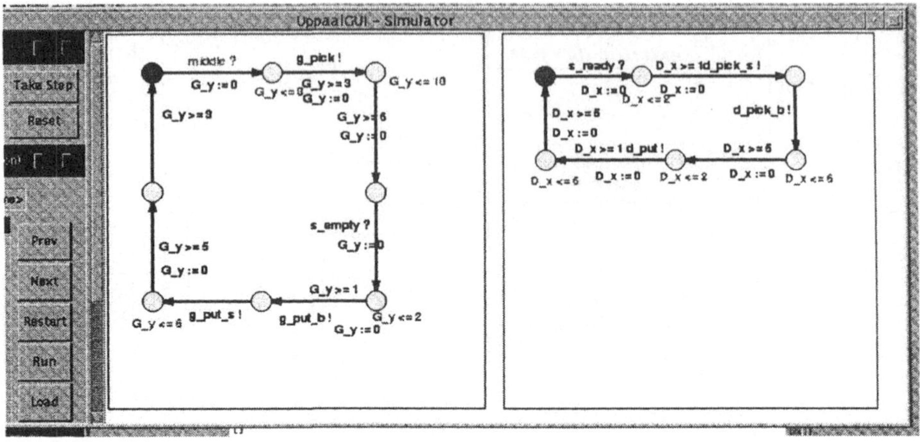

Abbildung4. Zwei Prozesse in einem gemeinsame Fenster

Es wurde gezeigt, daß Paradigmen wie Interfaces und Einfachvererbung für die Realisierung alleine nicht ausreichen. Unser Ansatz hat außerdem den Vorteil, insbesondere auch nachträgliche Erweiterungen ohne Verletzen der bestehenden Klassenhierarchie zu ermöglichen.

Verzahnung zwischen den Darstellungsformen verschiedener Konzepte konnten durch eine einfache Version des Abstract Factory Pattern gelöst werden. Ebenso wurde gezeigt, wie sich auch Darstellungsarten, die sich nicht direkt mit der bestehenden Klassenhierarchie vertragen, implementiert werden können. Der Ansatz hilft somit bei der Lösung folgender Problemarten:

- Ersetzen einer einzigen Darstellung eines Konzepts durch eine Familie von Darstellungen,
- Verzahnung verschiedener Darstellungsfamilien über mehrere Ebenen,
- Ersetzen einer eins-zu-eins Beziehung von Realisierung und Verwendung durch eine viele-zu-eins Beziehung.

Alle drei Problemarten lassen sich auf einfache Art unter zuhilfenahme passender Design Pattern leicht lösen. Insbesondere sollten sich auch komplexere Situationen mit demselben Ansatz lösen lassen, wobei dann komplexere Ausformungen der verwendeten Design Pattern zu erwarten sind. Es ist zu hoffen, daß andere Java Programmierer von dieser Erfahrung profitieren können. Eine Java Lösung kann elegant durch Java Reflections und JavaBeans unterstützt werden. Gerade JavaBeans sollten sich als hilfreich erweisen, da i.a. die Implementierung der Darstellungsklassen auch in ihren Unterschieden noch große Ähnlichkeit aufweisen werden.

Die herausragenden Eigenschaften des Ansatzes sind Einfachheit, Erweiterbarkeit und Robustheit. Für einen erfahrenen Programmierer sollte die Umset-

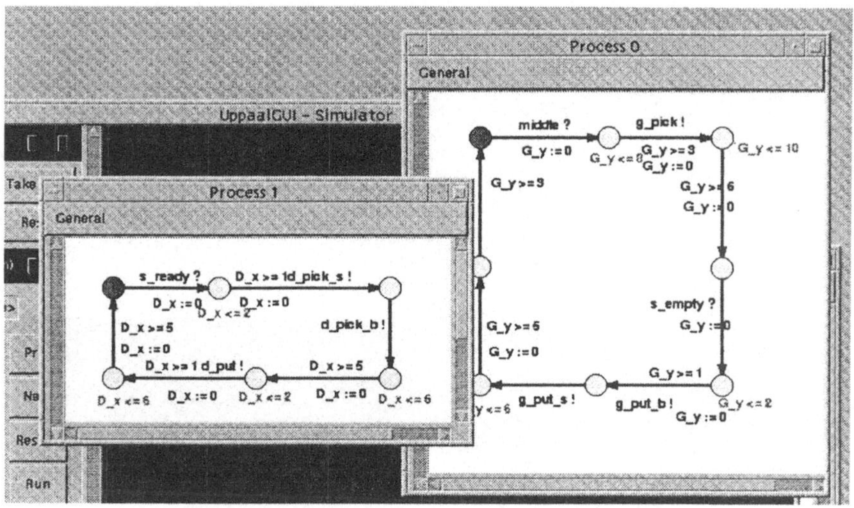

Abbildung5. Zwei Prozesse in unabhängigen Fenstern

zung des Ansatzes problemlos sein. Der Ansatz erlaubt die spätere Erweiterung um zusätzliche Darstellungsarten. Da der Ansatz die ursprüngliche Klassenhierarchie erhält, brauchen Änderungen nur sehr lokal durchgeführt zu werden. Dadurch ist der Ansatz robust: außerhalb der betroffenen Klassen sind fast keinerlei Änderungen nötig, sodaß die Anwendung auch nach den Änderungen in gewohnter Weise funktionieren sollte.

Die Entwicklung unseres Verifkationswerkzeuges ist auf dem Weg zu einem recht flexiblen und universell einsetzbaren Werkzeug, daß z.B. auch einen Paradigmenwechsel in der Prozeßdarstellung erlaubt. Auch bei solchen Problemen arbeiten wir mit ähnlichen Lösungsansätzen.

Für die Zukunft überlegen wir, `PDWindow` und `PDCanvas` vollständig als Envelope-Letter zu implementieren, sodaß sogar ein Wechsel der Darstellung während des Simulationslaufs möglich ist.

Danksagung. Der Autor bedankt sich bei Carsten Lindholst und Peter Lindstrøm für die Prototyp-Implementierung der graphischen Oberfläche, sowie bei ungenannten Gutachtern für zwei wertvolle Hinweise.

Literatur

[AD94]   R. Alur, D.L. Dill. *A Theory of Timed Automata.* in: Theoretical Computer Science Vol. 126, No. 2, April 1994, pp. 183-236.
[Cop92]   James O. Coplien. *Advanced C++ Programming Styles and Idioms.* Addison Wesley, Reading, MA, 1992.
[GHJV94] Erich Gamma, Richard Helm, Ralph Johnson, John Vlissides. *Design Patterns.* Addison Wesley, Reading, MA, 1994.

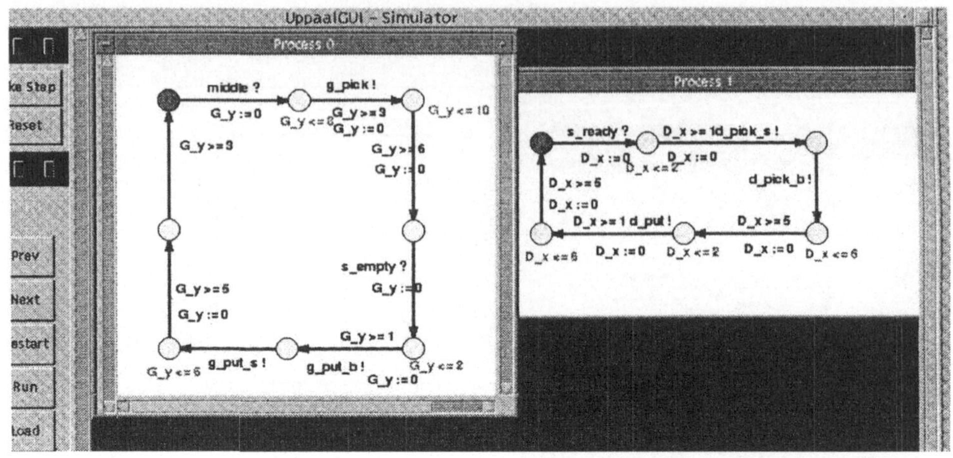

Abbildung 6. Zwei Prozesse als `JInternalFrame`

[LPY97]   Kim G. Larsen, Paul Pettersson, Wang Yi. UPPAAL *in a Nutshell*. International Journal on Software Tools for Technology Transfer No.1+2, Springer–Verlag, 1997.

[Str93]   Bjarne Stroustrup. *The C++ Programming Language*. Addison Wesley, Reading, MA, 1993.

[UML98]   Online Dokumentation zu UML/OMT im WWW:
`http://www.rational.com/uml/resources.html`